中世史料論考

田中　稔　著

吉川弘文館

目次

第一　日本の古文書

古文書

はじめに

1　古文書とは

「古文書《こもんじょ》」という場合に、その定義には広狭二義がある。広義の場合には、古い書類すなわち古記録・古日記・系図や、時には古典籍までをも含めて、書きつけたもの全部を指していう。それに対して、現在一般的には狭義の古文書、すなわち発信者と受信者とがあり、また用件等の内容を備えたもの（文書）のうち古いものを意味する言葉として使用されるのが通例となってきている。ここでいう「古文書」もまたこの狭義の意味のものであって、記録や著述編纂されたものは含めない。なお古文書とは字義通り「古い文書」をいうが、この「古い」とは何時以前を指すかが疑問となろうが、これについてはただ漠然と、現代よりは若干遡った頃という意味に止めておきたい。

古文書の発信者は人間もしくは人間の活動の一形態である官司・寺社等の法人格のものであり、受信者もまたこれとほぼ同じである。ただし受信者の中には、それ以外に神仏そのものである場合（図1・2）もあることが異なっている。そして、そこには発信者から受信者への意志の伝達のための用件が記されており、また多くの場合には日付が書かれている。これが古文書を構成する主要な要件である。

文書には、古代より現在に至るまで、時と場合・用件により、さらに発信者・受信者の地位身分によって様式（書

式・文章形式）に相違が見られる。この各種の様式について、古来それぞれに特定の名称を付して呼んでいるが、同時代であっても一つの同様式文書を複数の名称を付している場合も多い。

また同様式文書でも細部には多種多様な変化が見られ、時代の変遷とともに大きな相違点が見られる（図3）。また文書を書くに当たっては、地位身分による書式・用辞その他の約束事があるが、これは書札礼と呼ばれ、ここにもまた時代による変遷が認められる。これらはいずれも文書そのものの歴史（文書史）の重要な一面をなすものである。また現在我々が手に取り、目に触れる古文書は、必然的に残るべくして残ったものと、偶然的な要素によってたまたま伝存されたものとがある。それらの文書がいかにして現在に伝えられたかという伝来もまたその文書を考える上で大きな意味を持っている。また各文書がそれぞれにいかなる手続きを経て発信され、いかにして受信者の手に渡されたかも古文書を研究する上で大きな問題である。

発信者・受信者を備えているものという点からいうならば、我が国の古文書は七世紀の木簡から始まって近代にまで至ることになるが、木簡についてはこの『日本の美術』の他巻に譲りたい。また時代によって様式には大きな相違が見られるが、限られた紙数で全時代の各種の文書について触れることは困難である。このため本書では、文書様式に比較的相関連するところが認められる古代から中世にかけての古文書に限定してその概略を述べることにしたい。

2　正文・案文・土代

現存する古文書の中には、実際に相手方に送られ機能を果たした文書の正本（これを「正文《しょうもん》」という）のほかに、別にそれを書写した文書の複本がある。この複本としての文書の中には手控えとして手元に置くためのものの他に、訴訟その他に際して証拠文書の写を提出するため等、種々の目的によって作られた写もある。こうした手控えや提出のた

めの写を「案文《あんもん》」という。なお案文という場合にはその文書がなお法的効力を持っている時期にその効力を期待して作られたものを特に限定して案文と呼び、江戸時代によく見られる学問研究の史料等のために写されたものについては「写」と呼んで、案文とは区別することも行なわれている。しかし、これは便宜的な区別に過ぎず、語義からいえば両者は同じものと考えても差支えない。また文書を作るに当たっては、正文を書く前にまず下書きを作り、それに加筆訂正を行ない、文案を練った上で清書して正文を書くことも通常行なわれたところである。この下書きを草《そう》・草案・土代《どだい》とも呼ぶが、これも古くより「案文」ともいわれる。これらの下書きは発信者の手元に留められるが、用が終わると廃棄されることが多かったようである。しかし東大寺文書中には他に比してこのような土代が数多く伝存しており、文書作成の過程をうかがい知ることができる。

案文については、手控えのために作られたもの、訴訟の証拠文書のために作られたものが多い。その他に法令・命令を布達するに際しても複本としての案文が多数作られた。朝廷から諸国に官符・官宣旨が出されると、諸国ではその案文を多数作って国内に配布する。また幕府にあっても各国守護充《あて》に法令を伝えると、守護は案文を作成して国内の地頭御家人等に伝達することが必要となり、ここでもこのような案文が多く作られた。また所領等の証拠文書を紛失すると、その案文を作成し、紛失理由を書き、その奥にその地を管轄するもの、すなわち検非違使《けびいし》・寺の三綱《さんごう》・国司・守護等々の証判を受け、正文に代わる証拠文書としての機能を付与させることもあった（紛失状、図4）。案文はこのように種々の目的で多数作られており、現存する文書の中で量的には案文の比重はきわめて高いものがある。

一　古文書の形態・材質

文書を書く材料の中心は紙であり、木（板）・布帛《ふはく》等の使用例ははるかに少ない。しかし七～九世紀においては紙とともに木が用いられることも多く、これを現在「木簡」と呼んでいる。木簡は近時各地より多量のものが発掘され、数少ない古代史史料を補うものとして重要なものとなっている。この木の使用は紙が貴重なことによるばかりでなく、紙とは異なった木の特性を生かした使用法がなされたことにもよるようである。それ以降においても、木の使用例は多く見られるが、紙の地位は圧倒的となり、中世にあっては木の使用例は制札（図5）・寄進札（図6・7）・広島県草土千軒遺跡その他より出土の木簡等に見られるような特殊な場合に限定されてくる。また布帛についても現存例はきわめて少ないのが実情である（図9）。したがってここでは紙に書かれたものを中心にして述べることにする。

文書を記すに当たって使用された料紙の形は古来いわゆる半紙型のものが基本である。半紙型のものを横長に置いた形を「竪紙《たてがみ》」と呼び、一枚で書ききれない時にはこれを二枚、三枚と続けて書くことになる。この際に、二枚以上の料紙を糊で貼り継いだものを「続紙《つぎがみ》」という。この続紙のうち、枚数が多くなり、また軸を付けたりすれば巻子本《かんすぼん》の形となるが、一通の古文書で当初から軸を付したものはあまり多くはない。ただし書状・綸旨・院宣・御教書等は二枚以上にわたって書かれても貼り継がれることはなく、竪紙のまま重ねて巻き畳まれる。また竪紙を横に二ツ折にし、天地を背中合せにした形を「折紙《おりがみ》」、縦に二ツ折にし左右を背中合せにして書いた形を縦（竪）折紙という。また竪紙を横もしくは縦方向に、あるいはさらにそれを小さく枡型に截断して使用したものもあるが、これらを総称して切紙《きりがみ》と呼ぶ。それをその形によってさらに「縦（竪）切紙」「横切紙」「小切紙」とも呼び分ける。検注帳等の帳簿類

の中には続紙・巻子本の他に竪紙を左右に二ツ折にしたものを綴じ合せた袋綴装のものも見られる。また帳簿様のものの中には、折紙の右方を紙撚等で綴じ合せたものも見られるが、近世以降の大福帳様の綴じ方をしたものは古くは見られない。文書を記す料紙の形態・体裁は大よそ以上のようである。複数の独立した文書を貼り継いだ場合には連券と呼ぶ。なお連券には見出しとして軸の一端を広くし、日付や文書の内容を注して目印とする題籤（往来軸）を付したものもある（図83）。

次に古文書料紙の質について述べる。古く我が国において製紙原料とされたのは、麻・楮《こうぞ》・雁皮《がんぴ》（斐）・三椏《みつまた》等であり、その原料名を取ってそれぞれ麻紙《まし》・楮紙《ちよし》（穀紙《こくし》）・斐紙《ひし》（雁皮紙）・椏紙《あし》（三椏紙）と呼んでいる。

古く中国で最初に紙が漉《す》かれるようになった頃に製紙原料とされたのは麻布等の衣服材料であり、麻紙は中国におけるもっとも原初的な紙といえる。我が国においても、麻紙は奈良時代から平安時代前期にかけて多く作られ使用された。当時の麻紙の現存遺品としては写経料紙としてのものが大部分で、古文書では「東大寺献物帳」や「法隆寺献物帳」（図55）その他があるが、その使用例はあまり多くはないようである。なお麻紙はその繊維がよく叩解《こうかい》されたものは緻密で、落ち着いた上品な味わいを持っている。しかし紙の表面は上穀紙に比して平滑さを欠き、文字を書く場合に筆の走りが悪く、やや書きづらいという欠点を持っている。また強度の点でも楮紙に劣る。平安時代中期以降麻紙がほとんど使用されなくなるのはこのためでもあったろう。なお『延喜式』によれば、宣命は染紙の麻紙を用いることに定められているが、伊勢神宮への宣命は縹《はなだ》色、加茂社へは紅色、その他は黄色を用いた。また位記は縹色、詔書は黄色を用いるのが規定であるが、本書所収の東山天皇理源大師諡《し》号勅書（図13）が黄色の染紙を用いており、この『延喜式』の詔書の規定と同じである。なおこれは江戸時代のものであり、厚手の斐紙系統の料紙を用いており、麻紙は使用されていない。

楮紙・穀紙は同じもので、ともにコウゾを原料とするものである。強度の点ではもっとも優れ、実用性に富んでいるため、古来この楮紙が和紙の中心的地位を占めて来た。古文書・典籍のいずれにも多く用いられたが、特に古文書では楮紙がほとんど大部分を占めている。なお楮紙の中でも、その漉き方・時代・産地等の相違によって檀紙・引合・奉書紙・杉原紙等の名前が付けられているが、いずれも楮紙系統の紙で、技術的な差違はあっても原料に関する限り特に相違するところはない。

斐紙（雁皮紙）はガンピを原料とする紙で、各種の紙の中でもその表面は特に平滑で光沢があり美しい紙である。また透明度が高いので敷き写しをするのに適しているが、純粋の斐紙は裂け易いのが欠点である。奈良時代から製紙原料としてよく用いられているが、楮・麻と交ぜ漉くとそれぞれの持つ欠点を相補うことが出来る。これは古来典籍類の書写には多く用いられてきたが、古文書では古くより純粋の楮紙を用いることが普通であり、楮紙に斐を交ぜ漉いた紙を使用した例は室町時代初期以前にはあまり多くない。斐紙はやや茶色みを帯びたものが多く、現在いわゆる「地卵」の色に似ているため、古来「鳥ノ子紙」とも呼ばれた（図17）。斐紙もしくは楮紙に斐を交ぜ漉いた紙は、古くは特別な文書、もしくは私的な書状に用いられることもあったが、使用例は少ない。しかし室町時代になると次第に一般の文書にも使用されることが多くなり、戦国武将発給の文書等には鳥ノ子紙を使用したものが数多く見られる。

三椏紙は江戸時代も十七世紀後期以降に製造使用されるようになり、それより古いものは見られない。斐紙に比して透明度は低く、また強度も劣るが、抄造が容易であり、楮・斐等に混じて平滑な紙を作ることができる。後世になると、鳥ノ子紙の中には三椏のみの紙、あるいは三椏に楮を交ぜ漉いた紙も含まれるようになる。

また使用済の紙を再生利用することも古来行なわれてきた。この漉返紙は反魂《はんごん》紙・紙屋《こうや》紙《がみ》・宿紙・薄墨紙等の名でも呼ばれたが、もとの反故《ほご》紙に付着している墨を完全に洗い流すことは困難で、その色は薄黒く鼠色を帯びており、

薄墨紙とはその色から付けられたものである。これは典籍書写にも利用されたが、文書では綸旨《りんし》・口宣案《くぜんあん》や蔵人所より出される公文書（蔵人所下文等）（図76）に限定して用いられた。なおときには院宣にも使用された例（図14）が見られる。

二　古文書の伝来

1　古文書の保管

古くは奈良時代文書の宝庫である正倉院文書をはじめとして、主要なものごく若干をあげると、東寺文書（東寺百合文書その他）・東大寺文書（成巻文書・未成巻文書・東南院文書等）・高野山文書（宝簡集はその代表的なもの）・醍醐寺文書・大徳寺文書・上賀茂神社文書・八坂神社文書・春日大社文書（以上社寺文書）、近衛家文書・九条家文書・壬生《みぶ》家文書・広橋家文書（以上公家文書）、島津家文書・毛利家文書・伊達家文書・相良家文書・上杉家文書（以上武家文書）その他の大古文書群をはじめとして、中世以前の古文書は数多く伝来している。

これらを見ると、伝存文書の内容は主として所領関係等の長期的効力を必要とする文書が多い。すなわち所領知行の承認・確認、諸職の補任・安堵《あんど》、田畠の譲与・寄進・売買等の事実を証明しうる文書が多数残存している。またそれらをめぐる訴訟関係文書も、後日の訴訟に備えるために多く大切に保管されて来た。寺にあっては開山・祖師の手跡は宗教的な意味からも尊重され（図15・16）、信仰をこめて鄭重に取扱われてきた。個人の家においては叙位・任官等の家格を示す証拠となりうる文書も伝えられている。さらに公家にあっては先例を徴するために儀式等に使用した文書を保管することもあった（図18）。これらの文書は常に大切に保管されてきたが、火災・戦乱等によって失われる

ことが多く、この間に多数の文書が散佚してきた。しかしその間にももっとも重要な証拠文書の保護には大いに意を用いていたようで、現在残っている文書の多くはかつてもっとも重要とされていたものである。

これらの文書の保管状況についてはいくつかの史料がある。太政官の弁官局の文書は、弁官局の史の家である小槻家(後の壬生家)の蔵に保管され、朝廷においても大切なものとされていた。また個人の家においても、火難等を免れるために、田畠屋敷等の権利を証明する文書類は土倉に預けて保管してもらう等の方法をとっている。東大寺においては印蔵に文書を納め、その出納に際しては年預がその都度一々出納目録(出納日記)(図19)を作成して出納文書の目録・貸出理由・出納年月日等を記入している。また印蔵に新たに収納する文書は政所から目録を副えて送付され、年預交代時には引継文書の目録を作成して新旧年預が連署するというように、厳重な保存管理が計られてきた。現在、東大寺には厖大な文書群が存在するが(現東南院文書ももとは印蔵に保管されていた)、それも印蔵が火災に遭わなかったことばかりでなく、このような厳重な管理があって初めて可能となったということを忘れてはならない。なお他の寺社においてもこれと類似の方法を取るところが多かったものと考えられる。

2　紙背文書

以上のように、保存のための努力によって伝えられた文書がある反面で、偶然的な事由によって伝存している文書も見られる。それはかつて一旦は反故として廃棄されながらも、その裏面を再利用されることによって現在に残されている文書である。これを紙背文書と呼ぶ。紙は貴重であったため、典籍を書写し、または日記を記すに当たって、個人の手元にある文書の中で不要となったものを翻し文字のない裏面を利用することは日常的に行なわれていた(図20・77)。この際、所領等の権利を証明するための証拠文書は大切に保管されねばならないため、反故とされることは

ないが、日常的な書状や短期間で効力を必要としなくなる文書類は不要とされ、再利用に廻されることになる。また官司・社寺においても短期間の保管で不要となる文書は多数あったはずである。こうした不要文書は一部は再生紙の材料とされ、また一部は必要とする者の手に渡されて、その空白の紙背を再利用されることになる。

紙背文書はこのように不要とされた文書であるから、現在古文書として伝存している文書とはやや性格・内容を異にするものが多数含まれている。正倉院文書に見える戸籍（図21・22）・計帳・正税帳や天平年間に省寮司から出された食料請求文書（図23）はいずれも写経所において再利用されることにより、紙背文書として初めて現在に伝えられることができたものである。また名家の筆跡の中にも紙背文書として伝えられたものが少なくない。平安時代十一世紀中葉の能書家の一人源兼行や著名な平清盛・平重盛・源頼政、中世の名僧栄西（図24）・源空・叡尊等の自筆文書はいずれも紙背文書として残ったもので、もっとも確実な筆跡として重視されている。また証拠書類として保存する必要の少ない雑務沙汰（動産訴訟）・検断沙汰（刑事訴訟）に関する文書が含まれていることがある。こうした雑務・検断関係の訴訟文書は通常の伝来文書の中から見出されることはきわめて少なく、紙背文書によって多くの史料を得ることができる。また時に政治事件に関する文書（図25・26）が見られることも重要である。しかもこれらの文書は、当時の人々にとっては不要となったものであり、紙背文書としての原形を留めているものについては後世の人の作為が加えられる恐れは少なく、信頼性の高い良質の史料である。ただし後世になって名家の筆跡としてその典籍より取り外され、独立して伝えられているものの中には、時に明らかに作為の手が加えられていると見られるものがあり、注意を必要とする。

また紙背に文書はあるが、反故紙の再利用とは異なった意味をもつものに供養経がある。故人の追善供養のためその人の書札を集めて漉返して料紙を作り写経を行なうことは平安時代前期より行なわれている。また故人の書札を漉

返すことなく、そのまま翻して料紙とし、その裏側を利用して写経、あるいは版経摺写を行なうこともあった。こうした供養経の例はいくつも知られているが、その一例としては後深草天皇の宸翰書状を翻して伏見天皇が法華経を書写した例が著名である。また先述の叡尊書状は没後弟子等（あるいは法華寺尼僧）の手によって般若理趣経を摺写されたものである。

なお反故文書を集めて再利用するに際しては、文書によってかなり寸法の相違があり、大きさを揃えるために天地あるいは左右をも截断することが必要となる。このため天地は勿論左右についても一部の文字が切断され失われてしまっていることが多い。このため文意を正確に把握するのに困難な場合も生ずることが惜しまれる。しかし本来反故として廃棄される運命にあったものとすれば、その文の大部分が伝えられていること自体で幸と考え、それ以上を望むべきでもなかろう。

3　古文書の充先と伝存場所

古文書には必ず発信者と受信者とがあることは先に述べたところである。それならば古文書は必ずその文書に見える受信者の所に保管されるかといえば必ずしもそうとは限らない。案文・写であるならば訴訟その他何らかの必要によってその文書が写され、正文の保存者とはまったく別の所に伝えられることはしばしば見られる。しかし正文にあっても、文面上の充先とは別の所に伝来している例は枚挙に暇がない。以下本書に収めた文書の中から若干の実例を取上げてみたい。

元暦二年（一一八五）六月十五日付源頼朝下文（図27）の充先は「伊勢国須可御庄」となっている。この下文は島津忠久を同庄地頭職に補任した文書であるが、当初から島津家に伝えられたもので、文面上の充所と伝来個所は異なって

いる。また建久九年（一一九八）正月十九日付兵部省移（図29）は藤原（近衛）家実を左近衛大将に補任したことを左近衛府に伝えるもので、充先は左近衛府となっている。この兵部省移は家実自筆の日記『猪隈関白記』建久九年正月二十日条本文の末尾に貼り継がれている（日記の中にその日の記事に関係する文書そのものを関係個所に貼り継ぐことはまま見られるところである）。『猪隈関白記』同日条を見ると、この二十日に兵部省からこの移を持って来て家実の邸の中門の外に立てたとあり、兵部省から左近衛府に送らず直接家実に渡されたことは明らかである。

また長禄二年（一四五八）十二月二十三日幕府は室町将軍家御教書（図30）をもって、一旦は山門西塔院に与えた八条唐橋の田地三町余を召し返して、東寺に付すことに定めた。この御教書の充所は山城国守護の畠山右衛門佐義就である。この件について翌長禄三年三月二十九日畠山義就は遵行状《じゅんぎょう》（図31）を出し、この御教書にしたがって東寺に付すべきことを誉田三河入道祥景（守護代）に命じている。次いで四月十四日誉田祥景は原七郎観養（守護被官か）充にその旨を取り次ぎ遵行状（図32）を出した。そこで原観養は四月二十六日に東寺雑掌充に下地の打渡状（図33）を発し、東寺はその目的を達している。このように(1)幕府（執権）↓守護、(2)守護↓守護代、(3)守護代↓守護被官、(4)守護被官↓東寺雑掌という文書の流れが見られる。この四通はともに正文で、東寺百合文書中に含まれており、充所が異なるにもかかわらず四通一具のものとして東寺に伝来したものである。つまりこの四通は充所の如何にかかわらずすべて東寺に渡されたのである。

東寺文書中にある室町幕府のこれと類似の文書の発給手続を見ると、御判御教書・管領施行状・守護遵行状はいずれも充先へ直接送られるのではなく、出されるとすぐ東寺に渡され、東寺からそれを充所に見える管領・守護・守護代へと提出して次の段階の文書を出してもらい、目的を達したことが「廿一口方評定引付」等によってよく知られる。このように文書はそれによって利益を得るものに渡され、自己の権利行使に便なるように計らわれた（図34・35）。朝

廷から出される綸旨・院宣等においても文書上の充所と実際の充先とが異なっている場合が多く見られる。

以上のように文書に見える充先と、伝来個所とが異なる例は他にも数多く見られるところである。これらはいずれも所職・所領の充行、官職への補任にともなう職権付与の通知を内容とする。所職・所領の充行の文書はそれを受ける者にとってもっとも必要なもので、その実現を妨害する者を排除し、正当な知行権保有者であることを証明するものであり、また将来にわたってもそれを確保するための証拠文書でもあった。当時このような場合に知行権を与えられた者と、その実現を保証すべき者との両方に文書を出されることはなく、いずれか一方のみに充てて文書が出されるのが例であった。したがって充先が知行権を与えられた者と異なっている場合でも、このような文書は必ずそれによる受益者に直接渡され、そこに伝えられることになっていた。

中世の訴訟制度では、互いに自己の権利の正当性を証明する法理・証拠文書等はすべて自分で調え、法廷に提出して主張を戦わせた。そして法廷側では、幕府も含めて、自らのところに保管する法や関連文書・記録等を積極的に捜して理非を決し判決を下すことは必ずしも行なわず、そうした努力はすべて当事者に委ねていた。すなわち裁判の進行はすべて当事者自身の努力に任されるといういわゆる「当事者主義」が原則であった。したがって自分の権利を守るためには常に自らの努力で証拠書類等を確保しておくことが必要であった。このため所領・所職その他の権利を確認し、将来もその証拠となる文書は、充先の如何にかかわらず直接それによって利益を得る者に渡されなければならないというのが、少なくとも平安時代末期以来文書発給に際しての大きな原則となっていたものと考えて差支えなかろう。

家実の左近衛大将任官を伝える兵部省移が文面上は左近衛府充でありながら、家実の所へ直接届けられ、そこで後世に伝えられていることもまた同様のことが考えられる。新たに官職に補任されたものがその官司において権限を行

使するに当たっては、任官の宣旨のみでなくこのような移（あるいは符も）をも新任者に渡し、新任者はそれを持って正当な権限行使者であることを示すというのが当時の本来の姿であったからではなかろうか。「当事者主義」は訴訟の際ばかりでなく、朝官への任官、預所職・地頭職その他の職への補任に際してもとられており、新任の事実の告知は新任者自らがしなければならなかったことが考えられる。

このように文書の中には、文面上の充先とは異なったところに正文が伝存しているものが多く見られるが、これはその文書がそれによって利益を受ける者に直接与えられ、以後は当事者の努力に委ねるという「当事者主義」が文書発給の原則であったことによるものである。またこうしたところにも、文書に対する中世の独特な考えが現されており、興味深いものがある。

また所領・所職・田畠等の譲与・売買・寄進に際しては譲状・売券・寄進状が出されたが、その際には発信者の権利の正当性を証明し、将来の知行を保証するに足る証拠文書（手継証文）を副え渡すこととなっていた。したがって、それが一つの家にのみ伝えられている場合は別として、知行権が異なった個人・寺社等に転々と移動する場合には、手継証文もそれとともに所在を変えることとなる。するとこれらの手継証文はその充先の所を離れて別の所に伝えられることになる。したがって、これらの譲状・売券等がその充先と異なった個所に伝来していても何ら不審はない。

三　古文書の書式と書札礼

1　日　付

古文書には日付が書かれることが多いが、その書き方を分類すると、(1)「寛喜三年二月廿三日」のように、年・

月・日を一行に書くもの（書下年号）、(2)月日を書いたその右傍等に「永仁六」あるいは「天喜二年」のように、年を注記するような形で書いたもの（付年号）、(3)月日または日のみ（時には時刻）を書くもの（無年号）、(4)日付を書かないものの四種類に分類される。このうち(2)付年号《つけねんごう》はさらにその年号と月日とが同筆のものと異筆のものとに分けられる。すなわち同筆付年号は正文の場合には発信者自身が書いたものであり、異筆の場合には(3)無年号文書に受信者側において受信の年を記録しておくために加筆したものである。ただし案文の場合には当然正文において異筆付年号であっても同筆付年号となる。しかしこの場合にはその文書様式等からその正文の付年号の同筆・異筆を推定することは比較的簡単である。そこで文書の日付については(A)書下年号《かきくだしねんごう》、(B)同筆付年号、(C)異筆付年号、(D)無年号、(E)無日付の五種類に分類される。

(A)書下年号は、公式様の公文書はもとより、平安時代以降に現れる宣旨・官宣旨や下文・下知状等の公文書、譲状・寄進状・売券・借状等の証文類その他広く一般的に見られる書き方である。これらの文書は命令の伝達、報告、所領・所職の補任・安堵（財産権の付与・承認）、訴訟判決等いずれも後日の証拠文書となるものを多く含んでいる。後日の証拠とするためには、その事実が行なわれた年月日を明確に証明することが必要であり、年付がなければその文書は証拠能力を失ってしまう。したがって、これらの文書には必ず年月日を書くことが必要とされた。

(B)同筆付年号は、案文を除けば、もとは折紙の場合に多く見られた。折紙の文書は略式であり、書下年号よりはむしろ無日付もしくは月日を記すのみのものが一般的であった。室町時代以降、軽事の裁決等については折紙を使って出されることが多くなると、年号を書いておくことが要求されるようになる。しかし折紙では天地の高さが狭く、日下の署判を加えるとすれば年号まで書く余地はほとんどなくなる。そこで月日の右傍に年を書く付年号の書式が採用されたものであろう。室町幕府奉行人連署奉書のうち、重事については竪紙使用、書下年号で書かれ、軽事について

は折紙使用、付年号（同筆）という区別がなされている。戦国時代以降になると、折紙ばかりでなく、竪紙でも年付を付年号式に年と月日を二行に書くことが多くなり、近世にかけて次第に書下年号と同筆付年号との区別は明確さを失い、両者はとかく混用されることが多くなった。

(C)異筆付年号は、月日のみ（無年号）の綸旨・院宣・御教書・書状等にしばしば見られる。必ずしも後世までの永続的効力を期待しない文書であっても、受信者側で後日にそれを参考とするためには何年のものであるかを確認する必要が生ずる場合がある。その用意のために、それを受取った時に覚えとして年付を加筆したのがこの異筆付年号である。その点では次に述べる月日のみの無年号文書に含めるべきものである。

(D)月日のみ（日のみの場合もある）で年号を記さない文書は数多く見られる。これは発信者において、現在当面している事項について報ずれば一往の事が足り、後日にまでその文書の効力を期待する必要がなく、年号を省略し月日のみを記すことで何ら支障がないと考えられたからである。そして受信者側においても、もし必要を感ずれば付年号式に月日の傍に年号を書くが、さもない場合には無年号のままに置いておかれる。したがって日常的な連絡のための書状は勿論、当面している事項についての命令を下す綸旨・院宣・御教書にあっても、受信者側で年号を書き加えることはなく、月日のみのままに保管されることになる。なお書状で日付の下に「巳刻」のように時刻が書かれているものが見られるが、これは緊急の用件でその発信の時刻を明確にすることが必要な場合である。時には日付を省略して「巳刻」のように時刻、あるいは「即刻」「乃刻」とのみ書く場合があるが、これは急ぎの用件のため、文書を受取ったら直ちに返事を書いた場合である。

(E)無日付の文書もしばしば見られるところである。中でも相論の際の申状に無日付のものがしばしば見られることは注目される。これは折紙に書かれた場合の方が竪紙よりも多いようであるが、無日付は略式であることによるとこ

ろがあろう。なお無日付の申状について、笠松宏至氏はこれらの申状はもと裁判の場において口頭で述べることの代りとして提出したもの、すなわち音声の代用ではないかと説明しておられる。無日付の申状が出された理由としては傾聴すべき説のように思われる。

2 書札礼

書状に限らず、広く文書を書くに当たっては多くの約束事があった（図12）。発信者・受信者相互の地位・身分によって守るべき礼儀（書札礼）があり、時代による変化があるとはいえ、かなり厳密に守られていた。したがってその書札礼を見ることによって、その両者間における地位等の相違、あるいは両者の関係をある程度推定することが可能となる。本文中の用辞を別にすれば、本文書止の敬語用法や、差出書・充所の書き方は両者の関係をもっともよく現すものである。

これらについては『弘安礼節』に詳しく記されている。それによれば本文書止の敬語は「恐惶謹言」がもっとも厚礼であり、以下「恐々謹言」「謹言」の順で、身分の大きく異なる下位者に対しては「之状如件」を用いることに定められている。また充所・署名の書き方についても記されているが、以下それについて述べることにする。

なお書札礼について触れられている書には、この『弘安礼節』以外にも、『二判問答』『三内口決』『消息耳底秘抄』『書札礼』『書札作法抄』『貴嶺問答』『細川家書札抄』『大館常興書札抄』等その数は多い。また文書の書式を説明したものとしては『雑筆要集』をはじめとして、公家・寺社等においてもこのような例文集が数多く作られている。書状の文範としては『雲州消息』（明衡往来）その他多くの往来物があるが、紙数の都合上詳しく述べることは省略したい。

3　差出書

文書には発信者の名前が加えられているのが通例である。文書の末尾の日付の付近に発信者の署名が加えられていることが多いが、申状の文頭に「某謹言上」とあるように、文書の書出部分に差出者の名前が見える場合も少なくない。書札礼上の差出者名の位置としては、文章の始まりにあるものではなく、署名として書かれた位置が問題となる。発信者が署判を加えた差出書の位置を文書の右方から順にあげると、大別して⑴袖判（右端＝本文の前の余白部）、⑵日下（日付の直下）、⑶奥上（日付の次行上方）、⑷奥下（日次の次行下方）の四つに分類される。それをもっとも厚礼のものから順に上げれば、日下・奥下・奥上・袖判の順になり、袖判は相手に対してもっとも尊大な形式である。

公式様文書では、官司から発する文書に署判を加える場合に、各官司の長官（カミ）・次官（スケ）は奥上、三・四等官（ジョウ・サカン）は日下より始め、奥上の方が日下よりも身分が上である。奥上または日下が複数者の場合には、日付の真下に署名する者がもっとも地位が低く、それより上の者が順に左へ署名を加える。また奥上では日付に近い方が上位者で、左へ行くにしたがって順に地位が低くなる。公式様文書では署名の位置は必ずこれにしたがっており、官宣旨・下文等においてもほぼ同様である。奥下署判の場合には日下とは逆に奥上同様日付に近い方が上位者である。ただしこの奥上・奥下の署名の順は通例の場合のことであって、時にはこれと逆の例が見られることもある。

国司から留守所に充てた国宣には、奥上に国守もしくは大介が署判を加えるが（図45）、大介の署判の場合にはさらに袖判が加えられている場合もある。この袖判を加えるのは知行国の国主であり、「大介」は名国守（名目上の国の守《かみ》）である。また治承四年（一一八〇）源頼朝は伊豆国に平氏討伐の挙兵をしたが、それ以来寿永三年（一一八四）初め頃に至るまでの間に発した彼の下文はいずれも奥上署判であり、袖判下文に変ったのはそれ以後のことである。この変化

は、元暦元年（一一八四）三月に朝敵を免ぜられて正四位下に叙されたことによるものと推定されている。

下文において奥上に署判を加えるのは政所別当等であり、また庄園においては預所層の者である。それに対して袖判を加えるのは知行国主や本所・領家層の者である。このように袖判は受信者が発信者の家人もしくは被官として隷従する地位にあった場合に用いられている。すなわち、袖判はもっとも上位の者が据えるもので、受信者に対するほぼ全面的な補任権・支配権を握っている場合に行なわれたものと考えられる。頼朝が奥上署判下文から袖判下文に変えたのも、朝廷との関係が確立し、東国に対する全面的な指揮権を掌握したことの一種の宣言でもあった。

三代将軍源実朝以後鎌倉幕府の実権は執権が握るようになった。そして幕府から出される命令伝達手段である下知状・御教書においては、執権・連署が将軍の命を奉じた形式の書止文言を持つが、署判の位置は御教書では日下、下知状では奥下にある。幕府の御教書は、綸旨・院宣・公家御教書の系譜を引くものであり、いずれも署判は日下に加えるべきものである。したがって実質的な発令者である執権も、文書形式上は院宣以下と同じく奉者として日下署判を加えている。一方、下知状においては、執権・連署は将軍の命を奉じた形式をとりながらも、御教書よりは尊大な奥下署判をとっているのは、単なる命令の伝達者ではなく、受信者より一段優越した地位にあることを示そうとしたものであろう。ただし執権は形式上はあくまでも将軍の命令の伝達者に過ぎず、奥上署判・袖判の下知状を出すことはできなかった。なお執権が袖判を加えている下文がまま見られるが、それは得宗領（北条総領家領）の場合に限定される。

なお室町幕府においてもこの御教書・奉書は日下署判、管領・奉行人奉書の下知状は奥下署判という原則は継承されている。

日下・奥下両署判には書札礼上の厚薄があったが、室町時代に入ると本来日下署判であるべき文書でも時に奥下署

判が加えられている例が見られるようになり、次第に混乱が生じてきた。しかしその大勢においてはなお日下が厚礼、奥下が薄礼とされていたようである。

差出書において、差出者名の下に花押を加える場合と加えない場合がある。日常的な書状にあっては名前のみを書いて、そこに花押を据えることはしないのが原則である。しかし書状でも重事に関する場合には花押を据えることがある。また綸旨・院宣・御教書でも、奉者の官途・姓・名を適宜書くが、必ずしも花押を加えるものではない。しかし重事に関する場合には奉者の花押を併せ据えることが多い。このように署名の下に花押を加えるのは、その文書が重要な内容を含み、その発信者が間違なく当人であることを相手に伝え、あるいはそれを証明する必要のある場合であった。

なお天皇自身の発給する宸翰文書においては署名は加えられないのが常であり（図47）、その天皇の名が署名として加えられているのは神仏に捧げる願文の場合を除けば、即位以前に出された文書である。ただし置文等で後代への証拠とすべき文書にあっては、宸翰であっても署判部分に花押のみが加えられた。

書状およびそれから変化した御教書その他の書札様文書においては、差出書の下方に「状」「奉」「上」「請文」等の文字が書き添えられている場合が少なくない。これらの差出書の下に付する語を「下付《したづけ》」とよぶ（図48・94）。

4　充　所

書状や御教書等の書札様文書では、日付の奥に充所《あてどころ》すなわち充先を独立して書くことが通例であるが、それ以外の文書では充先の書き方は一定せず、大きな相違が見られる。符《ふ》・移《い》・牒《ちょう》や官宣旨・下文等では、「太政官符　摂津国」のように、書出の部分に差出・充先を書いてしまうが、解《げ》・申状・注進状等では特に充先が書かれることはない。

また売券・譲状・寄進状では、本文中に充先の名が見えてはいても、特に充所として独立させて記すことはしない。

ところで書札様文書の中でも返事の書状においては充所を省略しても差支えないと書札礼の書物の中に記されているが、現存の書状を見ても、返事の場合には充所を省略した例が数多く見られる。綸旨・院宣・御教書等では、充所を省略せず書き入れるのが常であった。しかし元弘年間あるいは建武中興直後の後醍醐天皇綸旨の中には充所が省略されたものが見られる。図50の綸旨は鎌倉幕府追討の軍勢催促のために出されたもので、内容ならびに伝来状況から見て直接武士に充てて出されたものである。地下《じげ》の五位・六位の武士に充てて直接綸旨が出されることは従来なかったことであった。しかし討幕の兵を集めるためには直接武士達に出陣を求めることが必要であり、従来の慣例に頼っては軍勢の召集は困難であった。そこでその綸旨を充てられた武士の名を本文中に書き、当然書くべき充所を省略して表面的には異例さをかくすこととしたのである。また室町将軍家の出した御判御教書中にも充所のあるものとないものの二種に分れるが、充所の無い方が薄礼の書式である。

充所を書く場合に、相手の名前の上に「進上」「謹々上」「謹上」のような上所《あげどころ》を書くことが多いが、それが省略されている場合もしばしば見られる。書札礼の厚薄の点からいえば、進上がもっとも厚礼で、謹々上・謹上の順となり、上所のないものがもっとも薄礼となる。また相手の名を記したその下方に「まいる」「人々御中」「御侍者」「御宿所」等の語を書き添えることも多い。これを脇付《わきづけ》と呼び、相手に対する尊敬の念を表すものである。人々御中・御侍者は、その書状が相手に直接充てられるのではなく、その側近の者からの取次を請う形式であり、脇付のないものよりはより鄭重な書式である。また相手の身分が差出者に比べて特に高貴の場合には充所には相手の名前を直接書かず家司の名を書くが、上所は進上とする。このため、充所に記された人物の官職はさほど高くはないのに最上級の「進上」を用いており、一見したところでは不似合な感じを受ける場合が少なからずあるが、これは家司に充てて出

されたからである。綸旨・院宣・御教書はもと書状から派生した文書様式であり、その書札礼は書状に準じて行なわれた。したがって、たとえ綸旨・院宣ではあっても、本文の書止の敬語や充所の書き方はその奉者自身と充先との地位の差によって規制され、奉者に比して充先の地位が特に高い場合にはたとえ綸旨・院宣ではあっても最大級の礼をもって書かれている。

室町時代以降になると、受信者の地位によって充所を書く位置を異ならせるようになってきた。南北朝時代以前においては、受信者の地位によって上所を使い分けはしたが、充所の地位については特に顕著な相違は見られない。しかし室町時代になると、相手の地位が低い場合には充所の位置は下方に下げられるようになり、桃山時代頃になると、極端な場合には左下隅に小さな字で書かれる例が数多く見られる。こうした充所の書き方は室町時代以降に次第に顕著になってきた現象である。

また受信者への敬称である「殿」についても、殿の字が崩され草体が顕著になるほど薄礼とされ、仮名文書でないのに「との」「とのへ」と平仮名で書かれるのはもっとも薄礼とされた。

このように、署名・充所の位置・書き方を見ることによって、発信者と受信者相互の地位の相違や関係を推定することが可能となり、その文書の内容を理解する上での有力な手懸りを得ることが可能となる。

5　花押と印章

現在我が国では本人の意志を表すものとして広く印章が用いられ、自署・サインの効力は印章には及ばない。しかし古くは自分の名前を自ら書いた自署が重視されていた。その署名が草体となり、速筆をもって書かれると、筆画が崩れ、その名前の文字形は必ずしも明瞭ではなくなってくる。こうしたものを草名《そうみょう》と呼ぶが、これがさらに略体化さ

れるといわゆる花押となる。そして本人の意志によることを証明するためには名前の代わりに花押を書き、また時には名前の下にさらにこの花押を書いてその証拠能力を補強する。したがって、その文書が将来に証拠となることを必要とする場合には、その文書を出した人の氏名のみではなく、花押を書き加えることによって初めて有効となるのである（図51・52）。特に右筆書や第三者に代筆させた文書においては、この花押によって初めてその文書の効力が成立したといえる。その点では花押は現在の印章の役割を果たしていた。

花押はもと署名から発生したものであり、その人の名前の文字を略することから始まった。したがって初期のものは草名と花押の区別はつけ難い。やがて二字名の場合にはそれぞれの文字そのものあるいはまたその扁・旁をとって合せ（二合体）、または一字をとってそれを変形して作ることも行なわれ（一字体）、時にはその文字を裏返した形にして作ることもあったという。また鳥・獣等の形からとったものも稀に見られる。桃山時代から江戸時代にかけては名乗の文字から離れ、陰陽五行説等にのっとり、天地に横画を置き、その間をその人の性に合うように作った花押（明朝体）が盛行するようになった。

花押の形は公家と武家とで異なっていた。しかし室町将軍においては、京都にあって公家としての役割もあったため、三代将軍足利義満以降は武家様・公家様の両花押を有し、文書の性格によって両様を使い分けていた。また人によっては時期によって花押の形を変えており、その変化によって無年号文書ではあってもおよその年代を推定することも可能となる。

文書に印章を捺すことはすでに大宝令でも定められており、本書に掲げた大宝二年（七〇二）筑前国戸籍でも文字上に「筑前国印」が捺されており（図21）、また法隆寺献物帳（図55）にも同様に「天皇御璽」（内印）が文字の上一面に捺されている。印を捺すことはその文書の差出者を明示しそれが偽りのものでないことを証するとともに、文章に改竄

のないことを示すためでもあった。この点、現代の印章がサインと同じく本人であることを証明する機能を持っているのとはやや意味を異にしている。

大宝令以来平安時代前期にかけて、公文書に印を捺す場合には文字の書かれている部分全面にわたって印を捺すことが原則であった（図69・71〜73）。しかしすでに奈良時代においても品目・数量や日付・署名部分のみに印を捺してある場合もあった。時代が降るにつれて印を文の全面に捺すことは次第に省略され、品目・数量・日付・署名その他特に改竄を防ぐべき個所のみに印を捺すに止めるようになり、またその数も減少するようになった。平安時代末期頃にはせいぜい数顆ないし二、三顆に減じ、文面の改竄のないことを証するという実質的な目的は失われ象徴的な権威付けの面のみが残され後世のサインに準ずる印章の使用法に近づいている。

奈良時代においては公式令で印章使用が規定されているが、平安時代以降まで含めて現在見られる印影としては各種のものがあり、「天皇御璽」（内印）が寸法が最大であり、「太政官印」（外印）がこれに次ぎ、中務・民部・大蔵等の八省印、さらに諸官司・諸国の印の順となる。また郡印・倉印・軍団印・僧綱印の他に、寺印や個人の印である私印等もあり、実物の存するものも若干ある。これらの印が文書に捺されていても、その印が捺されていることのみで文書の発給者そのものを示し、署判の代りとなり得るものではない。ただ文書が間違いなくそこから発信されたものであり、文章も手を加えられていないことを示すために捺されている。

したがって印章の意義が重視されなくなるとともに次第に省略され、発信者の署判が重んぜられるようになれば、太政官符のように公式令で規定されている公文書のみに象徴的に捺され、しかもそれは文面全部ではなく、ごく一部の特定個所にのみ捺されるようになる。また公式令に規定のない宣旨・官宣旨においては署判のみが加えられ印は捺されない。こうして平安時代後期以降鎌倉時代にかけては署判が重視され、文書に印を捺すということは特定の場合

以外には行なわれなくなった。

古く中国の禅僧の墨跡（偈・印可・法語等）には署名の下に朱印の私印が捺されているが、この朱印は署判に添えられたもので、署判の働きを助けるためのものといえる。この点は公式令に定めた官司その他の印と意味を異にしている。このような中国禅僧の朱印使用の風習は日本の禅僧等によって採り入れられ、浸透して行った。しかし一般の文書において印が自署・花押の代りとして普及するようになるにはなお年月を必要とした。

普通の文書にあっては、自署・花押の代用としての印判使用に先立って現れたのが版刻花押である。これは花押を木に彫り、これを筆で花押を書く代りに押捺したもので、本書に掲げた永仁三年（一二九五）五月十二日の一切経供米請取状（図56）の袖判が版刻花押使用例としてはもっとも早い例である。中世における版刻花押の使用例はさほど多くはないが、江戸時代になると大名等においては花押の輪郭のみを版刻して捺し、中を墨で塗り潰すというような方法がとられる例が見られ、かなり普及していった。これもまた版刻花押の一形態といえる。

印章が花押に代るものとして使用された例では、本書に掲げた暦応三年（一三四〇）十一月七日の久我前右大臣長通御教書（図57）の袖に捺された「宇宙」の単廓黒印がもっとも早い現存例である。この「宇宙」印は久我家の家印で、室町時代に至るまで袖判として用いられており、その使用例が幾つも残っている。室町時代にはこれ以外にも花押の代りに印章を用いられた実例が次第に多く見られるようになり（図58）、戦国時代から織豊政権の時代を経てその使用例は増加し、江戸時代になると名前を書いた下に花押の代りに印を捺すのが一般的となった。中でも戦国時代の北条・今川・武田・上杉氏等によって発給された印判状は、印章が花押と同様の重要な地位を確立したものとして注目される。

戦国大名は朱印・黒印を捺した印判状を多数発給するようになるが、その最古の使用例は長享元年（一四八七）駿河

国守護今川氏親黒印状である。小田原の北条氏では永正十五年（一五一八）の北条氏綱朱印状が初見であるが、ここには有名な北条氏の「虎の印」（印文「禄寿応穏」の上に虎を配する）が捺されている。以後北条氏では氏直に至る四代の間同じこの印を使用した（図59）。武田氏は丸竜の朱印、越後上杉氏は仏神名号朱印（印文「勝軍地蔵・摩利支天・飯縄明神」）等もよく知られている。その他、安房里見氏、奥州伊達氏など印章を用いた大名は少なくない。また織田信長は楕円形の「天下布武」の朱印（図60）、ついで馬蹄形の同文の朱・黒印を用い、豊臣秀吉は印文不明の朱円印を用い（図11・62）、徳川家康も数種の印を用いている。

印章の使用を見ると、その例は東国に多く、西国の大名では少ないようである。大内氏・毛利氏が印章を使用した文書は伝存せず、九州の島津・大友氏の発した文書には印を捺したものが見られる。

これら戦国大名の印章を捺した文書を見ると、戦国大名相互間の往復文書、家臣に充てた所領充行状・安堵状等の恩給文書には必ず花押を書いており、印章を捺すことはなかった。印章を捺した文書の機能を見るといずれも領内の民政関係文書であり、同種類のものを同時に多数発給する必要のあったことから使われはじめたものであろう。その印章がいずれも大型で印文にも威厳のあるものが選ばれているが、これは領主の権威の象徴という意味があったものと思われる。このことは印章の使用の有無が発信者と受信者との地位関係にあったことをよく現している。花押に比して印章を用いた文書は書札礼として薄礼であり、領主と被支配者の関係にあることをはっきりと示すものである。織田信長も当初は印章を民政文書にのみ使用していたが、勢威の伸張とともに他の大名に充てた文書にも印章を用い、やがてはほとんど花押を用いなくなった。このことは江戸幕府にも引き継がれ、将軍の代替りに出される知行安堵状も、公卿・大々名・宮門跡寺院等には花押をすえた御判安堵状、それ以下に対しては朱印状を用いているのもその一例である。このように花押・印章の使用一つを見ても、発信者と受信者との地位・関係をうかがい知る一手段となり

うる。なおこの印章を捺す位置についても、袖・奥上・日下の三ヵ所があり、相手により、あるいは同じ発信者でも時期によって変化している。その位置による書札礼の厚薄には、先の差出者で述べたところと同様のことが印章でも見られるのである。

四　公式様文書と平安時代以降の文書

(一)　公式様文書

古来、文書は差出人・受取人の地位身分の上下、目的・内容、公文書・私文書等の差違によって、その書式には種々の約束事があり、おおむねそれにしたがって書かれるのが常のことであった。古く大宝令（七〇一年制定）の中の公式令には公文すなわち公文書の様式（書式）が規定され、養老令にもほぼそれに近い形が踏襲されている。養老公式令には詔書式以下過所式に至る二十一種の様式が規定されているが、現在これらの様式の文書を公式様文書と呼んでいる。その中には残存例の少ないものもあり、また紙数上の制約もあるので、その一々について説明を加えることは省略し、ここで取上げるのは詔書・勅旨（勅書）・符《ふ》・移《い》・牒《ちょう》・解《げ》に限定したい。

1　詔書・勅旨（勅書）

ともに天皇の命令を下達するためのもので、『令義解』には「詔書・勅旨、同是綸言、但臨事大事為レ詔、尋常小事為レ勅也」とあり、詔書は大事、勅旨は小事について出されるものであった。詔書はさらに事の性質・軽重の相違に

よって書出の文言が異なっており、古くは宣命体で書かれることが多かったが、一方では純漢文体の詔書も出されるようになり、やがて宣命体詔書は漢文体のものと区別して宣命と呼ばれるようになった。後世になると宣命は伊勢神宮・賀茂社その他の神社に宣誥する場合に多く用いられるようになり、江戸時代に至るまで行なわれている。

詔書の発給手続は、中務省の内記が文を作りこれを天皇に進めると、天皇は日付の中の日の数を宸筆にて書き（御画日という）、これを中務卿に給う。中務省はこれを案として留め、別に一通を写し、中務卿・大輔・少輔が連署し、中務省印を捺して太政官に送る。太政官では大臣・大納言が連署して詔書を施行することを奏上（覆奏）する。ここに覆奏の日付が加えられるが、その次行に天皇は「可」字を宸筆で書き（御画可という）太政官に返す。そこで太政官はこの詔書の写を作り、太政官符を添えて下付し、その実施を命ずる。このように公式令の規定では詔書の発布手続は非常に煩雑なものである。

勅旨（勅書）は小事に対して用いられる様式で、公式令の規定では、中務省が連署を加えて太政官に送付すればよく、御画日、太政官の覆奏、御画可を必要としないものである。しかし現存する勅書を見ると、公式令とは異なっている。本書に掲げた平田寺蔵の聖武天皇勅書（図61）には「勅」字が宸筆で加えられており、また醍醐寺蔵の東山天皇理源大師諡号勅書（図13）の日付は宸筆であり、詔書にある御画日が加えられている。このように勅書においても詔書のように御画日・御画可に類することがなされることがあり、現実には詔書・勅旨の相違は公式令のようには画然と分けられていなかったのかも知れない（図63）。

2　符

直接上下関係のある役所の間で、上の役所から下の役所へ充てて出される文書の形式である。最初に「太政官符

神祇官」のように（図64）、まず発令者次に命令を受ける者の名が書かれ、次に要件を示す事書を記し、さらにその内容の説明文（事実書）を書き、「符到奉行」の書止文言で文を終る。そしてその次行に発信の役所の長官等（太政官では弁官局の官人）が署判を加え、日付はその次行に記される。他の公式様文書はもとより、中世の多くの文書でも、署判は日付の直下もしくはその奥に加えられるのが通例であるのに、符式文書では署判が日付の前行にある点が一つの特徴である。

3　移

「非二相管隷一」の諸司、すなわち上下支配関係のない役所の間で授受される文書をいう。本書に掲げた天平十七年（七四五）四月二十一日大蔵省移（図65）は民部省充、建久九年（一一九八）正月十九日兵部省移（図29）は左近衛府充で、いずれも直接上下の支配関係を持たない役所間で出されたものである。移は本来役所間で取り交される文書であるから伝存例は符・牒・解に比して遥かに少ない。特に後者の兵部省移は中世の移式文書として他に類例の少ないもので、移の正文としては現在知られる限りではこれがもっとも後の例である。

4　牒

公式令牒式条には「内外官人主典以上」すなわち四等官以上の役人が諸司（役所）に出す文書を牒と呼ぶと規定している。また移式条では僧綱が諸司と「相報答」する場合には「以移代牒」、すなわち移式ではなく牒式によって文書の授受を行なうことに定められている（図74）。現在残っている牒式文書の中には前の四等官以上の上申文書としての牒はほとんど見られず、この場合には次に述べる解式文書を使用するのが例であった。そして移式条に僧綱・三綱

と役所との間の往復文書にのみは牒式を用いるとの例外的規定が設けられていたのが、他の類似のケースにも適用され、かえってそれが一般的となった（図66）。また検非違使庁・記録所・雑訴決断所等の令外官はその命令を下達する際に役所としての地位の上下関係が不明確であるため、符式文書を発することができず、牒式文書を発して命令の伝達を行なうようになった。本書の記録所牒（図67）・雑訴決断所牒（図68）はその一例である。寺院間の往復文書にも牒が出されたが、平安時代以降多くの実例が残っている。中世においては、他寺に衆議を伝える場合には牒以外に年預の名前で「恐々謹言」等の書止文言を持つ書状形式の文書がよく用いられたが、これを当時「牒状」とも呼んでいたことが端裏書等から知られる。これはもと寺院間の公式文書は牒であったため、書状形式のものでも牒と同じ機能を果たすものとして「牒状」と呼んだものであろう。

5　解

公式令解式条には「八省以下内外諸司」が太政官及び所管の上級の役所に出す文書は解式を用いるとされている。しかし現存する解式文書の差出者は、内外諸司に限らず寺社・個人にまで及んでいる。つまり解式文書は公式令の規定よりも広範囲に使用され、下位の者から上位の者へ出す上申文書として広く一般的に用いられていた（図49・70・71）。なお公式令では「雑人以下」の下級者が諸司に文書を上る場合には辞式文書を用いる規定が見られるが、公式令の規定にもかかわらず、この辞式文書は使用例が少なく、奈良時代以来上申文書は役所・個人の差や差出者の地位その他には関係なく主に解が使用されている。なお先の符・移・牒には書出に差出者と受信者がともに明記されているが、解では文頭に「某解」と差出者の名は明記されるが、受信者の名はまったく見えない点が大きな相違点である。

公式様文書は以上の他に各種の形式のものが見られるが、煩を避け残存例の多い形式のもののみについて説明を加

えた。

(二) 平安時代以降の文書

奈良時代においても、公文書の様式・発給手続は必ずしも公式令の規定通りに行なわれたわけではなく、かなり乱れがあり、また公式令にはない書式の文書も出されていた。平安時代に入ると、発給手続は次第に簡略化されるようになり、それにともなって公式令とは異なった新しい様式の文書が多数出現し、符・牒・解のような公式様文書と並び行なわれるようになり、やがてはむしろそれが主流を占めるようになった。

この新しい様式はおおむね三つに分類することができる。すなわち、第一に公式様文書と形態的に類似するもの、第二に公式様とは別の公文書様式をもつもの、第三に書状等の私的な書札様文書から発展したものの三つである。

公式様文書のうち、符・移・牒はいずれも、「太政官符　神祇官」のように書出部分にまず差出者、次に文書様式を示す符等の語があり、その下に文書の充先を記している。平安時代以降によく用いられた下文様式のもの（官宣旨、政所下文その他の下文）や宣（庁宣、大府宣）は「右弁官下　興福寺」あるいは「庁宣　留守所」のように、書出に差出者、様式を示す語（下・宣等）、充先が記されている。このように符・移・牒と下文・宣とは書出の形式が類似しており、また書止も「以符」「故移」「以牒」に対して「以下」「以宣」等となっており、よく類似している。したがって下文・宣は公式様文書の変形したものと考えて差支えない。中でも下文は中世公文書中重要な形式である。

公式様文書とは基本的に異なった形式をもつ公文書はすでに奈良時代にも使用され、木簡の中には各種の異なった文書様式が見られる。木簡は小さな木札の中に必要事項を記さなければならないので、その文は簡略化されている。中には解等の公式様形式のものも存在しているが、召喚・請求等の日常事務において用いられる木簡においては必ず

しも公式様にこだわらず、種々の異なった様式のものが用いられている。日常の事務処理にはこのような公式様以外の各種の様式の文書がしばしば用いられていたのではなかろうか。平安時代には、木簡ばかりでなく、紙に書いた文書の中にも公式様とは大きく異なった種々の様式の文書が多数現れ、日常の瑣末な事項ばかりではなく、政治上重要な事項についても公式様文書に代って用いられるようになった。その実例として宣旨・内侍宣があるが、いずれもすでに延暦年間の実例が知られており、早いものは長岡京時代の延暦九年（七九〇）のものもある。

次に、もとは私的な文書様式であった書札様文書（書状）が公的な文書として用いられるようになり、やがて公文書としての地位を確立していった。それが綸旨・院宣・令旨・御教書である。したがって、これらの文書の書式・文言には書状と共通するところが多く見られる。平安時代以降中世にかけて、公家・武家・社寺を問わずこれらの様式の文書は数多く出され、公文書として重要な役割を果たしている。

平安時代から室町時代にかけて出された公文書の形式は、公家（朝廷）・社寺・武家において各独自のものも見られるが、その多くは基本的形式については相共通している。このことは、現在発給主体その他により文書名を異にするとはいえ、同じ文書形式から発展して来たものであることを示している。したがって公家様文書・武家様文書といっても、武家様文書は基本的には公家様文書にならったものであり、両者間には形式上大きく異なっているものは少ない。しかしその発給手続・機能等にはそれぞれ独自なところも多々あり、発給主体に分けて考察することは重要である。したがって以下では公家（朝廷）・武家に分けて、それぞれの発給文書様式・発給手続・機能等について述べることにする。

(三) 公家様文書

公家様文書とは朝廷から出される文書をいうが、その中でももっとも公的で格式の高いのは天皇の命を伝える形式をもつ宣旨・官宣旨である。摂関政治・院政が行なわれていた時期においては、政務の実権は摂関・上皇（法皇）の手にあった。特に院政開始以後は上皇が「治天の君」とも呼ばれ、天皇は「東宮の如し」とさえいわれたほどである。しかし形式的には政務の中枢は天皇にあり、実際には上皇が決定したことであっても、形式的には天皇の名において命令が発せられることとされていた。したがって謀叛人の追討・新制の発布その他の重事に際しては、太政官符のような公式様文書より以前に、天皇の意志を最初に伝達する形式のものである宣旨が発せられることが必要であった。治承・寿永の源平争乱に際しては多くの追討令が発せられたが、宣旨がそのもっとも根本的なものであり、それを諸国等に伝えるために太政官符あるいは官宣旨が発せられるということから見ても、政務上重要な問題に際しては天皇の命を直接伝える形式の文書が重要視され、不可欠のものとされていた。

その他の日常的な事項については綸旨・院宣・令旨・御教書や院庁・政所等の下文をもって処理された。

1 宣旨

詔書・勅旨を発布するためには、公式令において煩雑な手続きを必要とした。そこでその手続きを簡略化したものとして宣旨が用いられるようになった。宣旨はもと後宮の内侍が勅命をうけると、自ら直接にその旨を宣し（内侍宣）、あるいはそれを上卿に伝宣する。すると上卿はそれを事柄の内容にしたがって太政官の外記局・弁官、中務省の内記局に伝える。また弘仁元年（八一〇）蔵人所設置後は、まず内侍が職事（蔵人）に伝宣し、職事から上卿に、さらに事に

応じて弁官・外記局・内記局に伝えられ、宣旨が草される。なお現存する宣旨では弁官が史に伝えて起草させ、史の署名で発布したもの（図78）が多く伝えられている。現存する文書は所領等に関する文書をはじめとして、後世に至るまで証拠文書として機能させる必要のあるものが多い。これらは民部省等の職掌にかかわるものであるが、それを統轄するのは弁官である。こうしたことから弁官の起草した宣旨が特に多く残っているものと考えられる。なお内侍宣の原本としては本書掲載（図79）のものが現存唯一の例である。

2　官宣旨

上卿から弁官へ伝えられた勅命をさらに史に伝宣発布するのではなく、史に起草させ、弁官・史の署名により発するのが官宣旨である。これは「左（右）弁官下（充所）」の書出を持つのが形式上の大きな特徴である。次に事書、その次にはそれを説明した事実書を書くが、事書以下は弁官発布の宣旨とよく似た書き方を持っている。平安時代の官宣旨の中には書止に「不可違失官符追下」とあるものがあり、本来は太政官符が正式のもので、官宣旨はその略式のものであったことがうかがわれる。太政官符には必ず「太政官印」（外印）を捺し、時には「天皇御璽」（内印）を捺したものも見られる。それに対して、官宣旨にはこのような印を捺すものはなく、この点からも略式のものであることを示している。しかし時代が降るとともに次第に官宣旨の権威は高まり、訴訟・追討等に際しては多く用いられ、もっとも重要な文書の一つとされるようになった。

官宣旨は左・右弁官のいずれかより出されたが、左弁官は中務・式部・治部・民部四省、右弁官は兵部・刑部・大蔵・宮内四省を掌っていたため、もとはそれぞれの管轄内の事項によって左弁官（図80）もしくは右弁官より官宣旨が出された。しかし兵部省・刑部省にかかわる事項には、兵乱・追捕に関するいわゆる凶事に属することが多かった。

このため十一世紀末ないしは十二世紀初め頃からは、兵乱・追捕に関するような凶事については「右弁官下」の書出を用い（図81）、その他はすべて「左弁官下」の書出をもって発布されるようになった。なおこの両書式のいずれにおいても、奥に署判を加える弁官に左右の区別はなく、その時その件を担当した弁官が署判を加えている。なお官宣旨のもっとも古い例は、後の写ではあるが、貞観十一年（八六九）のものである（『政事要略』所収）。

3　口宣案

勅旨を承った蔵人《くろうど》はそれを太政官の上卿に伝えるに当たって渡した文書を口宣案《くぜんあん》という。勅旨は本来口頭によって伝えられるものであったが、正確を期するため蔵人がその事項を書き記した紙を用意し、必要に応じて渡していたのが慣例化した。口頭によるのが正式であるため、それを書き留めたものは控と考えられ、口宣案と呼ばれたものと考えられている。記事は簡略で、年月日、事項、奉者名を記すのみである。現在残っているものは叙位・任官に関するものが多い（図85）。しかしそれ以外の政務に関する事項についても口宣案は出されたが、原本の伝わるものは少ない。叙位・任官に関する口宣案は数多く伝えられているが、中世になると通常の場合には除書・位記等が出されず、この口宣案をもってその代用とされることが多くなったからであろう。なお料紙は宿紙を用いている。

4　綸　旨

蔵人が天皇の意を奉じて、蔵人自身の名で発する奉書形式の文書を綸旨という。蔵人が天皇の意を上卿に伝え、さらに弁官その他を経て発布するのではなく、蔵人が仰せをうけるとそのまま起草発布するのであるから手続きとしてはもっとも簡略な形をとっている。したがってその内容も、もともとは天皇の私的かつ日常的な要件に関するものに

限られていた。しかし後醍醐天皇親政時代から建武新政、南北朝時代にかけては、天皇の政治への関与がもっとも強かったので、綸旨によって政務上の重要事項も処理された。綸旨の日付は月日のみを書く場合が多いが、重事に際しては年月日を一行に書く書下し年号の日付が用いられた（図36・37）。

綸旨の最古のものは、写しながらも醍醐寺文書の治安元年（一〇二一）五月四日付後一条天皇綸旨案である。正文では同じく醍醐寺文書の天喜二年（一〇五四）二月十二日付後冷泉天皇綸旨（図82・83）である。綸旨の料紙は宿紙（薄墨色を帯びた漉返紙）を用いるのが例であるが、この天喜二年のものは白紙を用いている。綸旨に宿紙を使用するのが通例となるのは、この天喜二年よりやや後のことではなかろうか。なお後世になっても稀に白紙を使用した例が見られる。元弘三年（一三三三）後醍醐天皇が配流先の隠岐国を脱出した直後（図50・84）および、建武二年（一三三五）吉野遷幸直後に出された綸旨の中に白紙のものが見られるが、これは宿紙を調達することができなかったことによるものである。また南北朝時代を通じて南朝方の綸旨には反故紙の漉返しによる宿紙ではなく、薄墨色に染めた染紙を使用したものが数多く見られる。これは当時南朝方においては漉返紙の宿紙を調達することが困難であり、染紙をもって代用することを余儀なくされることが多かったことによるものであろう。また江戸時代になると綸旨の料紙は漉返紙を使用せず、薄墨色の染紙を用いるのが通例となった。

綸旨の書出を見ると、古い時期のものには「蒙　綸言（綸旨）云」「仰云」とあるものが多い。しかし平安時代末頃になるとこのような書出の文言は省略され、書出より直ちに要件について記すものが一般的となる。書止には「綸旨如此仍執達如件」「天気如此悉之以状」等のように「綸旨」あるいは「天気」等の語が入り、綸旨であることが一見して明確となるのが通例である。しかし中には「御気色所候也」「仍執達如件」とのみあって、文面の形式のみでは院宣・御教書と区別し難い場合もある。しかし綸旨は宿紙を使用するのが通例であり、料紙・奉者名（蔵人）から判

別することが可能となる。なお書止の文言は種々の例があるが、これは奉者と相手の地位によって変えて用いられた（図84・86～88）。

「蒙　綸言云」「仰云」等の書出は、前述の宣旨の書出に「被右大臣宣偁」あるいは「某宣」とあるのと形式的に相通ずるものを持っている。しかも綸旨のこのような書出は古いものによく見られる。綸旨もまた宣旨と同様に勅を伝えるものであり、もとは宣旨と類似した書出を持つことは不思議なことではない。なお後述の院宣・令旨・御教書においても、平安時代のものの中には「被院宣云」「被美福門院令旨云」「被関白殿仰云」の書出を持つものが見られる。これらは綸旨同様に奉書形式のものであり、いずれも宣旨と類似した書出を持っていることは注目される。すなわち、これらの文書の形式はいずれも宣旨の影響を受けていたものといって差支えなかろう。しかし平安時代末期の十二世紀中葉以降は綸旨・院宣・令旨・御教書ともに、いずれもこうした書出の文言が省略されるようになり、直ちに事柄の記述から始まる書式が通例となる。

なお一旦はほとんど用いられなくなった「蒙　綸言云」等の書出を持つ綸旨は後醍醐天皇によって再びしばしば発せられるようになった。後醍醐天皇は元弘三年隠岐国を脱出し、政権回復へ向って動き始めたが、この時期に「蒙綸言（綸旨）云」の書出を持つ綸旨を幾つか発している（図84）。この書式の綸旨はいずれも社寺に対して祈禱を求めたものであり、他の綸旨に比して荘重な文体で書かれている。王政復古に対する強い意志を表し、それへの神仏の加護を祈念するためには、文頭に「蒙　綸言云」とある古い形式の方がよりふさわしいと考えられたためであろうか。

5　女房奉書

天皇の意をうけて側近の女官が出したものである。全文仮名書きで、いわゆる「散し書」の形をとっている。蔵人

が奉者となれば綸旨と呼ぶが、女官が奉者の時には女房奉書と呼ぶ。綸旨のように宿紙を使用せず、普通の文書と同じく白紙を用いる。女官の出すものであるから、当時の女性の書いた書状と同様に仮名散し書で日付、差出者（奉者）の署名等を加えることもない。もとは女官が手控えとして書き留めていたが、綸旨と同じように相手へ渡されるようになったのがこの女房奉書である。女房奉書の原本としては鎌倉時代中期のものが最古とされ、室町時代のものは数多く残っている。室町時代になると、女房奉書を取り次ぐ公卿が端裏に「仰　天文廿一　六　十四」のように日付を書き加えるようになり、発布日を知ることができるようになる（図89・90）。内侍宣は天皇側近の女官内侍が伝えたものであり、女房奉書も女官が天皇の意を伝える点では同じである。しかし内侍宣は内侍が口頭で伝えた勅を取り次ぐ者（男性）が書き記したもので、漢字を使用した宣旨様式である。それに対して女房奉書は仮名書の奉書形式すなわち書状様式に属する点が大きな相違点といえる。なお女房奉書はかなり崩した仮名散し書であり、長文の場合には解読に苦しめられることが多い。

6　院　宣

上皇・法皇の意を近侍する院司が受けて出す奉書形式の文書を院宣という。院宣発布の事実は、早くも白河上皇による院政開始の翌年寛治二年（一〇八八）に見られるが、初期の院宣もまたその書出は綸旨同様に「被院宣云」で始まっている。しかし平安時代末期以降は、その書出はいずれも直ちに事柄の記述から始まるようになったことは綸旨と同様である。書止には「依　院御気色執達如件」「院宣如此悉之以状」等々の文言があり、院宣であることが明らかとなる。しかし中には「院」の字が省略されていることもあり、一般の御教書と区別し難い場合もある。料紙は白紙を用いるのが例であるが、蔵人が院司として奉じた場合には稀に宿紙を使用したものも見られる（図14）。

院政が行なわれている時には、上皇が「治天の君」であり、天皇は「東宮の如し」といわれることもあった程である。したがって綸旨よりも院宣の方が多く発せられ、また政治上の重事についても綸旨ではなく院宣をもって発せられることが一般的であった。院宣は上皇の意志を伝えるものであるが、比較的日常的な問題について発せられることが多かった。このため、日付も月日を記すのみで、年付を省略するものが多い（図43・91）。しかし鎌倉時代中期以降は、権利の付与・承認に関する事項にまで院宣が用いられるようになると、年月日を一行に書くいわゆる書下し年号の院宣が発せられることも多くなった（図14）。

7 令　旨

公式令には皇太子・三后の意を伝える文書として令旨式が掲げられている。しかしこの形式の令旨は現存せず、現在令旨と呼んでいるのは皇太子・三后・親王の意を奉じて近侍の者の名で発した奉書形式の書札様文書である。書止に「某令旨所候也」云々、あるいは「依某令旨執達如件」等の文言があり、誰の意を奉じたものかは明らかにされる（図93）。この奉書式令旨で現存するものはいずれも平安時代末期以後のものである。

8 御 教 書

御教書とは三位以上の人およびそれに准ずる人の意をうけて、その人の家司（侍臣）が出す書札様文書をいう。書止には「依仰執達如件」「御気色如此仍執達如件」等種々の文言を持つが、その主人が誰であるかは明記されない場合も多い。この御教書を出したのは摂関家（図94）の他公卿、大寺院の別当・座主・門跡等がある。御教書は庄務その他家務の処理のために出されたが、訴訟の判決等後代の証文となるべきものは下文を用い、御教書は日常的な事項

や臨時の命令等のために出されたことは綸旨・院宣と同様である。

なお摂政関白が藤原氏の長者として、藤原一門のことに関して発する御教書は「依長者宣執啓如件」等の「長者宣」云々の書止文言を持っている。このためこのように藤氏長者として出された御教書をとくに長者宣と名付ける。これは藤原氏の氏神・氏寺である春日社・興福寺や香取・鹿島社等に多く現存している。

9　院庁下文

院庁とは院＝上皇（あるいは法皇）に近侍する院司が執務を行なう役所をいう。この院庁で院領・院御願寺等の所領庄園等についての統轄を行なっていた。これら院領庄園の支配に関する事項の中で、訴訟の判決、庄園諸職の補任・安堵等後代の証文となるべき事柄に関してこの院庁下文が出された（図96）。すなわち、もとは院庁下文は上皇の家政機関にかかわりを持つ事柄に関して出される文書であった。しかし後白河上皇の院政以後、上皇の権勢はますます強化され、院庁下文も院の家政機関内の問題だけでなく、国政全般にかかわる問題についても出されるようになった。こうして院庁下文は国の政務にかかわる文書の一つとされるようになった。しかし院政が国政の実権を失うとともに、院庁下文は再度院の家政機関内の事項のみを扱うようになった。なおこの奥上・日下には別当以下の院司が署判を連ねている。

女院庁下文は女院の所領等、その家政機関にかかわる事項について出される下文でその形式は院庁下文と同じである。下文と令旨の使用上の区別も院宣・院庁下文と同様である。その書出には「七条院庁下」のように発給主体たる女院の名が必ず明記されており（図28）、前述の院庁下文と明確に区別される。

10　政所下文

三位以上の公卿およびこれに準ずるもの（大寺院等）はその家政機関として政所を開設することを許されている。その家政執行のために出される文書としては先述の御教書があり、またこの政所下文がある。御教書と政所下文の機能の相違は院宣と院庁下文の場合と同様で、政所下文は家務の中でも所領内における訴訟の裁決、所職の補任安堵等権利の付与・承認のために発せられた。なお奥上・日下には家司の署判が加えられている（図95）。

㈣　武家様文書

鎌倉・室町両幕府および戦国大名等の武家より発せられた文書様式をいう。もとは公家様文書を模倣した文書形式が用いられ、特に顕著な様式上の差違はなかったが、やがて武家独自の様式、使用方法もとられるようになった。その主要なものは下文、御教書、および下文と御教書の折衷ともいうべき下知状から、やがて直状形式文書、印判状へと発展していった。

1　下　文

下文は主として袖判、奥上署判、奥上・日下両署判、奥下署判の四形式に大別される。この中では袖判がもっとも尊大であり、次いで奥上・奥下・日下署判の順となる（図27・99）。奥上・日下両署判は真の命令者が直接署判を加えない形式のもので政所下文等にその様式は取り入れられた。また奥下署判も真の命令者は名を出さず、奉書による下知状に近い性格の下文である。まず鎌倉幕府についていえば、源頼朝は治承四年（一一八〇）の挙兵後しばらくの間は奥上署判下文を出したが、元暦元年（一一八四）頃からは袖判下文に変っている（図27）。この変化は元暦元年三月、頼

朝が朝敵を免ぜられ、正四位下に叙せられたことによるものかとも考えられている。頼朝が東国の主となったことを宣言しようとする意図によるものであろうか。

　建久元年（一一九〇）十一月、頼朝は従二位に叙せられ、政所を開設する特権を獲得し、これ以後政所下文が発せられた。建久三年、源頼朝は征夷大将軍に任ぜられると、それまで頼朝の花押を加えていた下文を御家人の手許から召し返し、改めて政所下文を下すこととした。しかし御家人等の中には従来の頼朝署判の下文を改めて、家司のみが署判を加え、頼朝御判のない政所下文では後代の証にはなし難いといって、それを嫌うものもあったため、特に希望する者に対しては旧下文の代りに将軍家政所下文を下すとともに、同日付の頼朝袖判の下文を与えたこともある。図97・98の下文はその一例である。これ以後は、将軍が年若く三位になるまで政所を設置出来ない場合に限って将軍袖判下文を下し（図100）、三位以上になると将軍家政所下文に改めるのが例となった。ただし宗尊親王以後の宮将軍は最初から将軍家政所下文を出し、袖判下文はまったく使用しなかった。

　鎌倉幕府の下文は、初期においては所職の補任安堵の他に課役免除、非法停止等の訴訟判決にも使用されていた。しかし後になると下文は地頭職等の補任安堵に限られ、訴訟判決等は下知状によってなされることとなる。

　室町幕府においては足利尊氏より義満の代までは袖判下文を用い、将軍家政所下文は使用しなかった。やがて将軍の花押を据えた御判御教書（実は書下、四五ページ参照）が下文の代りをするようになり、応永九年（一四〇二）以後は足利将軍の下文は出されなくなった。

2　下　知　状

「下知如件」の書止文言を持つ文書で、もとは下文の変形として現れた。平安時代末頃には、書出は「下」で始ま

り、書止が「下知如件」となる形式の文書が出現し、鎌倉時代に至るまで寺社等でも用いられたが、その使用例は下文程多くはない。鎌倉幕府でも初期にはこの形式の文書が用いられたこともある。しかしやがて鎌倉幕府では「下」云々の書出部分を省略し、その文書の要項を述べる事書部分から書き始め、「下知如件」で終る形式に固定され、執権・連署が日付奥下に署判を加えるという姿が確立した。そして後には六波羅・鎮西両探題も下知状を出すようになった（図104）。関東から出されたものは「依鎌倉殿仰下知如件」のように奉書形式であり（図102・103）、下文と御教書の折衷ともいうべきものである。この形式の下知状は鎌倉幕府、後には室町幕府で用いられ、武家独自の様式ということができよう（図115）。

鎌倉幕府の下知状は、初期のものでは裁許・命令伝達・安堵・補任等にも用いられ、下文・御教書との用途上の区別は明確ではなかったが、次第にその範囲が確定され、下文・御教書とは別の用途に使用されるようになった。下文は所職の補任・安堵に限定されるようになり、下知状は諸種の特権の免許、禁制、訴訟判決（裁許状）、一部の所領・所職の補任・安堵がその主な機能である。特に鎌倉時代中頃以降には、下文は嫡子（惣領）に（図101）、下知状は庶子に対する所領・所職の安堵と区別して用いられるようになった（図102）。また嘉元元年（一三〇三）以降は譲与安堵については下文・下知状の発給を止め、惣領・庶子とも一様に譲状の袖に安堵の外題を書き加えることによって代用することとしたが、この外題の文は下知状を簡略にした文言を持ち、下知状の略式というべきものである（図105）。

室町幕府になると、その初期には足利尊氏・直義兄弟が政務を分掌しており（図38・106）、裁判は直義の担当であった。このため裁許状としての下知状は直義の直状形式のものが出された（図107）。これは、鎌倉幕府においては執権・連署の奉書形式のものであったのとは異なっており、署判の位置も奥上、さらに後には袖判へと変化している。一方高師直等の執事管領が署判を加える奉書形式の下知状も出されたが、三代将軍義満以降になると、将軍に事故があっ

た場合にのみこの奉書形式の下知状を発するようになった（図109）。また複数の奉行人連署の下知状も出されたが、これは過所・禁制・制札や商工業者階級に対する裁許・安堵等に用いられた（図110）。

3　御教書・奉書

公家文書の綸旨・院宣・御教書等と同様に、武家においても御教書等の奉書式文書が多く使用された。鎌倉幕府においては、頼朝の当時にあっては平盛時・大江広元等の右筆による奉書式文書が多く出されたが（図111・112）、頼朝が従三位に叙され公卿となって以後の奉書は御教書と呼ばれた。以後鎌倉時代を通じて執権・連署が署判を加える奉書を関東御教書（あるいは鎌倉殿御教書）と呼んだ。鎌倉幕府から出される奉書式文書には他に頭人や政所・侍所・問注所奉行人が署名を加える奉書（図113）の他、六波羅・鎮西探題から出された奉書もある。これらの御教書等のうち、その内容によって問状御教書（奉書）、召文御教書（奉書）と呼ばれることもある。

御教書・奉書は下文・下知状と異なっておおむね永続的な効果を必要とせず比較的短期間の効力持続を期待すればよい場合に使用された。このため内容上の必要によって年月日を書く場合と年号を省略して月日のみを記す場合とがあった。また差出者名は必ず日下より書き始め、充所は奥に書くのが例であった（図114）。

室町幕府にあっても御教書・奉書が数多く発せられたが、うち執事・管領奉書のものを室町将軍家御教書、その他の引付頭人・侍所別当・奉行人奉書のものを奉書と呼んで区別している。なお室町幕府奉行人連署奉書には二種類ある。いずれも奉行人が二名連署しているが、料紙が竪紙・折紙の二種に分れる。(1)竪紙奉書は年月日を一行書にした、書下年号で、差出書は官名花押を記し、実名は書かない（図41）。(2)折紙奉書は付年号（ただし年と月日はともに同筆）で差出書は実名（または法名）花押となる（図42）。竪紙奉書が正式であり、折紙奉書は略式であり、充名の地位の高下、内

容の軽重によってこの二種は使いわけがなされた。

4　将軍家御判御教書

また形式は直状であるのに、将軍の花押のある文書で室町将軍家御判御教書と呼ばれる文書がある。これには命令者である将軍その人の花押があり、奉書形式ではないが、当時よりそのように呼びならわされたために直状形式にもかかわらず現在御判御教書と呼ぶ。これには次の五形式があり、(1)日下に花押があって奥に充所を有するもの（図54）、(2)袖判で奥に充所を有するもの（図53）、(3)日下に花押があり充所のないもの、(4)奥上署判で充所のないもの（図108）、(5)袖判で充所のないもの（図116）の五形式となる。(1)～(5)の順に書札礼としては薄礼になるが、このうち(1)(4)(5)の三形式が通例のもので、(2)(3)の実例は少ない。形態上は(1)は御教書、(4)(5)は下文・下知状に類するもので、(4)(5)は下文・下知状の代行として使用されるようになった。そして義満の代頃には内容的にもまた使用料紙の面でも(1)と(4)(5)とでは相違が認められるのが通例である。

5　御　内　書

将軍が内輪の事項について発する文書を御内書と呼ぶ。御判御教書は政務に関するものに用いられるのに対して、御内書は年頭の挨拶や日常的な事項を報ずるのに用いられ、書状の一変形と見るべきものかもしれない。文体には二種あり、書止が「也」で終るもの（図117）と「状如件」で終るものがある。日付は月日のみで年号は書かない。また充所の敬語には「とのへ」と「殿」の二種があるが、後者の方が厚礼なことはいうまでもない。戦国時代になると管領奉書の将軍御教書が出されなくなるとともにこの御内書の使用が増え、義昭の御内書には内容的に政治に関係する

ものが多くなり、史料としての価値が増大する。御内書の本文末にはこれに副えて出す副状の扱者の名が見えていることが多い。なお室町時代後期の御内書は切紙を用いるのが例であった。

6　施行状・遵行状・打渡状

御教書・下知状が出されるとそれをさらに取り次ぎその実行を命令する文書が副えて出された。これをその文体によって施行状・遵行状・打渡状という。鎌倉幕府では関東下知状が出されると西国においてはそれをうけて六波羅より施行状が出されるのが定めであった（図118）。また室町幕府においては御判御教書が出るとそれをうけて管領が施行状を出し、また御判御教書なしに管領奉書の御教書が出されると、それをうけて守護・守護代の順に遵行状が出され、末端の守護被官によって下地打渡を命ずる打渡状が発せられた（図30〜33）。

(五)　軍事関係の文書

催促状（軍勢催促状）・着到状・覆勘状・軍忠状・感状等がある。

1　催　促　状

名の通りに軍勢に出陣を命令するもの、また味方に着くことを求めたもので、南北朝・戦国時代のものが数多く残っている。しかしその文書様式は一定せず、後醍醐天皇綸旨の他に、御教書・書状形式のものもあるが、おおむね直状形式の書下が多い。戦乱の続く時期でもあり、小切紙に書いたいわゆる「髻文書」の形をしたものが少なくない（図9）。

2　着　到　状

軍勢催促をうけたものが、大将のもとへ到着したとき差出す文書で、誰が何の件で馳せ参じたかを報ずるもので、その奥または袖にその軍団の指揮者あるいはしかるべき人物が「承了」または「承候了」と記して花押を加え、差出者に返却する。馳参者はこれによって将来の恩賞請求の証拠書類とする（図119）。

3　覆　勘　状

戦時ではなく大番役を無事に勤め終ったものが、その勤仕の証拠とするものである。現存のものを見ると、その差出者は守護が多い（図120）。

4　軍　忠　状

戦闘に参加した者が戦功を立てたときその旨を書き記して本人から大将に上申する文書で、着到状と同じく大将もしくは奉行の証判をうけて後日の恩賞請求の証拠に備える。そこには必ず日時、場所、敵への損害、自己の側の被害を記し、さらにその事実を見知しており誤りのないことを証明しうる証人の名を書いて出す。元弘頃の軍忠状は戦闘の度ごとに出されたが（図121）、南北朝時代に入ると数月もしくは数箇年のかなり長期間にわたって参加した戦を一括して注進し証判をうけるようになった（図122）。

5　感　　状

合戦に参加した将士の軍忠を賞するために出した文書で、奉書形式のものもあるが南北朝時代以後は直状形式のものが多い。将軍の出すものは御判御教書の形をとり、御感御教書ともいう（図123）。

㈥　訴訟文書

訴訟開始にあたってはまず原告側から訴えが出される。この場合に公式様文書では解式文書が出されるが、後にはこの形は崩れ、「某謹言上」「某申」等の書出をもつ文書が出されるようになる。このためこれらの文書を言上状・申状あるいは訴状と呼ぶ（図124）。

訴訟が起され、相手方にその陳弁を求めることになれば、被告側からその訴えに対する答弁の文書が出されるが、その書出には「某陳申」の文言が多く用いられており、これを陳状と呼ぶ。原告・被告両者が対決するに当たっては文書で三回やりとりが行なわれ、これを当時三問三答と呼んでいる。つまり原告側からは訴状、被告側からも陳状が各三度出され、引付等の裁判の場においてそれを審理（図92・125）した上で判決が出されるが、その前にさらに両者を法廷に呼び出し、両者から直接聞き正すことも行なわれた。この時に出された申状を庭中申状（言上状）という。法廷から両者に対して相手の主張を記した訴状・陳状を送り、それに対する返答を求めたが、これを問状という。これに御教書が用いられることが多く問状御教書という。また法廷への出席を求める文書を召文といい、御教書の場合には召文御教書とも呼んだ。また判決をうける以前に両者の間で和解が成立すると、その和解内容を記した和与状を作成し、両当事者が署判を加え鎌倉幕府に提出する。幕府においては承認の裁許状を出すとともに、奉行人が和与状の裏に証判を加えることによって効力を発することに定められていた（図103・126）。

(七) 証文類

1 売券

不動産・動産を売買する時に売主から買主充に出される文書で、沽却《こきゃく》状・沽券ともいわれる。古くは公式様の解・辞式文書が用いられた。律令制下では墾田の売買譲与は所部の官司を経て官司の承認を得て初めてそれが有効となることに定められていた。そこで売買に当たっては京都では坊令、諸国では郷長を経由して京職・郡衙の承認を求めることが必要であった（図70・128）。しかし平安時代中期以降は職・郡の与判が省略されるようになるとともに、解形式の売券は次第に行なわれなくなり、「沽却」「売渡」等の書出文言をもつものが一般的となり、中世を通じてこの様式が主として使用された（図127・129）。

2 譲状

所領をはじめとする財産の譲与に際して出された証拠文書で、初期のものは売券と同じく解・辞式文書であったが、平安時代中期以降は「譲与」「譲渡」のような書出文言をもつ様式の文書が多く用いられるようになった（図105）。また中には「処分」の書出を持つものもあり（図130）、処分状（図131）とも呼ばれている。

3 寄進状

所領をはじめとする諸財産を社寺・権門等に寄進するに当たって出される文書である。古くは東大寺献物帳・法隆寺献物帳（図55）をはじめとして多くの文書が残っているが、多くは書出に「寄進」「施入」「寄附」等の文言を持ち

施入状とも呼ばれた（図6～8・133）。

4　起請文

宣誓書の一種で、もしその誓いに背くことがあれば神仏によって自分は罰を受けるであろうという意味の文言を付記したものである。現存最古の起請文の正文は久安四年（一一四八）のものである（図138）。最初は普通の料紙を使用したが、鎌倉時代中期頃になると牛王宝印《ごおうほういん》といわれる特殊な料紙の裏に書くことが行なわれるようになった。この牛王宝印は多くの社寺において作られたが、木版・墨書の二種がある。広く使用されたものは木版で刷られているのが通例である。中でももっとも広く一般的に用いられていたのは熊野三山（本宮・新宮・那智）のもので、室町時代中期になると熊野の神鳥である烏の姿を連ねて文字を表現するなど特異な形をもつものが現れた。東大寺では二月堂牛王宝印をはじめとして大仏殿・金峯山・熊野その他多種類の牛王宝印が使用されており、畿内近辺のみをみてもその種類は極めて多い（図136・137）。

(八)　書　状

手紙・消息・書札・書簡・尺牘《せきとく》とも呼ばれ、私的な通信に用いられた文書である。しかし平安時代中頃以降、下級者が上級者の意志を伝える奉書として書状形式の文書が発せられるようになると、書状の中から御教書・綸旨・院宣のような公文書の一形態が分化派生してきた。このため文書の書式のみでは私的な書状と公文書である御教書等の奉書類との区別は明確に分ち難い場合もある。ここでは主として私的に出された書状にごく近い書式のもの一般を呼ぶことにする。

奈良時代から平安時代前期にかけての書状には、文中に「啓」「状」という語を使用するものが多く、本文書止の文言にも「死罪頓首謹言」「頓首々々謹言」「不具謹状」「恐々謹言」その他三十余通りもの語が用いられている。また書出もしくは書止の文言には、差出者の名を書き加えた場合が多く見られる。平安時代中期頃になると、本文書出には「某謹言」「謹言」とあるのがもっとも一般的となり、また書止にも「某恐惶謹言」「某謹言」等数種の文言が主として用いられるようになり、その種類は少なくなる（図10）。そして十二世紀後期頃からは、文頭に「某謹言」等の差出者名を現す語を用いる例は見られなくなり、ただちに事項から書き始めるようになって行く（図139）。また書止文言からも「某謹言」のような差出者名を付した語は、特に鄭重な書式の場合を除いては用いられることが少なくなる。またその文言も種類が少なくなり、大部分は「恐惶謹言」（図44・134）「恐々謹言」「謹言」の三種類が用いられ、特に鄭重な場合に「誠惶誠恐謹言」等が、また僧侶充書状に「恐惶敬白」等が使用されるに過ぎなくなる（図10・44・134・139）。

本文が二紙以上にわたって書かれる場合には、それを貼り継ぐことなく、文字のない方を背中合せにした形で巻き畳むのが例であったが、近世になると巻紙が使用されるようになり、続紙書状が現れるようになった。その他書状の書式には多くの約束事があったが、前に記してあるので省略する。

書状には私的な日常的事項が書かれるのが常であったが、中には政治的事件等についての報告・感想等も書かれており、当時の世情を生々と書き記しているものもあり、公文書からはうかがい知ることのできないことを今に伝えてくれる。また個々人の隠れた一面を知ることのできるものもあり（図135）、史料として興味深いものが多々現存している。

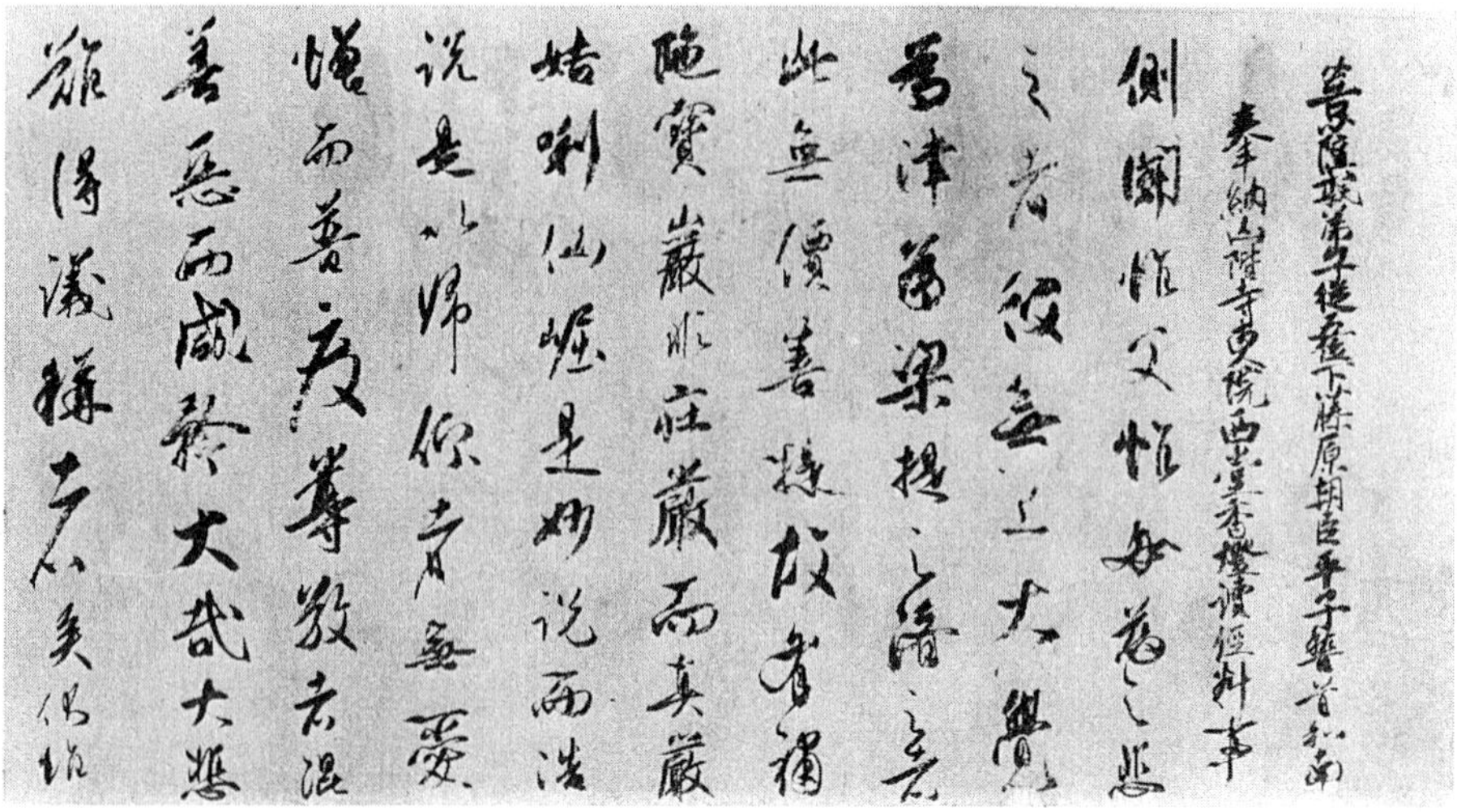

図１　伊都《いと》内親王《ないしんのう》願文《がんもん》（天長十年九月二十一日　宮内庁）

桓武天皇皇女伊都内親王が母藤原平子の遺言によって興福寺東院西堂に香燈読経料として墾田十六町、庄一箇所、畠一町を施入する旨を述べ、平子の即身成仏を願った願文で、文面に手印が捺されている。雄渾な行草体で書かれ、古来三筆の一人橘逸勢の手になるものと伝える。その真偽はともかくも、逸勢の所伝が生ずるのも肯ける名跡である。「伊都」の署名ならびに手印は内親王のものである。

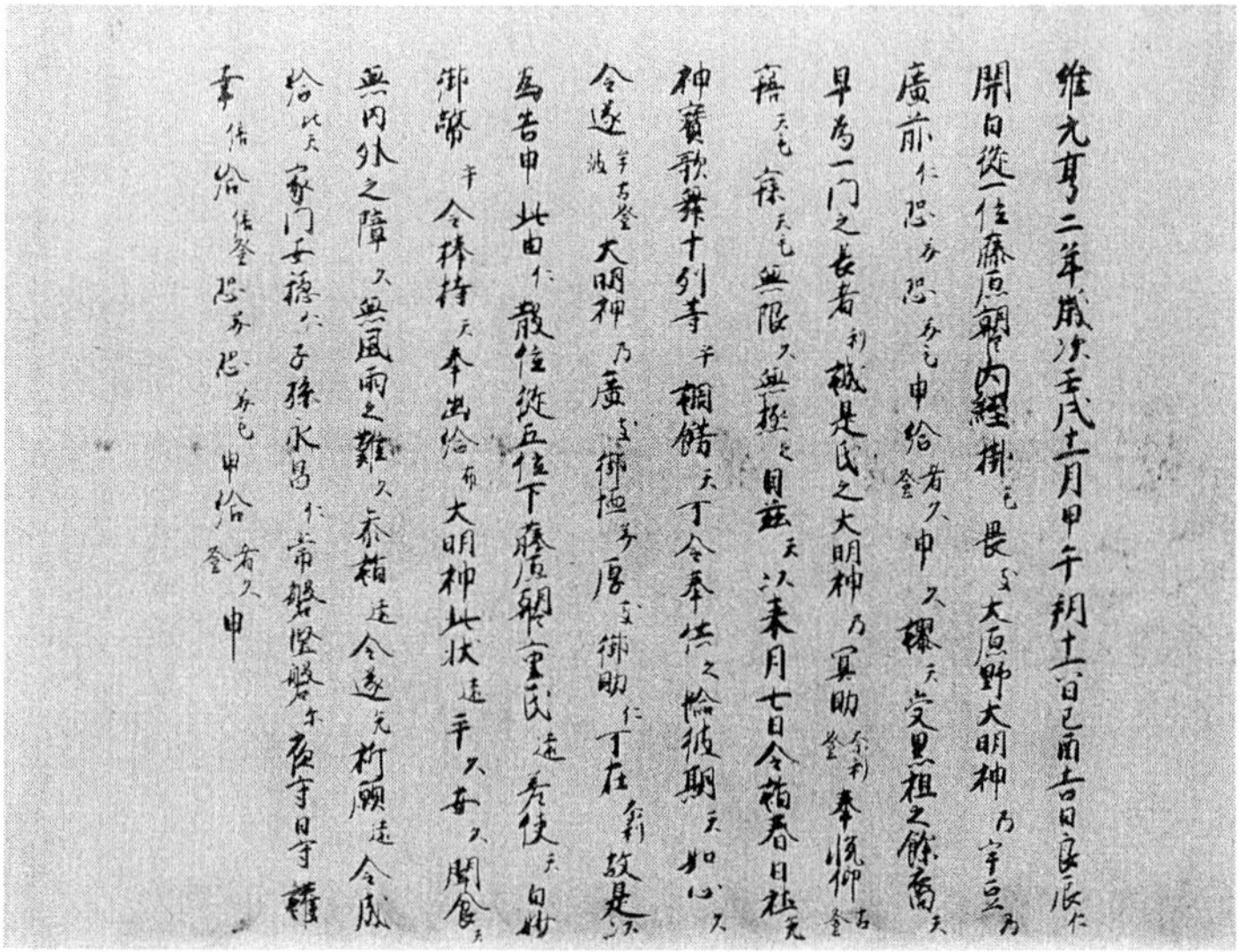

図２　一条《いちじょう》内経《うちつね》大原野《おおはらの》社《しや》告文《こうもん》（元亨二年十一月十六日　陽明文庫）

内経が来る十二月七日の春日社参詣を障難なく無事に遂げることができるよう祈って大原野大明神に奉った告文である。第二行の「関白従一位藤原朝臣内経」の「内経」の二字は自署である。文中に藤原重氏を使者として遣わし奉幣せしめる旨が記されている。告文とは神に祈禱の意を表し奉る文書をいい、この告文も宣命と同様に宣命体で書かれている。

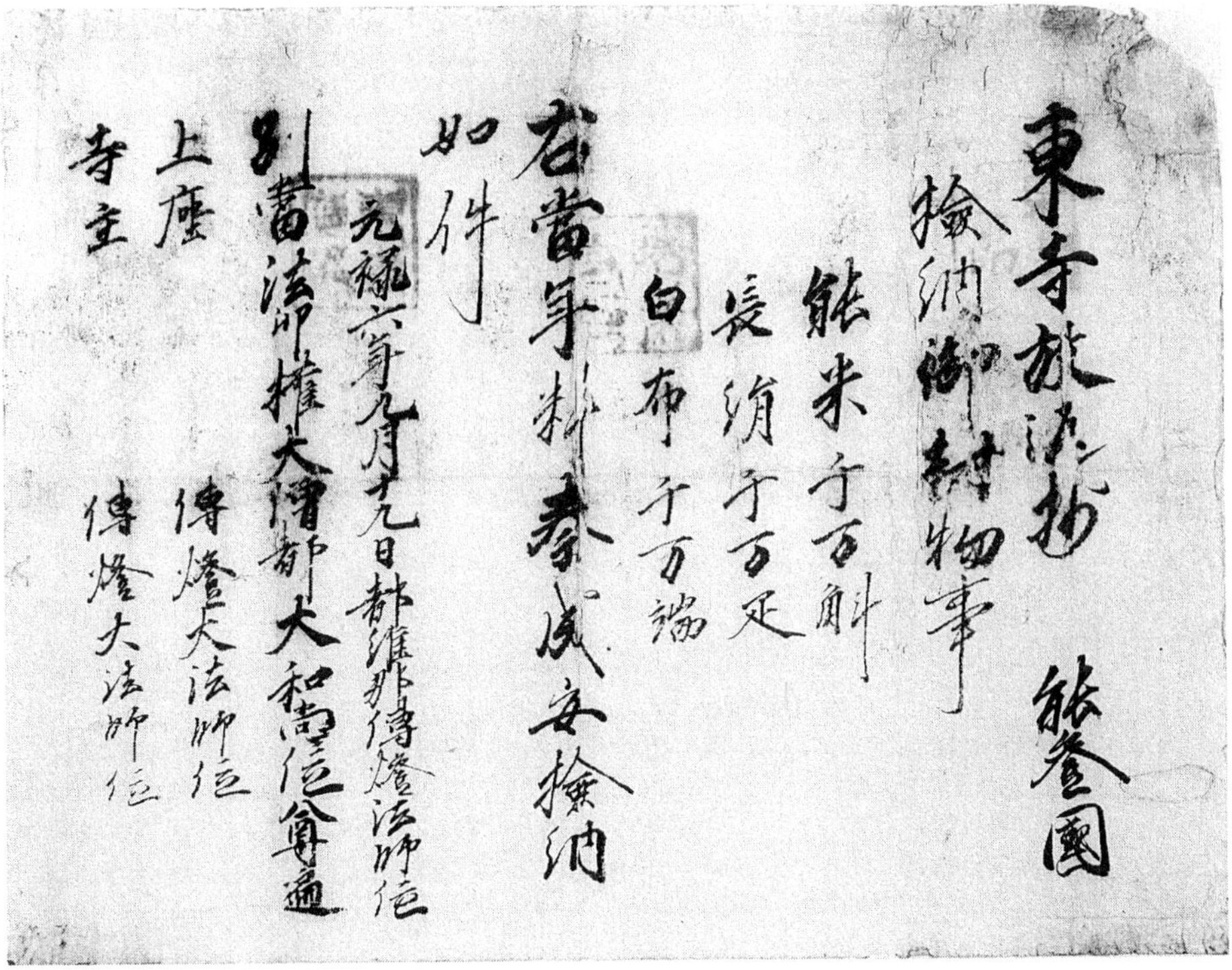

東寺返抄
検納御封物事
能米千万斛
長絹千万疋
白布千万端
右当年料
如件
元禄六年九月十九日　都維那伝燈法師位
別当法印権大僧都大和尚位
上座　伝燈大法師位
寺主　伝燈大法師位

図3　**東寺返抄**《とうじへんしょう》（元禄六年九月十九日　東京大学）
東寺長者に新任された際の吉書の一つ。東寺では古くから江戸時代末に至るまでの長期間にわたってこの形式の文書が吉書として用いられた。

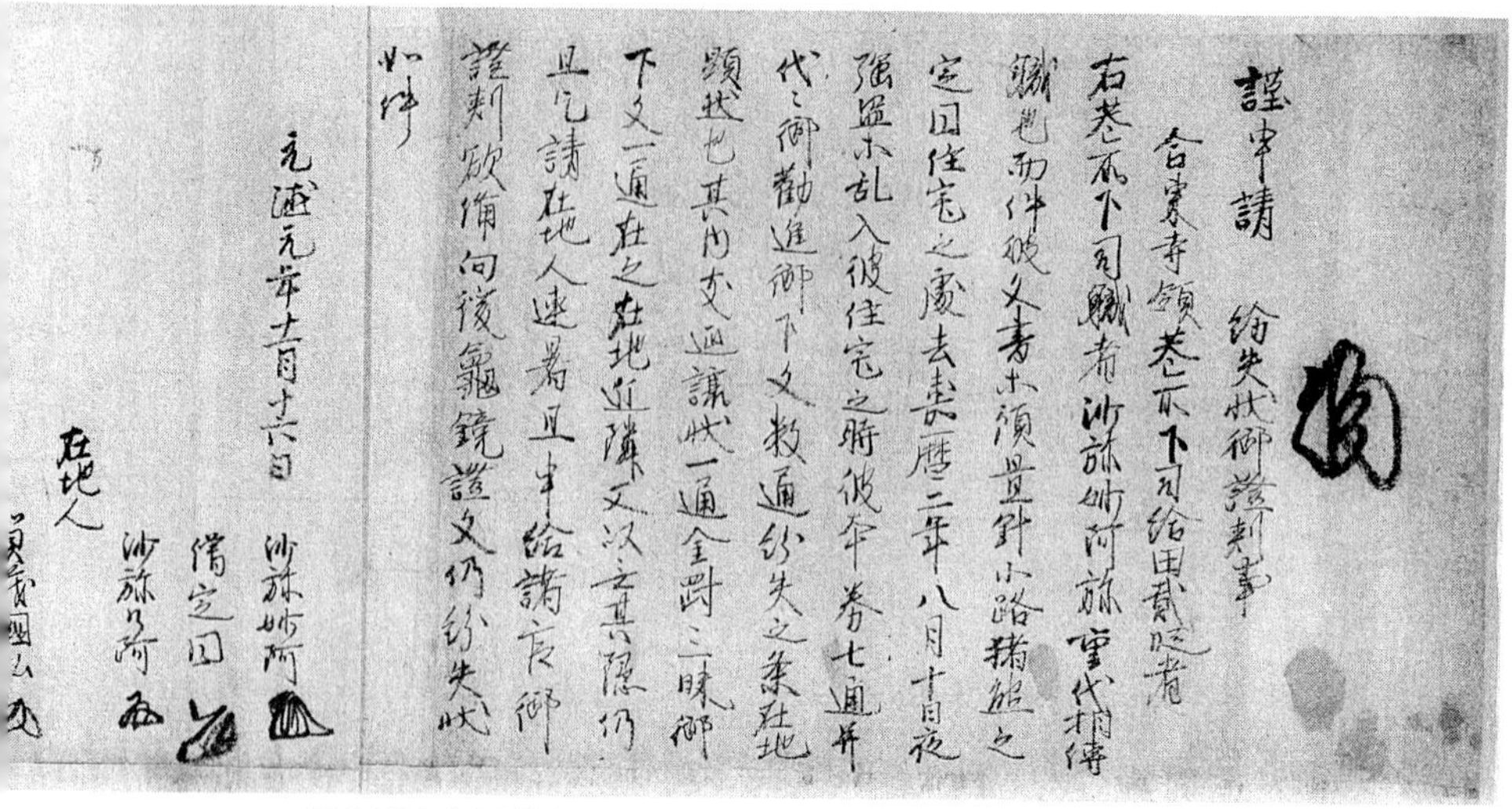

図4　沙弥《しやみ》妙阿《みようあ》下司《げし》給田《きゆうでん》証文《しようもん》紛失状《ふんしつじよう》（元徳元年十一月十六日　教王護国寺）
沙弥妙阿は嘉暦二年八月十日夜、強盗のために東寺領巷所下司職に関する本券文以下の証文を失ってしまった。そこで元徳元年十一月十六日、妙阿は近くに居住する人々を証人としてその旨を届け出て、下司給田の知行が正当であることの証明を検非違使庁に願った。そこでその文書の奥に検非違使庁の下級官人である保の官人、さらに逐次その上級の官人が証判を加え、記載の事実に誤りのないことを証明して、妙阿の権利を保証している。

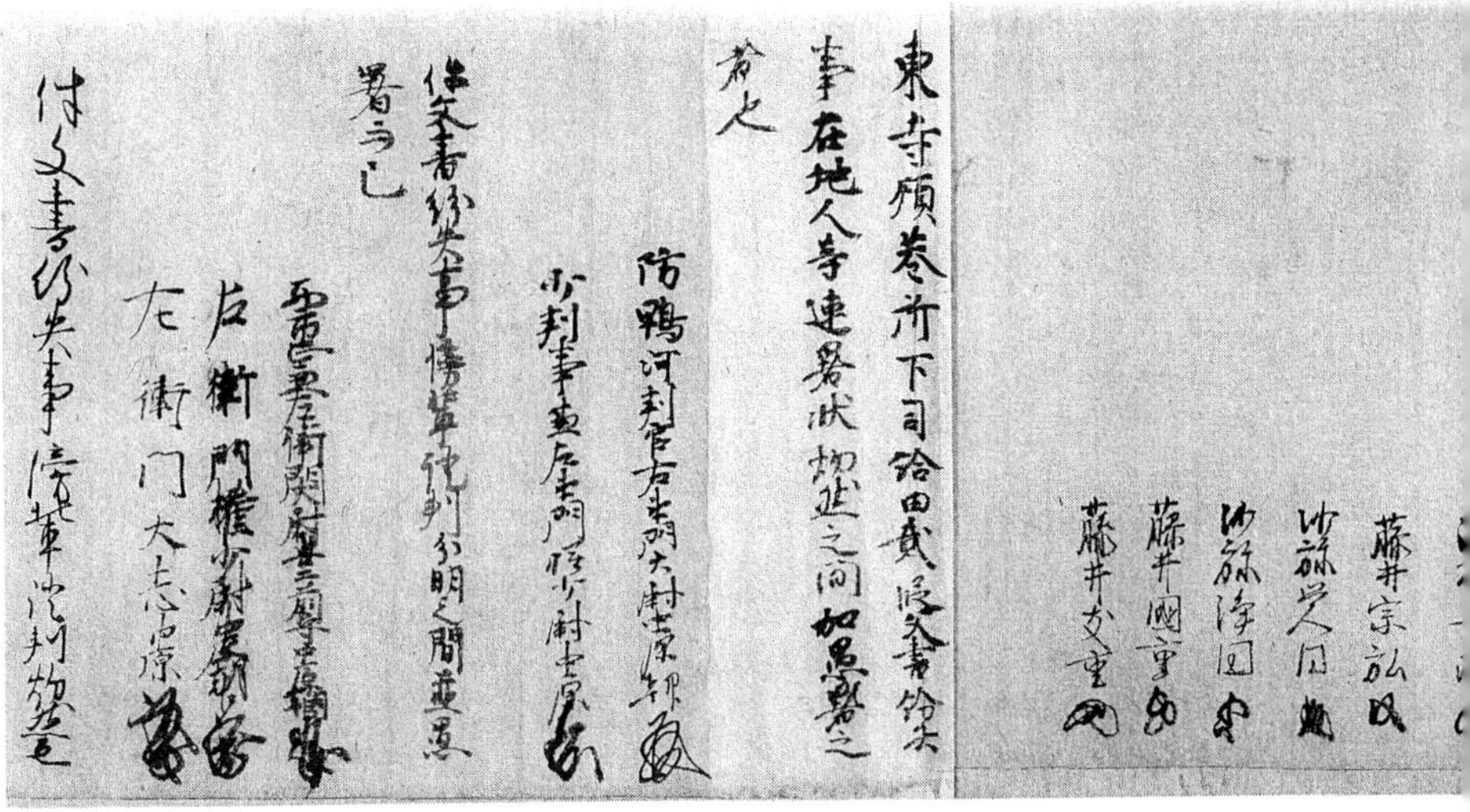
藤井宗弘
沙弥浄円
藤井国重
藤井友重
東寺領巻所下司給田弐段文書紛失事在地人等連署状披見之間加愚署之
防鴨河判官右衛門大尉中原朝臣
件文書紛失事傍輩既判分明之間加愚署而已
右衛門権少尉
左衛門大志中原

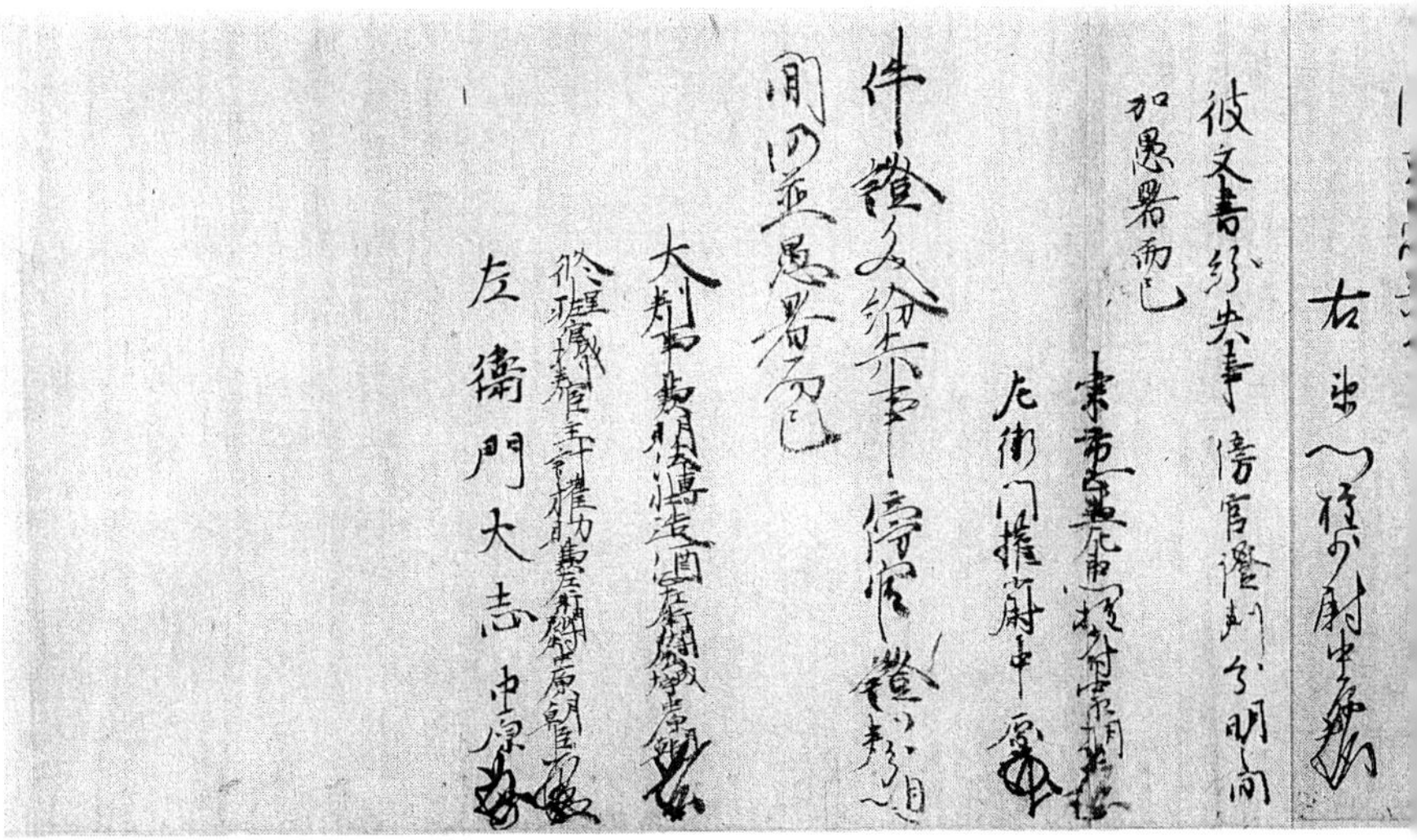
彼文書紛失事傍官證判分明間加愚署而已
左衛門権少尉中原
件證文紛失事傍官證判明白之間所加愚署而已
左衛門大志中原

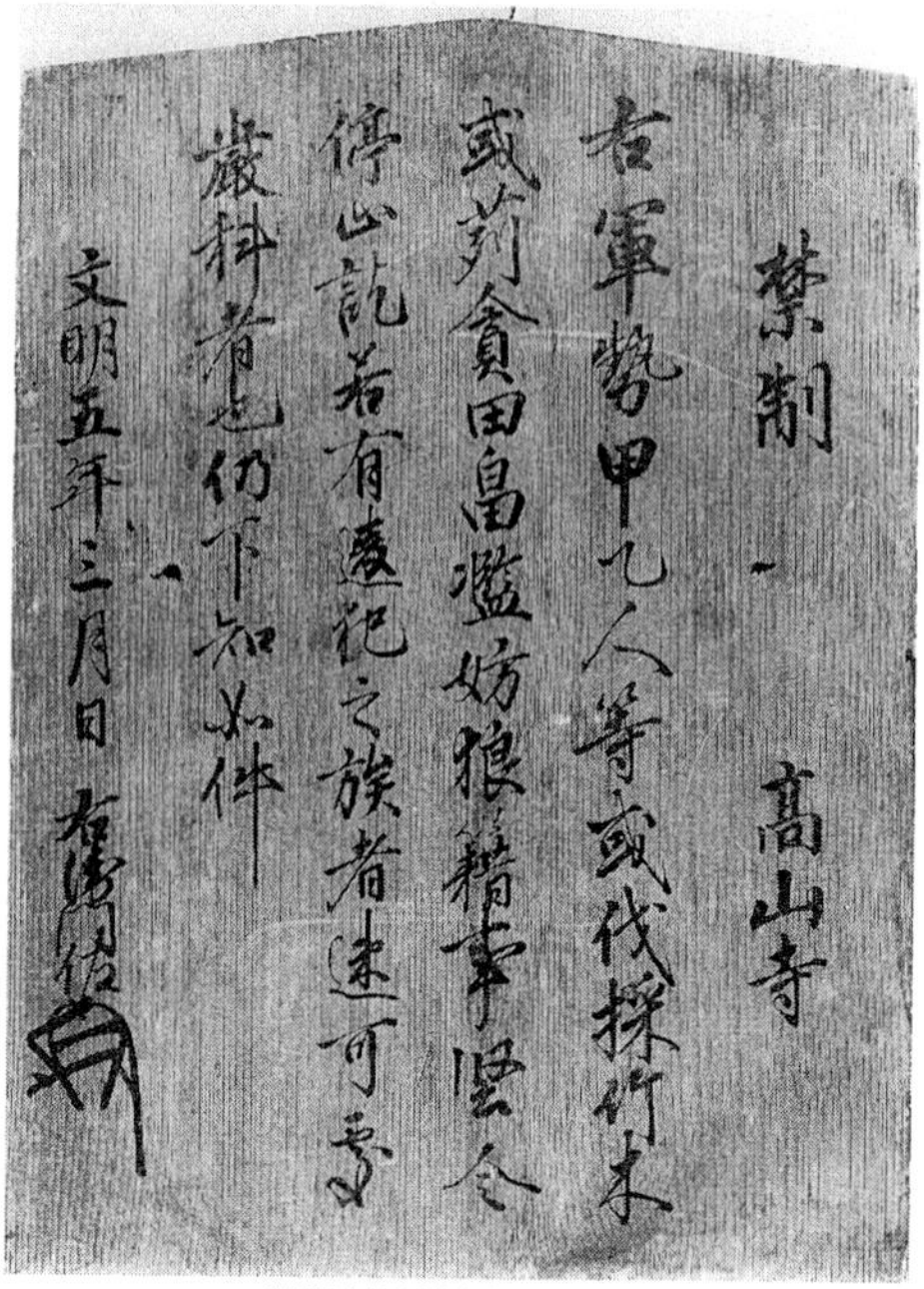

図５　畠山《はたけやま》義就《よしなり》禁制《きんぜい》（文明五年三月　日　高山寺）

応仁の乱が終わって間もなくの頃、西軍の将畠山義就から出された、高山寺充ての軍勢の濫妨禁止の禁制である。将棋の駒型をした禁制札は古く鎌倉時代初頭ないしそれ以前頃から行なわれている。本状の書止の文言は「仍下知如件」と下知状形式であるが、これは禁制に多く見られるところである。なお現存する禁制には、板に書かれたものよりも紙に書かれたものが多く見られるが、これは紙の方が保存され易かったためであろうか。

図６　僧有慶《そうゆうけい》畠地《はたち》寄進状《きしんじょう》（貞応元年四月二十五日　元興寺）

元興寺極楽堂内陣正面の柱に陰刻されている寄進状八通の中の一つで、僧有慶が大和国山辺郡内の畠地二段半を元興寺極楽房百日講御仏供料に寄進した文書。寄進状を信仰の中心となる建物の柱等に直接書き、または彫り付けた例は稀であり、図７の例とともに古文書学的にも興味深い重要な資料である。

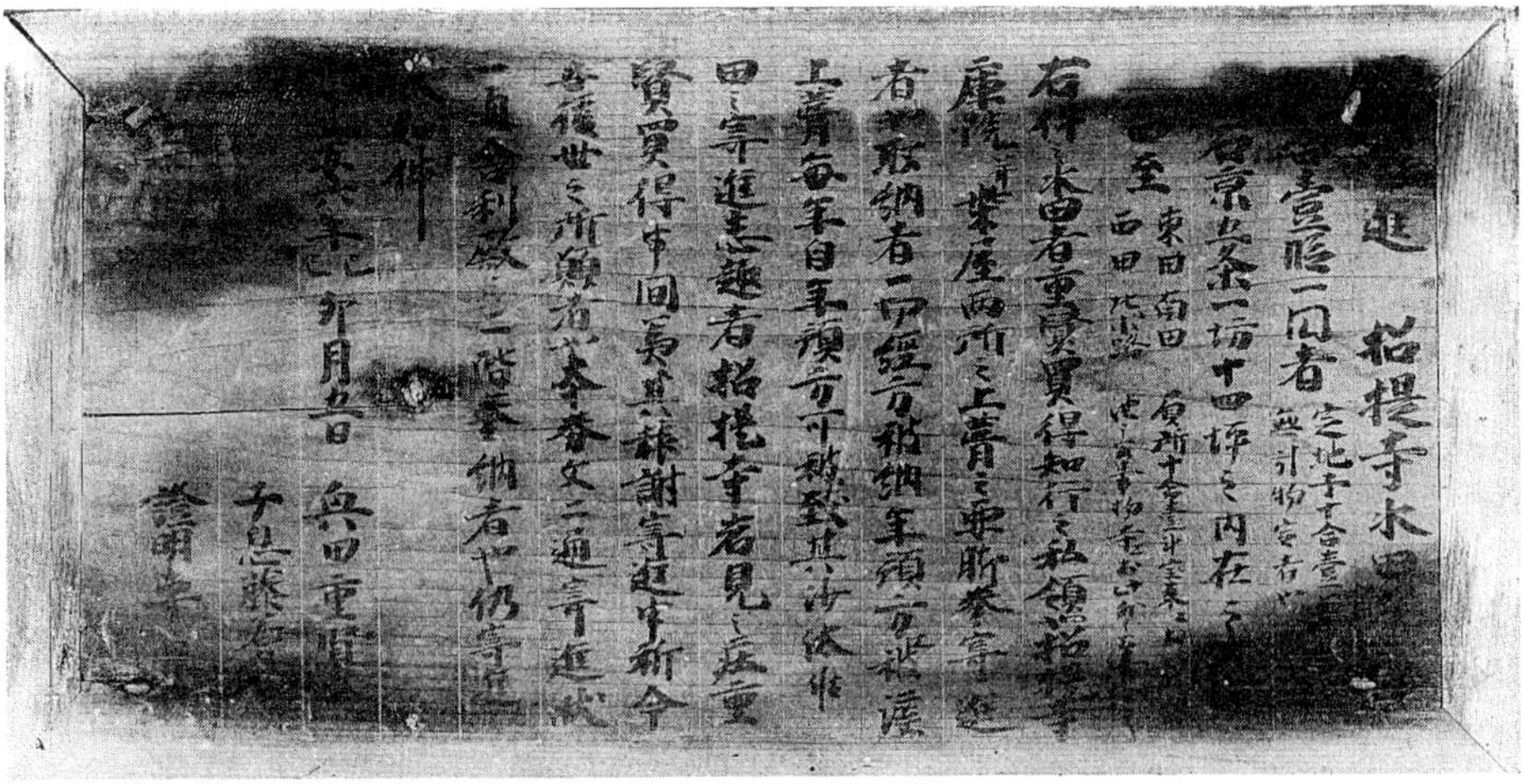

図7　興田《おきた》重賢《しげかた》板書《ばんしょ》田地《でんち》寄進《きしん》状《じょう》（文安六年四月五日　唐招提寺）

平城京の故地である右京五条一坊十四坪（唐招提寺東方付近）の水田一反を招提寺庫院等の屋根葺替料として寄進した文書。重賢の所有権を証明する本券文（証拠書類）ならびに寄進状を舎利殿二階に奉納したため、別にこの板書寄進状を書いたことが記されている。図8の文書奉納箱は本券文ならびに重賢の寄進状を納めて舎利殿に打ち付けた時のその箱である。

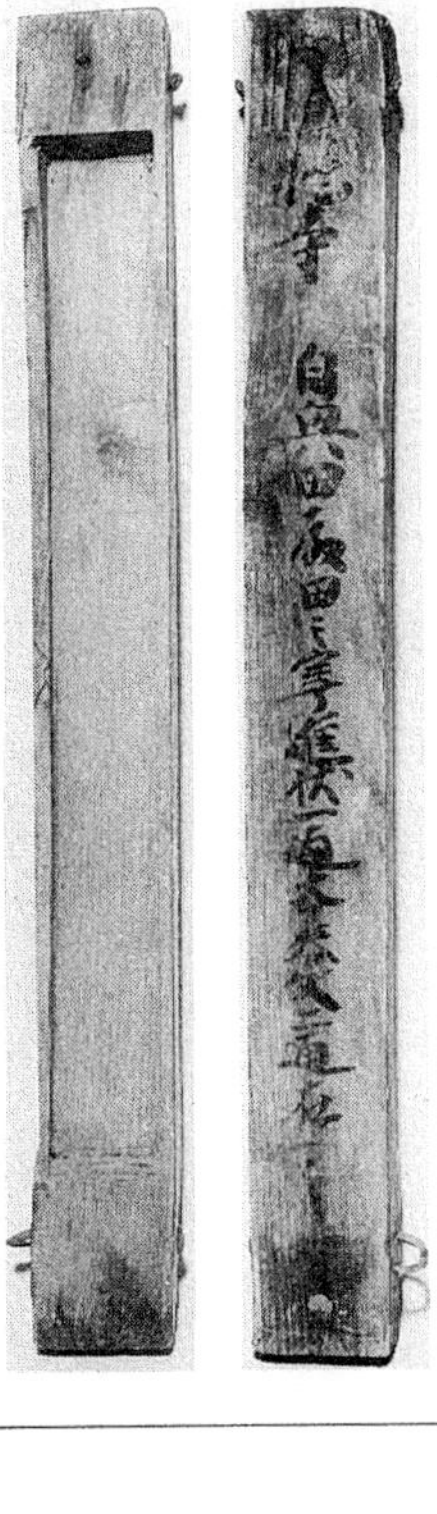

図8　興田重賢田地寄進状等奉納箱（唐招提寺）

図7の興田重賢板書田地寄進状中に見える「本券文二通寄進状一通」を納め、唐招提寺舎利殿に打ち付けた箱である。中の文書は今は失われて伝わらない。社寺への寄進に際して、もっとも信仰を集めている建物に寄進状を納めることはしばしば行なわれたが、現存遺例は乏しくきわめて珍しいものである。

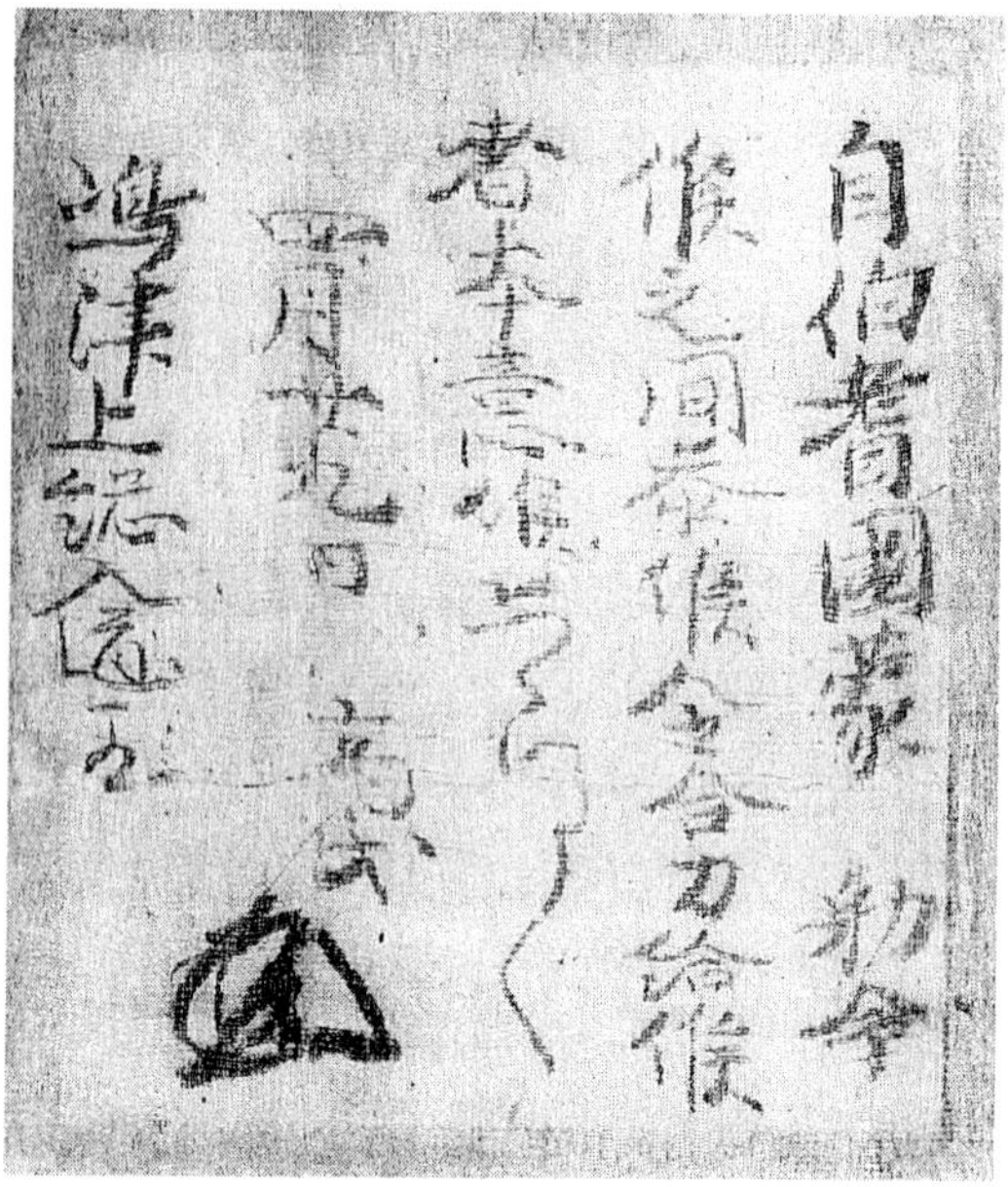

図9　足利高氏書状《あしかがたかうじしょじょう》（元弘三年四月二十九日　島津家文書　東京大学）

元弘三年閏二月、後醍醐天皇は隠岐を脱出して伯耆国船上山に移った。鎌倉幕府では足利高氏等を大将として山陰道に派遣したが、高氏は四月二十九日丹波国篠村八幡宮で幕府に叛き、後醍醐天皇方についた。この書状は幕府に叛いたその日に、薩摩の島津上総入道貞久に充てて足利方に着くことを求めた文書。縦7.9センチ、横6.8センチの小さな絹布に書かれているが、これは密書として密かに伝える必要によるもので、この時には他にも同じ文書が出されている。南北朝時代にはこのような小形の文書が多く出され、後世には髻（もとどり）文書とも呼ぶ。足利尊氏は元弘三年八月五日以前はその名を「高氏」と称した。またこの花押は後のものに比して右方の張りが小さいが、これも同年八月以前の特徴である。本書所収の他の足利尊氏の花押と比較するとその変化がよくわかる。

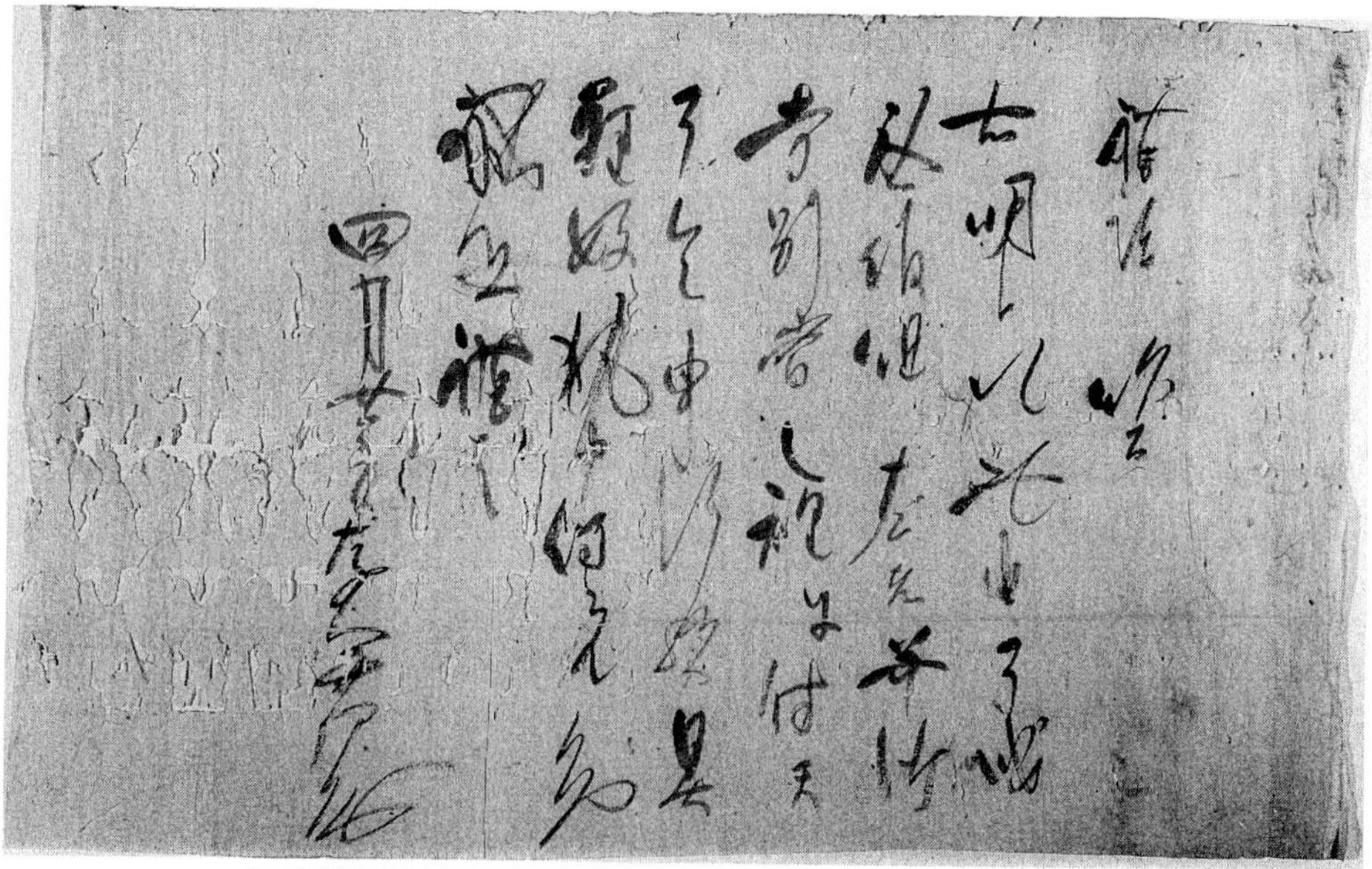

図10　藤原伊房書状《ふじわらのこれふさしょじょう》（四月二十五日　東大寺）

藤原伊房が東大寺に充てた返事の書状である。年号はないが、彼が左大弁であった時期から推して、承保三年から承暦四年の間のものと推定される。この書状には充所が記されていないが、返事の場合には充所を省略しても差支えないとされていたためである。伊房は藤原行成の孫で、藍紙本万葉集等の筆者に擬される能書家であるが、彼の確実な真跡の書状としても貴重である。

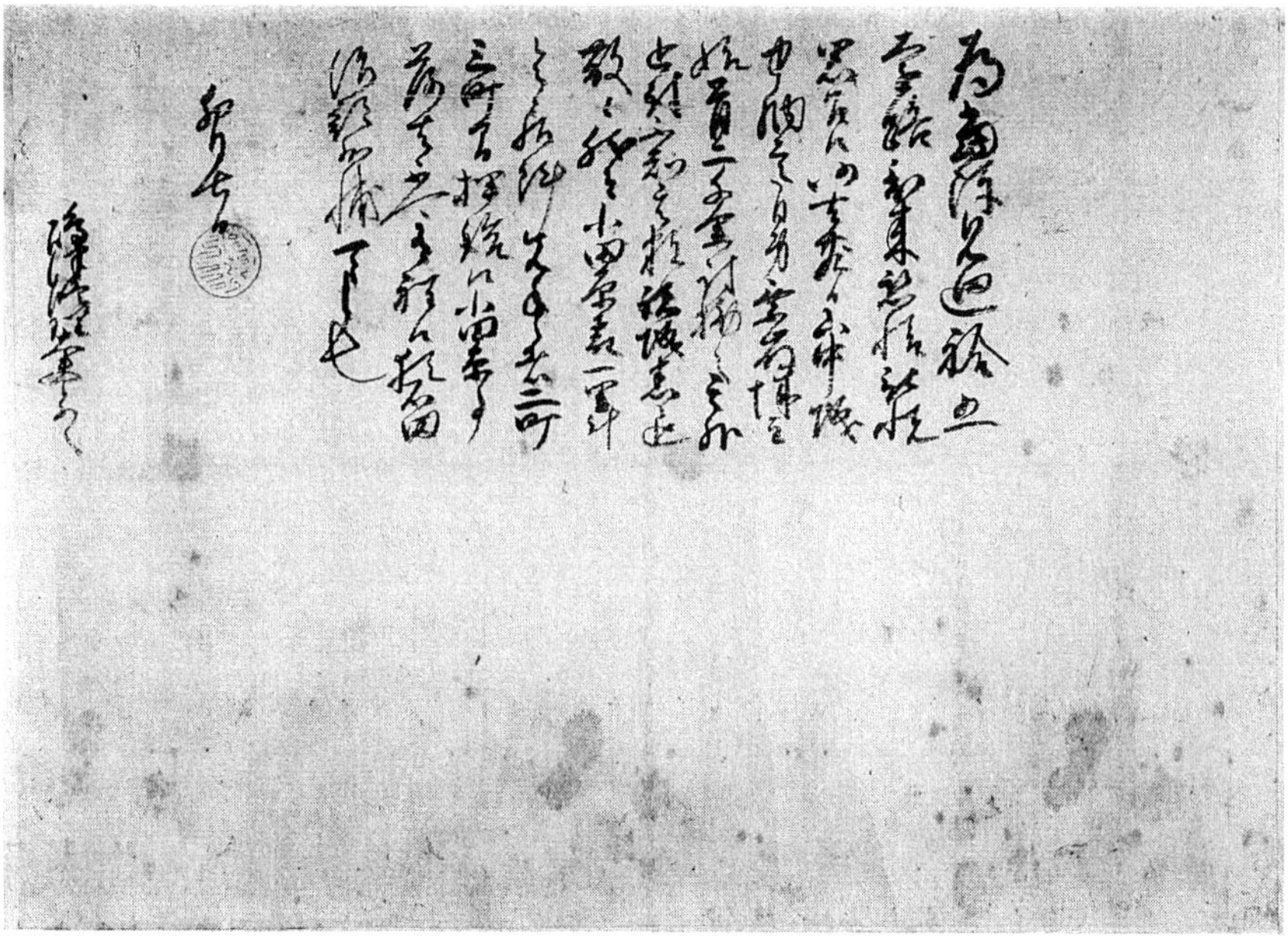

図11　豊臣秀吉朱印状《とよとみひでよししゅいんじょう》（四月七日　島津家文書　東京大学）
天正十八年四月、小田原在陣の豊臣秀吉のもとへ、島津修理大夫義久から陣中見舞いとして袷五着を送ってきた。本状はそれに対する礼状で、甥の豊臣秀次（中納言）が山中城攻略で武功のあったこと、また秀吉軍が小田原城に迫りつつあることを併せ報じている。朱印は秀吉のものであるが印文は未詳。このような日常的な事項についての朱印状には年号を書かないのが通例。本文が「候也」で終わっており、また充所の敬称が「とのへ」と仮名書きであるのは書札礼としては薄礼で、武家充の室町将軍家御内書と書式は同じである。

図12　封式の一例（若林文書　国立歴史民俗博物館）
大友宗麟から若林中務少輔に充てた切紙の書状の封式を示す。左は切封の帯を巻き結び、その上に墨引を加えた態を復原したものである。右は懸紙（封紙ともいう、文書のうわ包の紙）を開いた状態を示す。このように左端が包みの表面となり、そこに充所・差出者名を書く。

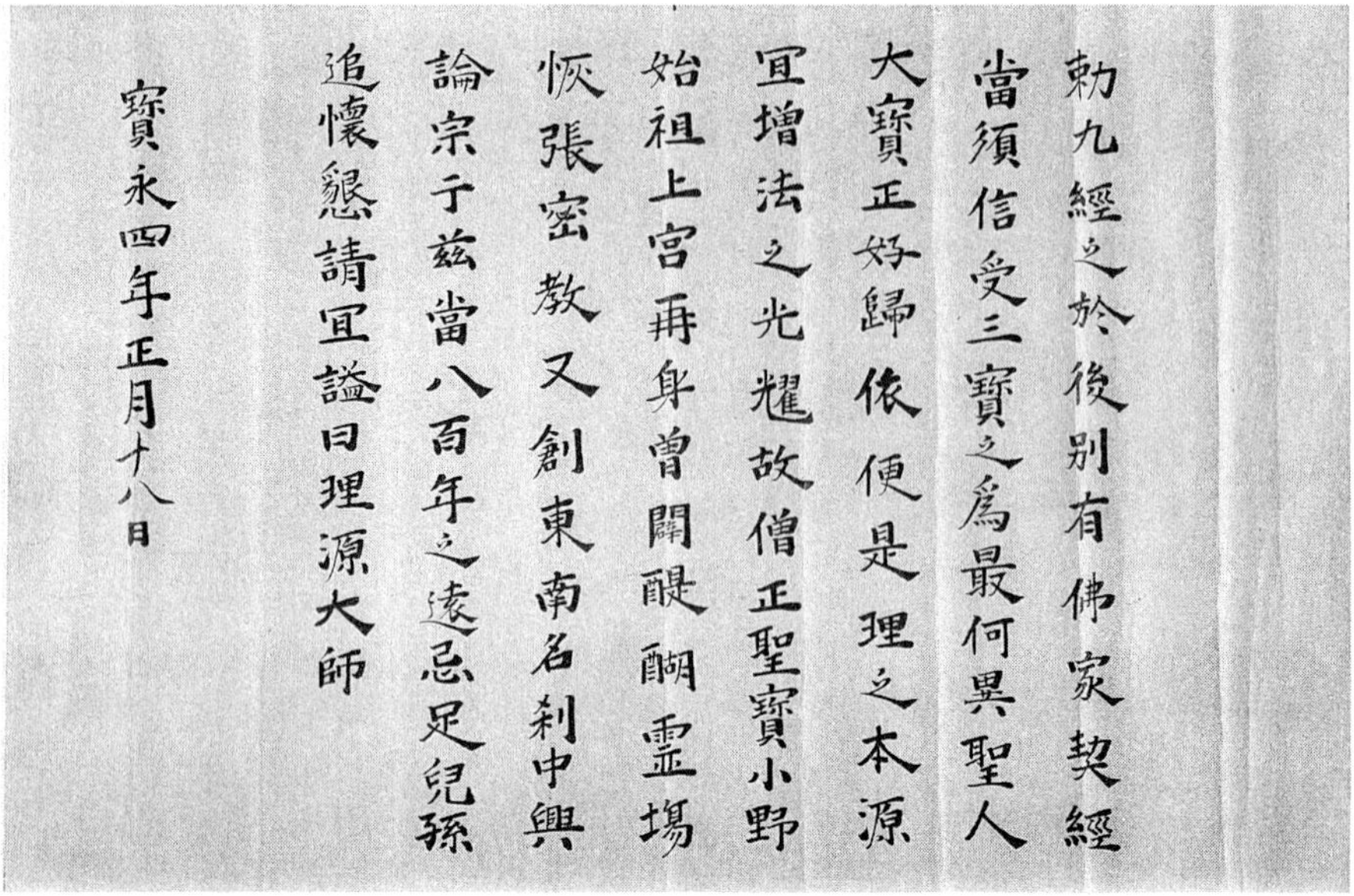

勅九經之於後別有佛家契經
當須信受三寶之爲最何異聖人
大寶正好歸依便是理之本源
宜增法之光耀故僧正聖寶小野
始祖上宮再身曽闢醍醐靈場
恢張密教又創東南名刹中興
論宗于茲當八百年之遠忌足兒孫
追懷懇請宜謚曰理源大師
寶永四年正月十八日

図13　東山天皇《ひがしやまてんのう》理源大師《りげんだいし》諡号《しごう》勅書《ちょくしょ》（宝永四年正月十八日　醍醐寺）

東山天皇が醍醐寺開基聖宝の八百年の遠忌に当たって理源大師号を贈った勅書である。「宝永四年正月十八日」の日付の中で「十八」の二字は御画日すなわち東山天皇宸筆である。料紙は黄染の厚手の鳥ノ子紙を用いている。

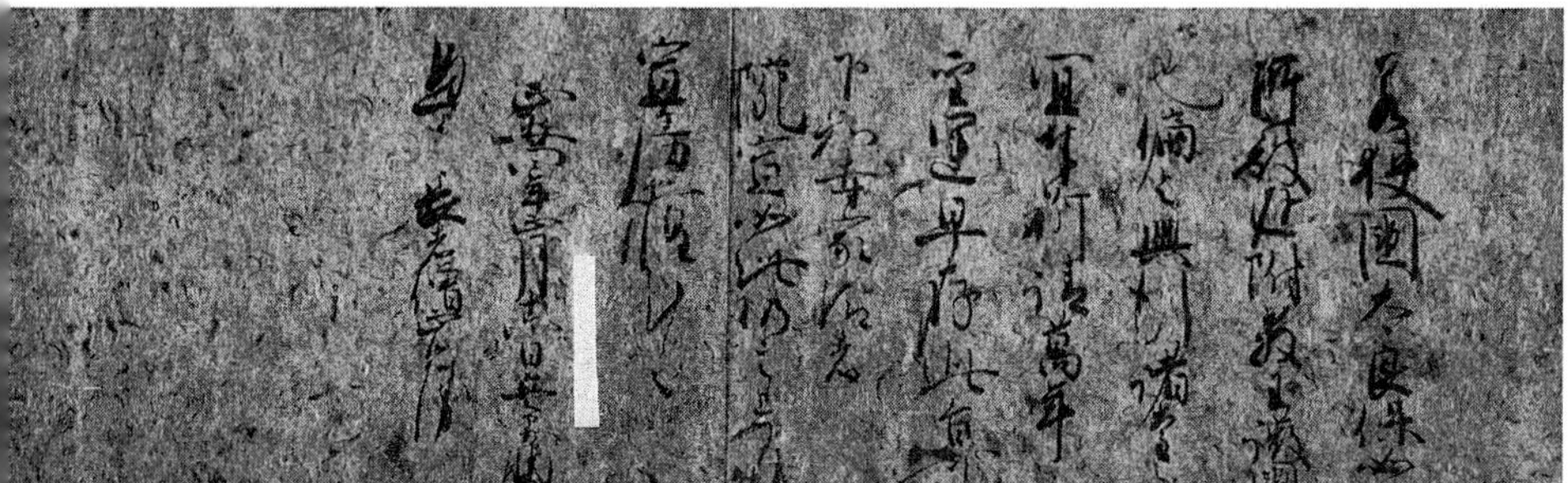

図14　後宇多《ごうだ》上皇院宣《じょうこういんぜん》（正安四年正月十六日　教王護国寺）

若狭国太良保を東寺領として返付する旨の院宣。奉者は後に「三房」と呼ばれた中の一人万里小路宣房である。院宣であるのに料紙は宿紙を使用する。こうした例は多くはないが、その一例としてここに掲げた。宣房は当時蔵人であり、宿紙が手元に多くあったため、それを利用したものか。院宣としての通例の書止文言に続いて、「宣房恐惶謹言」とある。当時宣房は五位で地位が低く、充先の東寺長者信忠は前大僧正として参議に准ぜられていた。綸旨・院宣でも奉者と充先の地位の高下によって書止文言・上所は変えられるのが定めであり、この院宣もまた書札礼の定めるところに従って書かれている。

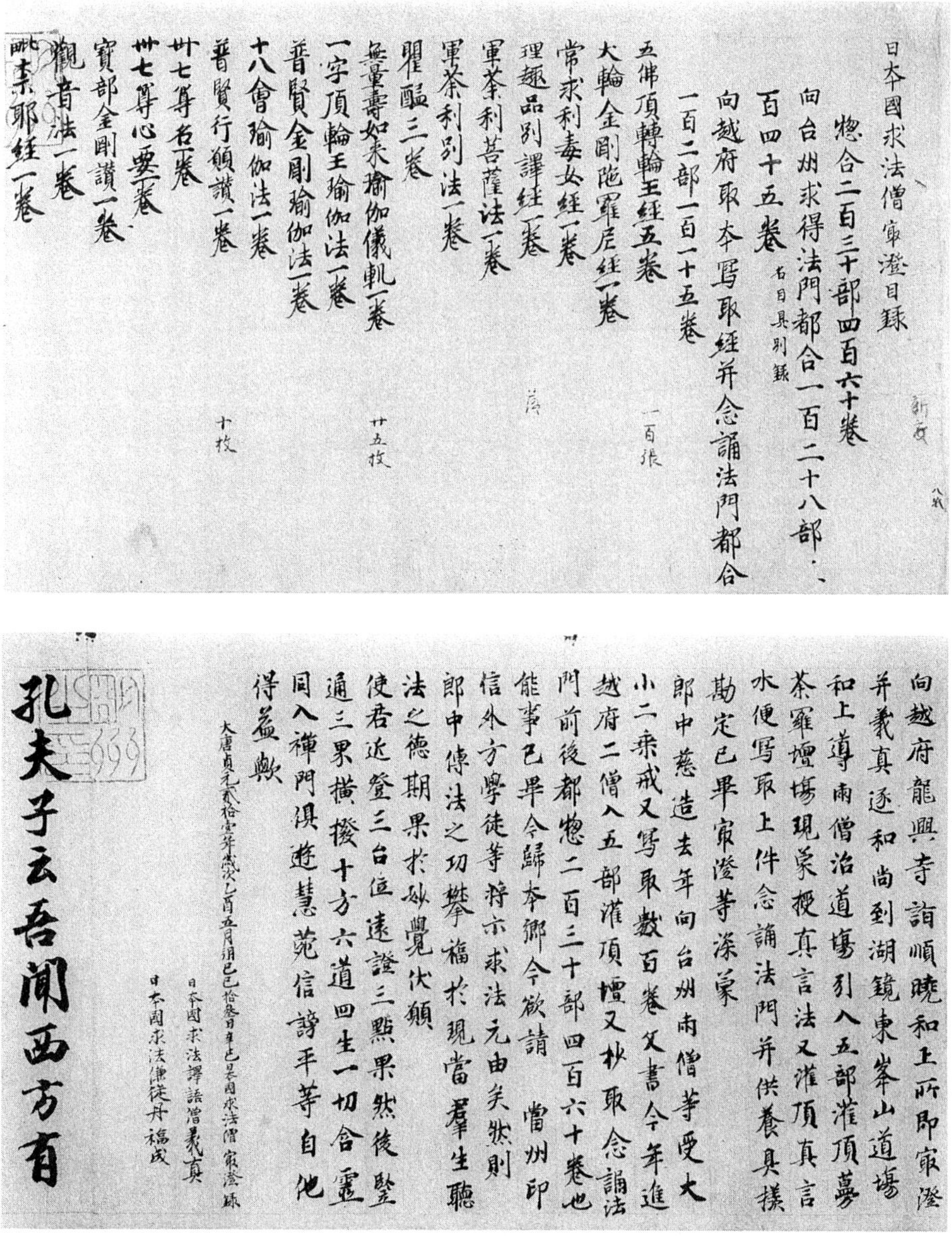
日本國求法僧最澄目録
惣合二百三十部四百六十卷
向台州求得法門都合一百二十八部・・
百四十五卷 右目具別録
向越府取本寫取經并念誦法門都合
一百二部一百一十五卷
五佛頂轉輪王經五卷 一百張
大輪金剛陀羅尼經一卷
常求利毒女經一卷
理趣品別譯經一卷
軍荼利菩薩法一卷
軍荼利別法一卷
瞿醯三卷
無量壽如來瑜伽儀軌一卷 廿五枚
一字頂輪王瑜伽法一卷
普賢金剛瑜伽法一卷
十八會瑜伽法一卷
普賢行願讃一卷 十枚
卌七尊名一卷
卌七尊心要一卷
寶部金剛讃一卷
觀音法一卷
毗柰耶經一卷

向越府龍興寺詣順曉和上所即最澄
并義真逐和尚到湖鏡東峯山道場
和上導両僧沾道場引入五部灌頂曼
荼羅壇場現蒙授真言法又灌頂真言
水便寫取上件念誦法門并供養具様
勘定已畢最澄等深蒙
郎中慈造去年向台州両僧等受大
小二乘戒又写取數百卷又書今年進
越府二僧入五部灌頂壇又抄取念誦法
門前後都惣二百三十部四百六十卷也
能事已畢今歸本鄉今欲請 當州印
信外方學徒等將示求法元由矣然則
郎中傳法之功攀福於現當 羣生聽
法之德期果於妙覺伏願
使君述登三台位遠證三點果然後豎
通三界横播十方六道四生一切含靈
同入禅門俱遊慧苑信謗平等自他
得益歟
大唐貞元貳拾壹年歳次乙酉五月朔己巳拾參日辛巳日本國求法僧最澄錄
日本國求法譯語僧義真
日本國求法僧從丹福成

孔夫子云吾聞西方有

図15 伝教大師将来目録《でんぎょうだいししょうらいもくろく》（延暦寺）

最澄が入唐中、越州龍興寺等で伝得・写得した経典一百二部一百一十五巻の最澄自筆の目録である。これを日本に持ち帰るため、本目録を明州刺史鄭審則に提出して許可を求めた。明州における許可の証として鄭審則自らが奥にその旨の跋を加え「明州之印」を捺している。さらにその奥に帰国の際に同道した遣唐大使藤原葛野麻呂以下が署判を加え、さらに遣唐使印を捺してあるのも珍しい。帰国後最澄は本目録を朝廷に提出した。入唐僧の将来目録は他にも空海他入唐八家のものが知られている。

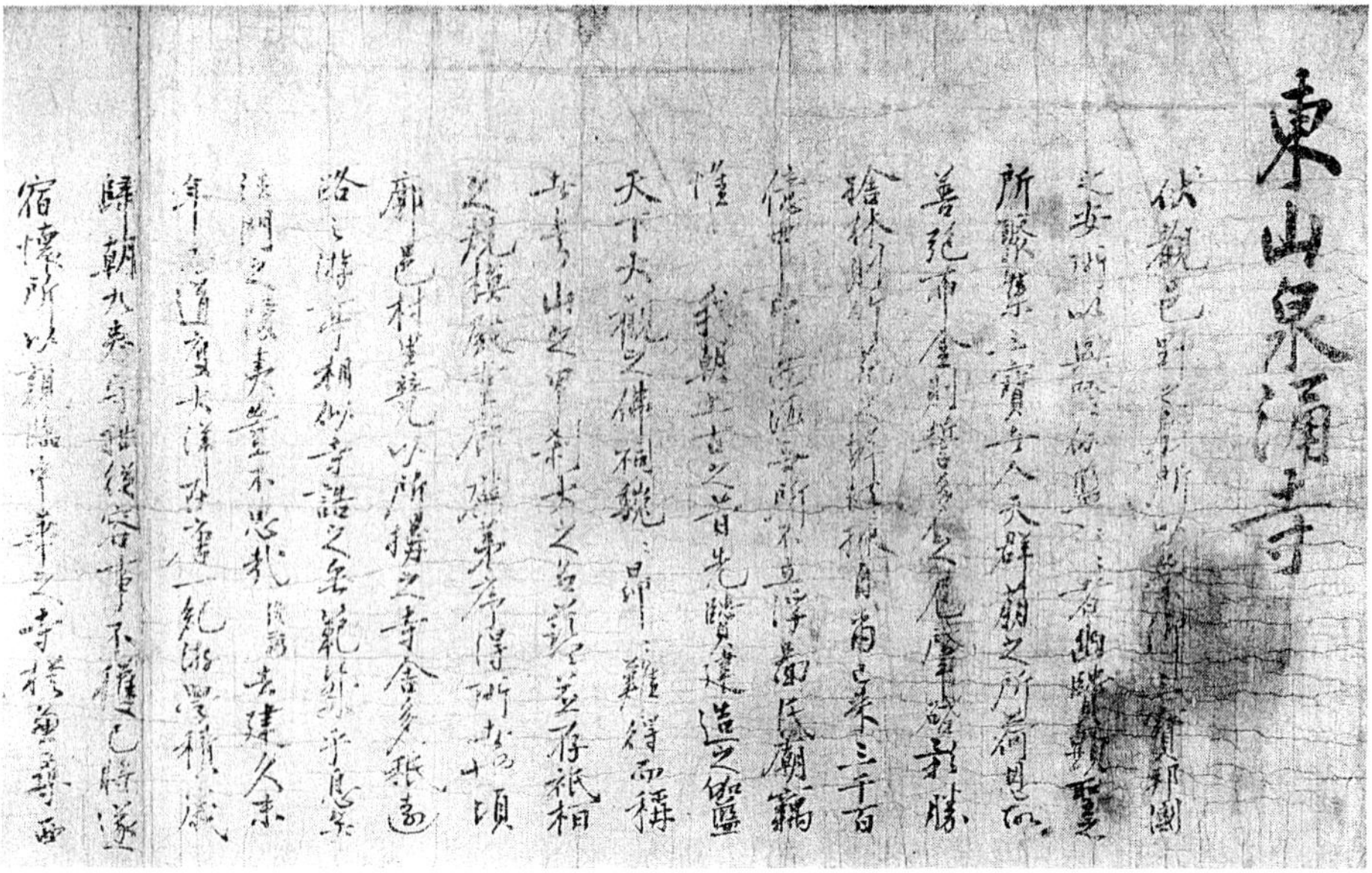

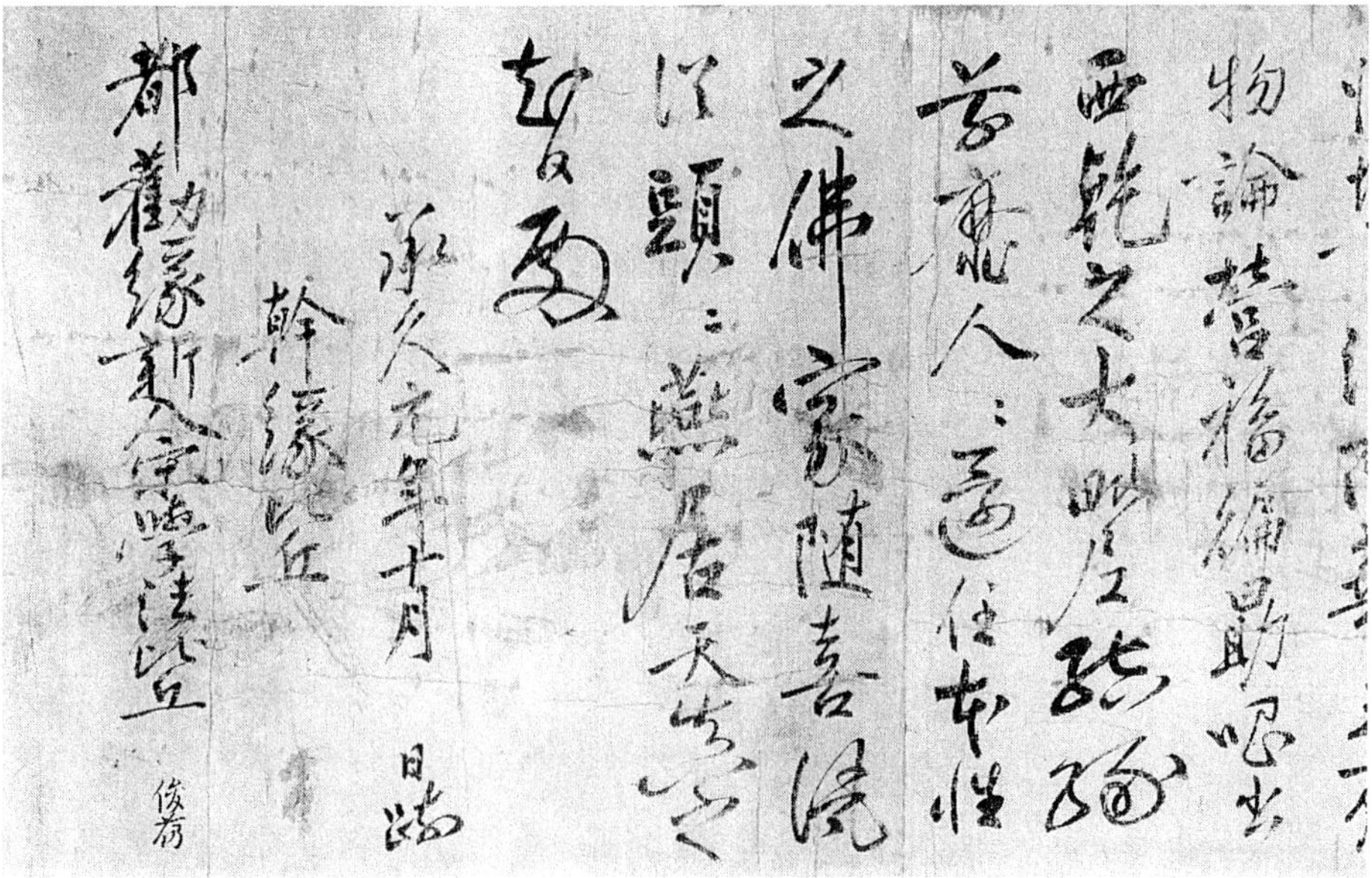

図16　泉《せん》涌《にゅう》寺《じ》勧《かん》縁《えん》疏《そ》（承久元年十月　日　泉涌寺）

俊芿は宋より帰朝後の建保六年、中原信房から仙遊寺の故地を寄進された。しかし仙遊寺は荒廃していたため、寺号を泉涌寺と改め再興を図ることとなった。上下貴賤の喜捨を集め再興をすすめるに際して起草されたのがこの勧縁疏で、同寺開創以来の由来を記している。料紙は色変りの蠟牋を使用し、宋の黄山谷流の書法は優れたもので、鎌倉時代の書の歴史の上でも価値が高い。

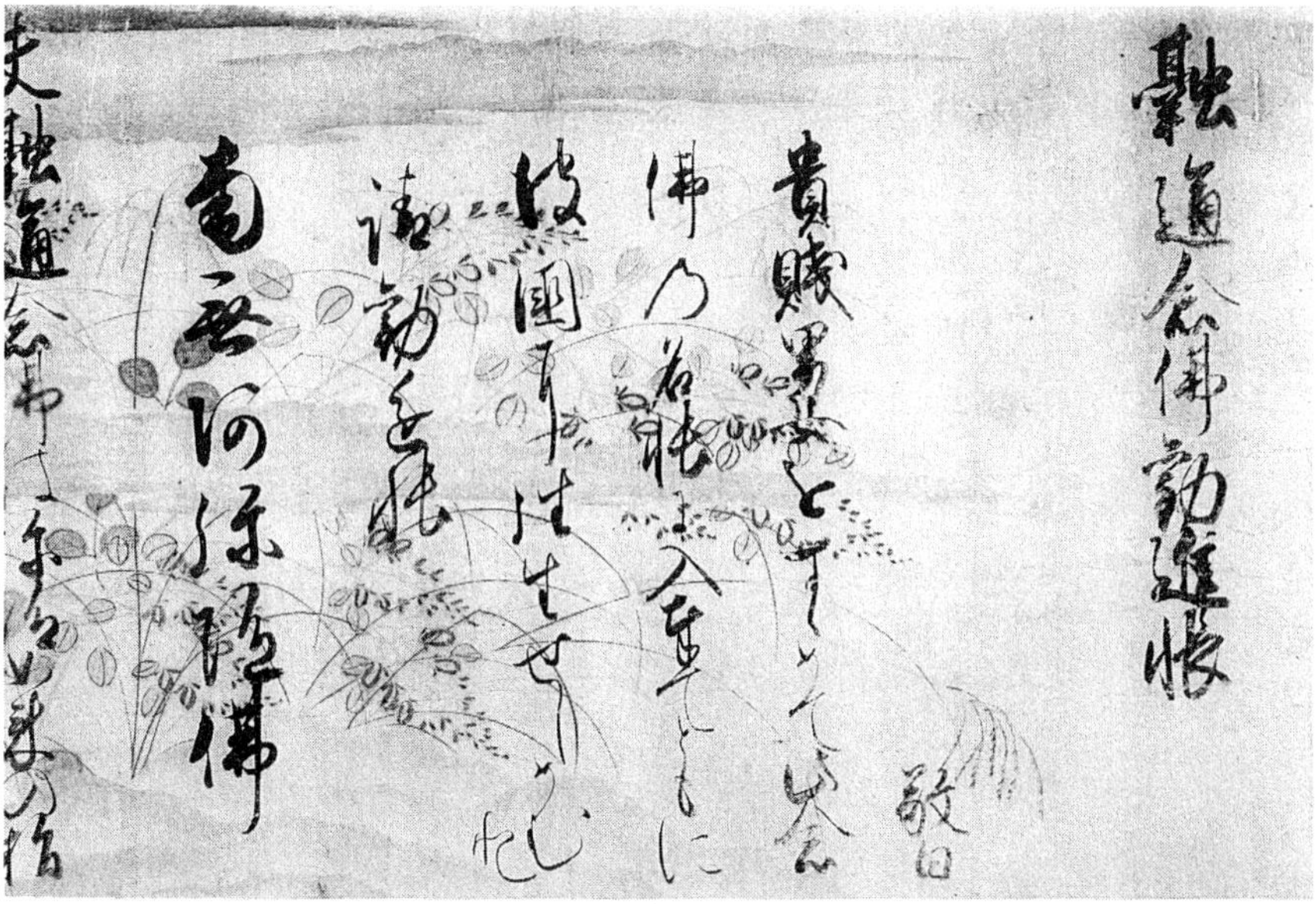

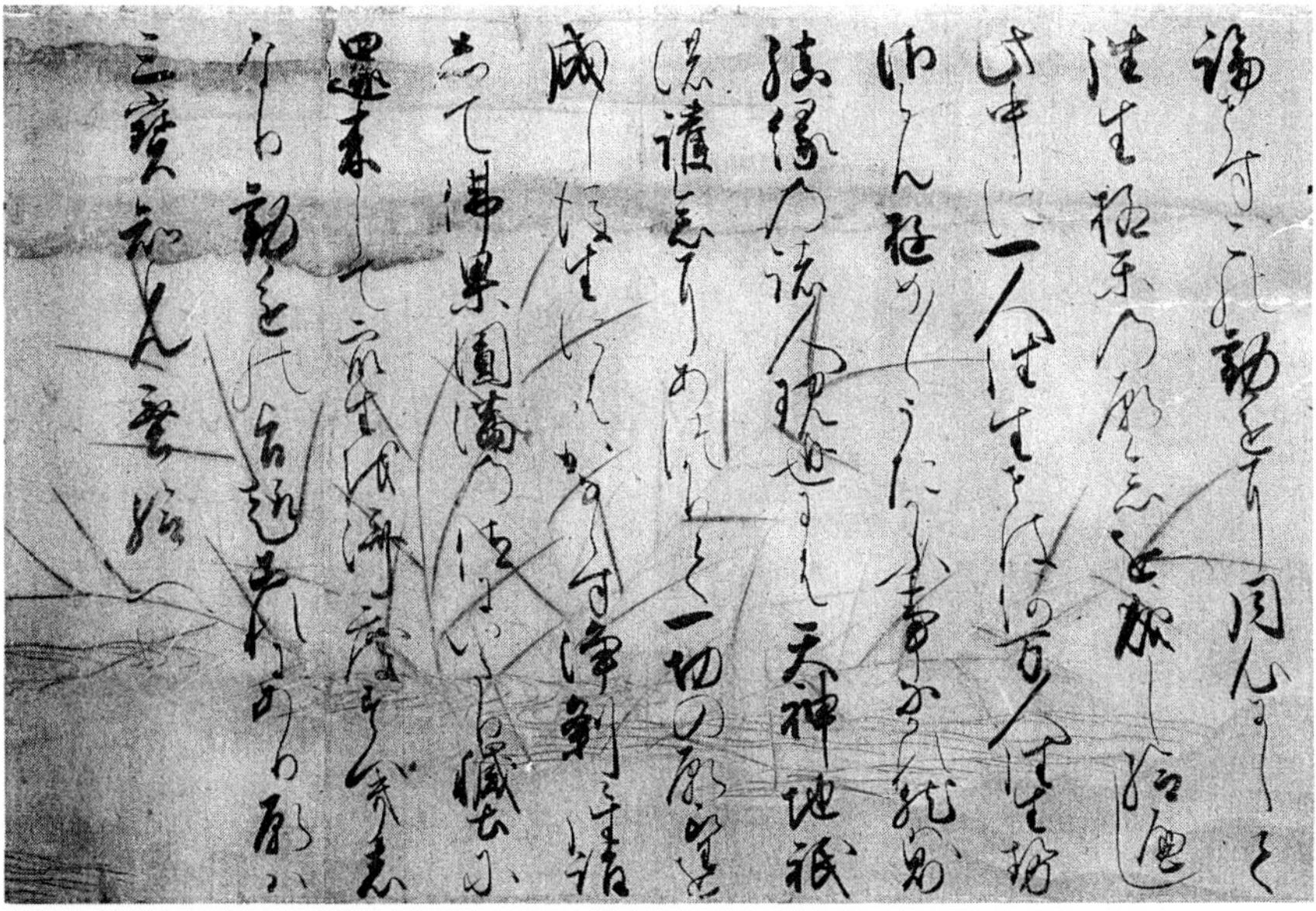

図17　後《ご》小《こ》松《まつ》天皇《てんのう》宸筆《しんぴつ》融通《ゆうずう》念仏《ねんぶつ》勧進《かんじん》状《じょう》（大念仏寺）

最初に題・開題・六字名号を書き、その後に長文の融通念仏の縁起を記し結縁を勧めている。料紙には金銀泥絵の秋草乱るる野山・雁渡る苅田・蘆茂る水辺等の風景を下絵として描いた鳥ノ子紙を用い、本文は流麗な書風で書かれている。後小松天皇の染筆になるが、大念仏寺僧の請願によるものである。文は寺僧の作によるものか。

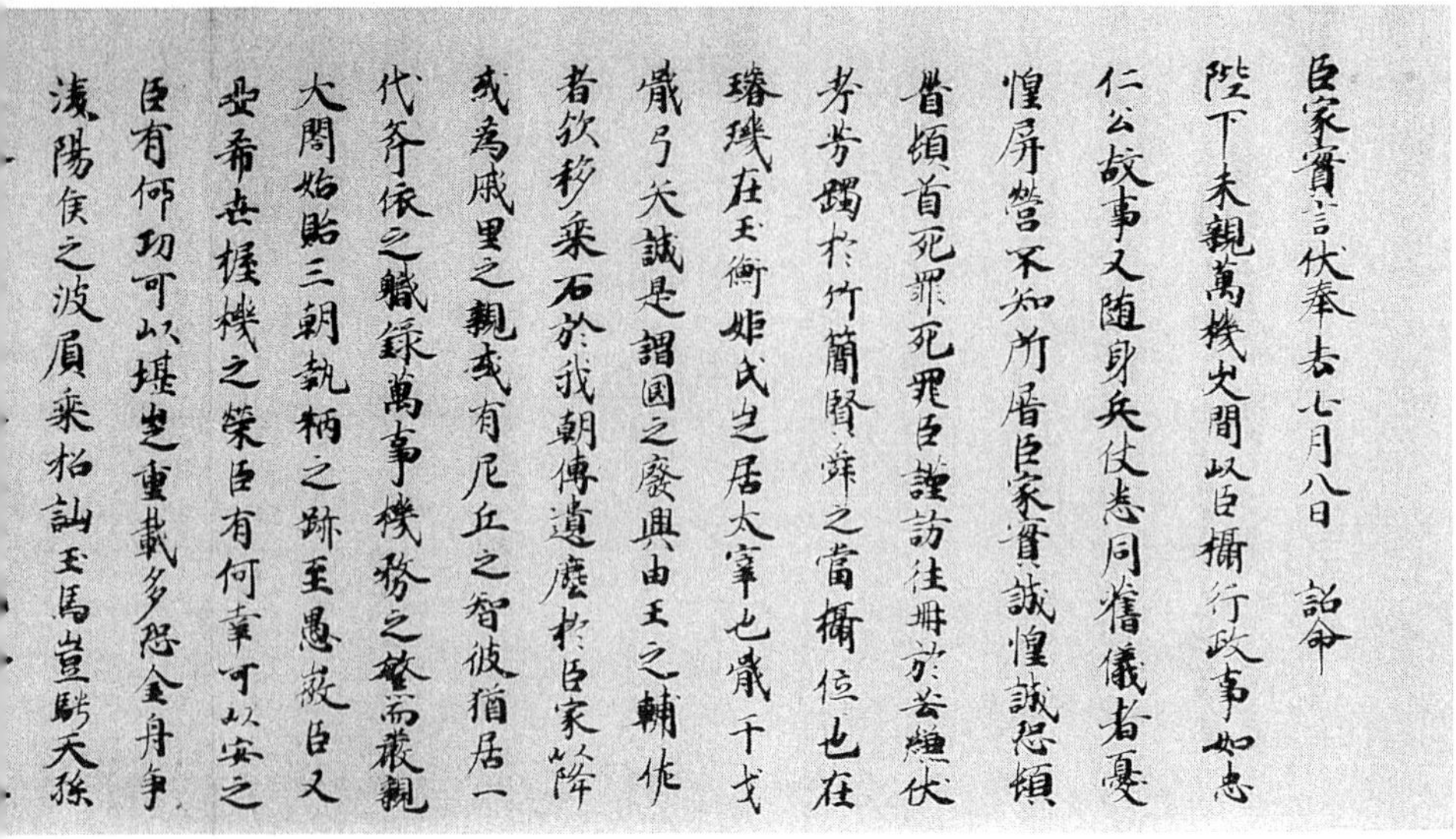

図18　近衛家実摂政初度上表《このえいえざねせつしょうしょどじょうひょう》（承久三年十月二十八日　陽明文庫）

猪熊関白近衛家実は承久の乱後の承久三年七月八日摂政に任じられたが、十月二十八日摂政辞任の第一回目の上表を出した。古来上表は三度提出された後に許されるのが例であり、この初度上表は許されず家実に返されたものである。本文は当時の能書家藤原行能筆との所伝があり、日付下の「家実」の二字のみは自署である。この時の家実の摂政上表は結局認められなかった。

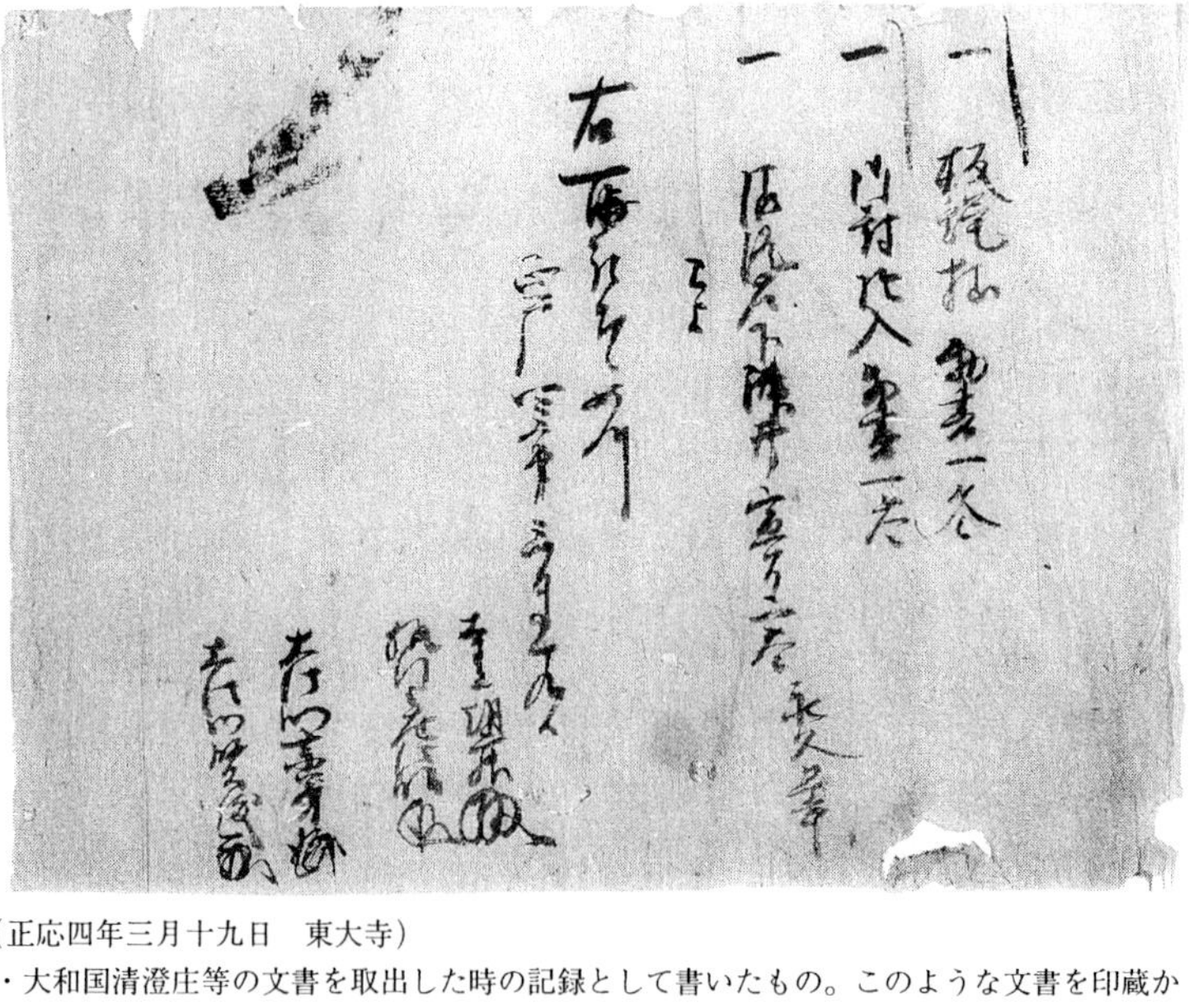

図19　東大寺文書取出注文《とうだいじもんじょとりだしちゅうもん》（正応四年三月十九日　東大寺）

東大寺印蔵から伊賀国板縄杣・大和国清澄庄等の文書を取出した時の記録として書いたもの。このような文書を印蔵から取出す時には必ずその目録を作り、三綱・年預等が連署を加えた。またここには返納記はないが、文書が返却される取出注文に返納された日付等を書き加えておくのが通例で、文書管理が厳重になされていたことがよくうかがえる。

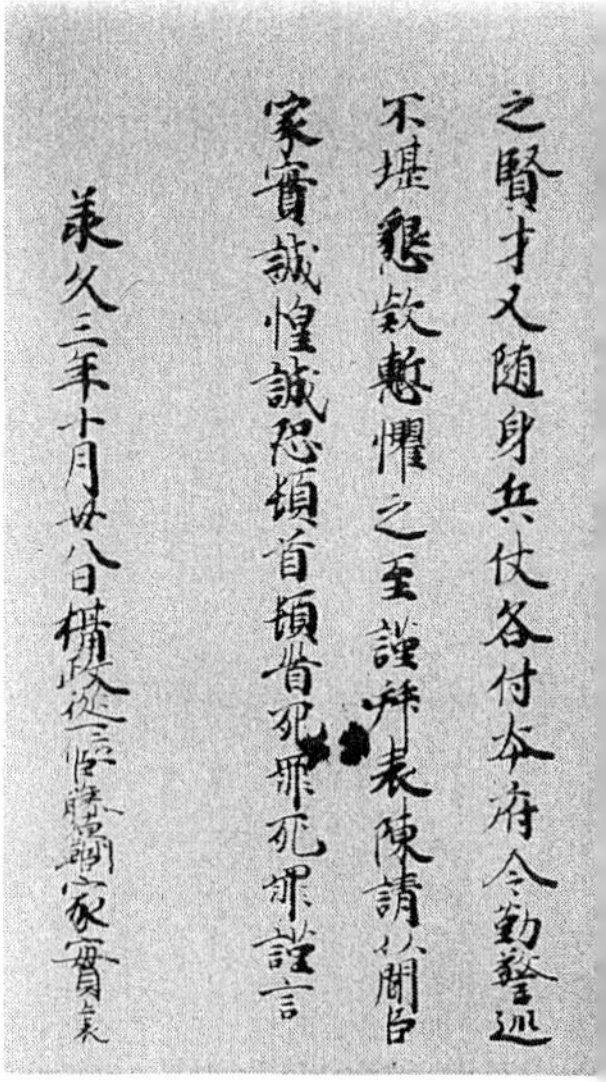

之賢才又随身兵仗各付本府令勤警巡
不堪悃款懇懼之至謹拝表陳請以聞
家實誠惶誠恐頓首頓首死罪死罪謹言
承久三年十月廿八日攝政従一位藤原朝臣家實表

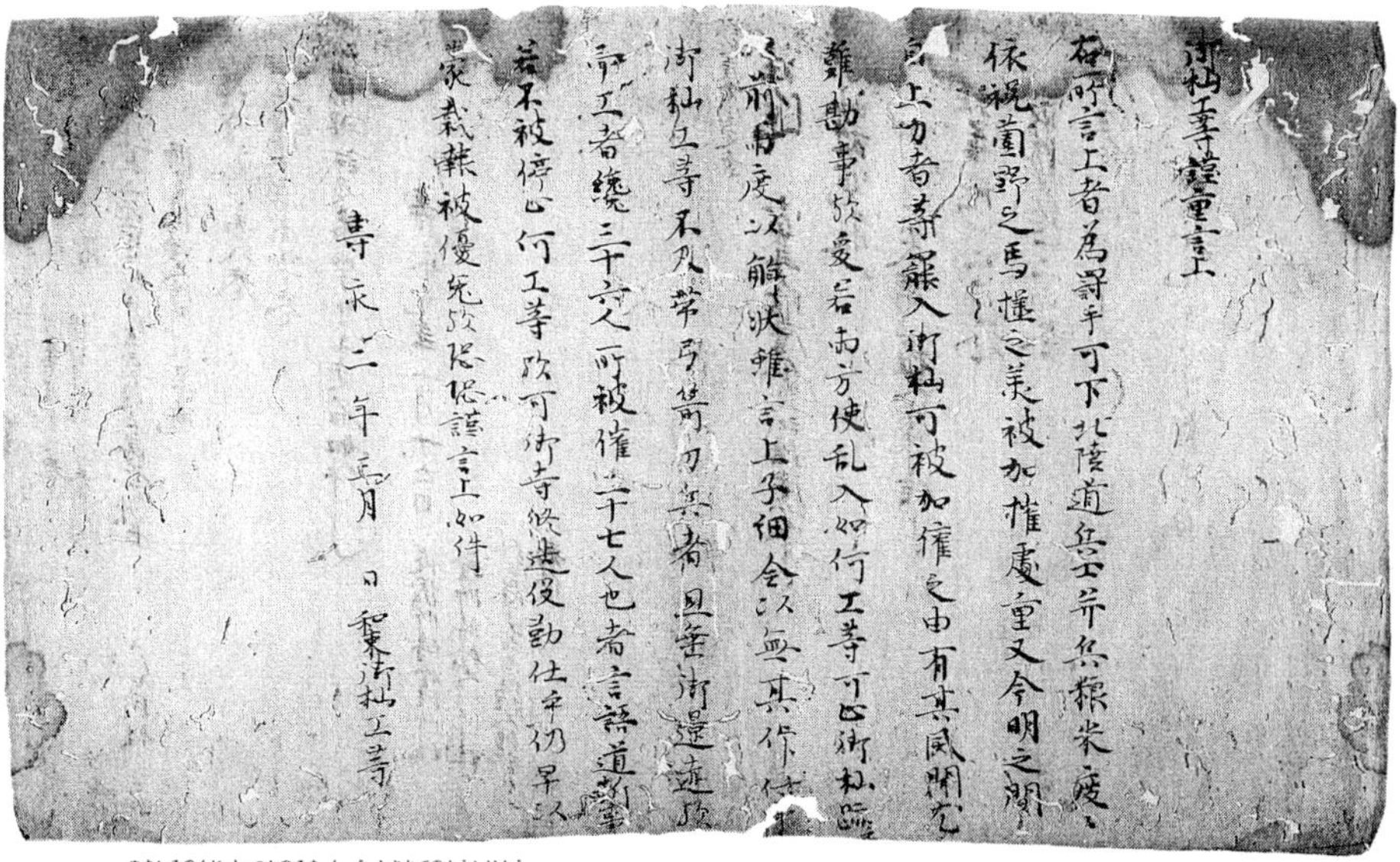

図20　山城国《やましろのくに》和束《わつか》杣《のそま》工《く》等《ら》重《かさねて》申状《のもうしじょう》（寿永二年三月　日　興福寺）

寿永二年三月、興福寺領和束杣工等は源義仲追討のための兵士として北陸道へかり出されるのを免除して欲しいと興福寺に訴え出た。中世の申状の典型的な形式である。この年五月、義仲は砥波山合戦で平氏軍を破り、七月には平氏の都落ち、義仲入京と状勢は目まぐるしく変化していった。その当時の平氏方の兵力徴集方法の一端を具体的に示す史料として興味深いものがある。『維摩会引付』の紙背文書の一つ。

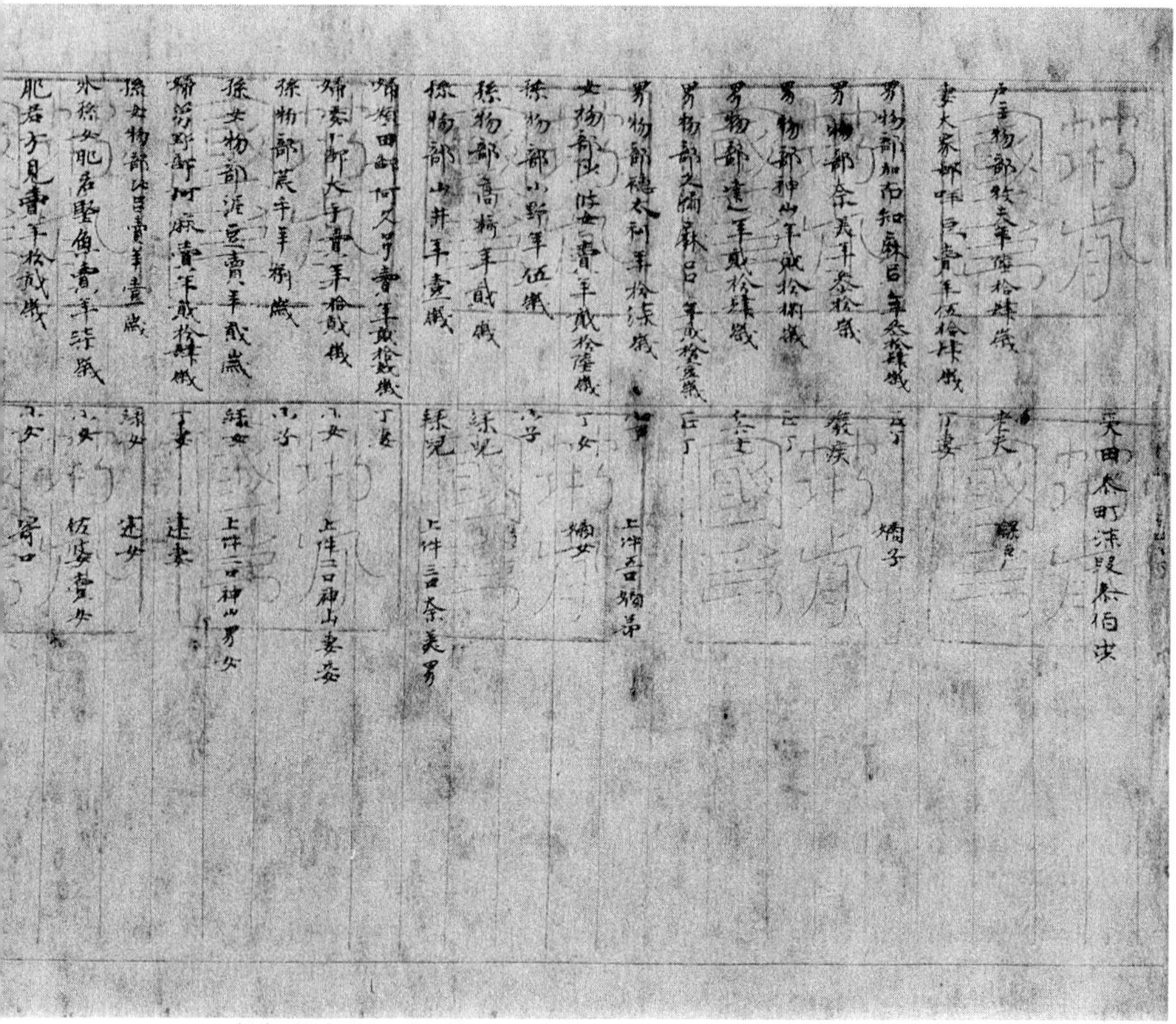

図21　筑前《ちくぜん》国《のくに》嶋郡《しまぐん》川辺里《かわべり》大宝《たいほう》二年戸籍《こせき》断簡《だんかん》（奈良国立博物館）

大宝二年筑前国から提出された戸籍の断簡で、もと正倉院に伝来したが明治初年の頃坊間に流出したものである。正倉院には大宝二年戸籍として筑前・豊前・御野（美濃）国戸籍のうち若干が伝存しているが、これはその一部である。現存戸籍としてはもちろん、紙に書かれた文書としても現存最古のもので、字面には筑前国印が捺されている。紙背には「千部法華経校帳」（断簡）が書かれている。

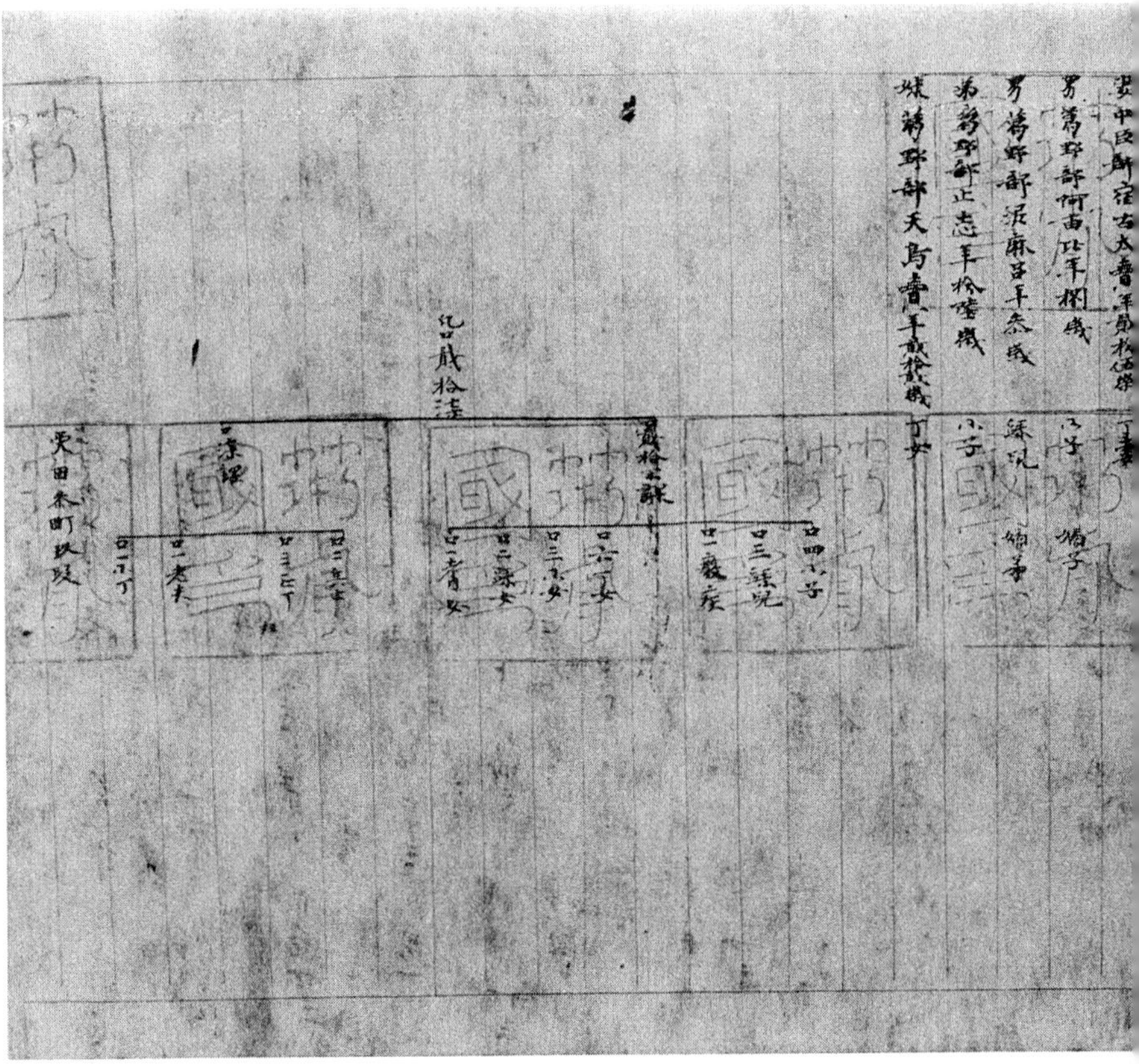

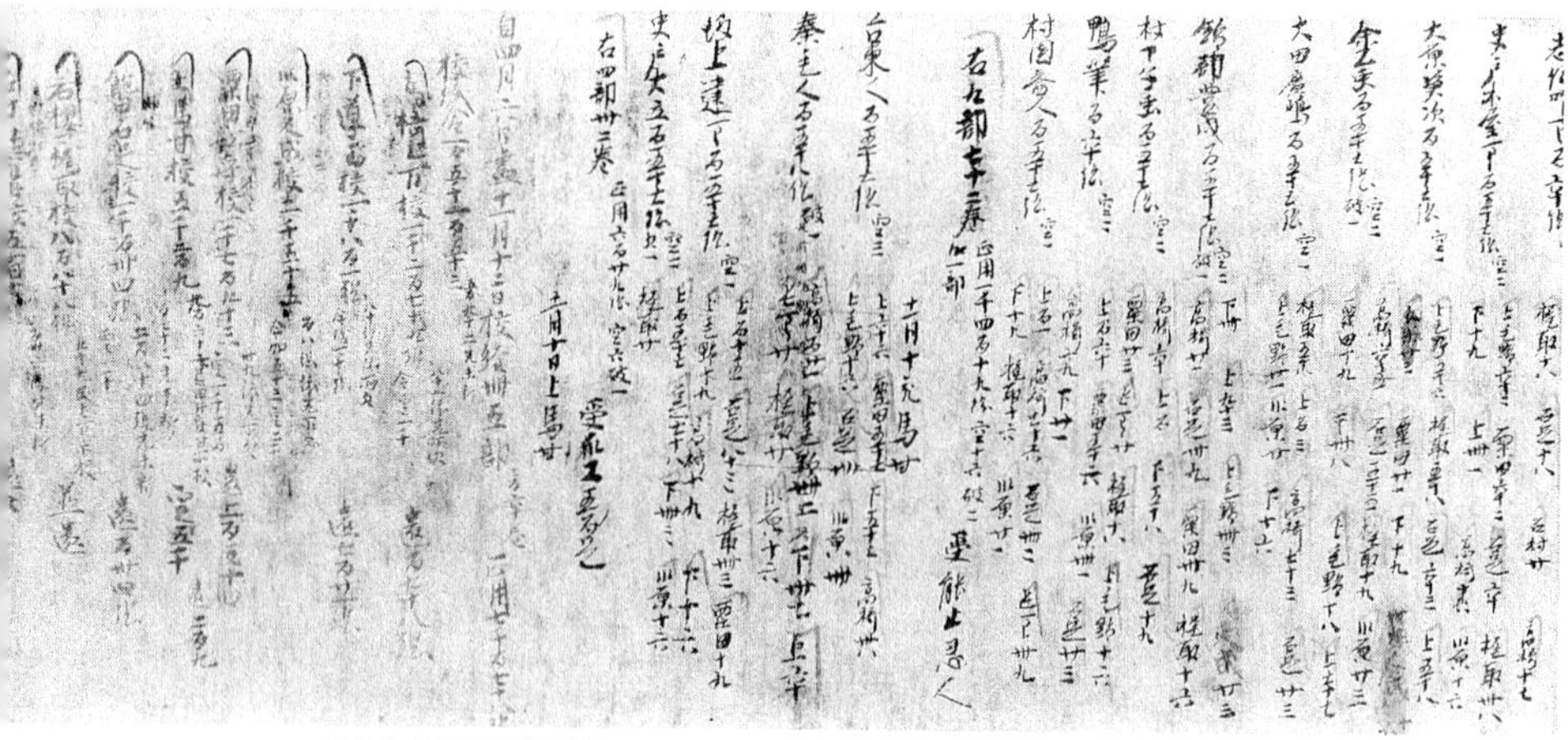

図22　千部法華経校帳断簡《せんぶほけきようこうちようだんかん》

筑前国嶋郡川辺里戸籍（図21）の紙背を利用して書かれている。天平二十年の法華経校正の事情を記したもので、ここには四月六日から十一月十二日に至る間の記事が見られる。不要となった筑前国戸籍が民部省から写経所へ払い下げられ、反故となった戸籍の裏面の空白部を利用してこの校帳が書かれた。

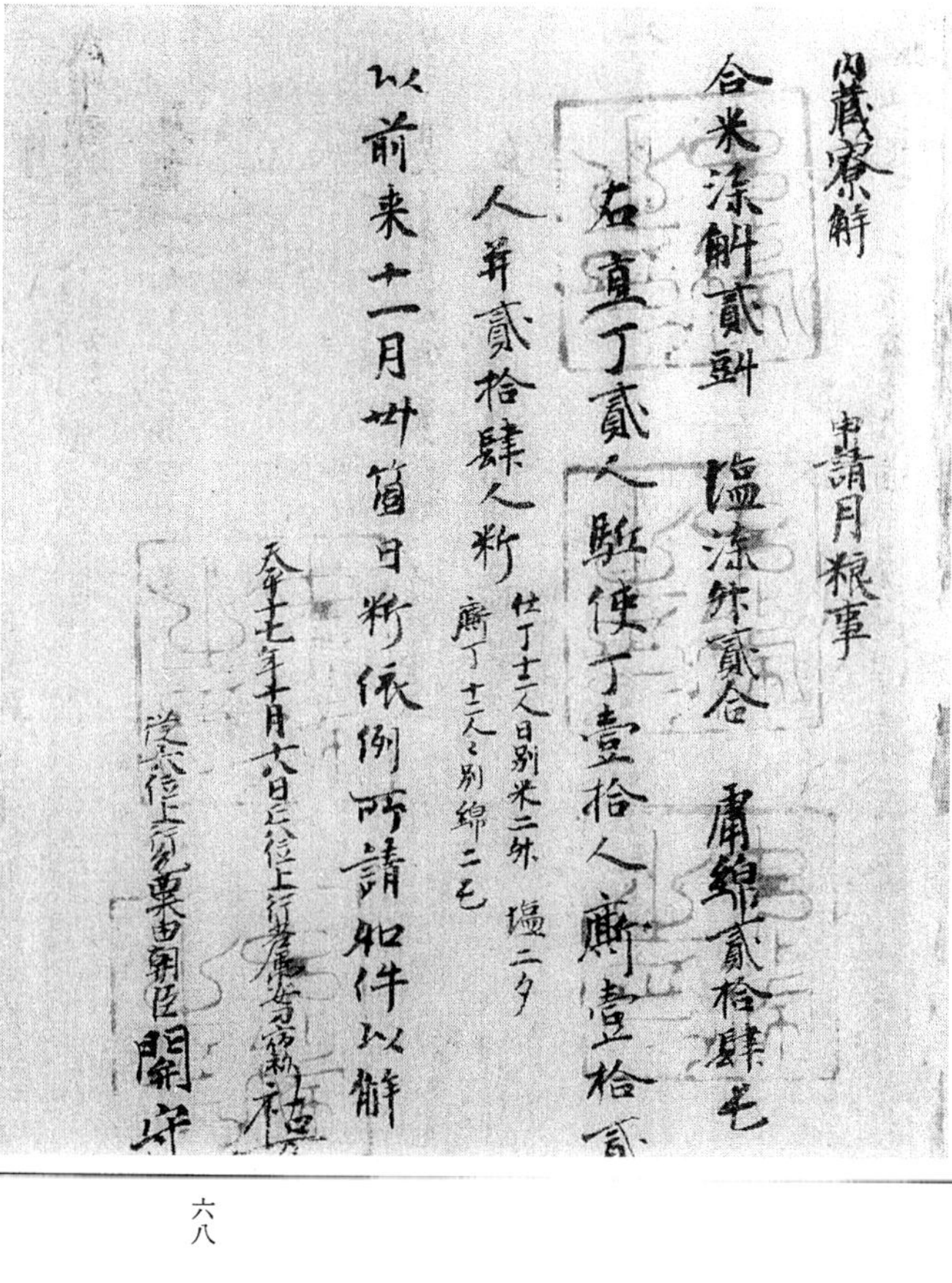

内蔵寮解　申請月粮事
合米漆斛貳㪷　塩漆升貳合　庸綿貳拾肆屯
右直丁貳人　駈使丁壹拾人　廝壹拾貳人
人并貳拾肆人料　仕丁十二人日別米二升　塩二夕
廝丁十二人々別綿二屯
以前来十一月卅箇日料依例所請如件以解
天平十七年十月十八日正八位上行少属…
従六位上行…

図23　内蔵寮解《くらりようげ》（天平十七年十月十八日　正倉院）

内蔵寮から使役の仕丁等に対する月毎の給与としての米・塩・庸綿の支給を所管の中務省に充てて請うた文書。字面に中務省印が捺されているが、これは中務省で被管の寮司の請求分を一括して民部省に提出する際に、中務省移に副えて民部省へ送るに際して捺されたものであろう。紙背を利用して写経所での事務処理上の文書が書かれている。

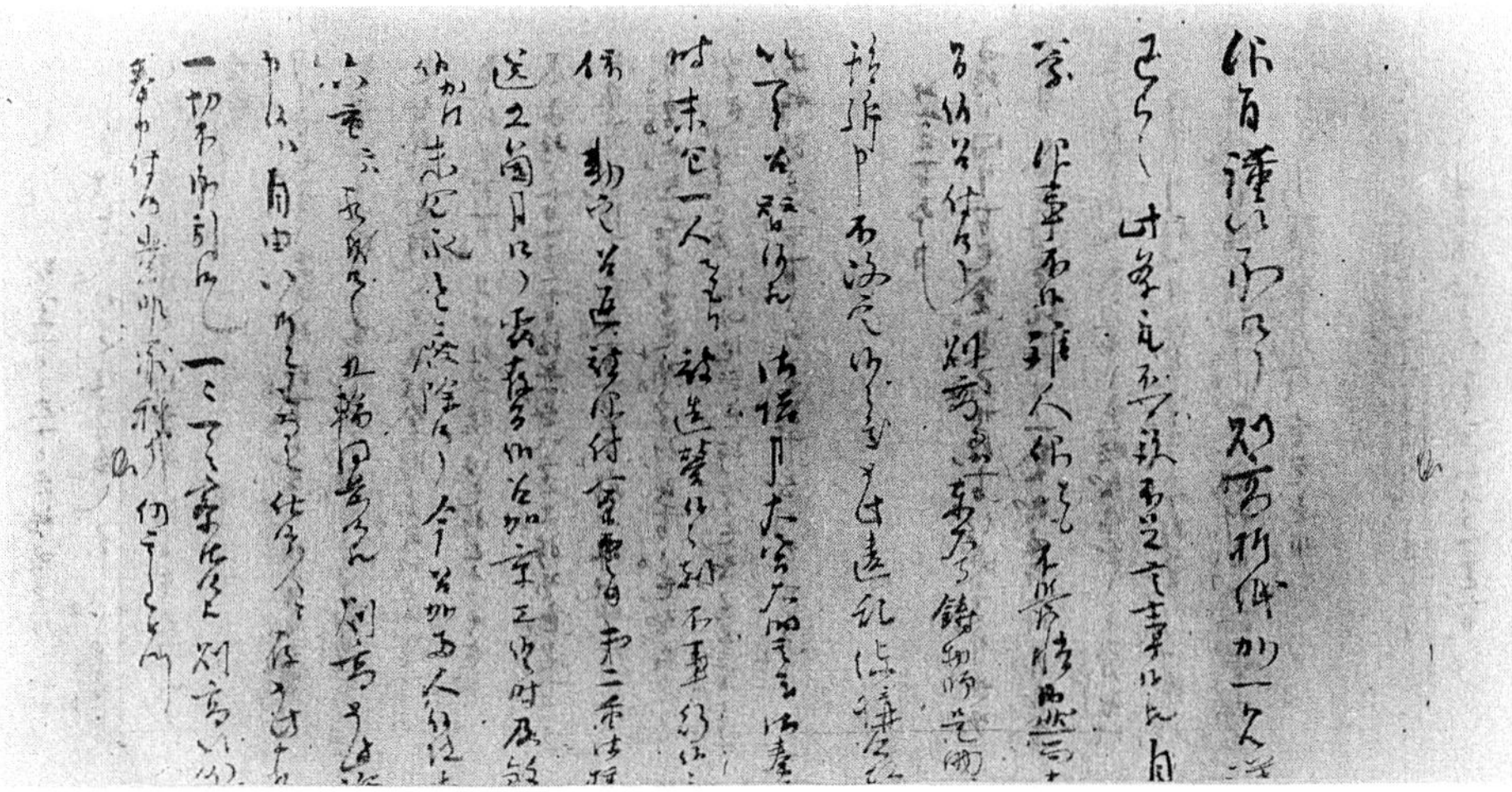

図24　栄西《ようさい》申状《もうしじょう》（興福寺）

日本における臨済宗の開祖栄西自筆の申状である。日付はないが、法勝寺九重塔の再建時の建暦元年頃のものと推定される。この工事に従事している工匠等の間で起きた相論に関する文書で、彼が鋳物師等の多くの職人を統率して造営を進めていた様子が知られる。栄西の数少ない自筆文書の一つとして貴重である。『明本抄』紙背文書。

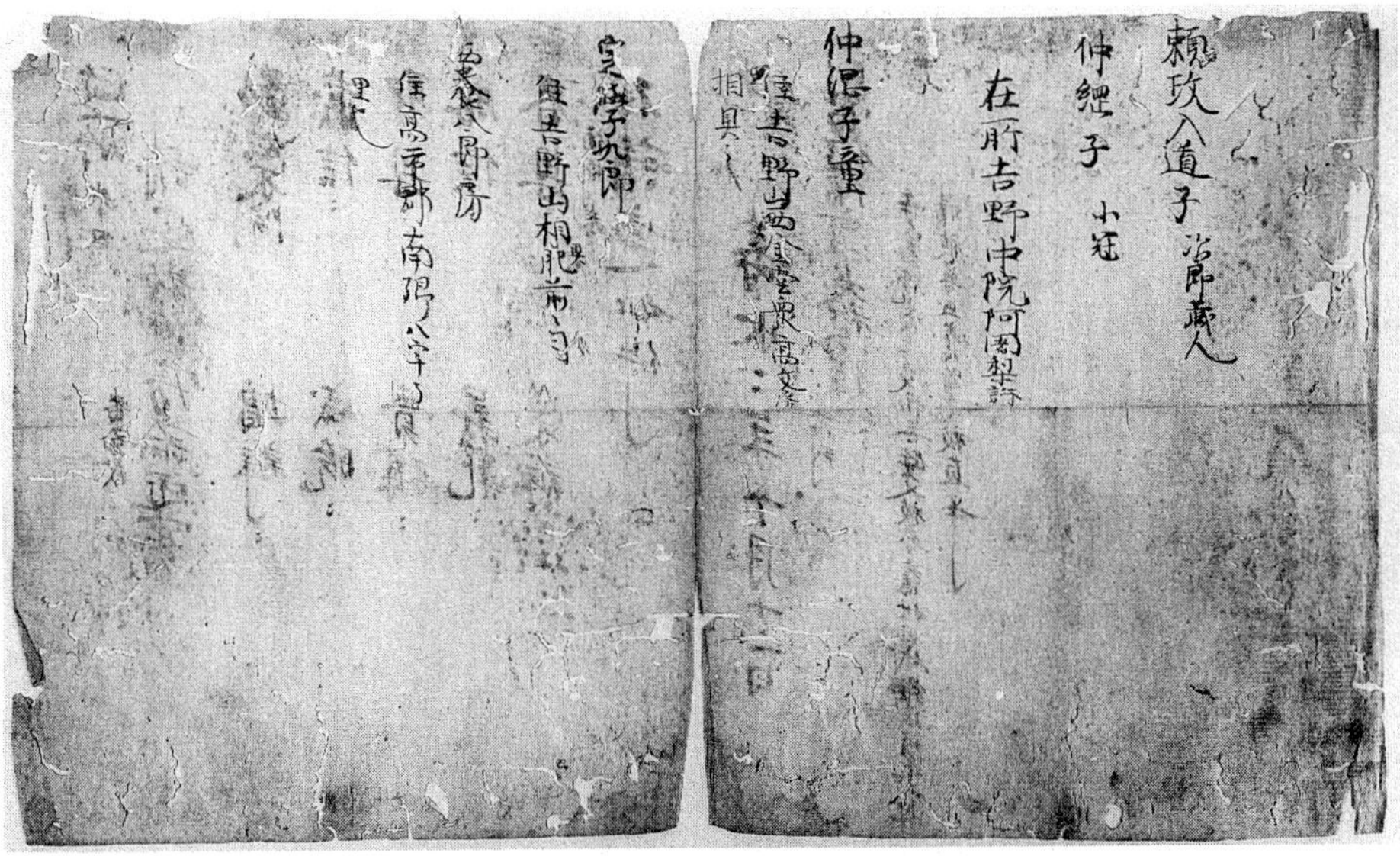

図25　源《みなもとの》頼政残党《よりまさざんとう》等《ら》交名《きょうみょう》注文《ちゅうもん》（興福寺）

日付はないが、治承四年五月、頼政が以仁王を奉じて平氏追討の兵を挙げ敗北した後、頼政およびその子仲綱の子孫やその一党の在所を注進した文書。彼らは興福寺僧等の助力を得て、吉野山や大和国高市郡にいたことが知られる。このような人名を書き上げたものを「交名」という。当時、このような折紙使用の注文には年月日を省略した場合が多く見られる。『維摩会引付』の紙背文書。

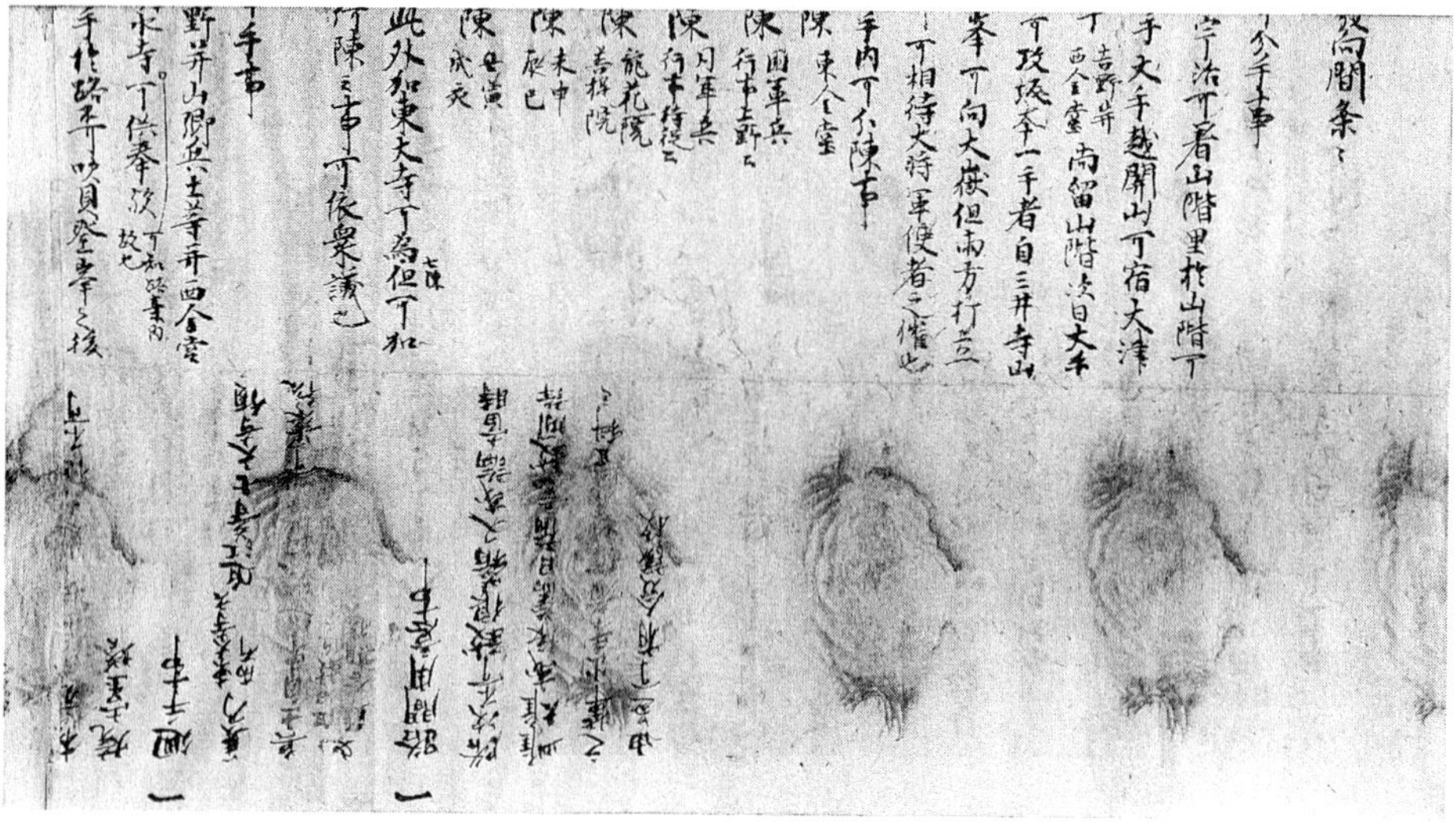

図26　興福寺《こうふくじ》衆徒《しゅと》発向《はつこう》条々《じようじよう》事書《ことがき》（興福寺）

建保元年十～十一月頃、京都の清水寺の支配をめぐって興福寺と延暦寺の間で対立が起り、興福寺は武力でもって延暦寺を攻撃しようとした。この条々事書はこの時の興福寺方の軍勢の配備計画を具体的に記しており、南都僧兵軍の構成を詳しく知ることの出来る珍しい史料である。これもまた折紙の事書・注文の一つで、日付が省略されている。『有法差別』紙背文書。

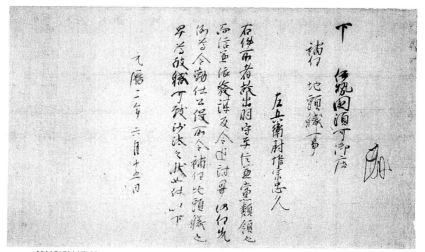

図27　源《みなもとの》頼朝《よりとも》下文《くだしぶみ》（元暦二年六月十五日　島津家文書　東京大学）

元暦元年七月、伊勢・伊賀両国で平氏の支族平信兼等が源氏に反対して謀叛をおこした。この謀叛人の所領は没収され、翌年六月御家人等に分与され、島津忠久は伊勢国須可庄・波出御厨地頭職を与えられた。この下文の「左兵衛尉惟宗忠久」は他の部分とは筆跡が異なっており、またこの部分のみ行間が広い。一時に同種の下文を多数書くため、人名の個所のみを空欄にしておき、後から人名のみを書き入れたものと推定される。

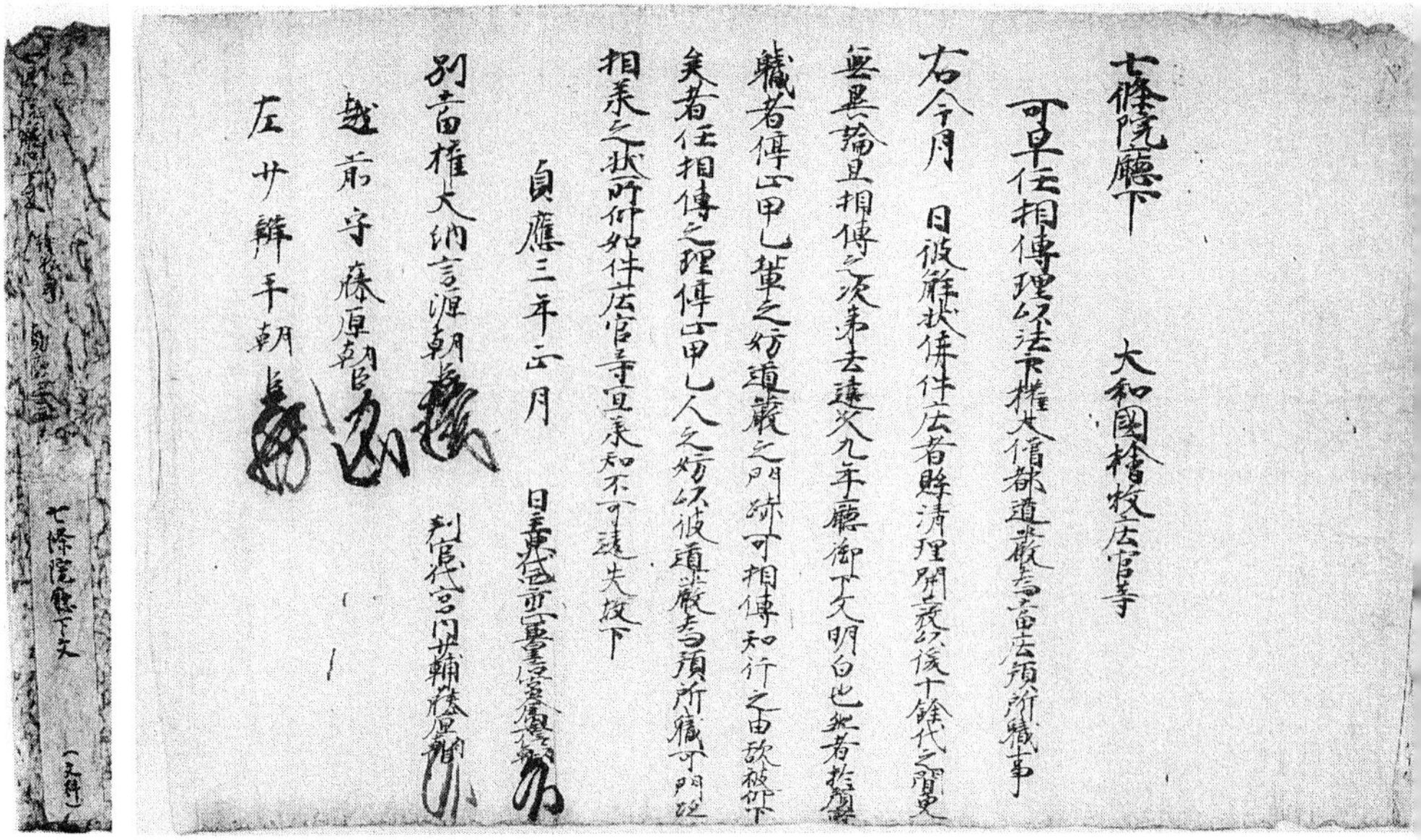

図28　七条院庁下文《しちじょういんのちょうくだしぶみ》（貞応三年正月　日　東京大学）

高倉天皇後宮で、後鳥羽天皇生母の七条院（藤原殖子）の庁から出された下文で、仁和寺勝宝院道厳を七条院領大和国桧牧庄預所職に補任した文書である。承久の乱以前には後鳥羽天皇の側近の一人長厳が領知していたが、彼は承久の乱の張本の一人として所領を没収され、この時道厳が預所職に補任された。なおこの時の七条院庁別当は源通親の子定通である。

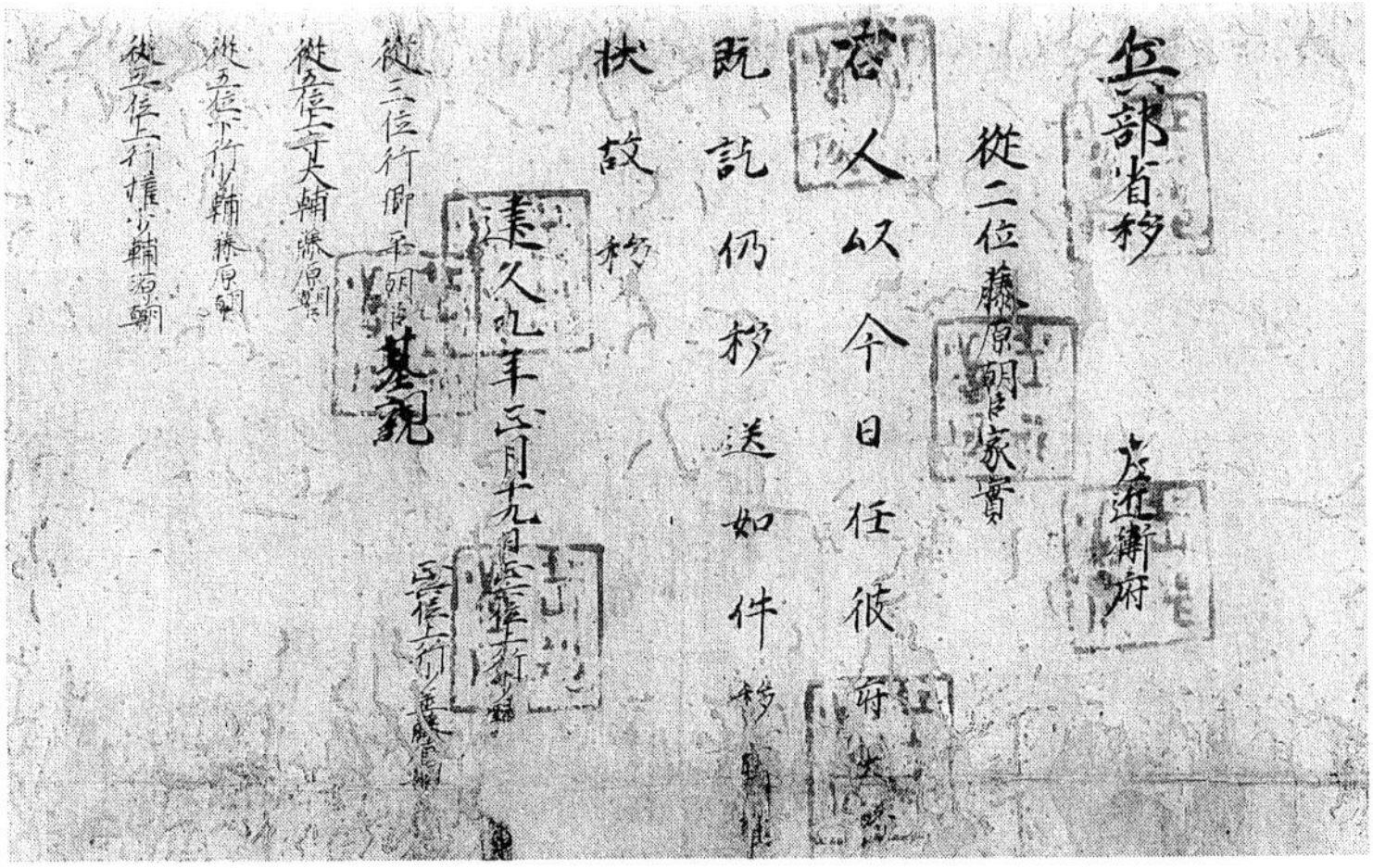

図29　兵部省移《ひょうぶしょうい》（建久九年正月十九日　陽明文庫）

近衛家実自筆の日記『猪隈関白記』建久九年春巻の正月二十日条の末近くの個所に貼り継がれている。移式文書の正文としては現存する中でもっとも時代の降るものである。家実が左近衛大将に補任された時、兵部省から家実の邸に伝えられたが、その時の様子はこの日記の正月二十日条に詳しい。字面に兵部省印が捺されている。日記に文書の原本等を貼り継ぐことはまま見られる。

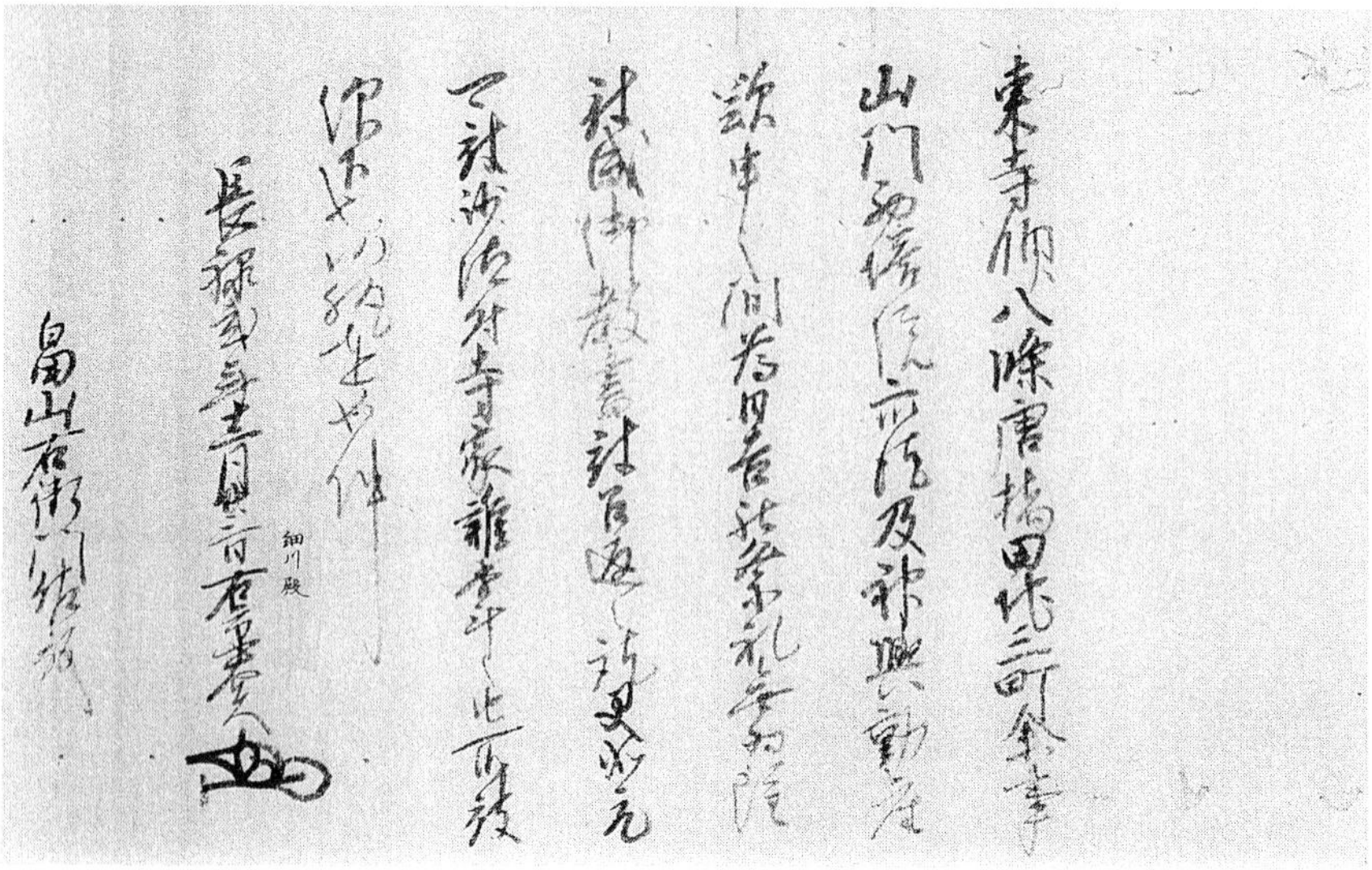

図30　室町《むろまち》将軍《しようぐん》家《け》御《み》教書《ぎようしよ》（長禄二年十二月二十三日　東寺百合文書　京都府立総合資料館）
京都八条唐橋にある東寺領田地三町余は、山門西塔院衆徒の要求により一旦は山門領とされてしまった。しかし長禄二年十二月二十三日、この田地三町余は再び東寺領に返付されることとなった。この御教書は管領細川勝元が将軍足利義政の仰をうけて、山城国守護畠山義就にその執行を命ずる形式をとっている。以下図31・32の文書の順に、守護から守護代、守護代から守護被官へとその命令が伝達され、図33の文書では守護被官が田地を東寺雑掌に引渡すことを述べている。このような手続きを経て室町幕府の命令は伝達され、執行されることになった。

図31　山城《やましろの》国《くに》守護《しゆご》畠山《はたけやま》義就《よしなり》遵行状《じゆんぎようじよう》（長禄三年三月二十九日　東寺百合文書　京都府立総合資料館）
図30の長禄二年十二月二十三日付室町将軍家御教書を受けて、山城国守護畠山義就が、守護代誉田三河入道に対し御教書に従って八条唐橋の田地を東寺に返付するように命じた文書。

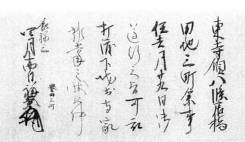

図32　誉田《はんだ》祥栄《しょうえい》遵行《じゅんぎょう》状《じょう》（長禄三年四月十四日　東寺百合文書　京都府立総合資料館）

図31の長禄三年三月二十九日付畠山義就遵行状を受けてさらに使節となる武士（守護被官）に対してその執行を命じた文書。

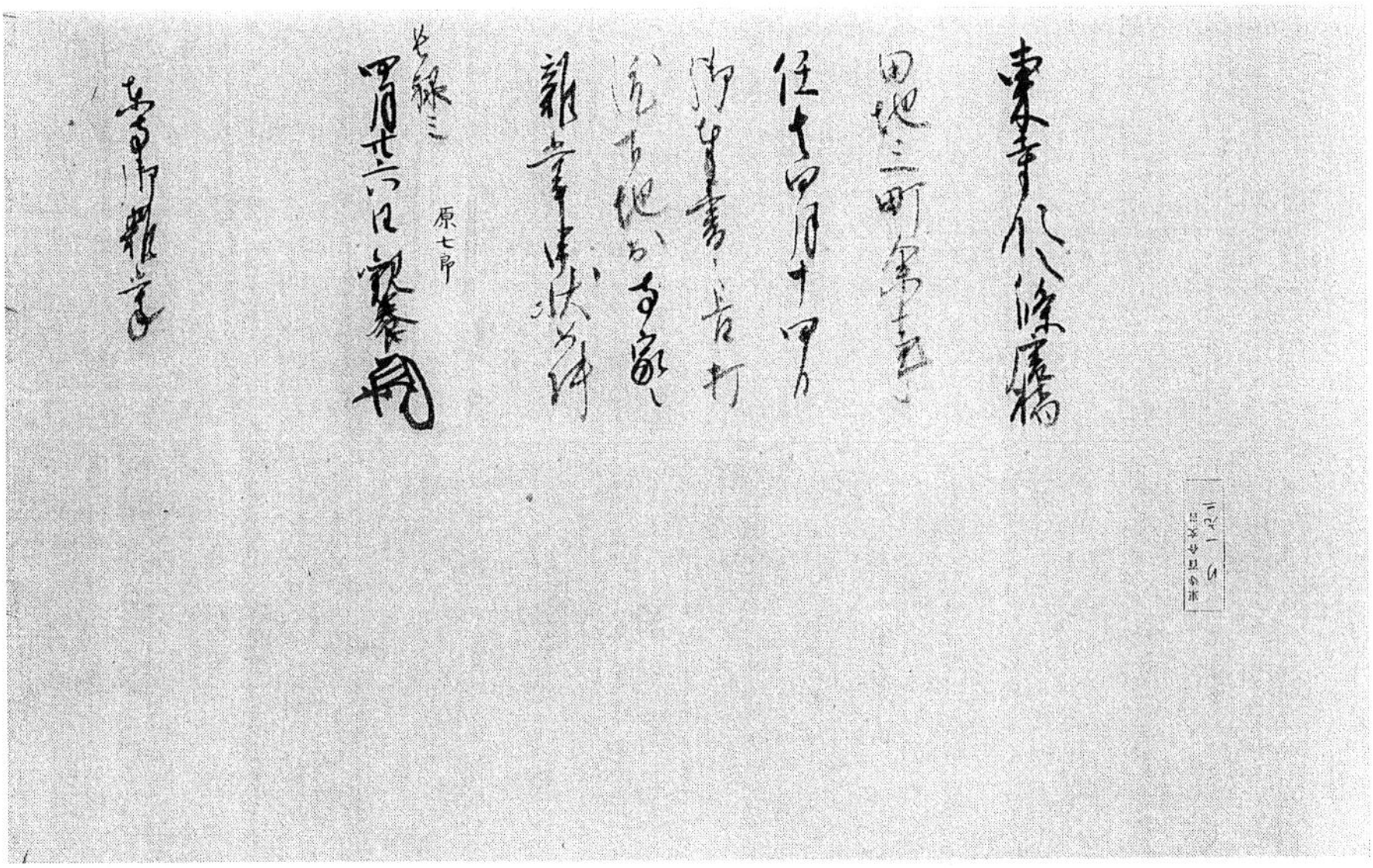

図33　原《はら》観養《かんよう》打渡《うちわたし》状《じょう》（長禄三年四月二十六日　東寺百合文書　京都府立総合資料館）

図30～32の文書の順に下された命令を受けて、山城国守護の被官原七郎観養が現地において八条唐橋の田地三町を東寺雑掌に引渡すに際して出された文書である。以上のような手続きを経て、幕府の命令は現実に執行されることとなったのである。

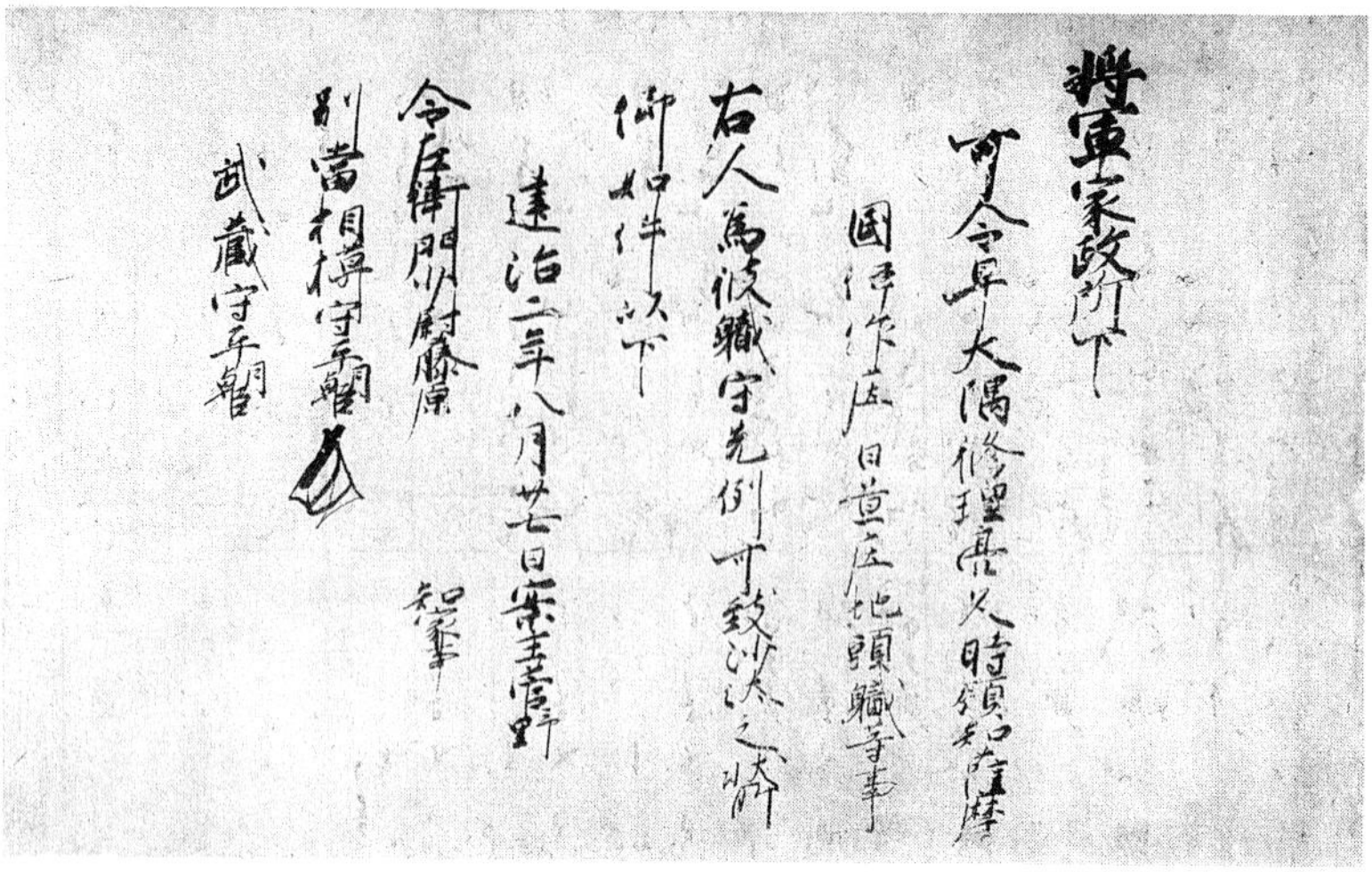
将軍家政所下
　可令早大隅修理亮久時領知薩摩
　　国伊作庄日置庄地頭職事
右人為彼職守先例可致沙汰之状
所仰如件、以下
　建治二年八月廿七日　案主菅野
　　　　　　　　　　　知家事
令左衛門少尉藤原
別当相模守平朝臣（花押）
　武蔵守平朝臣

図34　鎌倉《かまくら》将軍《しょうぐん》家《け》政所《まんどころ》下文《くだしぶみ》（建治二年八月二十七日　島津家文書　東京大学）
島津久時に対して薩摩国伊作庄・日置庄の領知を安堵したものである。奥に執権北条時宗が別当として花押を加えているが、他の家司は職・氏姓のみで署判はない。この頃になると将軍家政所下文には家司の職・姓名が加えられていても、花押を加えるのは執権・連署の二名のみとなっていた。この下文には連署の武蔵守北条義政の花押もないが、何か支障があったものであろう。

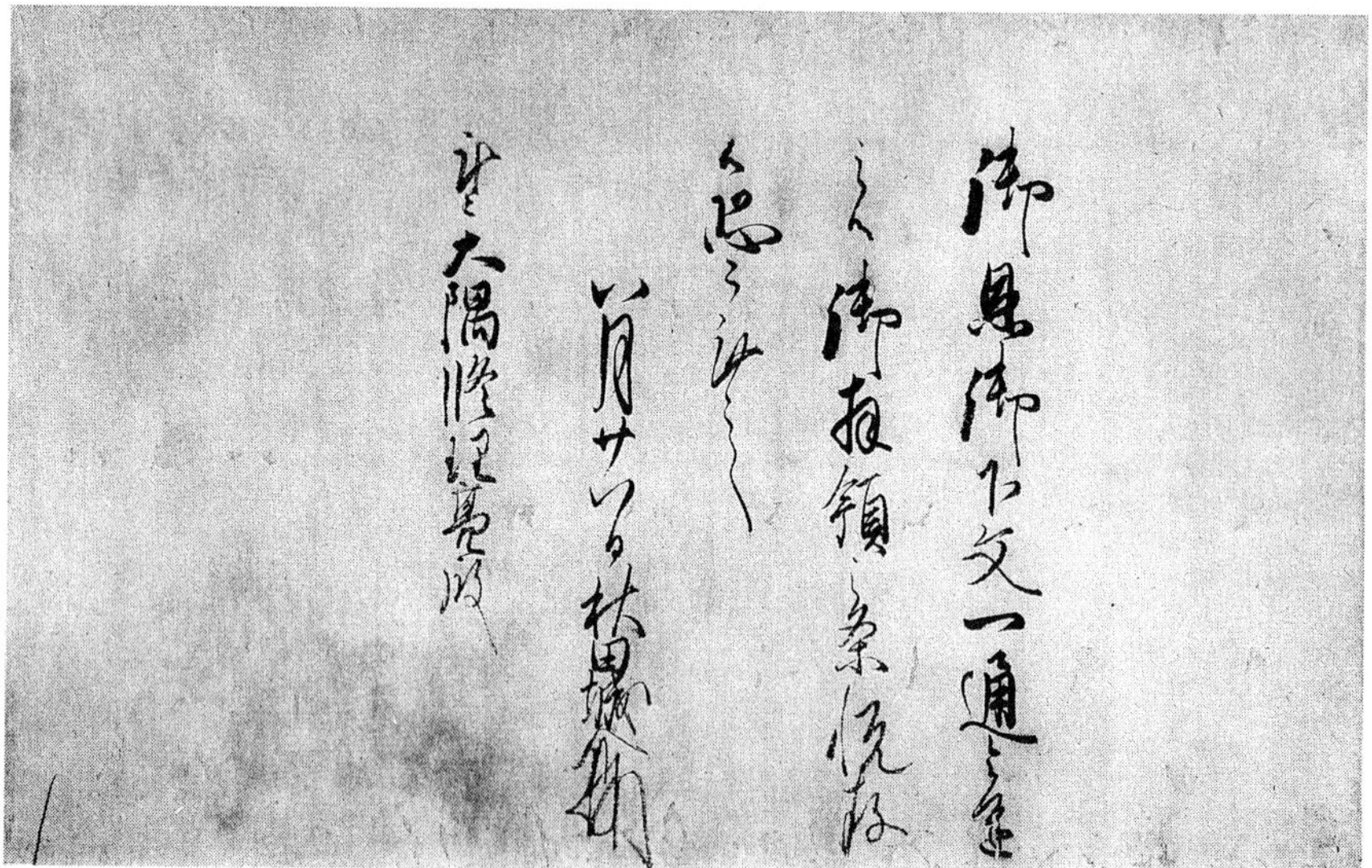
御恩御下文一通進之候、
御拝領之条悦存候、
恐々謹言、
　八月廿八日　秋田城介（花押）
謹上　大隅修理亮殿

図35　安達《あだち》（秋田《あきた》城介《じょうのすけ》）泰盛《やすもり》副状《そえじょう》（八月二十八日　島津家文書　東京大学）
島津久時充の将軍家政所下文（図34）を取次ぎ送るために、その下文に副えて出されたもの。下文を送ることを述べ、地頭職を安堵されたことを賀している。当時安達泰盛は北条得宗家の姻戚として幕府内部で大きな勢力をもち、下文の伝達を担当してそれに副状を発することもしていたようである。なお泰盛は弘安八年十一月、得宗被官との勢力争いに敗れて滅んだ。

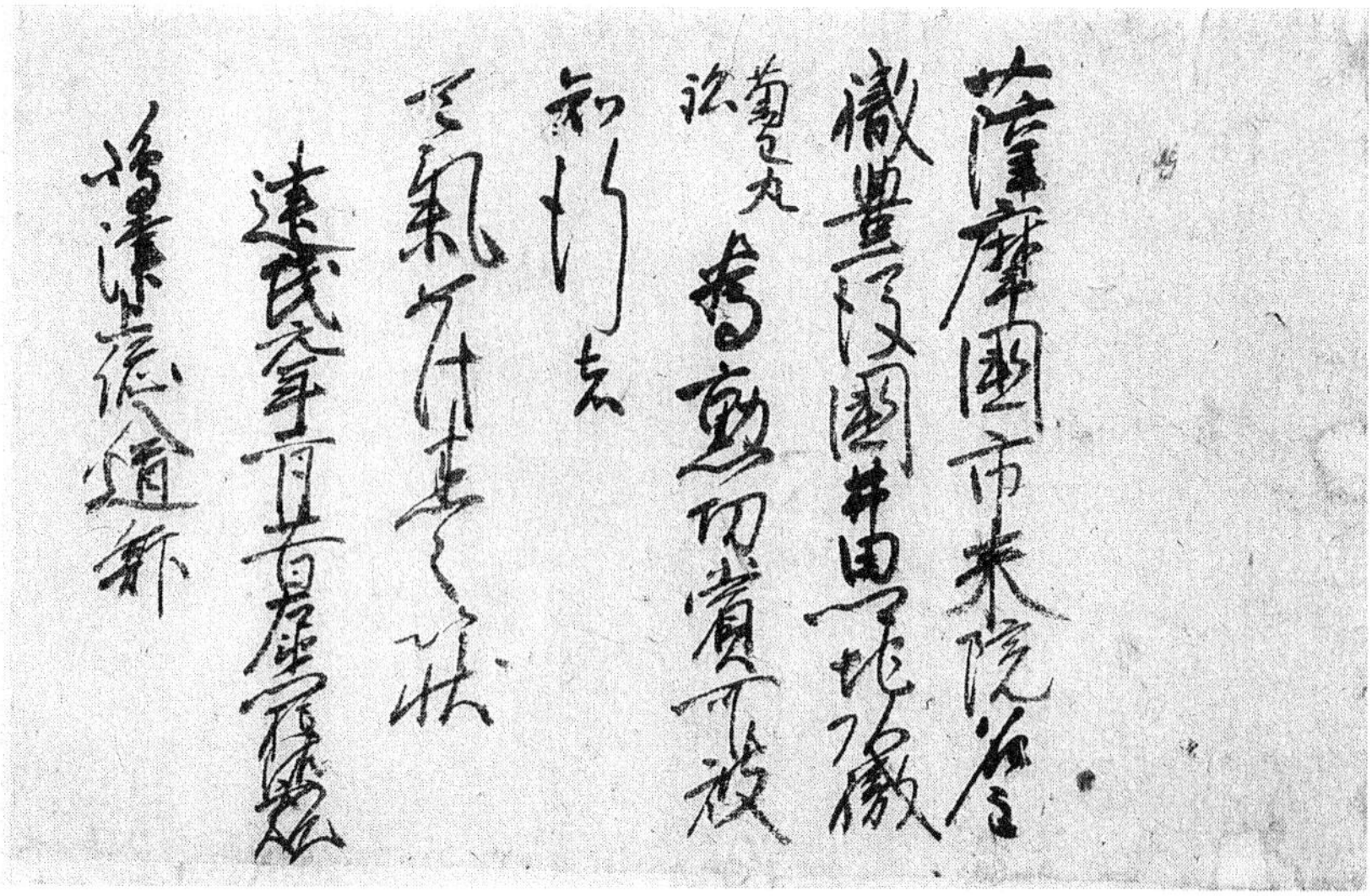

図36　後醍醐《ごだいご》天皇《てんのう》綸旨《りんし》（建武元年二月二十一日　島津家文書　東京大学）
島津上総入道貞久に元弘三年の鎮西合戦の勲功の賞として薩摩国市来院名主職・豊後国井田郷地頭職を与えた綸旨。料紙は宿紙を用いている。日付は書下し年号で書かれているが、これは地頭職・名主職という所領に対する権利の付与に関する文書であることによる。

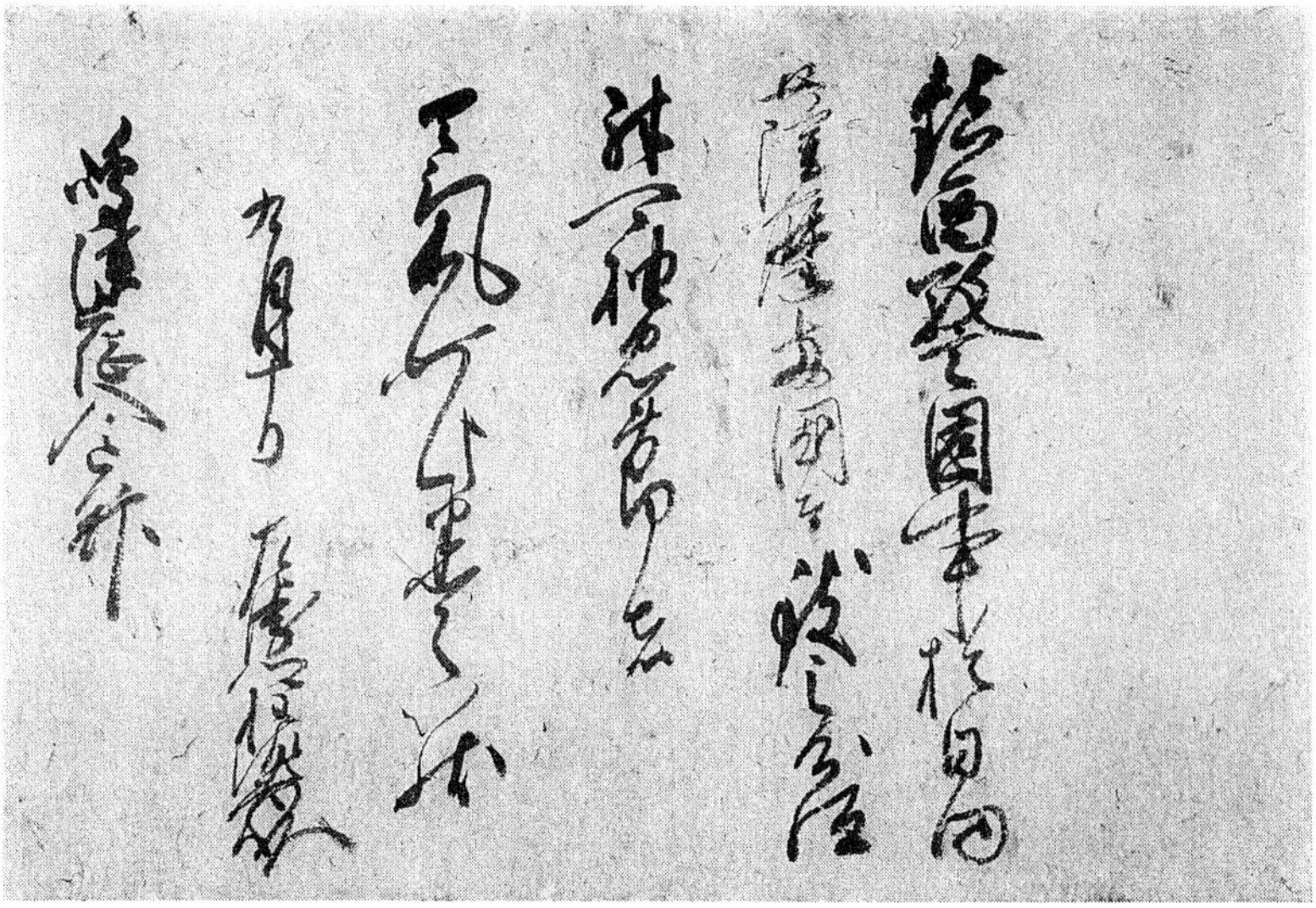

図37　後醍醐天皇綸旨（九月十日　島津家文書　東京大学）
鎮西警護のため、日向・薩摩両国においてその事を計うよう島津貞久に命じた綸旨。年号は書かれていないが、建武元年に出されたもの。書止に「悉之以状」とあるが、綸旨の書式としてはもっとも薄礼である。これは当面の鎮西警固について命じたものであるため年号を省略して月日のみを記している。

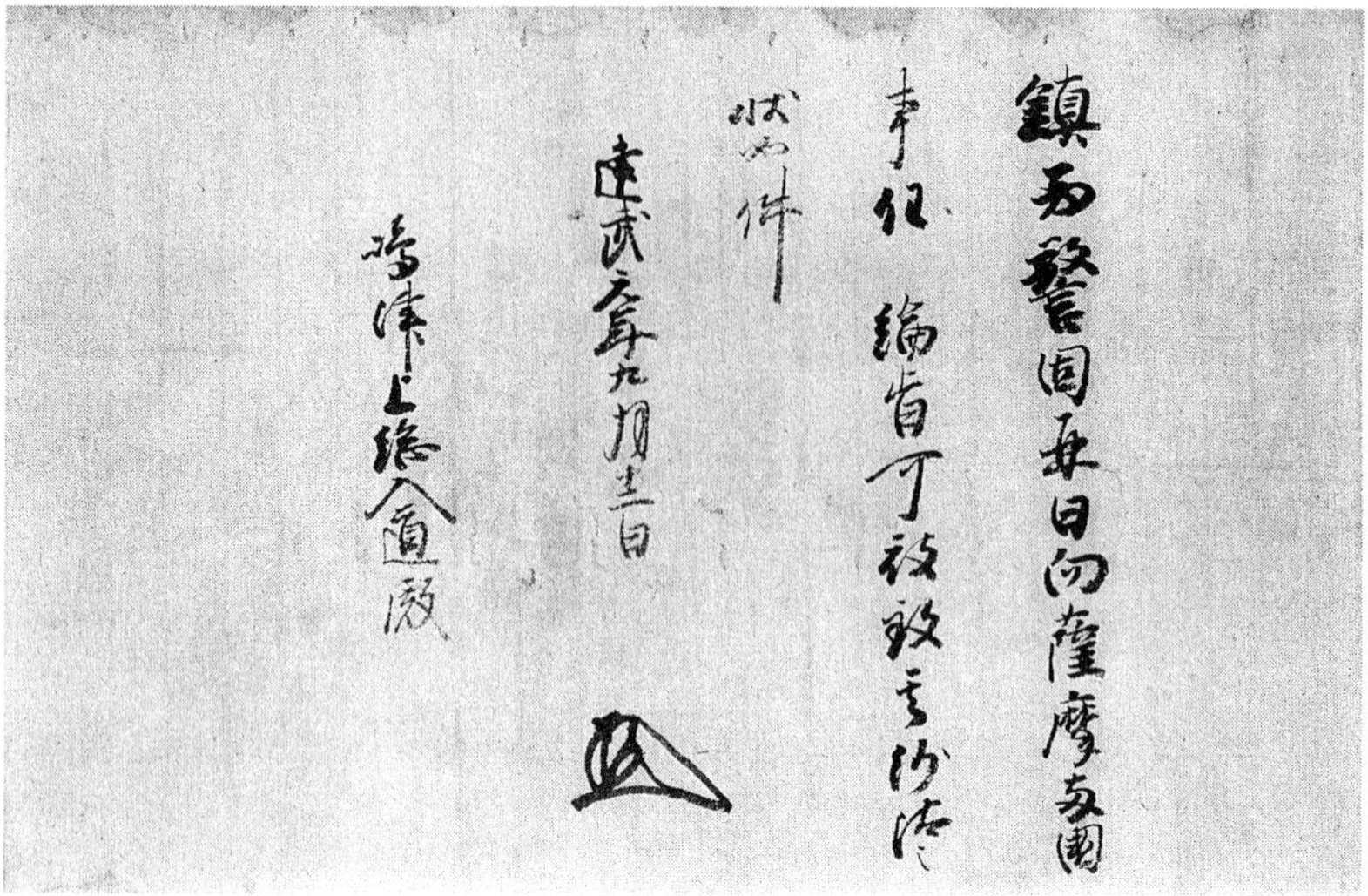

図38　足利尊氏《あしかがたかうじ》施《し》行《ぎょう》状《じょう》（建武元年九月十二日　島津家文書　東京大学）

図37の九月十日付後醍醐天皇綸旨に従って鎮西警固の事を計うよう、足利尊氏が島津貞久に命じた文書。発給手続から見ると、本状は綸旨を取次ぐ形で出されており、副状の一種でもある。しかし書止は「之状如件」と書下状の書式と同じであり、尊氏が建武政権内で武士を統轄する立場を固めつつあった様子をよく示している。

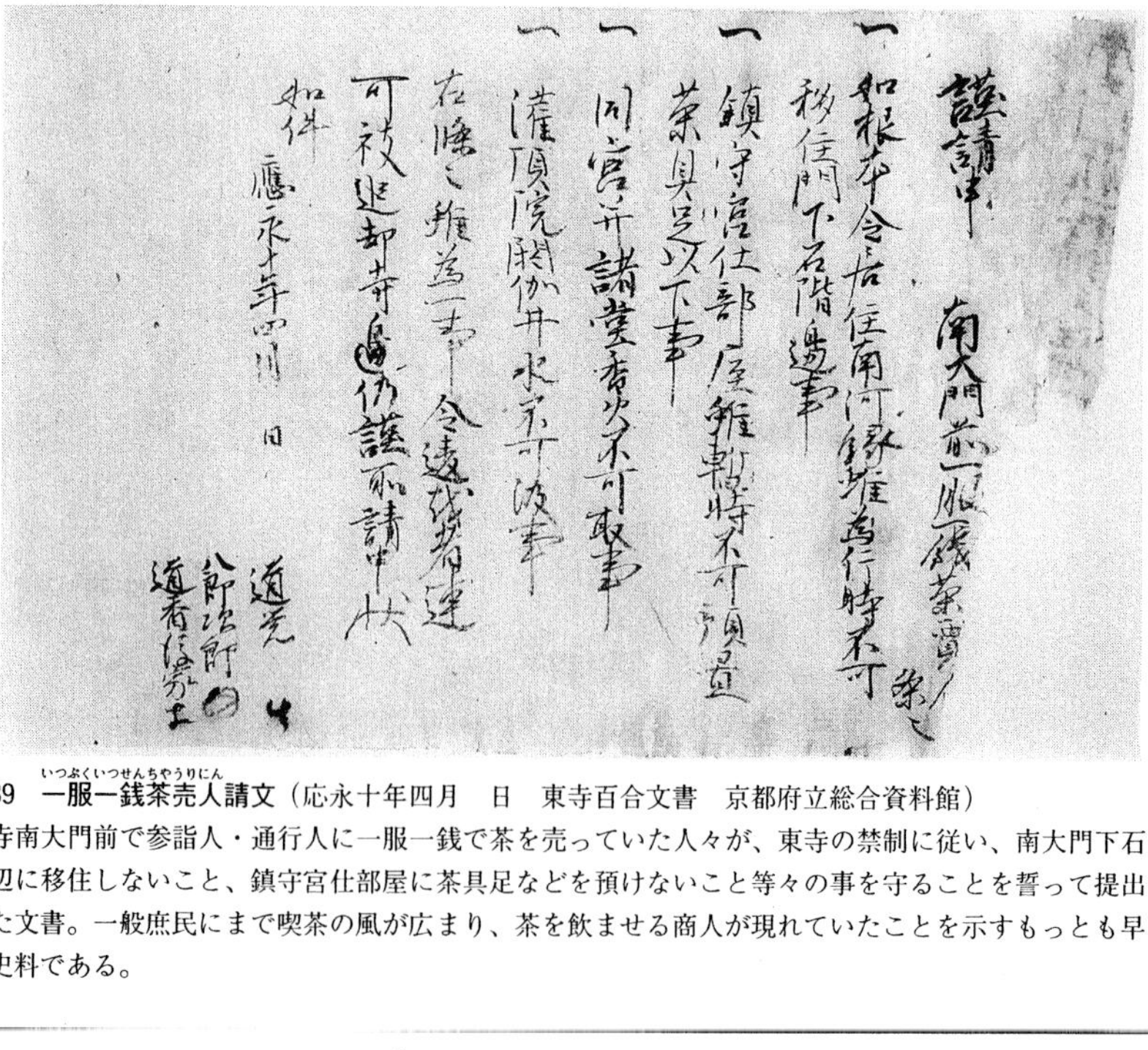

図39　一服一銭茶売人《いつぷくいつせんちやうりにん》請文（応永十年四月　日　東寺百合文書　京都府立総合資料館）

東寺南大門前で参詣人・通行人に一服一銭で茶を売っていた人々が、東寺の禁制に従い、南大門下石階辺に移住しないこと、鎮守宮仕部屋に茶具足などを預けないこと等々の事を守ることを誓って提出した文書。一般庶民にまで喫茶の風が広まり、茶を飲ませる商人が現れていたことを示すもっとも早い史料である。

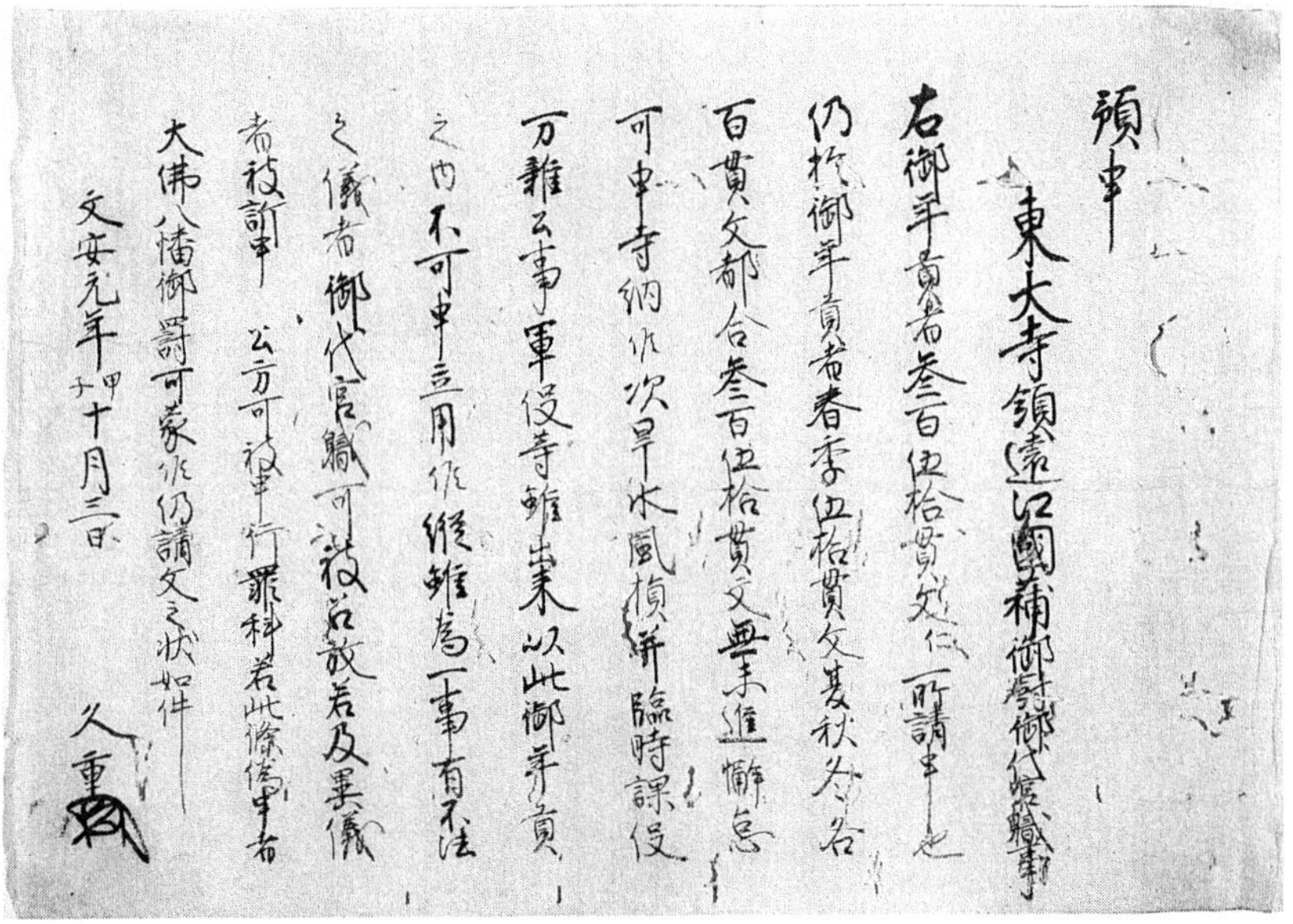

請申
東大寺領遠江國蒲御厨御代官職事
右御年貢者参百伍拾貫文仁所請申也
仍於御年貢者春季伍拾貫文夏秋冬各
百貫文都合参百伍拾貫文無未進懈怠
可申寺納、仍次旱水風損并臨時課役
万雜公事軍役等雖出来以此御年貢
之内不可申立用、仍縦雖為一事有不法
之儀者御代官職可被召放、若及異儀
者被訴申　公方可被申行罪科、若此條偽申者
大佛八幡御罸可蒙、仍請文之状如件
文安元年甲子十月三日　久重（花押）

図40　久重《ひさしげ》遠江《とおとうみの》国《くに》蒲《かばの》御厨《みくりや》代官職《だいかんしき》請文（文安元年十月三日　東大寺）

久重が東大寺領遠江国蒲御厨代官職として年貢三百五十貫文で請負うことを誓約した請文である。旱水風損・臨時課役等があっても、請負った年貢を減すことはせず、もし不法があれば代官職を召放たれても異議のないことを誓っている。

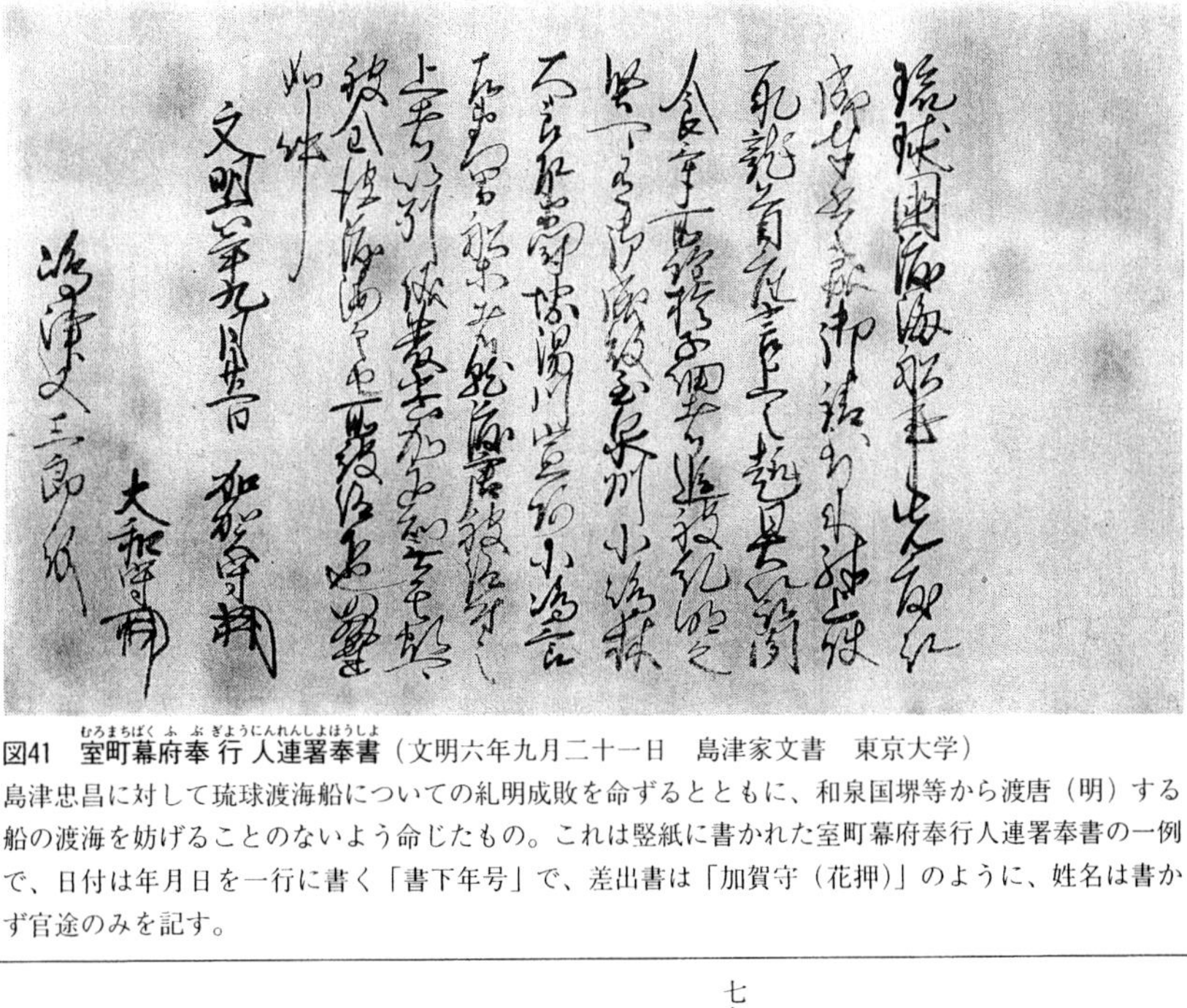

図41　室町幕《むろまちばく》府《ふ》奉《ぶ》行《ぎょう》人《にん》連署奉書《れんしょほうしょ》（文明六年九月二十一日　島津家文書　東京大学）

島津忠昌に対して琉球渡海船についての糺明成敗を命ずるとともに、和泉国堺等から渡唐（明）する船の渡海を妨げることのないよう命じたもの。これは竪紙に書かれた室町幕府奉行人連署奉書の一例で、日付は年月日を一行に書く「書下年号」で、差出書は「加賀守（花押）」のように、姓名は書かず官途のみを記す。

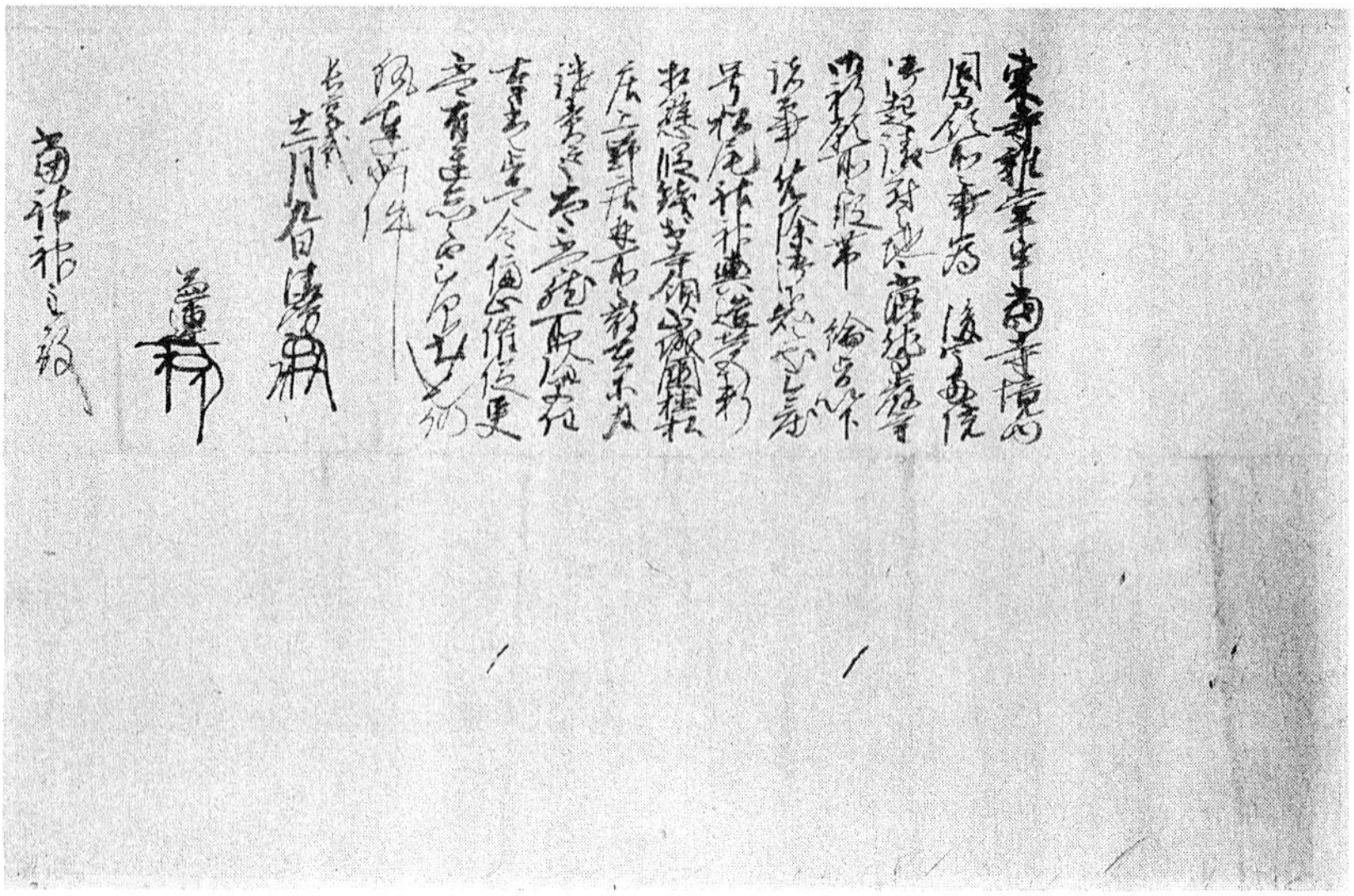

図42　室町幕府奉行人連署奉書（長享二年十二月九日　教王護国寺）
東寺領山城国植松庄・上野庄等に松尾社神輿造営段銭を懸けることを停止させたもの。折紙使用の室町幕府奉行人奉書の一例である。「長享弐」の付年号は本文と同筆であり、奉行人の署名は姓・官途は書かず、実名・花押のみを書くのが定めである。

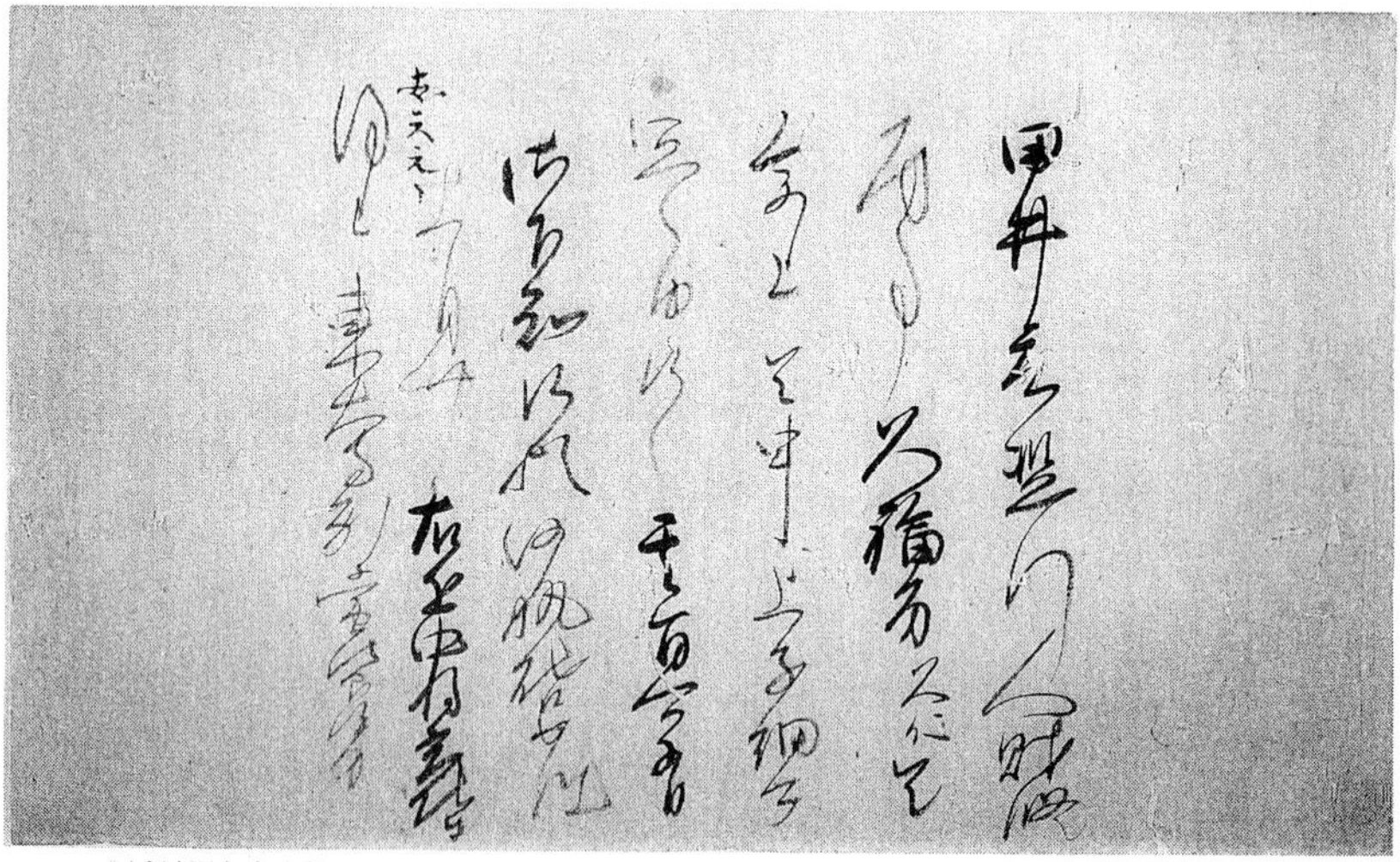

図43　後白河上皇院宣《ごしらかわじょうこういんぜん》（安元元年十一月二十日　東大寺）
大和国田井庄濫行人財修房の事につき子細を申すよう下知することを東大寺別当に伝えたもの。奉者右近中将光能は後白河上皇側近の一人であり、また有名な神護寺蔵源頼朝・平重盛・藤原光能の三幅対の肖像画に描かれた中の一人でもある。この院宣はその光能の自筆文書の一つである。なお「安元元年」の付年号は本文とは別筆である。

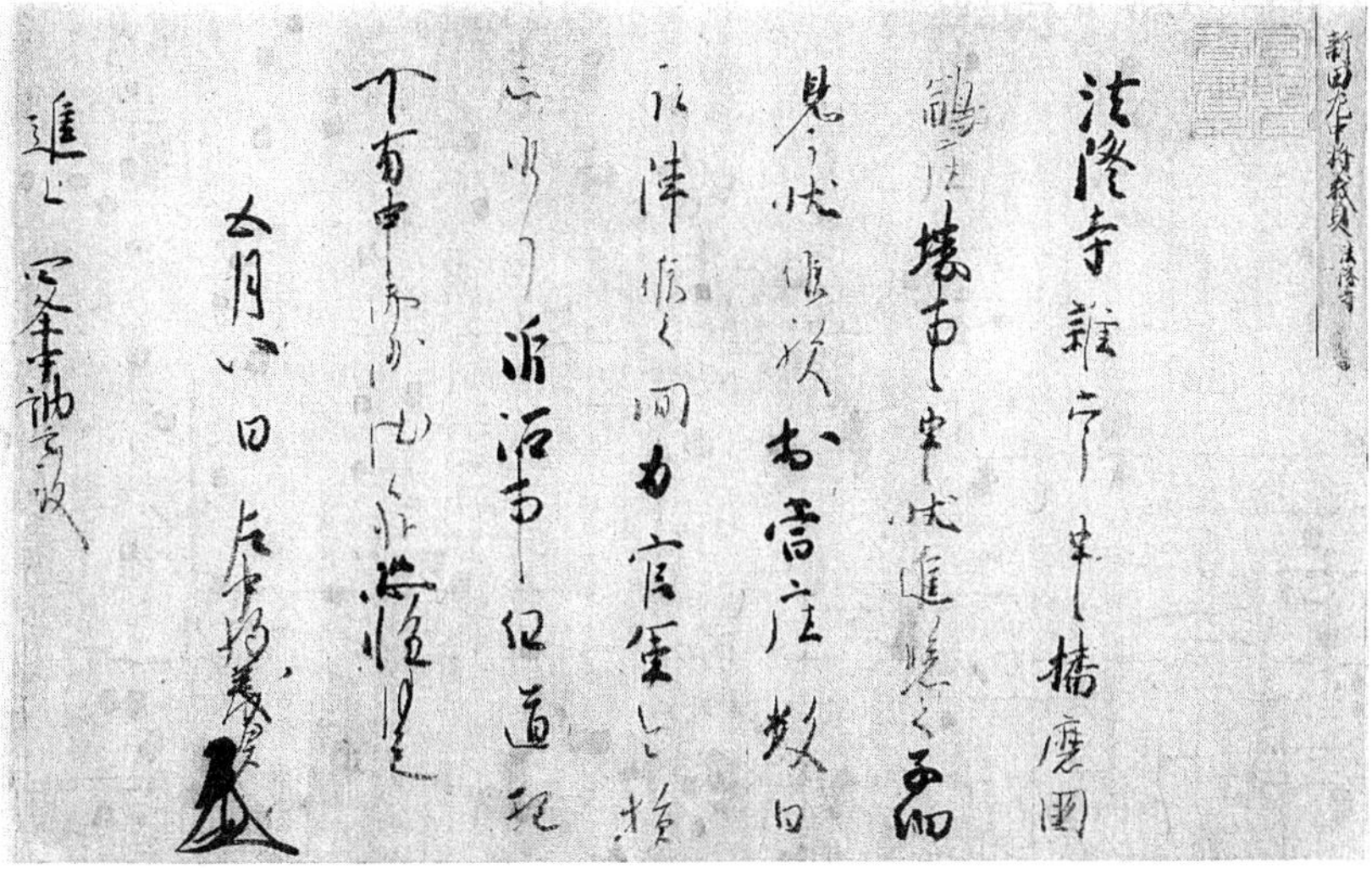

図44　新田《につた》義貞《よしさだ》書状（五月八日　宮内庁）

法隆寺領播磨国鵤庄堺のことについて同寺雑掌の申状を取り次いだもの。建武三年足利尊氏が九州から東上するに先立って、義貞は赤松則村の拠る同国白旗城攻撃のため軍を進めていた時、官軍のために損亡を蒙ったとの訴訟が出されたのに対し、道理に任せて沙汰あらんことを述べている。このように文書等を取り次いで上へ進める内容の文書を挙状とも呼ぶ。

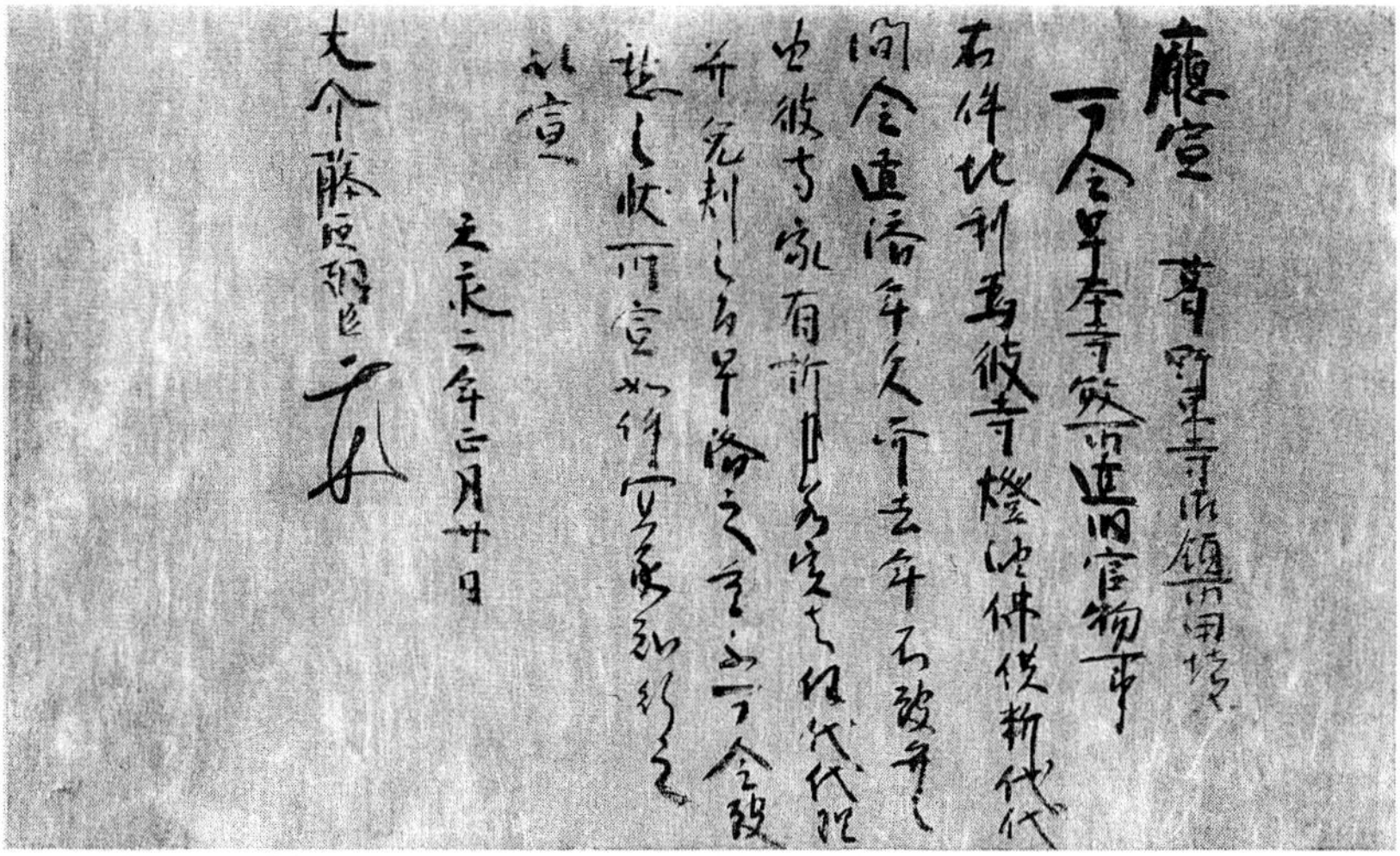

図45　山城《やましろの》国司《こくし》庁宣《ちょうせん》（天永二年正月二十日　教王護国寺）

山城国葛野郡内東寺領所田堵等に対して、東寺燈油仏供料の進納を命じたもの。日付奥の上方に「大介藤原朝臣（花押）」の署判があるが、大介とは知行国における国の守（カミ）のことである。国司庁宣では国守が「守」もしくは「大介」として日付奥上に署判を加えている。また国司庁宣に袖判のある例が少なくないが、この袖判は知行国主のものである。

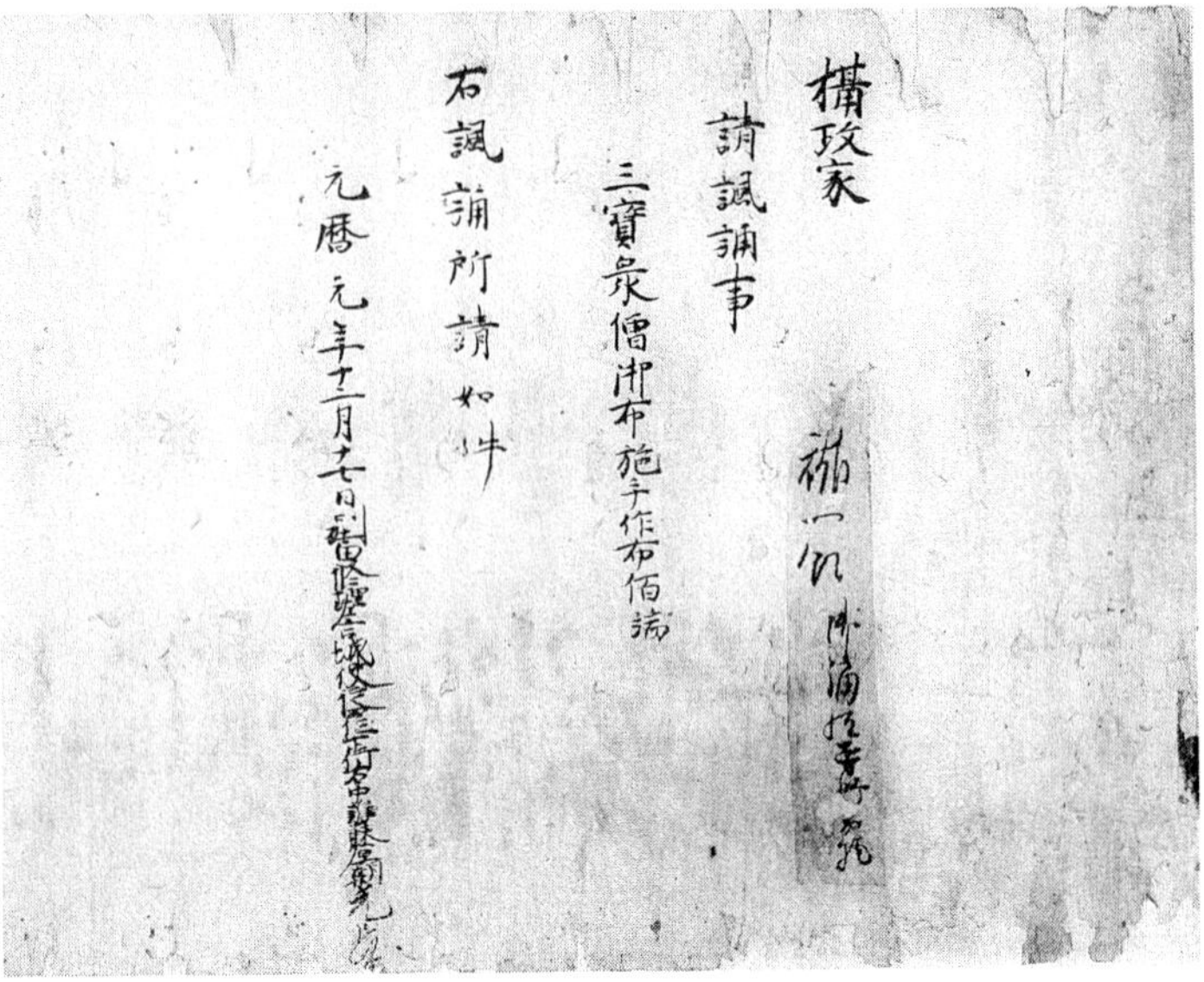

図46　摂政《せつしよう》近衛《このえ》基通《もとみち》家《け》諷誦文《ふじゆもん》（元暦元年十二月十七日　宮内庁）

仏事に際して、三宝衆僧に布施を贈り、誦経を請う文書を諷誦文という。日付下の署名には願主本人の名が記されているのが通例であるが、院宮・摂関等の身分の高い人にあっては院司・家司等が署名を加えている。この文書では近衛家政所別当藤原光長が命を奉じて署名している。

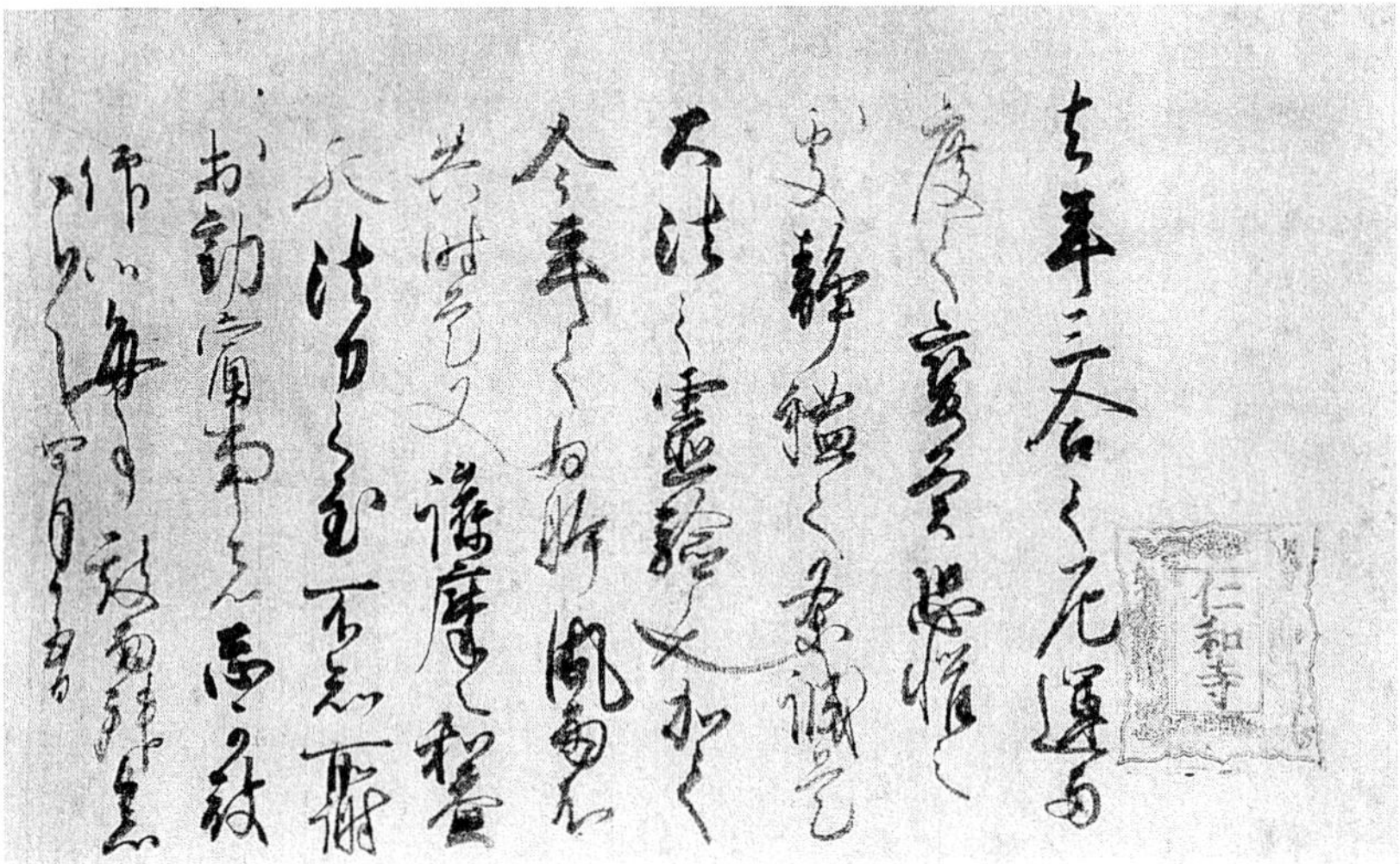

図47　後嵯峨《ごさが》天皇《てんのう》宸翰《しんかん》書状《しよじよう》（四月十五日　仁和寺）

寛元四年四月十五日、後嵯峨天皇から仁和寺金剛定院御室道深法親王に充てられた消息。寛元三年は大歳・害気・大陰三神の合する「三合之厄運」に当たる年で、年初より不祥の多い年であったため、仁和寺等では命をうけて除災の祈禱を行ない、無事にこの厄年を過ぎることができたことに満足の意を述べた書状。天皇の発する書状には本状のように署名が加えられないのが例である。

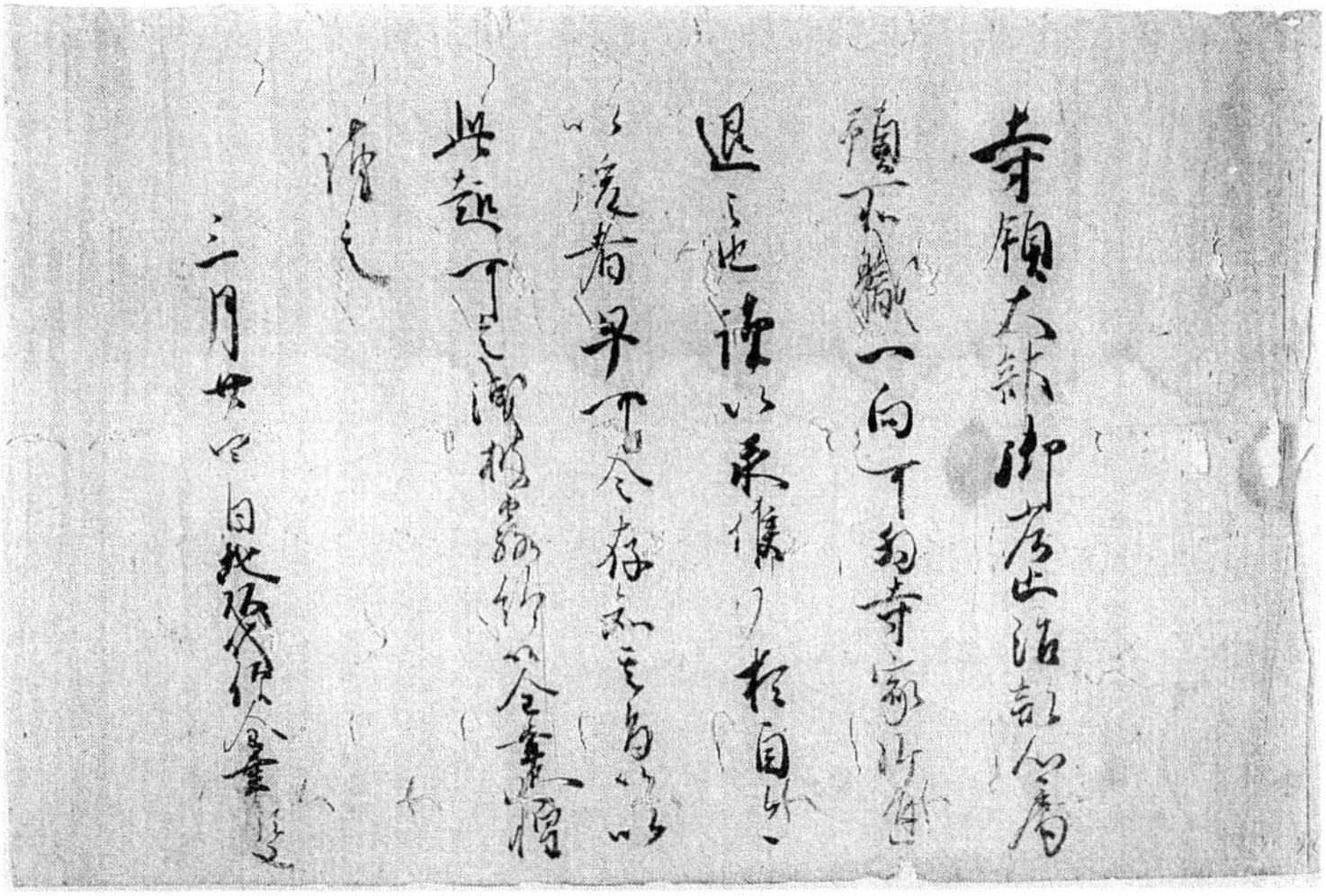

図48　播磨国大部庄《はりまのくにおおべのしょう》 地頭代僧全幸請文《じとうだいそうぜんこううけぶみ》（三月二十四日　東大寺）

大部庄預所職が治部卿局の手から東大寺の進退へと替えられたことについて承った旨を述べたものである。「請文」という文書名に二種類の形式が含まれるが、これは図39・40のものとは異なり、伝えられたことを承知した旨を述べた返事の書状に類するものである。したがって下付に「請文」とあるほかは、形式上は書状と同じであり、花押も表ではなく署名位置の裏面に書くのが通例である。

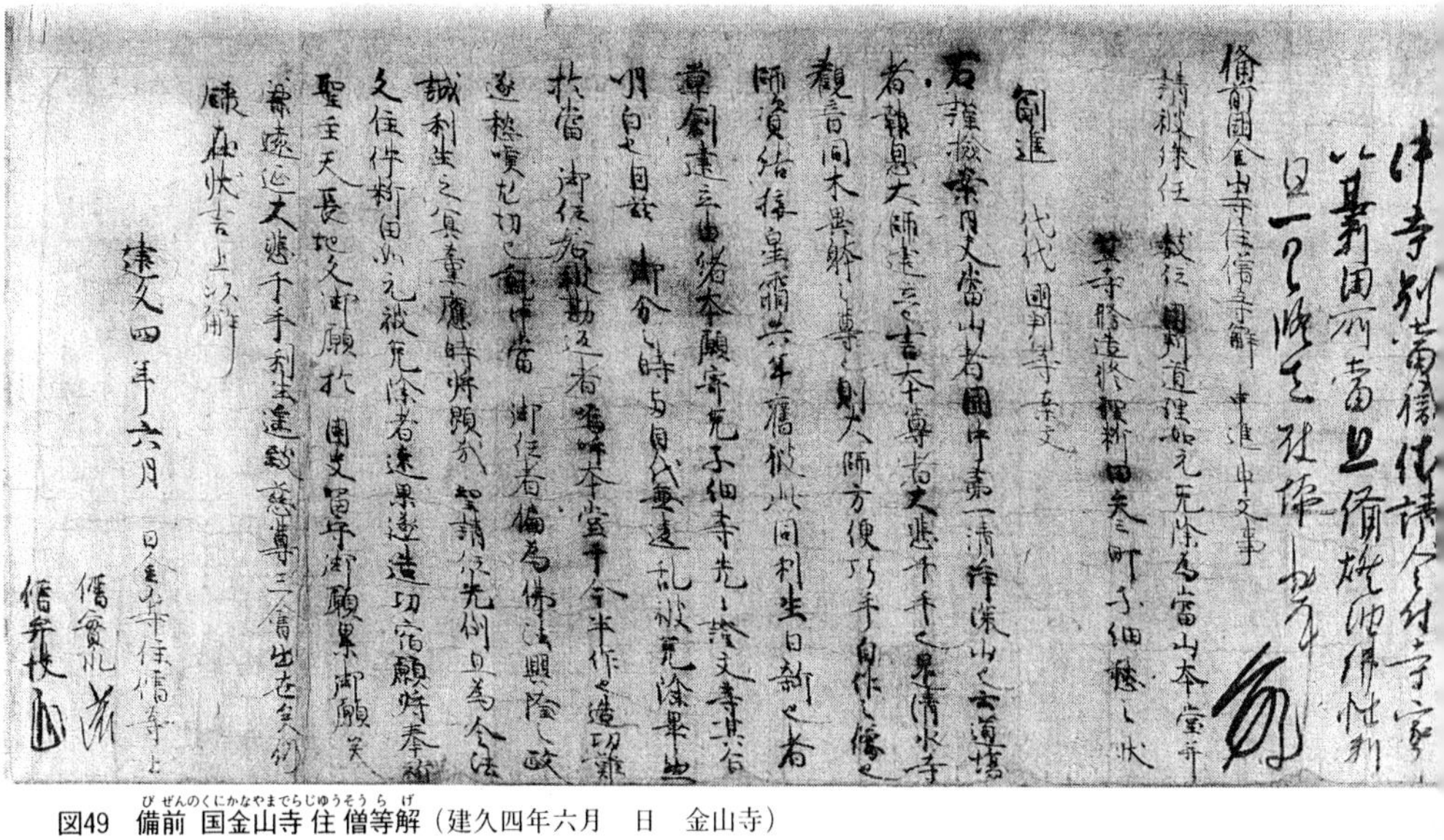

図49　備前国金山寺《びぜんのくにかなやまでら》 住《じゆう》 僧《そう》等《ら》解《げ》（建久四年六月　日　金山寺）

備前国金山寺住僧等が代々の国判に従って、「当山本堂幷笠寺修造修理料田参町」の所当免除を請うたのに対して、俊乗房重源が承認する旨の外題を書き花押を加えている。ある事項について申請の文書が出されると、その右袖余白部に承認・確認の旨を書いてその文書を申請者に返すことがしばしば行なわれた。この承認・確認の旨の加筆を外題（げだい）という。なおこの外題は重源自筆である。

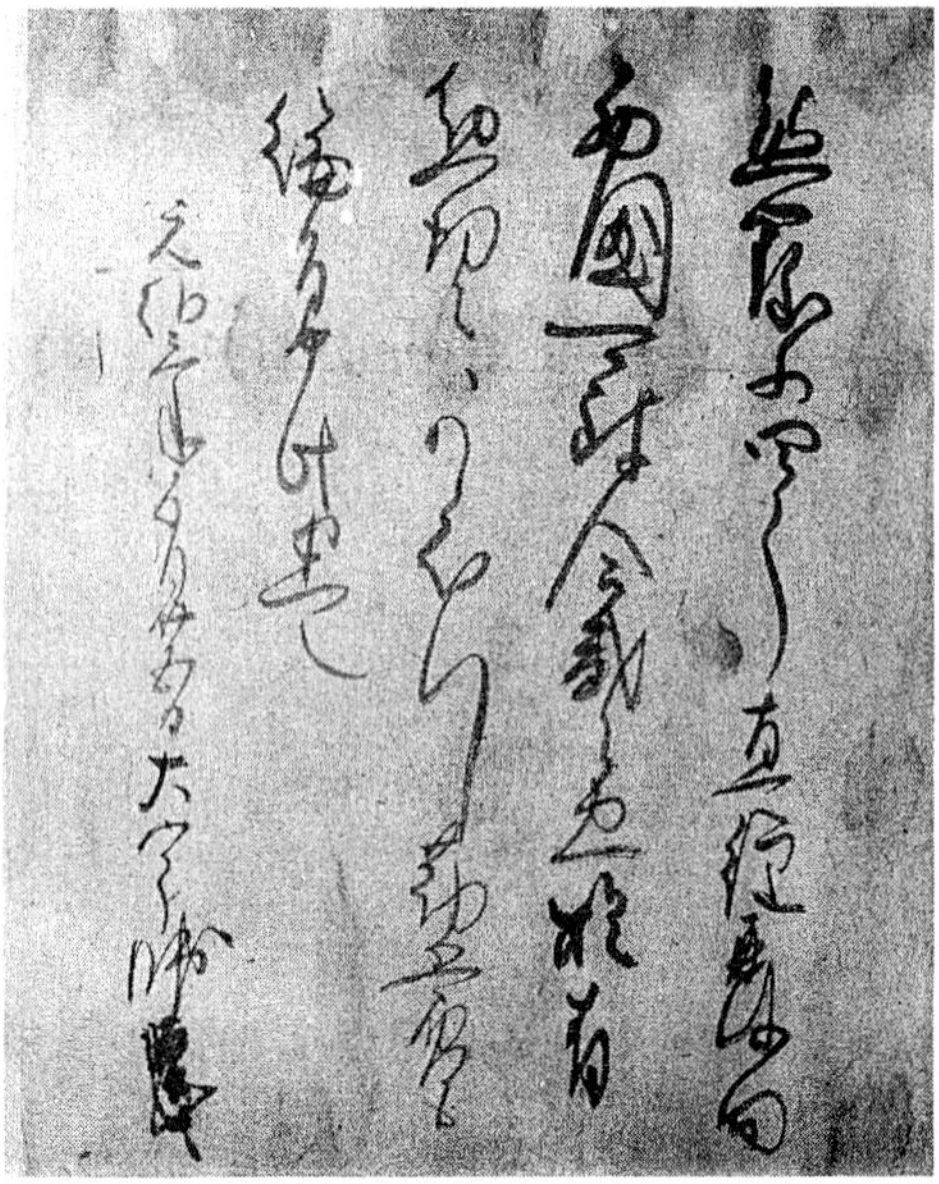

図50　後醍醐天皇綸旨（元弘三年五月二十五日　熊谷家文書）

元弘三年五月二十五日、熊谷直経に対し西国へ発向し、合戦の忠節を尽すよう命じた綸旨。充所が省略されているが、その充先は文頭にその名を出して分るようにしている。従来、身分の低い武士に直接綸旨が出されることはなかったが、鎌倉幕府討伐という非常事態にあっては、兵力を集めるため直接武士充に綸旨を出すことが必要であり、もっとも薄礼の充所省略の形式が取られた。

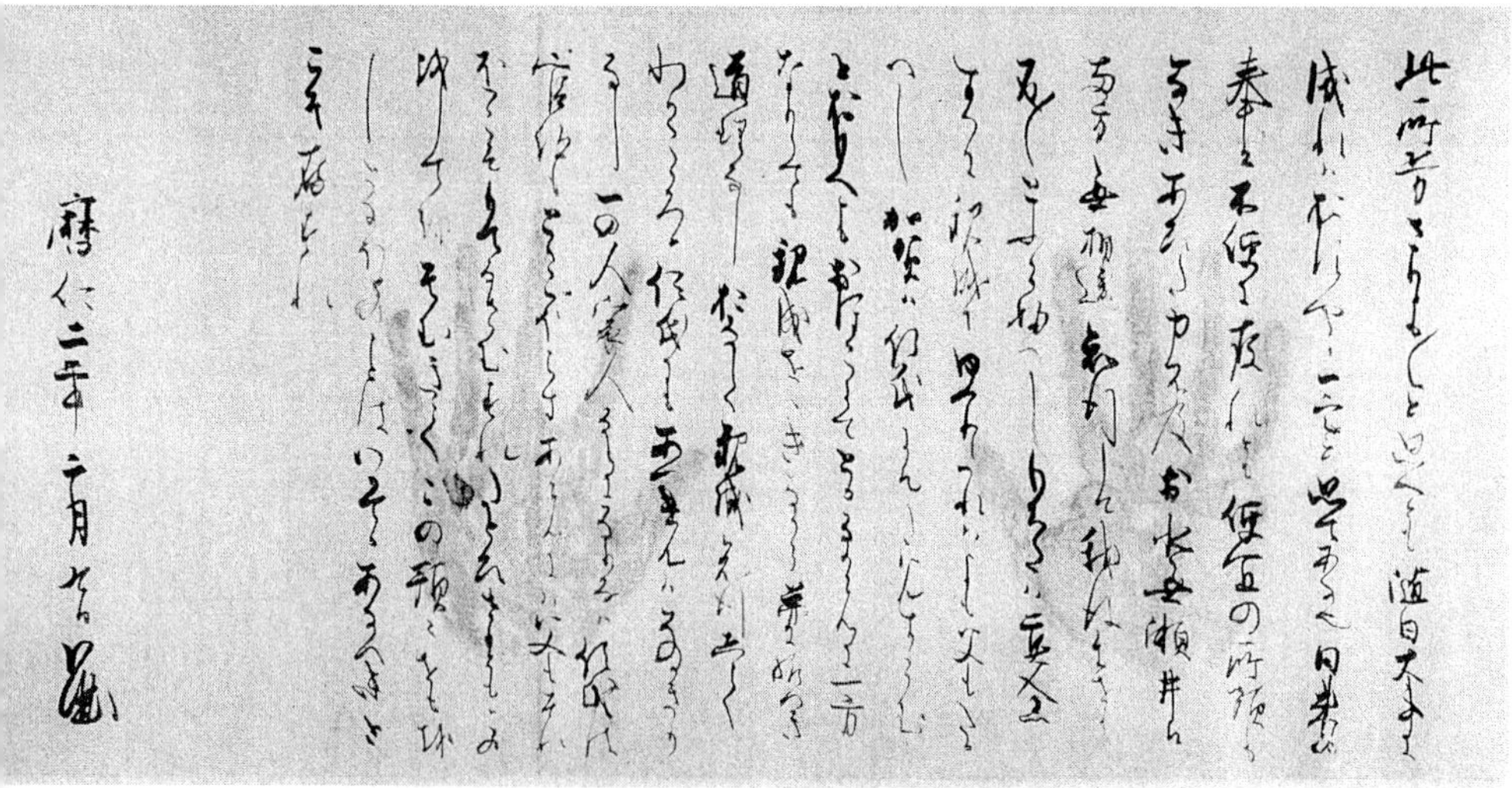

図51　後鳥羽《ごとば》天皇《てんのう》宸翰《しんかん》御《お》手印《ていん》置文《おきぶみ》（暦仁二年二月九日　水無瀬神宮）

後鳥羽上皇は暦仁二年二月二十二日隠岐の配所で崩じたが、その十三日前に寵臣藤原（水無瀬）親成・信氏に与えた置文である。病を得た上皇は親成の年来の奉公に対し、水無瀬・井内両庄を知行して我がなき後を弔うことをたのむとともに、死後両庄に違乱なきことを期するため、文面に両手の手印を捺して、本状の効力をさらに確かならしめようとしている。

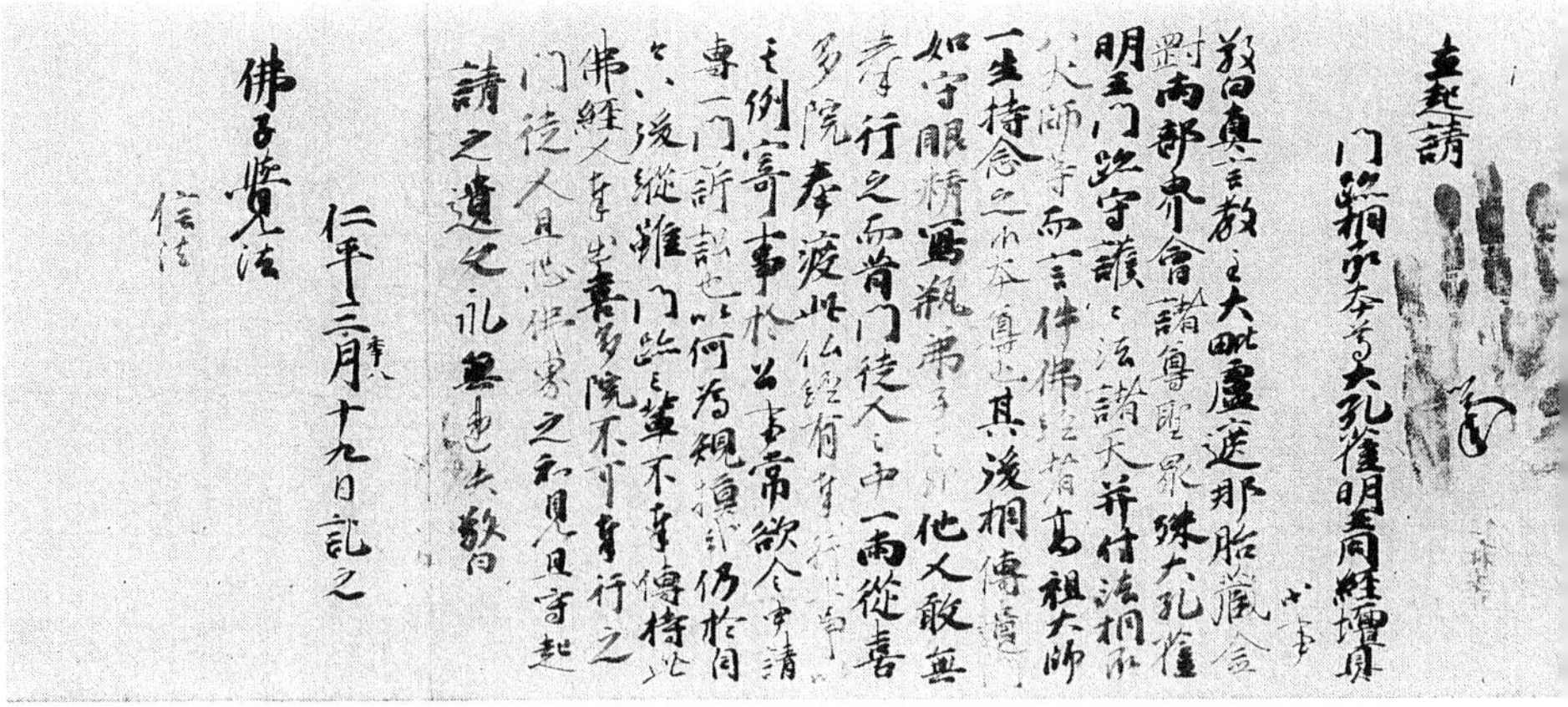

図52　覚法《かくほう》・信法《しんぼう》法親王《ほうしんのう》孔雀《くじゃく》明王経《みょうおうきょう》同壇具《どうだんぐ》等相承《とうそうじょう》起請《きしょう》（仁平三年八月十九日　仁和寺）

高祖大師空海以来相伝された孔雀経法諸具は仁和寺門跡が歴代相承すべきものとされていた。これを高野御室覚法法親王から紫金台寺御室信法法親王（後「覚性」）に相伝された時に作られたもので、これらの諸具を寺外に渡すことを禁じている。袖に覚法法親王が花押を書き、その上にさらに朱の手印を捺すことによって、その意志を強く示そうとするものである。

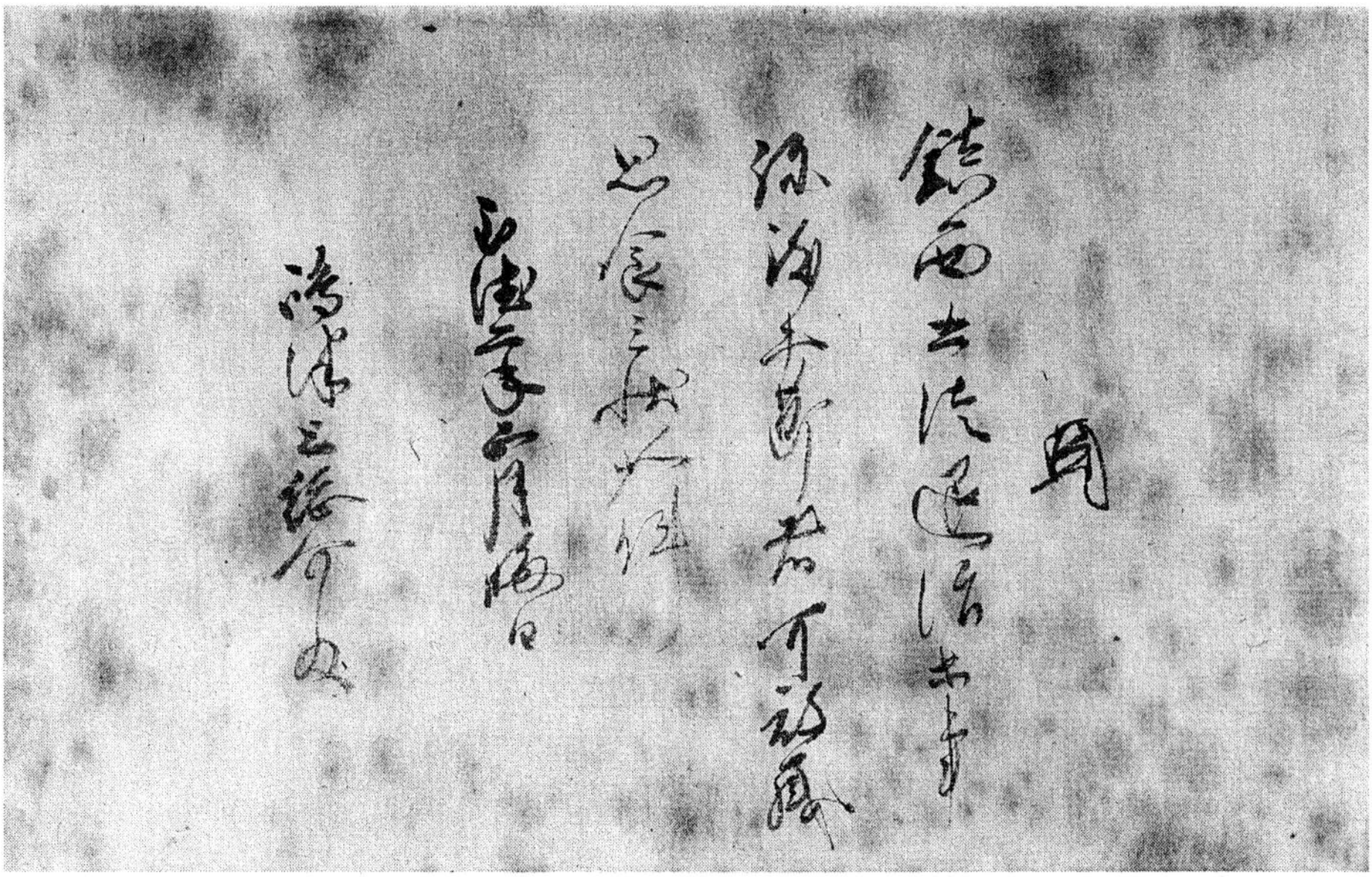

図53　足利義満《あしかがよしみつ》御判《ごはん》御教書《みぎょうしょ》（至徳二年正月晦日　島津家文書　東京大学）

将軍足利義満が島津伊久に対して忠節を尽すように促した文書。軍勢催促状のほかにこのような忠節を求める文書もしばしば出された。袖判ではあるが充所を持った御判御教書の一例である。このような形式の御判御教書の現存例はあまり多くない。

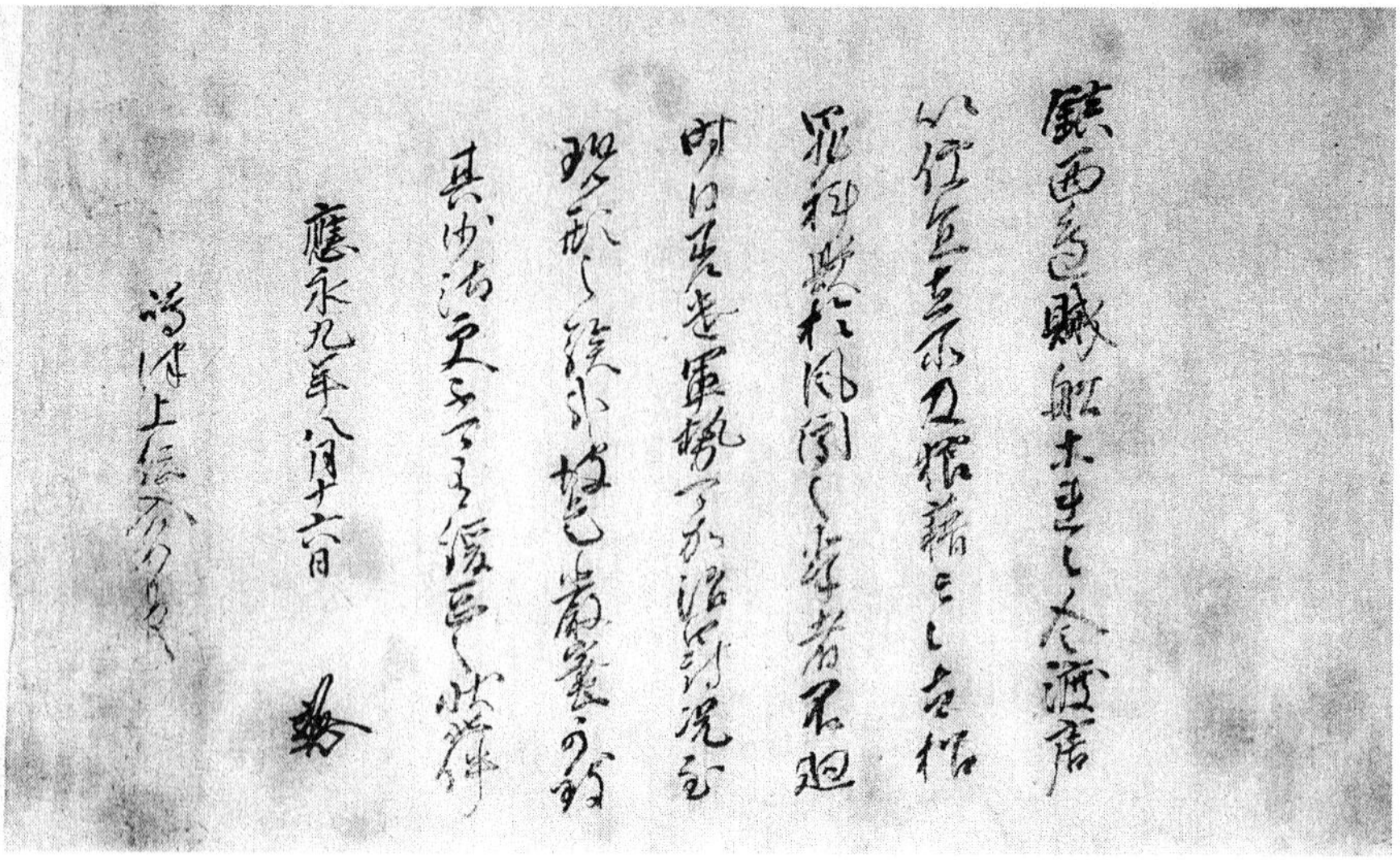

図54　足利義満御判御教書（応永九年八月十六日　島津家文書　東京大学）
鎮西の賊船の中には渡唐して狼藉を働くものがあるので、もしその風聞があれば軍勢を遣わして治罰を加えるよう島津伊久に命じた文書。九州の海賊が明国等にまで出かけて行き、海賊行為をするものが少なくなかったことを示す史料として注目される。日下署判で充所を有する形式の御判御教書である。

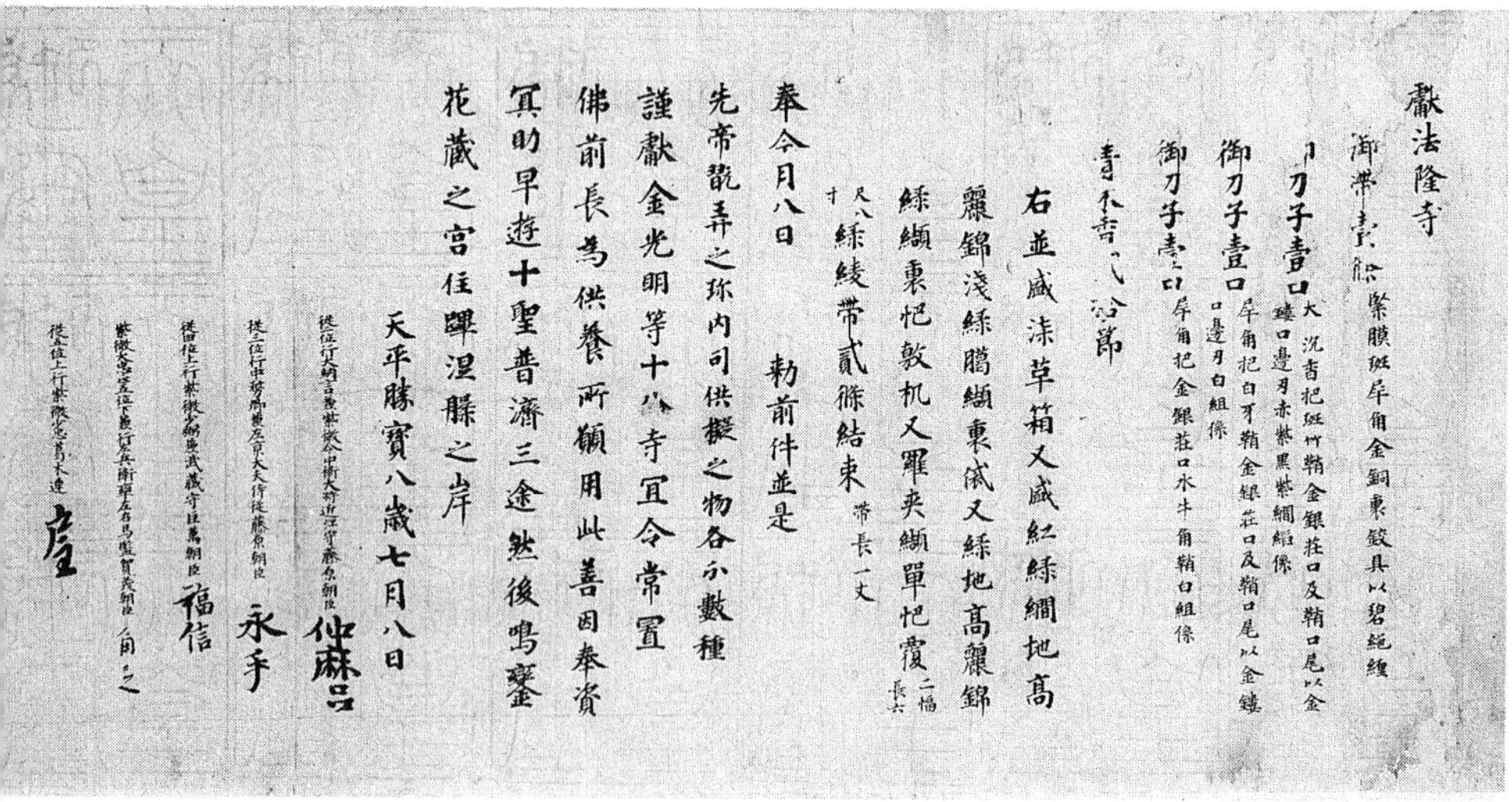

図55　法隆寺《ほうりゅうじ》献物帳《けんもつちょう》（天平勝宝八歳七月八日　東京国立博物館）
聖武天皇の崩御後間もなく、孝謙天皇は聖武天皇遺愛の品を東大寺・法隆寺等十八箇寺に奉納したが、この献物帳はその時の遺品に添えられた勅書で、字面に内印（天皇御璽）が捺されている。法隆寺への献納物は帯・刀子・青木香であった。薄藍染の麻紙を用い、奥に藤原仲麻呂・藤原永手・巨万福信等五名が連署するが、その名前の部分は自署である。

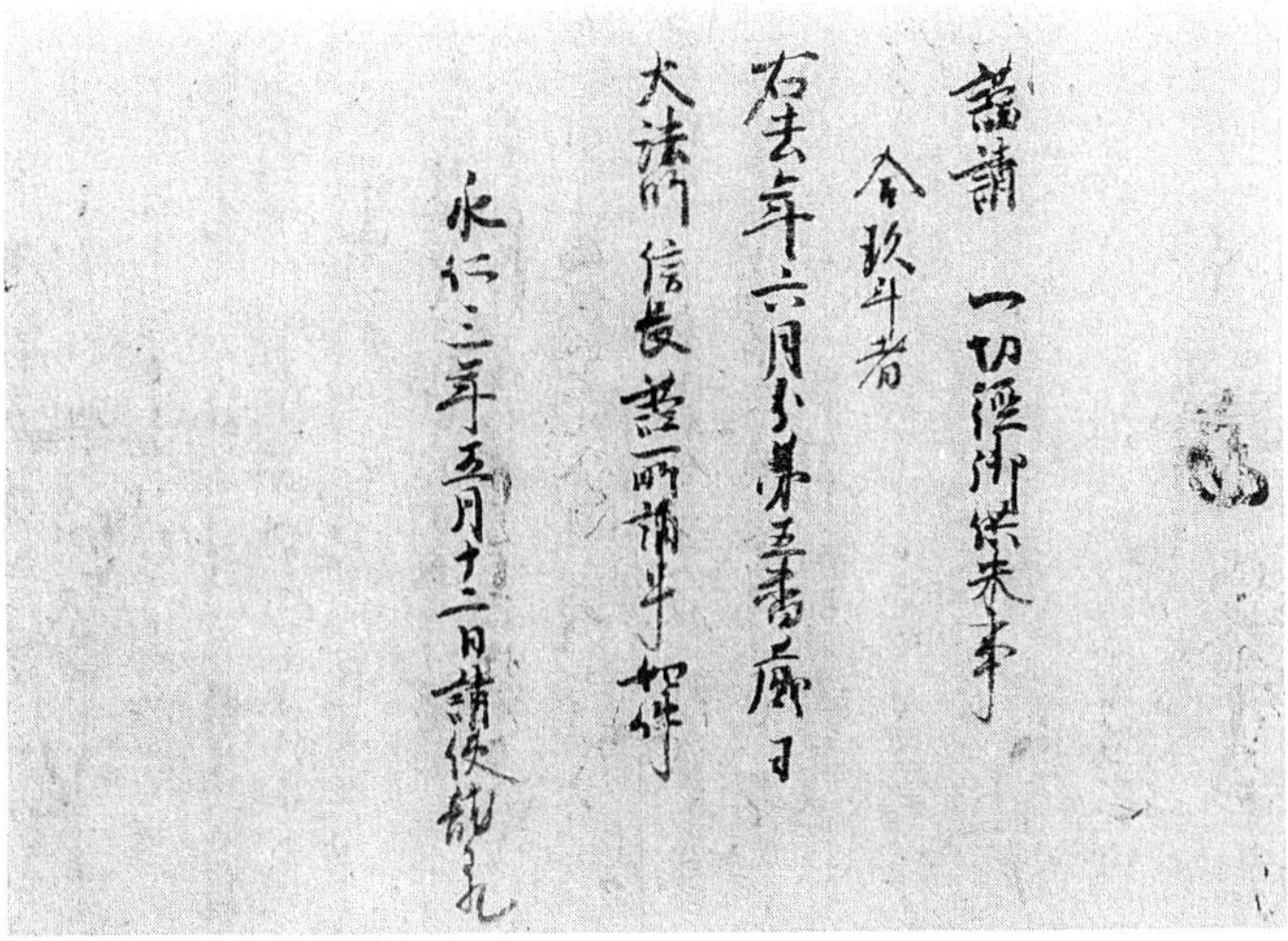

図56　一切経《いつさいきよう》供《く》米《まい》請取《うけとり》状《じよう》（永仁三年五月十二日　慶応義塾大学）
一切経供米の請取状であるが、袖に版刻花押（花押型黒印）が捺されている。類似の請取状を同時に大量に発給する必要により、一々花押を書く手間を省くために花押を版刻して捺すようになったものであろう。文書に版刻花押を捺した例としては最古のものである。なお永仁五年には袖判として版刻花押を捺した東南院政所下文も見られる。

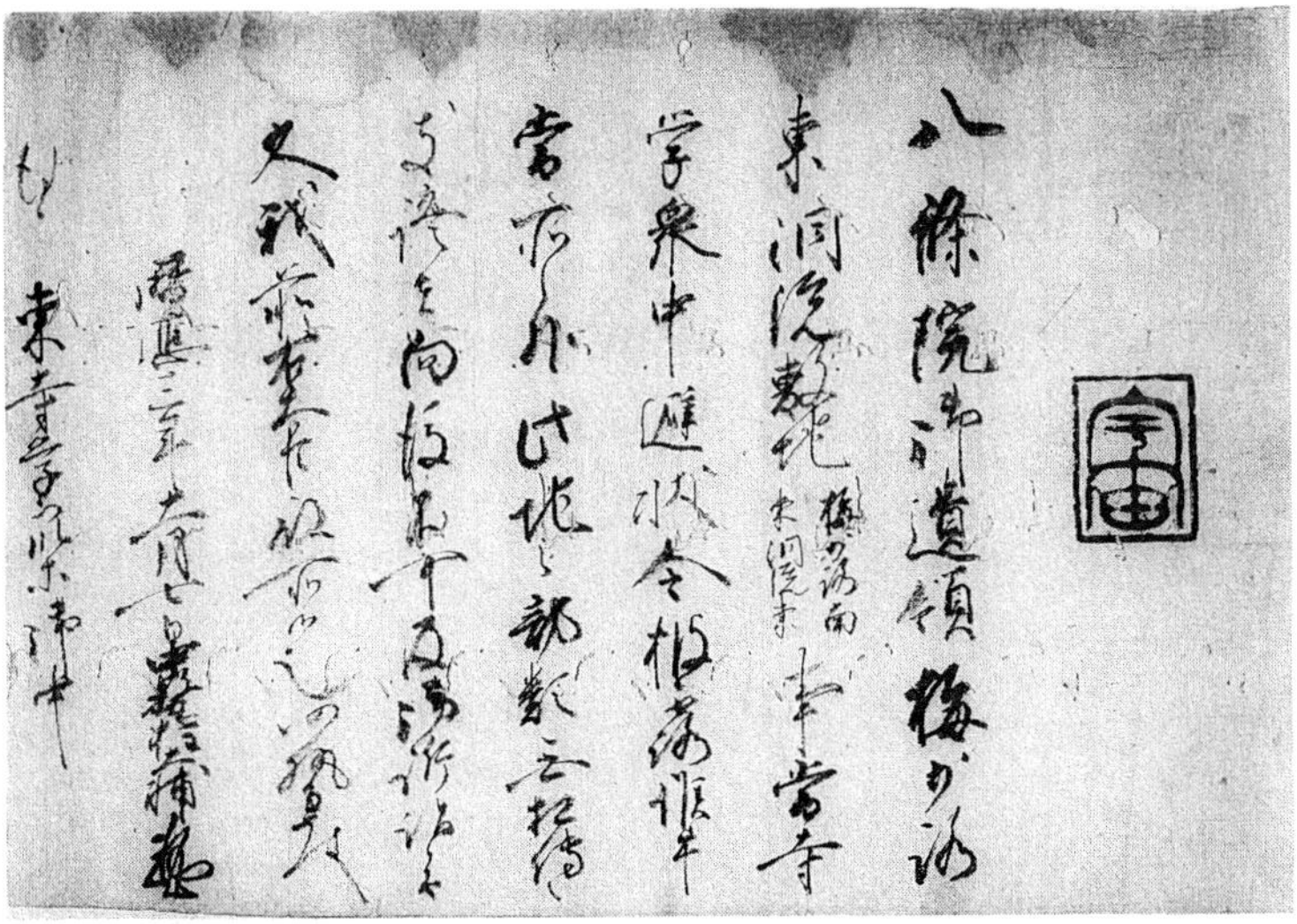

図57　久我《こが》前《さきの》右大臣《うだいじん》家《け》御教書《みぎようしよ》（暦応三年十一月七日　東京大学）
前右大臣久我長通の御教書で、右袖に「宇宙」の黒印が捺されている。この黒印は長通ばかりでなく、以後室町時代に至るまで用いられており、その遺例も少なくない。したがって、この「宇宙」印は久我長通個人のものではなく、久我家の印であった。花押の代りとして花押型を印にしたものは図56の例のようにすでに十三世紀末頃から用いられていたが、禅僧の墨跡を除けば、文書においてはこれが中世の印章使用の最も古い遺例である。

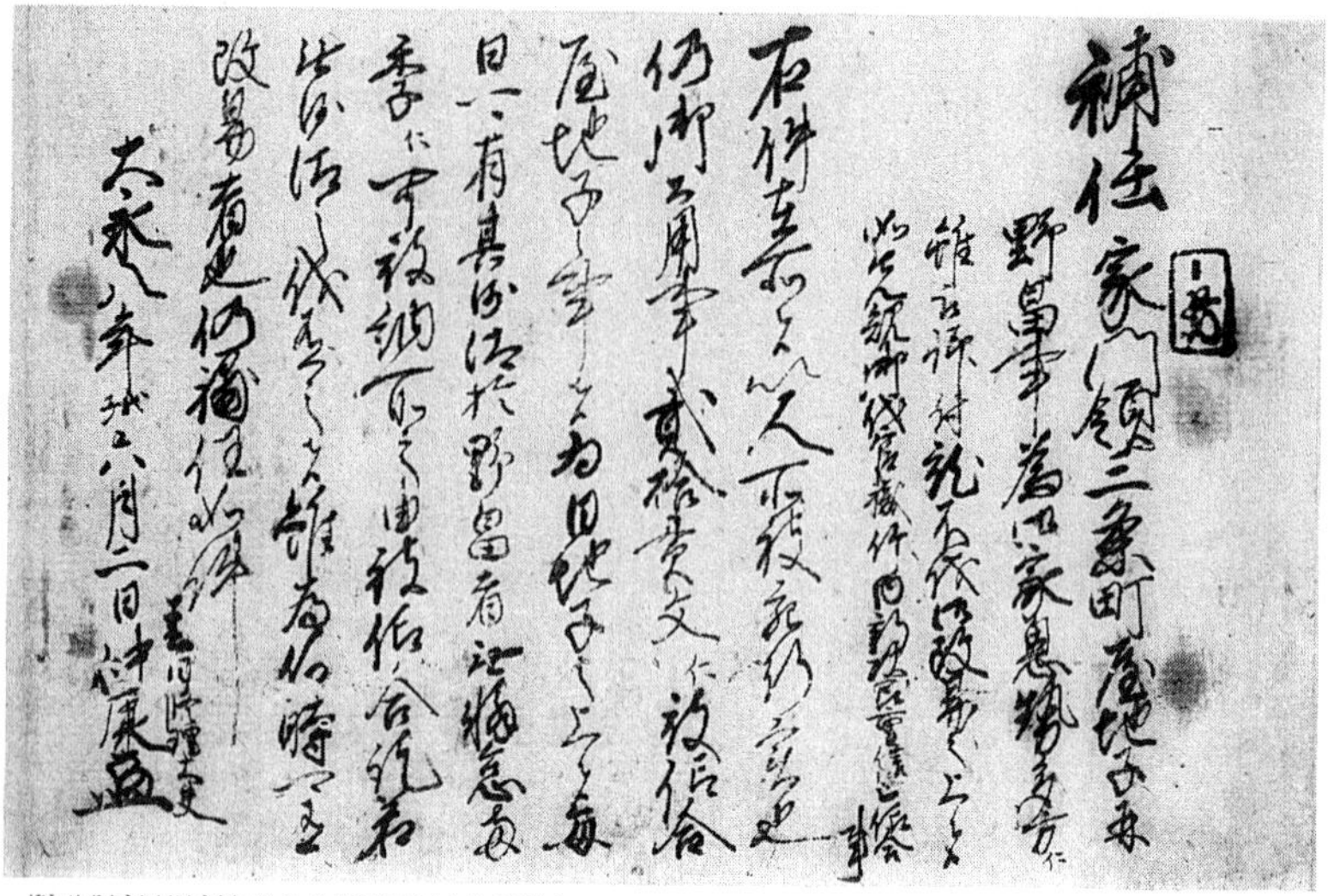

図58　某家領三条町屋地子等代官職補任状《ぼうけりょうさんじょうまちやじしとうだいかんしきぶにんじょう》（大永八年六月二日　教王護国寺）
竹内重信を「家門領三条町屋地子幷野畠」の代官職に補任した文書。日下署判は春日仲康であるが、さらに袖判として黒印を捺している。この印には単廓が廻らされているが、その中に花押型が据えられており、版刻花押と純粋の印章との中間形と見るべきもので、花押と印章の関係を考える上で興味深いものである。

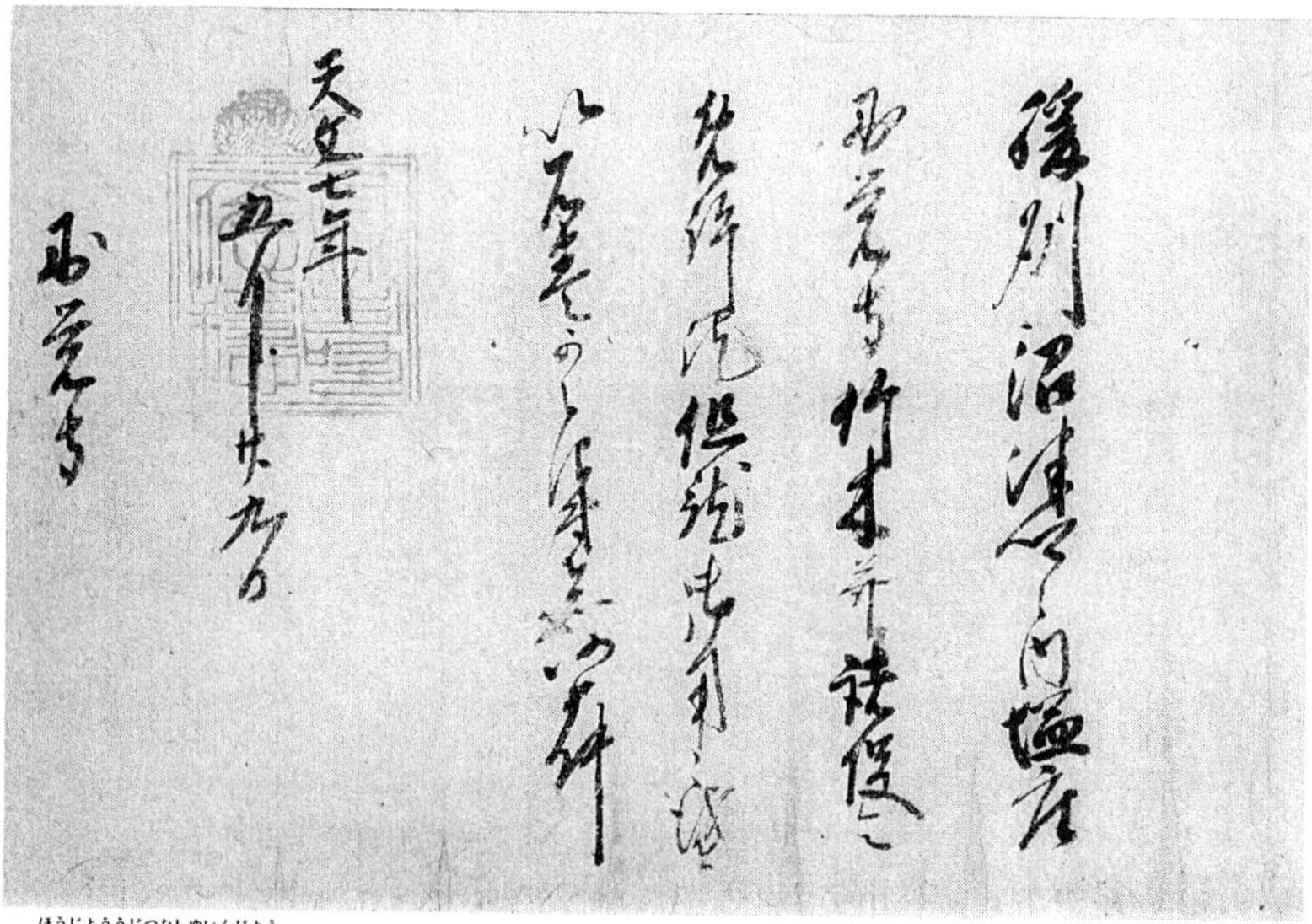

図59　北条氏綱朱印状《ほうじょううじつなしゅいんじょう》（天文七年五月二十九日　妙覚寺）
駿河国沼津郷の妙覚寺に対し竹木を伐りまた諸役をかけることを免許したもの。日付の上に、上部に虎を描いた「禄寿応穏」の朱印を捺す。この北条氏の虎印は氏綱の代に始められ、氏直に至るまでの四代にわたって使用され、家印としての性格をもっている。

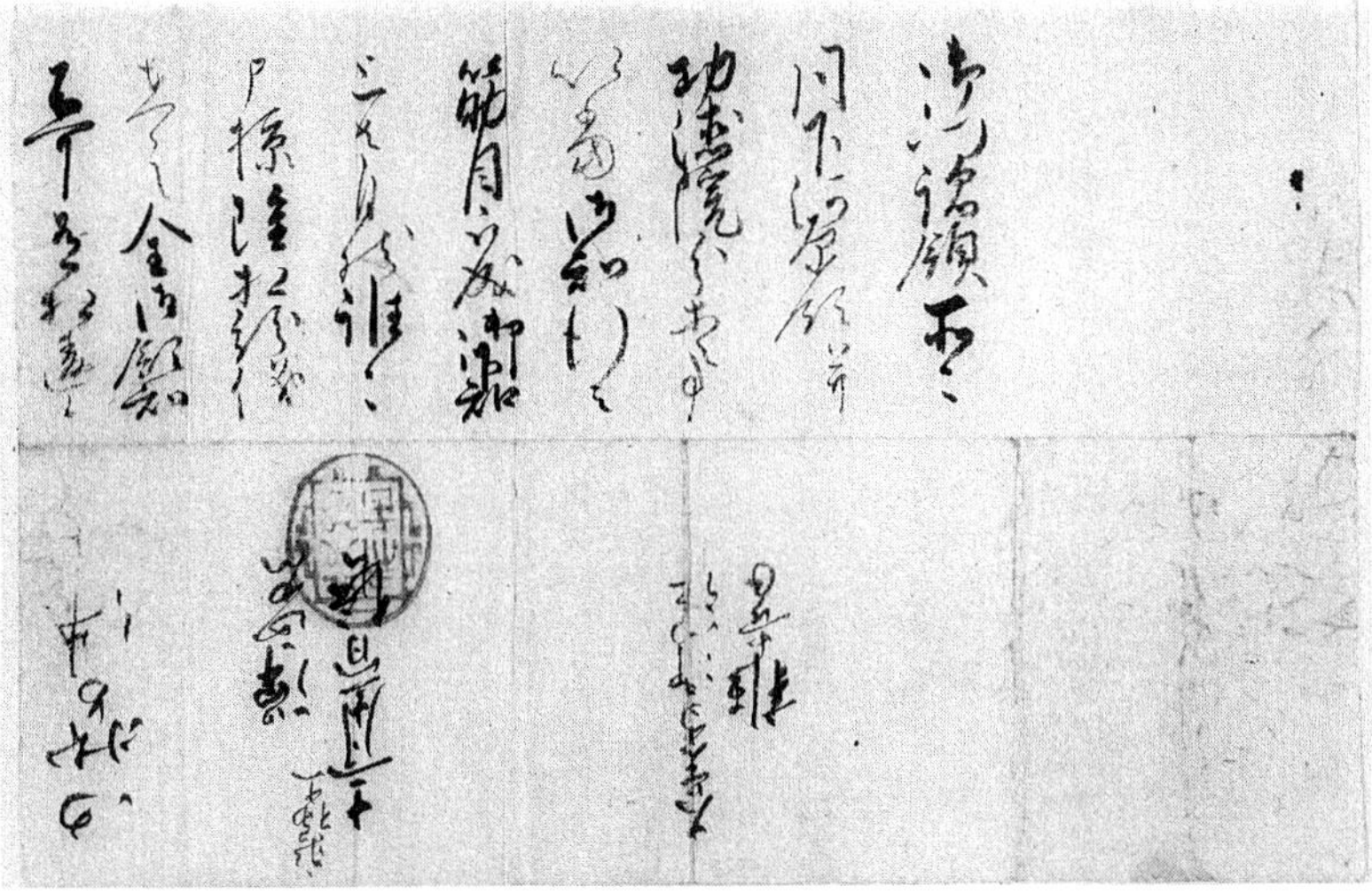

図60　織田《おだ》信長《のぶなが》朱印状《しゅいんじょう》（永禄十一年十二月十六日　大覚寺）
織田信長の初期の朱印状である。印型は単廓の長円形をしており、印文は「天下布武」を二行書にする。元亀元年初頭頃にこの朱印は形を改められ、長円形の下方を横に切った複廓の馬蹄型となるが、印文は同じである。大覚寺門跡領の安堵をしたもので、日付は同筆の付年号である。

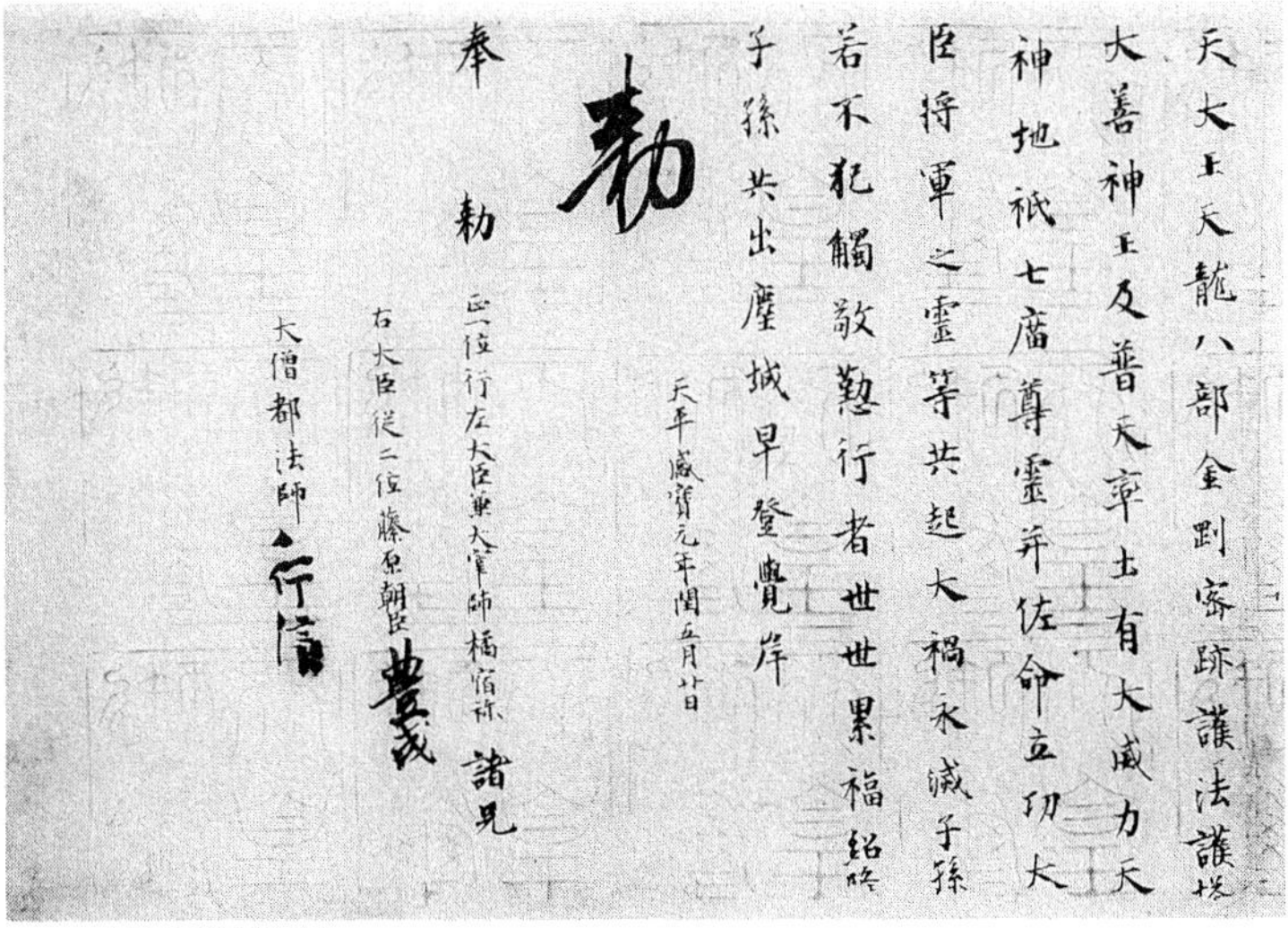

図61　聖武《しょうむ》天皇《てんのう》勅書《ちょくしょ》（天平感宝元年閏五月二十日　平田寺）
太上天皇沙弥勝満（聖武天皇）の発願によって十二大寺に絁・綿・布・稲・墾田地が施入されたが、この勅書はその時のものの一つ。首を欠き、どの寺に充てたものかは不明であるが、その量から見ると、『続日本紀』に記す大安・薬師・元興・興福・東大の五大寺と一致しており、そのいずれかへ充てたものであろう。日付上方の「勅」字は聖武天皇宸筆であり、字面に内印（天皇御璽）が捺される。また奥に橘諸兄・藤原豊成・行信が連署するが、その名前の部分は自署である。

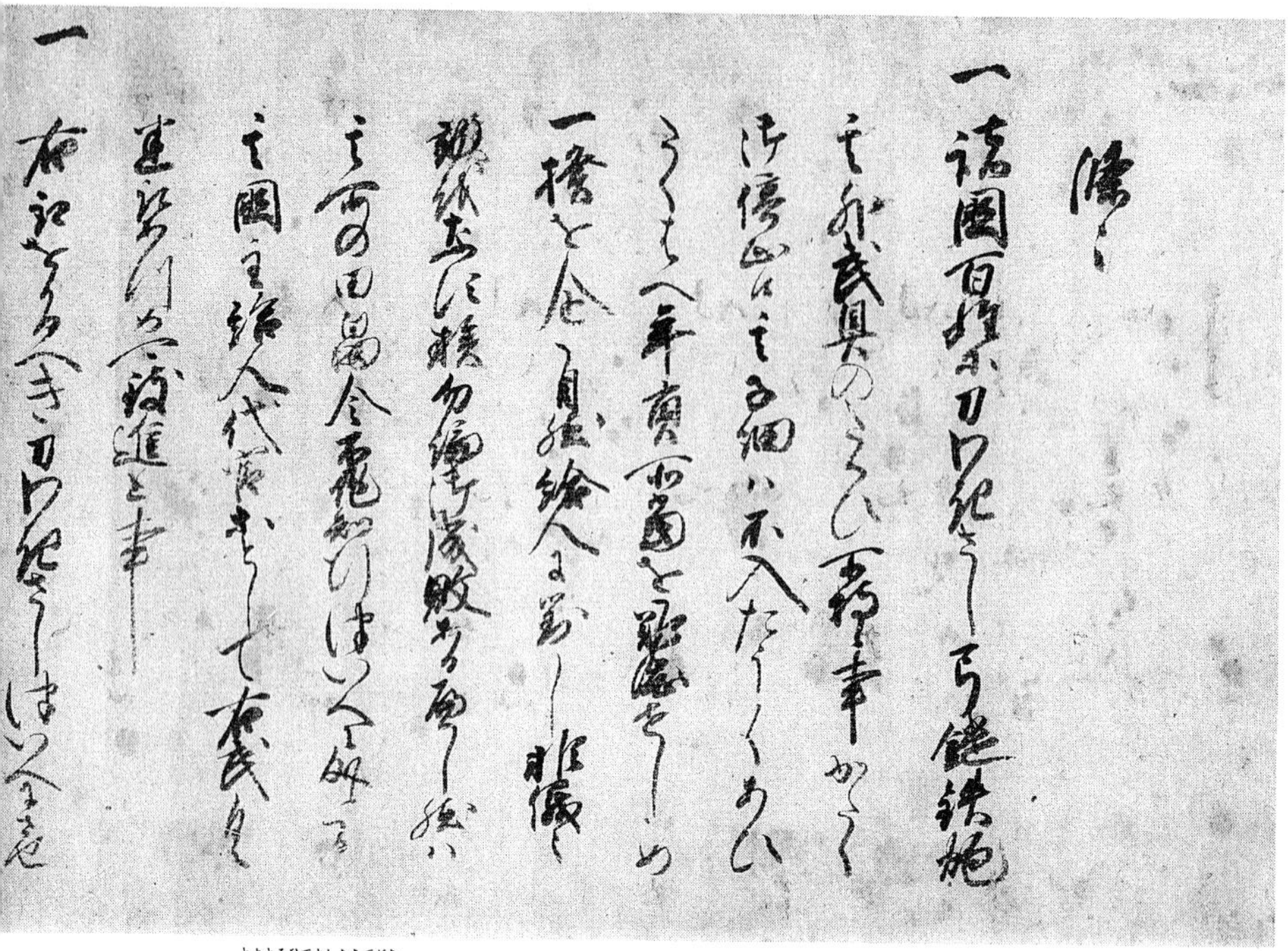

図62　豊臣秀吉《とよとみひでよし》掟書《おきてがき》（天正十六年七月　日　島津家文書　東京大学）
いわゆる豊臣秀吉の刀狩の際に出された掟書である。第一条は百姓が持つ刀・脇差・鑓・鉄炮その他の武具の所持を禁止し没収すること、第二条は没収した武具を大仏建立のための釘等にあてること、第三条は百姓は農具のみを持って農業にはげむべきことを定めている。日付の下に秀吉の朱印が捺されている。

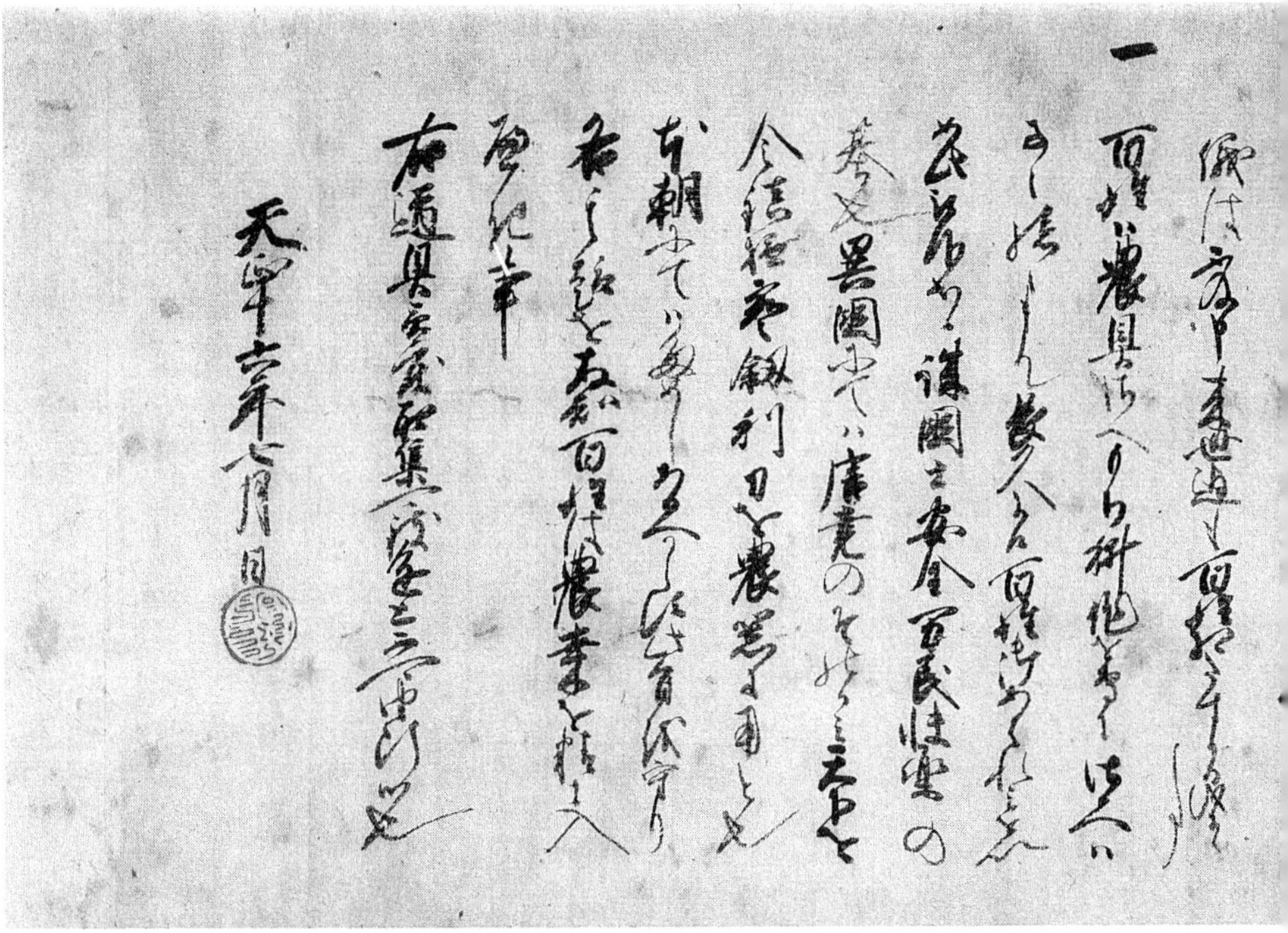

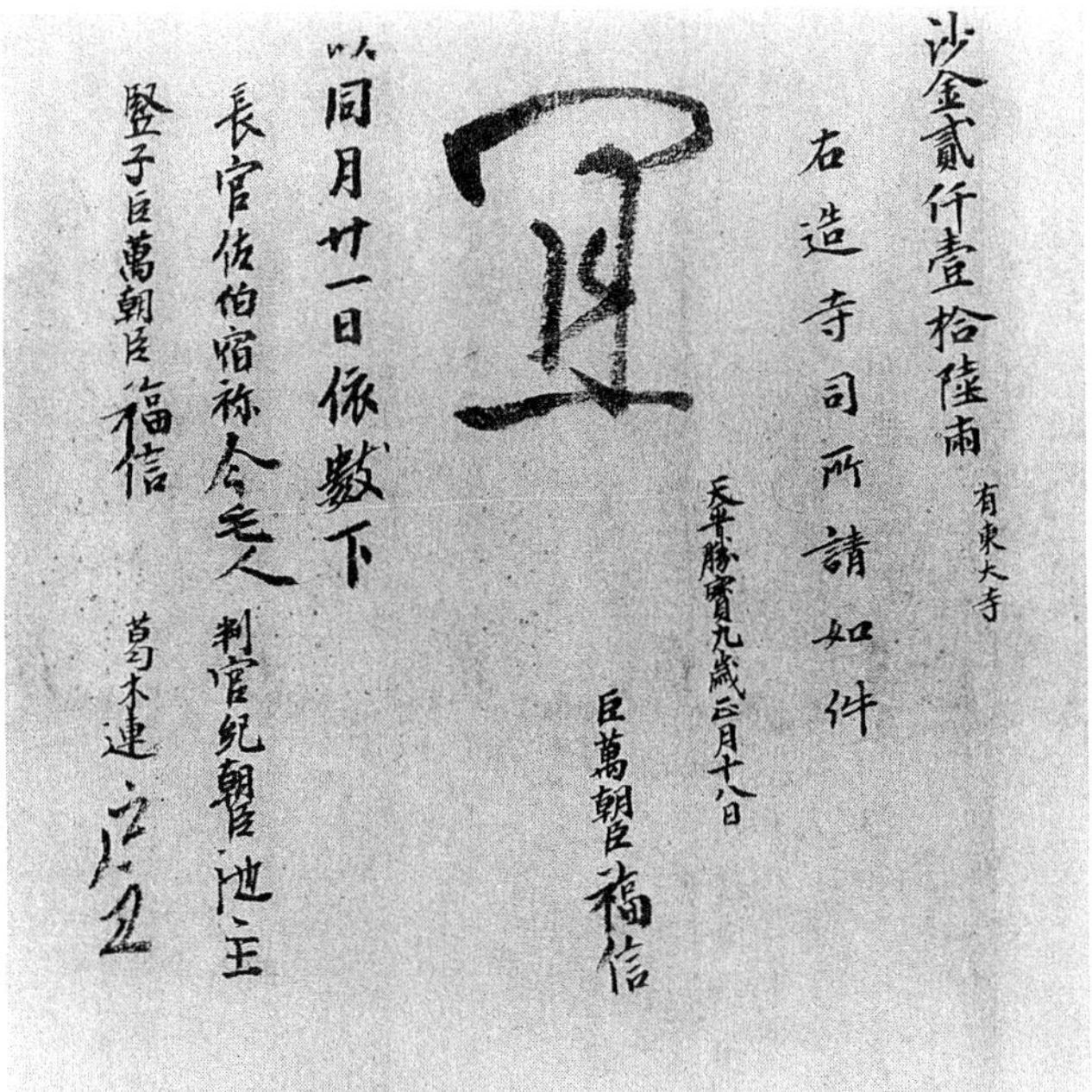
沙金貳仟壹拾陸両　有東大寺

右造寺司所請如件

天平勝寳九歳正月十八日

臣萬朝臣福信

宜

以同月廿一日依數下

長官佐伯宿祢今毛人　判官紀朝臣池主

竪子巨萬朝臣福信　葛木連戸主

図63　沙金請文《しゃきんうけぶみ》（天平勝宝九歳正月十八日　正倉院）

造寺司から沙金を請求した文書で、大仏像に塗金をするための料であった。「宜」とあるのは孝謙天皇宸筆で、その奥に造東大寺司長官以下が沙金の下付を承認する旨の証判を加えている。勅書の一つであるが、御画可に相当する「宜」が加えられており、公式令の勅旨式に定めた手続・書式とは異なっている。現存例から見ると、勅旨（勅書）は公式令通りに行なわれないのが通例であったものか。

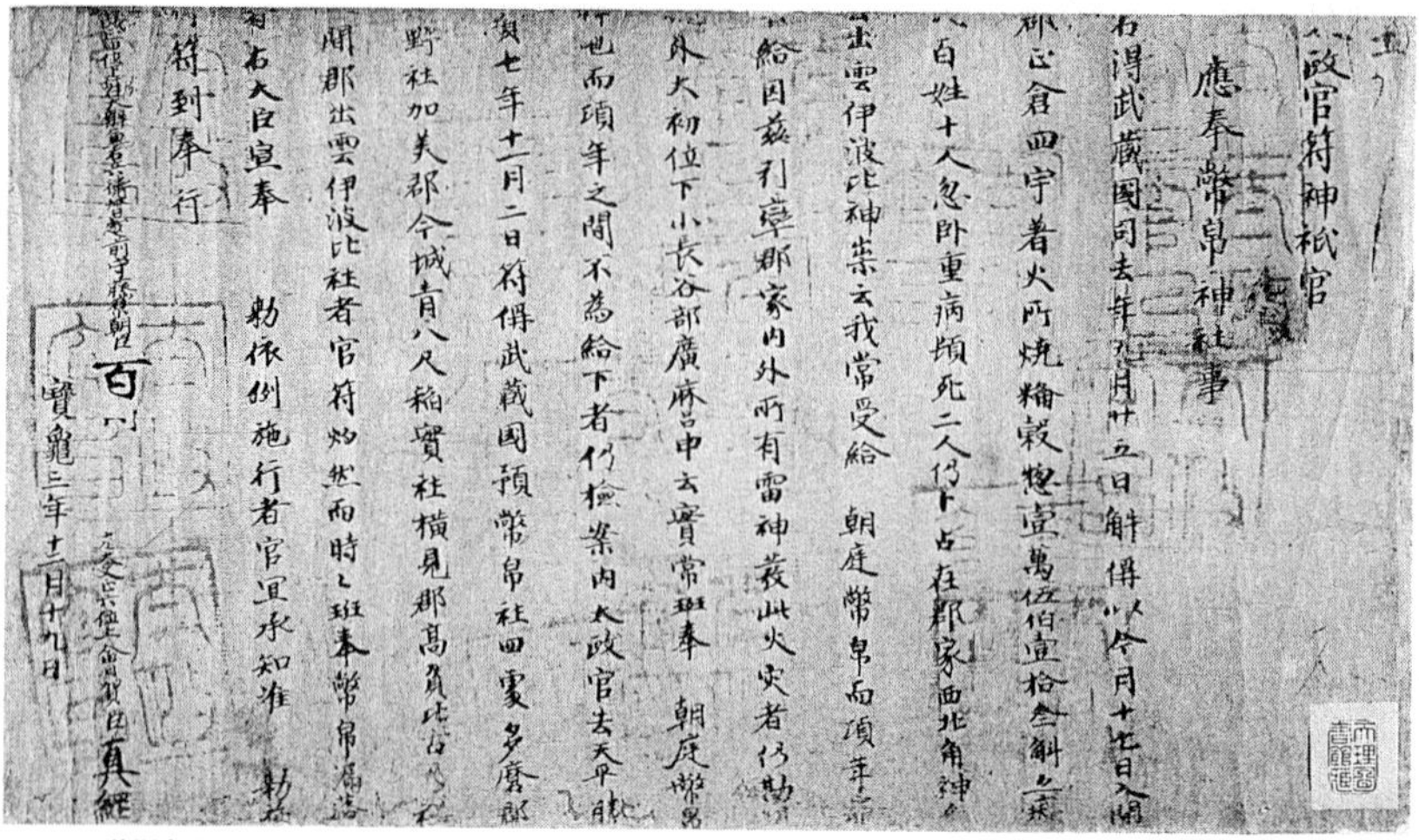

図64　太政官符《だじょうかんぷ》（宝亀三年十二月十九日　天理図書館）
武蔵国入間郡の正倉神火により、同国出雲伊波比神社に奉幣すべきことを太政官から神祇官に伝えたもの。字面に太政官印を捺す。職員令では神祇官と太政官とを並列する役所とする。しかしこの文書の書式は移式ではなく、上級官司から被管官司へ充てる符式であり、現実に神祇官は太政官の管轄下にあったことを示している。神道の家として名高い吉田家に伝来した。

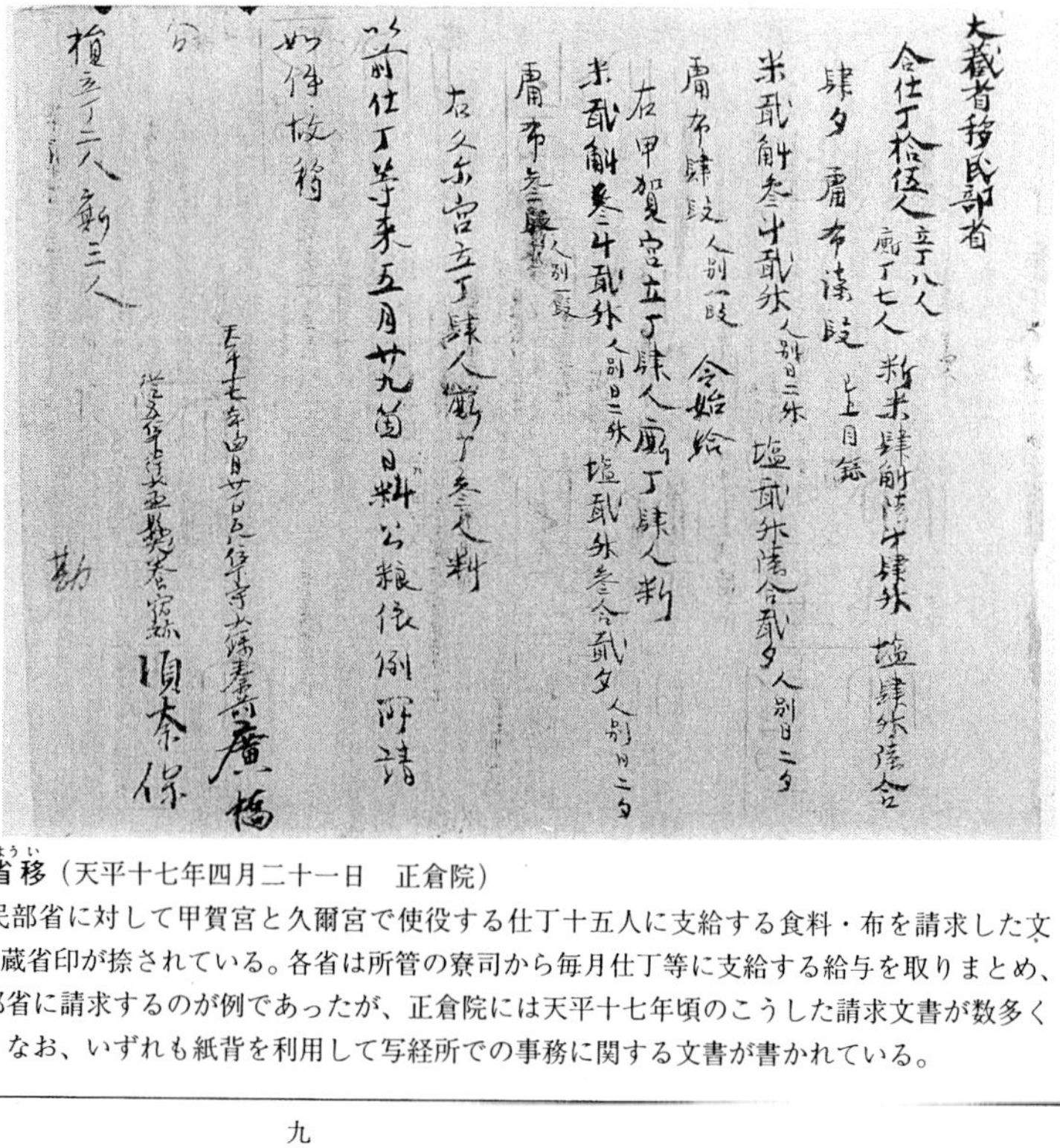

図65　大蔵省移《おおくらしょうい》（天平十七年四月二十一日　正倉院）
大蔵省から民部省に対して甲賀宮と久爾宮で使役する仕丁十五人に支給する食料・布を請求した文書。字面に大蔵省印が捺されている。各省は所管の寮司から毎月仕丁等に支給する給与を取りまとめ、一括して民部省に請求するのが例であったが、正倉院には天平十七年頃のこうした請求文書が数多く残っている。なお、いずれも紙背を利用して写経所での事務に関する文書が書かれている。

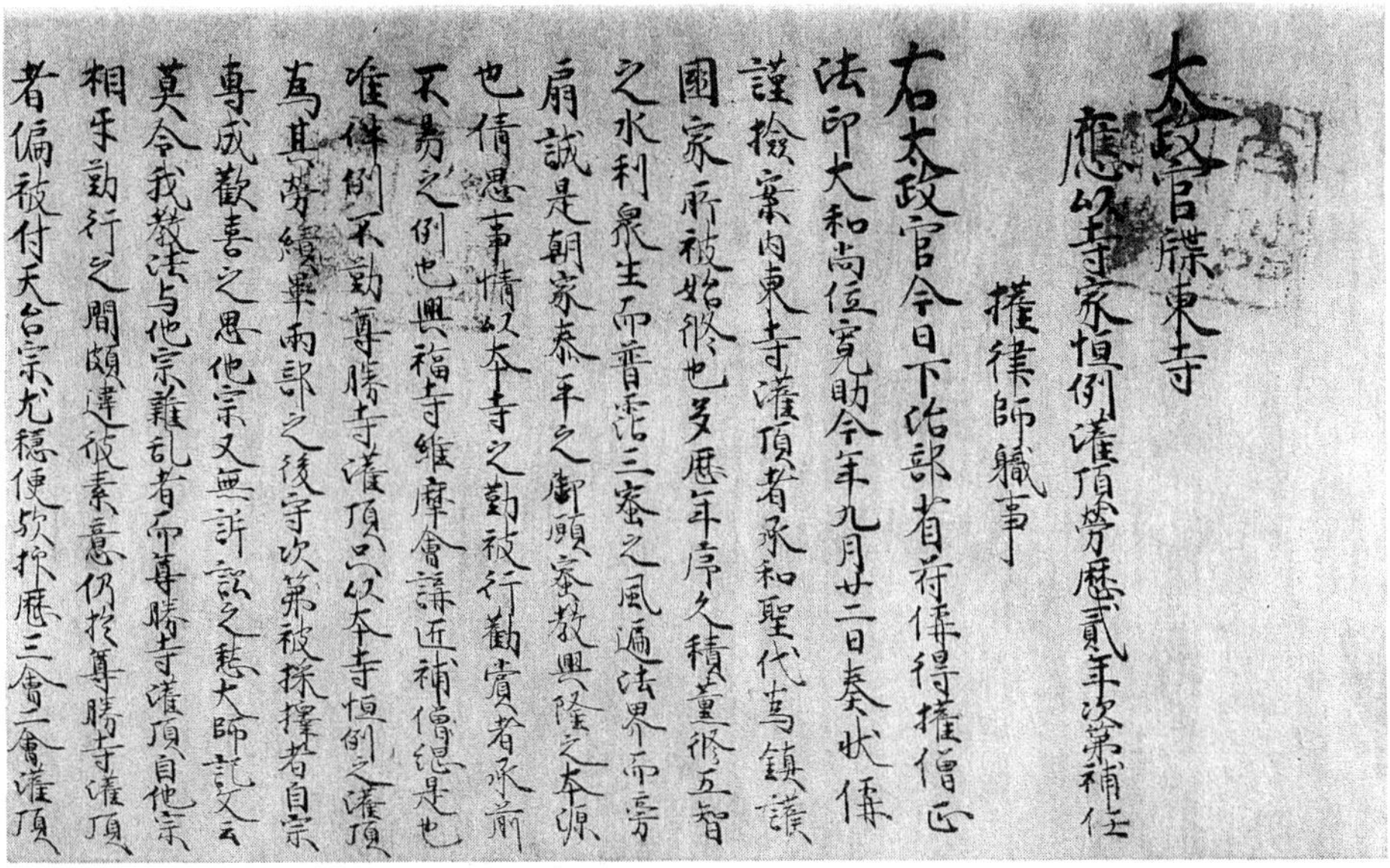

太政官牒東寺
應以寺家恒例灌頂勞歴貳年次第補任
權律師職事
右太政官今日下治部省符偁得權僧正
法印大和尚位寛助今年九月廿二日奏状偁
謹撿案内東寺灌頂者承和聖代爲鎮護
國家所被始修也多歴年序久積薫修五智
之水利衆生而普霑三密之風遍法界而旁
扇誠是朝家泰平之御願密教興隆之本源
也倩思事情以本寺之勤被行勸賞者承前
不易之例也興福寺維摩會講匠補僧綱是也
准傍例不勤尊勝寺灌頂只以本寺恒例之灌頂
爲其勞纔畢兩部之後守次第被採擇者自宗
專成歡喜之思他宗又無訴訟之愁大師記文云
莫令我教法与他宗雜乱者而尊勝寺灌頂自他宗
相半勤行之間頗違彼素意仍於尊勝寺灌頂
者偏被付天台宗尤穏便欤抑歴三會二會灌頂

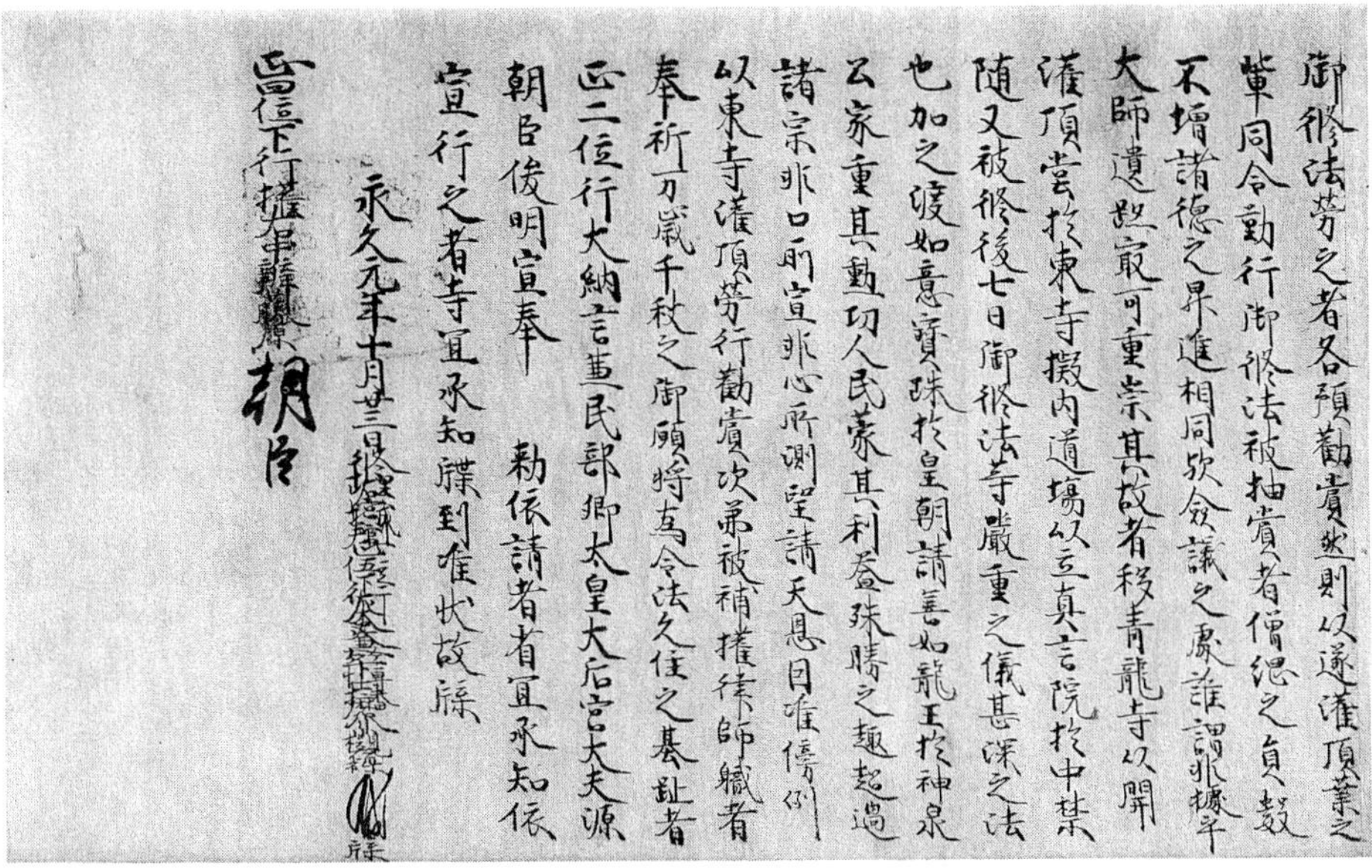

御修法勞之者各預勸賞然則以遂灌頂業之
輩同令勤行御修法被抽賞者僧綱之員數
不增諸徳之昇進相同欤僉議之處誰謂非據乎
大師遺誡寂可重崇其故者移青龍寺以開
灌頂堂於東寺撥内道場以立眞言院於中禁
随又被修後七日御修法寺嚴重之儀甚深之法
也加之彼如意寶珠於皇朝請善女龍王於神泉
云家重其勤功人民蒙其利益殊勝之趣超過
諸宗非口所宣非心所測望請天恩因准傍例
以東寺灌頂勞行勸賞次第被補權律師職者
奉祈万歳千秋之御願将爲令法久住之基趾者
正二位行大納言兼民部卿太皇大后宮大夫源
朝臣俊明宣奉 勅依請者省宜承知依
宣行之者寺宜承知牒到准状故牒
永久元年十月廿三日
正五位下行權左中辨藤原朝臣

図66　太政官牒《だじょうかんちょう》（永久元年十月二十三日　教王護国寺）

平安時代後期における太政官牒の一例である。太政官印は字面全面に捺されず、文頭と日付署判部ならびに文中一箇所に各一顆ずつ捺されるにすぎない。この頃になると太政官印は首尾・紙継目等ごく限られた部分に捺されるのが通例である。この牒は東寺恒例の灌頂の役を勤仕した者は二年を経過した後は権律師に補任することを承認する旨を伝えるものである。

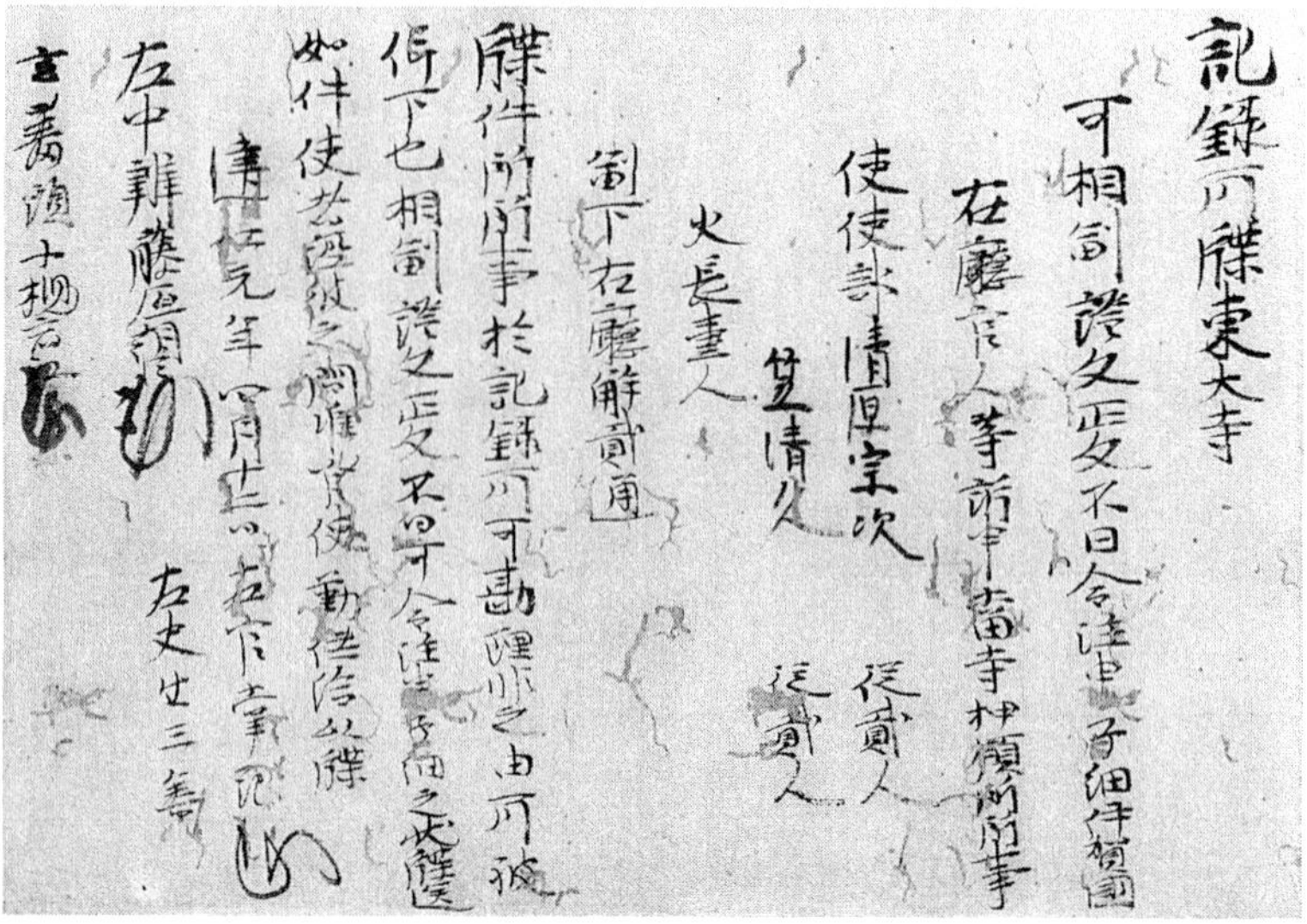

図67　記録所牒《きろくじょちょう》（建仁元年四月十二日　大東急記念文庫）

伊賀国在庁官人等は東大寺が当国所々を押領していることを朝廷に訴えた。そこで記録所から東大寺に対して、理非を決するため証文の原本を提出することを命じたものである。鎌倉時代初期には記録所は庄園のことのみならず、諸司・諸国・諸人の訴訟をも掌っていたが、この文書は記録所の活動を具体的に伝える数少ない史料の一つである。元東大寺文書である。

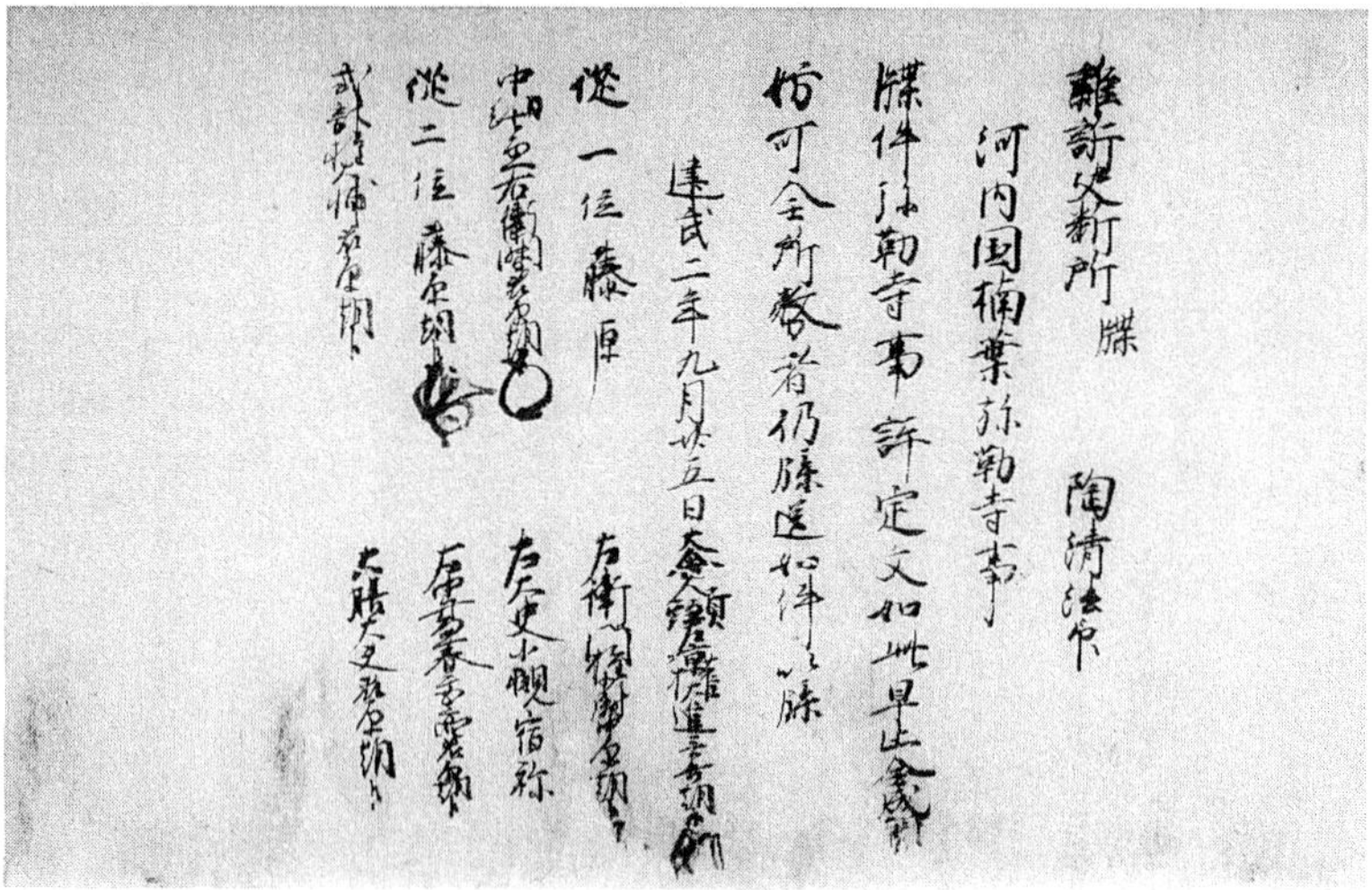

図68　雑訴決断所牒《ざつそけつだんしょちょう》（建武二年九月二十五日　石清水八幡宮）

河内国楠葉の弥勒寺において、石清水八幡宮祠官陶清法印が所務を全うするように裁定を下した文書。文中に「評定文如此」とあるが、評定文とは雑訴決断所寄人奉行人が評定の結果ならびにいかに裁決を下すべきかという意見を注進する文書で、図88はその一例である。判決に際してはこの評定文も副え下された。

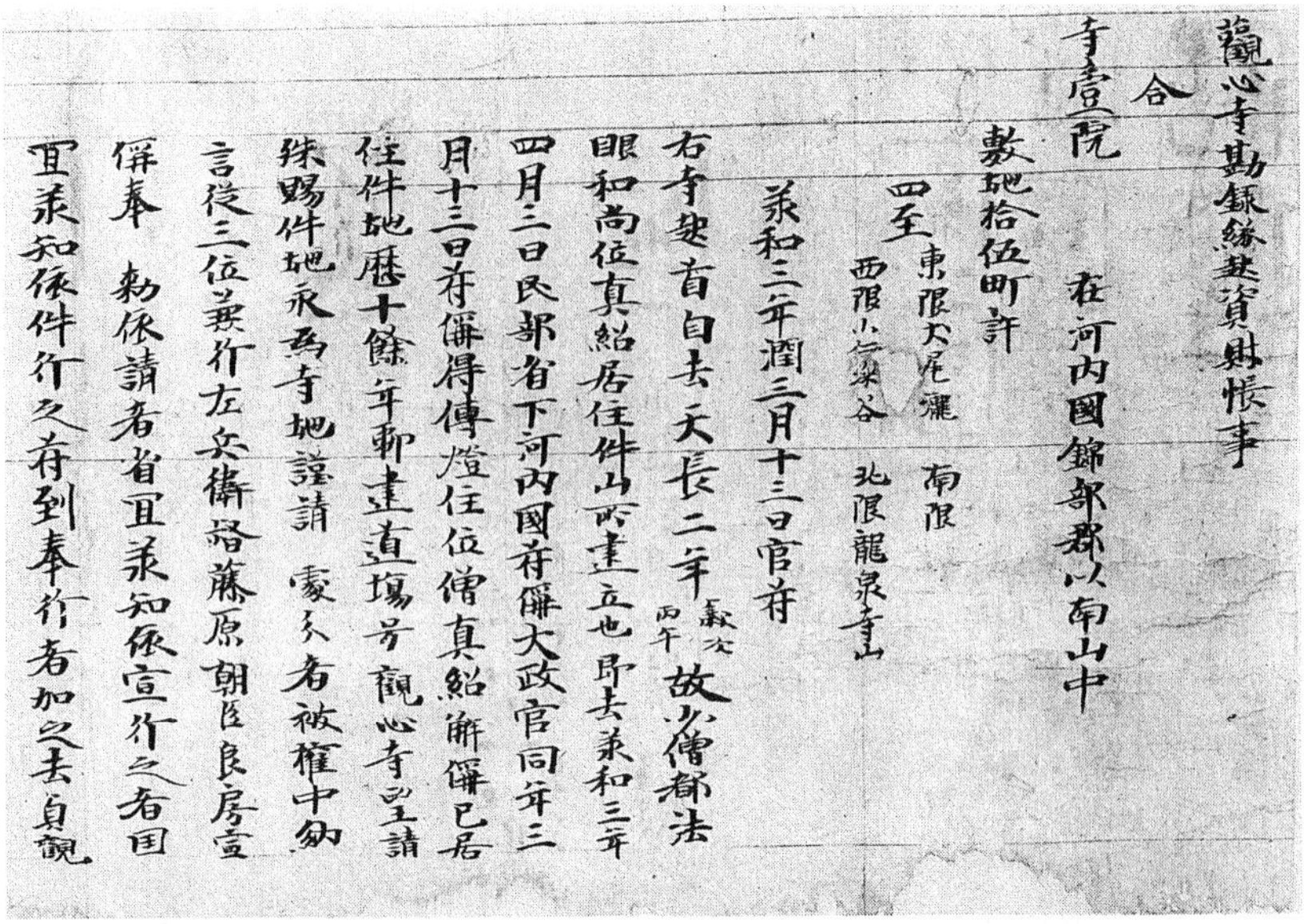

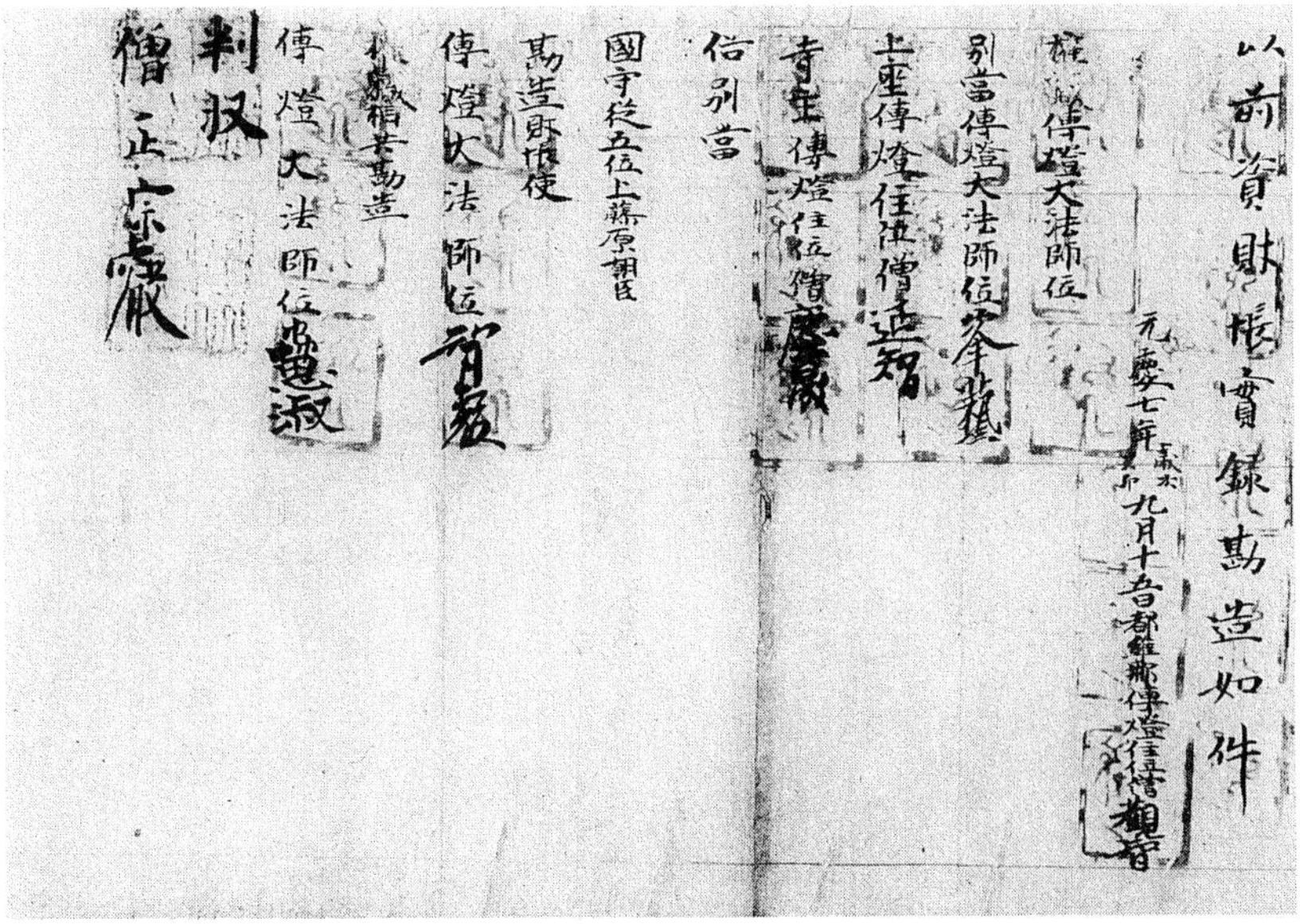

図69 観心寺《かんしんじ》縁起《えんぎ》資財帳《しざいちょう》（元慶七年九月十五日　観心寺）

観心寺の縁起並びに資財を書き上げ僧綱所に注進した文書。初めに観心寺の寺地の所在・面積、寺の縁起を述べ、ついで堂宇ごとにそこに納める仏像・経典・法具等を記し、最後に諸国庄園を掲げる。日付の奥には観心寺三綱・国守等が署判を加え、その次に当時僧綱筆頭の僧正宗叡が判収の自署を加えている。字面全体に「観心」の朱方印、判収以下の二行には「禅林寺印」の朱方印二顆が捺されている。

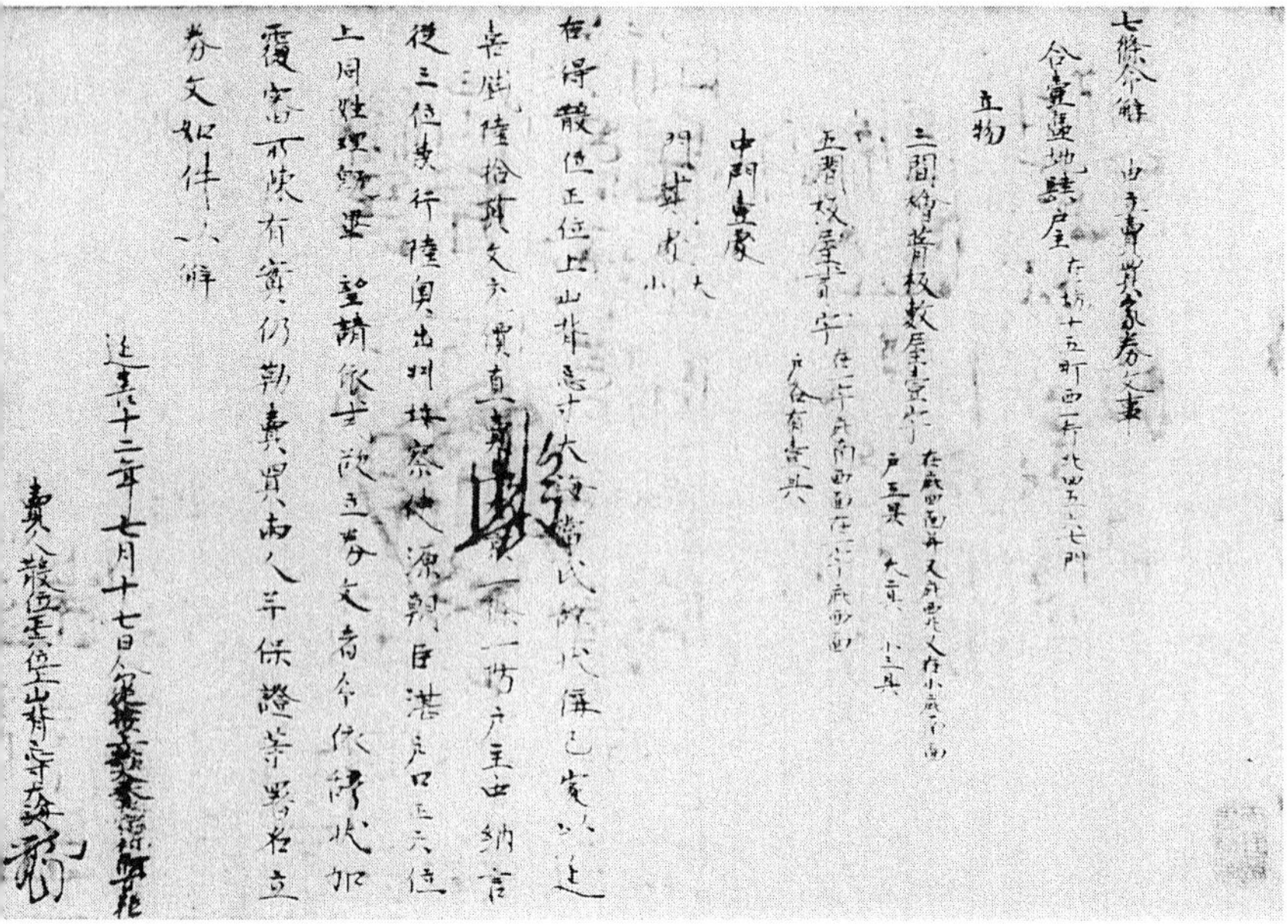

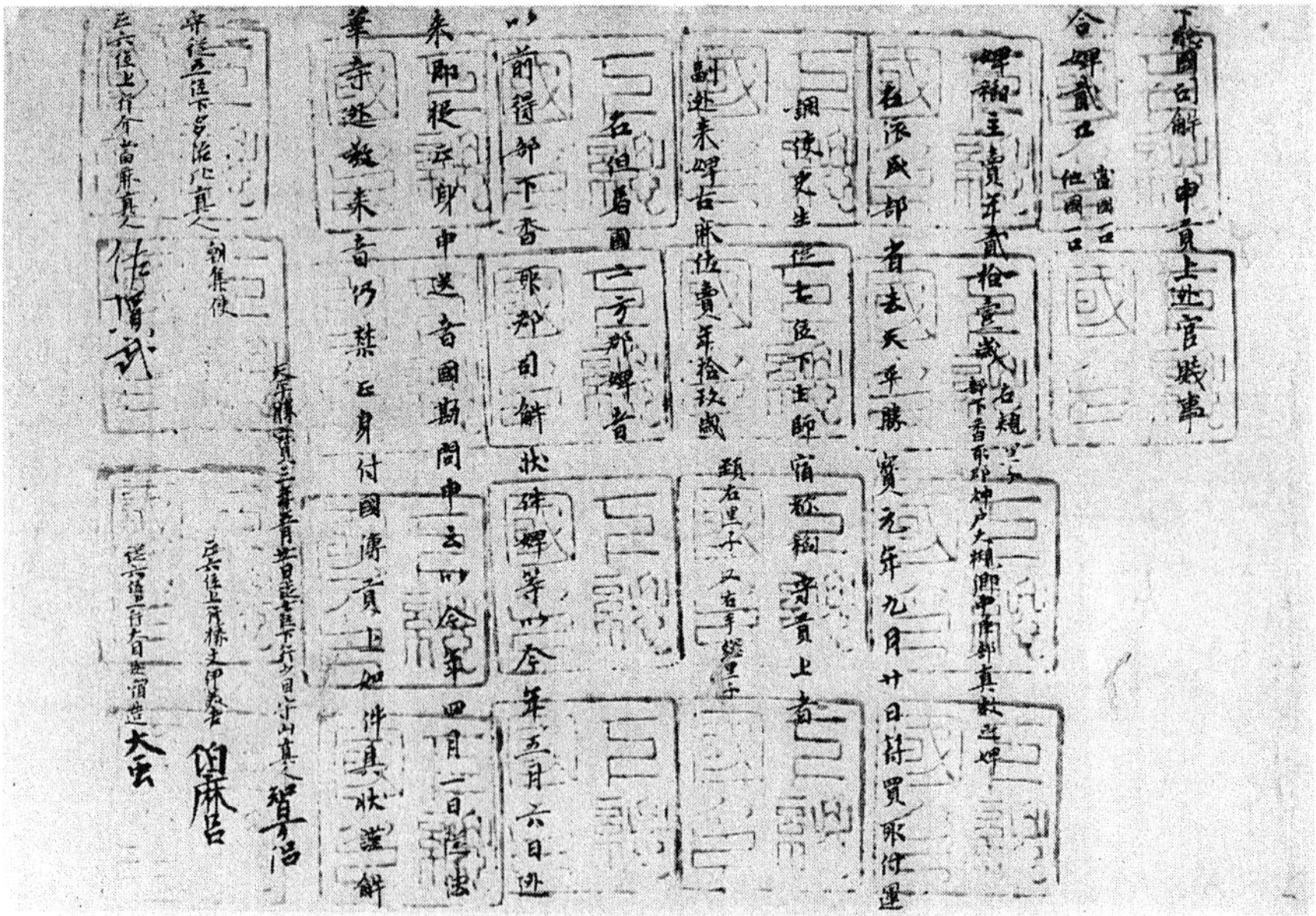

図71　下総《しもふさの》 国司解《こくしげ》（天平勝宝三年五月二十一日　法隆寺）

天平勝宝三年四月一日に法華寺から逃亡した婢二人が、同年五月六日下総国香取郡で捕えられたので、都へ送ることを下総国から報告した文書。字面に下総国印を捺す。なお国守の名前の部分に「朝集使」とあるのは、守（カミ）が朝集使として京上中であり不在のことを示す。

図70　七条令解《しちじょうれいげ》（延喜十二年七月十七日　天理図書館）

平安京の左京七条一坊十五町にあった屋地・家屋を、山背忌寸大海当氏が源理に売った売券である。令では不動産の売買は所管の官司に届け出て、その官司からさらに上級官司に申請して許可を受けることによって初めて正式の売買と認められた。この七条令解も令の規定に基づいて奥に左京職の証判が加えられている。東寺百合文書中には、この家地の正暦四年までの七条令解四通が手継証文として残っている。

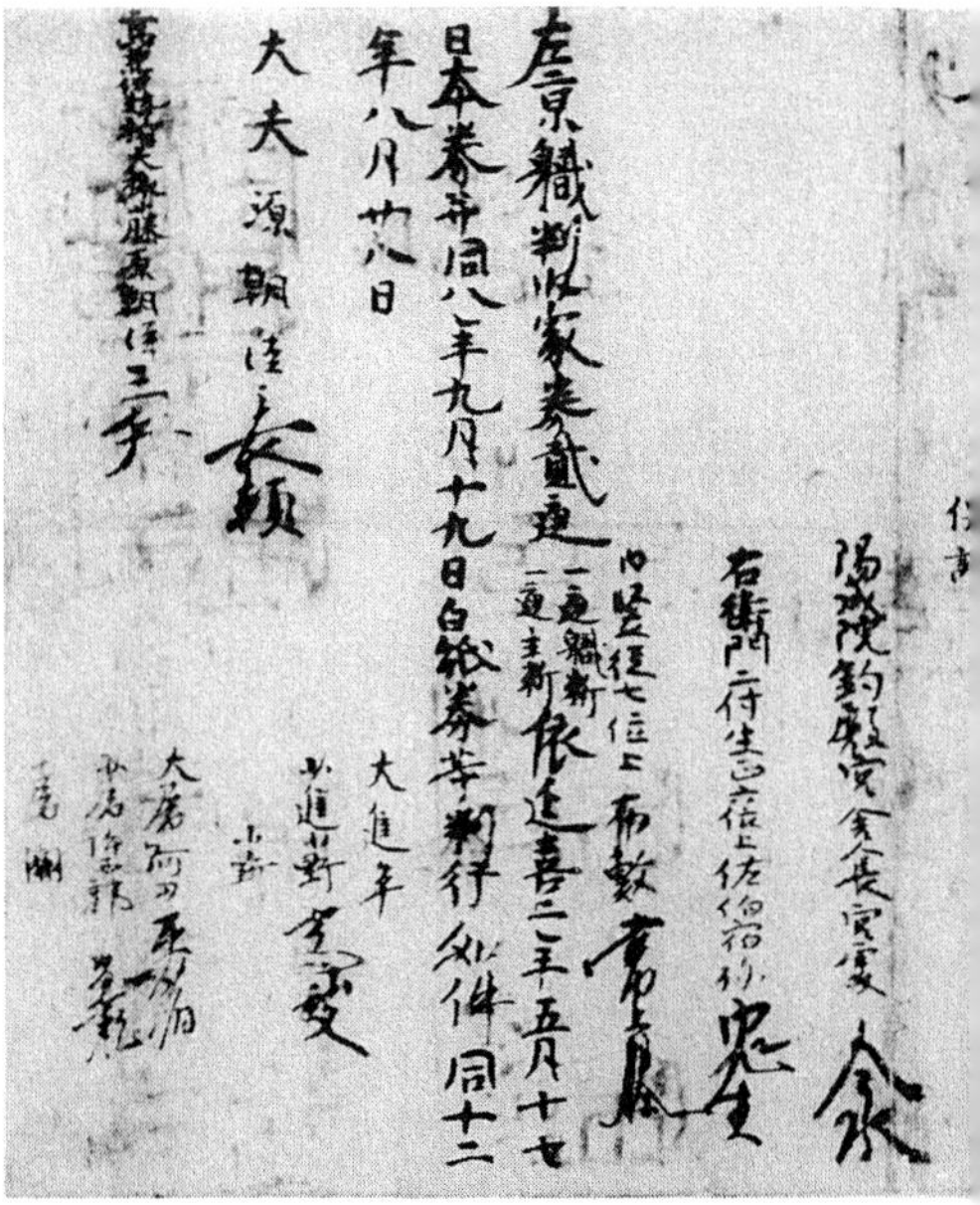

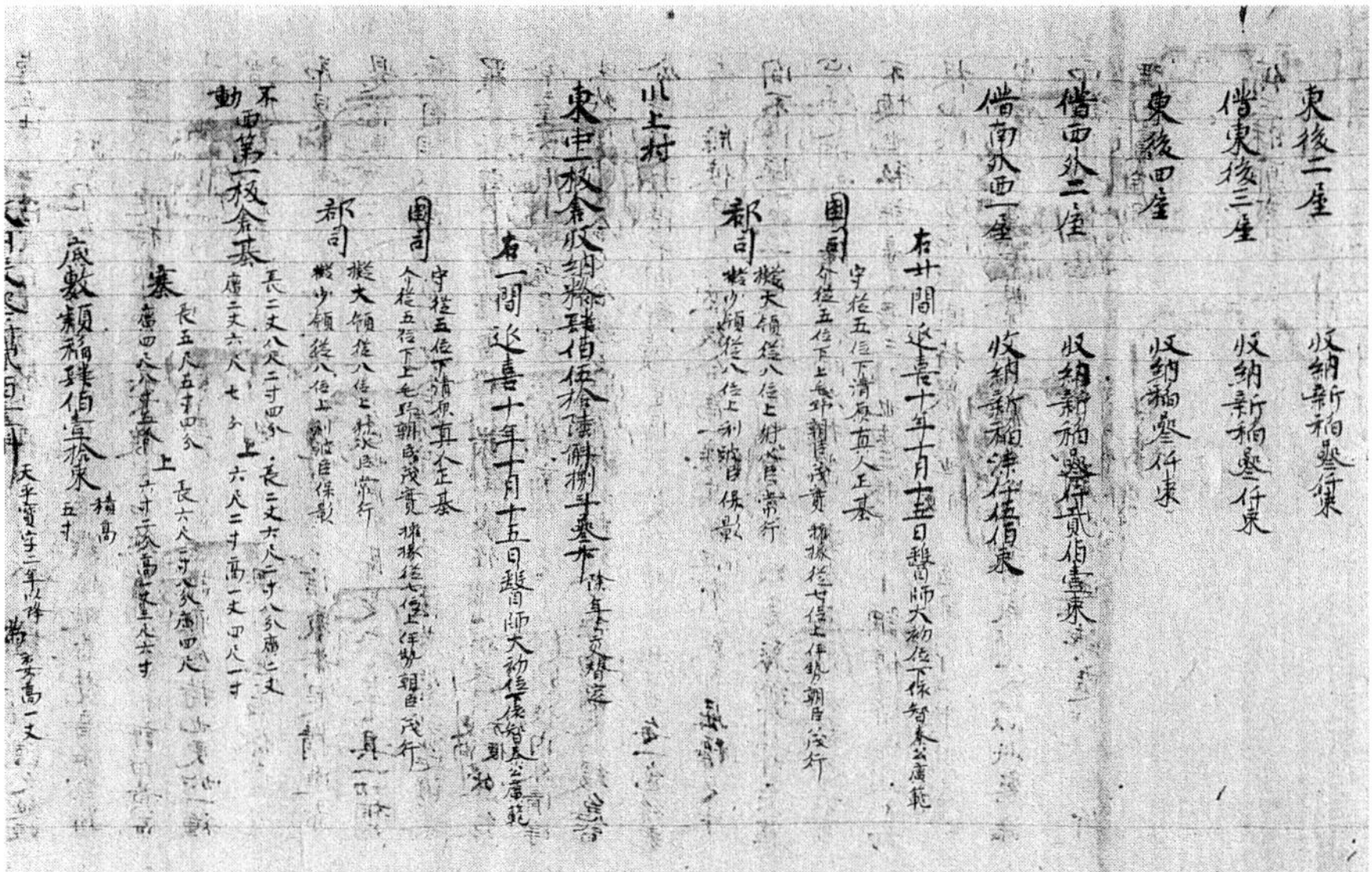

図72　越中国官倉納穀交替記《えつちゅうのくにかんそうのうこくこうたいき》（石山寺）

越中国礪波郡内の各村ごとにその官倉（正倉）に収納してある稲穀の量が記されているが、現在は首尾を欠き、年月日も未詳。現存するのは同郡内の川上村・意斐村および村名未詳村のみである。不動倉の実検年には天平勝宝三年以後延喜十年十月に至る間の年が見え、延喜十年に近い頃のものか。越中国司の交替に際して作られたものであろう。字面に越中国印を捺す。

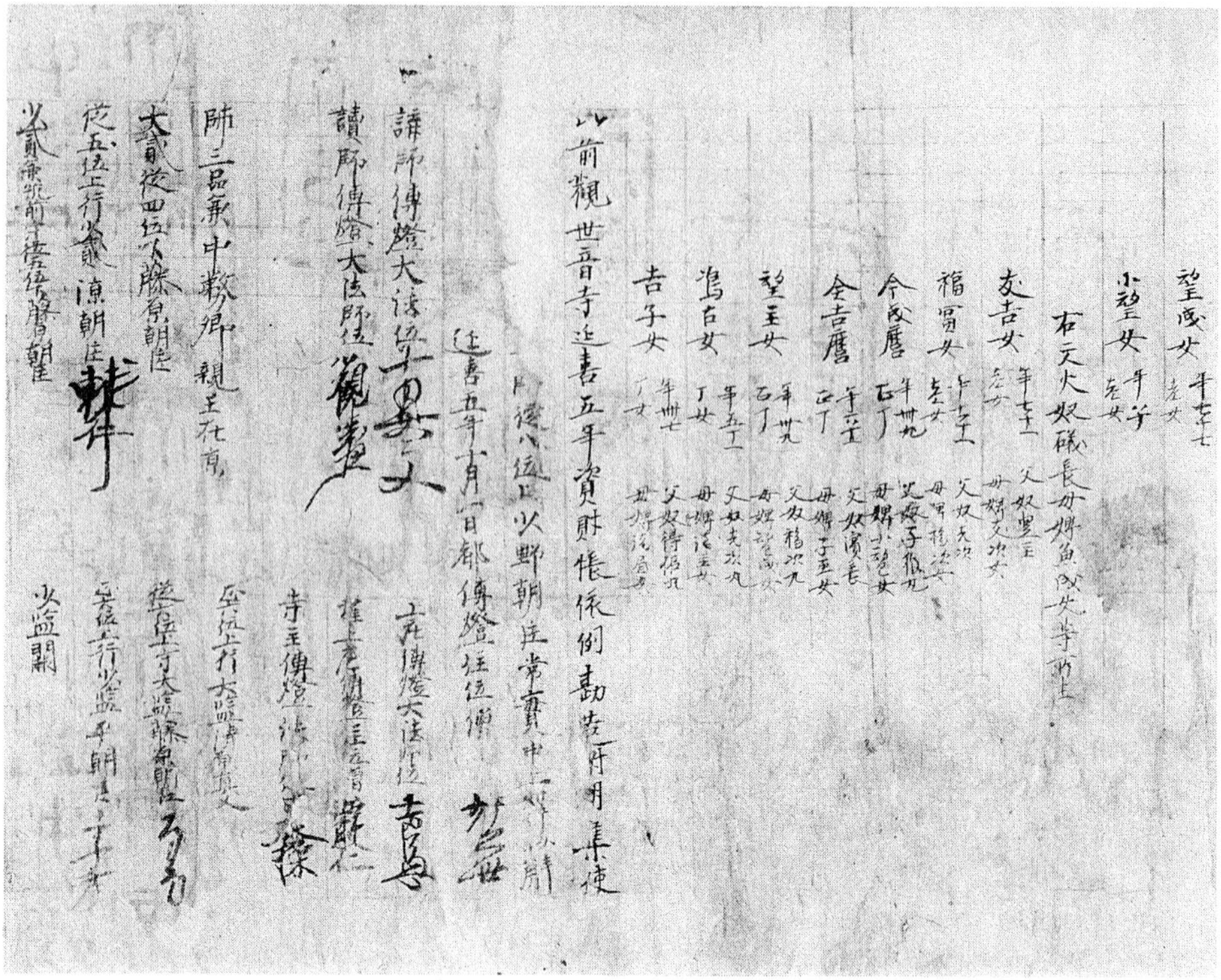

図73　観世音寺《かんぜおんじ》資財《しざい》帳《ちょう》（延喜五年十月一日　東京芸術大学）

延喜五年朝集使に付して官に進めた観世音寺資財帳の一つで、文面に「大宰之印」を捺す。資財帳は寺ごとに同じものを三通作成して国もしくは大宰府に提出し、一通は中央に進め、一通は国または大宰府に留め、今一通は寺へ返却して保管された。これはそのうちの観世音寺に保管されていたものであろう。もと一巻であったが、後に上中下三巻に分割されて現在の姿となった。観世音寺は保安元年東大寺末寺となり、大宰府の証判を受けて新旧文書の案文を東大寺に進めている。この資財帳は正文であるが、あるいはこの時東大寺へ送られたものの一つではなかろうか。

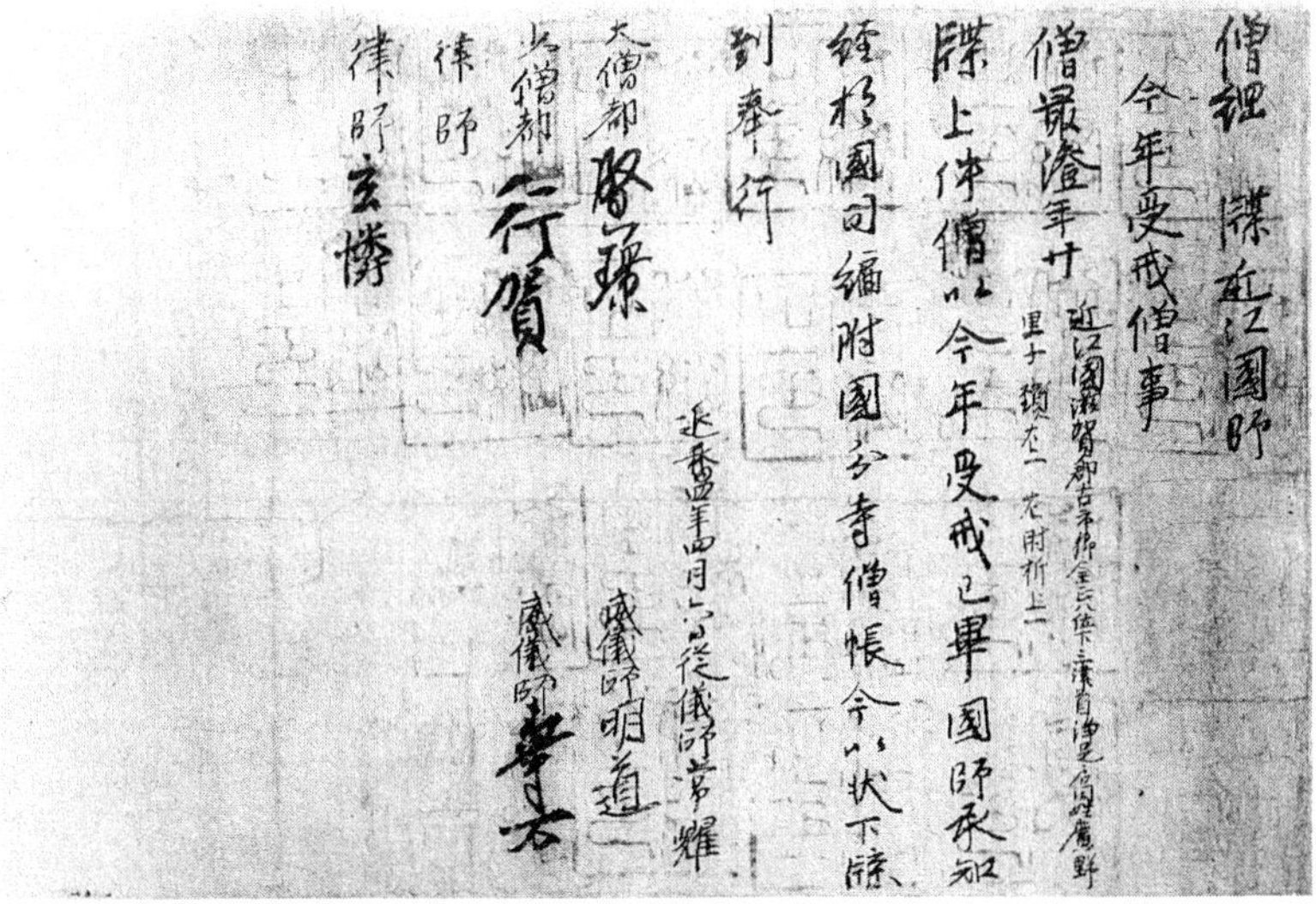

図74　僧綱牒《そうごうちょう》（延暦四年四月六日　来迎院）

僧綱から近江国師に充てて最澄が受戒僧であることを証明した文書。これによれば時に最澄は二十歳（数え年）であったが、そこには黒子の位置まで記されている。字面には「僧綱之印」が捺され、賢璟以下の僧綱が連署している。その名の部分は自署である。

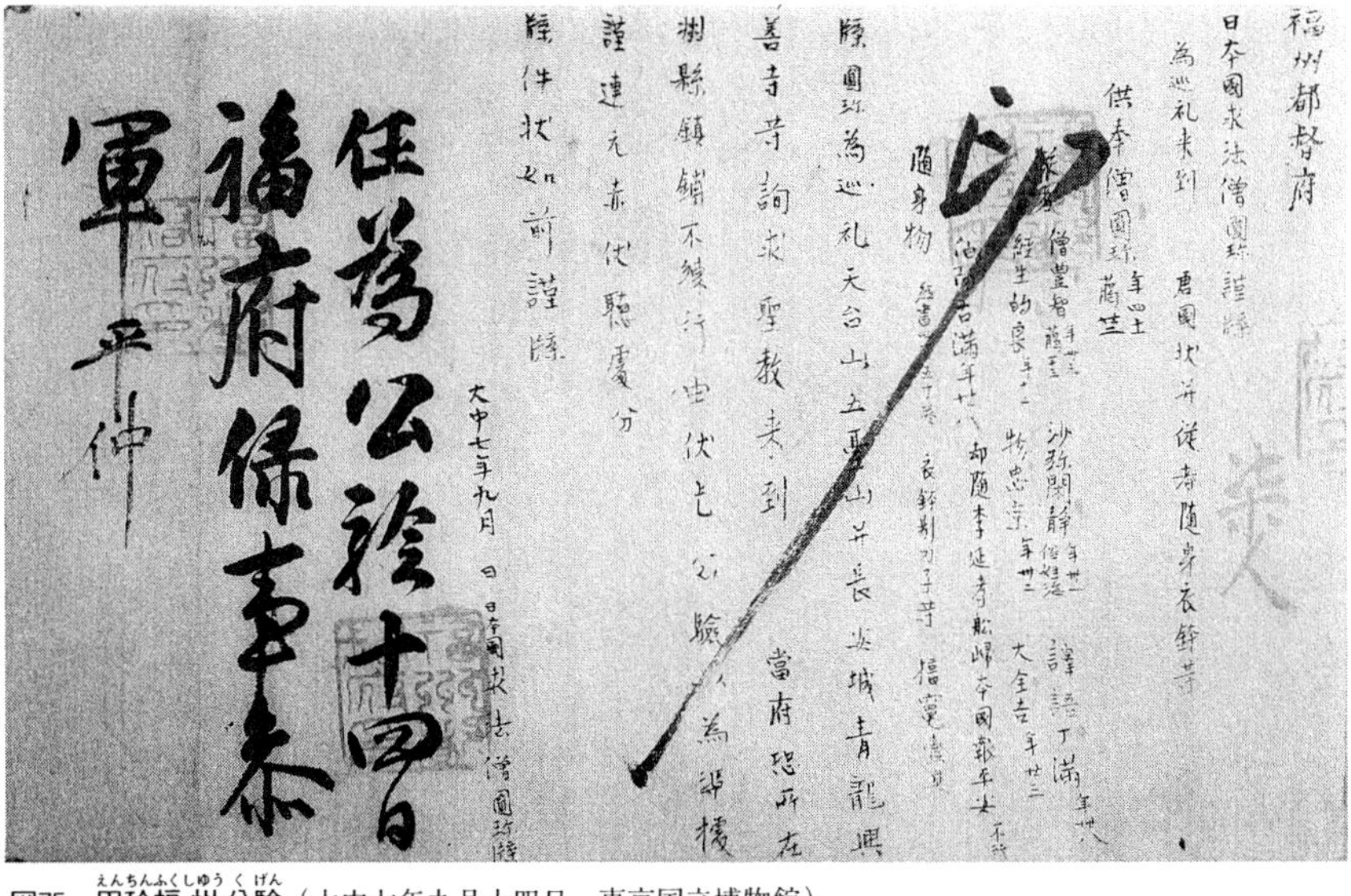

図75　円珍《えんちん》福州《ふくしゅう》公験《くげん》（大中七年九月十四日　東京国立博物館）

入唐僧円珍が唐土の福州に到着し、これから天台山・五台山・長安城の青竜寺・興善寺を巡礼のため出発することの許可を求めた文書で、円珍及び従者の名前・年齢・随身物を書き上げている。それに対して福州都督府では許可する旨を書き加え、「福州都督府」の朱印を捺している。これは唐の過所（関所通行許可書）の原本の遺例としても注目されている。

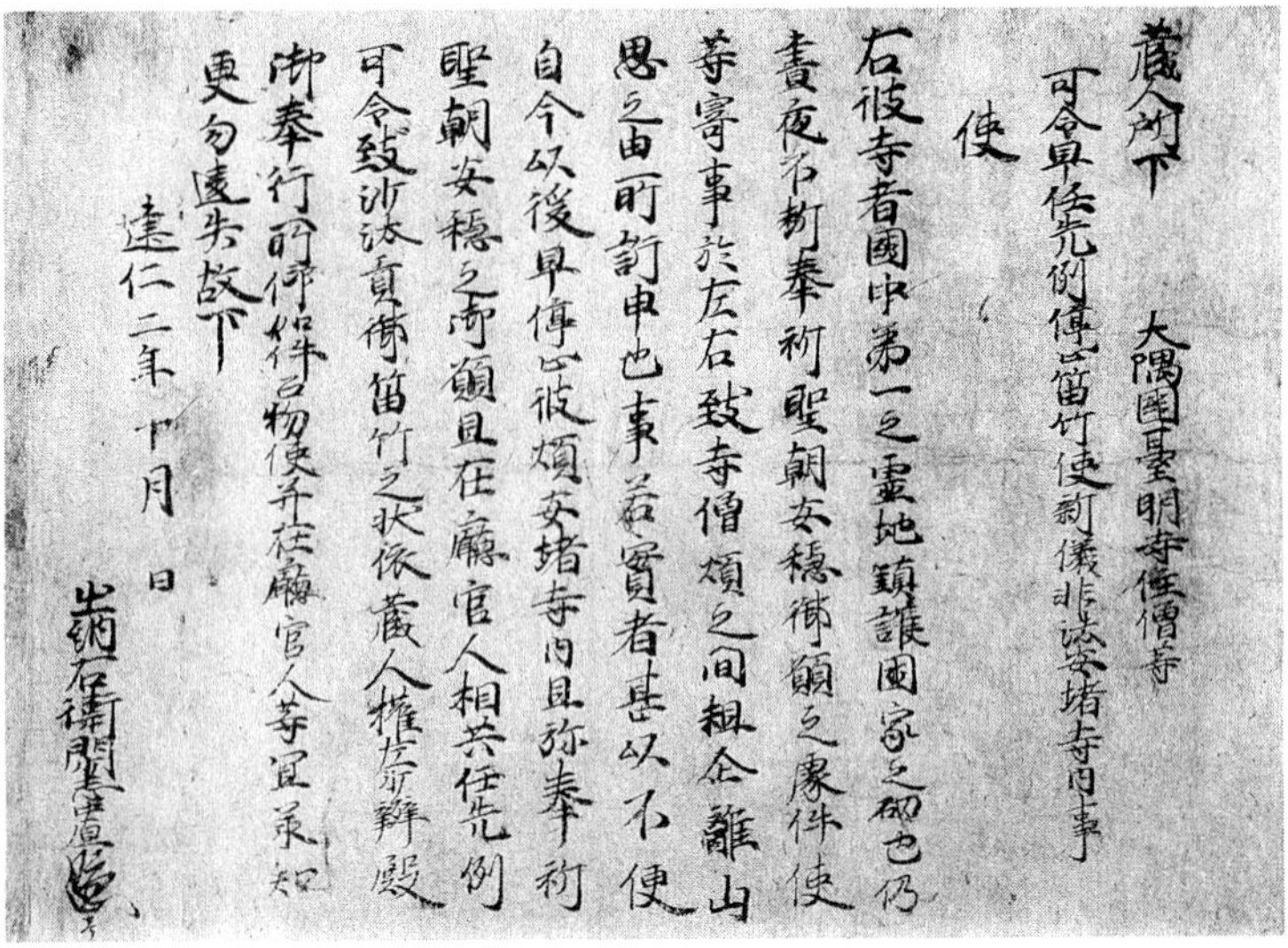

図76　蔵人所 下文《くろうどどころくだしぶみ》（建仁二年十月　日　島津家文書　東京大学）

蔵人所には笛・筥等を作る技術者集団が所属していた。笛作りのためには原料の竹が必要のため、「笛竹使」を所々に派遣して笛竹を貢納させた。大隅国台明寺領の山野にも笛竹納入の役が課されていたが、笛竹使が規定以上の不法の要求をしたので、それを止めるよう定めた文書。料紙は宿紙を用いる。蔵人所は宿紙を多量に保管していたため、綸旨・口宣案以外のこうした蔵人所下文等にも宿紙が利用されることがあった。

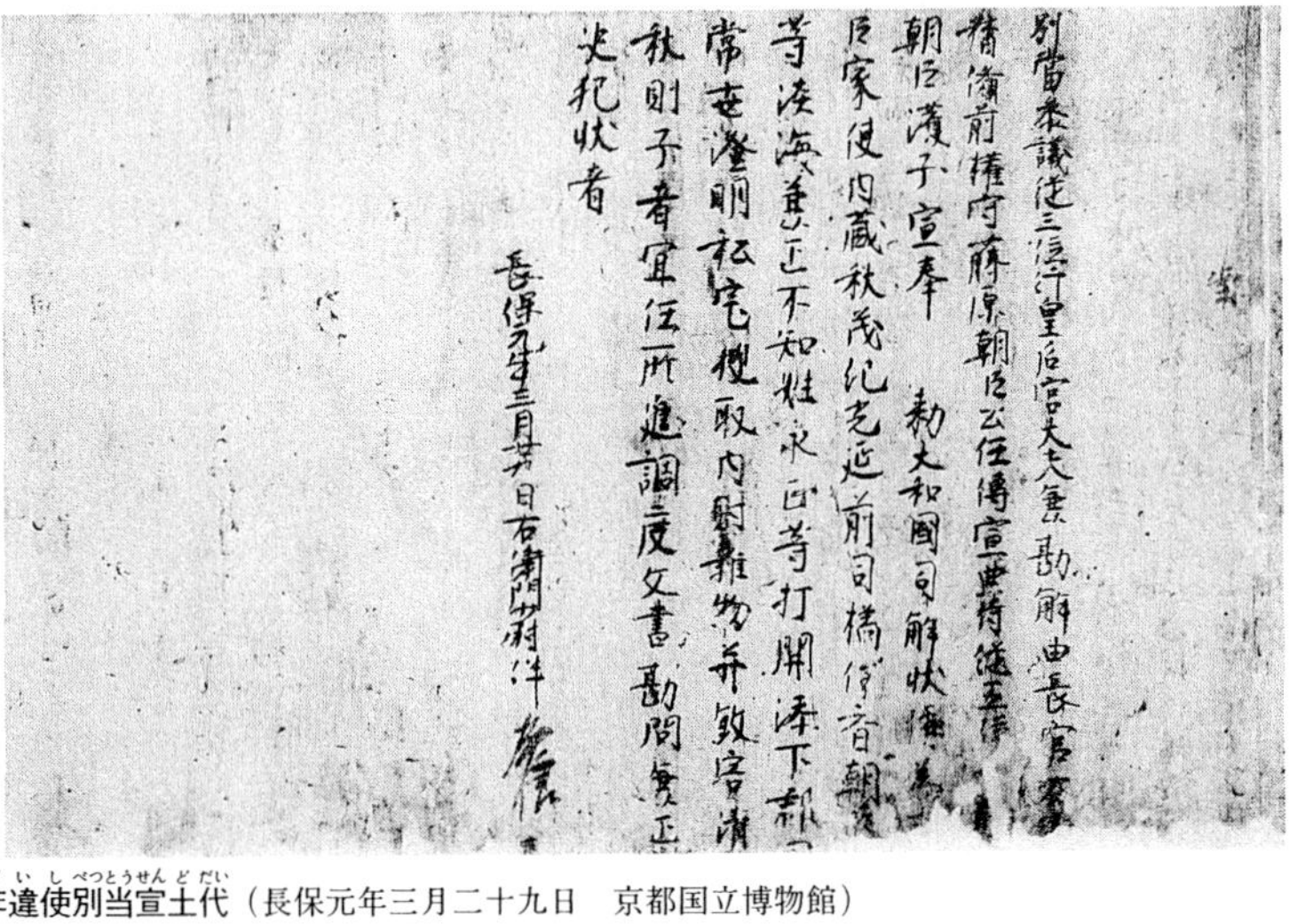

図77　検非違使別当宣土代《けびいしべっとうせんどだい》（長保元年三月二十九日　京都国立博物館）

検非違使別当藤原公任より発せられた検非違使別当宣の草案である。この別当宣案は藤原公任自筆『北山抄』の紙背文書中にあり、公任の手元にあった文書の一つであった。したがって本文書右端に「案」とあるように検非違使庁における草案の文書であった。北山抄紙背文書には他にも別当宣案をはじめ検非違使庁関係文書が多く含まれ注目されている。藤原公任は能書家としても名高い。

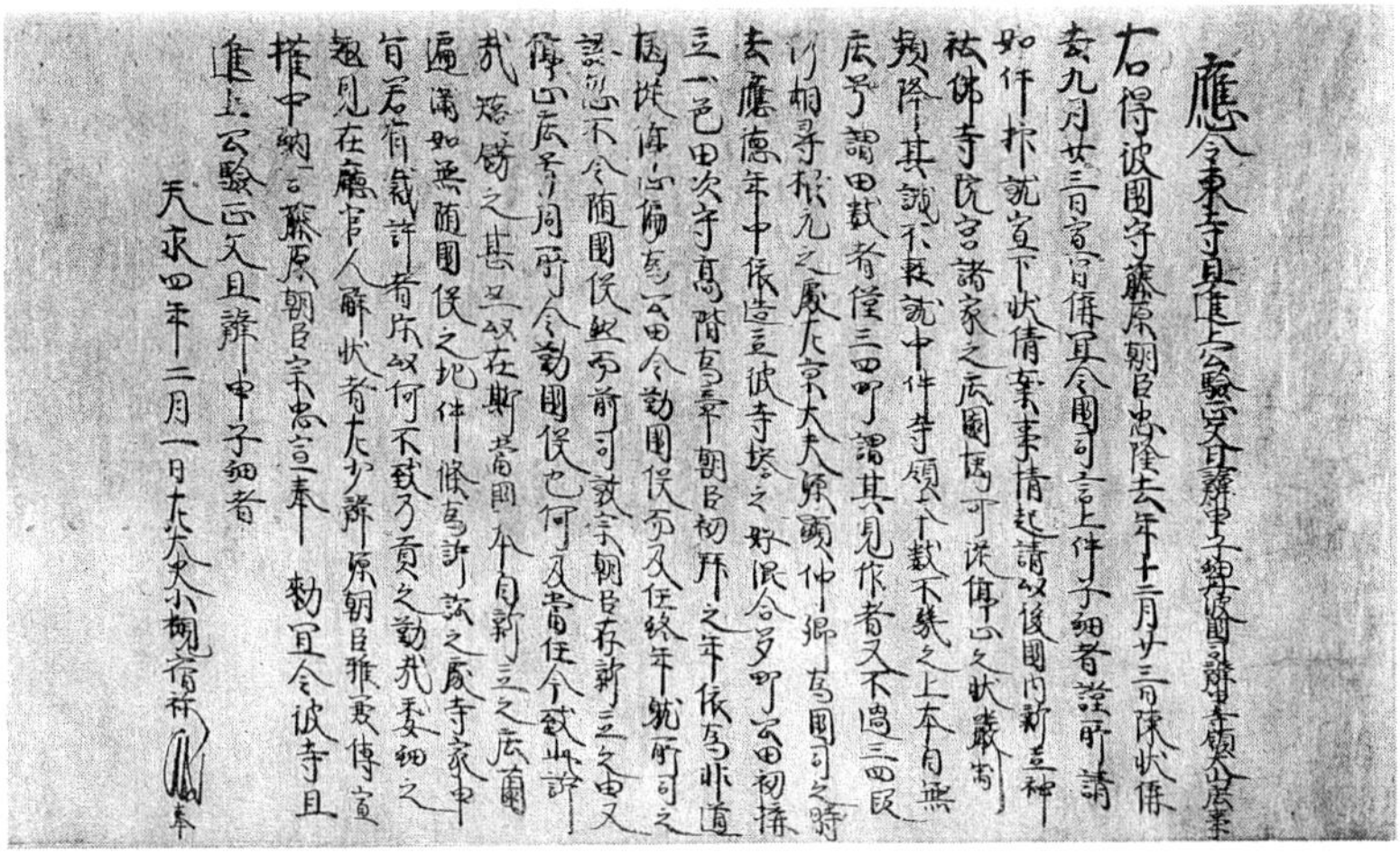

図78　鳥羽天皇宣旨《とばてんのうせんじ》（天永四年二月一日　教王護国寺）

東寺と丹波国守との間で、丹波国大山庄の田に新立庄園が含まれるか否かについての相論が行なわれた。そこで東寺に対して大山庄に関する公験の正文を提出することを命じたのがこの宣旨である。上卿藤原宗忠から左少弁源雅兼に伝えられた勅旨を弁官局の書記官である左大史が署名して発布している。弁官局・外記局いずれの発布する宣旨もこれとほぼ類似の手続きがなされた。

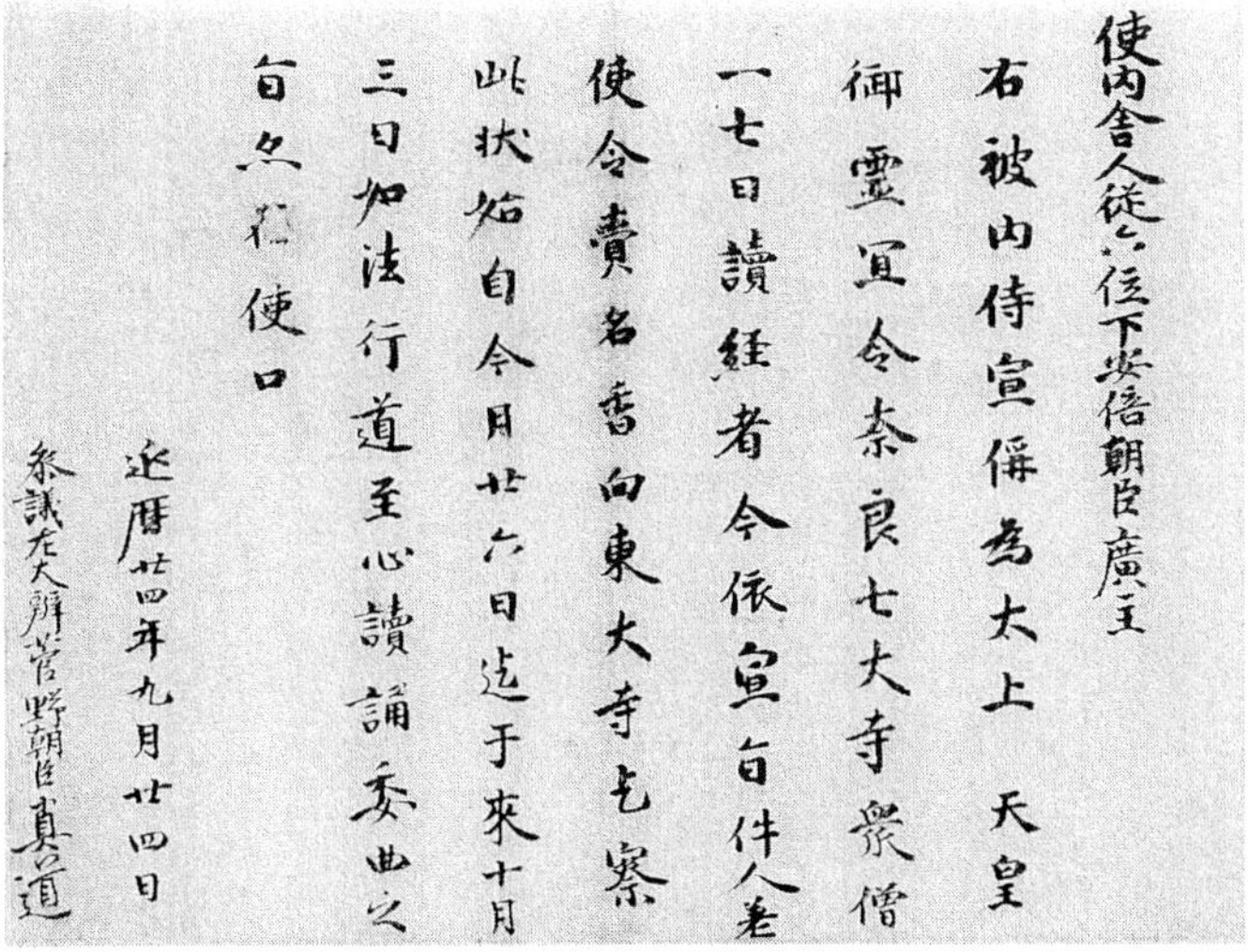

使内舎人従六位下安倍朝臣廣主
右被内侍宣偁為太上　天皇
御霊冝令奈良七大寺衆僧
一七日讀経者今依宣旨件人差
使令賚名香向東大寺乞察
此状始自今月廿六日迄于來十月
三日如法行道至心讀誦委曲之
旨々在使口
延暦廿四年九月廿四日
参議左大辨菅野朝臣真道

図79　内侍宣《ないしせん》（延暦二十四年九月二十四日　東大寺）

後宮女司の一つ内侍司の女官が勅命を受けてそれを上卿に伝える。すると上卿はそれを受けてさらに伝宣する。これを内侍宣といい、奈良・平安時代前期に多く用いられた。これは上卿参議菅野真道が署名を加えて伝宣している。太上天皇（崇道天皇＝早良親王）の怨霊を鎮めるために奈良七大寺において読経を行なうよう命じたが、東大寺に対しては内舎人安倍広主を使いとし、委細はその口頭によって伝えることを述べている。なお菅野真道は『続日本紀』の選者の一人で署名の「真道」は自署である。

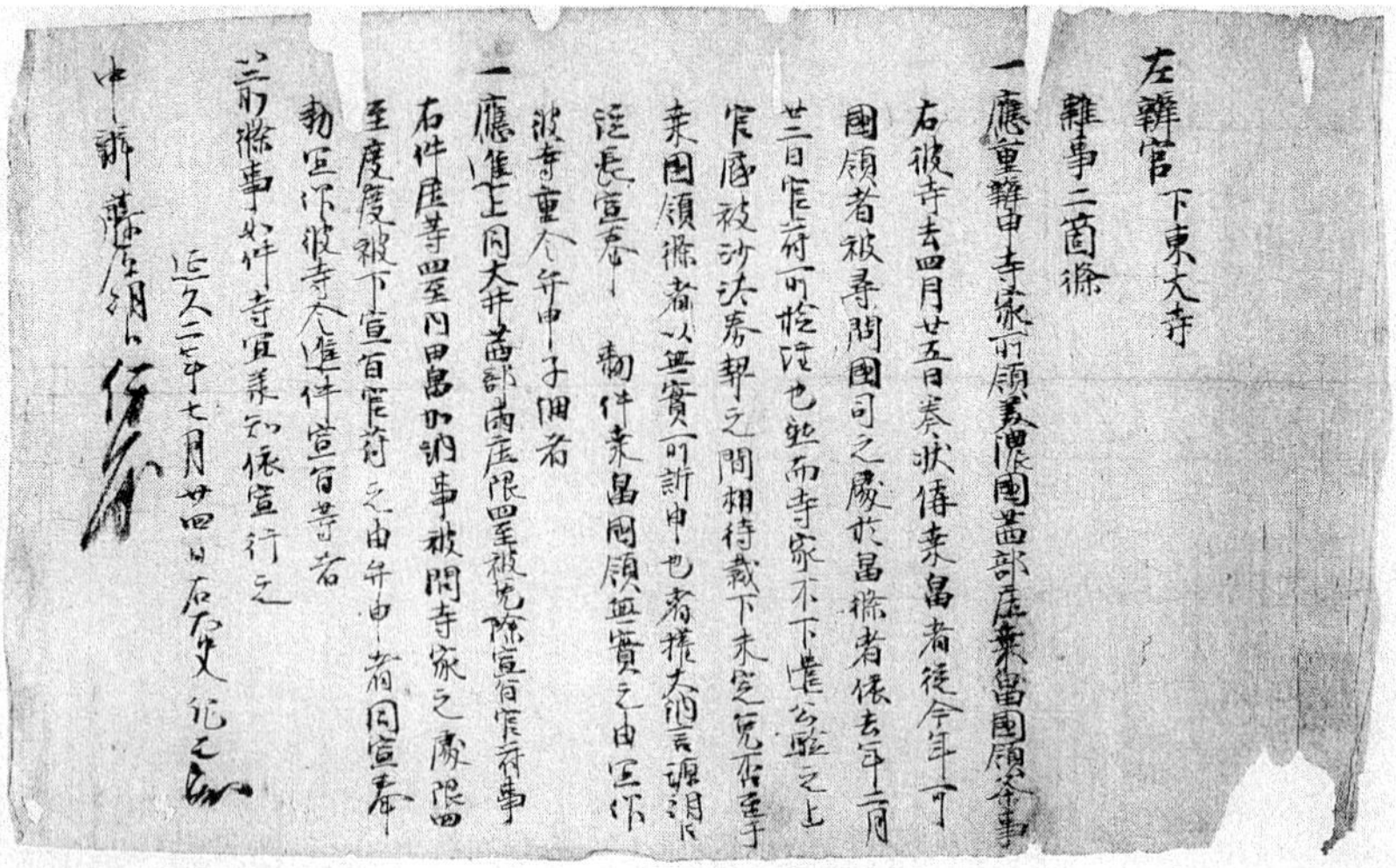

図80　官宣旨《かんせんじ》（延久二年七月二十四日　東大寺）

東大寺領美濃国大井・茜部両庄についての東大寺と美濃国司との相論について、東大寺に対して陳弁ならびに証拠となる宣旨を提出するよう命じた官宣旨。延久二年頃には左右弁官局の所掌の区別は明確に行なわれ、国領・庄園をめぐる問題は民部省の所管であるから、左弁官より下されている。奥上に署判を加えているのは左中弁藤原伊房である。彼は能書で名高い藤原行成の孫で、彼もまた書をよくした。

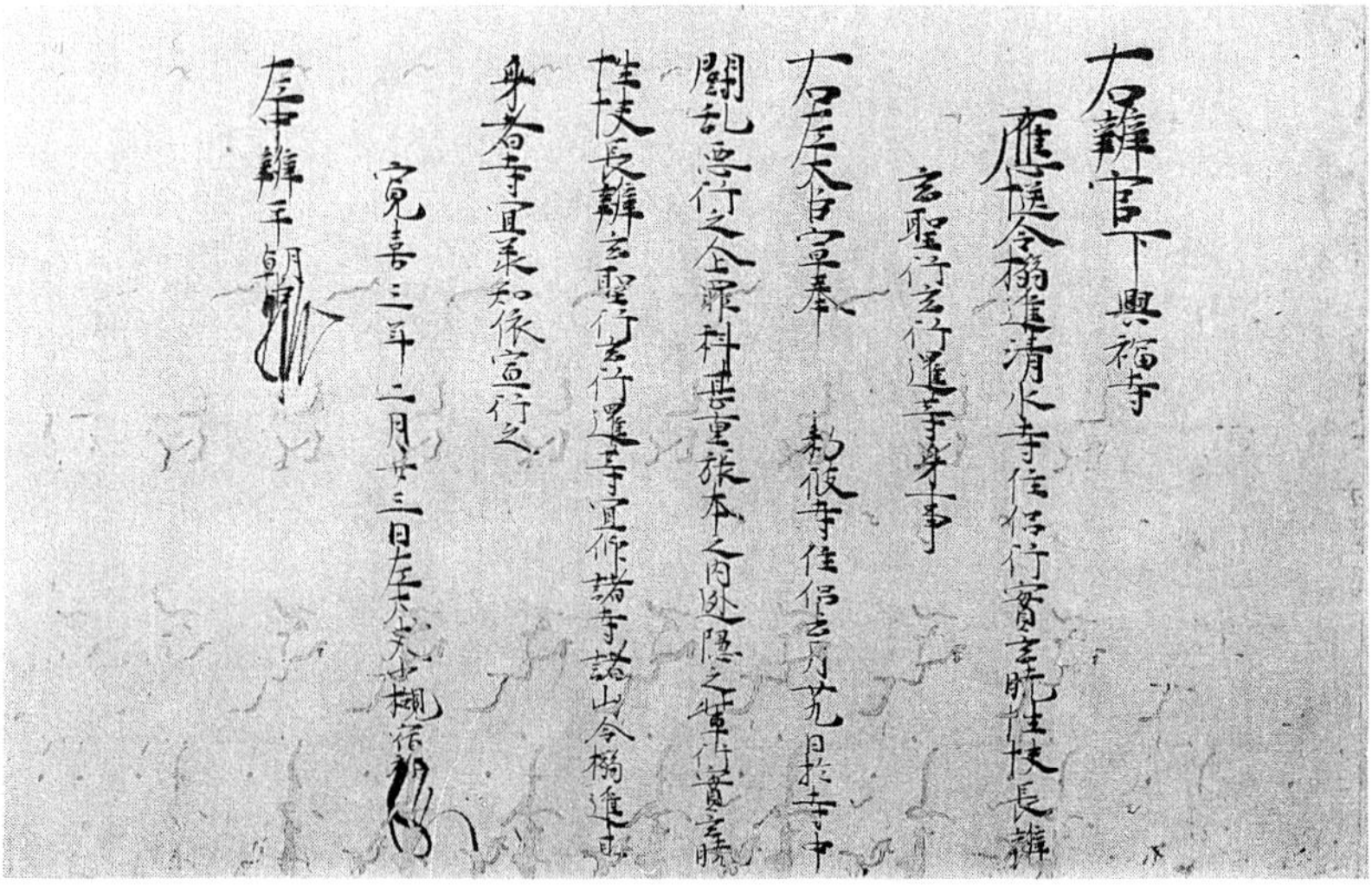

図81　官宣旨（寛喜三年二月二十三日　春日大社）

興福寺末寺清水寺住侶行実等七人を捕え進めるよう興福寺に命じたもの。兵事・追捕等は兵部・刑部省の所掌であるが、この両省は右弁官の所管であり、「右弁官下」の書出を持っている。ただし平安時代末期頃からは悪行人の追捕や兵乱のような凶事に関する事項にのみこのような「右弁官下」の書出の官宣旨を用い、それ以外はすべて「左弁官下」の書出を用いるようになった。

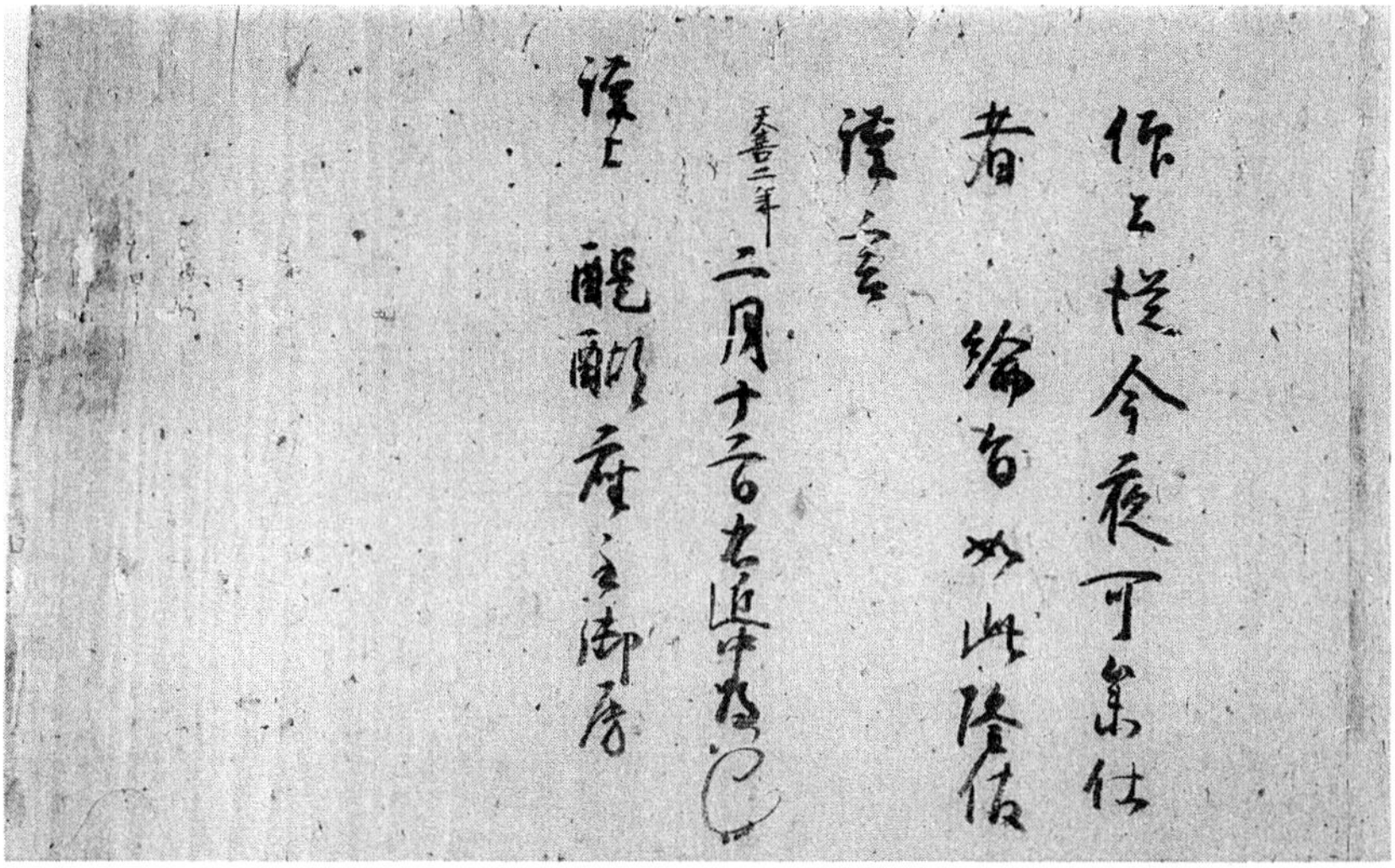

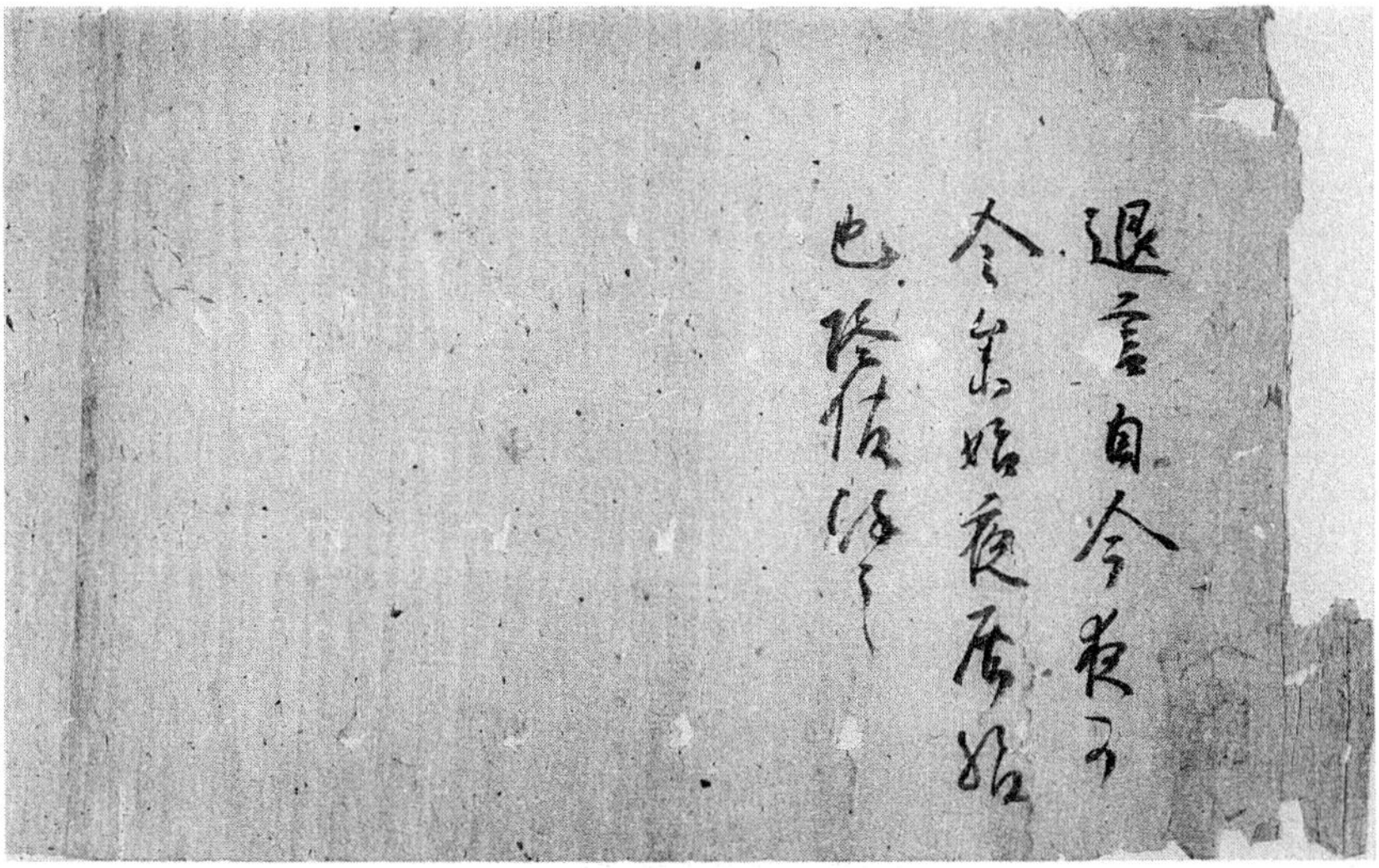

（図83）

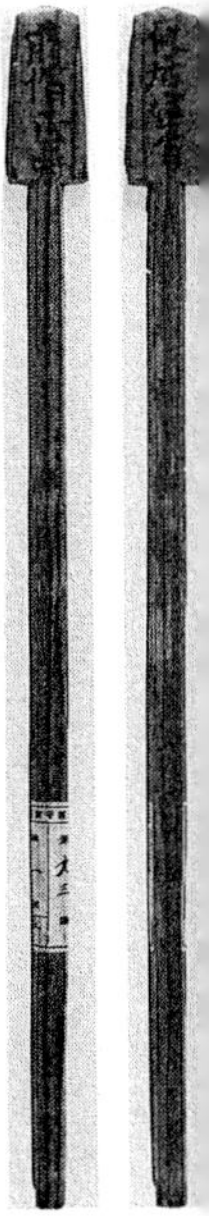

図82・83　**後冷泉天皇綸旨《ごれいぜいてんのうりんし》**（天喜二年二月十二日　醍醐寺）、同巻軸

醍醐寺座主覚源を清涼殿での夜居の護持僧役に参仕せしめることを伝えるために出された綸旨。綸旨の原本としては現存最古のものである。料紙は白紙を用いており、この頃にはまだ綸旨に宿紙を使用する風が定まっていなかったものか。図82下は礼紙書で、本文で書き尽せなかったことを追伸として書いている。図83はこの綸旨の題籤（往来軸）で、受け取った醍醐寺側で保管の便宜上付けたものである。上方の広く平らな部分に文書名・内容等の要点を記し、軸としてばかりでなく、見出しとしての用も兼ね備えさせている。

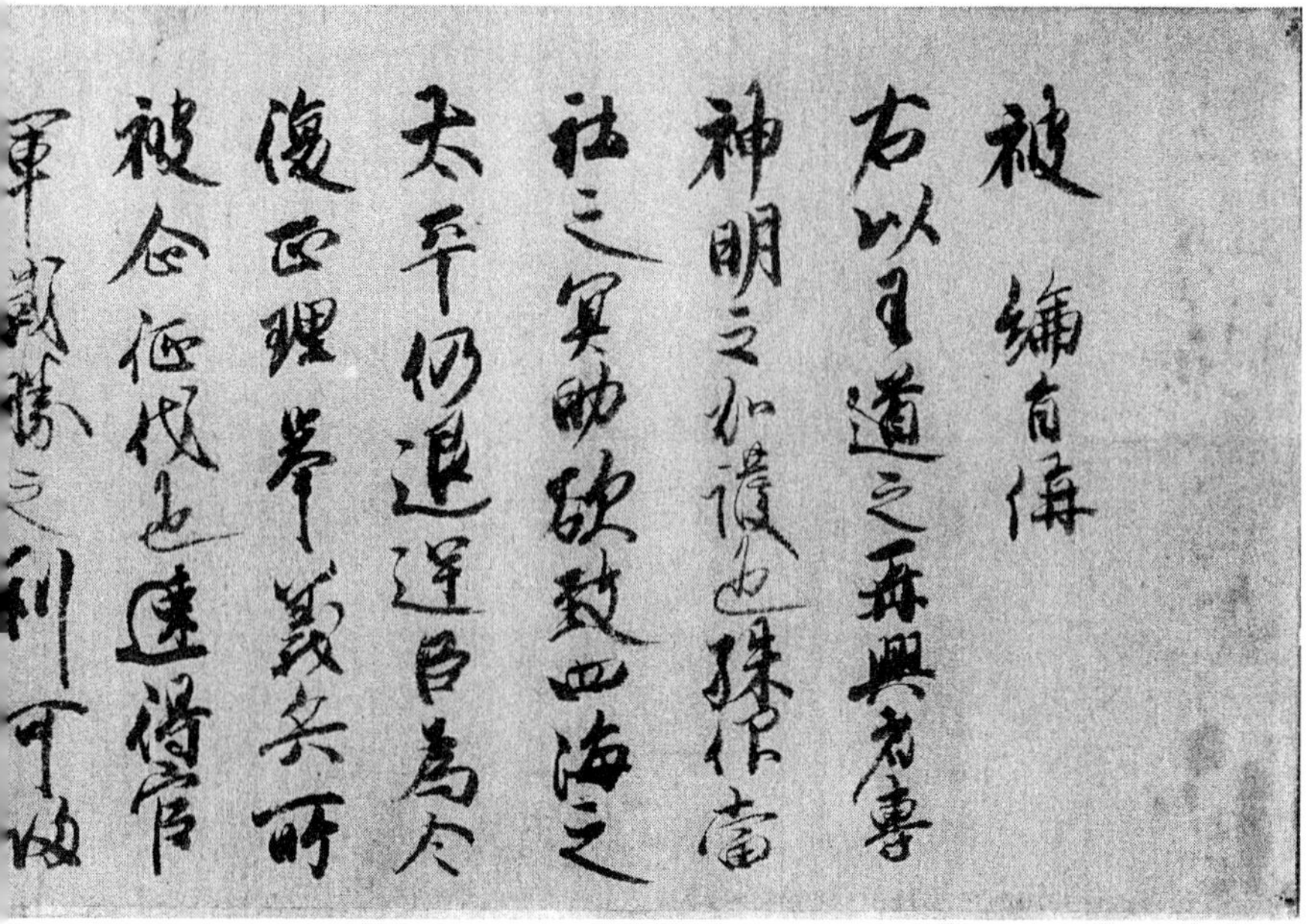

図84　**後醍醐天皇綸旨《ごだいごてんのうりんし》**（元弘三年三月十四日　出雲大社）

隠岐より伯耆国船上山に脱出後、神明の加護によって、「王道之再興」を実現するため杵築社（出雲大社）に天下静謐・官軍戦勝の祈願を凝すことを求めた綸旨である。このため一般には「王道再興綸旨」とも呼ばれている。宿紙の代りに白紙を用いているのは伯耆国においては宿紙を入手し難いためか。書出は「被　綸旨偁」とあり、神仏への祈願のため荘重な文体を用いている。

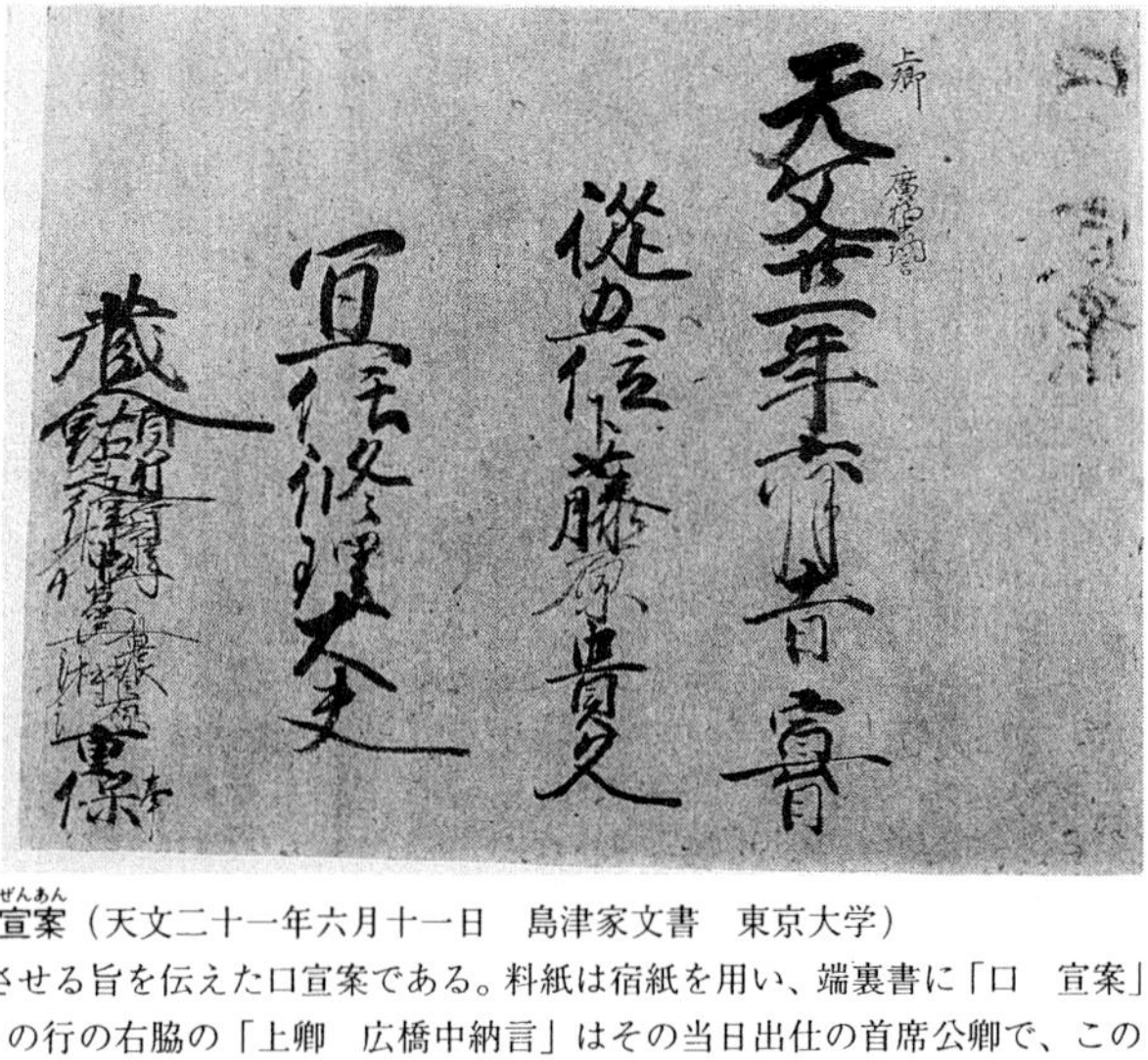

図85　**蔵人《くろうど》 頭《のとう》庭田《にわた》重保《しげやす》奉《ほう》口宣案《くぜんあん》**（天文二十一年六月十一日　島津家文書　東京大学）

島津貴久を修理大夫に任官させる旨を伝えた口宣案である。料紙は宿紙を用い、端裏書に「口　宣案」とある。「天文廿一年」云々の行の右脇の「上卿　広橋中納言」はその当日出仕の首席公卿で、この口宣を重保から伝えられた人である。

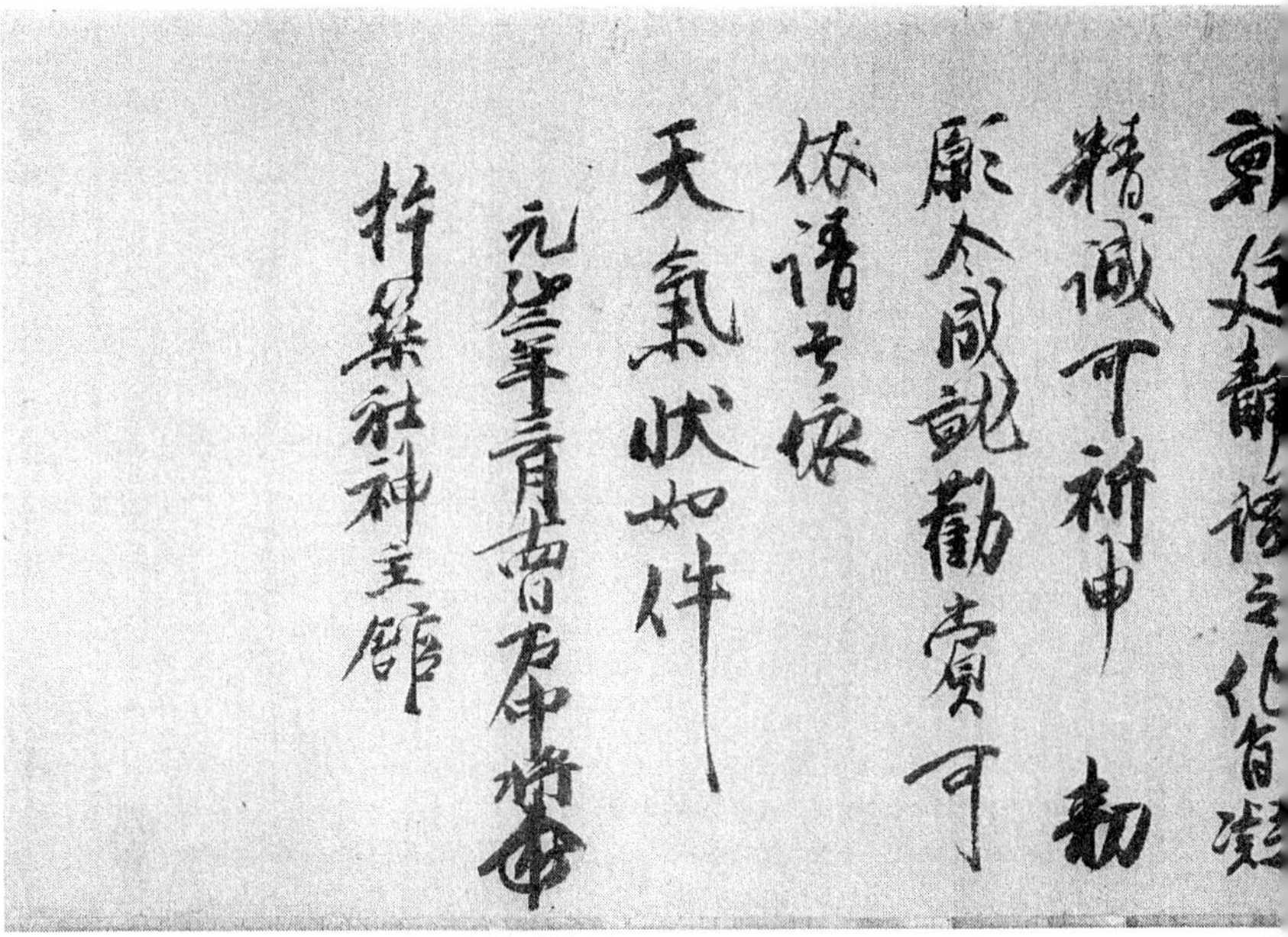

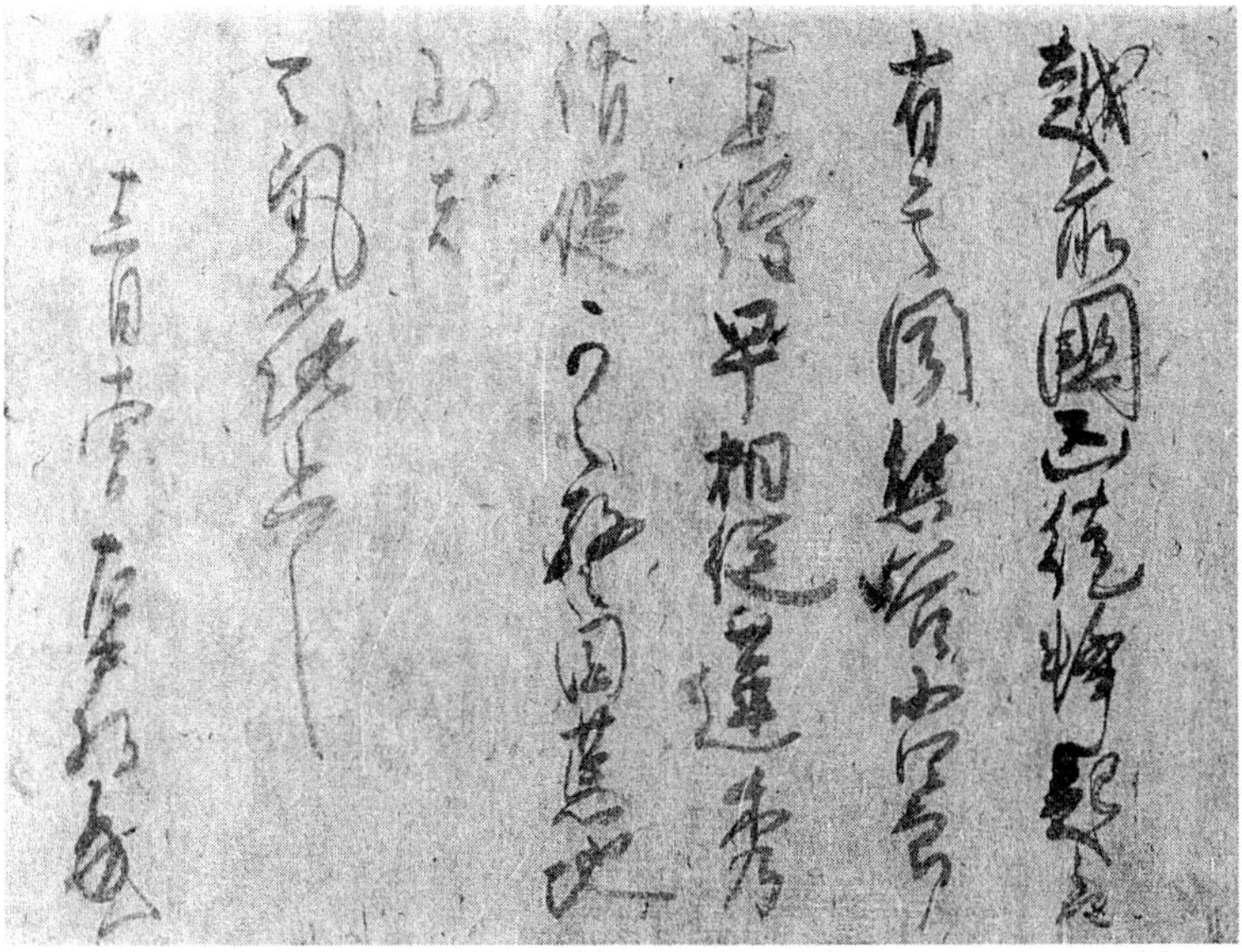

図86　後醍醐天皇綸旨（十二月十四日　熊谷家文書）

熊谷直経に対し、越前国凶徒を防ぐため荒地山を警固することを命じた綸旨。図50の後醍醐天皇綸旨と同じく、これもまた充所が省略され、文意により充先がわかるようになっている。熊谷氏のような武士に対しても直接に綸旨を出して味方への参加を呼びかけなければならなかったためにとられた処置である。なおこの綸旨は宿紙を使用している。

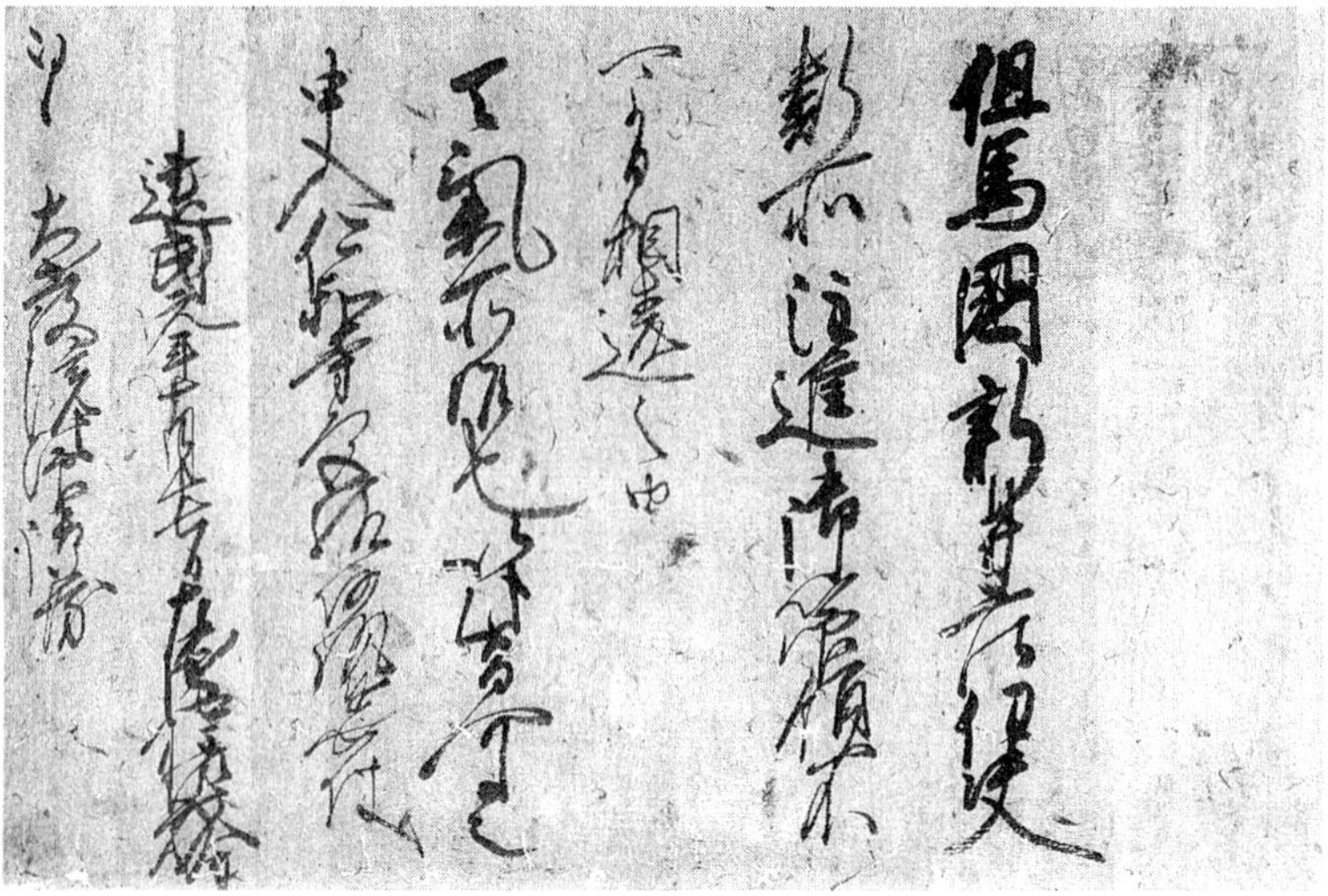

図87　後醍醐天皇綸旨（建武元年十月十七日　仁和寺）

但馬国新井庄管領を廻っての相論裁許のために出された綸旨。料紙は宿紙を用いる。文中にある「決断所注進」とは同日付の雑訴決断所評定文（図88）を指すものであろう。雑訴決断所評定文をうけて決断所牒の代りとして綸旨が出された数少ない実例の一つである。仁和寺宮庁に充てるため決断所牒ではなく綸旨が用いられたものであろう。

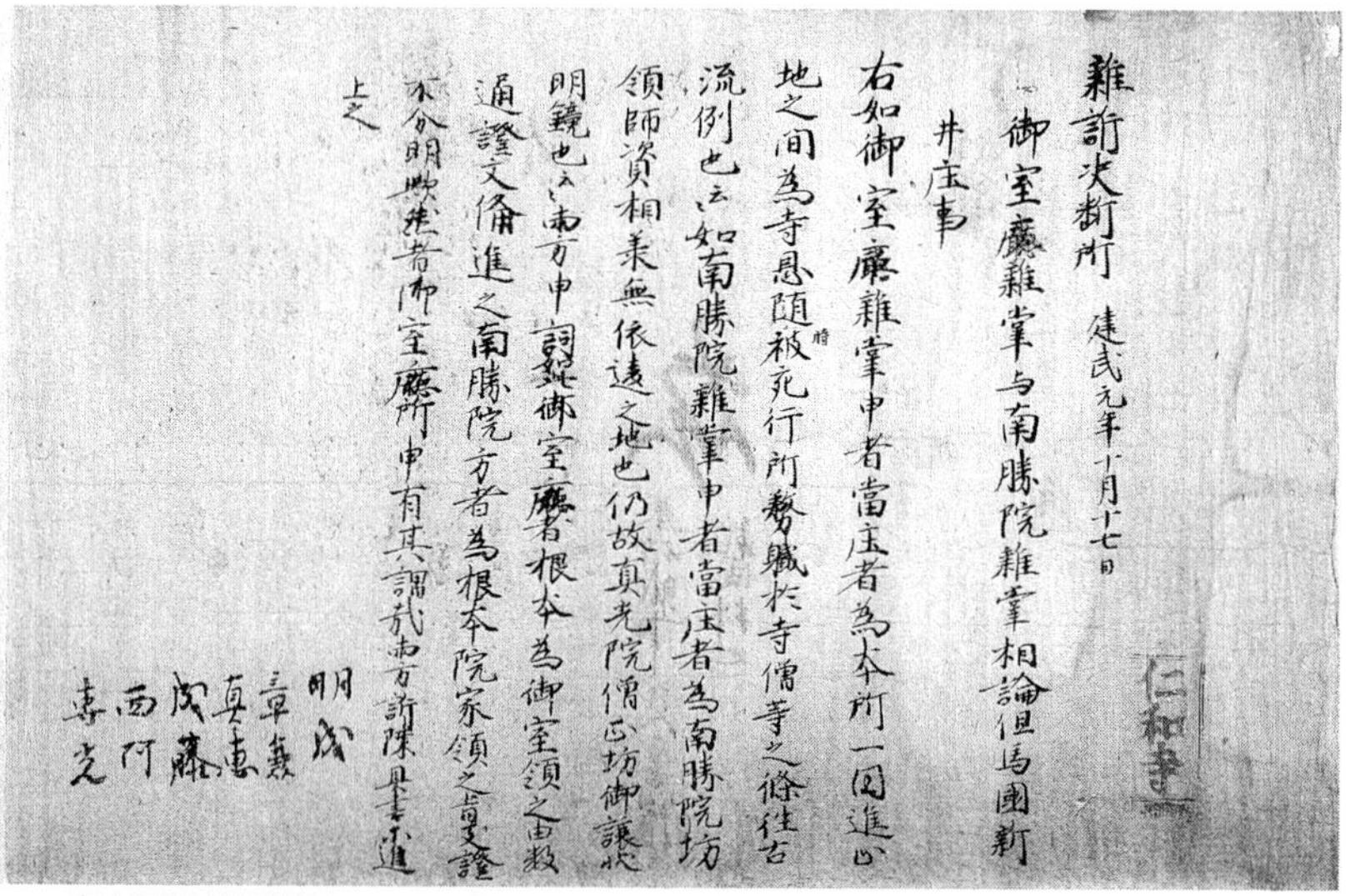

図88　雑訴《ざつそ》決断所《けつだんしょ》評定文《ひょうじょうぶん》（建武元年十月十七日　仁和寺）

但馬国新井庄所務職を廻っての仁和寺宮庁雑掌と同寺南勝院雑掌との相論について、雑訴決断所で裁判が行なわれた。決断所の担当局で審理が行なわれ、奉行人等がその結果を注進したのがこの文書で、紙背には奉行職事四条隆資が花押を加えている。図87の後醍醐天皇綸旨はこの評定文をうけて出されたものであろう。なお評定文をうけると、決断所牒が出されるのが通例である。

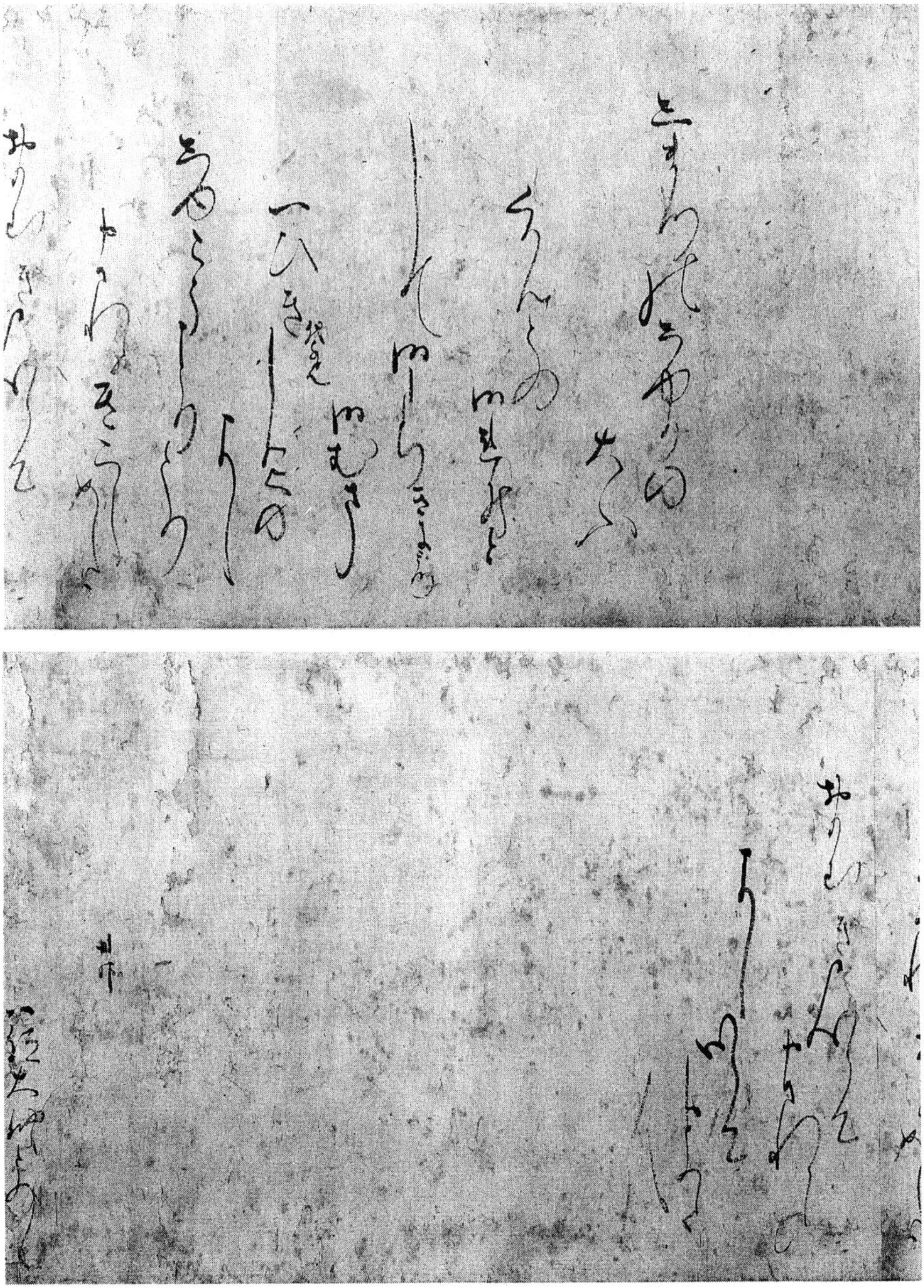

図89　後奈良《ごなら》天皇《てんのう》女房《にょうぼう》奉書《ほうしょ》（天文二十一年六月十四日　島津家文書　東京大学）
図85の口宣案にあるように、天文二十一年島津貴久は修理大夫に任官した。そこでその三日後、貴久は任官の礼物として太刀並びに馬一疋の代銭千疋を献上することを、「しゆこう」（近衛稙家）を通じて奏上したところ、嘉納された旨を伝えるように「一位大納言」（広橋兼秀）に命じたもの。端裏書に「仰　天文廿一　六　十四」とあるのはこの女房奉書を受けた兼秀が書き加えたものである。

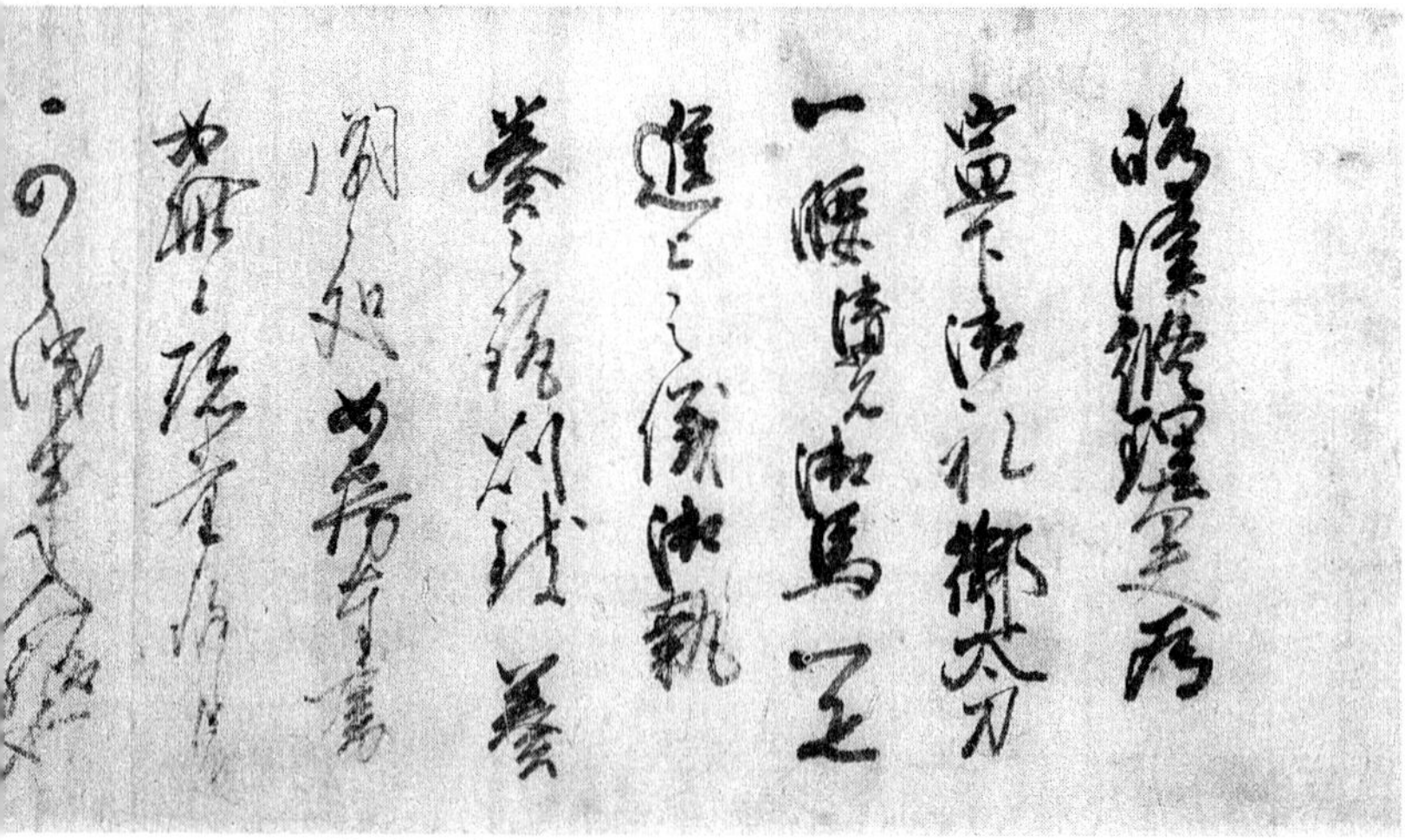

図90　広橋《ひろはし》兼秀《かねひで》女房《にょうぼう》奉書《ほうしょ》副状《そえじょう》（天文二十一年六月十四日　島津家文書　東京大学）
図89の女房奉書をうけて、その旨を島津貴久に伝えるための広橋兼秀の書状。先の女房奉書は兼秀充となっているが、この書状とともに貴久のもとへ届けられており、女房奉書は充所にかかわらずその実際の受取人は貴久である。そしてその女房奉書を送付するのに添えられた文書であるため、このような文書を副状と呼んでいる。図85・89・90の三通は文書発給の手続きをよく物語っている。

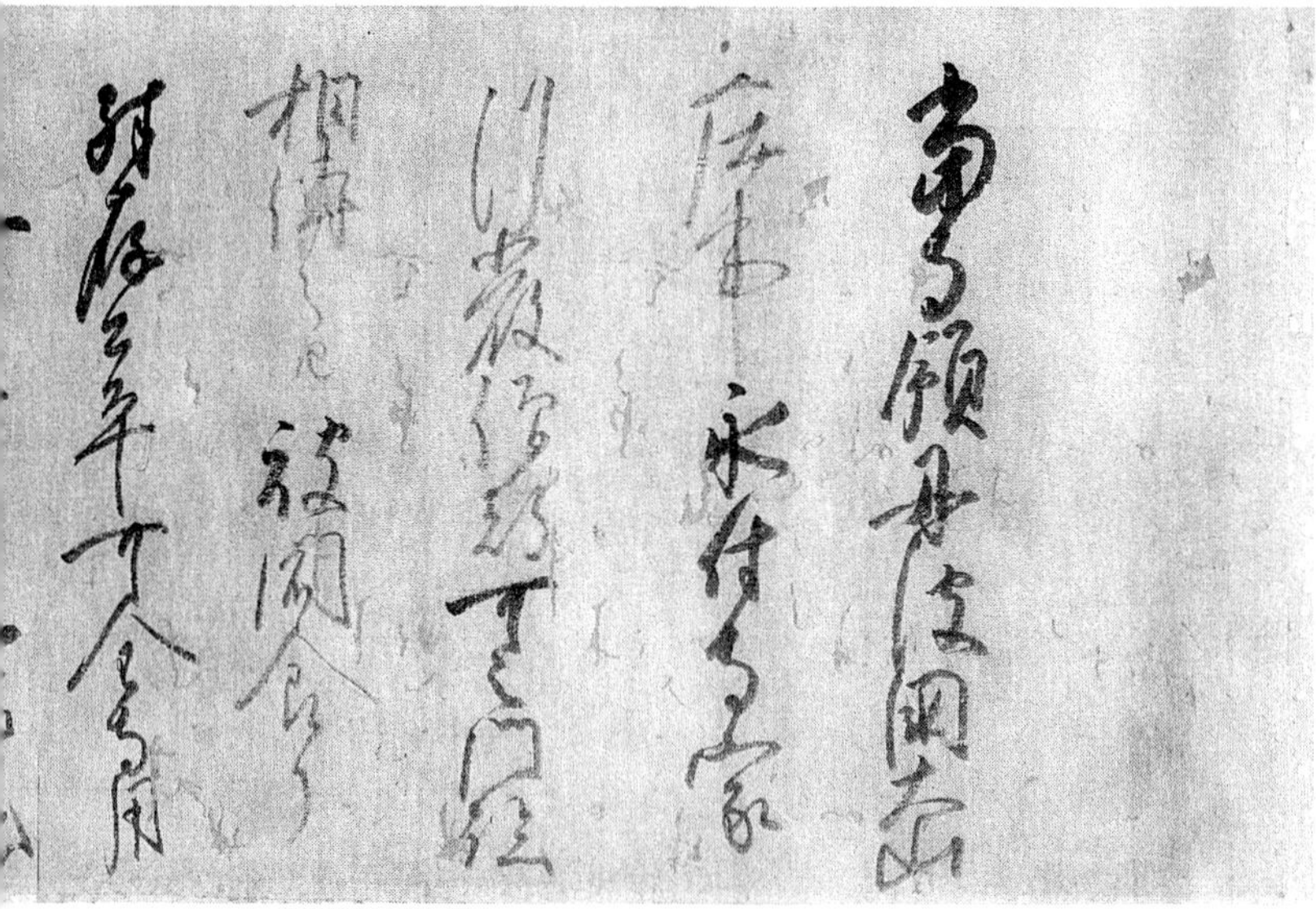

図91　亀山《かめやま》上皇《じょうこう》院宣《いんぜん》（弘安五年十月四日　教王護国寺）
東寺領丹波国大山庄を東寺の行厳僧都の門跡相伝とすることに定めた院宣。無年号であり、「弘安五」とあるのは後に貼付した付箋である。権利の付与・承認に関するものであるが、この頃はまだ院宣は無年号が常で、書下年号は行なわれていない。

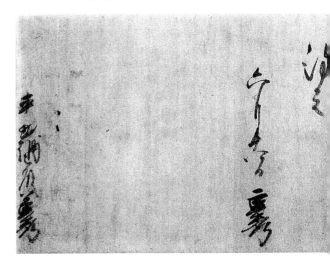

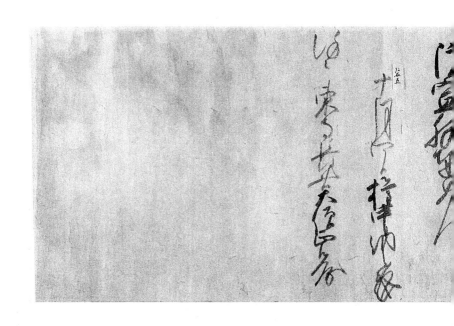

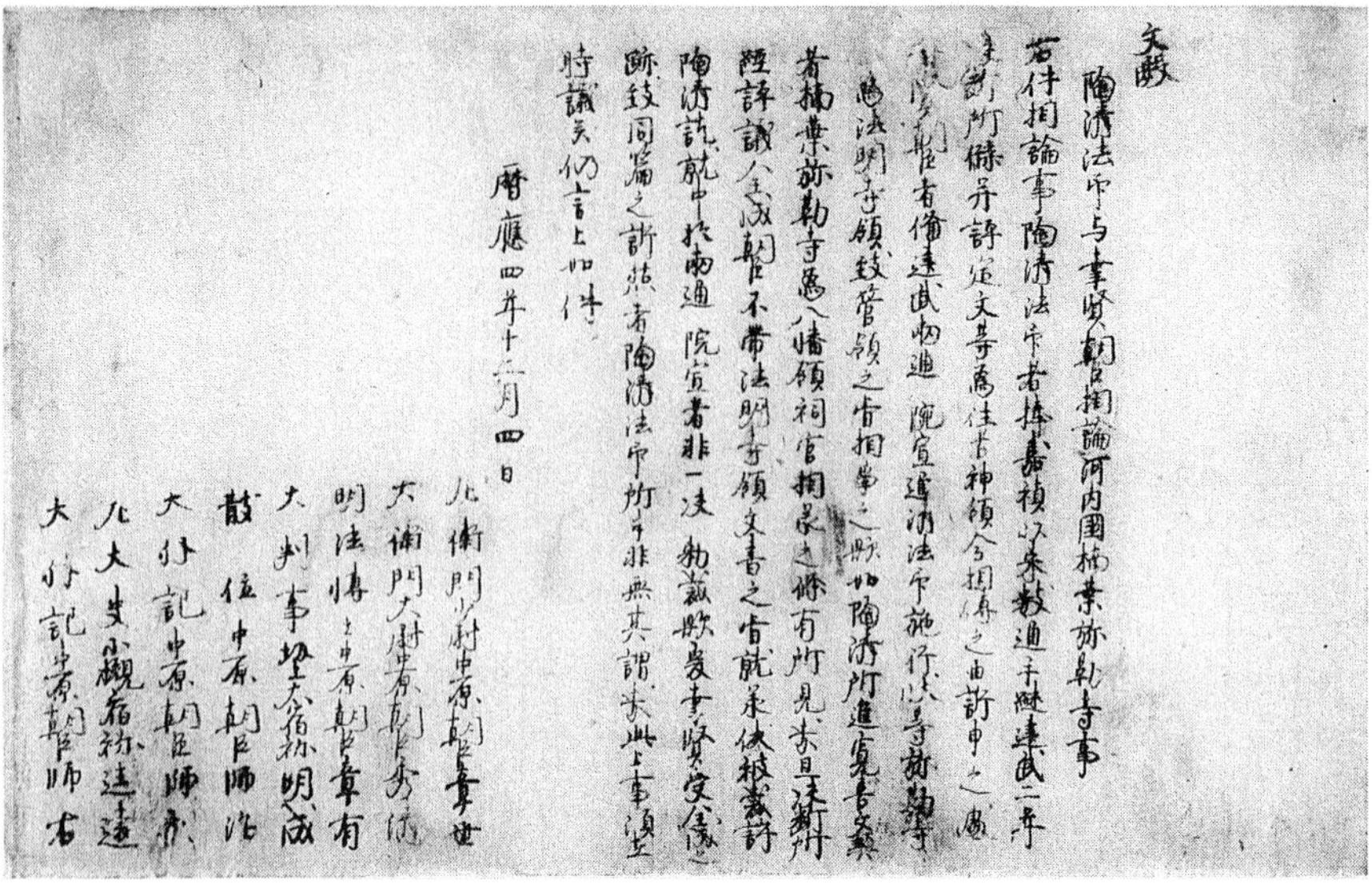

図92　文殿《ふどの》官人《かんにん》評定《ひょうじょう》文《ぶん》（暦応四年十二月四日　石清水八幡宮）
後嵯峨院以後、院中における訴訟審理は文殿で行なわれることになった。文殿ではまず文殿の官人がその審理を行ない、いかに裁決すべきかの意見を上申した。この文書を文殿官人評定文といい、これに基づいて裁許の院宣が下された。この院宣とともに評定文も下されるのが例であった。

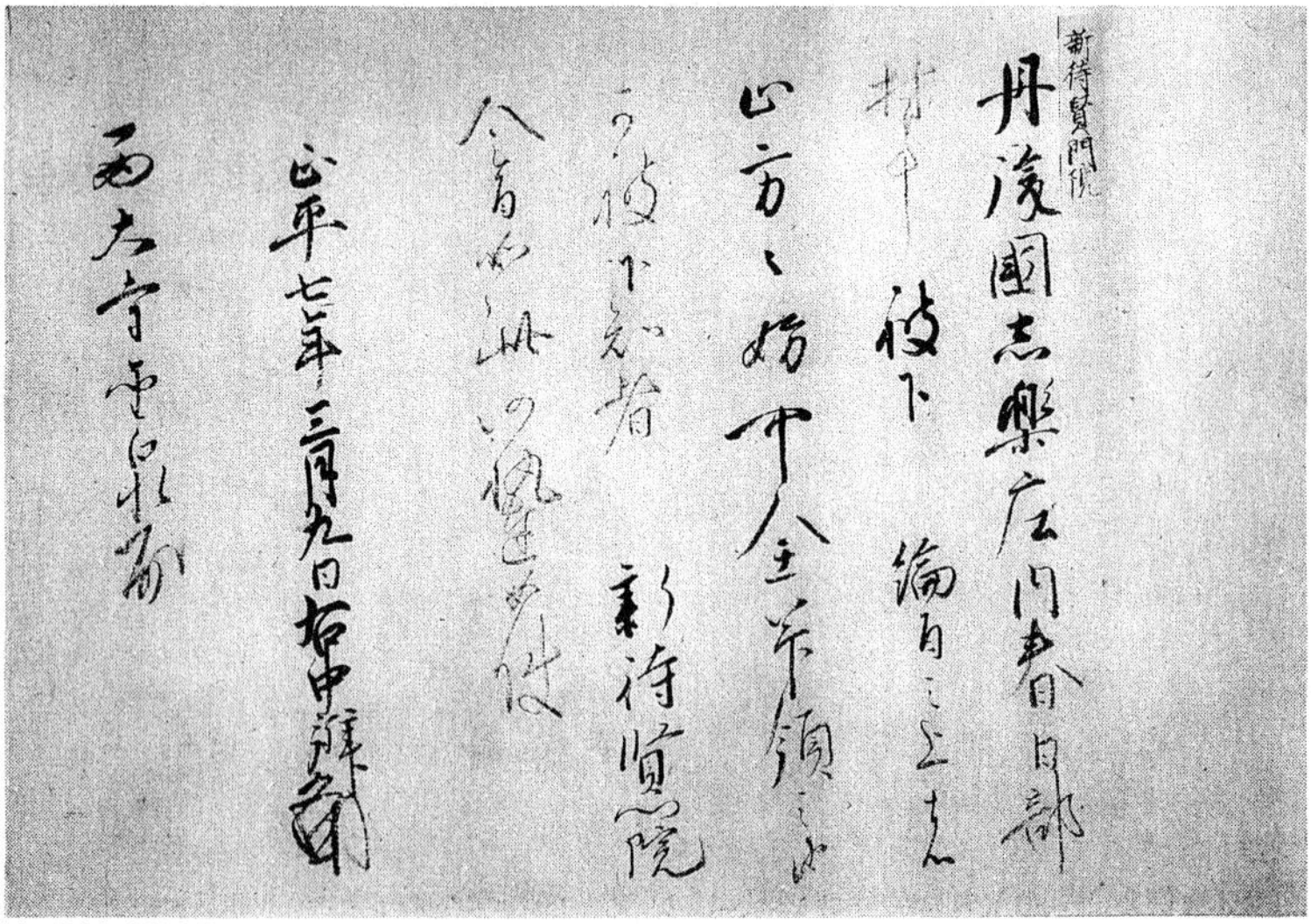

図93　新待賢門院《しんたいけんもんいん》令旨《りょうじ》（正平七年三月九日　西大寺）
新待賢門院（藤原廉子、後醍醐天皇後宮）が西大寺に対して丹後国志楽庄内春日部村の管領を安堵した令旨。文中に「被下　綸旨之上者」とあるが、この綸旨は本令旨が出された前月の正平七年閏二月十三日の後村上天皇綸旨を指す。この綸旨によって西大寺は筑後国竹野庄の替として志楽庄内春日部村を充行なわれた。

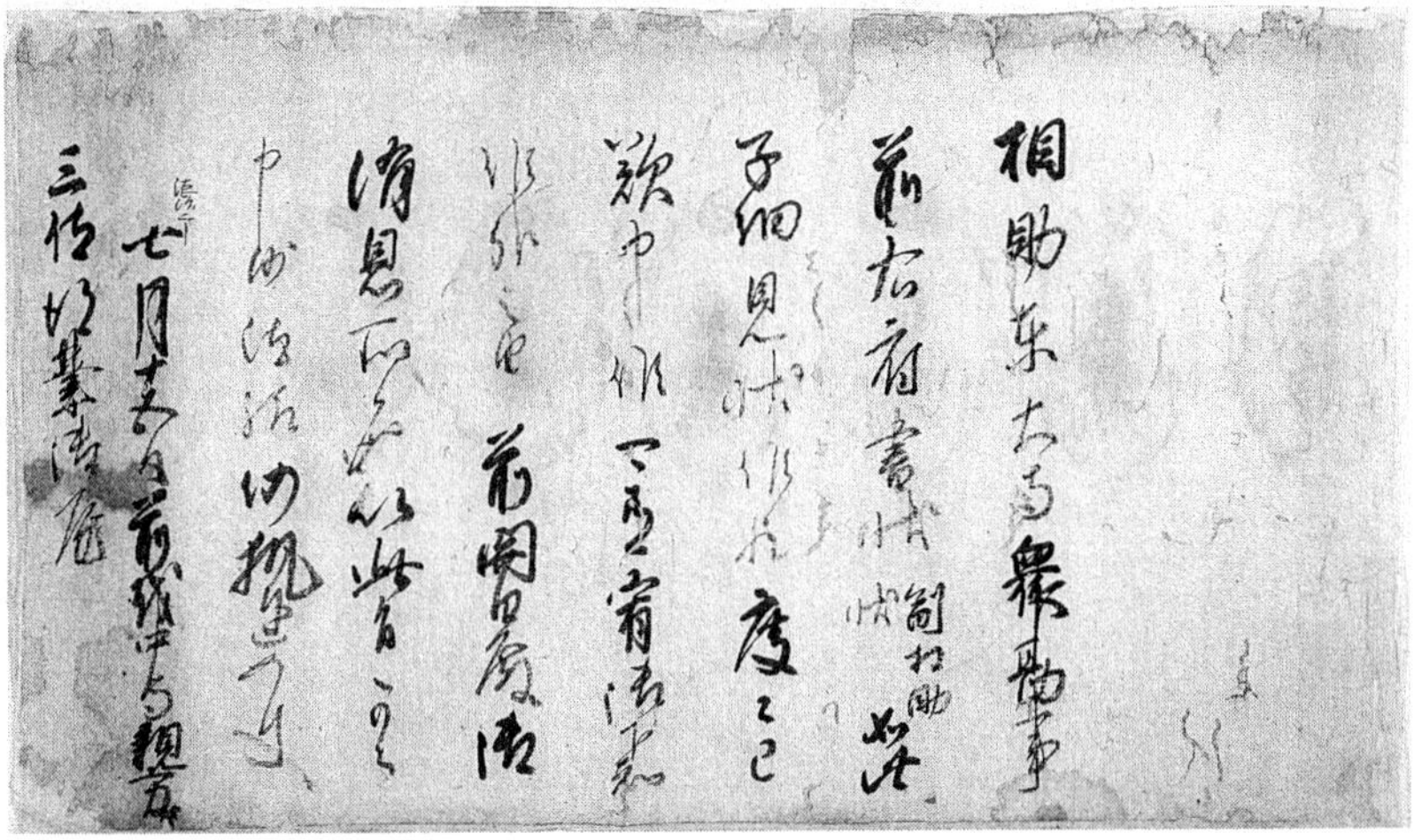

図94　鷹司《たかつかさ》前《さきの》関白《かんぱく》家《け》御教書《みぎょうしょ》（徳治二年七月十五日　東大寺）

相助が東大寺衆徒の衆勘をうけたことについて、それを宥めるよう取りなした文書である。差出書に「前越中守親方奉」とあるが、この「奉」は奉書の意を示す下付である。また年号は異筆の付年号である。料紙の寸法は縦35.3センチ、横61.5センチあり、当時の文書の中でも最大級の大きさを持っている。

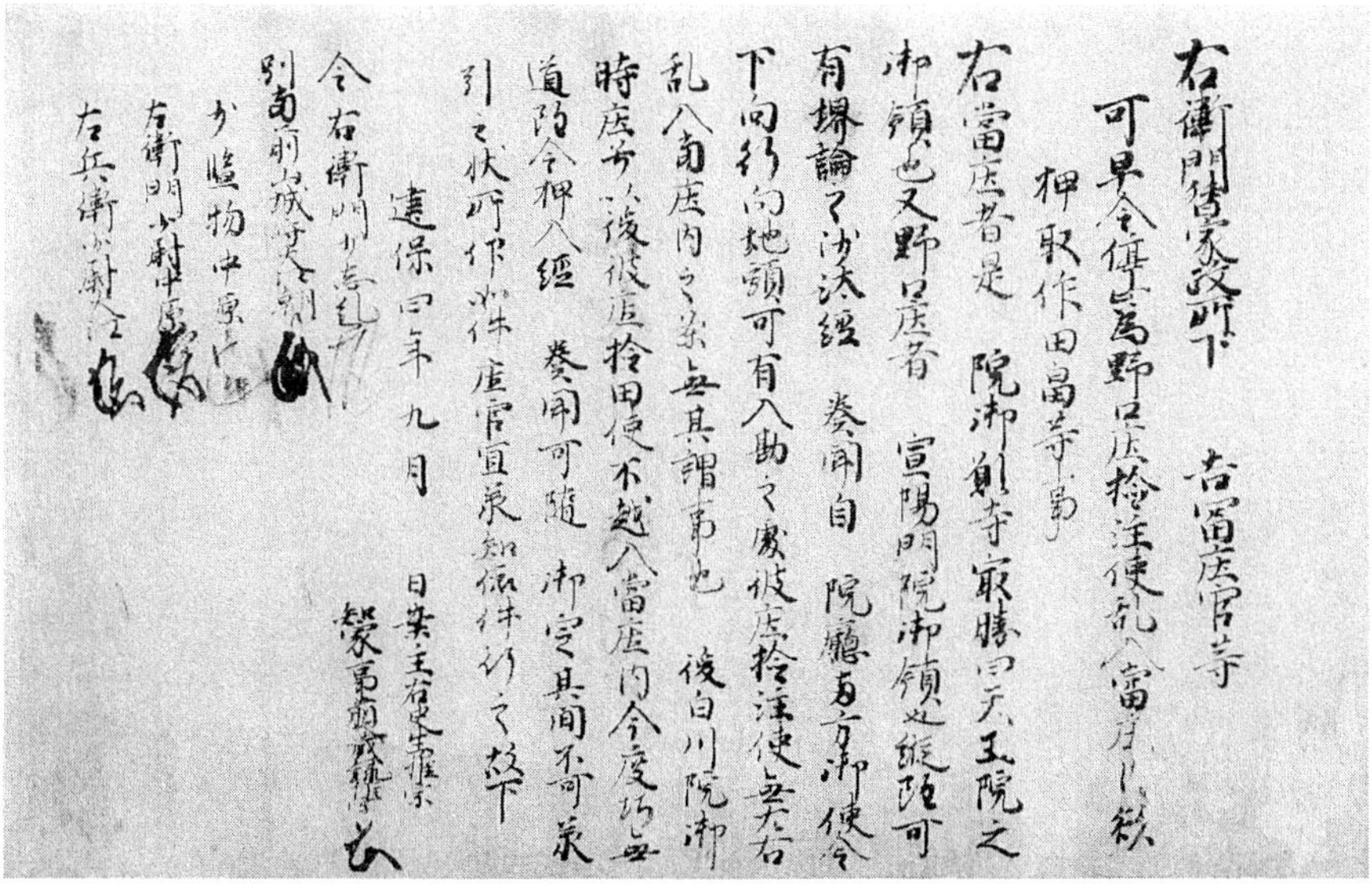

図95　右衛門督《うえもんのかみ》家《け》政所《まんどころ》下文《くだしぶみ》（建保四年九月　日　神護寺）

右衛門督正三位藤原範朝の政所から下された政所下文。丹波国吉富庄と野口庄の間の堺相論並びに田畠押作についての争いについては、院庁の裁決が下されるまで野口庄検注使が吉富庄内に立ち入ることを止めさせることを伝えている。奥に範朝政所の別当以下の家司が連署している。奥上署判の一人目は次官の令、次いで長官に当たる別当が連署する形をとっている。

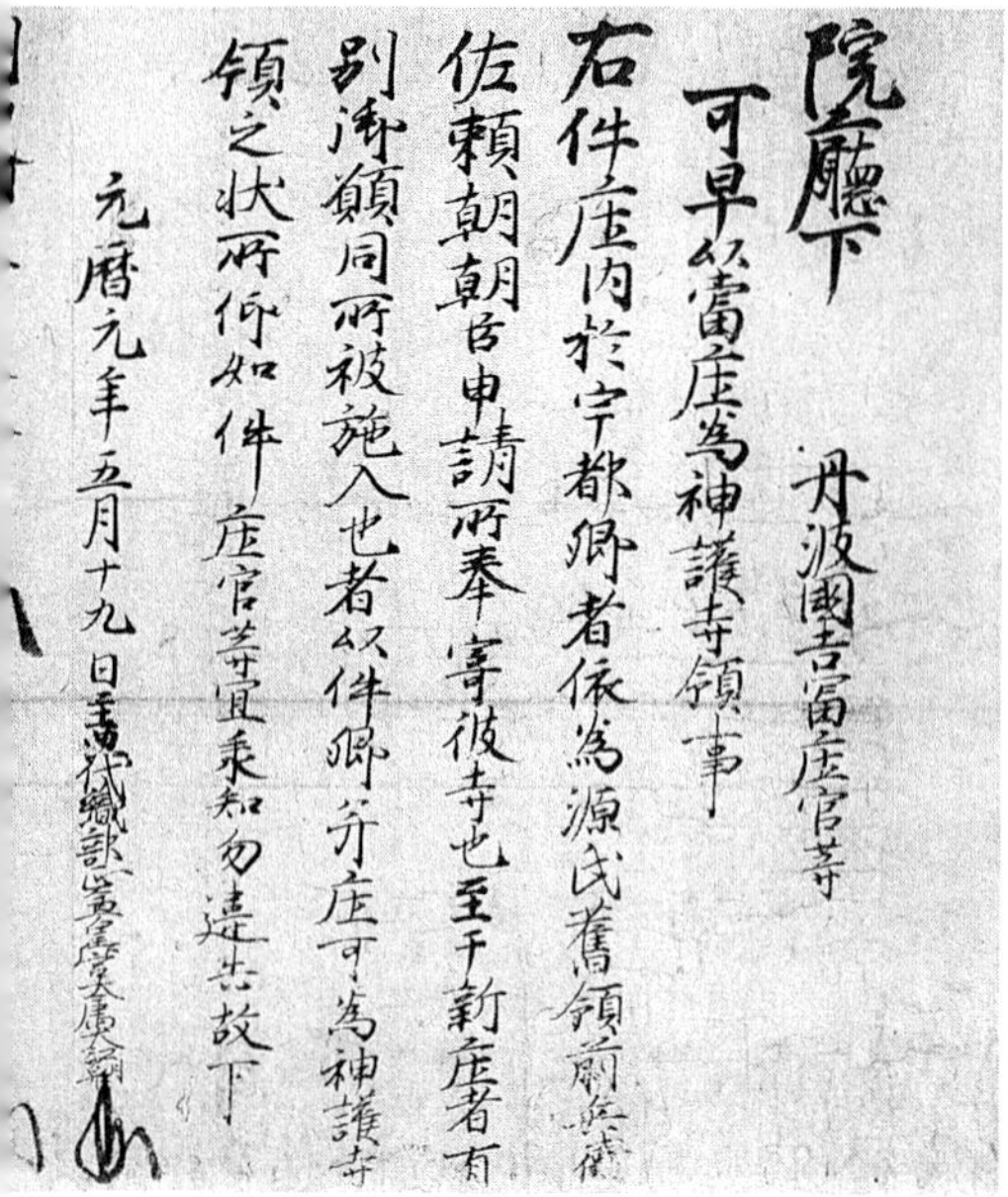

院庁下　丹波国吉富庄官等
可早以当庄為神護寺領事
右件庄内於宇都郷者依為源氏旧領前兵衛
佐頼朝朝臣申請所奉寄彼寺也至于新庄者有
別御領同所被施入也者以件郷并庄等為神護寺
領之状所仰如件庄官等宜承知勿違失故下
元暦元年五月十九日主典代織部正大江朝臣（花押）

図96　後白河院《ごしらかわいん》庁下文《のちょうくだしぶみ》（元暦元年五月十九日　神護寺）

丹波国吉富庄内宇都郷は源氏の旧領であったため、源頼朝は後白河法皇に申請して神護寺に寄進した。そこで法皇は院領である吉富新庄をも神護寺に寄進した下文である。奥に院別当以下の院司が連署している。

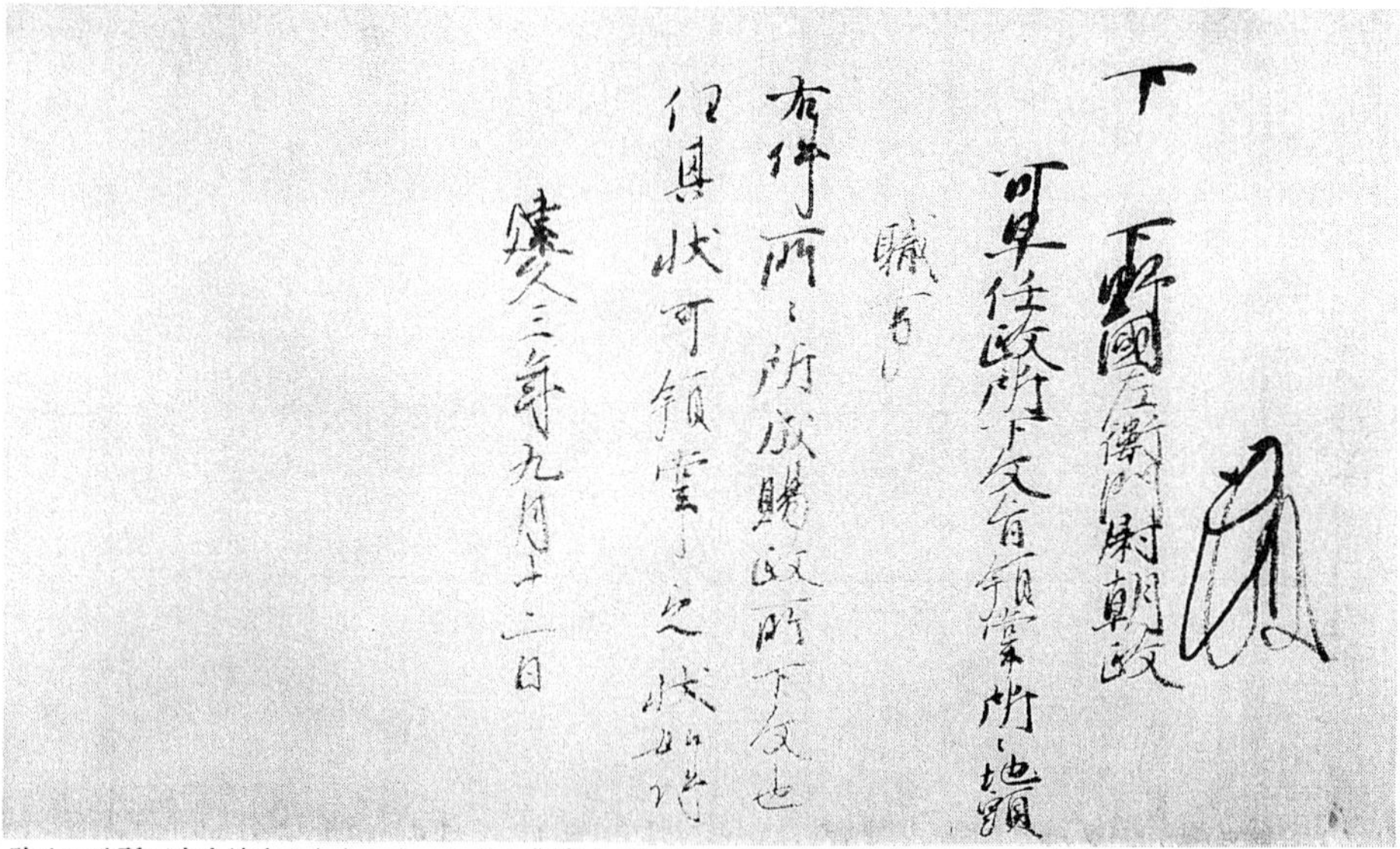

下　下野国左衛門尉朝政（花押）
可早任政所下文旨領掌所々地頭職事
右件所々任政所下文也
仍以状可領掌之状如件
建久三年九月十二日

改めて政所下文を渡すこととした。しかし御家人の中には、政所下文のような家司の花押のみで頼朝の花押がない文書では後代の証拠にはなしがたいといって、御判下文を出すことを強く希望するものが少なくなかった。そこで特に望む者に対しては、将軍家政所下文とともに新しく同日付の袖判下文を作って与えることとした。ここに掲げた袖判下文・将軍家政所下文の二通は、下野国小山氏一族の結城朝政に充てたものであるが、この両者の正文が揃って現存しているというきわめて珍しい例としても貴重である。

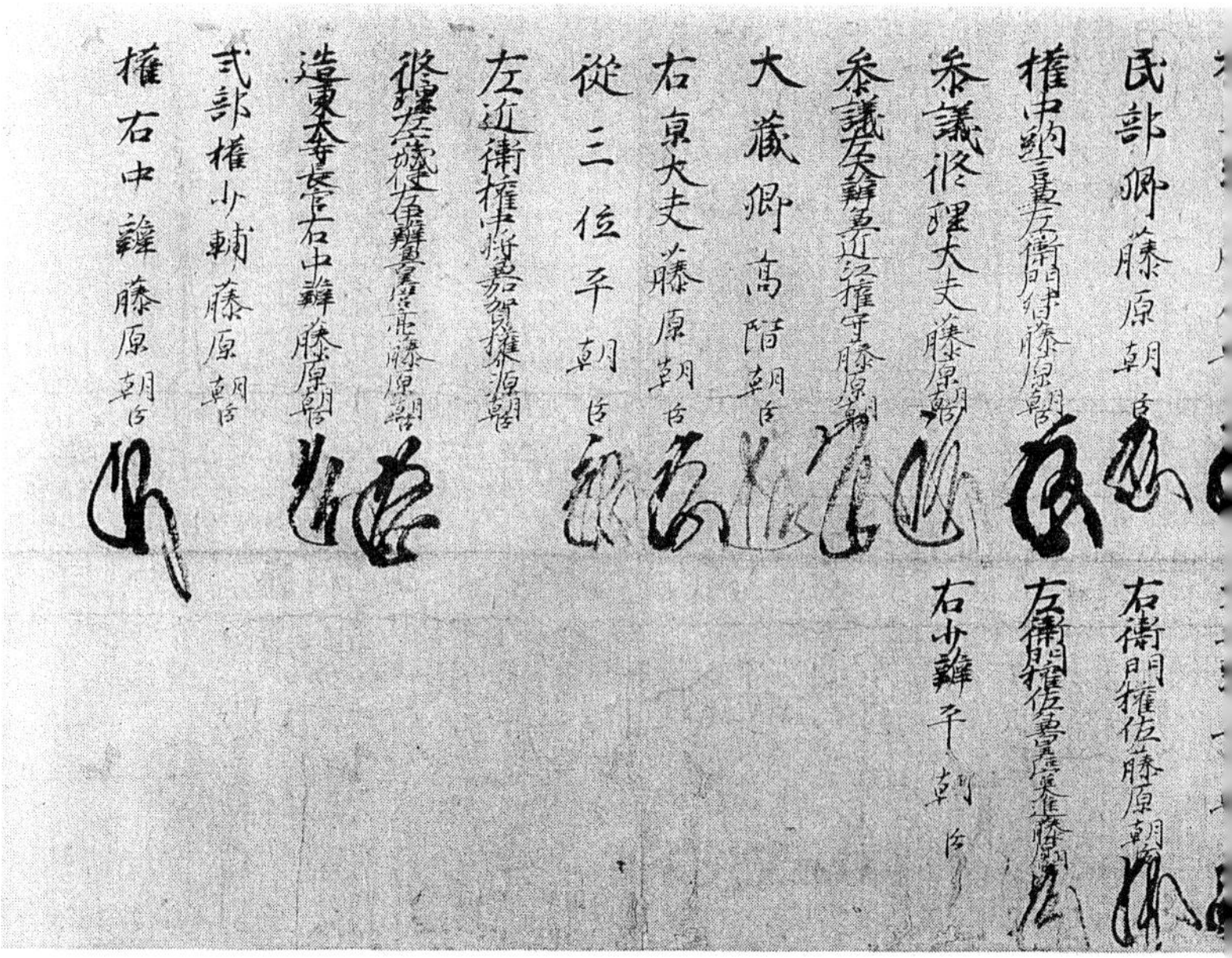

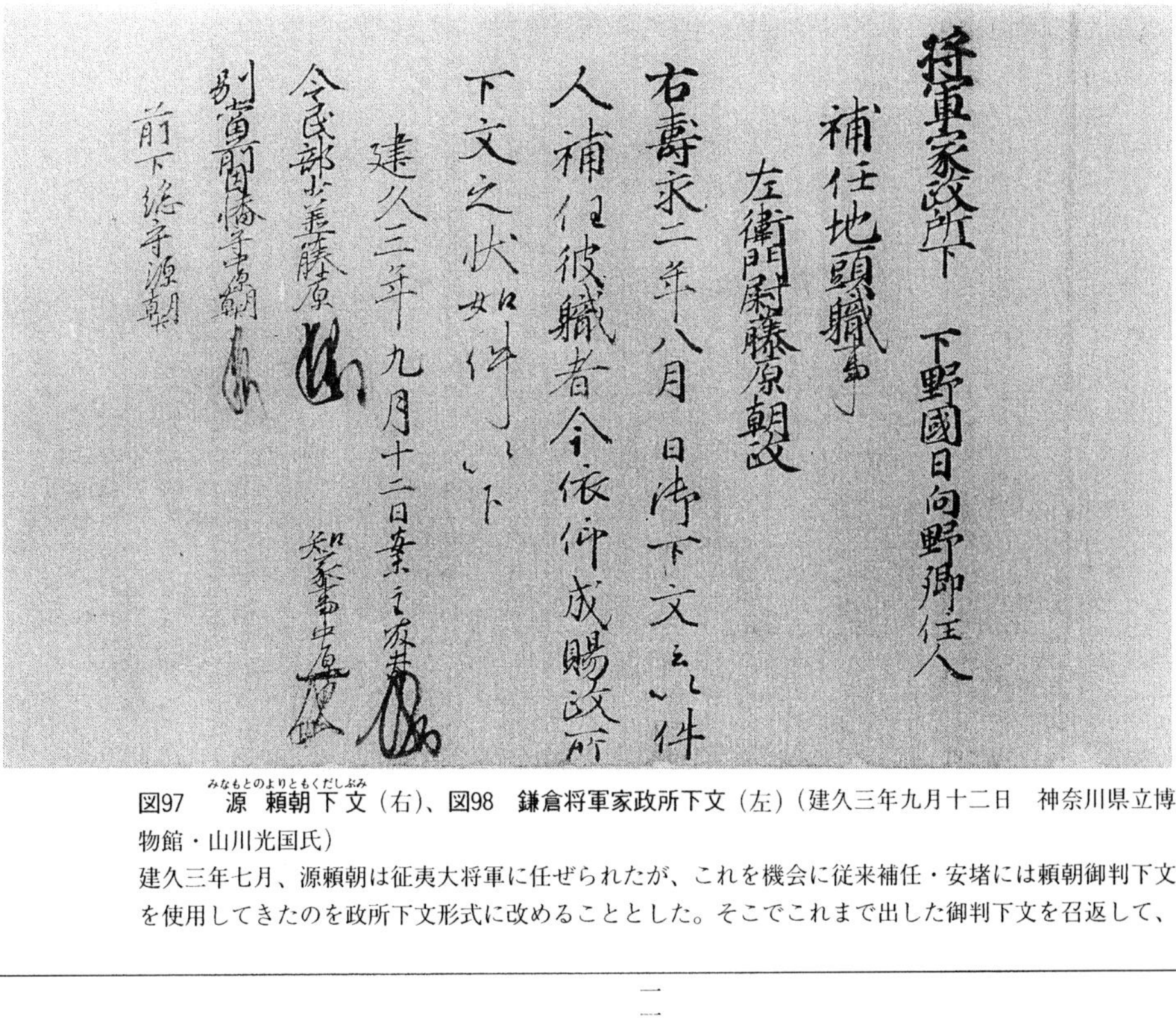

将軍家政所下　下野国日向野郷住人
補任地頭職事
左衛門尉藤原朝政
右、寿永二年八月日御下文云、件人補任彼職者、今依仰成賜政所下文之状、如件、以下、
建久三年九月十二日　案主藤井（花押）
令民部少丞藤原（花押）　知家事中原（花押）
別当前因幡守中原朝臣（花押）
前下総守源朝臣（花押）

図97　源頼朝下文《みなもとのよりともくだしぶみ》（右）、図98　鎌倉将軍家政所下文（左）（建久三年九月十二日　神奈川県立博物館・山川光国氏）

建久三年七月、源頼朝は征夷大将軍に任ぜられたが、これを機会に従来補任・安堵には頼朝御判下文を使用してきたのを政所下文形式に改めることとした。そこでこれまで出した御判下文を召返して、

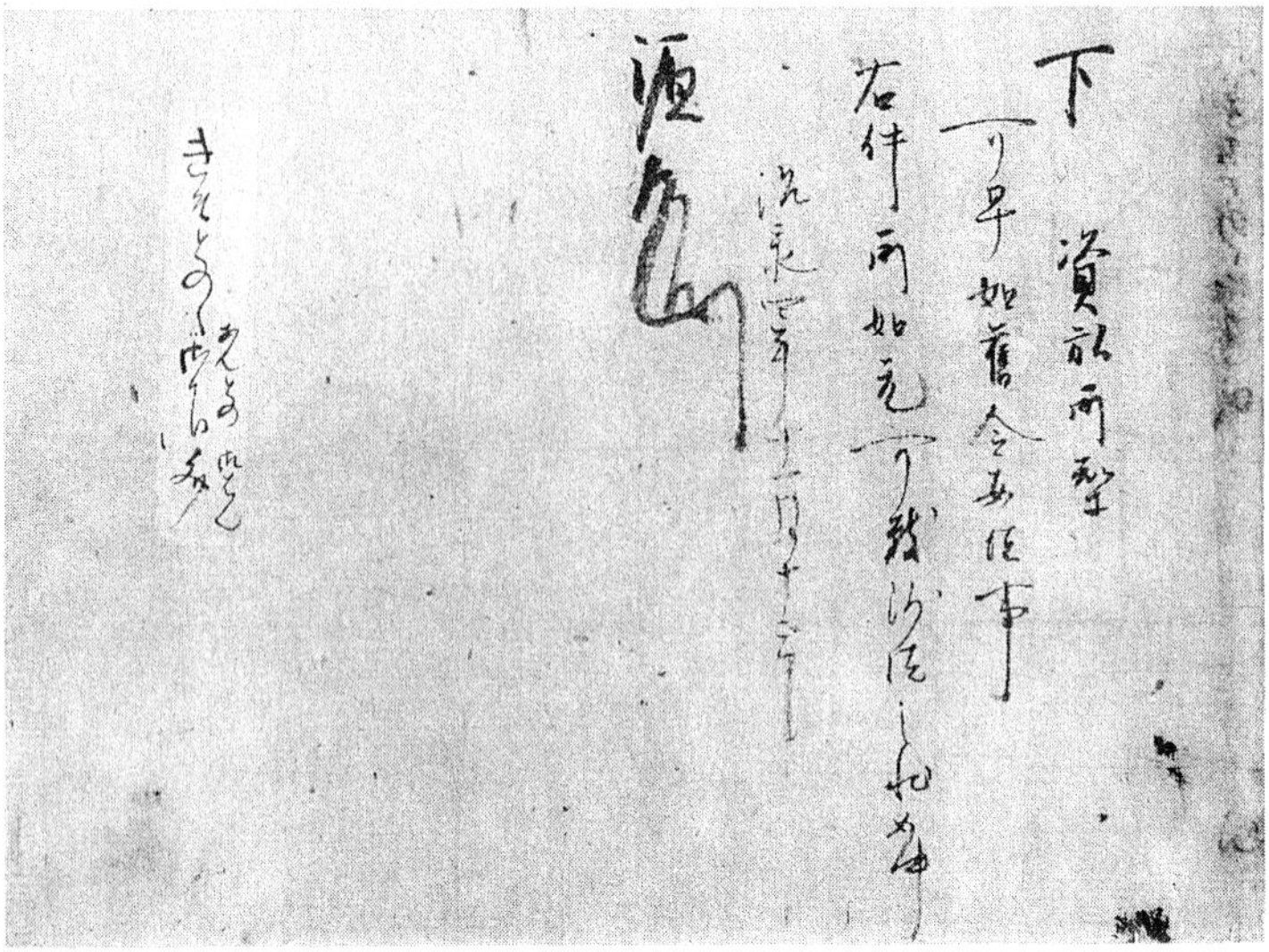

図99　木《き》曾《そ》義仲《よしなか》下文《くだしぶみ》（治承四年十一月十三日　市河文書　本間美術館）

中野資弘の旧領安堵の下文である。資弘は信濃国中野郷に本拠を持ち、後に鎌倉幕府御家人となった。この下文の端裏書に「きそとの丶御下文」とあるが、反平氏の挙兵がなされたばかりの治承四年十一月に出され、しかも信濃国の文書であり、奥上署判の「源（花押）」は端裏書にいうように、木曾義仲のものとして誤りないであろう。木曾義仲の花押を伝える唯一の文書として著名である。

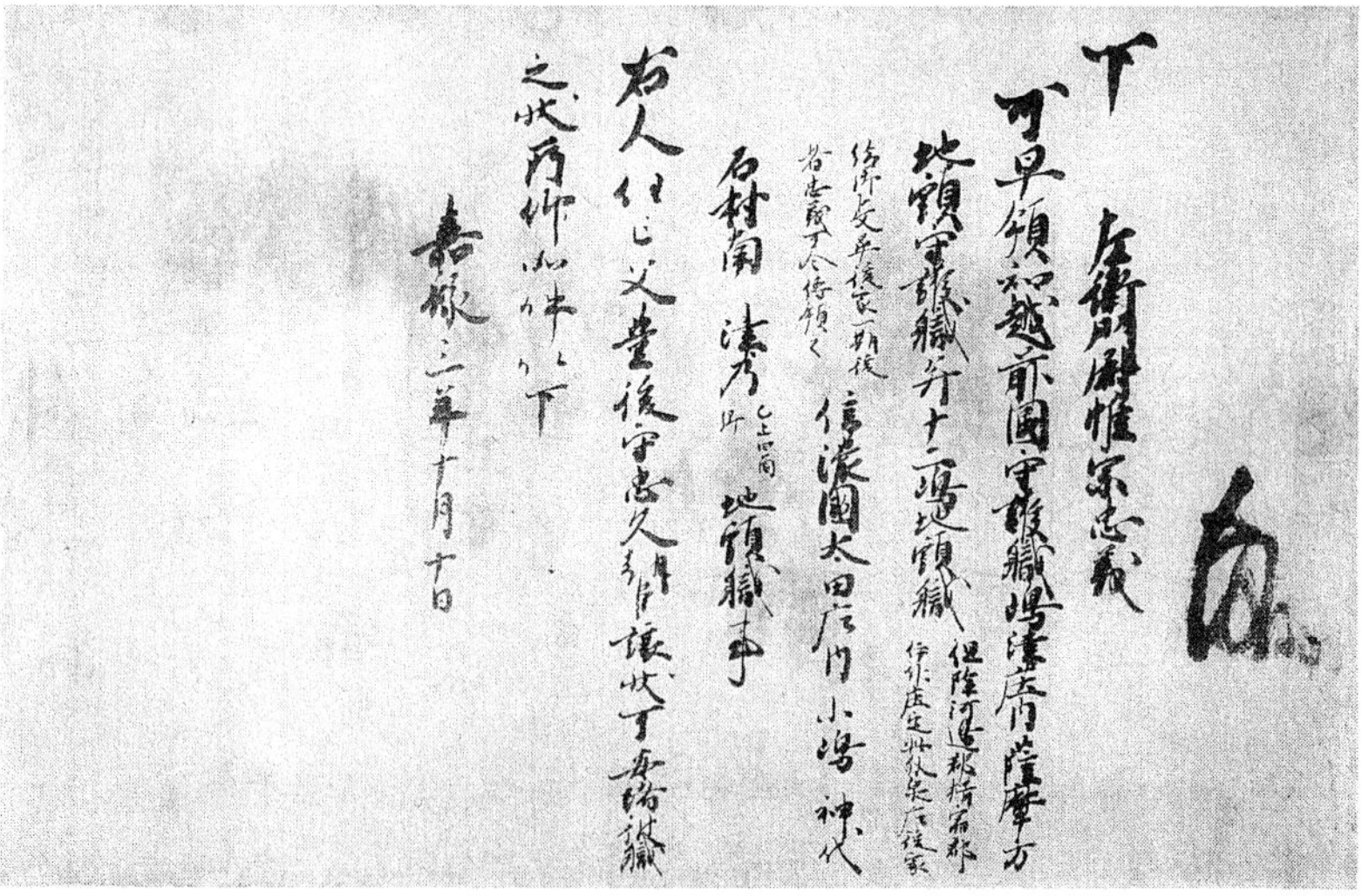

図100　藤原《ふじわらの》頼経《よしつね》下文《くだしぶみ》（嘉禄三年十月十日　島津家文書　東京大学）

源実朝の死後、藤原頼経が将軍の後継者として東下したのは僅か二歳であった。嘉禄二年征夷大将軍に任ぜられたが、政所開設の資格のある三位に昇進したのは貞永元年のことであった。そのため三位に昇進し政所開設の資格を得るまでは、このように袖判下文を用い、将軍家政所下文を出さなかった。

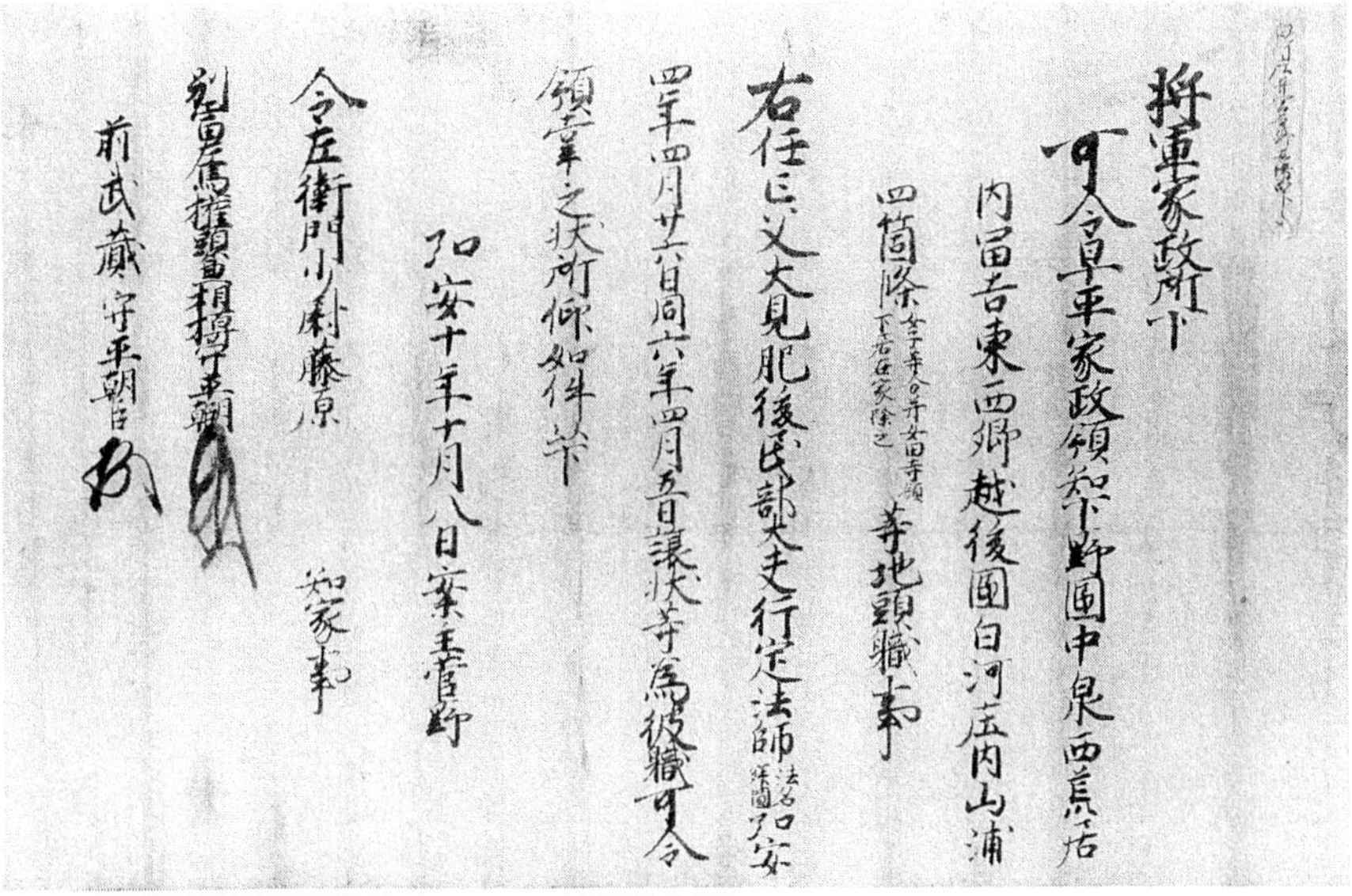

図101　鎌倉将軍家政所下文《かまくらしょうぐんけまんどころくだしぶみ》(上)、図102　関東下知状《かんとうげちじょう》(下)(弘安十年十月八日　大見水原文書)

大見行定の弘安四年四月二十六日・同六年四月五日付譲状に従って、その子平家政・摩尼に対する遺領の安堵を認めた文書。この他に平家綱充の同日付関東下知状も伝えられている。当時惣領に対する所領安堵は政所下文、庶子に対しては関東下知状を用いることに定められていたが、ここでも惣領に対しては将軍家政所下文、庶子に対しては関東下知状を使用した一例である。

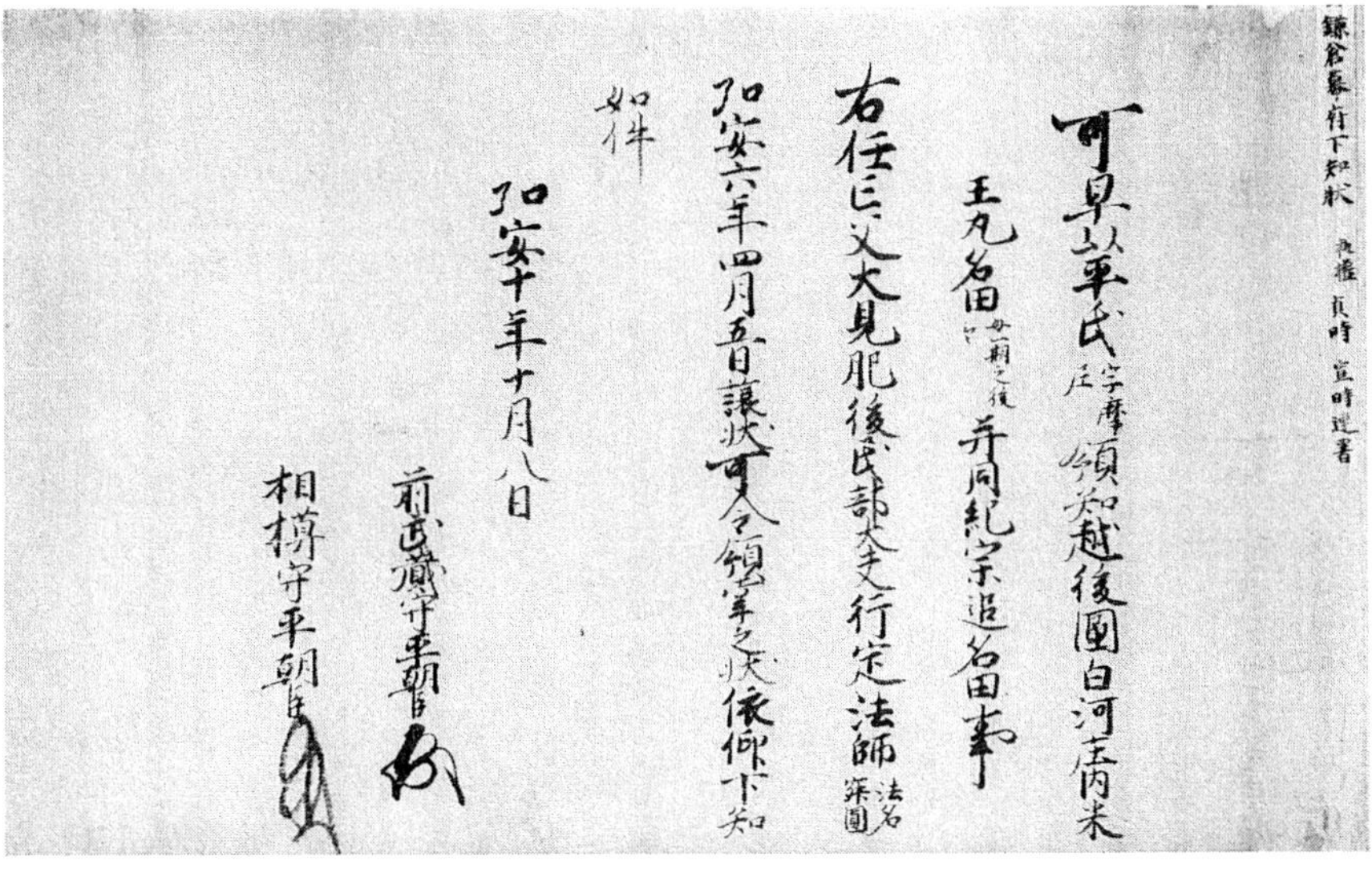

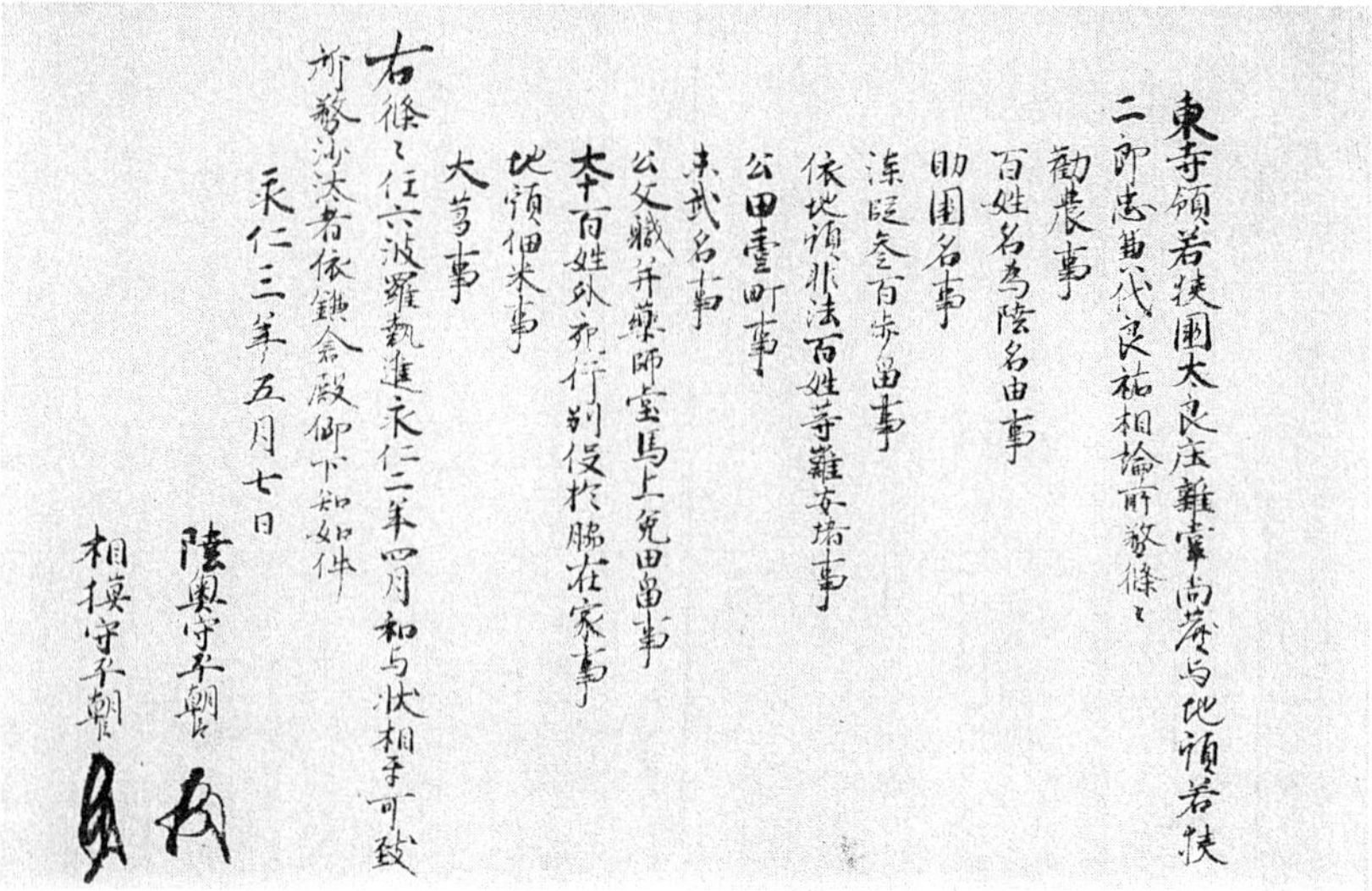

図103　関東裁許状《かんとうさいきょじょう》（永仁三年五月七日　東寺百合文書　京都府立総合資料館）

図126の太良庄の地頭代・雑掌の和与状を確認するために鎌倉幕府から出された裁許状である。この裁許状には和与状に掲げられた事項の事書（項目）のみが記されている。後になると和与状の各条項の全文を引用した裁許状が作られるようになった。

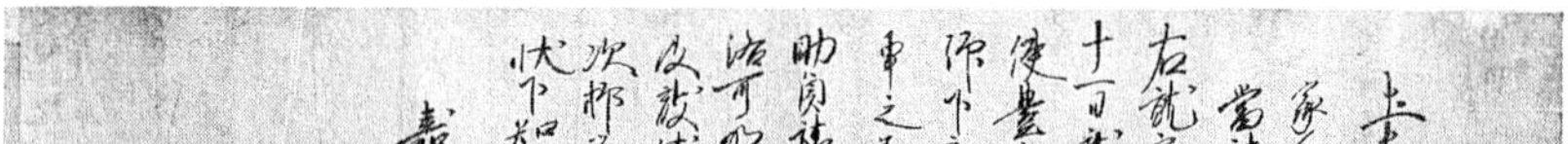

図104　六波羅下知状《ろくはらげちじょう》（嘉暦二年十二月十六日　香宗我部家伝証文　東京国立博物館）

土佐国立山社地頭宣通と土佐国御家人大高坂助貞等との間で行なわれた立山社神田の神用米未進についての相論の裁許を行なった文書。鎌倉時代末期になると、もとは鎌倉幕府において裁許を下すべきものであっても、西国内でのことについては六波羅探題のもとで裁決が下されることが次第に増加してきた。

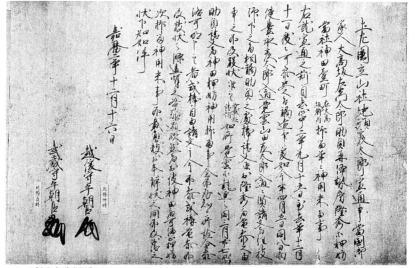

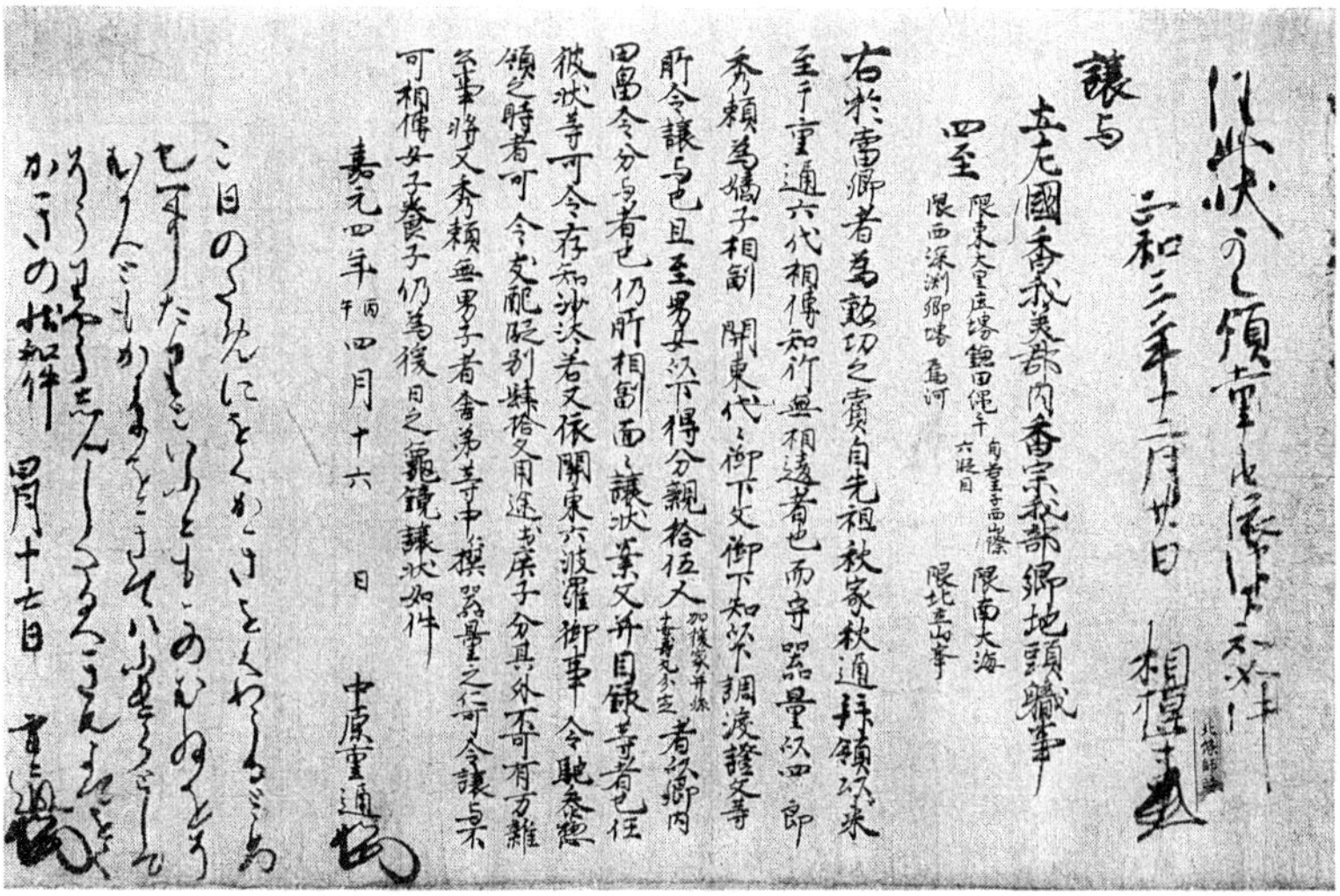

図105　中原重通譲状《なかはらしげみちゆずりじょう》（嘉元四年四月十六日　香宗我部家伝証文　東京国立博物館）

中原重通が土佐国香我美郡香宗我部郷地頭職を嫡子四郎秀頼に譲与した譲状。奥には翌四月十七日に重通が奥書を加え、もし庶子中に惣領の命に背く者がいればその所領を没収して惣領の進退となすべきことを追記している。譲状の奥にこのような追記を加えた例は少ない。袖には正和三年十二月二十日付の執権北条熙時署判の安堵外題がある。これは重通の死後、嫡子秀頼が幕府にこの譲状を提出し、地頭職の安堵を受けた時に書き加えられた。嘉元元年以後は下文・下知状の代りにこの外題安堵によることとなった。

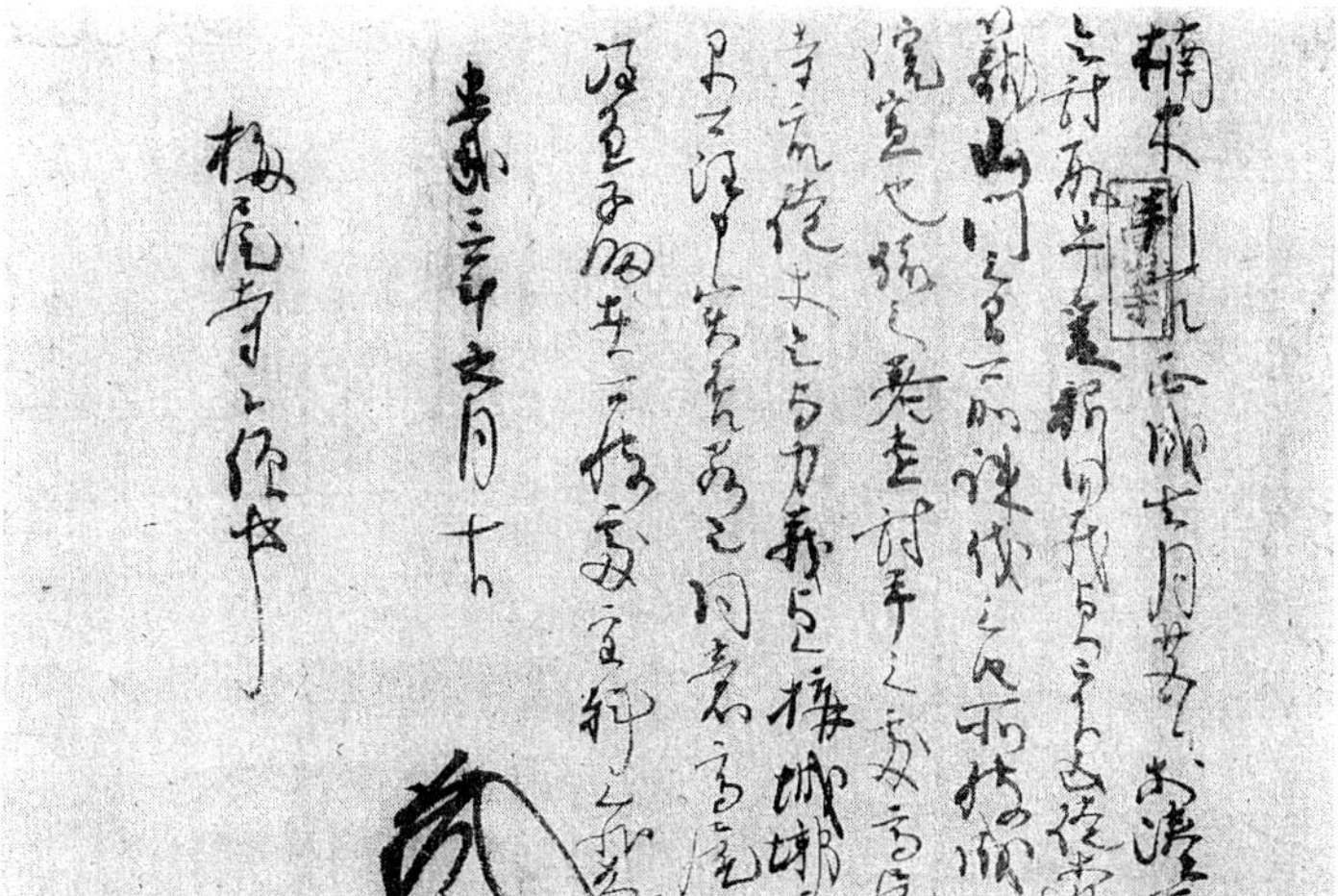

図106　足利直義書下《あしかがただよしかきくだし》（建武三年六月十日　高山寺）

湊河合戦で楠木正成が討死し、新田義貞等が山門に籠ったこと、高尾寺（神護寺）衆徒が義貞に味方し城を構えたとの聞のあることを述べた栂尾寺（高山寺）寺僧が高尾寺衆徒に同意することのないよう求めたものである。湊河合戦直後の京都付近の情勢を物語る興味深い文書である。

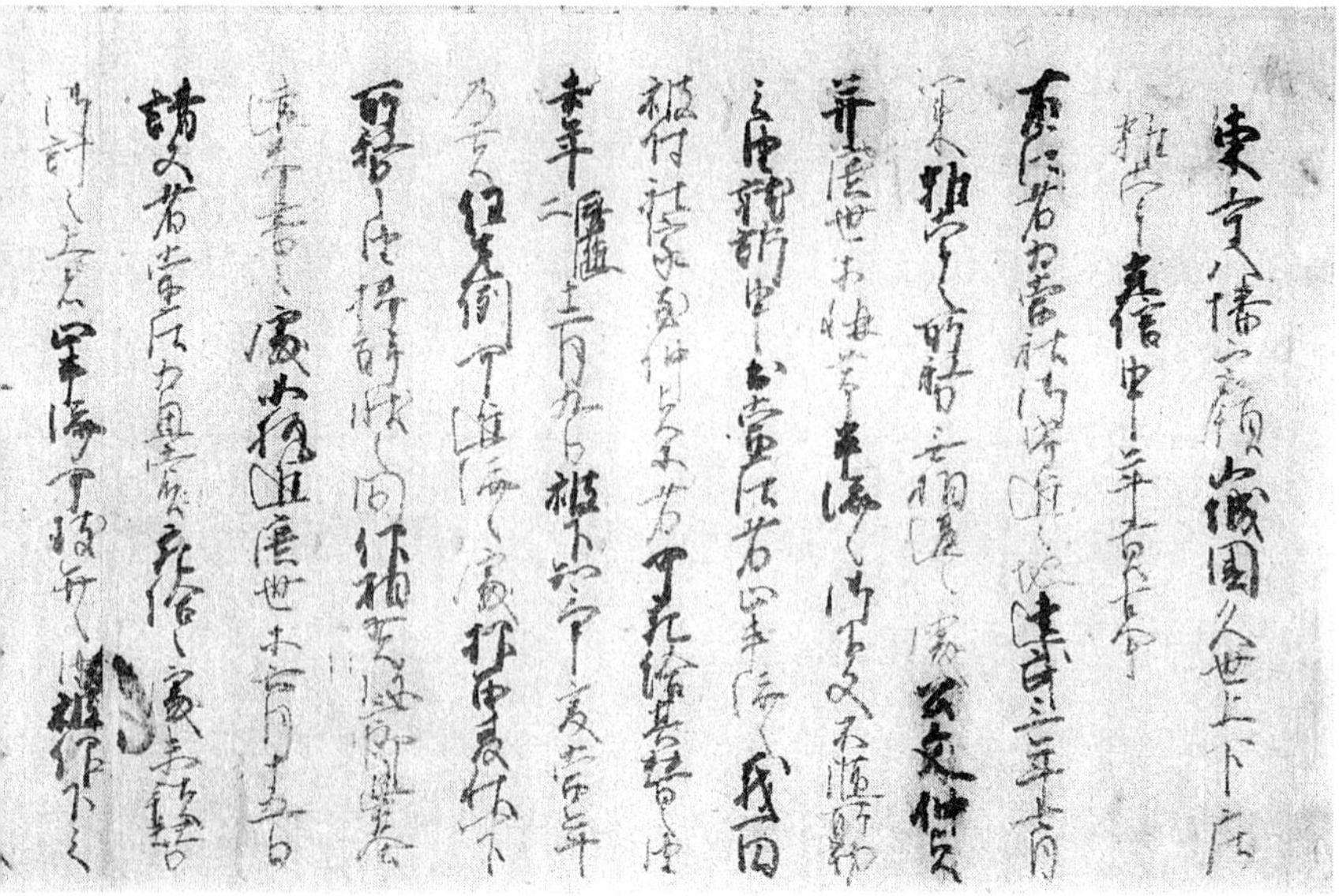

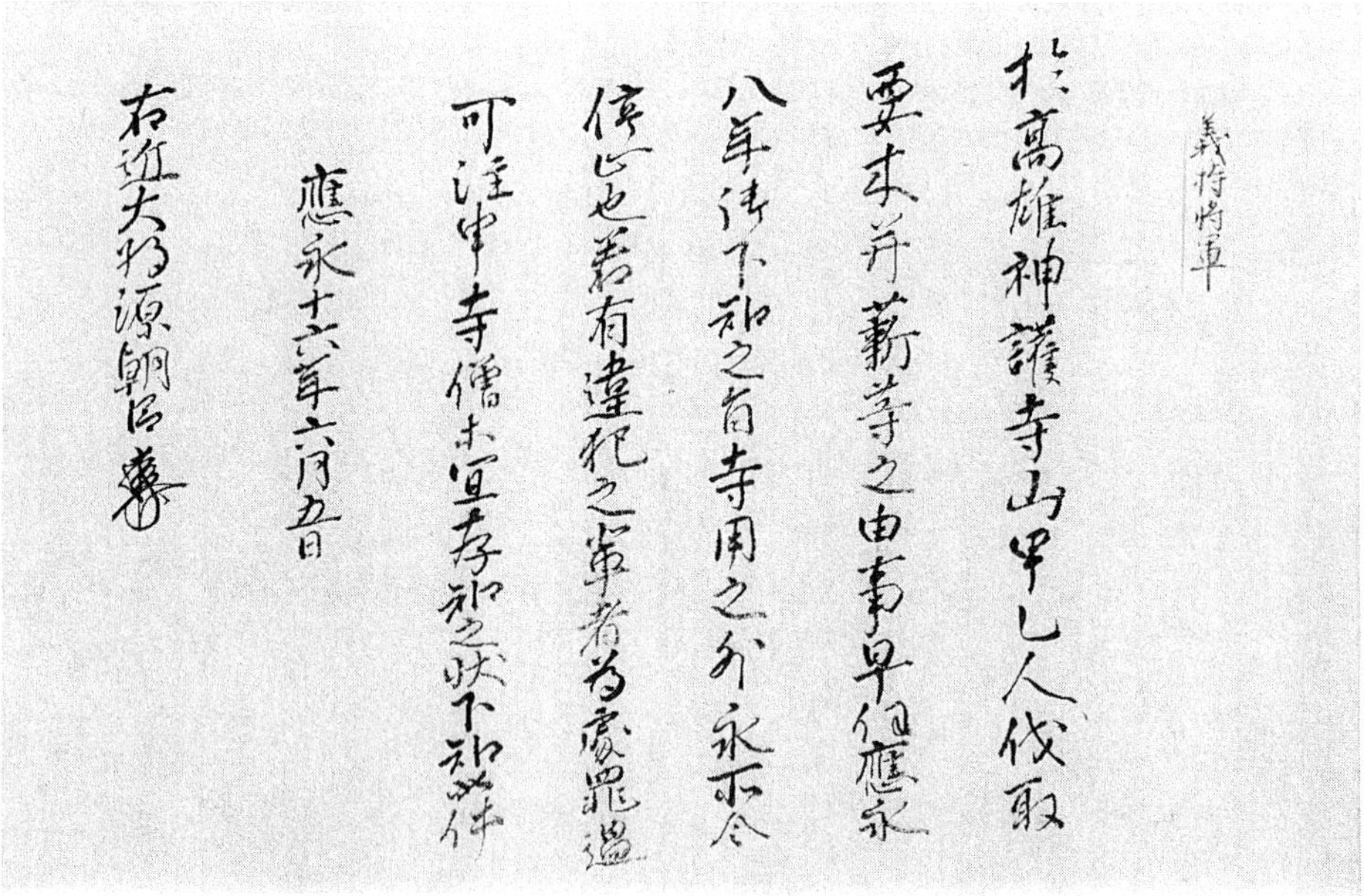

義持将軍

於高雄神護寺山中乙人伐取
要木并薪等之由事早任応永
八年御下知之旨寺用之外永不令
停止也若有違犯之輩者為處罪過
可注申寺僧宜存知之状下知如件
応永十六年六月五日
右近大将源朝臣（花押）

図108　足利義持《あしかがよしもち》下知状（応永十六年六月五日　神護寺）
高雄神護寺の山に人が入り木を伐ることについて禁令を再確認した下知状。文中の「応永八年御下知」とは前将軍足利義満の下知状であろう。義満は将軍職を義持に譲った後も実質的に政務を掌握していたが、前年の応永十五年五月に没した。そこで義持はここに初めて将軍として神護寺に対して安堵の下知状を発したものか。文頭の事書が独立して書かれていない点は鎌倉幕府の下知状と異なる。

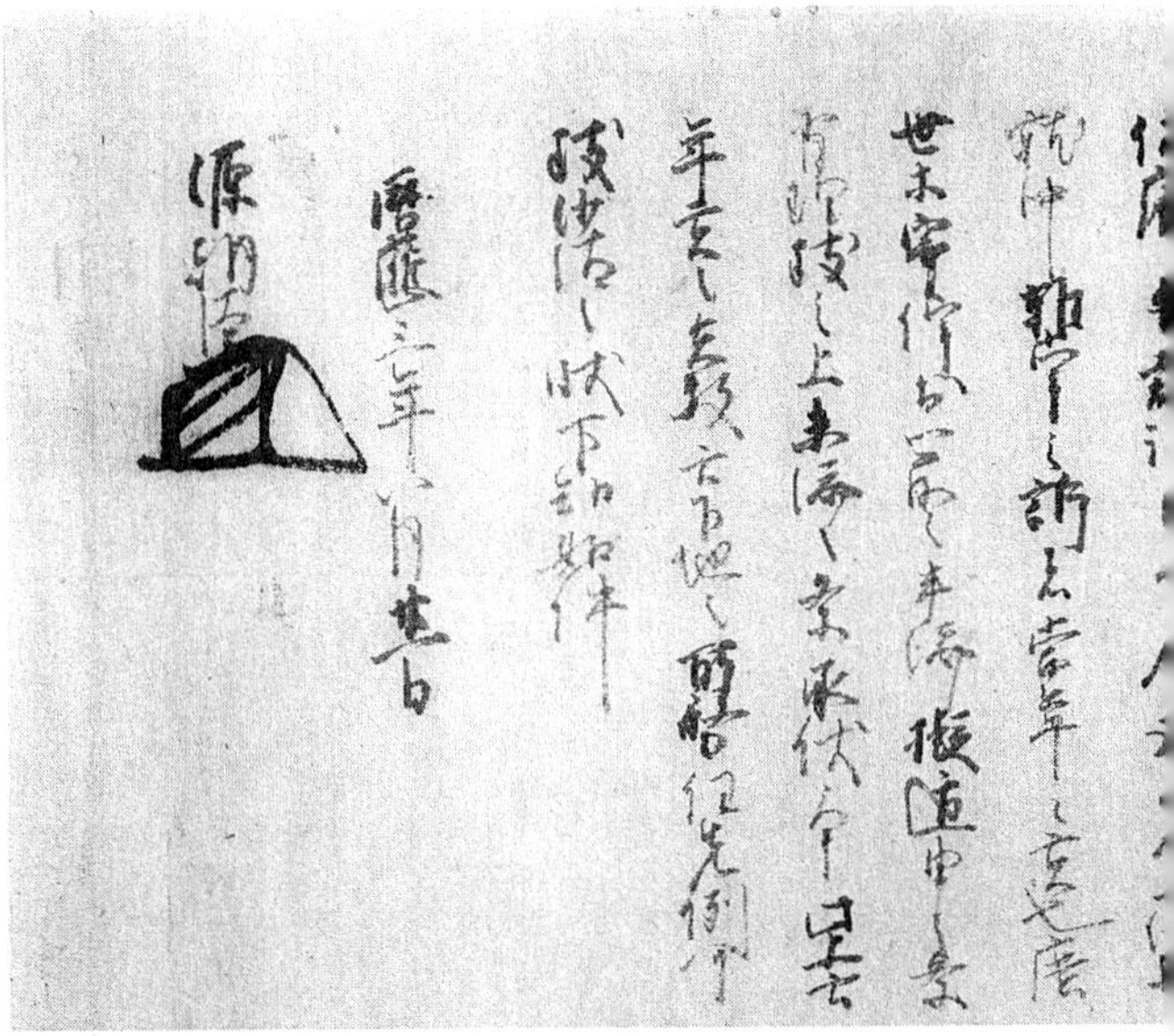

図107　足利《あしかが》直義《ただよし》下《け》知状《ちじょう》（暦応三年八月二十一日　教王護国寺）
東寺領山城国久世上下庄での公文仲貞等の非法を停止した裁許下知状である。室町幕府初期における裁判は足利尊氏の弟直義の所掌であった。このため当時幕府から出された裁許状は直義の直状の形の奥上署判下知状であった。鎌倉幕府の裁許状は奉書形式で、執権連署の署判は日付奥下であったことと比較すると、直義の室町幕府内の地位が名実ともに高かったことをよく表している。

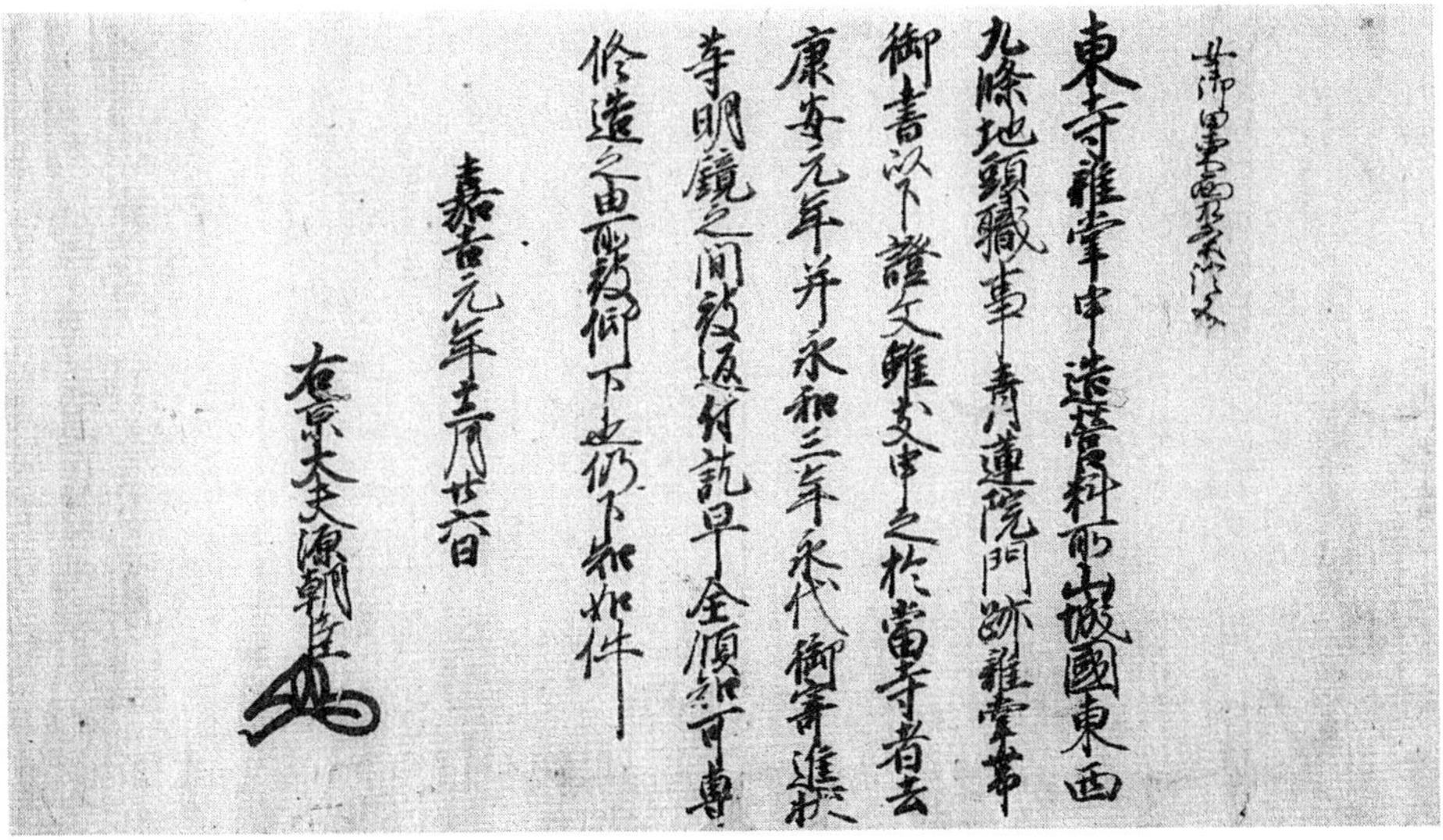

図109　室町幕府下知状（嘉吉元年十二月二十六日　教王護国寺）
東寺造営料所山城国東西九条地頭職について、青蓮院側の訴えを退け、東寺側の知行を認めたもの。室町幕府の管領奉書下知状は、三代将軍足利義満の代以降においては、将軍に何らかの事故がある場合に限定して出された。この文書は、嘉吉元年六月二十四日将軍義教が赤松満祐によって暗殺され、翌年十一月義勝が将軍となるまでの将軍空位の時期に当たっている。署判は管領細川持之。

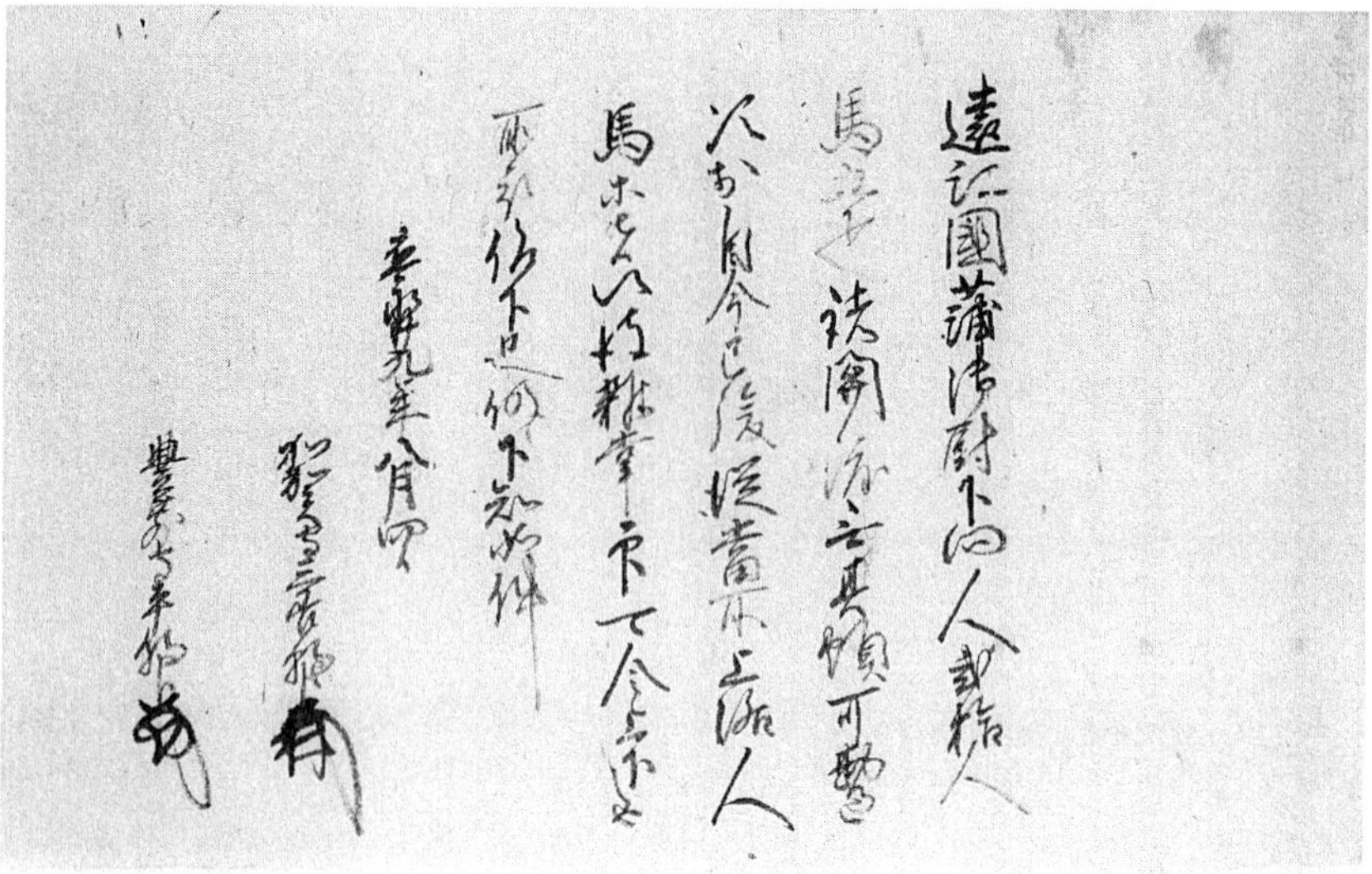

図110　室町幕府下知状（応永二十九年八月四日　東京大学）
東大寺領遠江国蒲御厨への下向人に対して道中の関所が関銭等を課し、通行の煩をすることを禁じたもので、過所（関所通行許可証）の一種である。室町幕府では、将軍御判の下知状以外の奉書形式下知状はあまり多くない。本状は室町幕府奉行人が連署しているが、室町幕府発給の過所はこのように奉行人奉書形式の下知状が用いられた。

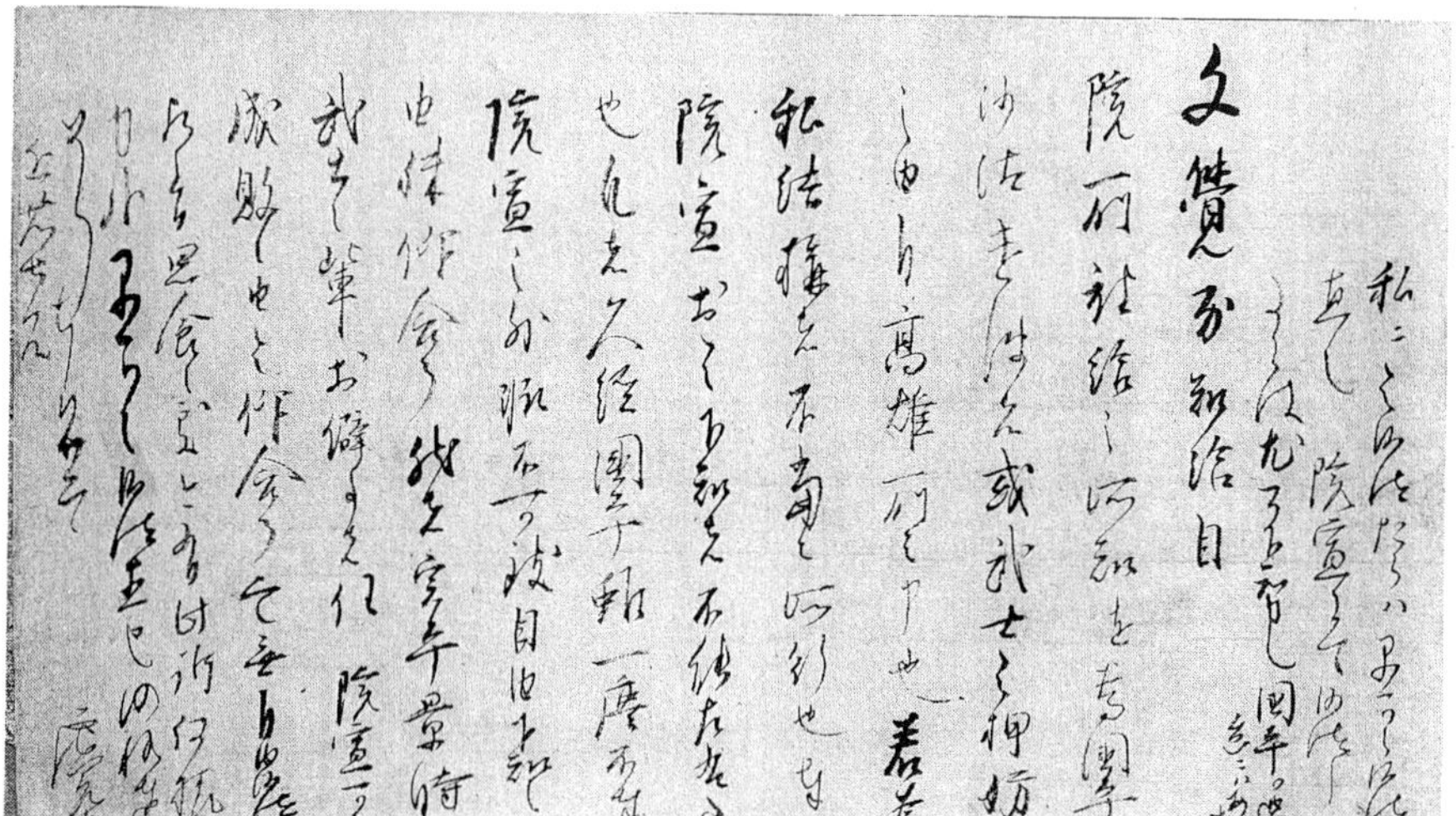

図111　大江《おおえ》広元《ひろもと》奉書《ほうしょ》（七月二十二日　東京国立博物館）
文中には元暦二年二月五日、鎌倉殿御使として上洛した中原久経・近藤七国平の名が見えており、文治元年のものと知られる。院宣に従って武士達の非法停止をすることを久経・国平に命じた旨を述べ、また土肥実平・梶原景時に属する武士の非法停止にも言及している。文頭に「文覚房」とあり、もとは他の広元関係文書とともに神護寺に伝来したものか。

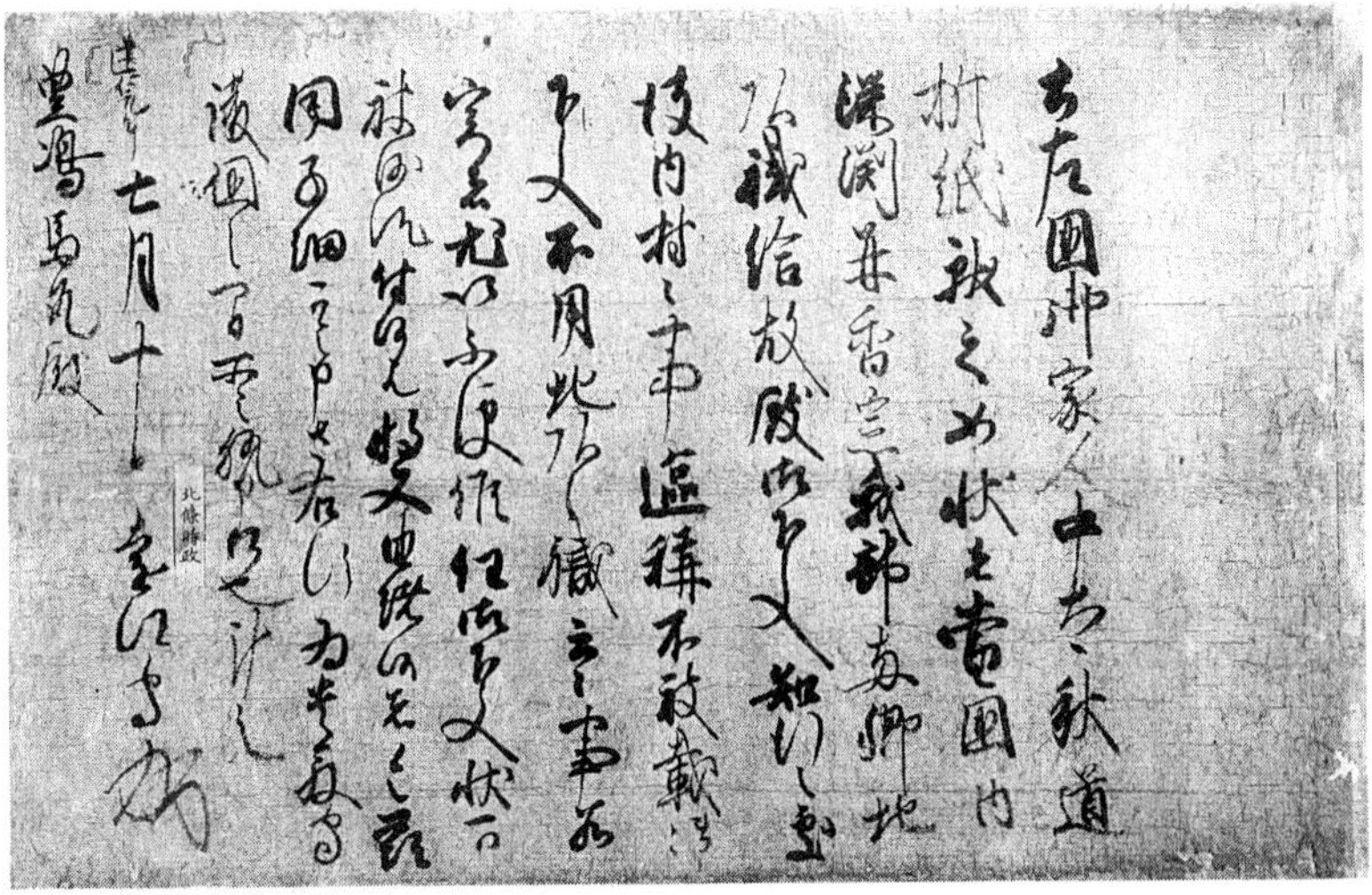

図112　北条時政書状《ほうじようときまさしよじよう》（建仁元年七月十日　香宗我部家伝証文　東京国立博物館）

土佐国御家人中太秋道は源頼朝下文をもって同国内深淵・香宗我部両郷地頭職に補任された。ところが両郷内村々では地頭秋道の地頭職を認めようとしないので、土佐国守護豊島右馬允朝経に対して、秋道を地頭として沙汰付（強制執行）するよう求めたもの。こうした問題を奉書形式でなく、直状の書状形式で出しているところに、北条時政の幕府内部での地位がよく窺い知られよう。

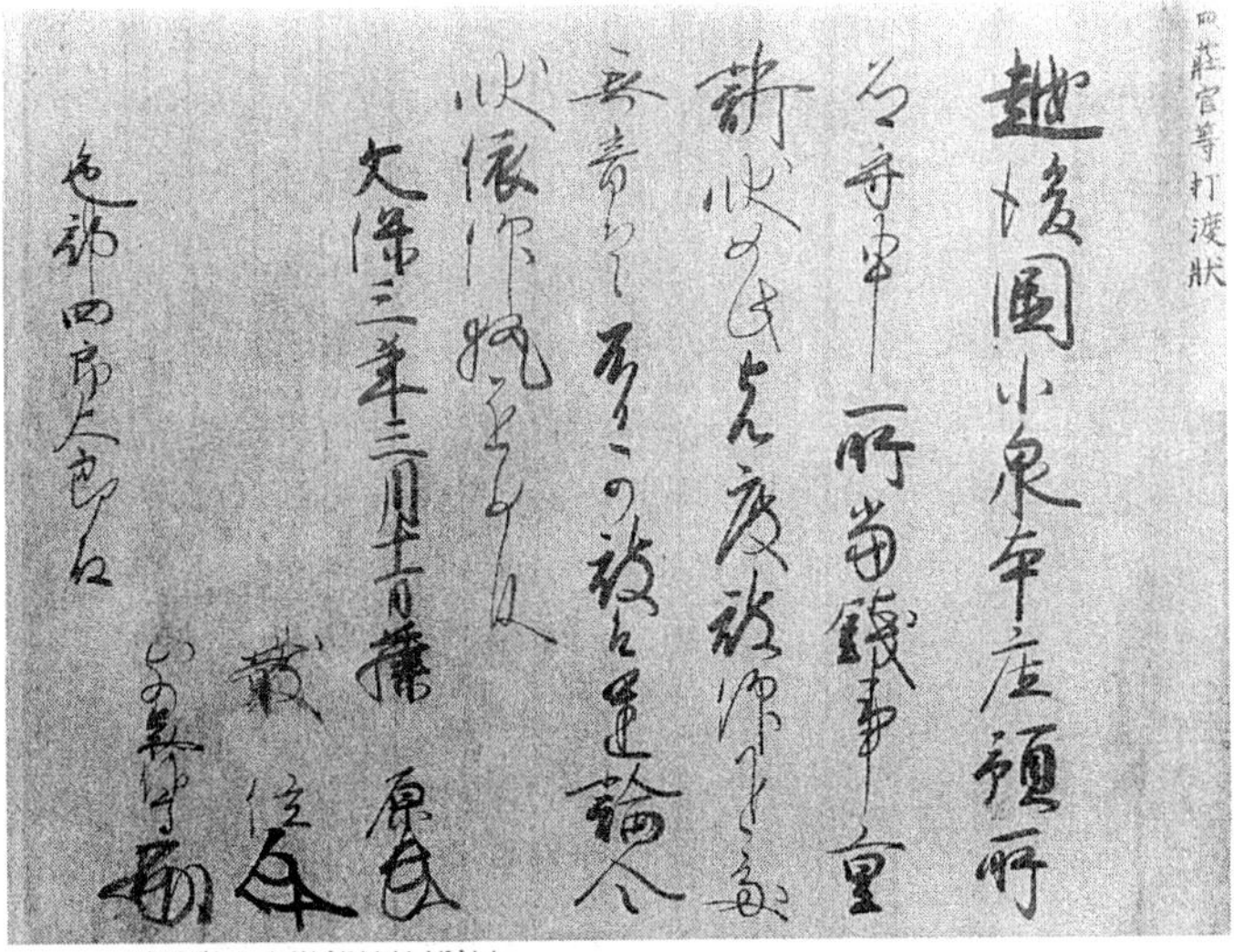

図113　鎌倉幕府奉行人連署奉書《かまくらばくふぶぎようにんれんしよほうしよ》（文保三年三月十一日　反町英作氏）

越後国小泉庄預所道守から所当銭の事についての再度の訴状が提出されたが、論人（被告）の側からは何ら答弁を出してこないので、論人をすぐ召し進めるよう色部四郎太郎に命じた文書。訴訟当事者のいずれか一方が訴陳状の提出を怠り、あるいは法廷への出席をしないことがあると、催促の御教書・奉書が出された。署判を加えている三名はいずれも幕府の奉行人で、この相論の担当者である。

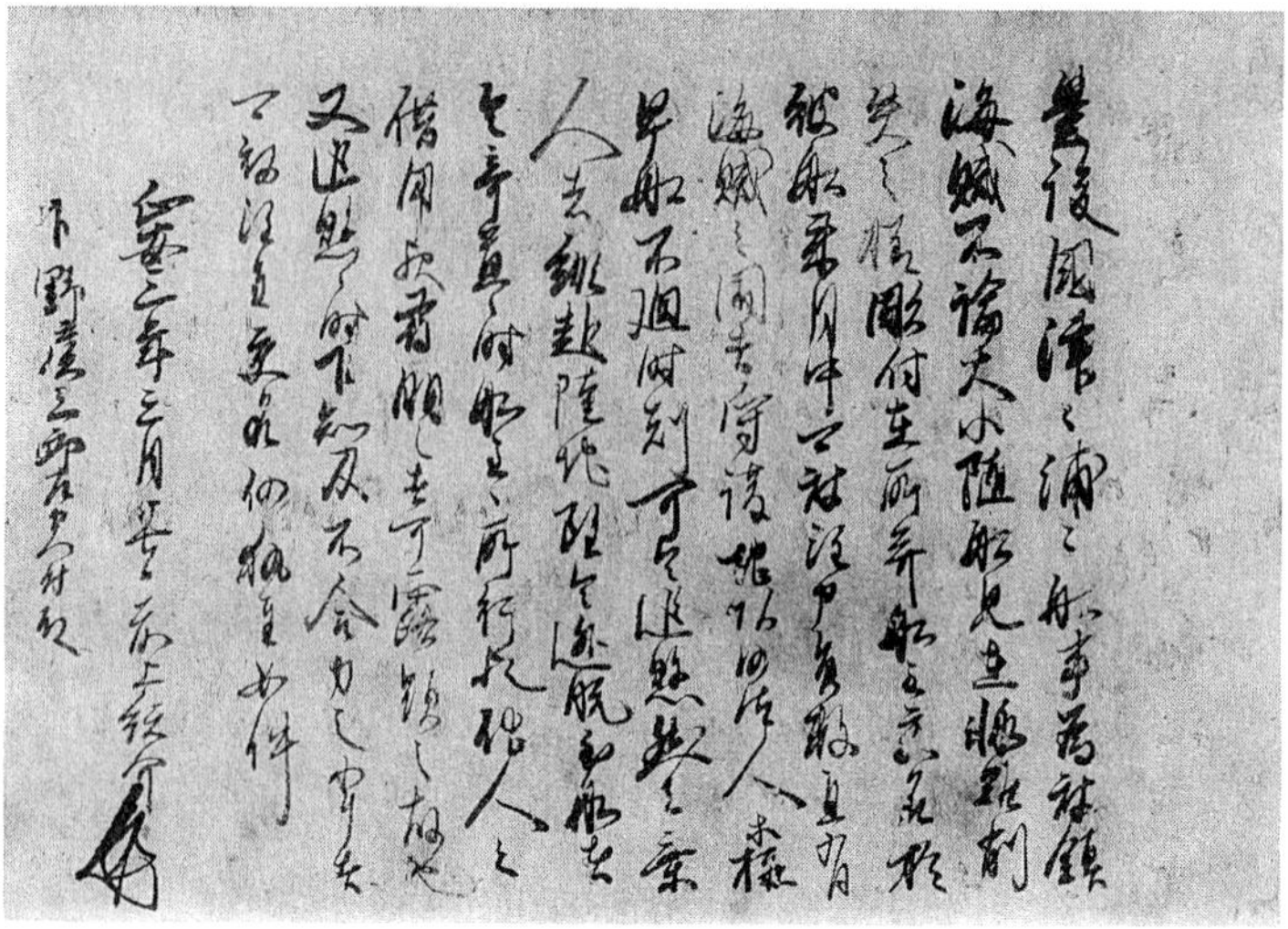

図114　鎮西《ちんぜい》御《み》教書《ぎようしよ》（正安三年三月二十七日　島津家文書　東京大学）

当時、勢を増しつつあった海賊を鎮めるため、豊後国の船全部にその国の船主ならびにその本拠を船に彫り付けさせることとした。これは海賊が出たらただちにこれを追いかけ、本人を捕らえられなくても、船に彫り付けてある船主の名・在地を確かめ、海賊を働いたのは船主自身か、またはその船を借用した他人かを明らかにできるためであった。この頃には鎮西探題からは御教書ばかりでなく、裁許等の下知状も発せられた。

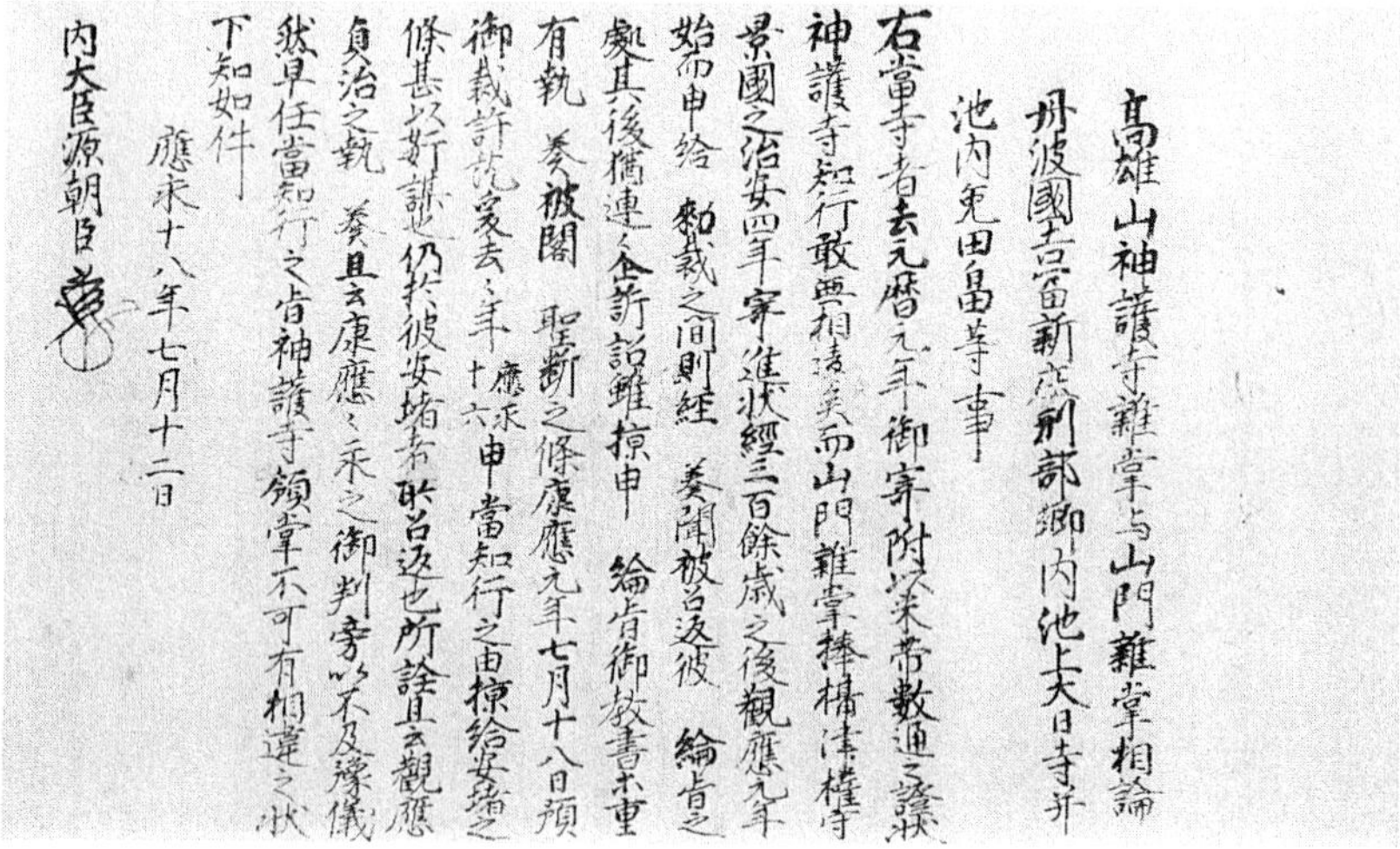

図115　足利義持下知状（応永十八年七月十二日　神護寺）

丹波国吉富新庄刑部郷内にある池上大日寺の支配を廻って、神護寺と山門との間で行なわれた相論に対する裁許の下知状。神護寺の主張を是とし、大日寺の知行を認めている。最初に事書を書き、次に改行して「右当寺者」以下の事実書を書く書式は関東裁許状と同形式である。ただし日付は奥下でなく、奥上にある点が異なる。

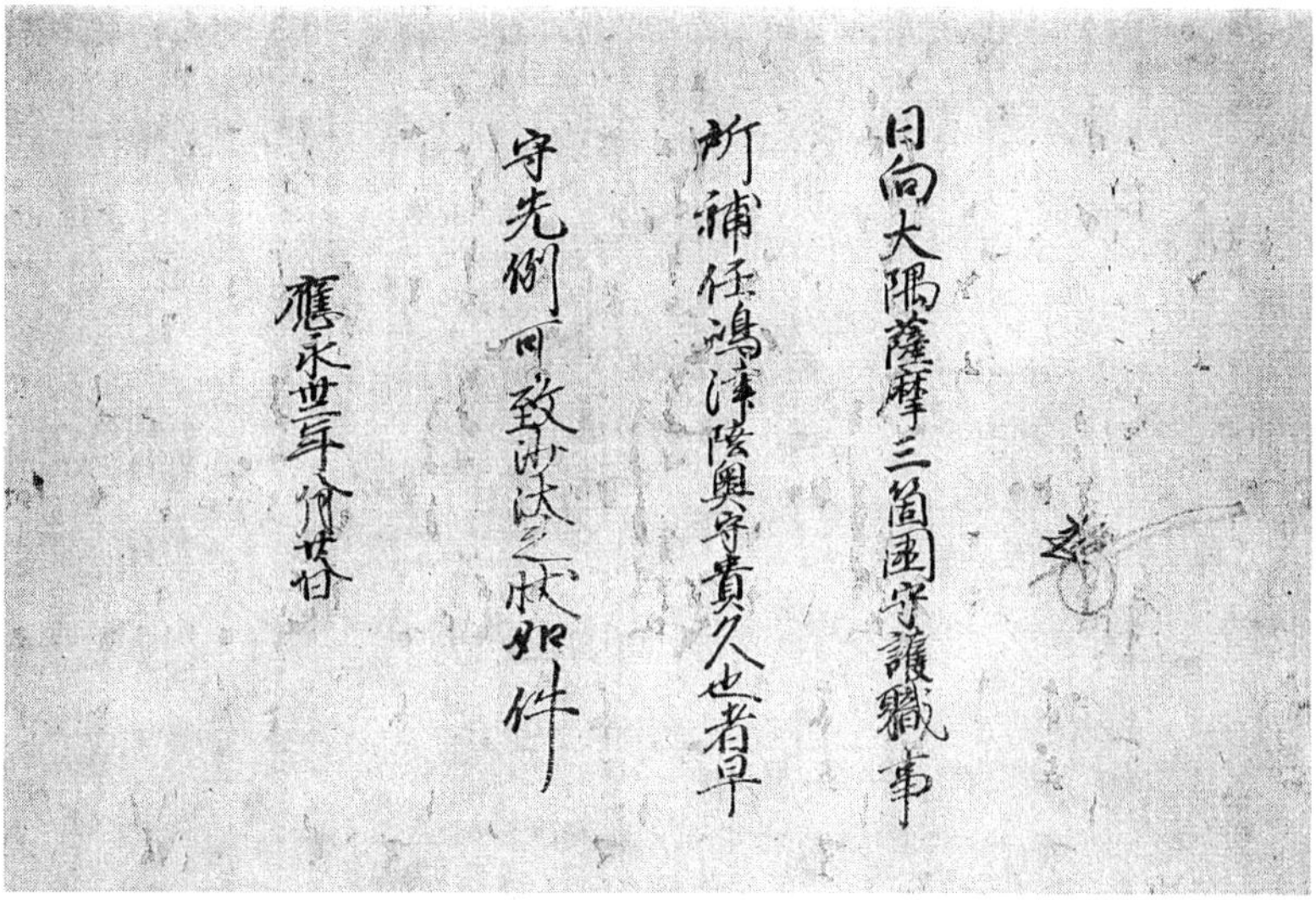

日向大隅薩摩三箇国守護職事
所補任嶋津陸奥守貴久也者早
守先例可致沙汰之状如件
應永卅二年八月廿八日

図116　足利義持《あしかがよしもち》御判《ごはん》御教書《みぎょうしよ》（応永三十二年八月二十八日　島津家文書　東京大学）
将軍足利義持が島津貴久に対して日向・大隅・薩摩三箇国の守護職に補任する旨を伝えた御教書。義持は花押を右袖に加えており、充所は省略され、書札礼上もっとも尊大な書式をとっている。

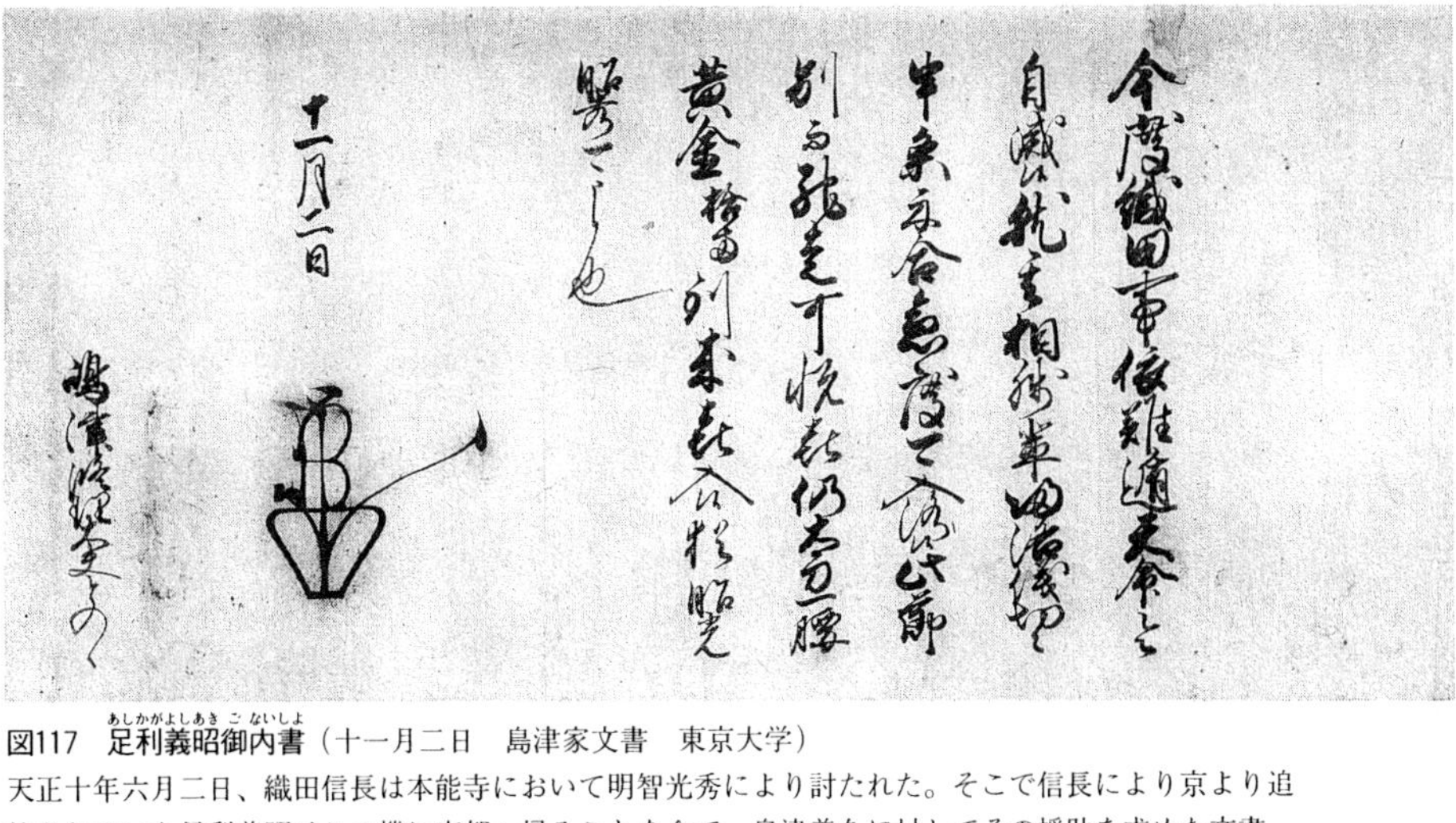

図117　足利義昭《あしかがよしあき》御内書《ごないしよ》（十一月二日　島津家文書　東京大学）
天正十年六月二日、織田信長は本能寺において明智光秀により討たれた。そこで信長により京より追放されていた足利義昭はこの機に京都へ帰ることを企て、島津義久に対してその援助を求めた文書。本文末尾に「猶昭光昭秀可申候也」とあるのは、真木島昭光、一色昭秀両人が副状を付けてこの御内書を遣わすことを述べたものである。

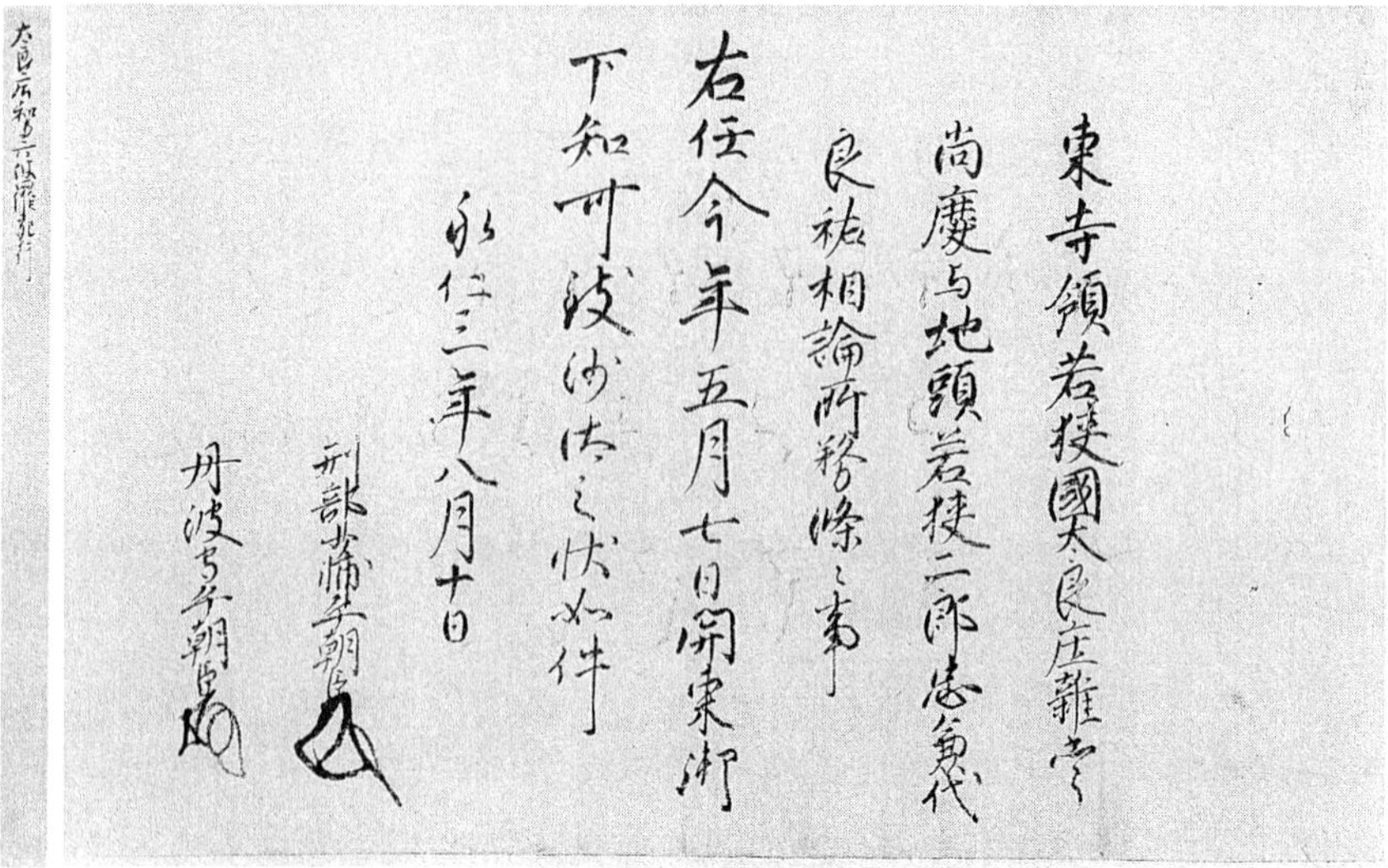

東寺領若狭国太良庄雑掌尚慶与地頭若狭二郎忠兼代良祐相論所務条々事
右任今年五月七日関東御下知、可被沙汰之状如件、
永仁三年八月十日
刑部少輔平朝臣（花押）
丹波守平朝臣（花押）

図118　六波羅《ろくはら》施行状《しぎょうじょう》（永仁三年八月十日　東寺百合文書　京都府立総合資料館）
図103の関東裁許状の旨に従って太良庄の所務を行なうよう六波羅探題が地頭代・雑掌に伝えた文書。若狭国は鎌倉幕府では西国の範疇に入り、第一次の裁判は六波羅探題の下で行なわれた。そこで関東裁許状が出るとまず六波羅へ伝達され、そこから当事者へ施行状が出されるのが定めであった。

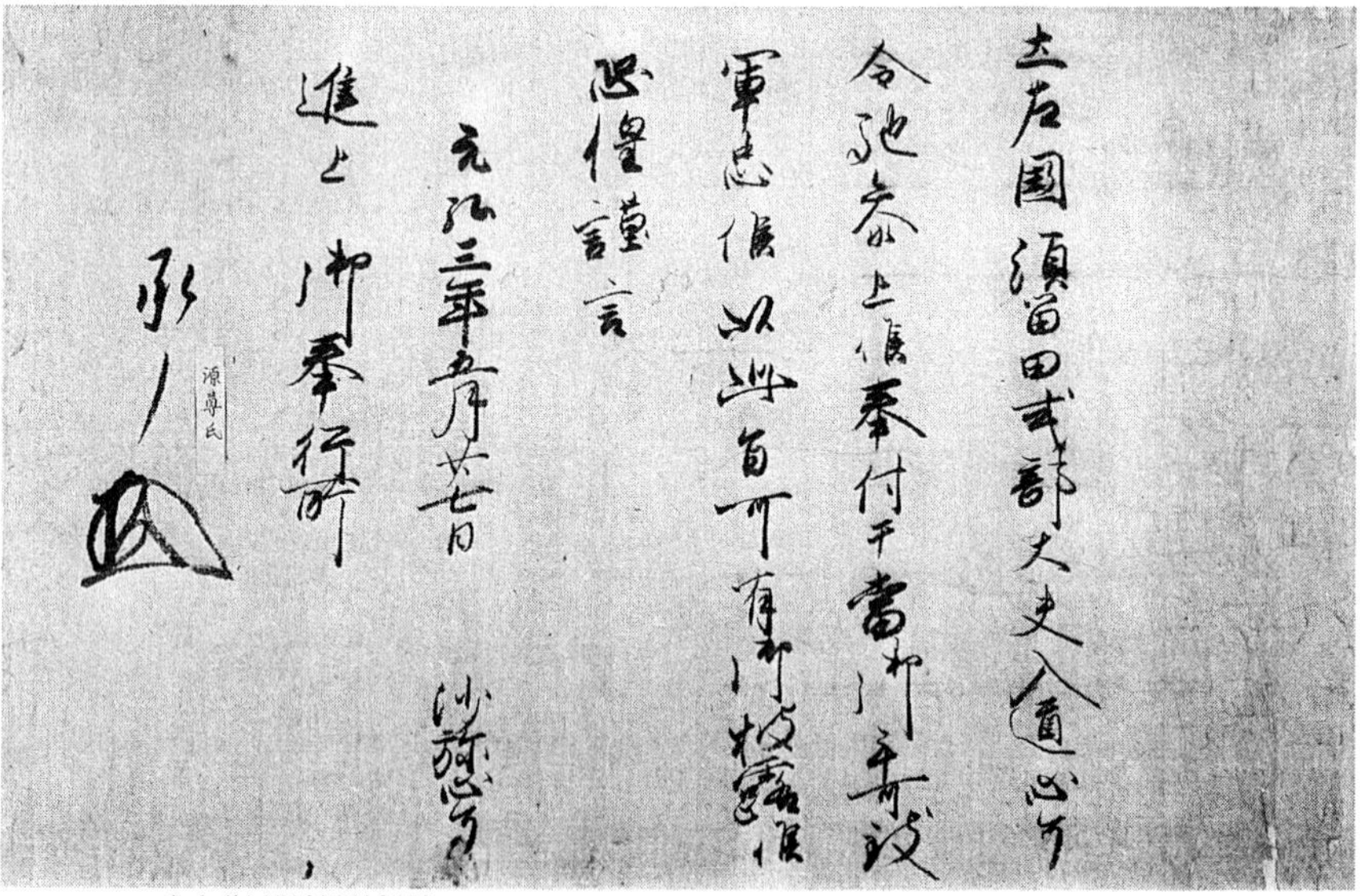

土佐国須留田式部大夫入道心了
令馳参上候、奉付于当御手、奉致軍忠候、以此旨可有御披露候、恐惶謹言
元弘三年五月廿七日　沙弥心了
進上　御奉行所
承了（花押）

図119　須留田心了《するだしんりょう》着到状《ちゃくとうじょう》（元弘三年五月二十七日　香宗我部家伝証文　東京国立博物館）
土佐国須留田式部入道心了が後醍醐天皇方に馳せ参じたことを申告した文書。「恐惶謹言」と書状形式の書止文言を用い、充所も具備している。奥に足利高（尊）氏が心了の申告を承認した旨の証判を加えている。これによって軍陣に参じた証明書となり、後日恩賞請求の証拠書類となった。

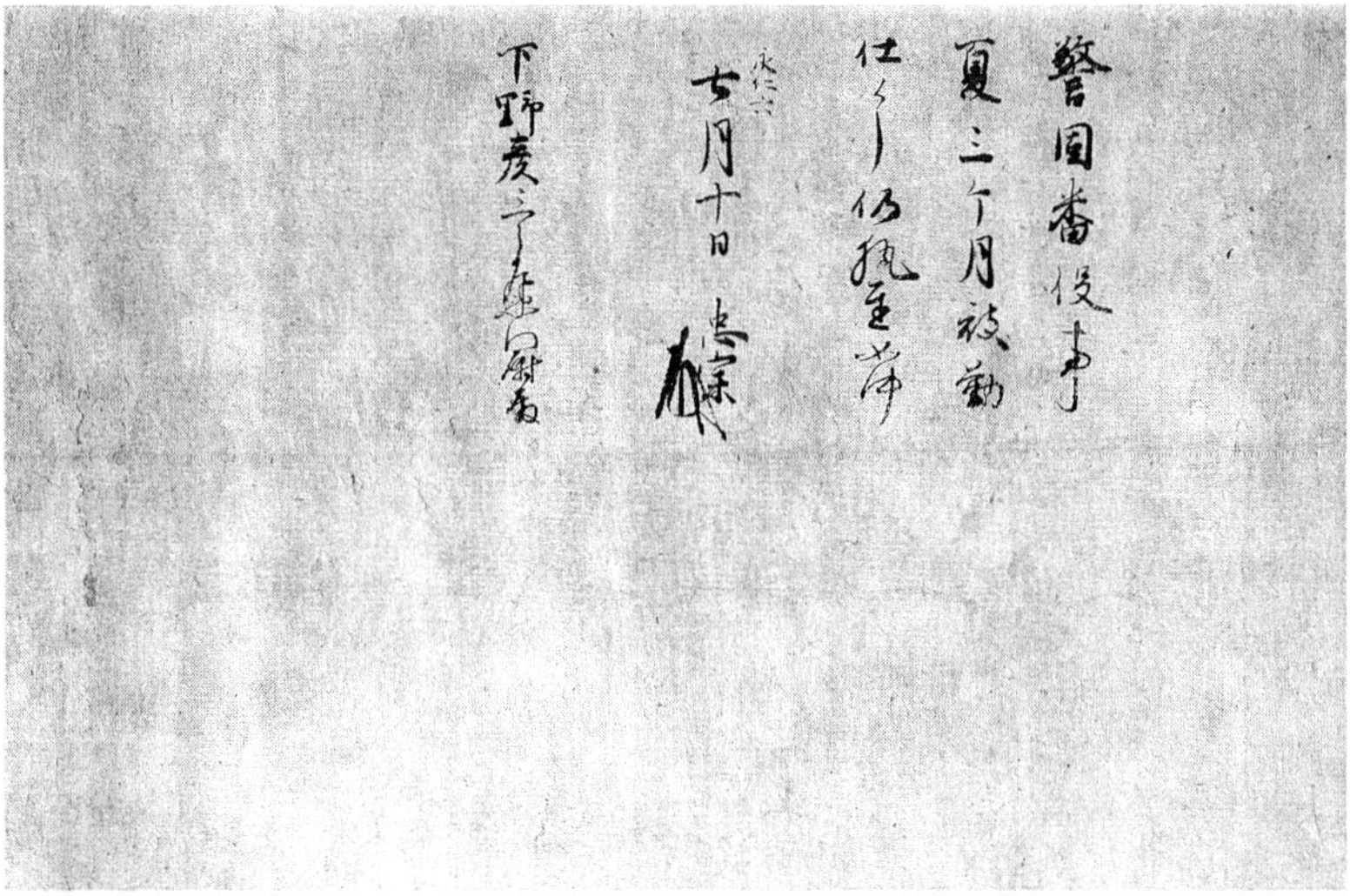

図120　異国警固番役覆勘状《いこくけいごばんやくふくかんじょう》（永仁六年七月十日　島津家文書　東京大学）
元の来寇に備えるため、九州諸国の地頭御家人は交替で筑前・肥前海岸の警備に当る異国警固番役を課されていた。この文書は島津氏一族の久長がこの年夏三か月間（四月～六月）の警固番役を勤仕し終ったことを証明するために出された覆勘状である。署判を加えているのは薩摩国守護で島津氏惣領の島津忠宗である。

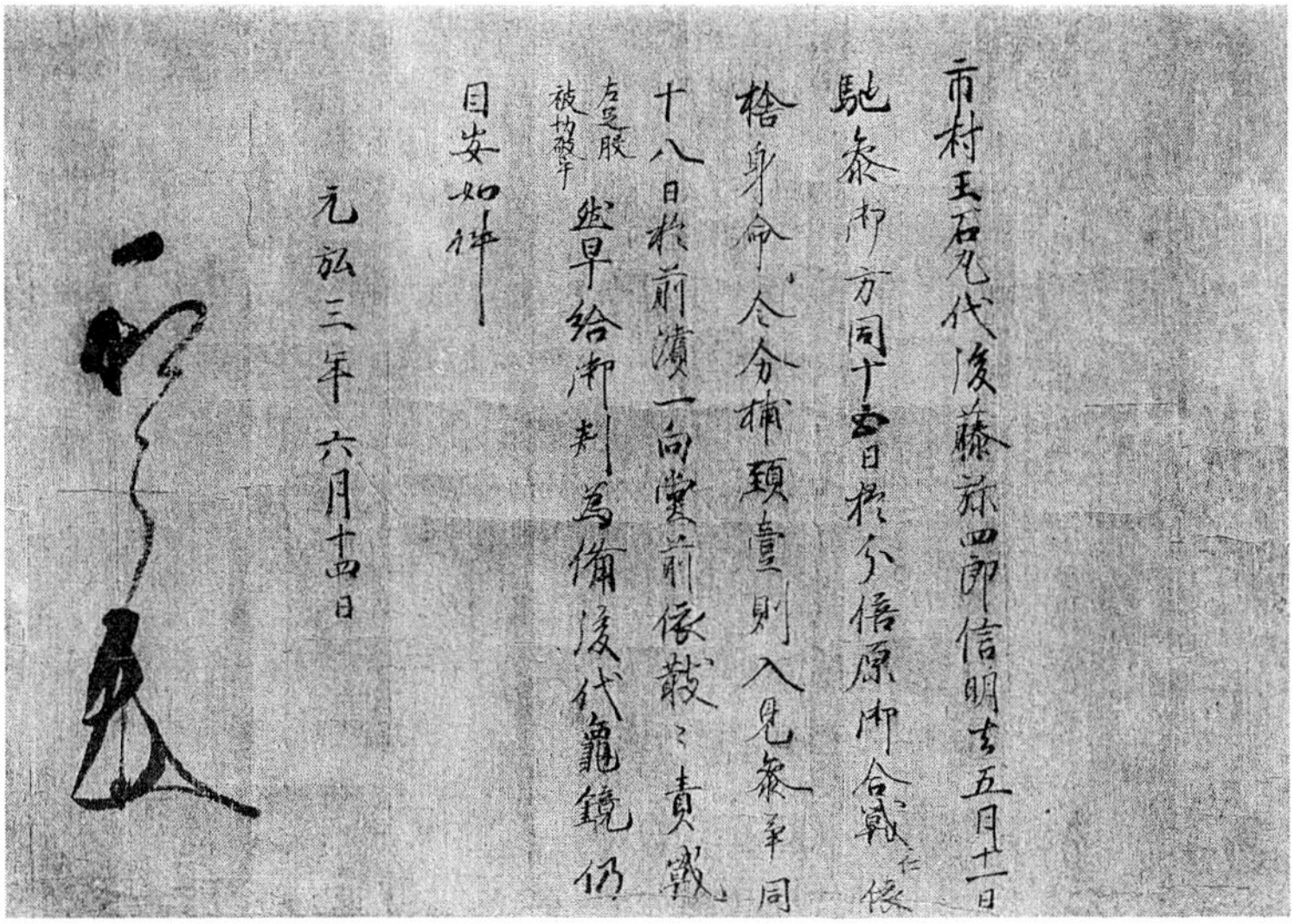

図121　後藤信明軍忠状《ごとうのぶあきぐんちゅうじょう》（元弘三年六月十四日　東京大学）
後藤信明が市村王石丸の代官として、新田義貞の鎌倉攻めの軍に加わり、分倍河原・鎌倉前浜の合戦で戦い、左足股を負傷するという軍功のあったことを注進した文書。奥に新田義貞がそれを事実と認めて証判を書き加えている。図119とは異なり申状・目安の形式をとっている。

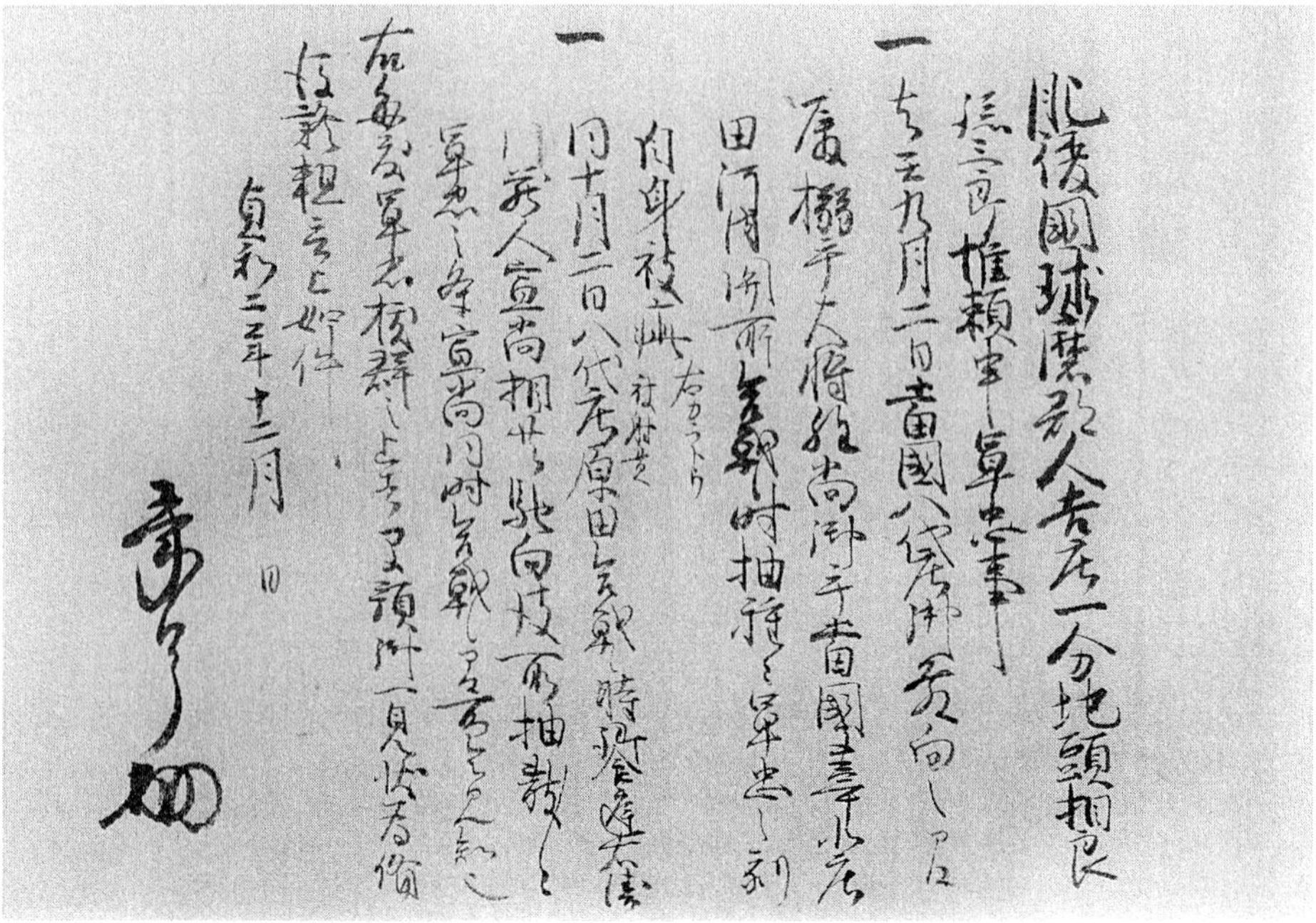

図122　相良惟頼《さがらこれより》軍忠状（貞和二年十二月　日　相良家文書　慶応義塾大学）
貞和二年閏九月・同十月の肥後国八代庄での合戦に際しての自分の軍功を注進した文書。南北朝時代初頭頃までは一回の合戦ごとに軍忠状を出して大将の証判を受けていたが、次第に数回の合戦をまとめて注進するようになり、中には数か年分を一括して書き注進した例も見られる。なおここには疵を受けた個所も記されている。

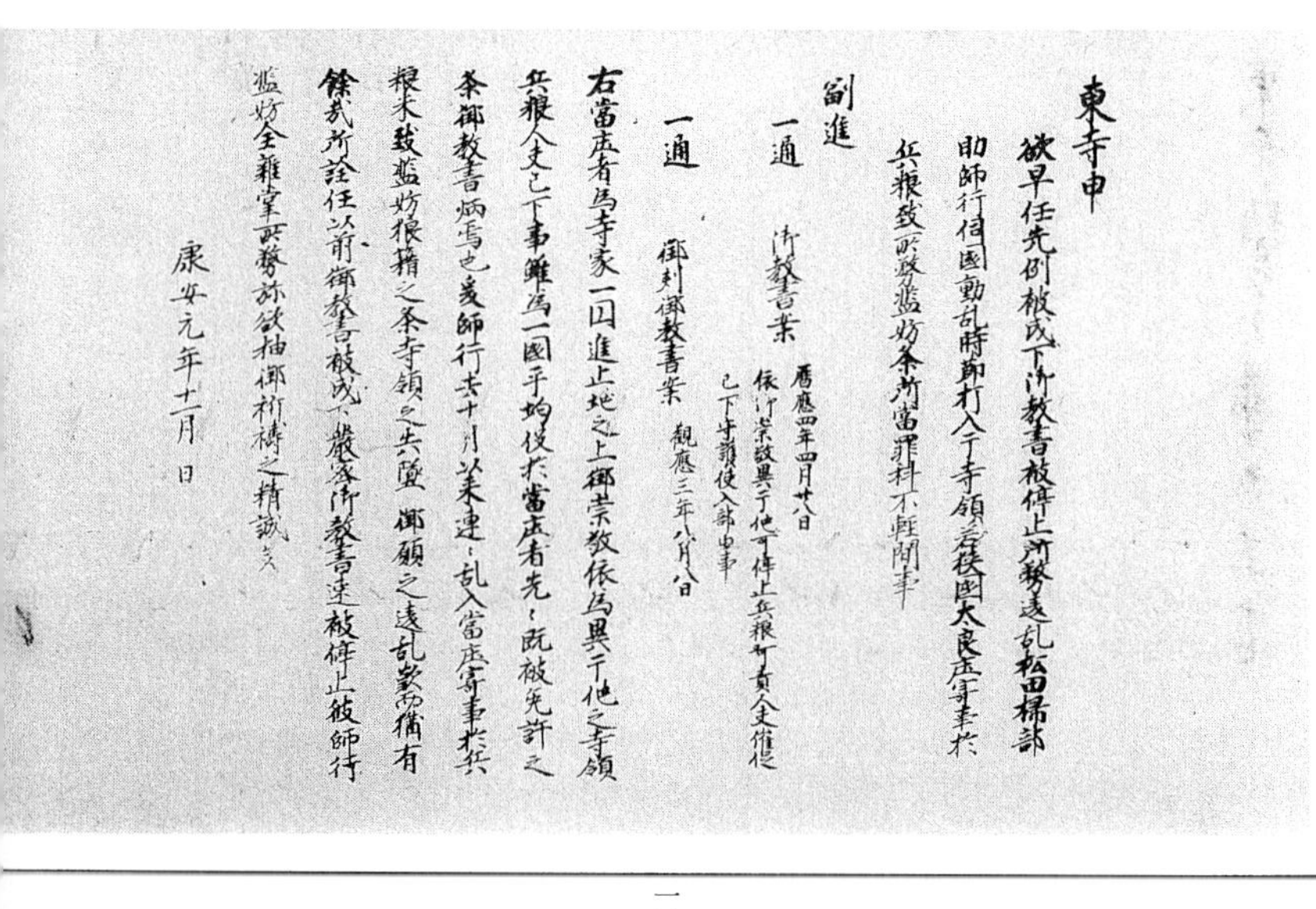

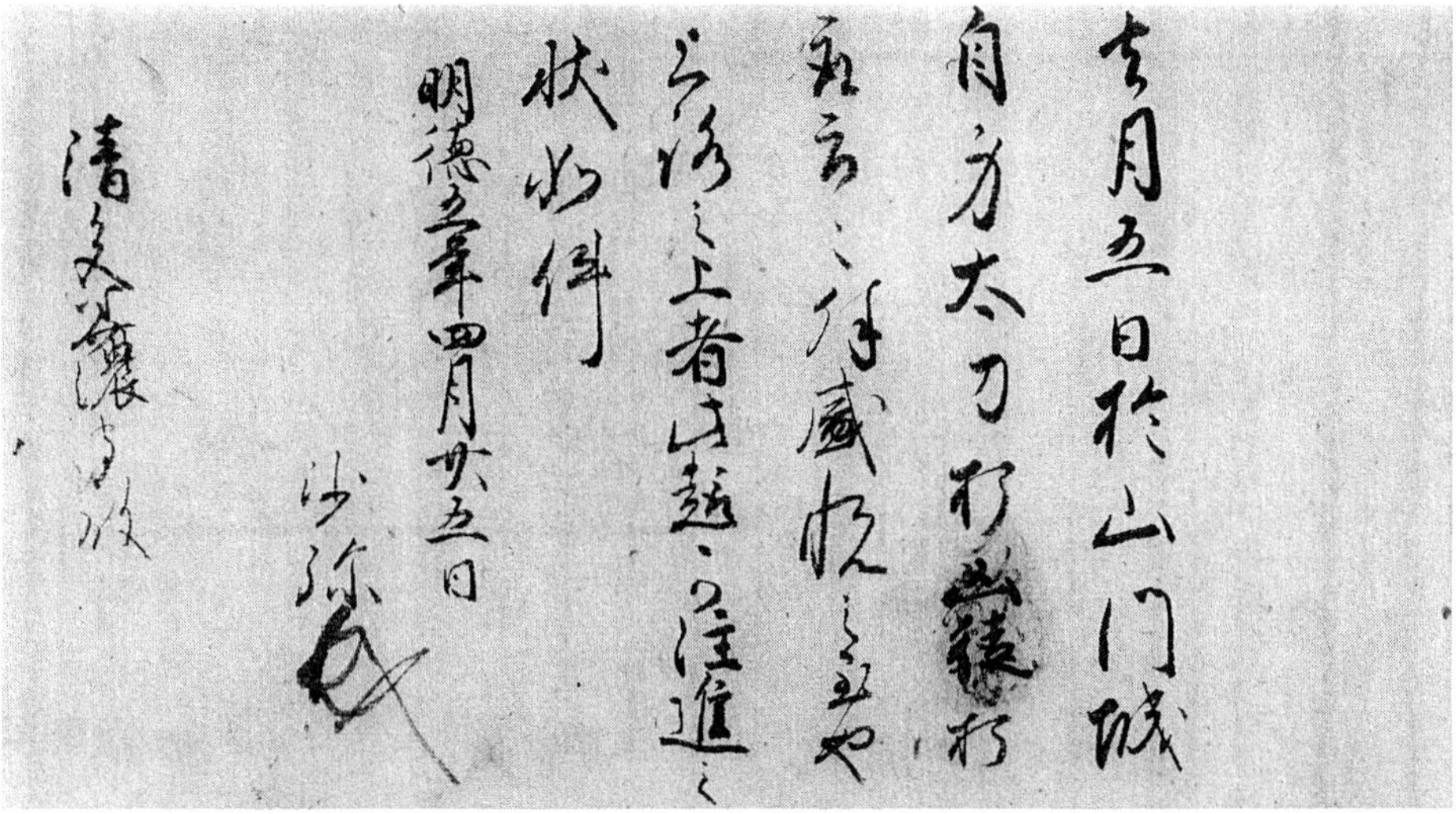

図123　今川《いまがわ》了《りょう》俊《しゅん》感状《かんじょう》（明徳五年四月二十五日　入来文書　東京大学）
明徳五年三月五日、薩摩国山門城の合戦で清宮美濃守が凶徒を討ち取るという軍功のあったことを賞したもの。戦の大将軍が出した感状の一例である。

図124　東寺《とうじ》雑掌《ざつしょう》申状《もうしじょう》並《ならびに》具書案《ぐしょあん》
（康安元年十一月　日　東寺百合文書　京都府立総合資料館）
康安元年十一月、東寺は幕府に対し若狭国太良庄に対する松田師行の非法停止を訴えた。この申状に添えて暦応四年四月二十八日付引付頭人奉書ならびに観応三年八月八日付足利尊氏御判御教書の案文を一紙に写し、申状に貼り継いで提出した。この訴えは康安元年十一月十七日裁許が下り、同日付の足利義詮御教書が下された。端裏書にある日付はこの裁許の日付であり、御教書とともに東寺へ返された。なお申状の料紙と、具書を記した料紙とは大きさを異にする点が注目される。紙継目裏花押はこの訴訟を担当した幕府奉行人のものであろう。

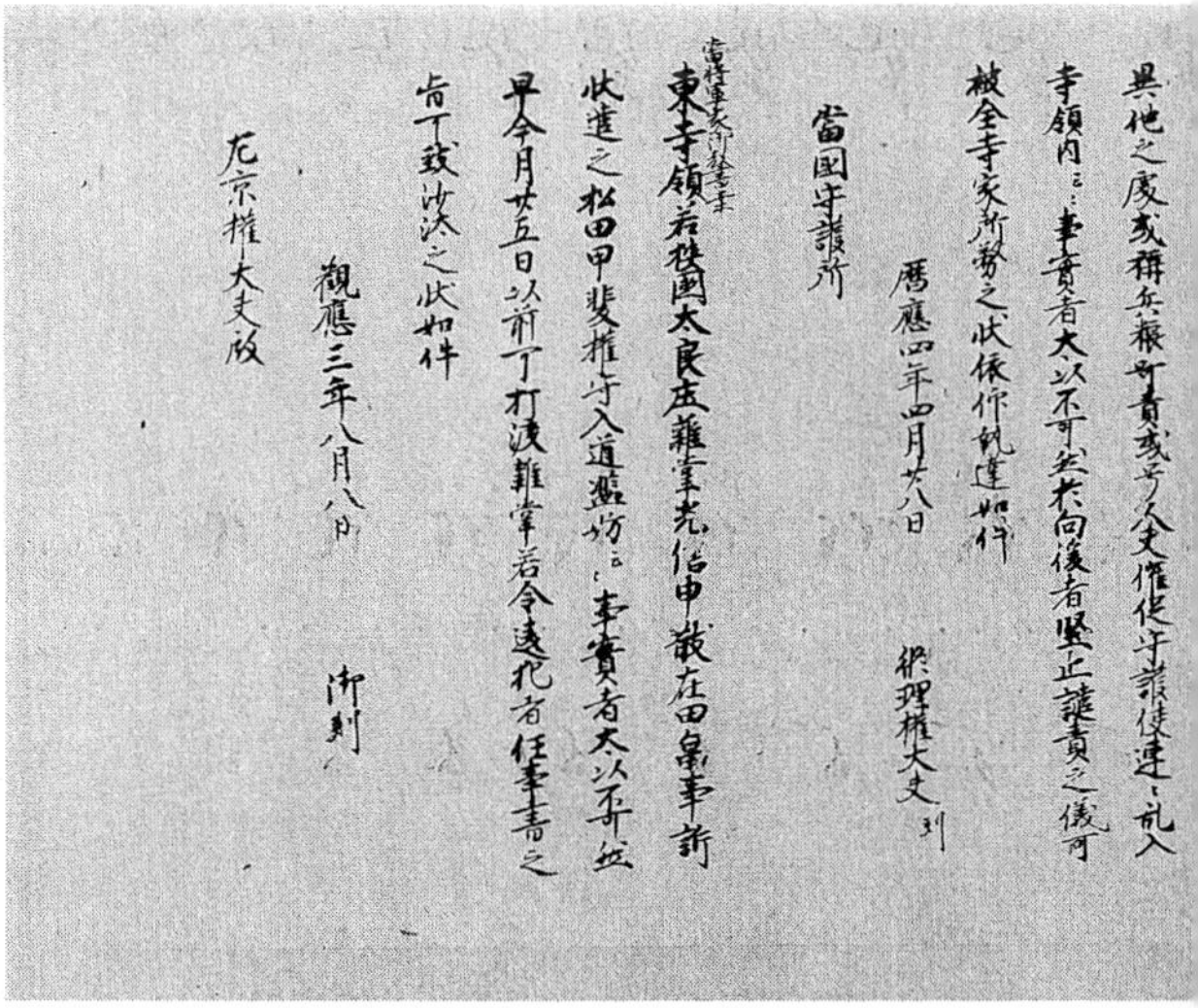

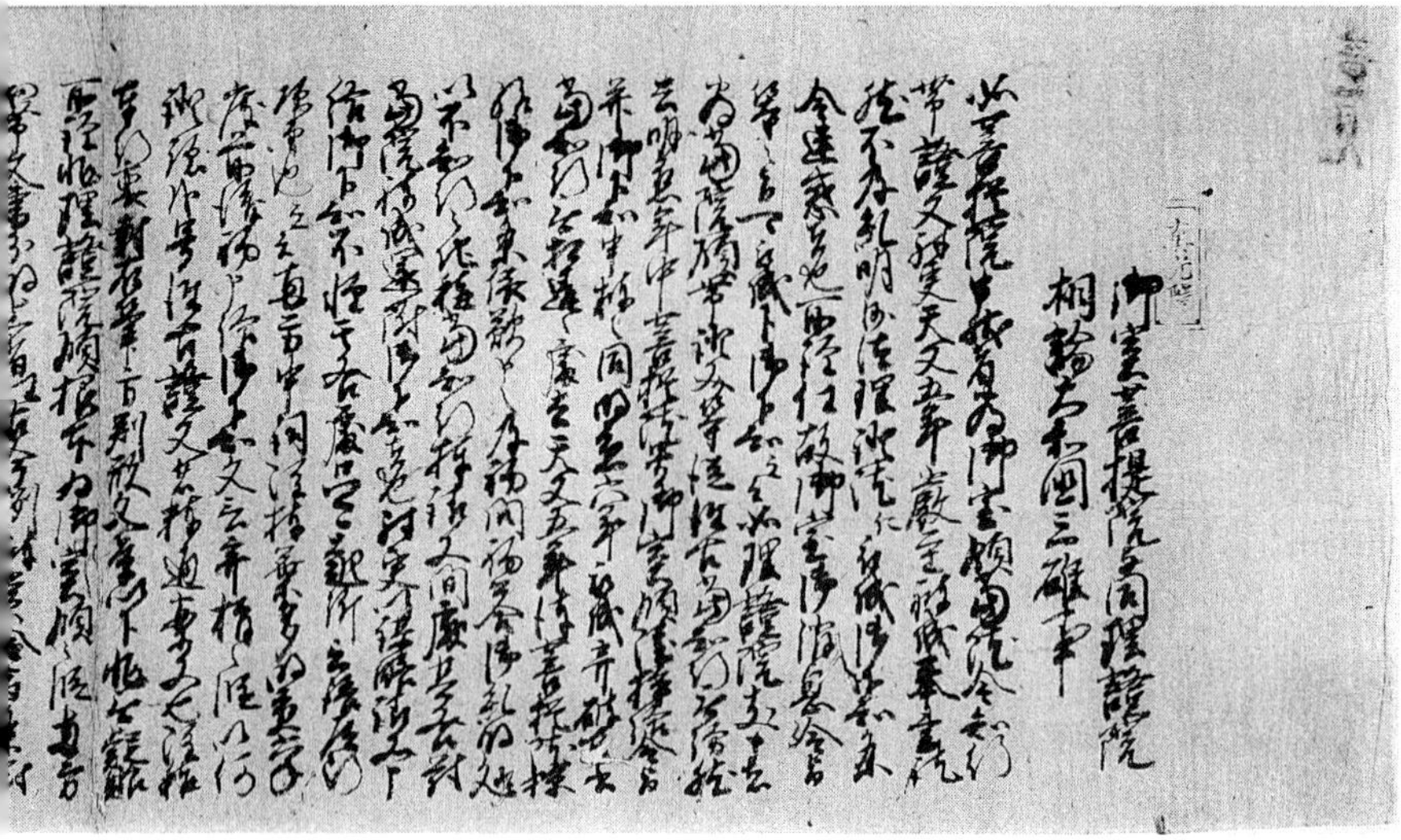

図125　室町幕府《むろまちばくふ》奉行人連署《ぶぎょうにんれんしょ》意見状《いけんじょう》（天文十一年九月十七日　仁和寺）
仁和寺の菩提院と理証院との間の大和国三碓庄知行をめぐる相論について、裁判を担当した奉行人達が両者の主張を審理し、菩提院側に理がある旨の「意見」すなわち評議結果を記して上申した文書。前掲図88・92の評定文と同様に、この意見状もまた勝訴となった側に渡された。

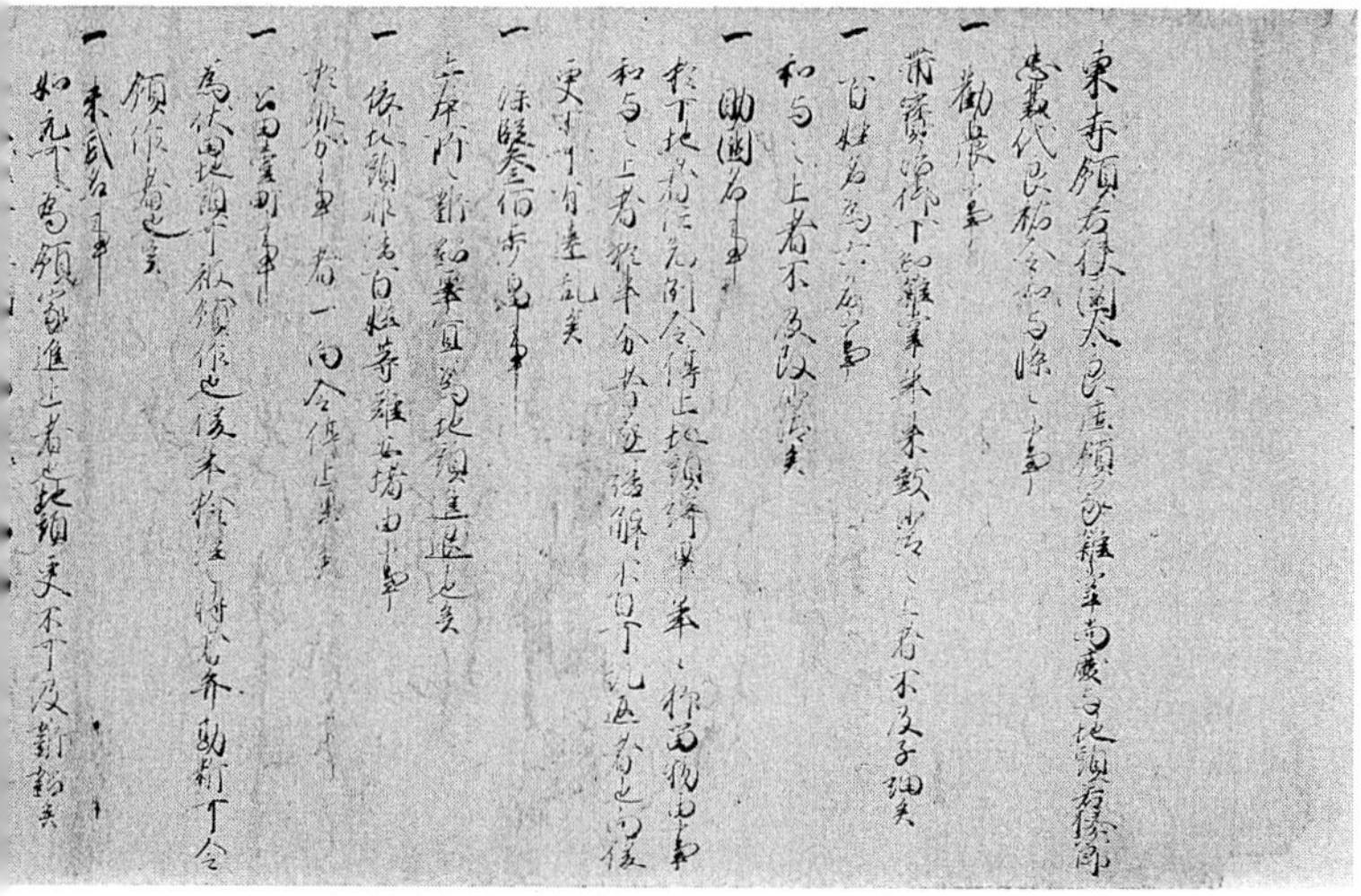

図126　若狭国《わかさのくに》太良庄《たらのしょう》地頭《じとう》若狭忠兼《わかさただかね》代良祐《だいよしすけ》・雑掌僧尚慶《ざつしょうそうしょうけい》連署《れんしょ》和与状《わよじょう》（永仁二年四月　日　東寺百合文書　京都府立総合資料館）
太良庄地頭と預所との間で相論がしばしば行なわれ、度々幕府の裁許状が下されたが、それでも決着はなかなかつかず、永仁二年両者の間で和解がなされてこの和与状が作られた。こうした和与は鎌倉幕府の確認を受けることによって初めて効力を発することになるため、和与状を幕府に提出し、裁許状（図103）を受けるとともに、この和与状紙背に担当奉行人二人の確認の証判を受けている。

一、在百姓外尤ニ引得於服仕官田畠
　地頭御成敗事
一、大豆十石
　　　乙夜参國際完元俸丁知明
　右條々及ヒ新雑秀新米打合私ヲ以枚向候若相
　國守地苛木ト達仁若有此狀敗遠乱者且段悔處
　和与分且十段蒙創於料之仍為後日和与之狀如件
　　　永仁貮年四月　日
　　　　　　　　　地頭代信員（花押）
　　　　　　　　　雜掌信□廣（花押）

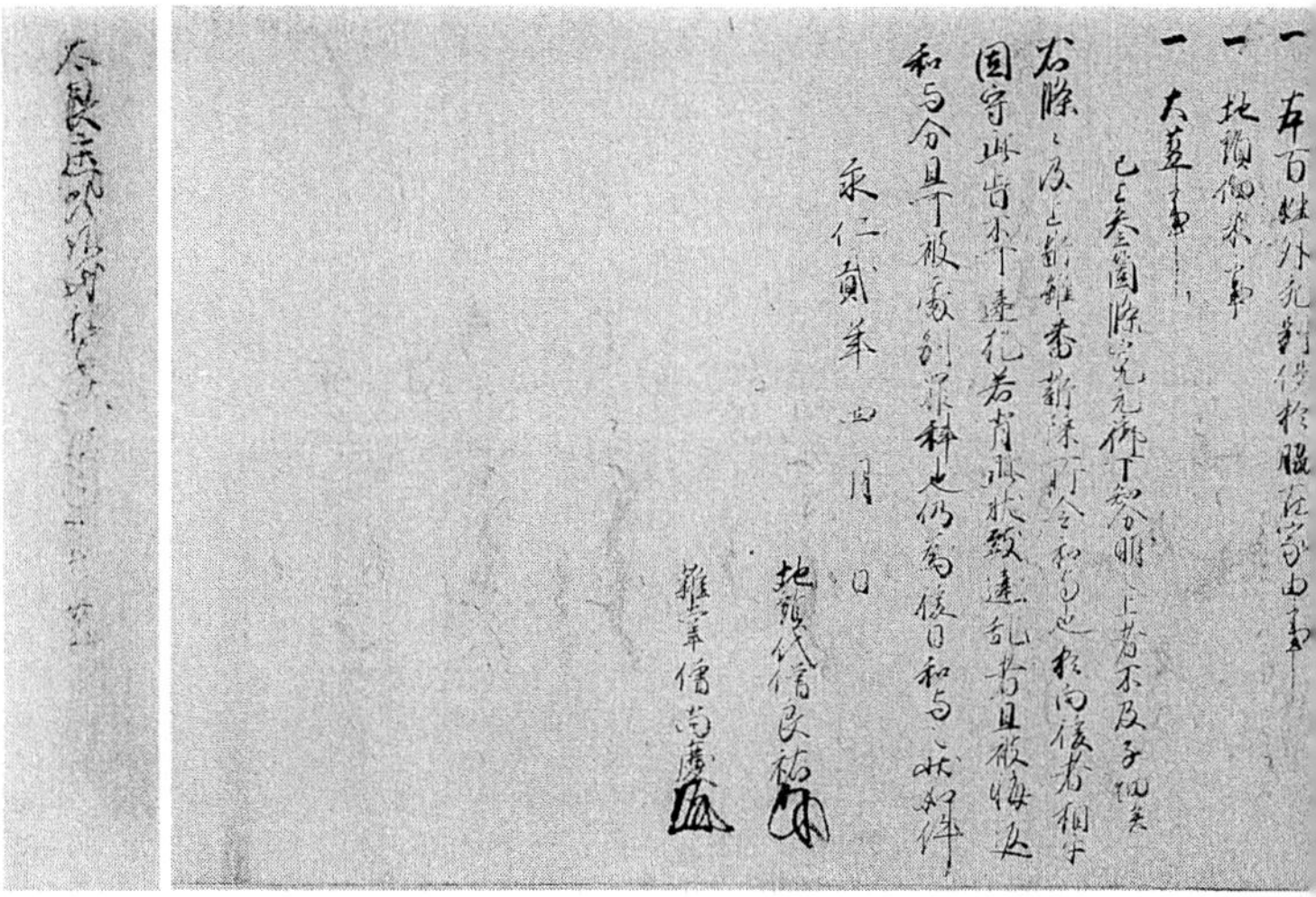

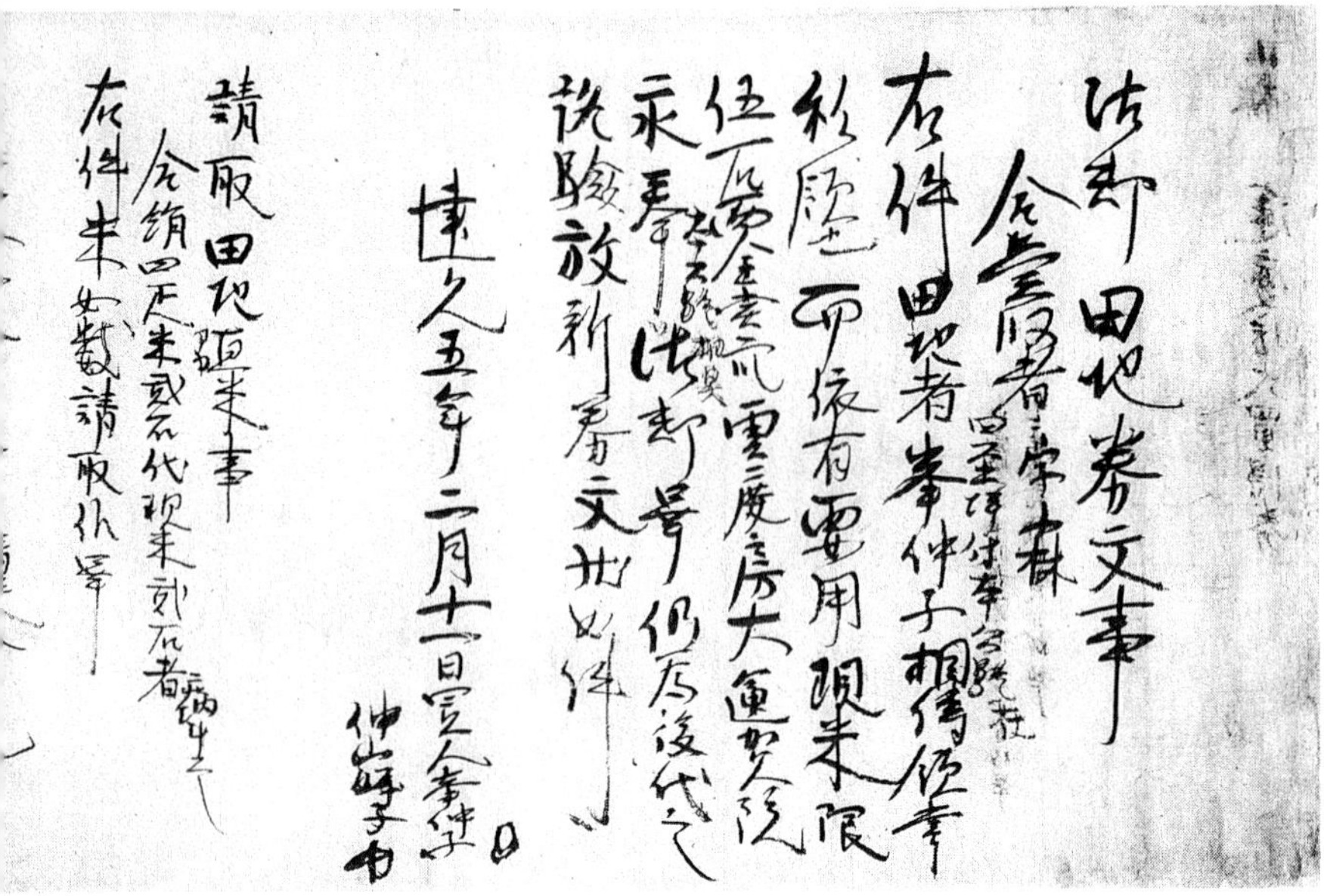

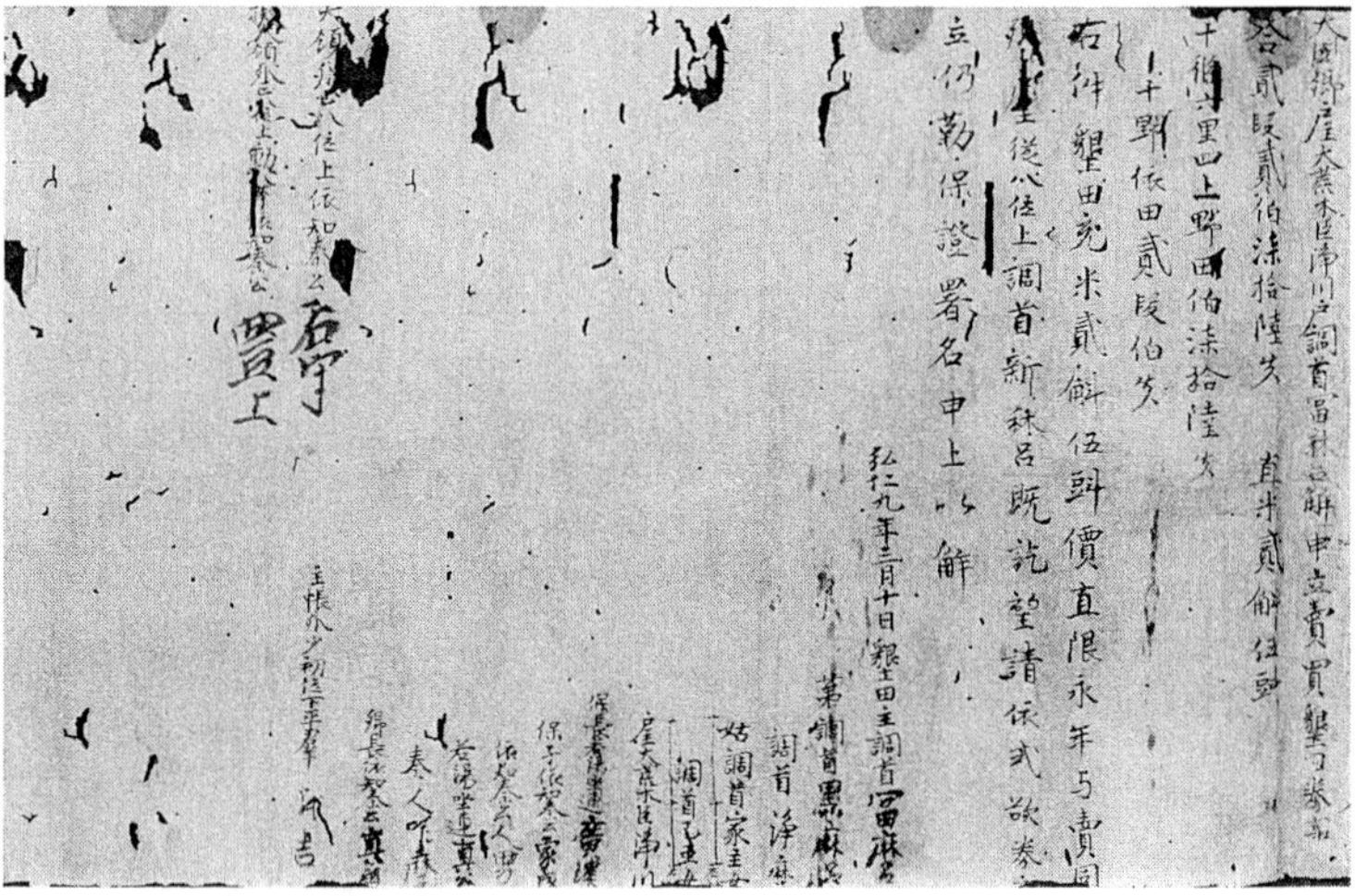

図128　近江国《おうみのくに》愛智《えち》郡《ぐん》大国《おおくにの》郷《ごう》調《みつぎの》首《おびと》富麻呂《とみまろ》解《げ》（弘仁九年三月十日　大東急記念文庫）

大国郷戸主大荒木臣浄川の戸口調首富麻呂が墾田を同郷戸主調首新麻呂に売るために出した文書。養老令の規定では田宅家屋等の売買には所在の国郡司・京職の承認が必要であるため、売買に際してはもと売買人両者ならびに証人の署名をとって郷長の名で解が出され、国郡司等の許可の証判を得るのが定めであった。しかしやがて売主の名で解が出されることも並行して行なわれるようになったが、これはそのもっとも早い頃の一例である。連署者中の「姑調首家主女」「調首乙虫女」の左傍に縦線が引かれているが、これは画指といい、指の長さおよび関節の位置を示すことによって当人であることの証拠としたものである。字面に愛智郡印の朱印を捺す。

図127　峯仲《みねのなか》子《こ》田地《でんち》売券《ばいけん》(建久五年二月十一日　東大寺成巻文書　東大寺)
峯仲子が田地一段を興福寺西金堂衆雲慶房大運賀院に沽却した売券である。その奥に同月十三日付の田地直米請取状が書かれている。紙背にはこの一段のうち半段を藤原五子、残り半段を僧心長に与える旨が記されている。後になって、手継証文中の一部の土地を切り離して他に沽却・譲与する場合はこのように本券文の裏にその旨を書き加える。これを当時「裏を毀つ」「裏を破る」といった。

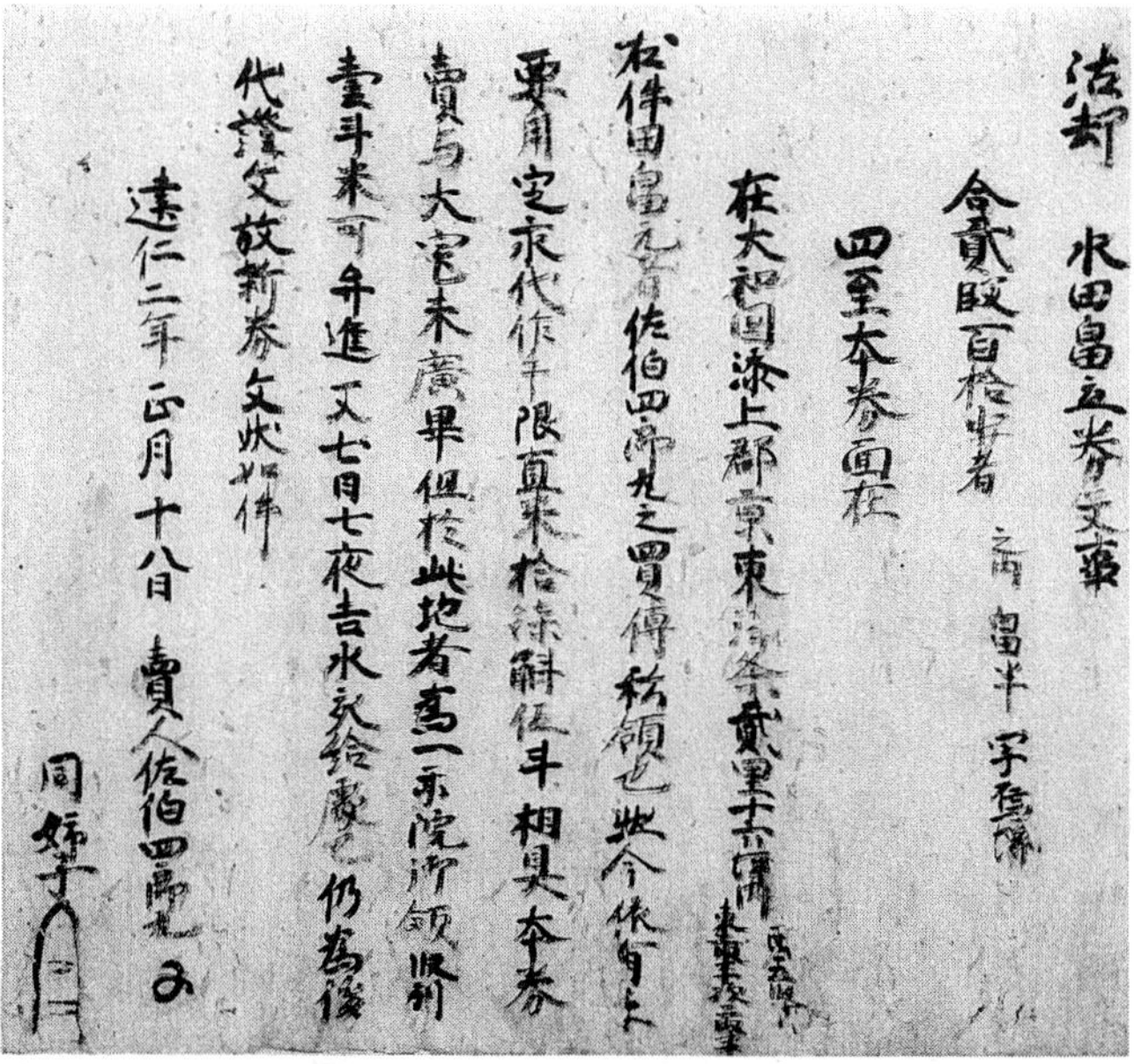

図129　佐伯《さえきの》四郎丸《しろうまる》田畠《でんぱた》売券（建仁二年正月十八日　東大寺成巻文書　東大寺）
佐伯四郎丸が大和国添上郡京東七条二里十六坪内の田畠二段百十歩を大宅末広に売った売券。佐伯四郎丸とともに姉子が連署しているが、花押・略押の代りに指の形を描いているのが珍しい。画指の例は図128に掲げたが、これもまた画指の一種である。

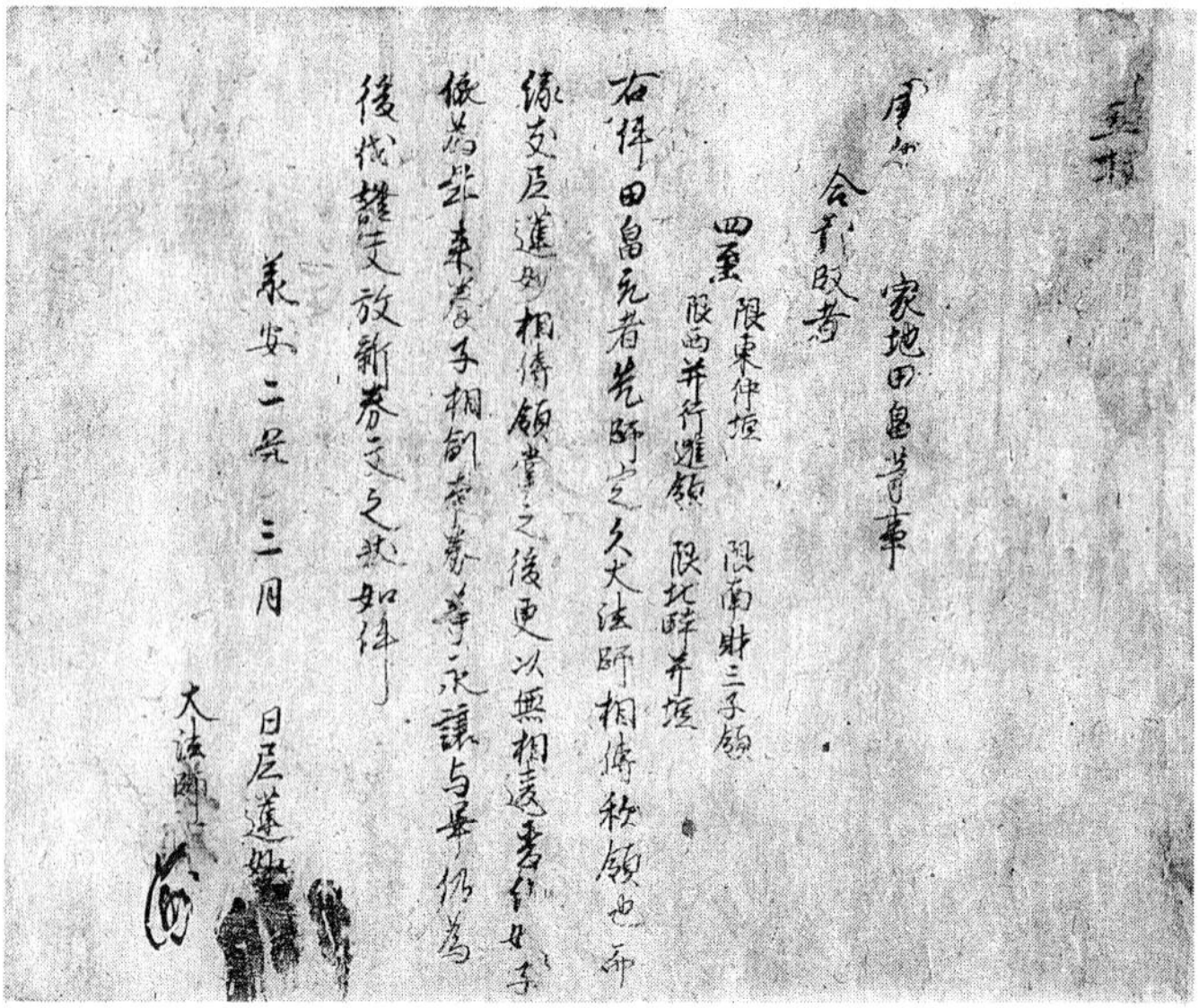

図130　尼蓮妙《あまれんみよう》家地《やち》田畠《でんぱた》譲状《ゆずりじよう》（承安二年三月　日　東大寺成巻文書　東大寺）
尼蓮妙が先師定久大法師から相伝した私領を、養子紀姉子に譲与した文書。尼蓮妙は花押の代りに指三本に墨を付けて指の形を捺している。画指に類似するところがあるとはいえ、画指とはまた異なった方法である。この他に指頭に墨を付けて捺した、現在の拇印に似たものが見られる文書もある。

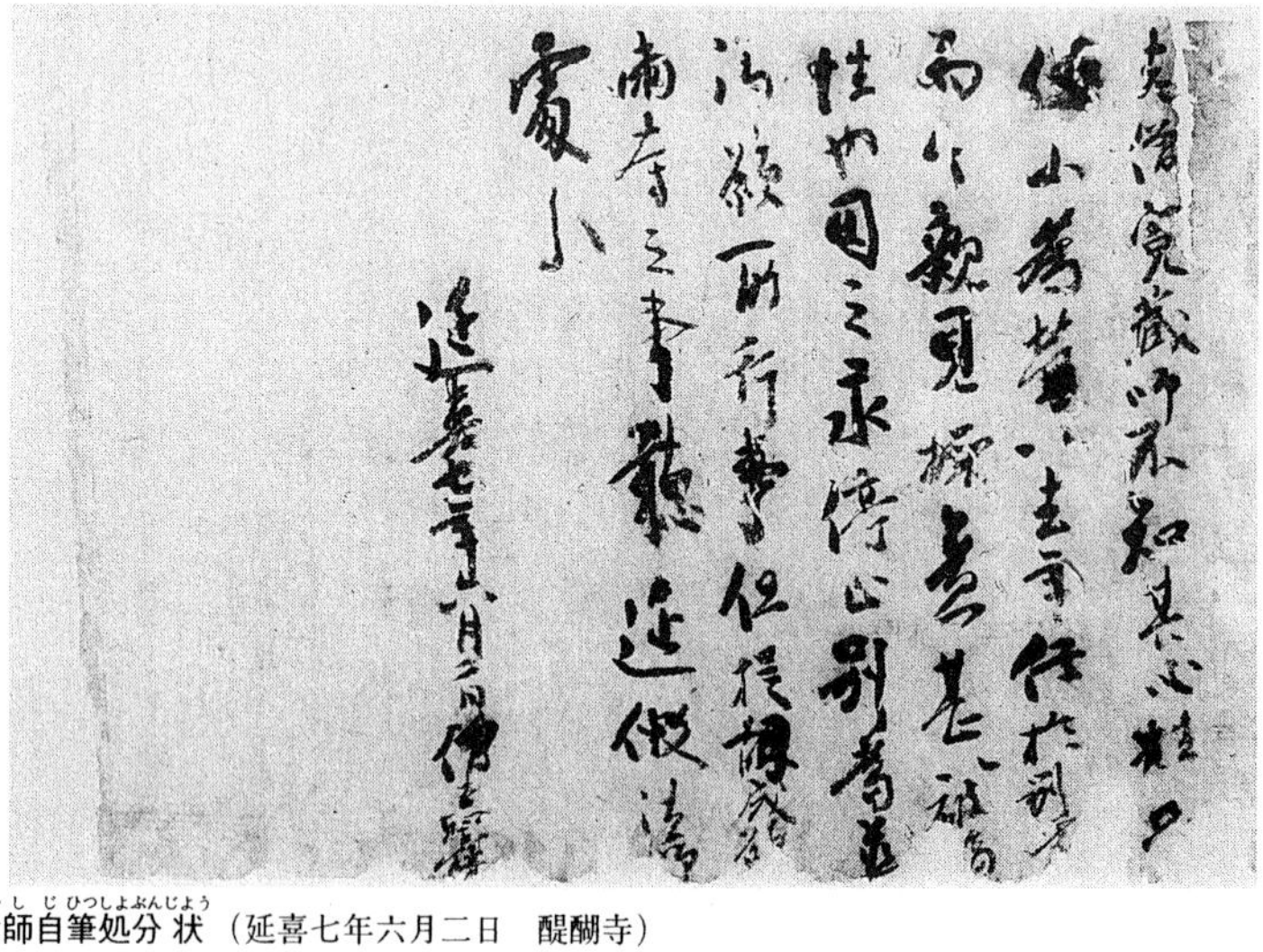

図131　理源大師《りげんだいし》自筆《じひつ》処分状《しよぶんじよう》（延喜七年六月二日　醍醐寺）
醍醐寺開山聖宝（理源大師）自筆の処分状である。去年某を別当ならびに御願所行事に任じたのは不適任としてやめ、延敝に提胡（醍醐）・成願両寺の処分を委せた文書。後世の処分状とは形式等を異にするが、寺務を委ね後事を託するという点からは内容的に一部共通するものがある。当時聖宝は最晩年であり、しかも病を得ていた。この文書の字形に乱れがあるのはそのためであろうか。

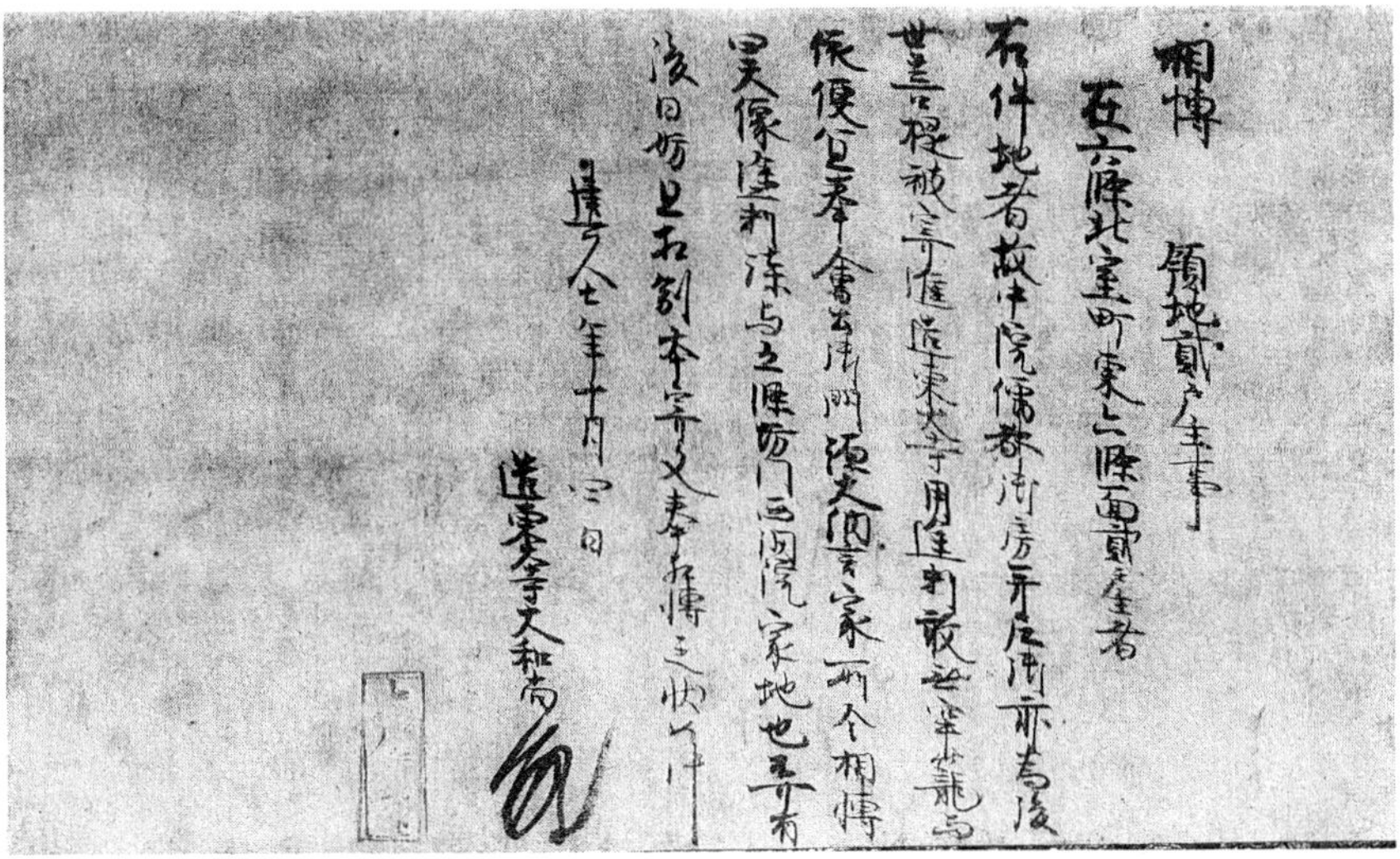

図132　重源《ちょうげん》家地《やち》相博状《そうはくじょう》（建久七年十月四日　吉田淳一氏）

故中院僧都と尼御前が造東大寺用途料として寄進した京都六条北室町東六条面の家地二戸主と、四天像塗料漆ならびに五条坊門西洞院家地とを交換した文書。相博の相手は後鳥羽天皇の側近として権勢を誇っていた土御門源大納言（通親）である。造東大寺大和尚とは俊乗房重源のことで、その左奥に大応寺の朱印があるが、後世に捺されたものである。

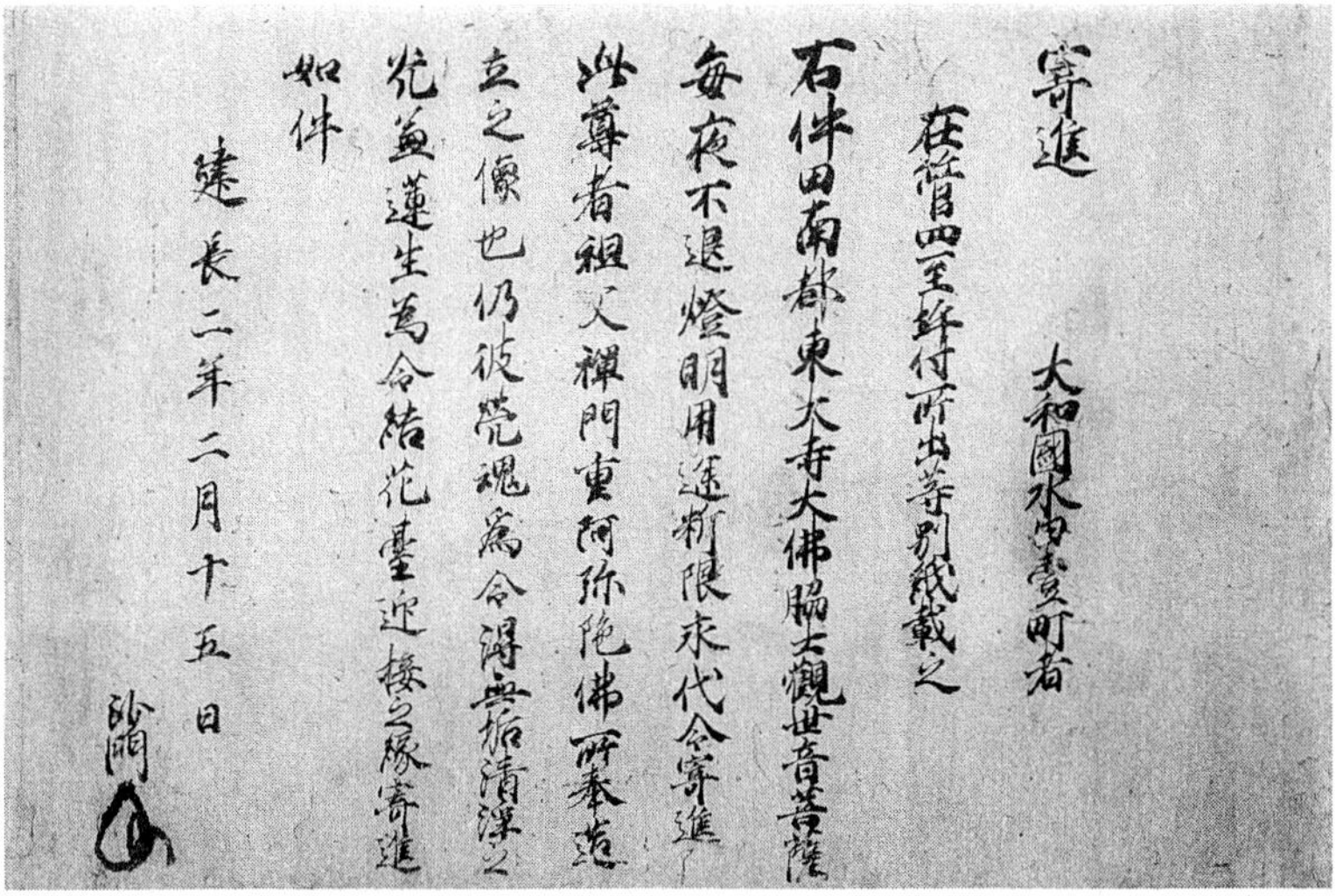

図133　沙門蓮生《しやもんれんしよう》田地《でんち》寄進状《きしんじよう》（建長二年二月十五日　東大寺成巻文書　東大寺）

沙門蓮生が大和国内の水田一町を東大寺大仏脇士観世音菩薩毎夜不退燈明用途料として寄進した文書。沙門蓮生は鎌倉幕府の有力御家人の一人宇都宮頼綱のことである。大仏脇士観世音菩薩像は建久七年に彼の祖父禅門重阿（宇都宮朝綱）が寄進造立したものである。その因縁により孫蓮生がこの時燈明料田を寄進することとなった。

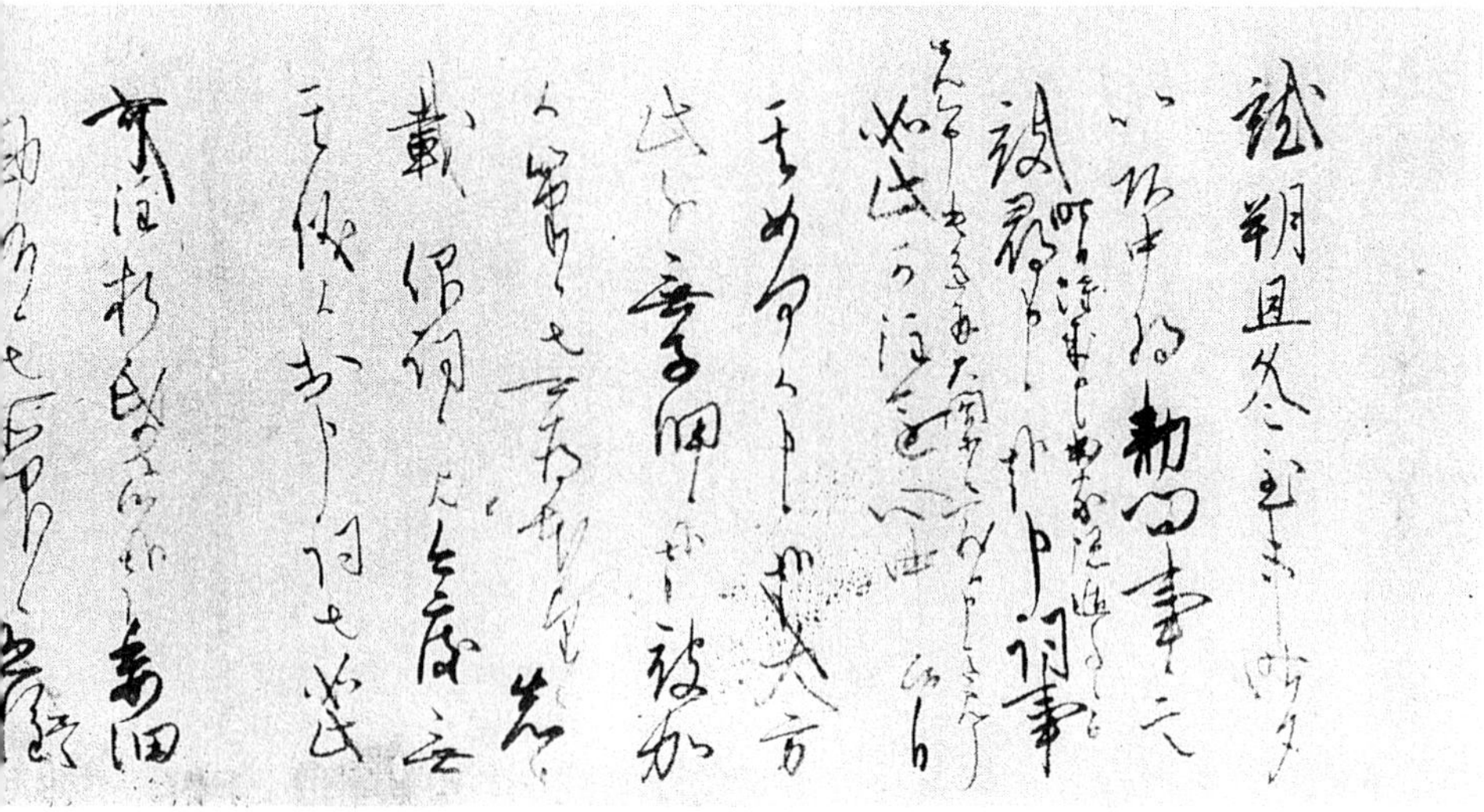

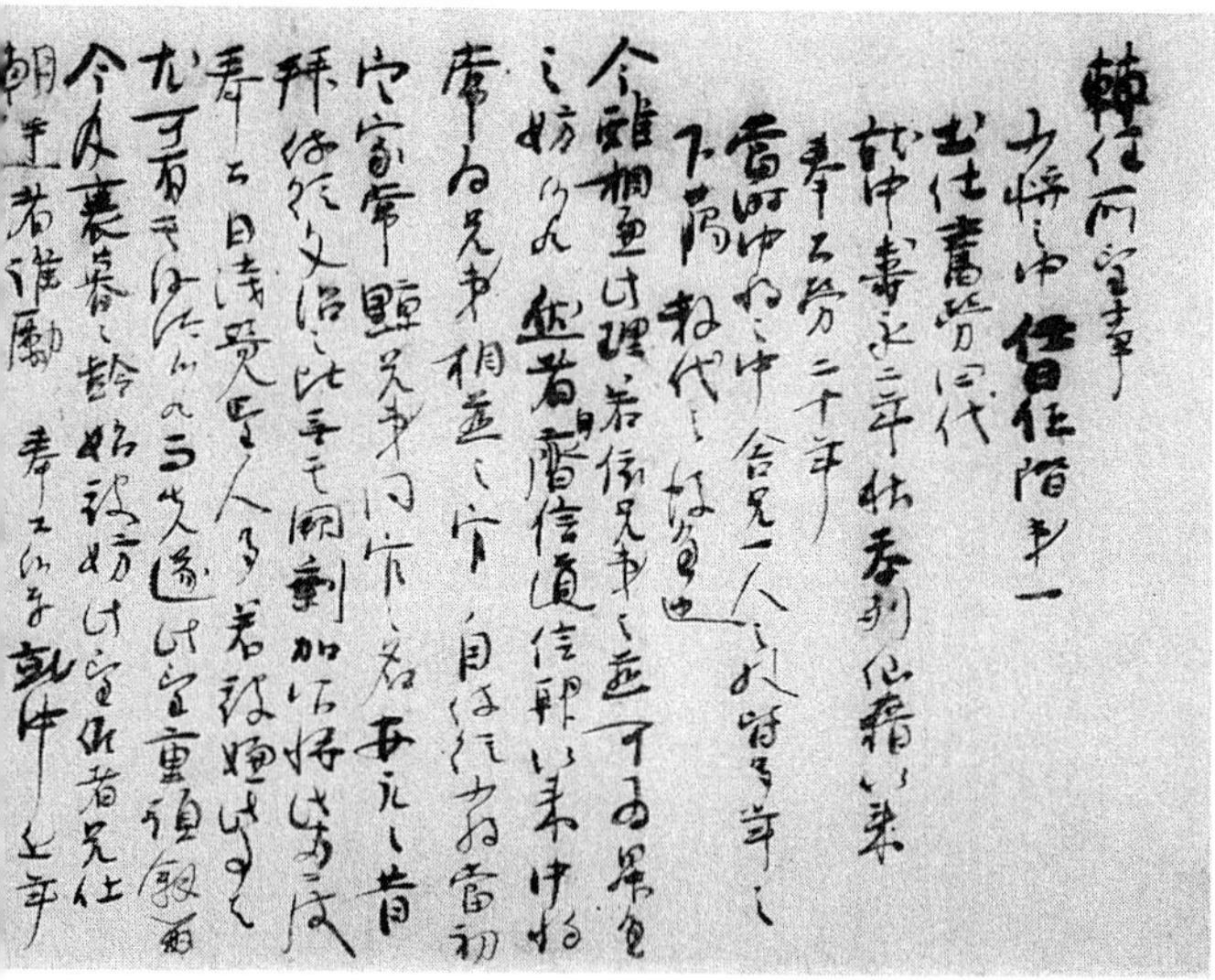

図135　藤原《ふじわら》定家《さだいえ》申文《もうしぶみ》（東京国立博物館）

歌人で名高い藤原定家が少将から中将への転任を望んで提出した自筆の文書。官位・役職等を所望して提出される文書を申文という。まず自分の労功を述べ、他人との昇進の遅速の比較、その官への昇任・転任の先例等が記されている。建仁二年定家五十一歳の時に出されたものと推定される。歌人としての名はありながら、官位の面で恵まれなかった定家の不満がうかがわれる。

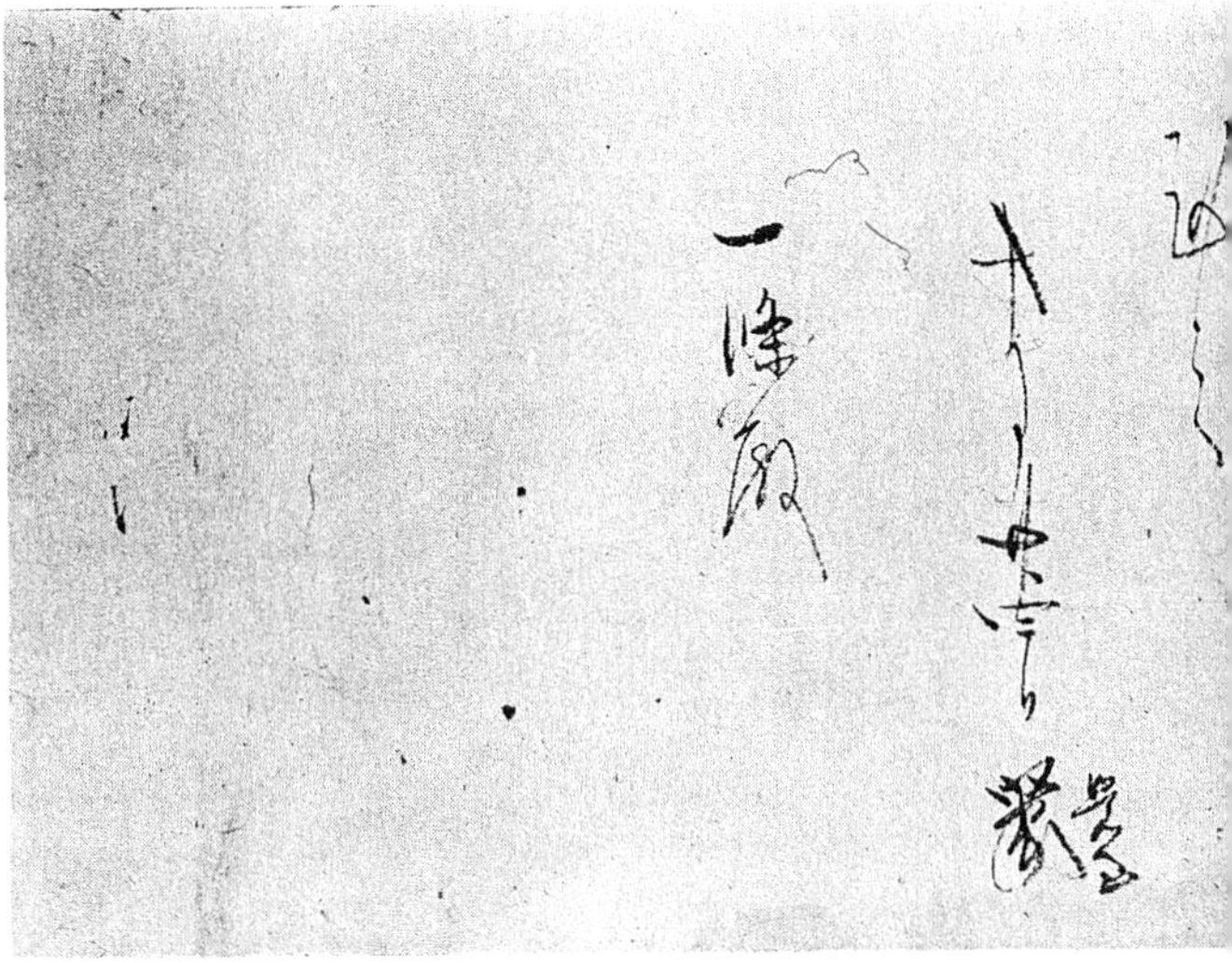

図134　近衛《このえ》政家《まさいえ》書状《しょじょう》・一条《いちじょう》兼《かね》良《ら》勘返《かんぺん》（十月二十四日　陽明文庫）
朔旦冬至の事について、前日（二十三日）に政家に勅問があったので、政家は兼良に意見を求めた書状を遣わした。そこで兼良（法名覚恵）はその政家書状中の関係箇所に鉤点を付してその部分に自分の意見等を記して返事とした。このように到来した書状の行間に返書を認めたものを勘返・勘返状と呼ぶ。

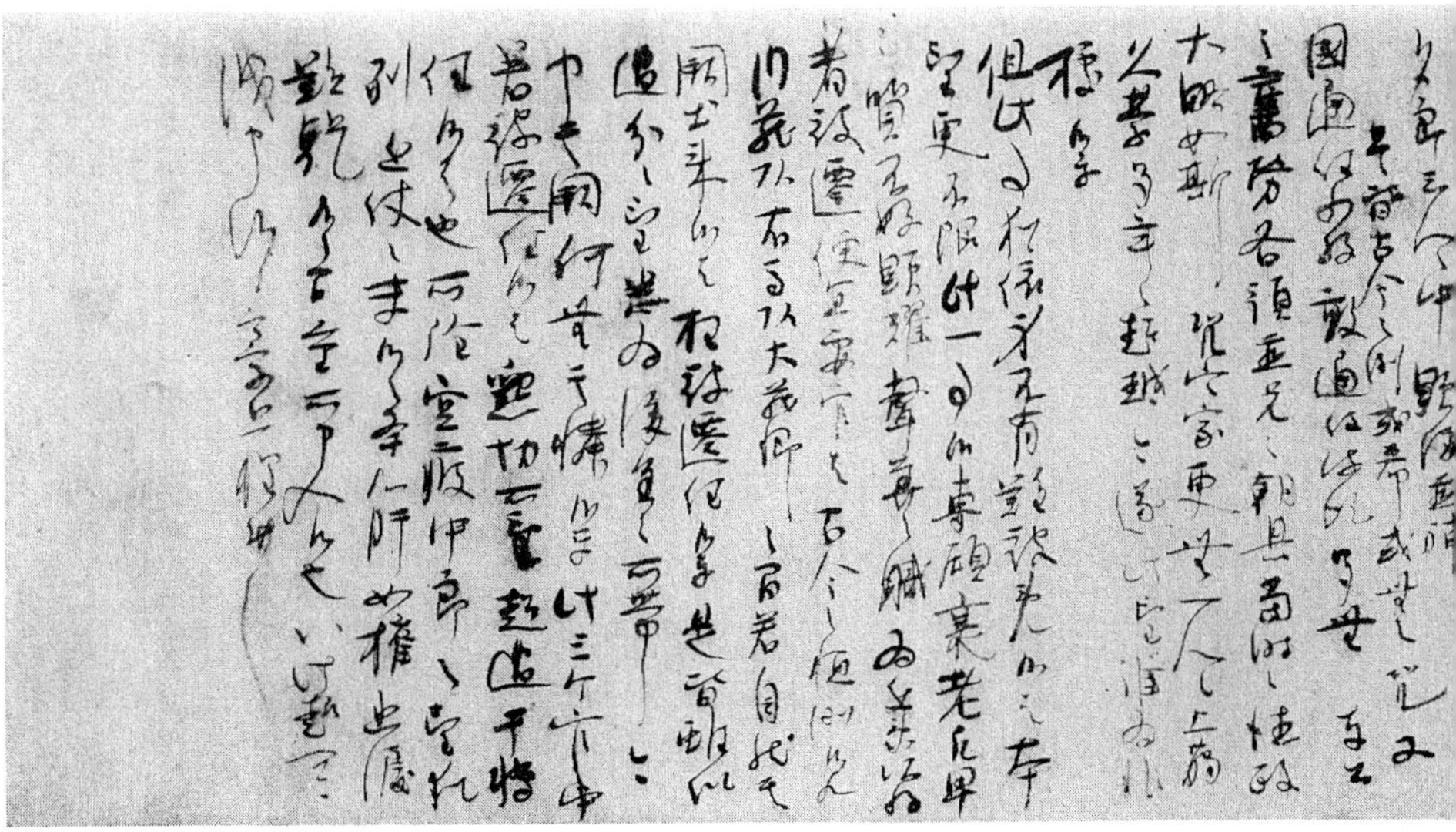

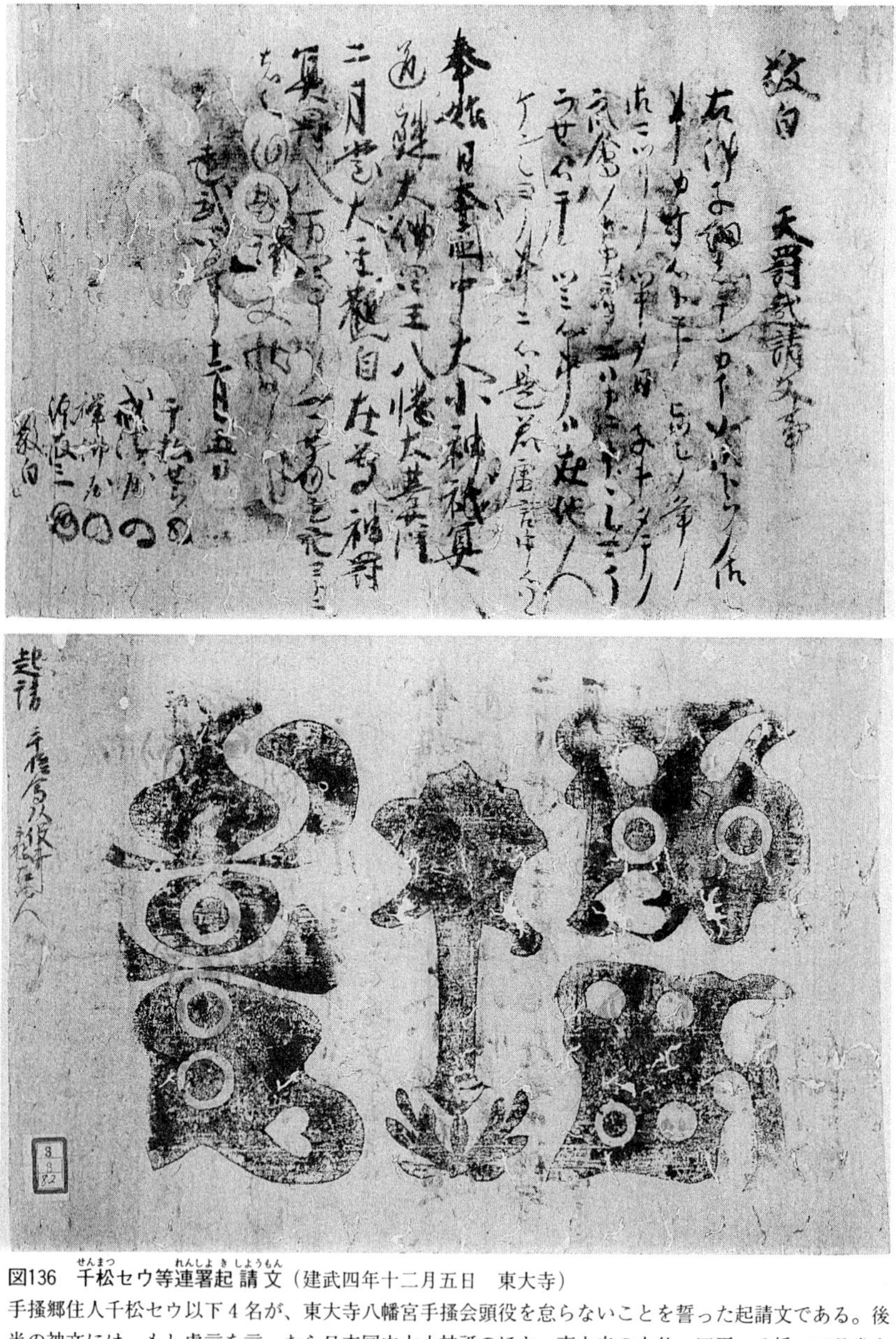

図136　千松《せんまつ》セウ等連署《れんしょ》起請文《きしょうもん》（建武四年十二月五日　東大寺）

手搔郷住人千松セウ以下４名が、東大寺八幡宮手搔会頭役を怠らないことを誓った起請文である。後半の神文には、もし虚言を言ったら日本国中大小神祇のほか、東大寺の大仏・四王・八幡・二月堂大聖観自在尊等の罰を蒙ることを誓言している。紙背に「熊野山宝印」の刷版の牛王紙を用いている。熊野牛王紙は鎌倉時代後半期から用いられ、やがて牛王紙の代表的なものとして、全国的に広まった。

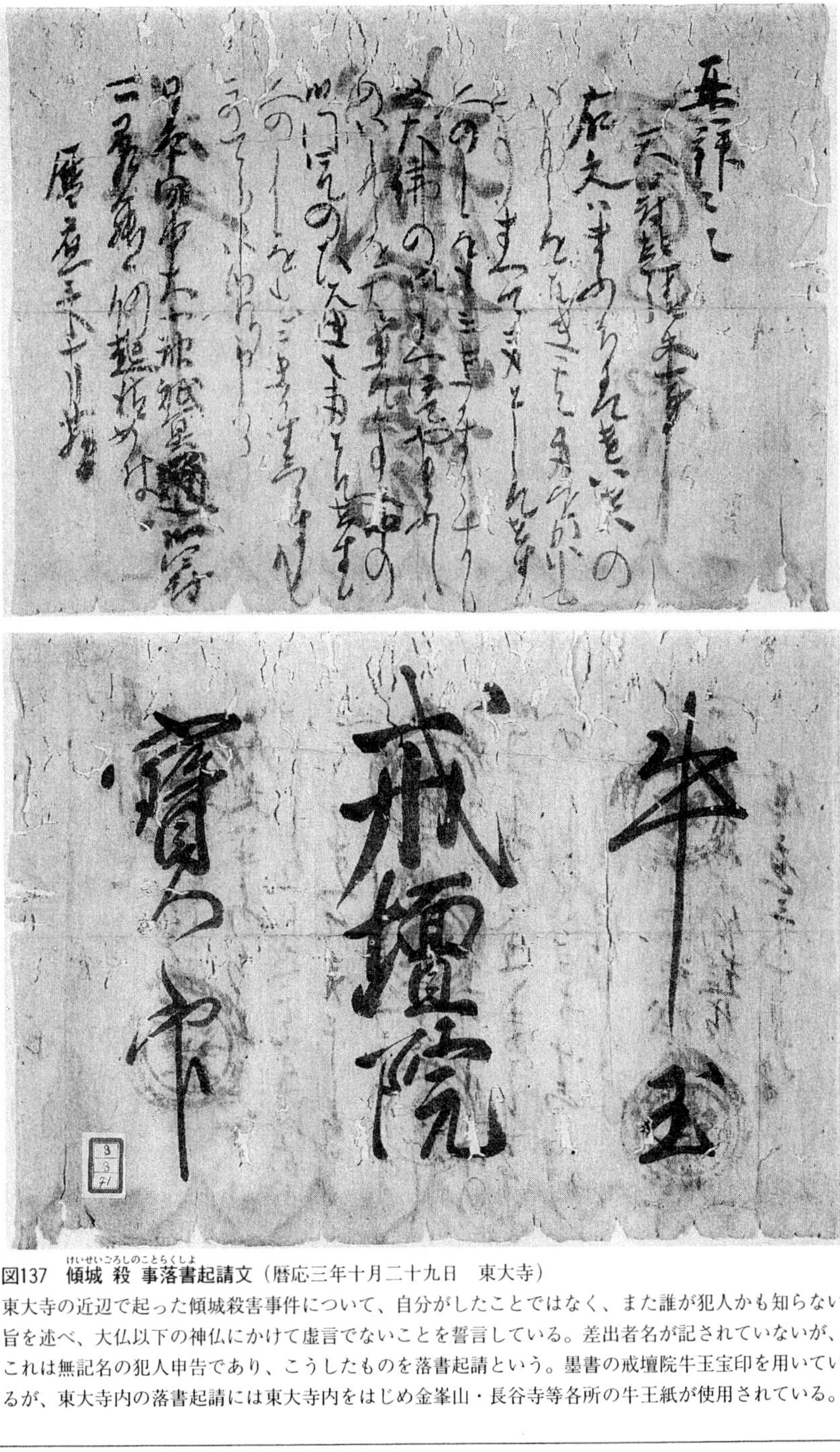

図137　傾城《けいせい》殺《ごろしの》事《こと》落書《らくしよ》起請文（暦応三年十月二十九日　東大寺）

東大寺の近辺で起った傾城殺害事件について、自分がしたことではなく、また誰が犯人かも知らない旨を述べ、大仏以下の神仏にかけて虚言でないことを誓言している。差出者名が記されていないが、これは無記名の犯人申告であり、こうしたものを落書起請という。墨書の戒壇院牛王宝印を用いているが、東大寺内の落書起請には東大寺内をはじめ金峯山・長谷寺等各所の牛王紙が使用されている。

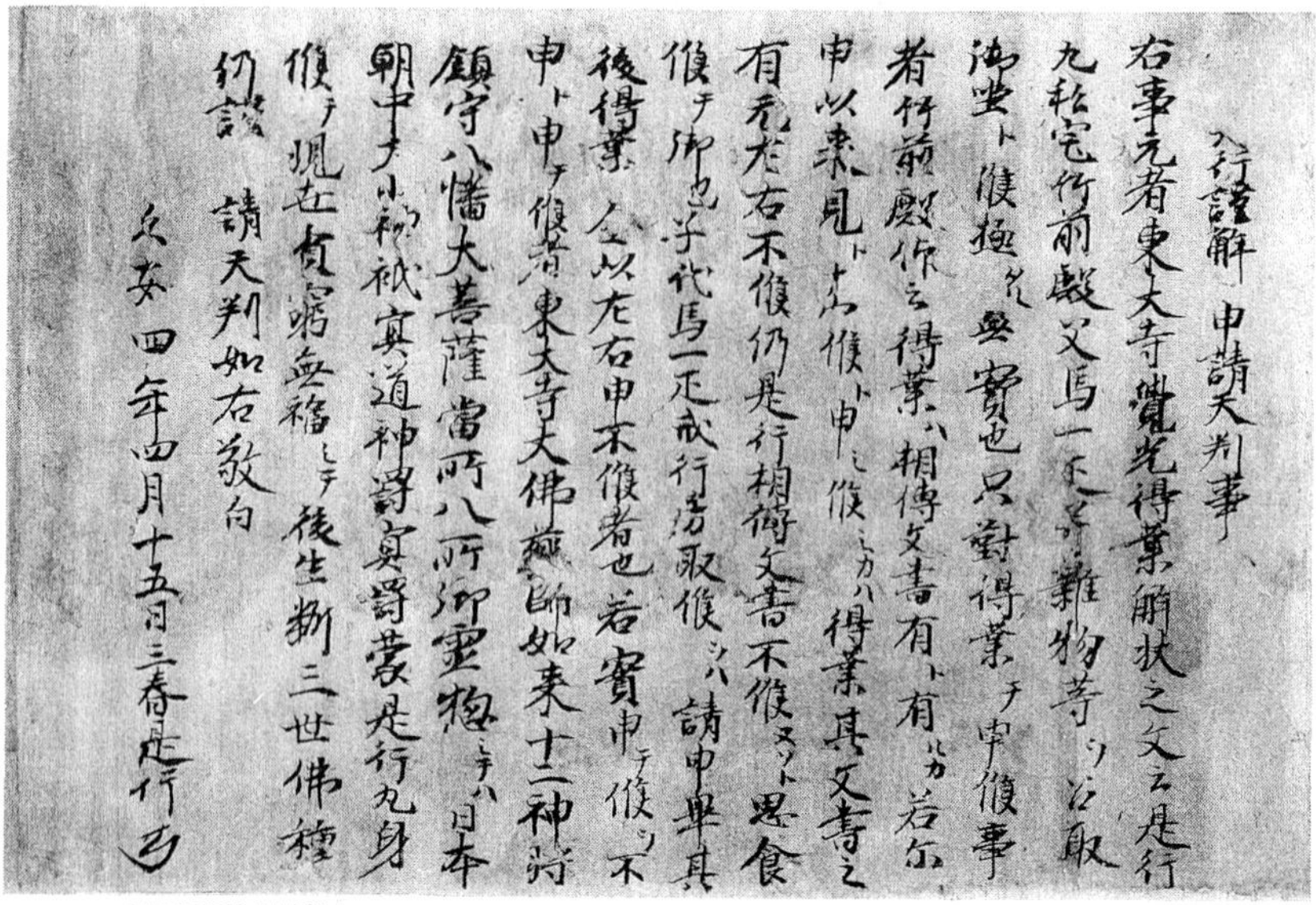

図138　三春《みはるの》是行《これゆき》起《き》請文《しょうもん》（久安四年四月十五日　東大寺成巻文書　東大寺）
三春是行は東大寺の覚光得業から馬・雑物を召取るという罪を犯したと訴えられた。そこで是行は無実のことを述べるとともに、後半ではもし偽りを言ったならば東大寺大仏・鎮守八幡その他の神仏の罰を我が身に受けるであろうことを誓言している。現存する起請文としては現存最古のものである。なおここではまだ牛王紙を用いてはいない。

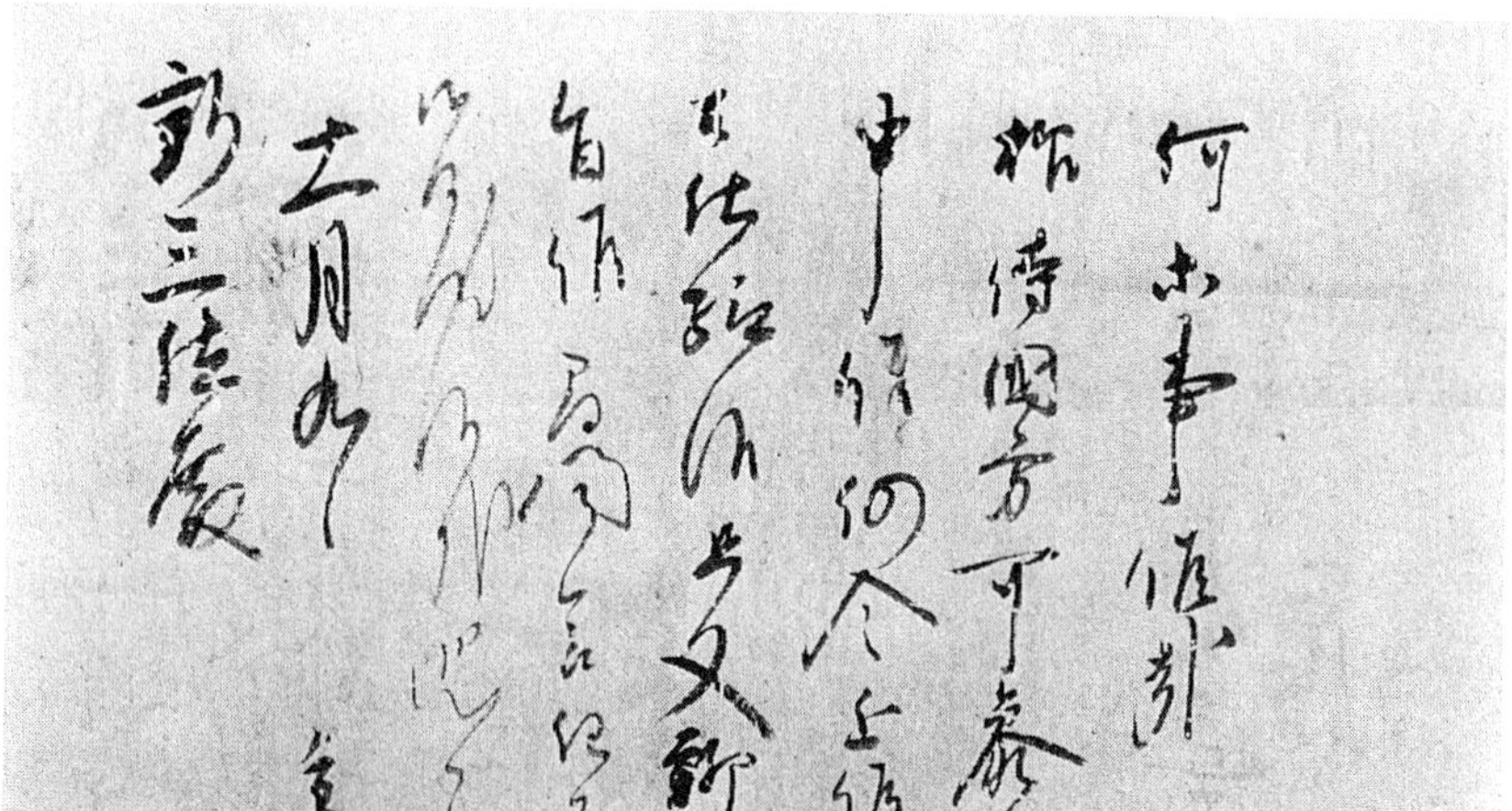

図139　平《たいらの》重盛《しげもり》書状（十一月九日　宮内庁）
平重盛がその侍国方を新三位のもとに遣わした時に送った書状である。充先の新三位ならびに書状の年紀は明らかでない。平重盛の自筆は本状の他兵範記紙背文書中の書状断簡が知られるのみで、彼の筆跡を伝えるものとして貴重である。

第二　古文書の料紙・礼紙と紙背文書

一　本紙・礼紙と料紙の使用法について

はしがき

綸旨・院宣・御教書などは、本紙の他に文の有無にかかわらず礼紙一枚を副え、さらにこれを懸紙（封紙・包紙）[1]で包んで一通を構成するのがその正式の姿である。その本紙・礼紙は貼り継がれることすなわち続紙（継紙）にされることなく、各が離されたままになっていることはいうまでもない。書状についても、綸旨等と同じく、本紙・礼紙の二枚より成り、さらにこれを懸紙で包むのがもっとも厚礼である。しかし差出者と受信者との地位・身分の関係その他により、あるいは懸紙を省略し、あるいはまた懸紙の他に礼紙をも省略して本紙一枚のみの場合もあるが、これは書札の厚薄によるものである。

本文が本紙一枚にて終らない場合には当然二枚目の礼紙にわたって書かれることは言うまでもない。礼紙の奥で終らなければ、本紙の袖に書き足し、さらには本文の行間にまで及ぶこともある。しかし長文が予想される場合には、袖書・行間書を避けて、さらに紙を足して書き、料紙が四枚にも及ぶ場合もまま見受けられる。なおこの場合にも、各紙は離れたままで続紙にされていないことは勿論である。また本紙のみで本文を書き了えた後、追伸の形、すなわち「逐（追）申」「逐（追）言上」等の書出をもつ追而書によって補足をする場合、つまり礼紙書[2]を副える形をとる場合もある。

この二通りの礼紙利用法のうち、本文が礼紙にまで続けて書かれた場合には、本紙・礼紙を背中合せ、すなわちともに文の書かれている方を外に向けるように重ね合せ、本紙を内にして、本紙本文の奥の方から巻き畳む。このため畳んだ外側には礼紙奥端の空白部分が出て来て、ここに充所・差出書が書かれる。これが表書（ウワ書）で、切封を行なう場合には、ウワ書の畳んだ裏側に切封の「封」を書き加える。つまり開いた場合には、「封」は本文・ウワ書と同じ面で、ウワ書の右隣の行に来る。これが所謂「礼紙切封ウワ書」の姿である。

一方、礼紙書の場合には、普通はその左奥に礼紙切封ウワ書が加えられることはなく、「封」さえ持たない場合が多い。切封を加えられる場合には「封」は礼紙右端裏にあって、文面側にはないのが通例である。この場合、充所・差出書は書かれないことが多いが、稀に書き加えられる場合にはやはり礼紙右端裏で、「封」よりも外側、すなわち翻して見た場合には、このウワ書は「封」の外側・左隣の行となる。(3) このように礼紙書にはウワ書を持たない例が多いということは、この外側にさらに懸紙を加えられることが多かったことを物語るものである。院宣・御教書等の公文書には礼紙書を副えられた例が数多く見られるが、これらはいずれも懸紙を持つものである。また書状の場合でも、鄭重な書札の場合には懸紙が加えられる。したがってこのような場合には礼紙にわざわざウワ書を加える必要はない。こうしたことから礼紙書を副えられるのは公式もしくは鄭重な書札の場合に多かったと考えられる。なお院宣・御教書等で、本文が礼紙に及んだ場合には、礼紙の奥にウワ書が加えられるが切封を加えられることは無いのが例であり、懸紙を持つ場合には切封を必要としないことが多かったことは明らかである。(4)

以上述べたように、同じ礼紙でありながら、本文を書継いだ場合と、礼紙書とでは切封の位置に大きな相違が見られる。つまり本文を書き継いだ場合には、本紙・礼紙は文面を背中合せにして巻き畳むが、礼紙書の場合にはその文面を本紙と同じく上向にして巻き畳むという正反対の取扱いをしていることになる。このような相違はいかなる理由

によって生じたのであろうか。以下この疑問点について考えてみたい。なお本稿でいう「書状」とは、「恐々謹言」等の書止め文言を持つ所謂書状形式文書を総称する。したがって内容上から申状・請文等の名称を付けられるものでも、書状形式を持つものはすべて書状に含めて考える。

註

（1）綸旨・院宣・御教書は勿論、書状の一部でも、巻き畳んだ外側をさらに包み紙で包まれている。この包み紙は、人によって「懸紙」「封紙」「包紙」と名を変えて呼ばれている。封紙と呼ぶ場合については、案文で包み紙まで同様に写しを作っている時にはこれまでも封紙と呼ぶことは必ずしもふさわしくないように思われる。また包紙と呼ぶ場合には、後世にそれに包み紙を加えたり、また数通を一括して紙で包んでいる場合にも包み紙と呼ばれているので混乱を来たし易い。そこで一応本稿では懸紙に統一した。しかしこの懸紙についても、『書札礼』「懸紙事」の項を見ると、この項では礼紙のことが述べられており、懸紙と礼紙とは類似のものかと考えられる。一方『消息耳底抄』では礼紙と懸紙とは別のものとされているようである。しかしいずれにせよこれらの書に見える懸紙は包み紙とは別のもののように解される。したがって包み紙を懸紙と呼ぶことにも疑点がなくはない。むしろ『書札礼』に「裏紙」とあるのが包み紙に当たるようであり、「裏紙」を用うるのがあるいはもっとも適当ではないかと思われる。しかしこれまで古文書学上に用いられてきた用語三つの中から選ぶとすれば、他の古文書学用語その他との関係上より、現在のところでは懸紙がもっとも紛れが少ないと考えられるのでこれを用いた。但しその可否については検討を要するところであり、むしろ「裏紙」を用いるべきではなかろうか。

（2）礼紙に追而書を書かれたものを「礼紙書」と呼ぶ説（伊木寿一・相田二郎・勝峯月渓・吉村茂樹氏他）と、礼紙に書かれた文すべて（本文後半部または追而書）を礼紙書と呼ぶ説（中村直勝・佐藤進一氏他）とがある。『書札礼』『貴嶺問答』では、礼紙とは本文を書かれていない紙（追而書はあってもよい）を呼んでいるようである。もしそう解することが出来るならば礼紙に書かれた追而書を礼紙書と呼んでおいてもよいわけである。本稿では礼紙に書かれた追而書を礼紙書と呼ぶ立場に立って「礼紙書」なる語を用いることをお断りしておく。

（3）その一例をあげれば、高山寺文書第一部三七号、空弁書状礼紙書は右端裏に切封ウワ書が加えられている。

（4）『書札礼』「礼紙上封事」項に「恐々時、礼紙上封之、其上書封字、等同之類載密事之時如此」とあり、礼紙に封を加える

のは厚礼の場合という。

一　紙の表裏

古文書調査中に、同じ一通の書状でありながら、本紙・礼紙の表面の様子が各異なっている印象を受けることがあった。透過光によってその料紙を調べてみると、両者の材料・漉き方はまったく同じであり、相違するのは表面の状態のみである。子細にその表面を比較検討してみると、礼紙の文面側には表面に紙の繊維の粗い固まりが顕著に浮き出し、本紙文面側の表面に比して荒れが甚しいことが認められた。試みに礼紙を翻して紙背の側を本紙文面側と比較してみると、この場合には両紙の表面の状態は極めてよく似ていた。つまり礼紙の文は所謂「紙の裏側」（この「裏」は紙背文書・裏文書・裏書の場合のような、本文に対する紙背・裏の意ではなく、紙漉の過程で出来る紙の表裏のことをいう。以下本稿で紙の表側・裏側と記す場合は、それぞれ紙自体のもつ表裏、すなわち表面の滑かな方と粗なる方を指す場合に用いることとする）に書かれているものと考えざるをえなかった。この事実に気付いた当初は、この書状筆者の不注意により紙の表裏を誤って、礼紙は紙の裏側を使用して文を書いてしまったものかと思われた。しかしその後、本紙・礼紙と紙の表側・裏側との関係に注意を払って見てみると、本紙は紙の表側に文を書くのに、礼紙の方はほとんど紙の裏側を使用し、表側に文を書く場合は極めて少ないことが認められるに至った。

紙の裏側は表側に比して表面が粗く、運筆上でも、また墨付の具合でも表面に比してはるかに劣り、裏側使用を避けることは現在では我々の常識となっている。しかるに、礼紙は礼紙書の場合を除いては、ほとんどすべてのものが紙の裏側を使用して書かれているということは、現在の我々の常識とはまったく正反対の料紙使用法として驚かされ

た。

ところで、紙の表裏については、表面のより平滑な方が表側であり、粗なる方が裏側とするのがもっとも一般的な判別方法とされている。しかしこの識別法は多分に感覚的なものに頼っており、表裏ともに比較的よく似た感じを持つ料紙においては、平滑さと粗さの比較のみではなかなか表裏を判定し難くなる場合も多く、人によってはその判定が逆になる場合すら生ずる。そこで表裏の判定にはもっと客観的な基準によることが必要となる。紙の表裏はその抄造過程で出来るものであるから、その過程で生ずる幾つかの特徴的なものを目印にして判別を行なえば、その判定は客観的となり、人の感覚のみによる主観的な判定の誤りを防ぐことが可能となる。

紙の表裏は紙を漉く段階で決定される。すなわち簀を張った枠（鳥ノ子紙等の場合にはそこに紗を張る）の上に水中に浮ぶ紙の繊維を掬い上げて枠内に均一にそれをならし、所定の厚さの紙にする。この時枠の底に接する面の方に簀・紗の目が残り、また粗い繊維の固まりも下方に溜り易い。一方、上面の方は水中での仕上げ過程で、水に浮ぶ細い繊維が表面を覆い、繊維の固まりの上にもそれらが覆い隠すように付着する。このようにして紙の上面は平滑となり、下面には粗い繊維の固まりが出るようになる。

こうして漉き上げられた紙は、枠からはずし、一旦重ねて水切りをした後に、板に張って乾燥させる。この時紙の上面（表側）が板の面に合うようにして張り、さらに張った紙が板によく密着するように、上（紙の裏側）から刷毛で撫で付ける。この時紙の裏側には刷毛目の跡が付き、乾燥後まで残る。表側はより平滑に仕上げるため、平らな板の面に張られるのであるが、この板が長期にわたって使用されていると、年輪間の軟い部分が磨耗し、固い木目の部分のみが多少浮上って突起するようになる。こうした板に張られると、紙の表側には木目が鋭い凹線となって残される。これらの刷毛目・木目は現在の手漉和紙にもはっきりと見られるが、古代・中世の紙にも同様によく残ったものが多

い。[1] 但しこれらの跡は修補の手を加えられると消えて見えなくなることが多いが、そうでない限りはよく注意して見れば現在でもはっきりと認められる。したがってこの刷毛目・木目の跡を確認しうれば、紙の表裏は客観的に判定することが可能となる。[2]

なお後世所謂「奉書紙」様の紙は鎌倉時代中期頃から作られるようになるが、その中には刷毛目等の跡を確認することの困難なものがある。これは修補等の手が加えられておらず、しかも他の紙については十分に刷毛目等を確認しうる光線状態の下においても確認困難であり、あるいは特別な乾燥方法をとられることがあったのかも知れない。[3] また江戸時代の檀紙にはその製法に少なくとも三種類あったと考えられるが、[4] そのうちの簀に張って乾燥させると同時に檀紙特有の凹凸を付けたと考えられる種類のものには、しばしば紙の表側に刷毛目が認められる。その刷毛目の面に徳川将軍知行判物の本文が記されているのが、一代のみでなく、何代にもわたっての知行判物が同様であることから考えても、この刷毛目のある方が表側であることは明らかである。このように若干の例外はあるが、他の通常の紙については木目のある方が表側、刷毛目のある方が裏側となる。なおこの点について東大寺現蔵の東大寺文書のうち第一部第二四（雑庄之部）の一部について文面と木目・刷毛目の関係を調べて見たが、おおむね木目のある方に文面があり、刷毛目のある側に文面があるのは前述の書状礼紙（礼紙書を除く）の場合の他は過誤による表裏の取り違えと考えてよいようである。このように、紙の製作過程に生ずる木目・刷毛目跡によって紙の表裏を判定することは現存の古文書について見ても正しい方法であることが明らかとなる。

註

（1）奈良時代の古文書料紙については調査の機会を得られないが、平安時代以後（主として十一世紀以降）中世にかけての文書に見られる木目は柾目であり、板目のものはない。これは当時縦引きの鋸がなく、檜・杉等の繊維の真直ぐに通った針葉

樹の材を打割り法によって板に作ったためであろう。柾目のため木目の方向が紙の簀目と平行して付いた場合には木目と簀目との判別に苦しむこともある。

（2）刷毛目・木目の顕著なものは識別は容易であるが、凹線の浅いものは明るい片光線によらなければ発見し難い。明るい南の窓側や写真用のリフレクターランプによって側方から（上方からは不可）照らすと識別は容易となる。北側の窓からの自然光線や蛍光灯の如き散乱光では発見し難い場合が多い。一方からの横からの光線を用うれば写真撮影も可能となる。

（3）奉書紙様のやや厚手の細い繊維で漉かれた紙は刷毛目の顕著でないものが少なくないが、まったく発見しえないものはその一部である。

（4）江戸時代前期までの幕府の朱印状（五代将軍綱吉の代始め頃までか）はそれ以前からの簀の目による凹凸を付けた檀紙（A）を用いており、縮緬皺状の凹凸を持つ檀紙（B）（以後これがもっとも一般的な檀紙として多く使用されるようになる）は見られない。縮緬状の檀紙の出現はそれ以降のようである。これは明らかに檀紙の製法上に新技術が発見されたためである。この両技法の他に、板に幅のごく狭い溝を平行に彫り（時にその先を隣の溝に合せて変化を持たせる）、これに張り付けて乾燥させ凹凸を付けた檀紙（C）もある（大覚寺蔵印信類の包紙にその一例が見られる―享保頃）。しかしこの技法によるものは管見の範囲では多くはないが、今後の調査によってその普及度を確認することが必要である。簀に張り付けたものは、簀に面した側に鋭い突線が出来るので紙の裏側となる。そして簀に密着させるために刷毛で表面をなでたようで、このため紙の表側に刷毛目が付くことになる（時には表裏ともに刷毛目を留めるものも見られる）。但し縮緬皺状の凹凸のある檀紙では表側には刷毛目は認められないようである。なお（A）（B）の檀紙は江戸時代末まで共存しているが、現在見られるところでは江戸時代中期以降にあっては（B）檀紙の方が一般的に広く使用されており、（A）檀紙は限定された場合に使用されたようである。この両種のものは相手の地位身分により区別して使われていたようである。この問題については別稿（「徳川幕府の領知安堵と檀紙」、本書第三所収）で述べたい。

二　本紙・礼紙

前節で述べた紙の表裏判別法にしたがって書状の本紙・礼紙を調べてみると、本紙は表側に木目、紙背に刷毛目があり、礼紙は文面のある方に刷毛目、紙背に木目が認められるのが通例である。これは東大寺文書・高山寺文書・仁和寺文書・醍醐寺所蔵薄草紙口決紙背文書等について、かなりの数の書状を検討してみた結果である。時間等の制約によってそれらを全部にわたって統計的に処理することが許されず、それらの一部について調査しえたのみであるが、それでもその数はかなり多数に上っており、本紙は紙の表側、礼紙は紙の裏側を使用して書状をしたためるのが通例であったと断定して誤りないものと考えられる。なお一部に例外の場合も見出されるが、それについては後で述べたい。

このような料紙の使用法が行なわれるのは何故であろうか。料紙を一枚宛取って書状を書き、書き終って後に本紙・礼紙を背中合せに重ねたとすれば、文面のある方は常に紙の表側になる筈である。ところが本紙は表側、礼紙は裏側を使用している例がほとんど法則的に見られるということは、このように一枚宛料紙を取って書く（あるいは料紙を何枚も重ねたまま本紙を書き、書き終ったらその紙を横に除けて礼紙を書く）ならば起り得ない現象である。絵巻類を見ると、机上にかなりの枚数の料紙を積み重ねて置いてある場面が描かれている例がある。書状等を書く場合には、このように積み重ねてある紙（一・二帖程度か）をそのままに上から書き始め、一枚目（本紙）で終らない時は、それと二枚目の紙とを重ねたまままつまんで翻し、二枚目へと書き続け、書き終ると本紙を上にして本紙奥の方から巻き畳み、外側に出た礼紙奥端の空白部分にウワ書を加えるのではなかろうか。このようにすれば、礼紙にわたった文面は当然紙の裏側を

使用して書かれることとなる。なお本文が本紙で終っても、礼紙にはウワ書（充所・差出書、切封のあることも多い）が書かれるが、これまた当然紙の裏側を使用して書かれている。このような書き方を想定すれば、本紙・礼紙で木目・刷毛目のある側が正反対となっている理由がよく説明される。『貴嶺問答』中の「折奥巻事」の項に「事多至于奥、又引返書裏之時、不折之、事少之時、奥一寸許折之巻之」とある。「奥に至りまた引返して裏に書く」とは、本紙の紙背に書くことをいうのではなく、礼紙に書くことをいうのであるが、「引返書裏」とあることこそ先に述べたように本紙・礼紙二枚を合せたままつまんで翻すことをいっているのではなかろうか(1)。本紙奥まで書いてこれを除けて後、礼紙に書き続けるならば、「引返書裏」という表現はとらないであろう。したがってこの『貴嶺問答』の記事は前述の書き方が広く行なわれていたことを示すものと解してよかろう。同書にはまた「書裏方事」の項があり、「謹言許、若月日許、若上所計、不可書、雖為小字可書満面方、極無其所者、不書上所常事也」と述べられている。ここでもまた「書裏方」「可書満面方」と、礼紙を裏方、本紙を面方と呼んでいることが注目される。本項もまた前述の書き方を裏付けるものといえよう。

また書状が二枚で終らず、さらに三枚目以降に及ぶことも時にはあった。四枚にわたる場合に、その刷毛目のある側を調べてみると、第一紙―紙背、第二紙―文面、第三紙―紙背、第四紙―文面となっている。すなわち第一・二紙と第三・四紙とがそれぞれ背中合せの形となっており、第一・二紙は二枚つまんで翻して書かれ、第三紙奥まで書くと、先と同じく第三・四紙の二枚を重ねたままつまんで翻し、第四紙を書いたことが知られる。書状を書くに際しては、その書き方は枚数が増加しても常に同じであったことが明らかとなる。

なお書状礼紙（あるいは第二紙）の文面が紙の表側（紙背に刷毛目がある）を使用している例もなくはない。これについては二つの場合がある。その一つは、本紙の文面側に刷毛目が認められる場合である。すなわちこの場合には、本紙は

紙の裏側を使用し、礼紙は紙の表側を使用していて、前述の使用法とはまったく逆となっている。これはおそらくは紙の表裏を間違えて反対に置いたために生じた誤りであろう。このような誤りによる実例はあまり多くはないが、時折管見に触れる。その一例として東大寺文書（一―一二四―一九五）五月十四日付多母木清宗書状をあげておくが、その他にもその実例が見られる。

なおこの礼紙に相当するものとして、前述の四枚に及ぶ書状の第四紙目の場合について触れておきたい。つまり刷毛目は第一・三紙は紙背に、第二・四紙は文面側に来るのが正常の姿であるが、この場合は第一紙より第三紙までは正常ながら第四紙のみは文面に刷毛目がなく紙背に認められ、紙の表側を使用しているのである。(2) この場合には前述の置き方の過誤によるのではなく、第三紙目より第四紙目に移る間の紙の扱い方によるものである。第二紙までは通常の書状としての書き方をしながら、第三紙目を書き終えた時にはこれを一枚だけ除けて書いたか、または第三紙を書いた時に積み重ねてあった紙が尽き、第四紙目は新たに別の帖を取って書き始めたことによるかのいずれかが考えられる。しかしいずれをとるべきかは断定し難い。なお封・ウワ書は加えられていないので懸紙を持っていたものであろう。また第四紙奥に汚れがあり、第三・四紙も第一・二紙のように背中合せにされており、しかも第四紙文面側を外側にして重ね巻かれていたものと思われる。

また書状形式の文書の中には、本紙・礼紙ともに紙の表側を使用して書き継いだ実例も若干見受けられる。東大寺文書（一―一二四―四六八）七月十七日付光明山寺一和尚頼尊申状は「恐々謹言」をもって書止めており、また「謹上　年預五師御房」の充書があって、形式上はまったく書状と同じである。しかし通例の文書名の付け方にしたがえば、その内容によって申状とされるものである。その原本を検討すると、本紙・礼紙ともに紙背に刷毛目があり、表側を使用して書かれたことが知られ、前述の書状の書き方とは大きく異なっている。ところで本状には当初の折目がなお残

っているが、それは礼紙にはかなり顕著に見られるのに、本紙にはさほど顕著ではない。しかも礼紙の奥の方が折目は明瞭であり、礼紙文面を内側にして巻くように付いている。このことは、この申状が続紙ではないのにまず礼紙を巻き、次に本紙を巻く形であったことを物語るもので、普通の書状とはまったく異なった取扱いをされていたようである。その端裏書に「光明牒状」とあるように、本状は書状形式ではありながら、一般の申状（書状形式ではなく、「某申」で始まるような申状形式のもの）的な扱い方をされたため、このような特別な姿となったものであろう。

本紙・礼紙ともに紙の表側を使用している例は他にもまま見られるが、さらにその実例をあげてみたい。東大寺文書（一―一二四―三九二）十二月十三日付年行事弘尊書状もその一例であるが、本紙端裏に切封があり、先の例と同じくまず第二紙目が左奥より巻かれ、その次に第一紙目が巻かれたものと推定される。また東大寺文書（一―一二四―四一〇）五月三日付三面僧坊年預禅忠申状も書止は「恐々謹言」で、「謹上　年預五師御房」の充所をもつ書状形式のもので、全三紙より成るがいずれも刷毛目は紙背にあり、紙の表側を使って書かれている。このように書状形式ではありながら、申状として書かれたものの中には、一般の書状とは異なった紙の扱い方がされることもあったようである。

しかし東大寺文書（一―一二四―一二九六）十月十四日付の上笠間春政書状（請文）は、本紙・礼紙ともに文面に木目、紙背に刷毛目が認められるが、礼紙左奥に切封ウワ書が加えられており、背中合せにして巻き畳まれていたことが知られる。本状は室町時代後半期のもので、大和国宇陀郡内で伊賀と境を接する上笠間の住人の出したものである。あるいはこうした在地住人の出したものであることからこのような変則的な姿になったものであろうか。なおその他遠江国蒲御厨等より出された書状形式の申状の中にもこうした形のものが幾つも見られる。特に室町時代に入ると、前代に比して、このような料紙使用法をした書状の見られる数が多くなって来るようであり、注目される現象である。

本紙・礼紙を持つものは書状のみではなく、綸旨・院宣・御教書もある。しかし綸旨以下の公文書は、一般の書状

に比してその保存管理に意を用いられて来た。そのためこれらの中には修補の手を加えられ、形を改めて巻子本等に仕立てられているものが少なくない。これは保存上は有効な方法であるが、本稿で取り扱う本紙・礼紙と紙の表裏関係について知るためにはかえって致命的な欠陥となる。したがって原状をよく留めている綸旨・御教書等の原本を多数調査する機会は少なく、私はこの問題について論ずるに十分な資料を得ていない。ただ今までに管見に触れた中より気付いたことを一・二述べるに止めたい。

本紙・礼紙と紙の表裏の関係については二つの場合があったようである。仁和寺文書、九月二十七日付後光厳天皇綸旨は本文が礼紙にまで及んでいるものの一つである。(3) 現在は他の綸旨とともに巻子本とされ、裏打も施されて原装を完全に失っている。しかしその礼紙には修補時以前の抄造時のものと推定される刷毛目がなお顕著に残っており、前述の書状の場合と同様に、本紙は紙の表側、礼紙は紙の裏側を使用した例とすることができる。

これに対して、東寺百合文書ニ所収、(永仁五年)四月二十四日付伏見天皇綸旨は、本紙・礼紙ともに表側に木目、紙背に刷毛目が認められ、一般書状は勿論、前述の綸旨の場合とは異なった紙の取扱い方をされている。

このような正反対の料紙の使用法がなされる理由については明らかにできないが、これについては綸旨・院宣・御教書の形式・内容との関係の有無その他併せて検討すべきことが少なくないように思われる。この問題については調査例をより増加させた上で、改めて論ずることにしたい。

註

(1) 書状で本文が本紙の表のみで書き切れない場合に、それが本紙の紙背に及んで書かれた実例は極めて稀のことであり、この「裏に書く」とは二枚合せて翻した裏と解するのがもっとも妥当な解釈と考える。

(2) 仁和寺文書、笈古文書第五函、正月六日　開田准后法助書状。本状はその一例である。

（3）　仁和寺文書、笈古文書第五函所収。

三　礼紙書

次に礼紙書を加えられた場合の紙の表裏について見てみたい。本文が礼紙にまで及んだ場合には文面側に刷毛目が見えるのが常であるのに、礼紙書を加えられた場合には刷毛目は文面でなく、紙背に見えている。このように同じ礼紙でありながら、紙の使用法は正反対となっている。

礼紙書で紙背に刷毛目の見える実例は枚挙に暇がないが、古いものとしては現存最古の綸旨正文といわれる醍醐寺文書、（天喜二年）二月十二日付後冷泉天皇綸旨の礼紙書をあげたい（本書図82）。この礼紙書は紙背に明瞭な刷毛目が存しており、紙の表側に書かれたことがはっきりと示されている（本紙が表側を使用していることはいうまでもない）。また高山寺文書（第一部第四八号）某書状礼紙書も刷毛目は紙背にあるが、こうした例は数多く見られ、その例外の場合はほとんどないようである。

これは礼紙書を書く場合には、本紙とともに二枚合せたまままつまみ翻すことをせず、書き了えた本紙のみを脇に移して礼紙に筆を下したことを示している。このように本文が礼紙に続いた場合と、追而書を書く場合とではその書き方は大きく異なっていたようである。

また前述のように、礼紙書に切封が加えられる場合には、切封の墨引は右端裏にあるのが通例である。この場合は本紙と礼紙とが背中合せに重ね合されず、ともに文面を同一方向に向けて重ね合されたことを示している。但しこの場合の本紙・礼紙の重ね方には二つの場合が考えられる。この重ね方の原状をそのまま伝える例は少ないが、仁和寺

所蔵の江戸時代の綸旨の中には当初の折り目が乱れることなく伝えられていて、本紙・礼紙の重ね方・巻き方を今によく示しているものがあり、その一つの参考資料となる。但しこの礼紙には追而書等はなく白紙のままである。それを見ると本紙・礼紙を重ね合せて巻いた場合と、まず本紙を巻き、それに続けて上に礼紙を巻き重ねた場合の二つがある。礼紙書の場合にも、本紙との重ね方にはこの二つの場合があったと考えられるが、本紙と礼紙書とが具備していない場合には重ね方の判定はなかなか困難となる。礼紙書端裏に切封の墨引があって、切懸封の紐の痕跡のない場合には、本紙側に切懸封の紐があればよいが、さもなければ鄭重な書札としては切放封が行なわれるので、切封墨引の位置のみでは本紙との重ね方は、にわかには決定し難くなる。しかし中には稀に礼紙書右端に切封墨引とともに切懸封の紐の痕跡を留めているものがあり、この場合はまず本紙を巻き、その外に礼紙を巻き重ねたものと推定して差支えなかろう。しかし本紙・礼紙の重ね方についての究明は今後の調査にまちたい。

結び

以上で述べたように、書状・御教書等を書く場合に、礼紙の紙の取扱い方に二種類の方法があり、それぞれの場合によってかなり厳密に使い分けられていたことが明らかとなった。すなわち書状で本文が礼紙にまで及ぶときには紙の裏側に書き、礼紙書のときには紙の表側を使うことはほぼ法則的に見られるところである。しかし同じ書状形式でも、中状としての場合には礼紙も紙の表側を用い、また綸旨・院宣等では、書状的な用法と、そうでなく礼紙も紙の表側に書く場合とがあったようである。この場合には紙の重ね方・巻き方との関係も考えなければならないこともありそうである。

管見の範囲は少なく、また裏打等後世の手の加えられていない文書に限定されるという制約もあって、これまでかなりの数を調査しえたのは書状のみであり、綸旨・院宣・御教書等についてはなおその数は不十分である。また紙背文書については端を切断されていることもあって封の方法等は確認しえない場合もある。したがって書状以外の本紙・礼紙についての検討は今後の課題である。

これらの調査は後世修補の手を加えられていない文書によらなければほとんど不可能なことである。文書の保存管理上は裏打を加え、時には巻子本に仕立てることもまた止むを得ない処置である。しかしこれは原装を失い、文面に表されたもの以外に文書の持っている資料性は大きく損われることになる。原本調査に際しては、紙の表裏ばかりか、その文書の折り方・畳み方などにも、時代による変化がうかがわれ[(1)]、古文書学上重要な検討課題を含んでいるように思われる。しかしこれも原本の取扱い・管理が悪ければ損われてしまうが、現存の文書を見ると、これまたかなり絶望的な状態となっているものも多い。保存のよい文書原本について、文書の形状そのものの調査・記録作成の必要が痛感される。

こうした問題のあることに私が気付いたのは最近であったということもあって、私のこれまでの調査例は主として一般書状に限られ、それ以外の文書については例数が少なく不十分な報告である。また未知の重要な課題も多いと思うが、そうしたことについては今後の調査研究にまちたい。本稿は一往中間報告をすることによって問題を提起するとともに、これまで文書調査をされて来られた多くの方々の御教示を得たいと思ってこの拙い稿を草した次第である。

註

（1）　綸旨等の畳み方を見てみると、中世のものは幅狭く、細く巻畳まれているのに、、江戸時代のものはかなり幅広く堂々とした姿に巻畳まれている。また料紙の寸法も、安土桃山・江戸時代の公文書では前代に比して急に大きくなる。これは互に

相関連して出て来る現象である。なお料紙寸法は、一般的には室町時代が特に小さいようであるが、中でも横幅（竪紙の横の長さ）は鎌倉時代後期から短くなるのが一般的となる（例外もあるが）。こうした現象を明らかにすることもまた古文書学上の重要な課題である。

二　礼紙について

一　緒　言

礼紙とは、古文書学上の用語で、「本紙」に対するものである。礼紙についての、もっとも簡単な定義の一つをあげると、「らいし　礼紙　古文書学上の用語。書状および書状系統の公文書（綸旨・院宣など）で、一紙で内容をしるし終わっても、同質の白紙一枚を添加して送達するのが礼儀とされた。その白紙を礼紙という。本紙でしるし終わらない本文や追而書を礼紙に書くことがあり、これを礼紙書という」といわれる。(1)

古文書学に関する諸書においては、礼紙についてさらに詳しい説明がなされているが、現在もっとも一般的に用いられているものの中から若干を引用してみたい。

相田二郎氏『日本の古文書』を見ると、追而書についての説明の中で、「書状の料紙が本紙と礼紙と二枚から成るときは礼紙に書くのを通例としてゐた。従つて追而書を、又礼紙書とも呼ぶのである。礼紙は追而書を記すとのみは限らず、之にも本文の続きを書くことがある。この場合追而書を、右端の余白、或は行間に書く。又礼紙を伴はない本紙一枚のときも、端の余白それにつづいて行間に書く」と記されており、(2)書状の料紙が二枚から成る場合には、その二枚目は必ず礼紙となる旨が述べられている。

佐藤進一氏『古文書学入門』には、「一般に書状を一枚の紙に書き上げた場合、さらに白紙一紙を重ねて、相手へ

の敬意をあらわす。これを礼紙といい、本来文書の主体である紙を本紙といった（なかには礼紙を二枚も三枚も重ねて敬意を厚くすることもある）。本紙に書ききれない場合は礼紙に書き、また追テ書などは礼紙に書いた。礼紙に書いた部分を礼紙書という」とあり、(3)これまた書状料紙で二枚ある場合には二枚目を礼紙と呼ぶとしている。

次に、古文書学に関する著書としてはもっとも浩瀚な、中村直勝氏『日本古文書学』には次のような説明が加えられている。「文書の書かれる紙を本紙という。文書が発信される時には、本紙の外に、本紙と同じ紙を裏に副えて二葉とし、それを一つの定められたる型に従って折るのであるが、それに副えた紙を礼紙という。本紙と礼紙とは紙の背面と背面とを接せしめることが約束である。(4)」「礼紙は本来は、本紙を尊重する意味を以って重ねたものであるから、紙としては、本紙同様の尊厳な素質を帯びたものであるから、白紙のままにして、その紙面を穢すべきでないが、その意義が失われて、儀礼的形式的になってしまったので、平安時代末期になると、本紙中に書き漏した事、書き及べなかった事、時には本紙の内容をもう一度強める為に再言する時、というような場合に、礼紙に「追申」と言った書出しで、書き添える事があった。(5)」「文書は必ずしも一枚の紙に書き込めるものとは限らない。そうした時に、書き込めなかったことを書くに、礼紙を使用することがあった。時には、心あって、本紙と礼紙との二枚に及んだ方が立派に見えるので、わざと礼紙にまで及んだ、とも言うべき文書さえある」とし、その実例として、文永三年（一二六六）五月二十八日付の後嵯峨上皇院宣を示しておられる。(6)この院宣は、綸旨・院宣のうちで、本文が二紙にわたっている類としてはもっとも典型的な形をしたものであることはいうまでもない。

以上のように、三氏の著書を見ると、文書の本紙は一枚で、それに礼紙一枚を副えるのがもっとも一般的な形であるとされている。この考え方は、日本古文書学の基礎を築かれた黒板勝美氏(7)以来の通説となっているところであり、その他の古文書学の著書等においても、表現に相違こそあれ、内容的にはまったく同じような説明がなされている。

したがって、書状の紙を二枚重ねて書き、一枚目（本紙）に書き切れない時には二枚目（礼紙。本紙と重ね合せられており、その裏側にある）に本文が書き続けられる。この時、一枚目と二枚目とは背中合せの形、すなわち文章を記されている面がともに外側に出るように重ね合され、両紙の墨付のない面同士が内側に合せられている。そして封をする時には、二枚目の左奥に充所・差出書・切封墨引を加えるが、これらを「礼紙切封ウワ書（表書）」と呼ぶのが通例となっている。

このように、二枚で完結している書状（御教書等の書札様文書を含む）の二枚目の紙を礼紙と呼ぶのが定説とされている。しかし、書札礼に関する史料を見ていると、二枚目の紙をこのように礼紙と称することに疑念を生じさせるものがある。それは『消息耳底秘抄』(8)や、広島大学所蔵『大乗院文書』（猪熊文書のうち）中の「請文書札礼」(9)等であるが、以下これらの史料の意味について検討を加え、通説との矛盾点について述べてみたい。

二　「請文書札礼」の礼紙

広島大学所蔵『大乗院文書』中には、「請文書札礼」と名付けられたものが三点（第一四・三二・三六号）存在する。(10)このうち第一四号は康応二年（一三九〇）三月十二日付僧正孝尋請文にかかわるもの、第三二・三六号はともに応永九年（一四〇二）五月四日付法印大僧都孝円請文にかかわるものであるが、第三二号は第三六号に見える孝円請文のうちの初度請文についての注記のみを抜書したものである。なお、これらの請文は、いずれも孝尋・孝円が興福寺別当に補任された際に、氏長者から発せられた長者宣に対して出されたもので、初度は興福寺別当、第二度は諸供別当、第三度は龍門・龍蓋両寺別当への補任に関するものである。

先ず第一四号の文を掲げると次の如くである。

康応二年三月十二日　僧正孝尋請文　朱書ニ御名乗ノ下ニ直ニ請文ト有、

朱書ニアリ
是ハ初度ノ御請文也、強杉原二枚引重テ書之、又一枚ニテ礼紙、又一枚ニテ立紙、表書僧正孝尋請文ト書テ進御前、

是ハ第二度ノ御請文也、二枚引重テ書之、無礼紙、一枚ニテ立紙、表書無之、

是ハ第三度ノ御請文也、二枚引重テ書之、無礼紙、一枚ニテ立紙、表書無之、

また第三六号には、初度・第二度・第三度の応永九年五月四日法印大僧都孝円請文案三通、及び吉書としての同日付孝円請文案一通の合せて四通が写されている。これら各請文案の後には、それぞれ次の如き注記が加えられている。

（初度請文案）

是ハ初度御請文也、強杉原二枚引重テ書之、一枚ニテ礼紙、一枚ニテ立文、表書ハ無之、御位所計也、法印大僧都孝円請文、如此書テ御前ニ進之、次坊官給之テ退出、第二度長者宣持参如前、

（第二度請文案）

是ハ第二度御請文也、二枚引重テ書之、無礼紙、一枚ニテ立文也、上下押折、位所等無之、次第如先、又第三度宣持参之、

（第三度請文案）

是ハ第三度請文也、書様等如第二度也、

（吉書案）

表書無之、位所計如常、二枚引重テ書之、一枚礼紙、一枚立文、

以上のように、これらの請文はいずれも料紙として強杉原二枚を引き重ねて書くことに定められている。そして初度・吉書には礼紙一枚・立文一枚が、第二度・第三度には礼紙がなく、立文一枚が加えられることとされていた。なおこの立文とは、現在裏紙・封紙・懸紙等の名をもって呼ばれているもののことである。

この請文の本文の一つを例示すると次のようである。

謹請

長者宣

右去廿九日長者宣戌剋到来候、今日令補興福寺別当畢、官牒未到之間、早守先規、且可令沙汰者、謹所請如件、

応永九年五月四日　　法印大僧都孝円請文

このように、その書止文言には「謹所請如件」とあり、代官職請文等と同じである。しかしその書出の「謹請／長者宣」は、平安時代の返書としての書状形式の請文の書出と共通するところがある。(11) この返書としての請文の書止文言は「恐々謹言」「謹言」のような、一般の書状に用いられるものであり、この点は孝円請文とは相違している。しかし、孝尋・孝円の請文の料紙は二枚を引き重ねており、貼り継いで続紙とはしていないこと、また礼紙を添えていること等は、書状や綸旨・御教書等の書札様文書とまったく共通するところである。(12) したがって、この孝円請文は書札様文書の一種と見て差支えない。

孝尋・孝円請文の料紙は、初度以下いずれも「二枚引重テ書之」とあるが、通常いわれているように、書状等の重ねた二枚目の紙を礼紙というとすれば、この引き重ねた二枚目は礼紙ということになる。ところが、初度請文では別に礼紙一枚が添えられるのに対して、第二度・第三度請文では「無礼紙」と記されている。したがって、この場合には引き重ねた料紙の二枚目は礼紙と呼ばれていないことは明白である。この事実は、現在の古文書学の通説とは明ら

かに異なっているといわざるをえない。とすれば、書状や御教書等の書札様文書の、重ね合されている第二枚目の料紙（本文が書き続けられている場合もあれば、表書のみの場合もあるが）を礼紙という呼び方をすることが果たして正しいのかという疑問が生じてくる。

この疑問を解くために、『消息耳底秘抄』『書札礼』『貴嶺問答』等の書札礼に関する書の中に見える礼紙についての記述を取上げ、比較検討してみることが必要である。その中でも、『消息耳底秘抄』はもっとも記事が豊富であるので、次にはその内容に基づいて考察を進める。

三　『消息耳底秘抄』の礼紙

『消息耳底秘抄』は仁和寺の喜多院御室守覚法親王（一一五〇—一二〇二年）の撰にかかるもので、三条実房・中山忠親に書札に関する故実慣例を尋ね書記した書である。その成立年代は明らかでないが、平安時代最末期から鎌倉時代初頭にかけての頃と推定される。以下、その中で礼紙についての記事のある条項を掲げ、各条毎にそこに述べられている意味について検討を加える。

（史料1）　第八条　至極貴所様進消息様

礼紙二枚ヲカサネテ巻テ、其上ニ又一枚ヲ巻テ封ベシ、封ノ所ニ某ノ二字ヲ小ク可書也、其上ニ又一枚ヲ巻不可封也、（以下略）

貴人に充てる消息では、本紙の上に礼紙二枚を重ねて巻き、さらにその上にもう一枚紙をかけて巻き、そこに封（切封）を加えるべき旨が記されている。「礼紙二枚ヲカサネテ巻テ」という表現からは、いわゆる本紙と重ね合せた

ものではなく、本紙の上を二枚重ねの礼紙で巻いたものと解すべきであろう。「其上ニ又一枚ヲ巻テ封ベシ」とは、次の第一一条（史料3）の「三紙五紙ノ礼可随事」とあるのと関連するものか。

（史料2）第一〇条　礼紙事

又礼紙ヲ封タル時、文書多クシテ不被封之時ニハ、紙ヲ逆ニ細ク切テ可封也、秘事也、

礼紙に切封を加える時、そこに包む文書の数が多くて切封の帯で封をすることができない場合のことを述べたものである。ここにいう礼紙とは、本紙と背中合せに重ね合せた二枚目の紙のことではなく、第八条（史料1）にある礼紙のように、本紙をさらに上から巻くものと解するのがよいのではなかろうか。

（史料3）第一一条　立紙事

打任テハ一紙ニ書之、礼紙可有之、三紙五紙ノ礼可随事、多書時ハ二枚ニ書也、礼紙如常、敬人ノ許ヘハ礼紙シテ後可封也、（以下略）

ここには、消息を一枚に書いた場合は勿論、書く事柄が多く二枚にわたって書いた場合でも、別に礼紙を添えるべきことが述べられている。一枚に本文を書き了った場合の礼紙と本紙との重ね方は明らかでないが、「多書時ハ二枚ニ書也、礼紙如常」とあることからみると、書状を二枚にわたって書いた時には、礼紙はさらにその上に加えられるべきものであったと解すべきではなかろうか。また「敬人ノ許ヘハ礼紙シテ後可封也」とあるのは、先の第八条の記事と関連するものであろうが、必ず礼紙を加えて後に封をすべきことを述べている。この文からは、本紙が一枚であっても二枚であっても、礼紙は必ず付けるべきことを述べている。すると、本文が二枚にわたっている場合の二枚目の紙は、ここでいう礼紙とは別のものになるのではなかろうか。

（史料4）第一四条　礼節事

（前略）消息ヲバ封ズルニ、畏所へハ別紙ヲ切テ逆ニ可封、主君ノ許へ進ニハ封所自ノ実名ヲ小ク可書也、其後礼紙巻之、次立封テウルハシク名可書也、又密事ナドヲバ不書ハ、強テ不可書、墨ヲ引テモ有ナム、

消息を封じた後に、その上に礼紙を巻くことが述べられている。これを読むと、消息を一旦封じた後、さらにその上に巻くのが礼紙ということになる。そうすると、通常の書状等での、いわゆる「礼紙切封ウハ書」といわれるものが書かれている「礼紙」は、第一四条でいう「礼紙」とは明らかに異なるものということになる。先に述べた第一一条（史料3）と関連させて考えると、書状の現在いわゆる「礼紙」（重ね紙の二枚目）は古くは礼紙とは呼ばれなかったのではないかとの疑問がさらに強くなる。

（史料5）第二五条　文頸結事

別ノ文ヲ書副テ巻具時ハ、是ヲ可結也、又関ヲ出時可結也、又極タル恐惶ニ可結之、又極タル恐惶ニハ礼紙二枚引重テ可巻之也、

厚礼の書状を出す場合には、礼紙を二枚重ねて書状本紙の上を巻くべきことが述べられている。つまり、この礼紙は本紙と重ね合されるものではなく、その外側を巻くものである。このことは先の第八条（史料1）に述べられたことと直接関連するものである。

（史料6）第三〇条　女房許へノ消息事

礼紙アルベカラズ、懸紙二枚ニテ用之、我名ヲ書時、上字ハ真名、下字ハ仮名ニ可書也、檀紙ヲ可用、関ヲ雖不越、封目ヲ可結也、又仮名文ノ終ノ書止ヲバ、大旨穴賢々々ト書也、又仮名消息巻事ハ、三分一許ヲ折返テ巻也、

（以下略）

女房、すなわち女性に充てて出す消息には礼紙は添えず、懸紙二枚を用いることとされている。第五六条（史料12）

には「女房ノ許ヘノ文ハ、二枚ニ書テ二枚ニテ可立文也」とある。これを併せ見ると、女房充の消息は、本文は二枚に書くこと、すなわち重ね紙として本文を書くことが定めであった。そしてそこには礼紙は添えられないものとされている。こうしたことから、本文を書く二枚目の紙は当時礼紙とは呼ばれなかったことが明瞭となろう。なおここに見える「懸紙」とは第五六条にいう「立文」と同じもので、文書の外を包む「裹紙」（いわゆる封紙）のことを指すものと考えられる。

（史料7）　第三三条　送文事

礼紙ナシ、二枚ヲ引重可書也、又解文モ礼紙ナシ、重紙許也、敬時ノ立文ノ書也、又御教書ハ一枚ニ書也、重紙ハナシ、

送文・解文は「重紙」（カサネガミ）の形をとるが、礼紙は用いないという。つまり、ここでは二枚重ねた紙の下側の二枚目の紙を礼紙と呼んではいないことが明らかとなる。なお「御教書ハ一枚ニ書也、重紙ハナシ」とあるが、ここでいうのは、御教書は一枚で書き終るべきもので、重紙をすることはないとの意であろうか。なお、これについては現存する御教書と比較して、その意味についてさらに検討を加えることが必要である。また、本条では「重紙」なる呼称が見えるが、これは現在いわゆる「本紙・礼紙」が背中合せの状態にある形のものとまったく同じものを指している。そこで、以下本稿においては、料紙二枚を重ね合せた形のものを「重紙」（カサネガミ）と呼ぶことにする。

（史料8）　第三七条　紙数事

立文ハ二枚ヲ以書之、但子細多カラン時ハ、三四枚ヲ巻続テ可書也、礼紙アルベシ、

立文、すなわち外を裹紙で包んだ書状は、料紙二枚を用いて書くべきものとしている。そしてさらに書くべき事項の多い時には、三、四枚を巻続けて書くことになる。そしていずれの場合にも礼紙を添えるべき旨が述べられている。

ここには「二枚ヲ以書之」としながら、さらに「礼紙アルベシ」としているところを見ると、この「二枚」の中には礼紙は含まれていないものと解される。この点は第一一条（史料3）・第三〇条（史料6）において述べたところと共通する。

（史料9）　第三九条　礼紙端書事

礼紙ノ端書ハ追言上、追上啓ト書ハ主父師匠所知ノ領主ニ此ヲ可書、其外ハ追申、追啓如此書也、礼紙ノ書止ニ恐惶謹言不書也、

礼紙に書く文の「端書」（ここでは書出をいう）は、「追言上」「追申」等の語句を用い、書止の敬語としての「恐惶謹言」は書かないものだという。ここにいう「追言上」云々の文こそは、平安時代から中世にかけての文範類にいうところの「礼紙書」(13)そのものである。礼紙の「端書」が「礼紙書」の書出を意味するとすれば、前述のように、ここにいう礼紙とは、書状の重紙の二枚目を意味していないことはこれまた明瞭となろう。

（史料10）　第四〇条　巻籠折紙於礼紙時事

消息ノ礼紙ニ折紙ヲ巻籠時ハ、文字ノ上ヲ上ヨリ巻籠ナリ、証文ヲ巻籠時、紙撚ヲ以テ上下ヲ可結、

ここでは消息に折紙あるいは証文を巻籠める時、「消息ノ礼紙」に巻籠めるといっている。この礼紙は、消息の本紙と重紙になっているものではなく、本紙の外を巻くものであると解さないと意味が通じ難い。この場合においてもまた、礼紙は重紙になっている二枚目の紙ではないことが知られる。

（史料11）　第四六条　貴人前披消息事

貴人ノ御前ニテ消息ヲ披テ読時ハ、礼紙立紙ヲ膝ノ下ニ押入テ令入見参也、

貴人の前で消息を抜き読む時には、礼紙ならびに立紙（＝立文か、裹紙・懸紙・封紙）を膝の下に押入れて、本紙のみを

見参に入れよとあり、礼紙は見参に入れる必要のないもの、すなわち文を書かないのが通例のものであったかの如くである。第一一条（史料3）には「打任テハ一紙ニ書之」、また第三三条（史料7）には「又御教書ハ一枚ニ書也、重紙ハナシ」とあるように、一紙に書くを原則とする文書もいろいろあったようであるが、現存する書状や、書札様文書の中にはその文が二紙にわたるものが数多くあり、一紙で完結しているものとの間に量的に顕著な差違があるとは考え難いようである。この書状等の第二枚目が礼紙であるならば、本条でいうように礼紙を膝下に押入れよといってもその例外がきわめて多かった筈である。しかし本条の文を読む限りでは、礼紙には文が記されないのが通例であったと考えざるをえない。したがって、これまで述べたように、礼紙とは重紙の二枚目の紙をいうのではなく、重紙の文書の外を巻く紙をいうとする方が本条の意味を考える上で矛盾が少ないように思われる。

（史料12）　第五六条　女房消息事

　女房ノ許ヘノ文ハ、二枚ニ書テ二枚ニテ可立文也、

ここには礼紙の語は見られないが、第三〇条（史料6）で述べたように、女房への消息は二枚を重紙として書かれるべきものであったが、礼紙はなかったこと、すなわち重紙の二枚目の紙を礼紙とは呼ばなかったことを知る手懸りとなる条項である。

　以上が『消息耳底秘抄』に見える礼紙関係の記事であるが、そこに記されたところを要約すると、礼紙については次のようになる。

(1)書状その他の書札様文書は料紙二枚を重紙として用いることが多い。

(2)礼紙とは本紙（多くの場合は二枚の重紙が原則）の外を巻く形で加えられるものをいう。したがって、『消息耳底秘抄』

では重紙の内の二枚目を礼紙と呼んではいない。

これは、今まで古文書学で定義されて来た礼紙の定義とは大きく異なるところであり、このことについてはさらに詳しく検討を加えることにしたい。

四 『貴嶺問答』『書札礼』の礼紙

『消息耳底秘抄』以外にも、中世書札礼に関する書は少なくない。そこで、その中に見える礼紙に関する記事の幾つかを取上げてさらに検討を加えたい。

（史料13）『貴嶺問答』懸紙事

同人（故中御門内大臣）曰、随事不可贖礼紙、於中間所無紙時、以彼紙為令書返書也、

（史料14）『書札礼』有礼紙文加端書事

雖有礼紙不贖之、書端書常事也、

（史料15）『書札礼』懸紙事

刷之時加之、或雖不書位所并上所猶加之、是内々儀云々、有可書礼紙事者、恐々時追啓、猶恐々時逐上啓、至極恐礼逐言上也、等同之人只書追申字、至処凡卑書逐仰字、奉書載私詞之時、或書私申字、或書内々申、恐々時、奥書重謹言字、猶恐之時、重恐惶謹言、等同之人、不必書之、或雖恐々尚不書之、中御門内大臣説、随事不可贖礼紙、於中間所無紙之時、以彼紙為令書返事也、

以上三件の史料には、いずれも礼紙を贖す、すなわち礼紙に文を書くことについての記事が見られる。また（史料

13）と（史料15）の最後の部分はまったく同内容のもので、ともに中御門内大臣（藤原宗能）の説を引用している。これは、「場合によっては礼紙に文字を書いてはいけない。それは、相手が路次の途中等にあって、紙の用意がない時にそこに返事を書くことができるようにするためである」との意である。書状で重紙の場合には、二枚目（いわゆる礼紙）の奥端に充所・差出書・封等の表書が記されるのが例である。まして、内容が多岐にわたる場合には、一枚に書き切れず、二枚目にわたることになるが、現存する書状類を見ると、本文が二枚目にわたっている場合がきわめて多いようである。それであるから、「不可黷礼紙」といわれても、用件が多ければ「礼紙」（ここでは二枚目）を白紙のままにしておくことは不可能である。こうしたことから考えると、ここでいう礼紙とは、前節で述べたように、重紙の二枚目のことではなく、書状本紙（おそらくは重紙となる）を巻き畳んだその外側を巻く紙を指すものと解する方がより自然の解釈といえるのではなかろうか。つまりここでは、時によって礼紙に「追申」等の書出をもつ礼紙書を加えない方がよいことを示したものといえる。

（史料14）に「雖有礼紙不黷之、書端書常事也」とあるのも、右に述べたところとほぼ同趣旨のことである。なおこの「端書」とは文を奥まで（多くは二枚目まで）書いた後、書き切れなかったことを第一紙目袖に書き足したものをいう(14)。つまり、ここでは「端書」を加えることは常の事で差支えないが、礼紙書は行なわない方がよいことを述べたものと解すべきである。

また（史料15）の文首にあるのは、礼紙書の書出文言および書止の敬語について、発信者と受信者との地位の相違による用い方を述べたものである。

（史料16）『書札礼』　礼紙上封事

恐々時、礼紙上封之、其上書封字、等同之類、載密事之時又如此、至極敬礼、封上書名上一字、殆非常儀歟、別

紙封之時、右へ引通テ封之為不抜也、切懸紙端之時、左へ引纒封之、

礼紙に封を加える場合のことを述べているが、この文からは重紙と礼紙の関係は特に明瞭ではない。

五　礼紙と重紙

以上で、『貴嶺問答』(15)『書札礼』(16)に見える「礼紙」に関する記事を取上げ検討を加えたが、いずれも『消息耳底秘抄』について考察した「礼紙」とほぼ同じ結論を得ることができた。そこで、さらに「重紙」に関する記事を取上げて、礼紙との関係について検討を加えたい。

(史料17)『貴嶺問答』書裏方事

謹言許、若月日許、若上所計不可書、雖為小字可書満面方、極無其所者、不書上所常事也、

(史料18)『貴嶺問答』折奥巻事

事多至于奥、又引返書裏之時、不折之、事少之時、奥一寸許折之巻之、

(史料19)『消息耳底秘抄』消息巻事

面ニテ書止ハ不可折返、奥ノ端ヨリ可巻之、裏ノ字ヲ見セント云意也、

(史料20)『書札礼』折奥巻事

事多至于奥、又引返書裏方之時、不折之巻之、事少之時、一枚書終者、奥一寸許折之巻之、

以上四カ条はいずれも「裏」に文字を書かれた書状に関するものとして引用したが、後三カ条は「面」(ヲモテ)だけで文を書き終った場合と、「裏」「裏方」に文が書かれている場合との折り方の相違が述べられている。但し、(史

い。
字があるかとも考えられる。しかし、ここではその穿鑿はひとまずおいて、「裏」「裏方」の意味について考えてみた
は「裏方」）之時不折之」とあり、まったく逆のことが述べられている。あるいは（史料19）の『消息耳底秘抄』に誤
料19）では「面ニテ書止ハ不可折返、奥ノ端ヨリ可巻之」とあるが、他の二カ条では「事多至于奥、又引返書裏（又

（史料18）の「事多至于奥、又引返書裏之時」とは、「書状の表側の奥まで書いても用件を書き終ることができないため、引返して裏に書く時」、つまり「紙を翻してその裏の方に書く時」の意味である。また（史料17）は、謹言あるいは月日・上所以下のみを「書裏方」ことを戒めている。

このように「裏」もしくは「裏方」に文を書く場合のことが述べられているが、数多い現存書状の中で、一枚の紙の表側で文を書き切れなくて、その紙背に本文を書き継いだ例は殆ど見られず、こうしたことは原則としてはまったく無かったといって差支えないほどである。ところが、ここでは「裏方」に書くことについての戒めや巻き方が詳しく述べられているのは何故であろうか。現存書状から見る限りでは、ここにいう「裏方」とは一枚の紙の裏側（紙背）を指していると解するのは不可能といわざるをえない。

そこで思い起されるのは、書状の一枚目と二枚目とは背中合せ、すなわち文字の書かれている面がともに外側になり、文字の無い面が合せられた形で、すなわち重紙の状態で巻かれていることである。つまりここでいう「裏方」とは一枚の紙の裏側をいうのではなく、重紙の状態での裏方を意味するものと解すべきものではなかろうか。

重紙の書状の一枚目（従来のいわゆる本紙）と二枚目（いわゆる礼紙）の紙の状態を見ると、文が書かれている面は両紙で正反対となっていることが注目される。このことについては、すでに拙稿「本紙・礼紙と料紙の使用法について」において詳しく述べたところであるが(17)、ここではその要点について述べると次の如くである。

一枚目は紙背に刷毛で撫でつけた痕跡、つまり刷毛目がついているのが例である。これに対して、二枚目は文の書かれている面、つまり文書の表側にこの刷毛目が認められるのが通例である。この刷毛目は紙の製造工程のうち、枠で漉き上げた後、湿った紙を干板に貼り付けて乾燥させる際に付くものである。紙を干板に貼った後で、板に密着させるために紙を全面に刷毛で撫で付ける操作が行なわれる。この時、紙は湿って柔かい状態にあるため、この刷毛の目が紙の表面に凹みとなって付き、乾燥後もそのまま残ってしまう。(18)これは現在作られている手漉和紙でも同様に認められるところである。

一方、干板に接する紙の面は平滑となる。こちらは平滑であるため筆の走りや墨の乗りがよく、いわゆる「紙の表」となる。それに対して、刷毛目のある面は、表面が荒れており、書き辛く、「紙の裏」となる。なお「紙の表」には干板の木目の凹凸が移っていることが多く、「紙の表」を確認するための指標の一つとなる。それに対して「紙の裏」は刷毛目がその良い指標となる。

こうしてみると、重紙の一枚目は「紙の表」に文字を書くのに対して、二枚目では「紙の裏」に文字を書くことになる。現在では紙の表裏に注意し、「紙の裏」に文字を書くのを避けるようにするのが通例である。ところが平安時代から中世にかけての書状や書札様文書では、一枚目が「紙の表」に書かれると、二枚目ではほとんど必ずといってよい程「紙の裏」に文字が書かれている。なお時にはこれとまったく逆に、一枚目は「紙の裏」、二枚目は「紙の表」に文字が書かれている例も見られるが、これは最初に表裏を誤認したことによるものであろう。(19)

これは書状を書く際に、一枚目を書き終ると、それを横に避けて、次に二枚目に書き移るのではないことを示している。もしそうであれば、文は常に「紙の表」に書かれなければならない。また書状の一枚目と二枚目とは、文字のない面で背中合せにされているのも、右の書き方では不自然な紙の扱い方である。これらのことから考えると、書状

等を書く場合には、一枚目を書き終ると、次の二枚目の紙と重ね合せたまま紙を翻して二枚目を書き始める（「紙の裏」に書くことになる）という方法がとられていたものと考えるのがもっとも自然のように思われる。[20]

前述のように、『貴嶺問答』『書札礼』には「書裏方」との表現が見えるが、一枚の紙の裏面にわたって書状を書くことが殆どなかったということから考えると、この「書裏方」とは料紙を二枚重ねたまま翻してその裏側に書くことを意味するものではなかろうか。また（史料18）に「引返書裏」というのも、重紙のまま翻して、一枚目から見ると引返すような形で文を書くことを意味するものと解して差支えなかろう。

以上のように考えるならば、一枚目と二枚目の文と刷毛目の関係、また「書裏方」という表現の意味するところは前述の如くであることが明らかとなろう。そして、二枚目の紙は「裏方」であって、礼紙ではなかったということができよう。

次に「追申」「追上啓」等の書出で始まる礼紙書のある礼紙について述べる。この礼紙の場合には、刷毛目は必ずと言ってよいほどに文の無い紙背に見えている。つまり、文は「紙の表」に書かれており、これまで「礼紙」といわれて来た書状の二枚目の紙とは大きな相違がある。また、この礼紙書にも切封墨引を加えられている例が見られるが、この墨引の位置は必ず右の端裏（袖裏）、つまり礼紙書文首の裏面にある。これは書状第二紙のいわゆる「礼紙切封表書」が第二紙左奥にあるのとも大きく相違している。

このことは、礼紙書のある礼紙は本紙の外側を巻く形で使われていたこと、また重紙書状の二枚目にこうした礼紙書が加えられることはなかったこと（つまり第一紙と背中合せで礼紙書が書かれることはなかった）を物語っている。こうした点を考え併せると、(1)書状等の重紙の第二紙は礼紙ではなく、本紙の一部と見るべきものであること、(2)そして礼紙はこの本紙の外をさらに巻き包むものとして加えられるものであること、(3)書状は重紙で書かれるのが一般的であった

こと、が考えられる。

六　結　語

以上で、これまでいわれて来た書状の第二紙は礼紙ではなく、本紙の一部と考えるべきこと、礼紙はこの重紙の本紙とは別に、さらにその外側を包むものというべきことが明らかとなった。但し、これは平安時代から室町時代にかけての史料に見える礼紙の定義によったものである。書状の第二紙を礼紙と呼ぶようになったのは何時頃からのことかを明らかにすることは当然しなければならないところであるが、今回はそこまで究明することはできなかった。この点については今後の問題である。また従来書状第二紙奥に加えられている表書（ウワ書）は「礼紙切封表書」と呼ばれて来たが、今までに述べたところが正しいならば、中世文書についての標記としては相応しくないように思われる。その呼称の代案としては「重紙（カサネガミ）切封表書」とすることも考えられよう。あるいは、さらに適当な呼称もあろうかと思われるが、当面は右のように呼んでおいてはいかがかと思う次第である。

註

（1）『角川日本史辞典』。もっとも手近にありそうなものの一つとして取上げた。
（2）相田二郎『日本の古文書』上六〇八頁。
（3）佐藤進一『古文書学入門』一一八頁。
（4）中村直勝『日本古文書学』下九七頁。
（5）註（4）書、下九八頁。
（6）同右、下一〇五頁。

（7）黒板勝美『更訂　国史の研究　総説』七三頁。
また普通に本紙一枚の外に礼紙があり、私文書など本紙に書きされなければ、礼紙にも続けて書き、場合により追而書キを礼紙に書くから、或は追而書キを礼紙書キともいつてゐるが、この形は後に私文書から出た公文書にも用ゐられることになるのである。

相田・佐藤・中村三氏の礼紙の説明は、基本的にはこの黒板氏の定義とまったく異なるところはない。
（8）群書類従巻第百四十四（消息部）。仁和寺喜多（北）院御室守覚法親王の撰で、平安時代末から鎌倉時代初頭にかけての頃の成立と考えられる。
（9）『広島大学所蔵　猪熊文書』㈠所収「大乗院文書」第一四・三一・三六号。
（10）註(9)参照。
（11）東大寺文書三―四―二四（年月日未詳）某請文。
同文書三―四―五七　十月十四日年預五師尋実請文。
同文書三―四―一三二　二月廿日僧隆意請文。（以上『東大寺文書目録』第三巻所収）
（12）現存する平安時代から中世にかけての書状や綸旨・院宣・御教書等の書札様文書においては、原則として続紙として書かれたものはなく、現在続紙の形をとっているものも、後になって保存等の都合により貼り継がれて続紙の形に変えられたものである。なお室町時代になると書状形式の百姓申状等の中に最初から続紙で書かれたものもあるが、その例は少ない。この点は公式様文書や、下文・下知状等で二枚にわたる場合には最初から続紙で書かれていたこととは大きな相違点である。
（13）『建暦元年請雨経法次第』（『高山寺典籍文書の研究』所収、加藤優「建暦元年請雨経法次第」）はその一例である。
なおこの礼紙書について、「追而書」と文書名を付けている例がしばしば見られるが、往時の用例からみて「礼紙書」と名付ける方がよいと考える。
（14）註(13)前掲書には、書状の袖に書き足した文に「端書」と注記している。
（15）群書類従巻第百三十九（消息部）。撰者は中山忠親（一一三一―九五）と推定され、成立年代は文治年中とする説が有力のようである。
（16）群書類従巻第百四十四（消息部）。撰者は未詳。成立年代は、仁治三年（一二四二）以降の鎌倉時代中期頃と推定されて

いる。

(17)『古文書研究』第一〇号。

(18) この刷毛目の付き方にはかなりの差があり、容易に見られる場合もあれば、確認はかなり困難な場合も少なくない。紙の面に片方向からの明るい斜光線を当て、紙の表の凹凸を浮き出させるようにすると確認は比較的容易となる。

(19) この例は多くはないが、注意して観察すれば、発見の機会は少なくない。

(20) 紙のいわゆる「表」の側に必ず文字を書かなければならないという意識は、中世においては現在ほど強くなかったものと思われる。続紙の場合には「表」の側を使用しているが、竪紙を用いる場合には、二枚目については「表」に拘泥することはまったくなかったといってよい。

三　紙背文書

一　伝来から見た紙背文書

古い典籍・古文書の中には、その紙背（裏面）にまったく別の古文書が書かれたものが数多く見られる。これは、紙の貴重な時期にあっては一度使用し不要となった紙をそのまま廃棄せず、文字の書かれていない裏面を再利用して、まったく別の典籍・文書などを書き付けたことによるものである。このように反故として裏面を利用された古文書を紙背文書（裏文書とよぶこともある）という。なお紙背を利用されるのは古文書ばかりでなく、不要となった典籍が利用されている場合も数多く見られる。これらの古文書・典籍の中には、かえって表側の典籍などよりも資料として貴重な場合も少なくない。したがって現在では表の典籍よりも、かつて反故とされた方の古文書・典籍の方が重要とされ、かえってその方で有名となっている場合も多々ある。

寺社・個人の家を問わず、古文書を今に伝えているところは少なくない。その中でも江戸時代の文書は特に伝存するものが多いが、中世以前の文書もまたかなりの数量に上っている。これはただたんに偶然の結果として現在まで残ったものではなく、なんらかの必要により意識的に保存されることによって、今日まで長年月の間亡佚することなく保管されてきたものがほとんどすべてといってよい。

文書が発信される場合には、必ずなんらかの目的があり、発信者もしくは受信者においてはそれによるある実効が期待されていたはずである。しかしこの文書が授受された目的には半永久的な事項もあれば、ごく一時的な事項にすぎない場合もあり、その種類・内容によって期待される実効には大きな相違があった。すなわち、受信者がそれを受け取って発信者の意志を知り、それに対する処置を終えれば、その文書が出された目的も遂げられる。そしてそれ以後特にそれをめぐっての問題がおこらないとすれば、受信者はその文書を長期間にわたって保管することは必要でなくなる。そこでこのような文書は不要となり廃棄されることが多くなる。しかし長期間にわたって法的拘束力や権利の確認、先例の徴証などに必要な文書は、その事項が継続する限りはその効力の持続のための証拠書類として保存することが要求される。したがってこのような場合には、その関係文書は廃棄されることなく、いつまでも大切に保管されなければならなくなる。現在文書として保管されているものの大部分はかつてこの種のものであった。

長期間にわたって保存を必要とする文書としては、まず法令・命令・土地台帳などの公文書があげられる。このような文書は支配権を維持するためには不可欠なものが多く、法令などは多くの写さえ作られている。また寺社・個人などの土地（所領・所職などを含む）に関する文書は、その所有権あるいは占有権についての権利を証明するための証拠書類として重要である。古代・中世において、所領・所職に対する他からの侵害を防ぐためには、自己の権利の正当性を証明する文書を所持していることは不可欠のことであった。そのためには、特に原本もしくはそれに準ずる文書が必要とされ、その保管には多くの苦心が払われていた。したがってこのような文書にあっては、写（案文）はともかくも、原本（正文）については廃棄処分はありえないことであったといってよい。また所領相論に関する一件書類も後日の参考資料として保管されることが多かった。家の家格を証するものもまた大切にされてきた。公家にあっては儀式典礼の先例を知るための文書も保存されているが、これは他の文書に比しては軽く取扱われていたようである。

これに対して現在、紙背文書としてわれわれが見ることのできる文書は書状類がもっとも多い。書状は日常的な事柄に関する場合に多く出され、またその役割もその事柄に終わるまでのごく短期間果たすことができれば、以後は保存を必要としないのが通例である。書状はたくさん出されていたはずであるが、紙背文書以外では、日常的な事項に関する書状があまり多く伝存していないのもこのためである。また書状以外の多くの種類の文書も紙背文書として利用されているが、それは受信者が保存を必要としなかったためである。このため紙背文書中には、文書そのものとして保管されてきたものに比較すると内容・性格を異にするものが数多く見られる。そうした文書は裏面を利用しての紙背文書としての形以外では残存しがたかったものであり、まったく無作為的な偶然性によって残されたものである。それだけに一連文書が一括して残されたのとは異なり、断片的になりやすい欠点があるが、今日本来の文書の形として伝えられたものの中には見られない珍しい文書を見出すことが可能となる。このため紙背文書は多くの新しい史料を提供してくれる点で研究上重要なものとなっている。以下、紙背文書の種々相を具体例をあげながら述べることにする。

二　紙背文書の存在形態

1　正倉院文書

現在最古の紙背文書は正倉院文書である。正倉院には戸籍・計帳・正税帳以下多数の奈良時代古文書が伝えられている。その中には太政官八省ならびにそれに属する職・寮・司などから出された官司間の公文書も数多く見られる。諸国から都へ提出された戸籍・計帳・正税帳はいずれも民部省において保管されていたものである。これらの公文書

はいずれも他の官司へ充てられたもので、東大寺に充てられたものではない。ではこれらの文書が、本来の充先とは異なった東大寺正倉院に伝えられたのはなぜであろうか。

紙に書かれた文書としては最古の大宝二年（七〇二）美濃・筑前・豊前国の戸籍をはじめとして、戸籍・計帳・正税帳などの諸国より提出された公文や、中央の八省ならびにそれに属する官司より出された公文書類にはいずれもその紙背に別の文書（造東大寺司に属する写経所などの関係文書）が書かれている。これらの紙背文書はいずれも戸籍その他の公文書よりも年代の降るもので、その紙背を利用して書かれたことは明白である。当時、戸籍の保存期間は三〇年と定められており、それを過ぎれば廃棄することができた。しかし当時紙は貴重であり、保存期間を過ぎて不要になったものは各々の官司において再利用されるばかりでなく、八省その他から写経所などへも送られ、再利用されるのが常であったのではなかろうか。なお正倉院文書に見える公文書中、戸籍・正税帳などは民部省に収められ、また天平十七・八年頃の官司間の公文書は米などの食料請求の文書であり、最終的には民部省へ提出されたものである。したがってこれらの公文書は民部省にあったものが払い下げられて造東大寺司へ渡され、写経所において使用されたものである。正倉院文書中には、これら以外にも、写経所で一度使用した文書の紙背を再利用したものがきわめて多数あり、不要となった文書の紙背を利用することは、当時ごく一般的なことであったと考えられる。

正倉院文書の多くはもと写経所の文書であり、正倉院に納められることによって勅封という厳重な管理をうけることになり、千二百年以上を経て無事に今日まで伝えられることができた。しかし戸籍その他の公文書は、反故としてその紙背を再利用するということがなければ、正倉院に納められることはなく、したがって今日われわれがそれを目にすることは不可能なことである。これはひとえに不要となった公文書を他所に交付し、その紙背を事務処理のために再利用させることが行なわれていたことによるものである。戸籍などは紙背文書であったがために無事今日まで伝

えられることができたのである。

正倉院文書はこのように文書の紙背に別の文書を書いた場合の実例であるが、こうしたことは中世にいたるまで行なわれている。正倉院文書の場合には、紙背を利用して第二次的に書かれた方の文書もまた正文（原本）が大部分を占めている。しかしそれは日常事務に関するもので、他の官司等へ提出することを目的とするものではない。平安時代以後の現存文書を見ても、紙背を利用した第二次的文書には正文はほとんどなく、その多くは土代（草案）、あるいは案文（写）である。このように第二次的文書は内部での用に供するために書かれたものが一般的であり、他への意志伝達に用いられる文書が書かれることはないのが通例であったといって差支えなかろう。

なおこの例外として、中世において書状を受けた者が、その返事を往信書状の紙背に認める場合をあげておきたい。書状を受けて返事を書くに当たって、返事を往信書状の関係個所ごとに合点を加え、その行間右方に返事（回答）を書くいわゆる勘返状の形式が広く行なわれていた。しかし返事が長文となる場合には勘返状形式は不適当である。しかも質問事項を相手に返すことが必要な場合には、新しい紙に返事を書かず、相手の書状の紙背に直接に返事を書くことがしばしば行なわれていたようである。これは反故の紙背に書かれたのではない点が大きく異なっており、最初に述べた反故の裏面利用ではない。したがって、これは厳密には紙背文書の範疇には合致しないところがある。しかし文書の裏面利用という形式上からは、他の紙背文書とよく似た点があり、文書の紙背を利用して別の文書を書いた実例の一類型としてここに併せ述べておく。

紙背文書を持つ記録・典籍類は数多く現存しており、日記・国書・漢籍・仏典など各種のものに見られる。このうち紙背文書の価値の高さによってよく知られているものも少なくないが、特に主要なものについて述べることにする。

2 日記

そのまず第一に日記を取上げることにしたい。平安時代末期から室町時代にかけて現存する日記を見ると、文書の裏面を利用して書かれたものが数多く見られる。なかでも自筆本にはその傾向が強いようである。日記を書くためには、毎年暦博士が作成する暦の一種「具注暦」の余白を利用することも多かった。しかし日記用に作られた具注暦でも一日分の余白は数行にすぎず、記事の多い日にはここに書ききることはできず、その裏面に裏書きし、また別紙に書き足してその日の部分に切り継ぐこともしばしばであった。このため日記を書くに当たっては具注暦を使用せず、最初から白紙を用いることも多かった。しかも日記はとかく走り書きになりやすく、また後から補訂を加えることも必要となる。そこで一度書いた日記をもとに、自ら清書本を作ることさえあった。こうした場合には大量の紙を必要とするが、当時紙は貴重品であり、また貴族の手許には常に書状その他かなりの量の不要となった文書が存在していた。そこでこのような私的な日記は、具注暦を使用しない場合には、文書の紙背を利用することが多く行なわれたものであろう。

紙背文書を持つ日記は数多いが、なかでも特に紙背文書の価値においても著名なものは、『兵範記』（人車記、平信範自筆本、陽明文庫・京都大学分蔵）、『民経記』（経光卿記、広橋経光自筆本、東洋文庫旧蔵・国立歴史民俗博物館蔵）、『勘仲記』（兼仲卿記、広橋兼仲自筆本、東洋文庫旧蔵・国立歴史民俗博物館蔵）、『永昌記』（為隆卿記、鎌倉時代初期写本、京都大学蔵）、『実躬卿記』（三条実躬自筆本、尊経閣文庫他分蔵）、『実隆公記』（三条西実隆自筆本、東京大学史料編纂所蔵）などがあげられる。しかしこれ以外にも『愚昧記』（三条実房自筆本、東京大学史料編纂所蔵）、『明月記』（藤原定家自筆本、諸家分蔵）、『兼宣公記』（広橋兼宣自筆本、東洋文庫旧蔵・国立歴史民俗博物館蔵）、『建内記』（万里小路時房自筆本、宮内庁書陵部・菊亭家他分蔵）、『言継卿記』（山科言継自筆本、東京大学史料編纂所蔵）、

『大乗院寺社雑事記』（尋尊自筆本、内閣文庫蔵）、『祇園執行日記』（八坂神社蔵）、『義演准后日記』（義演自筆本、醍醐寺蔵）等々のかなり大量にまとまったものがあり、巻数の少ないものにいたっては枚挙に暇のないほどである。

さらに各人の日記中より、行事その他の項目別に抜き書きをした部類記の類にも紙背文書をもつものが少なくない。九条家旧蔵の『中右記部類記』（宮内庁書陵部蔵）をはじめとして、広橋経光・同兼仲筆の広橋家旧蔵の諸部類記（東洋文庫旧蔵・国立歴史民俗博物館蔵）の中には内容豊かな紙背文書が見られる。

以上のような日記類の中でも、公家の書いた日記の紙背文書は公家文書の宝庫として重要な地位を占めている。旧公家の文書で現在に伝えられているものは全体としてはかなりの量にのぼる。しかし個々の家でよくまとまったものとしては、九条家・近衛家・久我家・壬生家・広橋家等々があるとはいえ、量的にはなお十分とはいいがたい。寺院文書では東寺・東大寺・高野山など数千ないし数万点の中世以前の古文書を今に伝えているところがある。しかし公家文書にはそのようにまとまった古文書群はなく、公家領庄園についてはもとより、その他の問題についても、とかく史料不足をかこつこととなる。ところが前述のような公家の日記の紙背文書は、年代幅こそかなり限定されるとはいえ、ある時期の各種の文書が多量に含まれており、公家文書の不足を補う上で重要な文書群となる。すなわち公家日記の紙背文書は公家文書の重要な宝庫といってもけっして過言ではない。

3　典　籍　類

また典籍類では、国書・仏典その他を問わず、紙背文書をもつものが数多く伝存している。国書では藤原公任自筆『北山抄』（京都国立博物館蔵）、九条家本『延喜式』（東京国立博物館蔵）、『弁官補任』（東洋文庫旧蔵・国立歴史民俗博物館蔵）、『参軍要略抄』（宮内庁書陵部蔵）、漢籍では『斉民要術』（名古屋市蓬左文庫蔵）などがよく知られている。仏書（寺誌・伝記を含む）

では『造興福寺記』『興福寺別当次第』『明本抄』（以上興福寺蔵）、東大寺僧宗性・凝念筆聖教類（東大寺蔵）、『薄草紙口決』（醍醐寺蔵）以下枚挙に暇がなく、東大寺・興福寺・高野山・醍醐寺・仁和寺・金沢文庫・法華経寺（市川市中山）などには豊かな内容を持つ紙背文書が多数所蔵されており、甲乙をつけがたいものが多い。

4 写経

以上に述べた紙背文書はいずれも、いったんは反故とされ、再利用されることによって残されたものである。しかし紙背文書の中には、たんなる反故紙の再利用とは異なった意味を持つものがある。すなわち故人の冥福を祈るために写経を行なうにあたって、その人の書札を翻して料紙となし、その裏側に経文を書写することもしばしば行なわれたようである。その旨を奥書に明記してあるものは必ずしも多くはないが、その一例として東寺観智院蔵『仏頂尊勝陀羅尼経』（第一一三函）がある。その奥書には貞治三年（一三六四）七月七日、賢宝が先師杲宝の第三回忌にあたり、その追善のため先師の遺札を翻して料紙となし、本経を書写した旨が記されているが、現にその紙背文書はいずれも杲宝書状である。中世には、こうした例はかなり広く行なわれていたようで、公家の日記中にも遺札を料紙として写経することが見えている。

したがって、紙背文書を持つ写経の中には、このような供養経が少なくないと思われるが、その中で著名なものをあげるとつぎのとおりである。京都市妙蓮寺蔵の伏見天皇宸翰『法華経』八巻はすべて伏見天皇の父後深草天皇宸翰書状を翻してその紙背に写経されたもので、故人供養経と考えられる。また西大寺・法華寺など（ともに奈良市）に蔵されている興正菩薩叡尊書状はいずれもその裏面に版本『般若理趣経』が摺写され、しかもいずれも「法花寺」充のものであることから、叡尊の歿後法華寺尼僧らが先師の供養のためにその書状を集め、その裏面に『般若理趣経』を

摺写したものと考えられる。鳥取市大雲院蔵の『金字法華経』（巻第二・第四の二巻現存）は伏見天皇宸翰書状の紙背に写経されているが、各巻首を伏見天皇が自ら書写し、以下は他の人びとの寄合書になる逆修供養経（生存中に自分の将来の冥福を祈るための供養経）である。なお供養経として故人の書札を利用して写経を行なう場合に、まれに書状の書かれている表側を利用し、書状本文と重なるような形で写経を行なった例も時に見られる（東京国立博物館蔵『仏説転女成仏経』）。このように写経・版経の紙背文書の中には、供養のためにある人の書札を集められたものが少なくないであろう。

三　紙背文書の具体例

つぎに紙背文書の中からめぼしい文書を各種取上げてみたい。なお正倉院文書には貴重な文書が種々あるが、それについてはすでに述べたところであるから省略する。

仮名の成立発展を知る上での資料は数多くあるが、平仮名（女手）成立の初期すなわち十世紀頃の資料は少なく、草仮名から平仮名への発展過程については資料が不足している。しかし石山寺蔵『虚空蔵菩薩念誦次第』紙背文書には十世紀後期（康保年間頃）と推定される連綿体仮名消息四通が含まれており、年代のほぼ明らかなものとして書道史上の基準作例とされている。東南院文書中にも、延喜五年（九〇五）の「因幡国司解案」の紙背に十世紀前期頃と推定される連綿体仮名消息が見える。また藤原公任自筆『北山抄』巻第十には、十一世紀初期と見られる仮名消息二通がある。これらの仮名消息は十世紀頃の仮名の発展を研究する上で重要な資料とされているが、いずれも紙背文書として残されたものである。

名家・能書家の筆跡としては種々のものが伝えられているが、その中でも確実で信頼しうるものとされるものの中には、紙背文書として伝えられたものが少なくない。以下その例をいくつか掲げる。源兼行は十一世紀中葉の能書家の一人で、平等院鳳凰堂扉絵色紙形の筆者であり、また高野切本『古今和歌集』第二種その他の筆者に擬されているが、彼の筆跡としてもっとも確実なものは九条家本『延喜式』紙背の源兼行書状である。『興福寺別当次第』紙背文書中には平清盛書状二通が含まれているが、清盛の筆跡として確実なものは他に厳島神社蔵『紺紙金紙法華経』各巻の巻首部若干行（以下は弟の平頼盛筆）があるにすぎない（署名・花押のみが自署の文書は他にも伝存している）。また『兵範記』紙背文書中の平重盛書状は彼の筆跡を示す数少ない重要なものであり、同じく源頼政書状は彼の筆跡としてはもっとも確実な遺品である。さらにそこには仏師運慶の三代前の仏師康助書状があるが、著名な仏師の数少ない書状として珍しい。『永昌記』紙背文書には、後鳥羽上皇の廷臣で歌人の誉れ高い飛鳥井雅経の書状がある。

臨済禅をわが国に伝えた禅僧栄西の筆跡としては、古来『誓願寺盂蘭盆縁起』がよく知られていた。これは宋風の謹厳な書法で書かれている。ところが近時彼の自筆にかかる文書二通が相ついで発見紹介され、彼の和様の日常の筆跡がはじめて明らかにされた。そのひとつは「唐筆墨献上状」（東大寺蔵）、今ひとつは「栄西申状」（興福寺蔵）であるが、前者は書名未詳聖教、後者は『明本抄』の紙背文書として伝えられたものである。また西大寺中興の叡尊書状は現在四通知られているが、いずれも翻して版本『般若理趣経』を摺写されており、紙背文書となることによって現存することができた。なお文書ではないが、円位（西行）・寂蓮らの自筆を含む法華一品経和歌懐紙はもと経疏（書名未詳）の紙背にあったものである。また足利尊氏・直義・夢窓疎石合筆の『宝積経要品』（前田育徳会蔵）は短冊を継ぎ、その紙背に書かれているが、この短冊中には当時の和歌四天王といわれる兼好・浄弁・頓阿・慶運自筆和歌が含まれている。

この他、類似の例をあげれば枚挙に暇がないので省略する。つぎに紙背文書のもつ内容上での特色・意義について述べる。

四　内容から見た特色・意義

前述のように、文書が後世まで大切に保管されるのはなんらかの効力の持続を期待されることによる。すなわち、所領・所職などの不動産的事項や家格の証明に関する文書は永久的な保管が必要となる。したがってこれらに関係する文書は厳重に保護・管理されるが、その他の文書はその必要性がなくなればしだいに廃棄処分をうけることになる。したがって所務沙汰（不動産訴訟）に関係のある文書は保存されても、雑務沙汰（動産訴訟）・検断沙汰（刑事訴訟）に関する文書は永久保存の必要性は薄く、若干の年月が経過すれば廃棄されることが多く、本来の文書の形で伝えられている実例は少ない。

紙背文書を見ると、寺社・諸家の所領・所職に対する権利を証明する文書、すなわち補任状・安堵状・譲状・売券・寄進状などの正文（原本）が紙背文書に用いられることはなく、あったとすれば案文である。また所務沙汰関係文書でも、訴状・陳状・裁許状などの正文は将来の紛争に備えるために保存されることが多かった。したがってこの種の文書が紙背文書中に見える場合も、その訴訟当事者のところで利用されることは少なく、その裁判を行なったところに提出された文書を、そこに関係のある人が反故として再利用することによった場合が一般的であったようである。たとえば、日記の紙背文書には多くの所務沙汰関係文書が見えるが、それらの多くはその筆者が直接その訴訟の当事者であったことによるものではなく、筆者が裁判機関となんらかの関係を持っており、そこにあった不要文書を

反故として利用したものが大部分であることによっても、そのことは明らかとなろう。

しかし雑務沙汰・検断沙汰関係文書については、裁判機関において廃棄されたものばかりでなく、訴訟当事者の手許においても反故とされ、紙背文書として利用される場合も多く見られる。市川市中山の法華経寺にある日蓮自筆聖教の紙背文書には、逃亡した下人についての相論や貸借関係の文書が数多く見られる（『中山法華経寺史料』）。これらの紙背文書中には、日蓮の弟子で法華経寺を建立した富木常忍（千葉氏被官）に充てた書状が多くあり、また常忍のもつ所従についての相論文書もあって、この紙背文書はもと富木常忍の手許にあったものと考えられる。このように富木常忍は自分に関係のある所従の相論関係文書を自ら廃棄しているのであり、動産訴訟に関する文書は必ずしも長く保存する必要がなかったことがよく知られる。また借書などの貸借関係文書は高山寺蔵『釈摩訶衍論論義草』紙背文書その他、紙背文書の中よりしばしば見出される。これらのことは、不動産においては権利の永続性が必要であり、そのためには証拠文書を長く伝えることが要求されたが、動産については一部のものをのぞき占有の事実さえ確実ならば特に証拠文書の保存を必要としないことが多かったことによるものであろう。

政治的事件に関する文書もまた時に紙背文書中より発見される。寿永二年（一一八三）木曾義仲の上洛を防ぐため、平氏方は山城・大和などの国々より兵士を徴集しようとしたが、これに関する好史料は興福寺蔵『維摩会引付』紙背文書に含まれている。また建保元年（一二一三）十月から十一月にかけて南都北嶺の間に対立がおこり、興福寺は山門焼討のために僧兵を進発させた。この時の興福寺側の兵力構成・作戦を具体的に記した「衆徒発向条々」をはじめとして、この事件にさいしての朝廷ならびに興福寺の動きを物語る文書は『有法差別』『有法自相』紙背文書に数多く収められている。石清水八幡宮蔵『宮寺縁事抄』紙背文書には有名な「井芹秀重注進状」その他の元寇関係文書が多く見られる。また霜月騒動に関する文書は凝念筆『梵網疏日珠鈔巻第三十』紙背文書（熊谷直之氏蔵）中に見出される

が、ここには他の史料に見られない重要な内容が含まれている。

前述の『勘仲記』紙背文書は、筆者広橋兼仲が神祇大副であったことから、神社関係文書が多く、特に伊勢大神宮領関係文書は鎌倉時代の伊勢を研究する上での好史料が少なくない。中世における神社関係文書で現存するものは寺院の文書に比較すると多くない。したがって『勘仲記』紙背文書はこの点でも重要なものである。

不要となって裏面を再利用されるのは文書ばかりではなく、典籍・日記・暦（具注暦）の場合も多い。厳密にいうならば、これらは文書ではなく、この「紙背文書」の項で取上げる必要はないかもしれない。しかし反故の再利用という点では共通しており、またこれらの中にもきわめて重要なものが見られるので簡単に触れておきたい。

暦は日記として用いられたものをのぞけば、その年が終われば不要となる。したがって具注暦の裏面を利用して典籍などを写すことはしばしば行なわれている。なおこの場合に、反故とされた具注暦の上欄外などにごく簡単にその日の出来事を書留めた、つまり略日記として利用されたものが見られることもある。

国書では『日本書紀巻第十』残巻（平安初期写、『遍照発揮性霊集』序・巻第一・二紙背、田中穰旧蔵・文化庁蔵）、『延暦交替式』（平安初期写、『南天竺般若菩提悉曇十八章』紙背、石山寺蔵）、『律巻第三』『令義解巻第一』（鎌倉初期写、ともに『吉部秘訓抄』巻第一・四紙背、東洋文庫旧蔵・国立歴史民俗博物館蔵）その他著名なものが少なくない。

漢籍では、唐代・奈良時代書写のものも少なからず見られる。なかには『史記』『漢書』『毛詩』『古文尚書』『玉篇』『世説新書』『王勃集』『翰林学士詩集』などがあり、いずれも零巻にすぎない。しかしこれらの中には、中国で早くに失われ、あるいはまた後世の改削により原型を失ったものも、これによって本来の姿を知ることができるなど稀覯の書として貴ばれている。それらの中には現在国宝・重要文化財に指定されているものが多い。

仏書についても、その紙背を利用して経典・聖教を書写することはしばしば行なわれている。ただし仏書を反故とし、再利用する場合には、仏書（内典）以外の国書・漢籍など（外典）を書写した例は少ない。

以上のように典籍などの紙背を利用する場合に、不要となった典籍を利用するということから、これらはほとんどすべての場合が零巻・断簡となっている。しかし紙背を再利用されたがためにかえってこれらの典籍類は後世にまで伝えられることができたのであり、古文書の場合と同様に、典籍などの場合でも反故の裏面再利用ということのお蔭で、今日われわれは多くの貴重な資料を眼にすることができるのである。

五　紙背文書の利用法

前述のように、紙背文書はもとそれがあったところと関係のある人物によって利用されるのがもっとも一般的な姿である。したがって、紙背文書の内容からその文書がもとどこにあったものかを推定することが可能となる。そしてそれによって表の典籍がいかなる系統の人によって書かれたかを推測することもある程度可能となる。また、奥書・筆跡などにより、表の典籍の筆者が明確となれば、その紙背文書がもといかなるところにあったかを推定する上でさらに有力な手懸りを得ることができる。

醍醐寺蔵『薄草紙口決』は東大寺東南院に住し、また醍醐寺座主となった聖忠の筆にかかるものであるが、その紙背文書には醍醐寺・東大寺ばかりでなく、延暦寺・賀茂社・石清水八幡宮など諸所の文書が混在している。しかもこれら延暦寺以下の文書は、内容的には醍醐寺とも東大寺ともまったく無関係のものであるが、これらの文書がいかなる経路によって聖忠の手元に入ったものであろうか。聖忠は五摂家のひとつ鷹司家の出自で、関白基忠の子、冬平の

弟にあたる。したがって醍醐寺・東大寺とまったく無関係の文書はもと鷹司家にあったもので、不要となった文書を聖忠がもらい受けて利用したことが推測される。正倉院文書中の戸籍などの例にも見られるように、紙背文書は必ずもとあったところで利用されるとは限らず、なんらかの関係のあるところへ移され利用されることもあったのである。その内容を十分に把握するためには、もとあったところを明らかにし、それを考慮に入れて検討を加えることが重要である。そのためには、紙背文書はそのもののもつ内容と表の筆者との両面からもとの所在を考えた上で利用することが必要である。

紙背文書の中には、内容的に優れた貴重なものが少なくないことを述べたが、それらを利用する上でいくつかの不便な点をもっている。典籍書写のためには料紙の大きさが揃っていなければならない。しかし文書の料紙の大きさにはある程度の規格性はあっても、そこにはかなりの多様性があり、種々の文書を取り集めてくると、それぞれにかなりの寸法の相違が生ずる。そこで料紙の大きさを合わせるために、ある大きさに統一して縦・横の一部を切断することが必要とされる。また続紙の場合にはその継目部分も切断される。こうして文書の天地の一部、あるいは左右両端の一部の文字は失われてしまっていることが多い。さらに二紙以上にわたっている場合には、そのうちの一部分が別書・別巻に使用され、現在では失われてしまっていることもしばしばである。こうしたことから紙背文書中には豊富な内容をうかがわせながらも全文を完全に知ることができない場合が多いのは残念である。

このような欠点はあるが、いったんは反故とされたものだけに、文書本来の姿のままではけっして現在にまで伝えられがたい性格のものが含まれており、多くの貴重な史料を蔵している。また名家の筆跡についても、これまで打ち忘れられてきたものであるだけに、後世の作為が加えられる可能性が比較的少なく、信頼度の高いものが多い。今後もなお新しい史料の発見は行なわれるであろうが、その中でも紙背文書の占める割合の大きいことが考えられる。典

籍類の調査がさらに進むならば、今後もその中から重要な新史料を含む多くの紙背文書が発見されることが期待される。

四　紙・布帛・竹木

はじめに

わが国においては、文書を書く材料としては紙がもっとも一般的であるが、奈良時代から平安時代初期にかけては木簡も広く用いられていた。また布、竹等の使用例も知られている。奈良時代にはすでに各地で紙が漉かれており、広く紙の使用が見られるが、一方ではまた小木片に文書を書いた木簡も飛鳥京跡・藤原宮跡・平城宮跡その他各地より多数発掘されており、その使用はかなり広範囲にわたって行なわれていたことが知られている。これは当時紙が貴重であったからばかりでなく、紙とは異なった木札の特性を利用しようとするところもあったようである。この木簡については他に譲って、ここでは述べないことにする。

紙は漢代に蔡倫によって発明されたとの伝説があるが、その後急速に普及し、文字を書き付ける材料としてもっとも重要なものとなった。その製紙原料としては麻・楮（穀）・斐（雁皮）・三椏・竹その他各種のものが利用され、その原料にもとづいて麻紙・楮紙（穀紙）・斐紙（雁皮紙）・三椏紙・竹紙等と呼ばれる。また原料とは別に、抄紙法・色・用途・産地等による名称も付けられており、檀紙・厚紙・厚様・薄様・鳥ノ子・引合・奉書紙・宿紙・杉原紙・美濃紙等はその一例である。そこでまず紙の原料による分類にしたがってそれぞれの紙の特徴を述べ、ついで抄紙法その他による呼称について説明を加えることにしたい。

一　紙の原料

本節では、わが国において古来使用されてきた各種の製紙原料を中心にして述べることにしたい。

1　麻紙

麻を主原料として漉いた紙で、主として奈良時代から平安時代前期にかけて多く作られ使用された。われわれがよく目にしうる現存遺品としては写経料紙として使用されたものであるが、古文書では正倉院の「東大寺献物帳」や、東京国立博物館所蔵の「法隆寺献物帳」その他がある。紙は後漢時代に蔡倫によって発明されたと伝えられているが、この時に原料となったのは「樹膚麻頭及敝布魚網」といわれ、麻布等の衣服材料が主原料であったようで、麻はもっとも原初的な製紙材料であった。『延喜式』には製紙に関する記事が見られるが、麻紙の原料としては布（調布）・麻（麻皮）を用い、それを截断・舂解して紙に漉き上げる。

奈良時代から平安時代の麻紙はその繊維がよく叩解されているため緻密で、落ち着いた上品な味わいを持っている。写経等の典籍書写の他に勅書・詔書・宣命等を書くのに用いられたのも、こうした優れた特性にもとづくものであった。しかし紙の表面は上穀紙等に比して平滑さに欠け、ざらざらした感じが強い。このため文字を書く場合に、筆の走りが悪く、やや書きづらい面があったようである。『延喜式』には、物書を写すに当たって「上穀紙大字長功日写一千七百言」とあるが、麻紙については「其麻紙書各減穀紙一百言」とあり、書写する際にやや能率の低下があった。平安時代前期を過ぎると麻紙の使用が急減し、一般的にはほとんど使用されなくなるのは、こうした麻紙の書きにく

さという点にもよるであろう。なお麻紙は長年月を経ると材質の強度が劣化し、裂けたり欠損欠落しやすくなるという欠点も持っている。現存する奈良時代写経にあっても、麻紙に書かれたものにはこのような強度低下が見られ、その取り扱いには特に注意を必要とすることが多い。

『延喜式』によれば、色紙を造るに当たっては「調布大一斤、斐皮五両、造色紙卅張」とあり、麻一六に対して斐皮五の比率で混合して漉いたという。斐皮を混入することによって、抄造過程での繊維の分散性を高めて厚さの均一性をよくし、また麻紙の表面を平滑にしてより美しく仕上げようとしたものであろう。現存する写経の中にはこのような斐を交ぜ漉きした麻紙が見られる。なおこの色紙のうち、宣命は黄色の色紙を用いることに定められているが、伊勢神宮への宣命は縹紙、賀茂社へは紅紙を用いた（『延喜式』）。また位記は縹色、詔書は黄紙を用いるのが規定であった。なお麻紙の原料とされた麻には、大麻・苧麻があり、また蕁麻も利用されたことがあると見られている。

2　楮　紙（穀紙）

楮・穀ともに「コウゾ」のことで、古くは「カヂ」とも訓ずるが、現在では「カジノキ」もまた楮・穀を充てている。コウゾ・カジノキはともに桑科の喬木で、カジノキの方が樹高が高くなる。古くからともにその樹皮を製紙原料として用いてきたが、品質的にはコウゾが優れ、カジノキはやや落ちる。また桑の樹皮も使用されることがあったようであるが、これらをもって抄造した紙はいずれもよく似ており、ここでは一括して楮紙（穀紙）と呼ぶことにする。「コウゾ（カウゾ）」は「かみそ（紙麻）」の音便によるものであるが、『延喜式』では「紙麻」として穀皮・斐皮の両者を含めて用いている。しかし古来楮の方が製紙原料としては一般的であったため、やがて楮が紙麻の名を独占するにいたったものであろう。和紙の大部分はこの楮を主原料としたもので、美しさでは麻紙・斐紙に劣るが、強さの点で

は特に優れ実用性に富んでいる。特に古文書では早くよりこの楮紙を用いる場合がもっとも多く、奈良時代でも麻紙・斐紙を用いるのは少なかった。

典籍書写の材料としても楮は多く用いられてきたが、奈良時代の写経料紙を見ると楮単独の紙はなく、いずれも斐と交ぜ漉きしたものが一般的のようである。巻末に「善光」の朱印を持ついわゆる「善光朱印一切経」は天平勝宝八年（七五六）から天平宝字三年（七五九）にわたる頃に書写されたが、その奥書には「用穀紙十九張」のように各巻ごとに使用した紙の質ならびに枚数が書かれており、当時穀紙と呼ばれた紙はいかなるものであったかを明確に教えてくれる。この料紙を見ると、穀紙とはいいながら、純粋の楮紙ではなく、斐を大量に交ぜ漉いたものである。『延喜式』には、上紙（上穀紙）を作るためには穀皮・斐皮を等量充混ずることが見えており、奈良時代から平安時代前期にかけての写経料紙（あるいは典籍書写料紙）に用いる穀紙には斐を混ぜ漉きしたものを使用するのが常であったと考えられる。これは表面を平滑にして紙を美しくし、筆の走りをよくして書きやすさを増すことが目的であったであろう。

このような楮に斐を混ぜ漉きした紙は、平安時代から室町時代前期にかけては、一般の公文書・訴訟文書・証文類に使用されていることはなく、純粋の楮紙を用いるのが通例であったようである。しかし私的な書状には楮に斐を交えた料紙を使用した例も見られる。私的な消息類は美しく書くことも一つの嗜みとされていたから、より美しい料紙を使用しようとすることもあったからであろう。

3　斐　紙（雁皮紙）

その表面は各種の紙の中でももっとも平滑で美しく、透明度が高いので敷き写しをするのに適している。奈良時代から製紙原料としてよく用いられ、写経料紙には楮に斐を交ぜ漉いたものが多く用いられた。また薄手のものでも墨

を裏面に滲透させることが少ないため、粘葉装の典籍を書写するのにもっとも適しており、平安時代以来粘葉装の場合には斐紙系統の料紙を用いるのが通例であった。なお純粋の斐紙は平滑・緻密で透明度が高いため、きわめて美しい紙ではあるが、楮紙に比すると引裂きに対する強度が劣り、やや裂けやすいのが欠点である。しかし楮を交ぜ漉きしたものはこうした欠点が克服される。純粋な斐紙よりも楮を混じたものが多いのはこのためであろう。

現存の紙を見ると、平安時代の斐紙には純粋なものは少なく、多少なりと楮を混入したものが大部分である。しかし鎌倉時代になると、純粋な斐紙の使用例が増加してくる。その色はやや黄ばんでいるのが常であるが、年代が降るにつれて薄茶色を帯びたものが多くなる。その色が現在いわゆる「地卵」の殻の色に似ているところから「鳥ノ子」（鳥ノ子紙）と呼ばれるようになったが、その使用例としては『愚管記』延文元年（一三五六）十月二十五日条が古いものである。「鳥ノ子紙」はもと薄茶色を帯びた斐紙を呼ぶ名称であったが、江戸時代以降はこうした斐紙ばかりでなく、三椏等を混じたもの、あるいは三椏紙で鳥ノ子紙風のものにまでその名が拡大使用され、現在では斐・三椏・楮等を交ぜ漉いた紙の名称となっている。

文書で斐紙を使用することが多くなるのは室町時代中期以降で、室町将軍御内書・武家直状や願文はもとより、請文・寄進状等にいたるまで、各種の文書にも広く使われるようになってくる。

4　三　椏　紙

ガンピと同じくジンチョウゲ科の落葉低木で、平滑な紙を作るのに適している。斐紙に比して透明度は低く、また強度も劣るが、抄造が容易であり、楮・斐等に混じて平滑な美しい紙を作る。斐紙の代用とされ、江戸時代中期以降、鳥ノ子紙と称するものにはこの三椏紙系統のものも含まれるようになる。なお三椏を製紙原料として利用するように

なるのは十七世紀後半以後のことで、中世以前においては三椏使用の紙の現存例は目下のところ見あたらないようである。

5　苦参紙

『延喜式』には製紙原料として「苦参（クララ）」があげられている。クララはマメ科の植物で、和名類聚抄にも製紙に用いられたことが見えるが、奈良時代はもとより、それ以後においても苦参紙として明確なものはないという。以上の他に奈良時代における紙の名称の中には「藁葉紙」なるものも見えるが、現存紙の中からそれを特定することはできず、いかなる紙であったかは不明である。

二　紙の名称

次に抄紙法・地色・用途・産地等から生じた紙の名称のうち主要なものについて個々に説明を加えることにする。

1　檀紙

檀＝マユミで、その木から作られた紙の意である。しかしマユミは製紙原料には適しておらず、また現在檀紙と考えられている紙を見ると、いずれも楮を原料として漉かれたもののようであり、檀紙を字義どおりに檀（マユミ）を原料とした紙とすることには疑問を持たれている。ただし「檀紙」「真弓紙」の名はすでに正倉院文書に見えており、あるいは古くはマユミが原料とされたことがあったかもしれないが、平安時代以降の現存文書の料紙からは現在のと

ころマユミ紙の存在は確認されるにいたっていないという。

後世に檀紙といわれているものには凹凸のある皺文が付けられているが、それはほぼ三種類に分類することができる。江戸時代以降もっとも一般的な檀紙は縮緬皺状の凹凸を持つもの（B）であるが、それ以外に製造過程において付けられた簀目なりの横線の凹凸文を持ったもの（A）、また板に細く浅い溝を平行にびっしりと彫り（一部はその先を曲げて隣の溝に合せて変化を持たせる）、この板に張り付けて凹凸文を付けたもの（C）の計三種類である。徳川将軍歴代の判物・朱印状等はいずれも檀紙に書かれているが、時代・対象によって使用檀紙に差があったようである。京都の大覚寺・真性寺・高山寺充のものを見ると、初代徳川家康より第五代綱吉にいたる間の檀紙はいずれも簀目による凹凸文の檀紙を使用しており、大きな相違は見られない。ところが、それ以後も大覚寺充の知行安堵判物は第一三代家定にいたるまですべて簀目凹凸文檀紙を用いるのに、真性寺充知行安堵朱印状は第一一代家斎までが簀目凹凸文檀紙で、次の家慶の代には縮緬状皺文檀紙に変えられている。また高山寺充では第八代吉宗以後（第六・七代は知行安堵朱印状を発給せず）はすべてに縮緬状皺文檀紙を使用している。大覚寺は宮門跡寺院として特に寺格の高い寺であり、真性寺・高山寺もそれぞれ寺格に相違するところがあったため、使用する檀紙にこのような相違が見られるものと考えられる。すなわち江戸時代中期以後になると、簀目凹凸文檀紙は将軍等の特に身分の高い人が使用し、それも特に格式の高い相手に対してのみ用いられるようになった。なお縮緬状皺文檀紙は江戸時代初期にはその使用例がなく、五代将軍綱吉の頃から初めて抄造されるようになったものと推定される。また板に溝を彫ってつけた溝状凹凸文檀紙は公式のものには使用されず、さらに略式のものであろう。

江戸時代における三種類の檀紙のうち、簀目凹凸文檀紙の繊維叩解度はやや粗く、手触りにも硬さがあるが、縮緬状皺文・溝状凹凸文檀紙はともに色は白く、その繊維はよく叩解され、手触りにはかなり軟らかさがある。しかし

（A）においても時代が降るにつれて色は白くなり、光沢を増して美しい紙となる。このように同じ檀紙とはいいながら、（A）と（B）（C）との間には、視覚・触覚上でも大きな相違点があり、製法上には大きく隔絶するところが見られる。

江戸時代初期以前の檀紙はいずれも簀目凹凸文檀紙系統のもので、淡褐色を帯びている。ただし凹凸文は時代が遡るにしたがって顕著ではなくなり、鎌倉時代中期以前になるとほとんど認めがたくなっている。ところで鎌倉時代前期にはすでに「高檀紙」なる紙の名称が見えている（『編御記』建保七年四月十一日条、『明月記』嘉禎三年四月十三日条）。これはあるいは簀目凹凸文をもった檀紙のことかと思われるが、現存の紙より推すと後世のいわゆる「檀紙」のようにその凹凸の顕著なものはなかったようである。また近世になると大高（鷹）・中高・小高檀紙の三種の呼称が生ずるが、諸文献に見える大高檀紙の寸法は縦一尺七寸前後、横二尺一寸余で、中高・小高はそれぞれにその寸法を減ずるとともに皺文の高さも小さくなる。これは使用者ならびに相手の格式の差等によってそれぞれを使うのがならわしであった。なお安土桃山時代から江戸時代初期の秀吉あるいは将軍朱印状使用檀紙の寸法は縦四五センチ前後、横六二センチ前後であり、江戸時代中期以後その寸法は若干大きくなっている。

なお檀紙は古くは陸奥紙（みちのくがみ）と呼ばれているもので、もとは陸奥国で作られた紙であったが、やがてその他各地でも作られるようになったといわれる。陸奥紙は『源氏物語』その他平安時代の文学作品にもしばしば見えている。すなわち「陸奥紙のいと清らなるに」（『宇津保物語』）、「白くきよげなる陸奥紙に」（『枕草子』）、「いと香はしき陸奥紙」（『源氏物語』玉鬘）、「ふくよかなる陸奥紙」（同、胡蝶）、「陸奥紙にて、年経にければ黄ばみ、厚ごえたる」（同、若菜上）、「陸奥紙の厚ごえたる」（同、末摘花）とあり、色白く厚手で、年を経るとさらにやや分厚くなり黄ばんでくる紙であった。現存する古文書の料紙の中から、いずれを陸奥紙と考えるか、また鎌倉時代初期の檀紙・高檀紙はそれぞ

れいかなるものであるかを確定するためにはなお多くの原本について検討を加えることが必要である。

なお檀紙の産地は次第に諸国に広がり、鎌倉時代以降には讃岐国、さらに室町時代以降には備中・越前等もその産地として史料上に見えている。

2　引　合

檀紙系統に属する紙であり、皺文のないもので、院宣・御教書・下文等によく用いられたといわれる。しかし現存するこれらの文書を見ると、紙質にはそれぞれにかなりの相違があり、そのうちのどの種類のものを引合にあてたらよいのか大いに惑わされる。なお「引合」の初見は『実躬卿記』正安四年（一三〇二）二月二日条といわれるが（小野晃嗣『日本産業発達史の研究』）、ここには引合・厚紙・檀紙の三種類の紙が併記されており、引合と厚紙・檀紙とは別種のものとされている。しかし『言継卿記』大永七年（一五二七）八月三十日条には「進物檀紙（引合也）」とあって、引合＝檀紙としている。また弘治二年（一五五六）正月十八日条では小高檀紙・引合・杉原が併記されている。このことから、室町時代後期には高檀紙でない檀紙を引合と呼んでいたようである。

文明十年（一四七八）二階堂政行撰の『二判問答』には「書状料紙用引合事、近年竹園大臣家之外、不可用様存候歟、冷泉中納言（為相卿）書状、暦応之頃、武家輩等用引合所見有之、不可守株哉如何、引合・杉原雖有厚薄、大略同事歟、至引合、近日依其人用之事、未知子細、自然如此成来歟、別而不可有子細哉」とあり、引合と杉原とには厚手・薄手の差があり、引合は発信者の格により書状料紙としての使用を制限されるべきか否かということが問題となっている。現存する当時の普通の書状では高檀紙（顕著な凹凸文のあるもの）を用いておらず、この引合は高檀紙以外の厚手の上質紙ということになる。しかしまた一方ではこの当時「厚紙」なる名称も併記されている例があり、厚手の紙の中のど

の種類のものを引合にあてたらよいかは今後の検討にまたなければならない。

3　宿　紙（漉返紙）

反古紙を漉き返して作った紙で、もとの紙に付着していた墨を完全に洗い流すことは不可能のため、その色は薄黒く鼠色を帯びている。そこでその色をとって薄墨あるいは薄墨紙とも呼ばれる。平安時代末期以降、綸旨・口宣案はこの宿紙を用いることに定められたため綸旨紙とも呼ばれ、また図書寮紙屋院で漉いたため紙屋紙（こうやがみ）の称もある。その他に熟紙・反魂紙・還魂紙等の別称も持っている。

反古紙を漉返した古い例の一つに『三代実録』仁和二年（八八六）十月二十九日条の記事がある。清和天皇女御藤原朝臣多美子は清和天皇の死後「収拾平生所賜御筆手書作紙、以書写法華経」とあり、故人の書いた文書等を漉返して作った紙を料紙として写経を行ない、故人の供養をする習慣は古く平安時代初期からあったようである。しかし紙は貴重であり、また再生処理を行なえば漉返して再度使用することも可能なため、前記の特別な場合のみでなく広く一般に漉返しは行なわれてきた。仏典その他の典籍類の中にも、このような漉返しの紙を使用した実例は数多く見られるが、必ずしも故人の供養のためばかりではなかったようである。

漉返紙を文書に利用した例としては、古く正倉院文書にあるものを除けば、平安時代末期以降は通例は綸旨・口宣案の料紙、あるいは大間書等の草稿用紙としてであって、時に院宣に用いられることがあった程度である。この典籍書写用の漉返紙と、文書用の漉返紙とを比較すると、前節楮紙の項で述べたのと同じく、典籍用の漉返紙の場合には斐を交えることが多く、文書用の漉返紙は斐を交えない純楮紙（あるいはそれに近い紙）であることが特色である。

綸旨・口宣案は宿紙に書くのが定めであったが、江戸時代になると漉返紙ではなく、普通に漉いた紙を墨によって

染めて薄墨色にした紙を使用することが一般的となる。なお現存最古の綸旨正文である天喜二年（一〇五四）二月十二日付の後冷泉天皇綸旨（『醍醐寺文書』、本書図82）は白紙を用いており、綸旨に宿紙を使用するのが慣例となるのはそれよりやや降った頃からのことであった。また元弘三年（一三三三）三月十四日後醍醐天皇綸旨（出雲大社蔵、本書図84）は白紙であるが、これは天皇が隠岐国を脱出し伯耆国船上山に移った時に出されたもので、宿紙が手元になかったことによる。また南朝方より出された綸旨の中には漉返紙ではなく、薄墨色の染紙に書かれたものがしばしば見られる。これまた吉野の奥に籠った南朝方としては宿紙を入手しがたかったことにより、便法として染紙を用いたものであろう。なお鎌倉時代の綸旨でも稀に白紙を使用した例が見られる。

このような染紙までも含めて一般的に宿紙と呼んでいるが、製法上はまったく異なるものであり、漉返紙を宿紙、染紙は薄墨染紙とでも呼んで両者を区別することが必要であろう。なおこの両者を判別するためには次の諸点を注意すれば容易である。漉返紙では、反古紙をよく叩解しても、なおもとの紙の繊維が小さな固まりとなって残り、もとの墨の着いた繊維の小さな固まりが黒い小点となって紙面各所に現れている。また繊維の固まりが残るため漉上りが均一でなくムラができやすい。これに対して薄墨染紙の漉上りは均一で、その表面は漉返紙よりはるかに平滑であり、また墨の着いた繊維の固まりはなく、したがって黒色の小斑が見られない。以上が両者を区別する一つの目安である。

4　杉原紙（椙原紙）

古くより「すぎはら」または「すいばら」と読まれ、播磨国多可郡杉原において漉かれた紙をいう。中世後期においては有数の紙の製産地となったため、やがて室町時代にはそれに類する紙質の紙までをも包括する名として用いられることもあったようである。

杉原紙が世に流布するようになった時期について、正慶元年頃成立の『武家年代記』には承久元年（一二一九）と記されているが、日記・古文書に現れる最初は『殿暦』永久四年（一一一六）七月十一日条に見える「椙原庄紙」で、次いで自筆本『兵範記』仁安二年（一一六七）冬巻紙背文書中に「椙原紙」とあるのが古い。したがって杉原紙の製産は古く平安時代末期にまで遡って行なわれていたことが明らかである。その後しばらくは、杉原紙の名称は史料上に見えず、鎌倉時代末期に作られた『高野板正安二年七月印板目録』所収の「定置印板摺写経論疏等直品条々事書」に再びその名を見せる。そして室町時代初期頃成立と推定される『書札作法抄』に「武家ニハ杉原ナラテハ文ヲハカ、ヌコト也、引合・檀紙ナトニテハ努々不可書、但女姓《（ママ）》ノ本ヘノ文ニハ、又引合・檀紙ニテ書テ、杉原ニテハ書ヘカラス、女姓モ又杉原ニテ文書事ハナシ、又武家ノ御下文紙ト申ハ、今ハ鎌倉紙也、杉原ニハアラス」と記されており、当時杉原紙は武家（幕府他）においてよく用いられていたという。そして女性充、あるいは女性よりの文には杉原を使用せず、檀紙・引合に書くを礼とした。なお武家（幕府・守護大名等）の下文紙は、当時は鎌倉紙を用い、杉原紙は使用しないと記されていることは注目される。下文紙とは御教書・施行状・遵行状・打渡状・奉書等に用いた紙を指すものであろうが、室町時代初期の御教書・施行状等の料紙は鎌倉紙であったと考えられ、杉原紙とは異なるものである。また女性に関する消息は檀紙・引合のいずれかということになる。こうした記事によって古文書の料紙を比較検討すれば、当時の紙の呼称がいかなるものを指していたかを推定する一つの手懸りとなし得よう。

杉原紙は引合に比して厚さの薄い紙で、広く一般に使用されたが、檀紙・引合に比して格式の低いものとされていた。しかし次第に公家社会における公文書にも使用されるようになり、康永二年（一三四三）、洞院公賢が左大臣を辞した時の上表は「尋常椙原」を用いたが、これについて日記に『園太暦』に「本儀事高檀紙可加礼紙也、但椙原又常事云々」と記しており、南北朝時代になると高檀紙の代りに杉原を使用する場合も多くなってきたことを示している。

また室町時代前期にはすでに「強杉原」「杉原檀紙」なる名称も見え、杉原においては略式の紙ばかりか、次第に格式の高い紙をも作るようになってきていることを示している。

5　奉書紙

奉書すなわち命を奉じて出す文書を書くのに用いられる料紙というところからこの名称が生じた。「奉書紙」なる名称が史料上に見えるようになるのは安土桃山時代頃からのようである。江戸時代には将軍の判物・朱印状は檀紙、老中等の奉書は奉書紙と截然たる区別がつけられていた。安土桃山時代以降の奉書紙はよく叩解された楮を用い、純白で緻密な美しい紙である。この原料処理の点では縮緬状皺文檀紙と類似したところがある。奉書紙の厚さにも厚薄があり、使用者の格式による差が見られる。このようによく叩解された繊維をもって厚手・緻密に漉かれた紙はすでに鎌倉時代にも認められるところであり、類似の紙を比較することによって奉書紙系統の紙の製法の時代的変化をよくたどることができる。ただしこの奉書紙が中世以前における檀紙・引合・厚紙等といかなる関連・系譜を持つものかを検討することは今後の課題である。

6　その他

「薄様」は斐紙系統の薄手の紙といわれる。これに対して「厚紙」なる名称が見えるが『平家物語』「文覚被流」の条に「(文覚)かやうの紙で物書くやうなし、とて投返す。さらばとて厚紙(かうがみ)を尋て得させたり」とある。書状等は楮紙を用いるのが通例であり、この厚紙も楮紙の厚手のもので、料紙としては格式の高いものと考えるべきであろう。この厚紙は、檀紙・厚紙・中紙のように併記されて史料上に見えることがあり(『吾妻鏡』建長四年四月一日条)、

後に引合や奉書紙といわれるような種類の紙の厚手のものではなかろうか。そして「中紙」とは厚紙よりやや薄手のものであろう。

また産地によって呼ばれる紙の名は史料の上に数多く見えている。先に陸奥紙・杉原紙を掲げたが、その他に美濃紙（濃州紙）、奈良紙、吉野紙、甲州紙、修善寺紙、甲斐田紙、森下紙（盛下紙）、土佐紙、石見紙、高野紙、飛州紙（飛驒紙）等々中世におけるもののみでも枚挙に暇がないほどで、特に室町時代に入るとこうした産地名を付した紙の名が多く見られるようになる。

普通の文書を書く場合には特に料紙に装飾を施すこともないが、神仏に捧げる願文には種々の装飾を施すことがある。そのもっとも美しいものの実例としては、『平家納経』に付属する長寛二年（一一六四）九月日の平清盛願文を上げることができる。斐紙を美しく染め、さらにそこに金銀砂子を散したこの願文は装飾を施した文書の代表例といえる。この他にも料紙の表裏に金銀箔・野毛・砂子を散し、あるいは霞・雲を描いた願文が見られる。また消息の料紙の中には、表に墨流しを施したものもある（高山寺蔵『五部大乗経』紙背文書の中にある）。『源氏物語』には「濃き青鈍の紙なる文つけて」（葵）とあるが、このように平安時代の公家社会においては美しい色紙に消息を書くことも行なわれたようである。しかしこのような消息の遺例は現在は見ることができず、色紙使用例としては円珍諡号勅書を始めとする勅書・宣命の類等をあげることができるのみである。

中国から船載のいわゆる「唐紙」には雲母により地文を摺り出したもの、また着色した蠟により下絵を書いた蠟牋等があるが、このうち蠟牋については俊芿筆泉涌寺勧縁疏（本書図16）が著名であり、また禅僧等の書翰料紙に使われたものもある。

料紙の天地に藍もしくは藍・紫の雲文を漉き入れた打曇紙や藍・紫の先染繊維を漉き入れた飛雲紙、色紙に下絵を

施したもの、また雲母等による摺出文のあるもの等の美しい紙も多いが、これは和歌集・朗詠集等の書写料紙として使われるのが一般的で、文書に使われることはなかった。また船載の唐紙も同様で、古い時代では書翰等に使われることは必ずしも多くはなく、使用例が増えるのは近世以降である。特に学者・文人等の間で、明・清より輸入された下絵装等のある紙が愛好されていた。なお唐紙は強度の点で劣るが、『源氏物語』にも「唐の紙はもろくて、朝夕の御手ならしにもいかゞとて」とあり、強度の点では古来脆いものとされていたことが知られる。

三　紙の漉き方

紙の漉き方には溜漉・流漉の二法があり、古く奈良時代には溜漉が行なわれていた。しかしトロロアオイ等の粘剤（ネリ）を使用する方法が発明されてより、漉桁内の繊維の動が円滑になり、漉桁を前後に動揺させて捨て水を行ない、繊維に方向性を持たせ、厚薄の漉きむらを防ぐことが可能となった。この流漉法の確立は平安時代初期であったといわれる（『正倉院の紙』）。この両抄造法についての詳しいことは諸書に記されているから省略する。

現存する各時代の紙を比較してみると千差万別であるが、しかしその中に各時代ごとに共通する特徴が現れている。それぞれの特徴を文章で表現することは困難であるが、その一部のみを示すと次のようである。

奈良時代から平安時代初期の写経料紙を見ると、麻紙はもちろん、穀紙でも、その繊維はよく叩解されている。これに対して平安時代後半期以後の典籍書写用料紙（写経用を含む）を見ると、全般的に叩解度はやや低く、長い繊維束が多く混じており、奈良時代のもののようによく叩解されたものは少ない。また平安時代以前の料紙を透光して見ると、全面的にかなりの厚薄のムラが生じているのが通例である。それに対して鎌倉時代以後の紙は厚薄のムラが少な

くなり、より均質に漉かれた紙が多くなっている。これは鎌倉時代初期前後頃（十二世紀末～十三世紀初頭）には抄紙法にかなり大きな変革が行なわれたものではなかろうか。

斐紙系統の紙では十四世紀初頭頃からは純粋の斐紙が少なくなり、混合物もそれ以前とは質を異にしたものが多くなる。また紙面への墨の乗りも悪くなり、油が着いた上へ書いたごとくに墨をはじいた部分が各所に見られるようになる。これはこの頃から顕著に見られる現象である。また文書に使用される楮紙についても、南北朝時代後期から室町時代初頭にかけて大きな紙質の変化が現れる。そして室町時代初期頃からは前代には見られない種類の紙がいろいろ現れてくる。このことと、室町時代になると各地の産地名を付した紙の名が多く見られるようになることと何らかの関係を持つものであろうか。

次に文書料紙の質が大きく変化する時期は江戸時代前期の寛文から延宝年間を過ぎた頃である。この頃を境にして紙質は大きく変わり、それ以後に漉かれた紙は明治以降現代にいたるまでに造られている紙と大きな相違はなくなってくる。漉き方はさらに厚薄のムラなく均一となる。また鳥ノ子系統の紙に三椏を使用するのもこれ以後であり、また楮紙に泥を多量に混じて鳥ノ子風に仕上げた泥間似合（天子鳥子・名塩紙）が出現するのもまたこの頃である。檀紙で縮緬状皺文を付けたものが出現するのも、現存する紙を見るかぎりでは元禄頃である。こうしたことを併せ見ると、十七世紀後期は製紙法上の大きな技術変革期と考えてよいのではなかろうか。

次に紙の寸法について見てみたい。江戸時代では『紙譜』を見ると檀紙・奉書その他それぞれに、産地の相違はありながらも比較的近い寸法が記されており、ほぼ一つの共通する規格に近いものがあったことが知られる。これは使用者の格式、あるいは用途等より出たものであるが、このことはそれ以前の時代にも多少共通するところがある。

奈良時代から平安時代初期の写経料紙を見ると、神亀五年（七二八）長屋王発願『大般若経』のように二メートルに

近い長さの麻紙を使用しているのは例外的であり、その他はおおむね五六センチ前後で、時に五一センチ前後のものも見られるが、この方はやや少ない。しかし平安時代後期以降は五一～五二センチ前後が普通で、五五センチを越えることは稀である。そしてさらに時代が降れば五〇センチ以下のものが多く見られるようになる。すべてがこのように規格的であるのではないが、大きな推移として見ればこのようなことがいえるようである。

文書の料紙についても、平安時代の紙は縦の長さに比して横幅の大きいものが目立つ。院宣・御教書・書状・中状等に用いられるものの中には縦が約三〇センチ余で、横幅が五五～五六センチ前後のものが数多く見られる。鎌倉時代に入るとこのような院宣・書状等に用いられる紙の寸法は、縦がやや長く三二～三三センチ前後になり、横幅は狭くなって通常は長いものでもほぼ五一～五二センチ前後に減ずるようになる。この文書料紙の規格寸法は使用者の身分・格式にもよるところであるが、身分差による料紙寸法の相違は室町時代に入るとさらに顕著になり、格式の高い紙は大きいが、一般の文書料紙の寸法は前代より小さくなる。しかしそれがいっそう截然たるものとなるのは安土桃山時代以降のことで、江戸時代になると朝廷・将軍等の発給する文書と、老中その他の奉書との寸法の相異はさらに拡大される。公家・武家・社寺におけるそれぞれの使用料紙寸法を子細に計測比較すると、発給者の地位格式を推測する一つの手がかりになるものではないかと考える。

四　布帛・竹木・金石

紙以外に文書を書く材料としては、木・竹・布帛・金石等がある。その中でもわが国における遺例としては木がもっとも重要であるが、奈良時代から平安時代初期にかけての木簡使用については他の論考に譲って本稿では触れない。

ここではそれ以後における木の使用について述べることにしたい。木は紙と異なって強度が優れ、水・虫に対してもより安全性が高い。したがって人目につく所へ曝しておくためには紙は不向であっても、木に書いておけばより安定性がある。文書を木に書きつけるのは、主としてこの特性を生かせる場合でもあるが、その一つに制札がある。木に書いた制札で現存最古のものは文治元年（一一八五）十二月日の北条時政禁制であるが（玉祖神社）、これ以後鎌倉・南北朝・室町時代の制札が数多く現存しており、江戸時代に入ればその数は枚挙に暇がない。また社寺へ田畠料足等を寄進した場合にも板に書いて人目に触れやすい場所に掲げることが行なわれた。この実例としては小浜の明通寺、奈良の唐招提寺等のものがよく知られているが、元興寺（極楽坊）本堂や当麻寺金堂・曼荼羅堂の柱・長押に田畠の寄進状を彫り付け、あるいは墨書しているのはきわめて珍しい例である。また寺院において僧等の守るべき規式や、法会の結番次第等を板に書きつけて掲示すること等は木の特性を利用した方法である。さらに根津美術館蔵の尼浄阿発願大般若経を納めた厨子扉裏には、寛元元年（一二四三）の尼浄阿所領寄進状、ならびに尼浄阿寄進田畠坪付が刻み付けられているのも、木に書き付けた文書の例としては稀有のものである。

布帛に書いた例としては、東南院文書中の東大寺開田図は麻布に書いた奈良時代の絵図として著聞している。園城寺の円珍伝燈大法師位位記（嘉祥三年六月二十二日）は綾地に書かれ、四月廿九日付足利高氏書状は縦七・九センチ、横六・九センチの密書で絹布に書かれている（島津家文書第四三号、本書図9）。また万暦二十三年（一五九五）の明王贈豊太閤冊封文も綾に書かれている。このように絹布・綾に書かれた文書もいくつか伝存しているが、こうした例はきわめて少ない。足利高氏書状は密書として絹という素材が選ばれたものであろうが、他はいずれも美しさを増すためのものである。文字を書くのに絹布等を使用するのは書そのものを目的とする場合が主で、文書を書く材料としては、わが国では例外的なものでしかなかったといえよう。

金石に刻まれたものといえばいわゆる碑文・銘文となり、文書を彫り付けた例はきわめて少ない。その例としては、真偽については疑を持たれているが、現在は正倉院に納められている聖武天皇銅板勅書と呼ばれるものがある。また石としては、果たしてこの例として相応しいか否かは問題もあるが、奈良柳生のいわゆる正長元年（一四二八）徳政碑をあげておく。

第三　古文書の作法

一　本券文を焼くこと

中世における所領、所職の譲与・売買・寄進に際しては、その正当な権利継承者であることを証明するための証文類、すなわち「手継証文」を副え渡すことが不可欠であった。その手継証文中にそれ以外の土地等が併せ記載されており、手継証文を副え渡すことができない場合には、該当部分の裏面に売買等の譲渡の事実を記入し（裏を毀ち）、その効力の範囲を限定するとともに、売券、寄進状等にはその旨を記して「立新券」てることを特にことわっている。そして火災・盗難等により、これらの手継証文を失った場合には、その案文を書き、その内容が事実と相違しない旨の証判をうける「紛失状」を作成した。これらはすべて所領等に対する権利を証明するためには手継証文が重要であったからである。したがってその保管には種々意を用いていたようで、土倉に預けるなどの方法さえとられていた。

ところがそれとは正反対に、寄進に際して敢て手継証文（本券文）を焼き捨てる旨の文言を持つ寄進状が存在している。この古文書学の常識を破る寄進状のうち、私は元興寺極楽坊本堂内陣の柱に陰刻されたものについてはかつて述べたことがある。[1] しかしその後さらに他の実例を西大寺文書中に見付けたため、ここにそれらを紹介し、その意味について考えてみたい。

㈠建暦元年（一二一一）八月十五日　鹿山一和尚玄恵田地寄進状（元興寺極楽坊本堂内陣柱陰刻）（本書図145・146）

奉寄進　　私領水田□（事）

合参段者□□□□□□従東三段之次三段也
但法花寺領也東□

□（右）件水田者、鹿山一和尚玄恵院相伝之私領也、而為得良縁、於□大徳為期来□於□□弥陀善逝、限永代
□□入于極楽房一百日念仏之内三箇日之用途也、且為防後日之非論、束本券新券、彼一和尚縁者幷三堂衆徒等相
共焼失已畢、以本□□□□□可備本券而已、若有致異論之輩者、可処盗犯之状如件、

建暦元年辛未八月十五日鹿山一和尚玄恵（花押）

門□僧□□（花押）

(二)文永二年（一二六五）三月廿二日　伊王女家地売券（元興寺極楽坊本堂内陣柱陰刻）（本書図149・150）

沽却　家地新券文事

合五間参尺者

在大和国添上郡元興寺東岩井辻子東面北端

四至 限東際目 限南際目 限西辻子 限北大道

右件家地□、秦三子相伝私領也、而重舜買取畢、重舜又譲与于伊王女畢、而伊王女令沽却極楽房七昼夜念仏五番
衆等畢、雖経永代、不可有他妨、仍知行念仏衆等、彼以地利長器五斗五升、営其日僧供、不可念仏闕如、仍限永
代、□（念）仏衆等所配置也、但於本券者焼□畢、

文永二年乙丑三月廿二日

(三)寛喜元年（一二二九）四月二日　尼尊印大和国森屋庄寄進状案（西大寺文書）

（端裏書）「森屋庄寄進状案正文御塔柱銘在之、」

寄進　西大寺条々仏事料田事

合弐町八段者

在大和国城下郡東郷十八条三里廿二坪五段、同廿三坪町、同廿四坪町、同廿七坪町南三段所当米拾玖石、本斗定、

延長合定弐拾捌石伍斗、

一法華・最勝両部講讃四月八講用途拾伍石内長合定、仏聖灯油用途二斗日別五升、講《カウ》師布施四石日別一石、請僧五口四ケ日人別二斗、持経者二人壱石六斗四ケ日人別二斗、講《カウ》師幷持経者僧前用途弐石日別五斗、寺僧等僧前用途二石捌斗日別七斗、承仕分四斗日別一斗、已上十五石長合定、

一御塔長日仏聖参石陸斗日別三斗、同灯明用途一石玖斗、

一昼夜尊勝陀羅尼僧前料捌石十二ケ月分、

右当寺者孝謙天皇御願、鎮護国家之霊所也、而星霜多積、基趾年旧、云寺、云勤、皆顚廢、爰弟子尼尊印修造二宇之精舎、起立一基之塔婆、建立鐘楼、勤行三昧既𢆍、今重為紹隆仏法滅罪生善、始行法花最勝八講、聊以上件田苑、令充置件等用途支配、載右六口供僧以下寺僧等各守上状、可執行之、更不可緩怠、若自雖代々別当、雖甲乙之輩、有致妨事者、寺僧等早経　奏聞、可蒙勅定也、於券契者、依顧将来之失墜、故焼棄𢆍、願念尤深、至于慈尊三会暁、努力々々莫退転、仍寄進如件、

寛喜元年四月三日　　顧主尼在判

なお㈡は本文末尾に「但於本券者焼□畢」とあるのみで、㈠、㈢のように意図的に本券を焼いた事実は記されておらず、これのみでは火災等によって焼けてしまったと解することもできるかも知れない。しかしそうとするにはこの文言だけでは不十分で、本券が焼失したならばそれに対してどう対処したかが記されることが通例であろう。そこでここでは㈠、㈢とともに本状もまた本券を意図的に焼き捨てた例の一つとして取上げることにした。

㈠、㈢は奈良市内の元興寺極楽坊本堂内陣の柱に陰刻されたもので、通常の紙に書かれた文書とは大きく異なって

いる。また、㈢は現在は紙に書かれているが、その端裏書にあるように案文で、その正文は「御塔柱銘在之」という。この「御塔」とは西大寺東塔（本堂前に基壇ならびに礎石現存）のことで、「柱銘」というからにはこれまた正文は東塔の柱に直接記されていた。このように三通ともいずれも建物の柱に直接記されている点が大きな共通点である。

寄進状等が建物の柱等に直接記された例としては㈢西大寺東塔柱銘案文の他は、現存実例として元興寺極楽坊本堂内陣の柱に陰刻された八通（㈠、㈡を含む）、当麻寺金堂ならびに曼荼羅堂内陣の柱および長押に記された寄進状が知られるのみである。これらの建物はいずれもその寺での信仰上重要な場所であり、そこに寄進状を彫り付けることには特に強い信仰心を現そうとする意図が大きく働いていたものと考えられる。しかしそれにしても権利を示す上で重要な本券文を焼くということが何故行なわれたのであろうか。その理由について、㈠には「為防後日之非論」とあり、㈢には「依顧将来之失墜」と記され、永続的な知行のためには、本券の存在はむしろ障りにさえなると考えているようである。この考え方は通例の寄進状等の文言にはまったく見られない、正反対の考えを示している。

権利を示すための証文が人手に渡った場合には、それが不正な手段によって渡ったにせよ、それに基づいて他人が権利を主張する恐れがあった。また被寄進者がその土地を第三者に譲与、売却することがなくはない。この場合手継証文がなければ、被寄進者にとっては譲与・売却し難いことになる。こうしたことを考えれば、むしろ本券等がない方が寄進した料田等の永続性を計るには好都合ともいえる。しかし寄進者の権利の正当性が争われる場合には本券の存在は重要となる。㈠において「彼一和尚縁者幷三堂衆徒等相共焼失已畢」と、縁者等の立会のもとに本券を焼いたのも、第三者の異論を防ぐためのものであったと考えられる。これによって多くの証人ができ、また本堂内陣正面の柱という人目に付き易い場所に彫り付けておけば、後日親類縁者等による非論を防ぐには極めて好都合であったであろう。しかも信仰のもっとも中心となる建物に直接記しておくのであるから、寄進の事実を広く人々に示すことがで

きるばかりではなく、仏の加護により寄進地の永続性も期待しえたであろう。

玄恵や尼尊印等が寄進に当たって敢て本券を焼いたのも、このような考えに基づいてのことであったのではなかろうか。

これは極めて異例のことで、その実例も稀ではあるが、こうした本券に対する正反対の取扱い方が同じ時代に並んで行なわれたこともあったのであり、古文書をある固定概念でのみ考えることの危険性を改めて痛感させられる。

註

（1）　拙稿「唐招提寺舎利殿奉納文書について」（『仏教芸術』六四号。本書第四所収）、拙稿「金石文としての寄進状の一資料」（『文化史論叢』所収。本書第三所収）。

二　絵巻に見える書状の書き方

書状の本文が料紙二枚に亙って書かれている時、その二枚は文面のある方が、互に外に出るように背中合せに重ねて巻き畳まれていることは古文書学の常識となっている。この第一紙目と第二紙目との紙の使い方について、拙稿「本紙・礼紙と料紙の使用法について(1)」においては、当時の古文書学の常識にしたがい、本紙(第一紙目)はいわゆる紙の表裏のうちの表側、礼紙(第二紙目)は紙の裏側に書かれているのが通例であることを述べた。この「礼紙」の用語については、その後中世の文献を読んでいるうちに、この第二枚目を礼紙と呼ぶことは中世の用例には見られないところで、中世においてはこの二枚重ねの文書の外側をさらに包む紙を「礼紙」と呼んでいることに気がついた。そこでその後「礼紙について」なる拙稿を発表した(2)。したがって前稿で礼紙と呼んだものについては用語を改める必要が生じた。そこで本稿では旧来呼ばれている二紙のうちの「本紙」を「第一紙」、「礼紙」を「第二紙(3)」と仮に表記しておくことにした。

このような料紙の用い方が、何故なされたのか、ということについて、その後いくつかの絵巻に見える書状・奉書の書き方が、一つの参考になることに気がついた。そこでその用例を探してみると、現在までのところ次の絵巻が有力な資料となることが分かった。

その一つは「石山寺縁起」巻五、第一段の藤原国能が書状を書いている場面である。国能は料紙を左手に持ち、右手に筆を執って書いているが、左手に持たれた料紙は、輪郭線から見ると明らかに二枚重ねで、左半分は文を書く面

を外側にして丸めて持たれていることが明瞭である。次に「法然上人絵伝」巻二十九、第二段の平基親が書状を書いている場面、同第三段の法然上人が書状を書いている場面である。この両場面ともその輪郭から見ると、料紙はやはり二枚重ねて左方を巻いた状態で左手に持っていることは同様である。次に「春日権現験記絵」巻五、第二段藤原俊盛の屋敷の場面である。そこには俊盛が右筆に口述で書状（奉書か）を書かせているところが画かれている。この右筆も左手に料紙を持ち右手の筆でしたためている。この料紙もまた二枚重ねで同じく左方を巻いた状態となっている。(4)以上は何れも料紙を二枚重ねで持っている場面を選び出した。

このように絵巻に見える書状の書き方は、何れも料紙を机の上に置いて書くのではなく、料紙は二枚重ねで左手で持ち上げ右手で字を書くのが通例であったようである。なお絵巻の中で机に向かって文字を書いているのはおおむね写経などの典籍書写、または続紙の文書を書いている場合である。

この三種の絵巻はともに、鎌倉時代後半期に作られたもので、鎌倉時代後期の書状の書き方を示す好資料である。なかでも「法然上人絵伝」の二場面は、料紙の右端いっぱいから文章が書かれているように見える。当時書状を書く場合には、右端若干を白く空けておいて書き出すのが通例であった。したがって「法然上人絵伝」の二場面は何れも書状の第二紙目を書いている状景と見るのが妥当であろう。『書札礼』「折奥巻事」条に「事多至于奥、又引返書裏方之時」(5)とあるが、二枚重ねを手に持ち上げて書くとすれば、一枚目が終りそれが二枚目に及ぶ時には、重ね紙の状態そのままで裏返し、二枚目の右端から書き続ける、つまり「引返書裏方」がもっとも自然な書き方ではないだろうか。そして「法然上人絵伝」の二場面はこの「引返書裏方」の状況そのものであろう。おそらく最初の二枚重ねのままでひっくり返し「裏方」に書き始めたところと考えたい。次に「春日権現験記絵」の場合は右端に若干の空白部が見られ、それに続いて二行弱の文字が見えている。前にも述べたように文書の書き出しは右端に若干の余白をおいてから

書き出すのが慣例であったことから考えても、この場面は丁度書状を書き始めた状態を示しているものとして支障なかろう。

このように最初から二枚重ねの状態で料紙を手にしていたとすれば、その書状の文章が背中合せになるように書かれるのがもっとも自然と言えよう。私は以前に第一紙目はいわゆる紙の表側、第二紙目は紙の裏側に文字が書かれていると述べたが、書状を書く場合何枚も重ねて置いてある紙から上の二枚をそのまま取上げ、文を書き始めるとすれば、このような紙の表裏の用い方となるのは当然のことである。前述の絵巻に見られるような料紙の持ち方書き方は、かつて私が述べた料紙の表裏の用い方の由来を裏付けてくれるものと考える。

図140 『春日権現験記絵』

紙のいわゆる表裏を判断する手懸りとしては「本紙・礼紙と料紙の使用法について」においてすでに述べたところであるが、その概略を今一度述べておきたい。紙を漉くに当たって、漉枠で槽の中の紙の繊維を掬い上げて必要な厚さの紙を漉くということは今さら改めて言うまでもないことである。この時、漉枠の底に敷かれた漉簀に接する方に粗い繊維の固まりや塵などは早く沈澱し、細かい繊維は遅く沈澱するため、上面はなめらかとなる。この上面が紙の表側となり、簀に接した面が裏側となる。漉き上げた紙を乾燥させるために干板に張りつけるが、この時漉枠の上面になった側を干板に張りつけ、板に密着させるために裏側を刷毛でなでつける。このため紙の裏側には後まで刷毛目が残ることになる。また干板に接した表側には、干板の年輪部分が極く浅い窪みとなり、表側全面に木目の型がほのかに見えることも少なくない。したがってこの木目・刷毛目を確認すれば、

紙の表裏は適確に判定することができる。ただし、この刷毛目などは極めて淡いものが多く、一見しただけで直ちに確認し難いことも少なくない。しかし窓際などで紙の表面になるべく真横の方向から光が当たるようにし、また紙を動かしてみて刷毛目の線に直角に近い方向から光を当てるようにすれば、この刷毛目にはかすかな陰影が生じ、確認することができる。また最近多く市販されている照度の明るい懐中電灯を利用することもその一助となるだろう。ただし蛍光灯のような散乱光の下では、刷毛目の確認は困難な場合が多い。

上島有氏は「書札様文書の礼紙について—田中稔氏の礼紙論の検討によせて—」において、(6)私が「礼紙について」の論文において、書状等の第二紙目を、礼紙と呼んでいる古文書学の通説を批判したことについて、反論を加えられた。この問題については、百瀬今朝雄氏が「裏紙再論—上島有氏の批判に酬えて—」において反批判を展開された。(7)その趣旨は私の考えているところと、ほぼ同じであり、そこで述べられた問題について改めて繰り返すことはさしひかえたい。

上島氏は綸旨の表裏の判定について簀の目・糸目の有無を判定基準にしておられるが、しかし宿紙すべてにおいて簀の目・糸目が顕著に現れるわけではなく、それが認められないものも少なくない。したがって宿紙については簀の目の有無によってのみ、表裏の判断を下すのは危険ではなかろうか。上島氏は同論文一四頁に「中世の書札様文書の礼紙（本稿で言う第二紙目—田中注）の使い方はそれほど表裏に拘泥しなかったということができるのではなかろうか。薄墨の綸旨の場合でも本紙はほぼ表を使っているから、中世の料紙の使い方はもちろん表を基準としたというべきであろう。しかし礼紙についてはあまり表裏を考えることなく、自由に使ったというのが実態ではなかろうか。」と述べておられる。しかし書状等を書くに当たって何枚も重ねてある紙を上から一枚ずつ取って書いたとしたら、二枚目だけがどうして「あまり表裏を考えることなく自由に使った」というようなことが果たしておこり得るのであろうか。

『消息耳底秘抄』(8)には次のような条項が見える。

人前物書様

先硯ニ水ヲ入、墨ヲモテ不摺之前ニ筆ヲ取、硯水ニ差浸テサキヲ見ル、次ニ紙ヲ巻テ前ニ置、或最前トモ云、次ニ墨ヲ以テ水ヲ三度硯ノ面ニ上テ和スル、次紙ヲ取筆ヲ染テ書也、如此事、上臈ニ聊気色ヲシテ可書ナリ

此の条は主人の前での御教書などの奉書の書き方を示したものである。ここに「次ニ紙ヲ巻テ前ニ置」「次紙ヲ取筆ヲ染テ書也」とあるのは、前述の「春日権現験記絵」巻五、第二段で藤原俊盛の右筆が奉書を書いている場面を思い起こさせる。このように『消息耳底秘抄』の記事は、御教書なども普通の書状と同じように机の上ではなく紙を手に持って書かれるものであったことを良く示している。したがって、綸旨・院宣も含めてこれらの文書は、主君の前で右筆が二枚重ねを手に持って書くのが通例であったと考えたい。このような書き方からは上島氏のいわれる「礼紙についてはあまり表裏を考えることなく、自由に使った」というようなことは起こらない。第二紙目は必然的に紙の裏側に書かれざるをえなかったのである。

以上に述べたように、これらの絵巻の状景は、何故書状などの第一紙目は紙の表側、第二紙目は紙の裏側が使用されているかを証明する手懸りを提供してくれているのではなかろうか。

註

(1) 田中稔「本紙・礼紙と料紙の使用法について」(『古文書研究』第一〇号、昭和五十一年十二月。本書第二所収)。

(2) 同「礼紙について」(『奈良平安時代史論集』下巻、昭和五十九年九月。本書第二所収)。

(3) 百瀬今朝雄氏は、拙稿「礼紙について」について、「重紙と裏紙」(『日本歴史』第四七九号、昭和六十三年四月)において、本稿で「第二紙」等表記したものを「裏紙」と呼ぶべきことを主張された。第二紙目を裏紙と呼ぶことは、中世の日記などに数多く見られるところであり、正しい御指摘である。そこで百瀬説にしたがい本稿でもそれを使って見ようかとも考

えた。しかし第一紙目については中世の呼称は明確でない。したがって裏紙に対する言葉として新たに「表紙」と呼んでみることも考えてみたが、尚不熟であり、特に名称をつけることは避けた。そこで今回は仮に「第一紙」「第二紙」と表記しておいた。

（4）この三種の絵巻の中「石山寺縁起」は、中央公論社刊『日本の絵巻』一六、六二頁下段。「法然上人絵伝」巻二十九の第二段は同社刊『続日本の絵巻』二、九九頁上段、同第三段は九九頁下段に見えている。「春日権現験記絵」巻五、第二段の場面については、角川書店刊『新修日本絵巻物全集』一六によった。なお同書にはこの部分の拡大図版も収められている。また同場面は『続日本の絵巻』一三、三二頁上段にも見えるが、これは東京国立博物館所蔵の前田氏実・永井幾麻筆模本によるものである。ここにも料紙は二枚重ねの状態で画かれており、原本の忠実な模本であることがよくわかる。

（5）『群書類従』巻第百四十四（消息部）。

（6）上島有「書札様文書の礼紙について」（『史林』第七三巻第四号、平成二年七月一日）。

（7）百瀬今朝雄「裏紙再論」（『日本歴史』第五一五号、平成三年四月）。

（8）『群書類従』巻第百四十四（消息部）。

三　儀礼のために作られた文書

この表題では何を言おうとするのか分かりにくいところがあるかもしれないが、ここで取上げようとするのは要するに吉書ばかりでなく、それ以外にもいろいろな儀式や行事のためにことさらに作られた形式的な文書についてである。これらの文書は、その内容は実体をともなう必要のないものであり、また特に実効をともなうことも期待されることはなかったものである。したがってその内容は実態とかけ離れているため、その本文には史料価値が乏しく、これまであまり注目されることもなかった。ここではこれらの文書の意義について改めて検討してみたい。

平安時代以降、江戸時代に至るまで、公家ばかりでなく武家・寺院等においても吉書が出された。それは政所始や、公家における大臣・大納言・中納言、寺院における別当・長者等の初任時等に出されるのが通例であった。吉書を出すことについては日記や年中行事その他各種の文献に頻繁にみえるところであり、またその実例も幾つも残されている。例えば、大臣・大納言・中納言等の初任のときには弁官方・蔵人方からの吉書が出された。そのうち弁官方の実例は壬生家文書『吉書』に平安時代末期から江戸時代にかけての吉書の正文・案文が各種多数収められている。そこに見える吉書は、内蔵寮年料米請文・馬料韓櫃請文・「請給鈎匙開検不動倉」「進上年料米」の国司解等である。そのうち、国司解の差出書の国司名は架空のものであるが、差出書を除くとその文書はほとんど変わることなく、ほぼ同文のものが江戸時代に至るまで続いて用いられていた。

また東寺においては、東寺長者初任の吉書として、能登国充の東寺封戸米等返抄が出された。現在知られるところ

では、それはすでにおそらくは平安時代から行なわれていたと見られ、以後江戸時代末に至るまで変わることなく継続して出されている。その本文や書式は宝治三年（一二四九）の「東寺長者拝堂記」（東寺観智院金剛蔵本）等の記録類のほかに、江戸時代の吉書正文（仁和寺文書他）によっても知られるが、その文章や書式、印を押す場所などは連署者数に多少がある以外は鎌倉時代の「東寺長者拝堂記」に記されたところと変わることなく、後代に至るまでよく古式を守って作られている（本書図３）。

これ以外にも吉書の正文が現存し、あるいはその書式が文書や記録などによって知られるところは少なくない。しかし弁官方や東寺の例に見られるように、長期間にわたり継続して同じ書式のものが用いられていたことを確認できるところはきわめて少ない。とはいえ、おそらくは、他の所においてもほとんど変わることなく、同じ本文形式の吉書が永年にわたって出されていたことと考えられる。[2]

次に吉書以外の儀礼文書について述べることにする。

九条家本中右記紙背文書には、保安元年（一一二〇）の摂津国大計帳案・正税帳案・租帳案・出挙帳案・調帳案が見られる。[3]このうち調帳案に見える定納官丁の薦以下の調雑物は延喜主計式に見えるところと比較すると、若干の相違はあるものの、品名・数量ともに一致するところが多い。[4]その内容を見ると、この時代にこの帳が現実に即して書かれたとは考え難い。その他の帳も含めて、これはその当時の状態とはまったく関係なく、延喜式（あるいはかなり古い時期に作られた正税帳）に基づいて、あるべき理想的な姿を記したものと見るべきである。

これらの諸帳はそれぞれ令で送官の期限が定められているが、九条年中行事でも「大帳八月三十日以前申送官」「朝集帳、五畿内十月一日」云々、「調帳、五畿内（中略）淡路、右二十二个国十月為」「期正税帳、二月三十日以前申送官」云々とみえる。日記などの上には見られないようであるが、平安時代後期頃においても、これらの諸帳が滞り

なく官に送られてきたことを奏上する儀式が行なわれており、そのために摂津国が選ばれてこれらの諸帳が作成されたものと考えるのがもっとも妥当のようである。また玉葉等を見ると、鎌倉時代になっても毎年「不堪佃田奏」が行なわれている。しかしこの当時各国々が不堪佃田の実態を正確に掌握することは不可能であったのではなかろうか。したがってこれもまた実態を反映したものとは考え難い。

九条家本延喜式巻第十一は長徳四年（九九八）の某国戸籍及び寛弘元年（一〇〇四）の讃岐国大内郡入野郷戸籍残巻(5)の紙背を用いて書写されている。この戸籍には、年齢に応じてそれぞれ耆女・老丁・正丁・中男・中女・小子等の区別(6)が書き加えられている。これらの区別は戸令に「凡男女三歳以下為黄、十六以下為少、廿以下為中、其男女廿一為丁、六十一為老、六十六為耆」と規定されている。この令の規定は天平宝字二年（七五八）に一部変更が加えられ、中男十八〜二十一歳、正丁二十二〜五十九歳、老丁六十〜六十四歳、耆老六十五歳以上とされた。この両戸籍に記された年齢を見ると、各戸の年齢構成は異常で、すでにいわれているように実態を反映したものとは考え難い。三歳以下の黄はもとより、少（小子・小女）も十歳が男女各々一人ずつある外はすべて十四歳以上である。

このような異常な年齢構成は延喜二年（九〇二）阿波国板野郡田上郷戸籍・延喜八年周防国玖珂郡玖珂郷戸籍(7)においても同様である。これはおそらく以前に作成提出した戸籍に載せられている人物に年齢を六歳加算し、併せて正丁等(8)の記載で訂正すべき所のみを正した結果、このような黄が一人もいないという姿になったものであろう。

長徳四年戸籍は、年齢と正丁等の記載との関係を見ると、令の規定との矛盾や混乱は比較的少なく、誤写と認めて差支えない範囲である。しかし寛弘元年戸籍を見ると、令の規定とは大きくかけ離れたところがある。この寛弘元年戸籍では年三十歳の中男・中女や十八歳の小女がおり、また七十歳の正丁、六十七歳の丁女がいるなど、その記載は混乱を極めたものである。このような誤りは、寛弘元年に新たにこの戸籍を作成したものならば、架空であってもい

ま少し戸令の規定に準じて作ることもあったであろう。こうした混乱や錯誤が生じたのは、延喜年間の戸籍と同様に、以前に作られた戸籍に適当に年齢のみを加算し、それ以外の記載については訂正することを怠ったことによるものであろう。もとにした戸籍には既に黄が無くなっていたのに、さらにそれに年齢のみを加算訂正したため、小男・小女はほとんどが十四歳以上で、しかも七十歳・六十七歳の正丁・丁女や、年三十歳の中男・中女、十八歳の小女がいるなど大きな錯誤が生ずることになったのではなかろうか。なお若干の例外があり単純ではないが、その記載を見ると基本的には古い戸籍に六歳ずつ二度にわたって加算されたとするとその混乱について説明のつきやすいものが多いようである。このようにその記事の混乱には甚だしいものがあり、内容の点からは其の史料価値が低く評価されているのも当然のことである。

これら平安時代の戸籍を見ると、延喜二年阿波国・延喜八年周防国の戸籍にはそれぞれ国印がおされているのに、延喜式紙背の両戸籍には国印はおされていない。これは延喜の戸籍はそれぞれの国で作られて京進されたのにたいして、後者の戸籍は各国ではなく、都で作られたことを示すものではなかろうか。おそらくは十世紀末から十一世紀初期にかけての頃にあっても、なお朝廷において諸国よりの戸籍造進の儀式が六年ごとに行なわれており、そのために適宜に国を選んで以前に用いられた戸籍に単純に六年を加算して書写し間にあわせたものであろう。中でも寛弘元年の戸籍は、令の規定などはまったく忘れて、単純に年齢のみを書き改めるという杜撰さであった。もっとも寛弘元年の戸籍が利用した古い戸籍自体に既にそれと同様の誤りが存在していたため、その杜撰さはさらに増幅される結果となったものであろう。

平安時代中期以降、律令体制に則った支配機構が崩壊するとともに、いわゆる王朝国家財政は庄園制度の拡大にともなった中世的な国衙領支配の体制に依存するようになった。それでもなおこのように、平安時代中期から鎌倉時代

初期頃にかけては、実態とは別に、旧来からの伝統的な儀式を成立させるために律令制度の規定に基づいて創作された実質をともなわない形式的な文書が意外に多く存在していたのではなかろうか。なお九条家本延喜式紙背文書の中には、この戸籍以外にもこのような性格の文書が含まれている可能性が高いように思われる。これらもまた儀礼のためにのみ作られたもので、吉書と相通ずるところをもっている。

次に述べるのは前記のものよりはもう少し実質的な意味があるが、しかし儀礼的・形式的であることにそう変わりがある訳でもないと思われるものである。

弘安六年（一二八三）七月五日、後深草上皇は方違のために西園寺実兼邸に行幸した。この時の次第は公衡公記弘安六年七月五日条に詳しく述べられているが、その際実兼から上皇にたいして屋地券文が進められている。関係個所を引用すると左の如くである。

抑今夜御方違任例被進御券、予依家君御命書之、家君令加署給、

進上

屋地今出川以西、北少路以北、〔小〕　一所事　後日家君御命云、以横少路可為先歟云々、〔小〕

右為御方違御本所進上如件、

弘安六年七月五日　春宮大夫藤原判上

有裏帋、立紙一枚、上下搔之、

方違とは忌避する方角へいくときに、前日に一旦別のところへ行っておいて、そこから出発すれば、方角が変わるので悪い方角を避けることができるとするものである。方違のことは平安時代以降の日記や、源氏物語などの文学作品の中にもしばしば出てくるところであるが、このような屋地進上状が出されたことを記す史料は稀である。源氏物

語帚木巻で、源氏が方違をしたのは「紀伊の守にて親しく仕うまつる人の、中川のわたりなる家」（空蟬の夫の家）つまり源氏に仕えている人の家を選んでいる。このように、方違のためにおもむくところとしては、家司・家礼など身近な人の家が選ばれるのが通例であったようである。この公衡公記の記事をみると、方違の際にはただそこへ行くだけではなく、「任例被進御券」とあるように、その屋地を方違本所として進上するという券文が出されるのが当時の通例であったことが窺い知られる。このことは、方違をするためには他人の屋敷ではだめであり、基本的には本来その人が所有する屋敷であることが必要と考えられていたことを示すものである。このため、それを受け入れる側ではこのような券文を出して、自分の屋敷を方違をした人に与えた形をとることが必要であった。

方違に際して出された屋地進上状は他に類例を知らないが、おそらくは他の場合においても、方違をする人はただそこへいって泊まるだけではなく、その行先の家の主からこのような方違本所屋地進上状をもらって、一時的・名目的にその屋地は自分のものであるという形式を整えるのが一般的であったのではなかろうか。したがって、方違をするためにはこのような屋地進上状を提出させることが必要であり、その行先としては目上や同格の人の屋敷では適当でなく、家礼などの目下のものの屋敷でなければならなかったのであろう。

このような方違本所屋地進上状は実質的な所有権の移転をともなうものではないが、名目的には一時的にせよその屋地が方違した人のものとなった形をとっている点で、儀礼的に作られた実質をともなわない文書の一種と考えてもよいであろう。

以上に述べたように、現存する文書の中には実態をまったく失った、儀式のため、あるいは儀礼のために作られた形式的な文書がいくつも発見される。その中には「請給鈎匙開検不動倉」の国司解のように、吉書以外ではこのような文書形式の存在すら知られないものがある。これらの文書は実質をともなっていないが、吉書として存在すること

によって初めて、このような古い文書の書式が後の時代まで伝えられることとなった。その中には遠い過去の事実を暗示している場合もある。また方違本所屋地進上状は極めて形式的・名目的な進上状ではあるが、方違に際しての当時の人々の考え方をよく示してくれる史料でもある。

実質的にはほとんど問題にならないこれらの文書でも、それぞれに史料的に興味深い問題を含んでおり、こうした面から今一度見直してみたら、いろいろ新しい問題が発見されるのではなかろうか。

註

（1）宮内庁書陵部所蔵『吉書』第一（壬生家文書の内、壬四五〇）。

（A）（端裏書）「左 少中大　右 才少少中大」

美作国司解　申請　官裁事

　請被給鈎匙開検不動倉状

右、謹検案内、不動之物理、須算計、非加開検、何知積高、望請　官裁、被給匙、将備交替矣、仍勒事状謹解

　永享四年十二月九日

守従五位下平朝臣「秀藤」

（B）（端裏書）「左 少中大　右 才少少中大」

加賀国司解　申請　官裁事

　請被給匙開検不動倉状

右、謹検案内、不動之物理、須算計、非加開検、何知積高、望請　官裁、被給匙、将備交替矣、仍勒事状謹解

　永享四年十二月九日

守従五位下藤原朝臣「基貞」

この二通の文書は同筆である。

（2）「東寺長者拝堂記」所収返抄案（宝治三年（一二四九）、東寺観智院金剛蔵第一一〇函三二号）。

東寺放返抄　　能登国
　検納御封物事
　能米千万斛
　長絹千万疋
　白布千万端
右、能登国当年料、秦成安所済検納如件
　宝治三年三月六日都維那伝燈法師位
検校法務僧正法印大和尚位
長者法印大和尚位権大僧都「宣厳」
　法務法印大和尚位前権大僧都
別当権大僧都法眼和尚位
上座法眼和尚位
寺主伝燈大法師位

「検納」と長絹の「千万」の上と、新任の長者の署判の行を中心にして、三カ所に印をおすこととされている。この位置については、若干の違いはあっても他の吉書においてもほぼ同じである。なお連署者の人数は時によって異なっている。

（3）『平安遺文』補四三～四八号。
（4）『平安遺文』補四八号（一〇一―一〇三頁）。
（5）『平安遺文』四五七七・四五七八号。
（6）『平安遺文』四三七号。
（7）『平安遺文』一八八号。
（8）『平安遺文』一九九号。

四　徳川幕府の領知安堵と檀紙

江戸時代に用いられた檀紙はほぼ三種類に分類される。その第一種（A種）は中世の檀紙の製法をそのまま継承するもので、竪紙の場合には紙を漉くのに用いた漉枠に敷く簀の目が、太く粗く横方向に顕著に付いている。そのため、簀の目なりに紙面に凹凸が明瞭につけられ、表面には平滑さが見られない。紙の繊維は長く、叩解の度は少ない。また繊維の晒し方は次のB種に比しても少なく、ごく薄い茶色味を帯びている。

第二種（B種）は、現在「檀紙」という場合にもっとも一般的に思い浮かべられるもので、色は白く、表面に縮緬状の細かい凹凸を持つ皺文がつけられたもので、繊維はよく叩解されている。江戸時代の檀紙の遺品としてはこのB種がもっとも一般的で、数多く残されている。

次に第三種（C種）は、一見B種によく似ており、うっかりするとB種と見間違えそうになるが、B種とは製法を異にしている。皺文状の凹凸を出すために、板に細く浅く短い溝を並行にびっしりと並べて掘り、その先は曲げて隣の溝とあわせたりして、溝の並び具合に変化をつけ、これに漉いたばかりの紙を押しつけてこの凹凸文をつけた紙である。しかもこの溝の底は平らではなく、ギザギザの凹凸がつけられていて、檀紙の感じをきわめてよく表現している。B種の檀紙は紙を漉く段階での操作によって縮緬状の皺文をつけるのに、このC種は型に押しつけて作られると見られる所が大きな相違点である。但し繊維がよく叩解され、色が白い点はB種と同じである。このC種は朱印状などの公式文書に使用されることはなく、きわめて略式の檀紙（あるいは檀紙の模造品）といっても差支えないのかもしれ

ない。このC種の檀紙の出現はB種より遅く、江戸時代中期頃以降のことと推定される。

徳川幕府においては、将軍の代替わり毎に領知安堵の判物・朱印状が発給されたが、その料紙には必ず檀紙が使用されたことはいうまでもない。しかしその檀紙の紙質を見ると、同一将軍が発給した判物・朱印状でも紙質を異にした複数種類のものが見られる場合がある。この檀紙の紙質の相違が持つ意味を考えてみたい。

領知安堵の判物・朱印状は初代徳川家康の時から発給されているが、第六代家宣・第七代家継の二代には発給されなかった。また、その最後は、関東等では第十四代家茂まで発給されたが、近畿等の遠隔地のうちには第十三代家定までで、家茂朱印状を欠いている場合がある。領知安堵の朱印状等は、明治維新後明治政府によって回収されてしまったため、本来の所に伝来している例は少ないのが実情である。

将軍各代の朱印状などがまったく欠けることなく完存しているもののうちで、たまたま筆者が調査する機会を得られたものは京都の大覚寺、真性寺（大覚寺文書中に見られる）、高山寺と、千葉県の意富比神社（船橋大神宮）の四個所にすぎない。なお、このうちで大覚寺は判物、他の三個所はいずれも朱印状であるが、これは大覚寺が宮門跡寺院として寺格が高いため、朱印状でなく判物で領知安堵がなされたためである。それらの料紙を比較してみると、使われている檀紙に相違が見られ、寺院神社の格式によって檀紙の使い分けが行なわれていたのではないかと考えられる。

初代将軍家康から五代綱吉に至るまでの判物・朱印状の料紙はいずれもA種の檀紙が用いられている。ところが、その後の八代吉宗以降になると、発給相手によって使用される檀紙の種類が異なってくるようになった。大覚寺・真性寺充のものはなお継続してA種檀紙が使用されているのに対して、高山寺・意富比神社充の朱印状はB種檀紙に変わっている。いっぽう、大覚寺充の判物は十三代家定の代まで変わることなくA種の檀紙が用いられているが、後のものになるほど厚さが増し、色も白く光沢があり、堂々として美しさをます。ところが真性寺充の朱印状は天明八年

（一七八八）九月十一日付の第十一代家斉朱印状まではA種檀紙で、天保十年（一八三九）九月十一日付の第十二代家慶以降はB種檀紙に変えられている。

以上のように、一部の朱印状の料紙は少なくとも第八代、または第十二代の時にA種からB種への変更が行なわれたことが知られる。大覚寺には他に蓮華光院充の領知安堵の朱印状も若干伝えられているが（欠あり）、この場合も家斉・家慶朱印状はともにA種檀紙が用いられており、料紙の面では大覚寺充と同じであったものと推定される。また公家の高倉家充の朱印状を見ると第八代吉宗朱印状もA種檀紙が用いられている。

このような檀紙の種類の違いと、書式との関係についてみてみたい。

1大覚寺充—日下署名・花押、充所あり。第十三代まで完存。

2蓮華光院充—日下朱印、充所あり（第十三代未詳）。

3高倉家充—日下朱印、充所あり（第九代以下未詳）。

4真性寺充—第三代家光以前は日下朱印、充所あり。第四代以後奥上朱印、充所なし。第十三代まで完存。

5高山寺充—第三代家光以前は日下朱印、充所あり。第四代以後奥上朱印、充所なし。第十四代まで完存。

6意富比神社充—第二・三代日下朱印、充所なし。第四代以後奥上朱印、充所なし。第十四代まで完存。

以上のように、判物・朱印状の書式には差があるが、厚礼のものから順に上げるならば、（1）1、（2）2・3、（3）4・5、（4）6の順になる。このうち1は第十三代までA種の檀紙が用いられている（2は第十二代まではA種、第十三代は未詳）。4は第十一代までA種で、第十二代からB種の檀紙に変えられている。5・6を比較すると、書式の上では、第三代までは5の方が厚礼であったが、料紙はともに第八代以後B種の檀紙に変えられている。したがって、もとは高山寺の方が意富比神社より格式は若干上位にあったといえよう。

このことから見ると、第五代将軍綱吉の代から第八代将軍吉宗の頃にかけての間にB種の檀紙が作られるようになり、これが多くの朱印状に用いられるようになった。しかしこの新しいB種の檀紙は質的には劣るところがあり、書札の上では薄礼のものに用いられたのであろう。

このように書札の厚薄と、使用する檀紙の種類との間には密接な関係があったことは明白である。つまり書式と料紙の両面から書札の厚薄をみると、(1)大覚寺、(2)蓮華光院（高倉家も含まれるか?）、(3)真性寺、(4)高山寺、(5)意富比神社の順になる。ところで、このような書式と檀紙の種類との関係が、特に寺院については、どのような基準によって区分されていたのであろうか。

五　為替に関する一史料

——興福寺本『因明短釈法自相』紙背文書——

一

昭和三十年以来奈良国立文化財研究所において興福寺所蔵の聖教・記録等の調査整理を行なっている。その際、一聖教の紙背から鎌倉時代中期の為替に関する文書を始め、宝治合戦関係と思われるもの等興味ある新史料が発見された。その中の主な文書若干をここに紹介したいと思う。

二

この聖教の書名は、表題によれば『因明短釈法自相』とあり、第四函に入っている（一七号）。先ず本書の体裁等について記す。その大きさは縦九寸五分、横七寸五分で、袋綴になっている。紙数は表紙とも三十六枚で、表紙以外は書状等の紙背を利用して書かれている。その表紙は次の如くである（次頁）。

表題を始め「伝顕実」「阿弥陀院」その他皆別筆である。表題幷に「縁円草」以外は、本書の相伝された人の名前である。表紙の貼紙の下には「法自相短尺」と墨書されているが、この筆跡は「貞覚」の部分と似ており、同筆と考えられる。

（方朱印）
興福寺印

相伝勧修坊

（貼紙）
因明短釈法自相

縁円草　伝盛祐

伝顕実

阿弥陀院　貞覚

また本書の扉に当る部分には、

法自相短釈勝後訳者伝　善藝

と一筆で記されている。これは本文と同一筆跡である。その他「貞覚」「阿弥陀院」と名前が書き加えられているが、この部分は表紙のそれと同筆である。この扉はもとの表紙で、本書が貞覚に伝えられた時に、貞覚によって現表紙が付け加えられたものであろう。

巻末には次の奥書が記されている。

九帖之内縁円私物也、

文永元年卯月十三四両日書写之了、為当
年慈恩会用意也、願以此功開自他恵殊
四恩法界平等利益矣、
善藝四十七年

この奥書は本文と同筆である。これによって、本書は善藝によって、文永元年（一二六四）四月縁円所蔵本を底本として書写されたことが知られる（表紙に「縁円草」とあることより考えると、本書は縁円の撰述になるものであろう）。表紙幷に扉には本書の伝領者の名が記されているが、それぞれの人物については判然としないので触れない。

次にこの紙背文書の年代について述べたい。特に年号の記された文書は一通もない。しかし本書の書写が文永元年四月であるから、文書は当然それ以前のものであり、最下限は明らかである。また文書の文中に「去々年癸子歳」の如く干支を記したものが二通あるので、その他についても大体の年代推定は可能である。この推定については次節以下で記すが、この紙背文書の年代は建長年間前後から文永元年に至る頃と考えられる。

次に紙背文書の内容に移りたい。

三

先ず為替に関する文書について述べる。

(1)　二月十日尊栄書状（第三紙、第五紙）

教誡義、付常一法師可下遣候、
今月上旬三日常観房之帰洛之時、粗令申候き、雖然重申候、
一、教誡義六物図、摺写して可下預乎候覧、

一、和泉国掃部郷之内に、兼親名之地頭与一殿と申人之沙汰にて、替銭四十六貫可被進候也、来三月之比にて可
候歟、兼為御存知令申候也、
一、銭幷米等仕程其に候乎覧、便宜之時可仰遣候、委細之旨期後信候、恐々謹言、

二月十日　　尊栄（花押）

謹上　勤蓮御房

(2)

二月十八日尊栄書状（第六紙、第四紙）

銭等無賊難之様、能々蔵等した、めて、宿直何とも可被居御坐候、
去年十月之比令進愚札候、而今無御返事候之条、不審無極候、不上着候歟、如何、抑鳥見庄地頭尼御前、令替進
銭三十貫候、廿貫を沙汰了、今十貫無之、不審、可請取御坐候、又茶取一石許御、如前々早々送建仁寺御候ハ、、来七月七月之比、付大番便宜可取
下候、

又因幡国長田尼御前、被替銭二十貫候き、被弁済候□去々年癸子歳十二月事候也、但過去年三月之比百文別可相副
十文利分可弁由約束□、雖然于今無音候、不審無極候、

又大和国東山辺水干不損之処、無違乱之様委細御尋候、極淵底一町若五段東山忍辱山やきうと申辺こそ能候へ、
恐々謹言、

二月十八日　　尊栄（花押）

謹上　勤

(3)

三月廿八日尊栄書状（第七紙、第八紙）

令進銭替候、可被請取候也、難知銭員数候之間、不能注進候、任員数可被請取下遣候、但教成房之下向之時、三位法橋可銭替御坐由申候き、今者不可有其義候、此銭候へハ更以無不足候、此銭之内ヲ二貫許可有禅林房遂業方御沙汰候歟、又所残銭ニテ成米御坐候へ、九月比山里へも慥人を遣使者、能々評定見知して可被召候、又院家庄苑何□後日配沙汰事も世間候歟、野田三位法橋者被知食候様、世間清簾人と承及候、如此事御雑事中御可被申談候、恐々謹言、

三月廿八日　　尊栄（花押）

(4)　十一月十八日掃部助宗継替銭送状（第二十紙）

かまくらの御女房よりの御かはしせにの事

合　八貫文さたしまいらせ候、

ならひにからす丸殿よりの御ふミまいらせ候、うけとりたしかに〳〵給はり候へく候、かねてハかれは、わたくしに申候、はるせにを、二貫給はりて候し、あまりに事にまきれ候て、いまにち、し候歟、このほと、かならす〳〵さたしまいらせ候へく候、ふほう候ましく候、とかくつかハし候、恐々謹言、

十一月十八日　　掃部助宗継（花押）

謹上　こんれんの御房

以上四通が、本書の紙背に見られる為替関係の文書である。(2)二月十八日尊栄書状中に鳥見庄地頭のことが見えているが、これに関連ありと考えられる文書もあり、この四通に関連あるもの二通をついでに掲げておく。

(5)　某月廿二日尊栄書状カ（折紙）（第十紙）

可有御沙汰候、

思忘て候之間逐申候也、
抑富・矢田両庄地頭にて御坐候へ、秋時鎌倉へ御下向候也、山茶随候、可被付下由恩給候、恐々謹言、

□月廿二日　□□（尊栄）

勤蓮御房

(6)

六月廿二日尊栄書状（折紙）（第十一紙）

ひるの御こにて、こてうとの（五条殿カ）につけてまいらせ候ぬ、
このたひ御くたりのひんきに、ならに候ちや（茶）もたせて、くたして給はり候へく候、あなかしこ〳〵、

六月廿二日　尊栄（花押）

(5)の文書の「富・矢田両庄」の「富」は鳥見庄のことで、矢田庄とともに大和国添下郡にある興福寺西金堂領の庄園の一つである（太上法皇御受戒記後附、文治五年七月日、興福寺西金堂言上状案）。

以上六通の文書には何れも年号が記されていない。しかしその最下限は前述の如く、文永元年四月以前である。(2)の二月十八日尊栄書状に「去々年癸子歳」とあるが、癸子なる干支は存在せず、これは「壬子」または「癸丑」の誤りであろう。文永元年を溯るもっとも近い壬子・癸丑の年は、建長六年（一二五四）または七年である。また本書の紙背には今一通干支のある文書があるが（第四節に紹介、文書(7)）、これには「去々年丁申」とある。丁申なる干支もやはり存在せず、「丁未」または「戊申」の誤りであろう。するとこれも同様に宝治元年（一二四七）または同二年となる。さらにその内容を考えると、宝治元年の三浦の乱関係文書と思われ（詳細は第四節参照）、文書自身の年代もその翌々年の建長元年と推定される。それ故(2)の文書もそれに近い頃、すなわち建長六、七年のものと考えて間違いないであろう。

そして他の文書も一通を除き差出人が同じであり、またその内容も互いに関連しているようで、年代もこの建長六、七年頃と推定される。

従来為替に関する史料中、もっとも年代の古いものは崎山文書、弘安二年（一二七九）三月十九日付のものであると言われている（豊田武氏『中世日本商業史の研究』二六六頁）。しかしここに掲げた四通はそれを溯ること二十余年で、現在迄に知られているところでは、もっとも古い為替の史料として興味深いものである。

(1)(2)(3)(5)(6)の五通はともに尊栄の出した書状で、(1)(2)(4)(5)の充先は勤蓮房（こんれん房）である。勤蓮房は興福寺東菩提院に住しており、中臈である（本書第十三紙紙背、礼紙書に、「興福寺東菩提院之内、中臈にて候也、勤蓮房と申人にて候也」とある）。尊栄については明瞭ではない。興福寺僧かと思われる節もあるが断定は困難である。文書(2)尊栄書状に、「又茶取一石許御如前々早々送建仁寺御候ハヽ、来七月之比、付大番便宜可取下候」とあり、また文書(6)尊栄書状に、「このたひ御くたりのひんきに、ならに候ちやもたせて、くたして給はり候へく候」と記されていることから考えると、奈良・京都以外の遠隔地に住していることがわかる。

為替で銭を送っているのは、和泉国掃部郷内兼親名地頭与一殿・鳥見庄地頭尼御前・因幡国長田尼御前・尊栄・掃部助宗継等である。そして当時においては遠隔地間に、しきりに替銭による送金が行なわれていたことが知られる。しかし関連文書の欠如から、これ等の文書の文意には摑み難い点も少なくないことが残念である。

四

なお、為替以外の主な文書二通をここに併せて紹介しておきたい。

(7)　某書状断簡（第十二紙）

常一法師

舎弟之童子
寅丸下向

仕候也、

すかたとは真名にて

如何様書候乎覧、不審、

岡見伊藤次殿私領事、去々年丁申鎌倉合戦之時、故伊藤次殿之男子知行人ハ自害して候也、雖然其自害人妹にて候人、故伊藤次殿ハ男子に譲候き、雖然今者女子にて生残て候へハ、雖少分候、先祖相伝之私領候、無子細に候へハ、委細尋て可給候と相憑て申候へハ、如此□申候也、細々御尋候へく候、（以下欠）

(8) 某書状礼紙書（第十七紙）

逐申
年々茶中今年茶殊最上品候、一寺諸僧御随喜、面々被来臨候て、可呑之由被所望候之間、僅三四ケ月之内尽候了、明年相構茶六斗許取天可蒙御恩候、去春も常一法師下向粮料に銭三百五十文令下行候了、猶々悦入候、明年態立人夫可取下候、

この二通の筆跡は何れも前述の尊栄書状とよく似ており、尊栄筆と推定される。さらにこの二通の文書には「常一法師」なる人名が見えているが、彼は(1)の尊栄書状にも見えていることによっても、この推定は裏付けられよう。

(7)は、前節で本書紙背文書の大体の年代推定を行なった際触れた如く、宝治元年の三浦氏乱に関する文書であろう。何故ならば、文永元年以前の鎌倉に於ける合戦で、丁未・戊申の年に行なわれたのは、三浦の乱（宝治合戦）のみで、和田氏の乱その他すべて干支が合致しないからである。「去々年」というのが宝治元年とすれば、この文書の出されたのはその翌々年建長元年である。岡見伊藤次なる人物については、三浦乱に関しては勿論、それ以前の事柄に関しても、『吾妻鏡』等にも名前は見えず、詳しいことは不明である。

また文書(8)には「年々茶中今年茶、殊最上品候、一寺諸僧御随喜……僅三四ケ月之内尽候了」とあるが、これによって当時の人々が茶を珍重していた様子を如実に見ることが出来る点、興味深い史料であろう。特に京都・奈良等に産する茶は、それ以外の遠隔地に運ばれ、上品のものとして非常に珍重されていたことが知られる。

以上『因明短釈』紙背文書中、為替関係史料を中心に、その他若干の史料を紹介したが、これが参考史料として諸賢のお役に立ち得れば幸いである。

六　金石文としての寄進状の一資料

一　緒　言

現存する中世以前の寄進状の中で、紙に書かれたものがそのほとんど大部分を占めているが、他に若干は木札等に書かれたものが残っている。この例としては木札に書かれたものは若狭国明通寺に伝わる明通寺如法経米幷に料足寄進札二百数十枚（鎌倉時代末期より江戸時代中期に至る）(1)、南部晋氏所蔵の嘉元二年（一三〇四）二月十二日伊香助氏等寺領寄進札、建武三年（一三三六）十一月二日沙弥願光田地寄進札、宝徳元年（一四四九）正月廿三日衛門太郎法花経寄進札等(2)が知られている。また堂の柱に直接書き付けたものとしては奈良県当麻寺金堂の柱に書かれた文永五年（一二六八）十二月三日尼行阿弥陀仏田地寄進状及び同寺曼荼羅堂(3)柱包板に書かれた寛喜元年（一二二九）三月廿六日証空田地寄進状、その他が知られている。これらは何れも神仏に対する寄進状であるがこのように寄進状を紙に記さず木札、柱等に書いたのはそれを寄進した堂内にその状を掲げて長く尊崇の意趣を表すためと思われる。(4)

このような紙以外に書かれた寄進状について古文書学上興味ある資料を見る機会を得たので、ここにそれを記して紹介したいと思う。既に一部の人々にとっては熟知のことではあろうが、なお広くは知られていないと思われるのであえて紹介の一文を草することにした。

その一つは奈良市極楽院本堂内陣の柱に刻みつけられている寄進状幷売券八通、今一つは唐招提寺宝蔵内板壁に打

ちつけられている寄進札一枚幷に宝蔵内に収蔵されている文書箱、寄進田畠目録である。以下極楽院、唐招提寺の順を逐って述べよう。

二　極楽院

昭和二十六年以来の奈良市極楽院本堂修理工事の際内陣の柱に平安時代末期より鎌倉時代にかけての田畠寄進状七通が刻みつけられているのが発見された。このほかに丸柱に刻まれている文永二年の伊王女家地売券一通があるが、これは古くから知られていたようで、『続奈良県金石年表』にもその存在が記されている。(5)しかし他の七通の寄進状は修理工事前は板で包まれていたため、ほとんど知られていなかったのではないかと思われる。また修理完了後も石膏模型を作った後、再び板で包まれて容易には実物が見られなくなっている。そこでこの寄進状七通及び売券の全文を紹介すれば次の如くである。なおこれは極楽院本堂の修理工事報告書にも掲載されるはずであるが、この報告書を手にし難い人も多いと思うのであえてここに掲げることにした。

① 嘉応三年（一一七一）二月廿五日、僧慈経田地寄進状（正面向って右より三本目内側下）（図141）

僧慈経敬白

奉施入元興寺極楽房水田参段事

在大和国添上郡左京三条四坊十三坪東大路

右奉施入志者奉為師主慈恩院法印御房出離

生死往生極楽送件田所出米参石為僧供料可勤

行百日念仏之内五日五夜但於沙汰者子孫相継不
可懈怠之状如件敬白
　　嘉応三年二月廿五日僧慈経敬白

②　建仁元年（一二〇一）四月　日、五師宗実田地寄進状（正面向って右より三本目外側上方）（図142）

寄進　水田［　　］
　合弐段者　「景高」（異筆落書ナラン）
　在大和添上□（郡カ）［　　］里十六十七両坪
　　四至［　　］［　　］限□（西カ）河限［　　］
右件田者五師宗実相伝所領也而［　　］生善
往生浄［　　］所［　　］（カ）百ケ日
□経之用途料也　不可有相［　　］
本［　　］□（御カ）用之時可被尋之以此寄進状備後（カ）
□□文［　　］可令［　　］
　　建仁元年卯月　日

③　建仁元年四月　日、五師宗実田地寄進状（正面向って右より三本目外側下）（図143）

寄進　水田事
　合参段者但在所大仏供
在大和十市郡東廿二条三里卅一坪字藤原田西辺

右件田者僧宗実相伝所領也而為滅罪生善往
生浄□限未来際所寄進当室（カ）一百箇日講料也
敢不可有相論但於調度券契□
其（カ）御（カ）用之時可取出之以此□□（寄進カ）状備後代証験□
□可令致其□□□之状如件
　　建仁元年卯月　日　五師宗□（実カ）

④　承元三年（一二〇九）十月十三日、大法師栄基畠地寄進状（正面向って右より二本目内側）（図144）

寄進　元興寺極楽房百日大念仏之内一日一夜可勤仕供料畠事
　合壱段者　四至在本券面
　在大和国高市郡西郷廿一条二里廿八卅三両坪
右件畠者興福寺東金堂衆栄基大法師相伝私領也而為滅
罪生善証大菩提所寄進也但件両坪雖畠所当者米也長講斗
定陸斗捌升也仍於名主僧栄厳沙汰奉送供米陸斗捌升毎年
十一月一日一昼夜念仏可勤仕也若名主致懈怠者為寺僧沙汰
興福元興両寺寺家言上放名主付作人可令弁済也至于慈尊
出世不可有懈怠之状如件
　　承元三年十月十三日大法師栄基

⑤　建暦元年（一二一一）八月十五日、鹿山一和尚玄恵田地寄進状（正面向って右より二本目外側）（磨滅甚し）（図145・146）

奉寄進　　私領水田□（事）
合参段者□□□□□□従東三段之次三段也
但法花（カ）寺領也東□
□（右）件水田者鹿山一和尚玄恵院相伝之私領也
而為得良縁於□大徳為期来□於（カ）□
紀（カ）弥陀善逝限永代□□入于極楽房一百日
念仏之内三箇日之用途也且為防後日之非
論束本券新券彼一和尚縁者幷三堂衆
徒等相共焼失已畢以本□□□□□可備
本券而已若有致異論之輩者可処盗犯之
状如件
建暦元年辛未八月十五日鹿山一和尚玄恵（花押）
問□僧□□（花押）

⑥　貞応元年（一二二二）四月廿五日、僧有慶畠地寄進状（正面向って右より三本目内側上）（図147）

奉施入　　私領畠地事
合弐段半者
在大和国山辺郡
右件畠地者僧有慶相伝私領也而為滅罪
生善出離得脱限永代寄進于元興寺極楽

房百日講御仏供料於本公験既破却畢
仍奉施入之状如件
貞応元季卯月廿五日　僧有慶

⑦ 天福元年（一二三三）六月廿八日、権寺主継春田地寄進状（正面向って右より三本目左側）（図148）

敬白　元興寺極楽房施入水田事
合壱町者字逆石転□（ママ）院沙汰
在大和国十市郡西郷廿条二里拾坪
右件田地者権寺主継春相伝之私領也而□（為カ）
滅罪生善所令寄入当室毎年一百箇日講経
仏供幷布施料也所当米長器定十一斛之内
以一升可為毎日仏供以一斗可□但有
三通証文則籠唐櫃代代執行常可□也若
違乱出来時者□廿五人幷三方衆等各群議可
被致沙汰之状如件
天福元年歳次□（癸カ）巳六月廿八日

⑧ 文永二年三月廿二日、伊王女家地売券（正面向って右より一本目外側）（図149・150）

沽却　家地新券文事
合五間参尺者

在大和国添上郡元興寺東岩井辻子東面北端

四至　限東際目　限南際目
　　　限西辻子　限北大道

右件家地□秦三子相伝私領也而重舜
買取畢重舜又譲与于伊王女畢而伊王
女令沽却極楽房七昼夜念仏五番衆等
畢雖経永代不可有他妨仍知行念仏衆等
彼以地利長器五斗五升営其日僧供不可念仏
闕如仍限永代□（念）仏衆等所配置也但於本券
者焼□畢

文永二年乙丑三月廿二日

以上がその全文であるが、その中に見えている「元興寺極楽房」とは現在の極楽院のことで、嘗ては元興寺の一坊であったのである。この八件の田畠并に家地は何れも元興寺極楽房に施入または沽却されたものであるが、何の目的で当房へ施入、沽却されたのであろうか。それぞれの施入（沽却）目的を記した部分を掲げると次の如くである。

①嘉応三年二月廿五日　僧慈経田地寄進状

「百日念仏之内五日五夜」

②建仁元年四月日　五師宗実田地寄進状

「□百ケ日□経之用途料」

③建仁元年四月日　五師宗実田地寄進状

「当室（カ）一百箇日講料」

④承元三年十月十三日　大法師栄基畠地寄進状

「百日大念仏之内一日一夜可勤仕供料」

「毎年十一月一日一昼夜念仏」

⑤建暦元年八月十五日　鹿山一和尚玄恵田地寄進状

「入于極楽房一百日念仏之内三箇日之用途也」

⑥貞応元年四月廿五日　僧有慶畠地寄進状

「元興寺極楽房百日講御仏供料」

⑦天福元年六月廿八日　権寺主継春田地寄進状

「当室毎年一百箇日講経仏供幷布施料」

⑧文永二年三月廿二日　伊王女家地売券

「令沽却極楽□□七昼夜念仏五番衆等事」

「彼以地利長器五斗五升営（カ）其日僧供不可念仏闕如」

右に「一百箇日講経」、「百日講」、あるいはまた、「百日念仏」とあるのは何れも同じものと考えられ、この八通の文書はともに極楽房百日念仏講供料として寄進または沽却されたものである。これらは極楽房の重要な年中行事たる百日念仏講への施入であるので、特に尊崇の意を表すため本堂内陣の柱に寄進状または売券を刻みつけたものであろう。寄進状を木札に刻みつけまたは墨書等する例のあることは相田二郎氏も述べておられるところである(6)。しかし柱

に直接刻みつけまたは書きつける例は極めて少ないようである。この他の一例としては最初にも述べた当麻寺金堂及び曼荼羅堂の例がある。これについては土井実氏が昭和十七年に『大和志』第九巻第十一号にすべてを紹介しておられる。曼荼羅堂柱巻板には寄進状と覚しきものがあったと思われる痕跡も入れると七つあるが、現在辛うじてその一部を読み得るものは、正治二年（一二〇〇）、建仁二年、建暦二年、寛喜元年、年月日不明の五つである。これらは何れも墨書されており、所々に陰刻された個所もあるが、磨滅甚しくまた欠佚部分もあって、判読に苦しむ個所が極めて多い。また同堂外陣長押には大永七年（一五二七）八月十五日円空田地寄進状が陰刻されているが、場所がかなり高いため今迄に一見の機会を得られなかった。金堂の柱に書かれている寄進状は保存状態も比較的良く、ほぼその全体を知り得るので当麻寺における一例としてこれについて一応記してみよう。その他は前述の如く土井氏が詳細に紹介しておられることでもあるから、すべては同氏の論文に譲らせて頂く。これは尼行阿弥陀仏が自身幷に乗遍の菩提のために田地一反二一四歩を金堂長日供養法料田に寄進したもので、その供養が行なわれる金堂の内陣の柱に書きつけたものである。内陣の丸柱を縦三十五・三センチ、横五十一・八センチに四角に彫り凹めてそこに十八行に亙って墨書されている。墨の部分のみが風化を免れてか、あるいは薄く浮彫りされているのか字の部分は僅に浮上っているが、磨滅もかなりあって読み難い部分が少なくない。土井氏の前掲論文所収の本文には明らかに誤植幷に読み誤りと思われる点もあり、また現在ではほとんど読めなくなっている個所もあるので、同書にしたがいつつ私なりに読んだそれの全文を示すと次の如くである。なおその位置は内陣の正面、向って左より二本目外側である。

奉施入　当麻寺金堂長日供養法料田事

合壱段弐佰拾肆歩者 此内□半者西金堂□（宛カ）
残者当麻□（御カ）祈□（願カ）田也

在大和国葛下□(郡カ)廿三条九里十□(六カ)坪

四至　限東際目□　限南際目
　　　限西□(畔カ)　限北畔

右件田地者尼行阿弥陀仏相伝領掌之私領也□(然カ)間
且為乗遍冥霊出離生死証大菩薩且為自身
臨終正念往生極楽永以所奉施入于金堂長日
不退供養法料田也尽未来際更不可有他妨□以
弟子行阿弥陀仏適雖受悕(稀ノ誤カ)有難遭之人身恨為
五障三従之女□(質カ)雖為女身亦無可資(カ)後世之一子
眼前若無一善之蓄夢後何為秡苦之因哉爰
□□被始行不断行法濫□誠無相之□(企カ)也
冥衆堂□(無カ)□之謀何事□(如カ)之随喜之余
以此田地存日所□(令カ)□行阿閇眼以□(後カ)者偏以
彼行法衆擬追善之知識各住無縁之慈悲□(苦カ)可被訪
乗遍行阿幷法界□(群カ)□(類カ)之廾為後代相副本券□(等カ)
施入如此弟子行阿一期之後者早可為行法衆進退之状如件

文永五年歳次戊辰十二月三日　尼行阿□(弥カ)陀□(仏カ)（花押）

三　唐招提寺

次に唐招提寺の場合について述べる。これは何れも昭和二十九年夏行なわれた奈良国立文化財研究所の唐招提寺宝蔵内収蔵品調査の際見る機会を得たものであるが、これには文安六年（一四四九）興田重賢田地寄進状、室町時代の木製文書箱、鎌倉時代の施入田畠目録がある。以下それらの本文、銘文、形状、寸法等を先ず掲げ、その後にそれらについて気付いたことを若干述べることにしたい。

(1)　興田重賢水田寄進状（文安六年四月五日）（図154）

奉寄進　　招提寺水田事
合壱段一円者定地子十合壱石三斗□ 無引物定者也
右京五条一坊十四坪之内在之
四至東田 南田 西田 北八小路　負所十合壱斗宝来エ出之段米 池之公事物寺エ出此外之公事無之
右件之水田者重賢買得知行之私領也招提寺
庫院并柴屋両所之上葺之要脚奉寄進
者也取納者一切経方被納年預方江被渡
上葺毎年自年預方可被致其沙汰候
田之寄進志趣者招提寺岩見之庄重
賢買得申間為其報謝寄進申祈今

世後世之所願者也本券文二通寄進状
一通舎利殿之二階奉納者也仍寄進之
状如件

文安六年己巳卯月五日　興田重賢（花押）

子息藤若丸（花押）

証明専通（花押）

（木板墨書、寸法、縦七寸七分五厘、横一尺五寸三分、押界線、界線高六寸七分、界幅八分、宝蔵内一階北壁に釘附けされている）

(2)　文書箱（永亨十年五月三日）

（墨書銘）

「寄進状□□イ一段ヲ□□（方カ）□□忌日寄進ス
永亨十年戊午五月三日英信（花押）」

（木製、一木、くり込みあり）（3、4、5、これに同じ）

寸法　長一尺五寸三分、幅二寸九分、高二寸五分、くり込み寸法、長一尺一寸三分、幅一寸八分五厘、深一寸七分
五厘

(3)　文書箱（図151）

（墨書銘）

「□（招カ）提寺　自興田殿田之寄進状一通本券文二通在之」

寸法　長一尺三寸三分、幅一寸四分、高九分五厘、くり込み寸法、長一尺四分、幅一寸二分、深六分五厘

(4)　文書箱（享徳二年十一月廿一日）（図152）

（墨書銘）

「味曾方文書 享徳二年癸酉十一月廿一日　先沙汰人良専 当沙汰人専通」

寸法　長一尺一寸七分、幅一寸七分五厘、高一寸六分、くり込み寸法、長一尺、幅一寸二分、深一寸一分

(5)　文書箱（図153）

（墨書銘）

「円元房母儀宮尻之田寄進状」

寸法　長一尺一寸、幅一寸四分、高一寸二分五厘、くり込み寸法、長七寸八分、幅一寸、深九分五厘

(6)　諸人忌日料田畠施入目録（檜板、墨書、縦押罫、寸法、幅九寸四分、全長十四尺三分）（図155）

□（諸）人忌日料

一水田弐段 大和国添下郡右京九条二坊玖（カ）坪□（之内カ）

承元五年二月　日良尹大法師施入

一水田壱段小 大和国添下郡右京二条四坊八坪

同年十一月　日尼真阿弥陀仏為父母

幷自身施入

一畠弐段 大和国添下郡右京四条二坊十三坪未申角

建永二年九月　日僧宗円為師匠宗海

五師施入

一水田壱段 大和国添下郡右京七条一坊十一坪

嘉禎弐年正月　日僧良増後家為

亡父施入

一水田弐段大和国添下郡二条四里十九坪

嘉禎四年九月日禅尼為増英五師

施入

一水田壱段左京六条一坊七坪

延応二年正月日尼願阿為遠亡施入

一水田壱段田中庄北小南

延応二年四月　日僧覚玄施入

一畠壱段右京五条二坊十二坪

□□(応)弐年十月日僧信慶忌日料施入

一水田参段一所□京九条四坊九坪一段 一所同二坊九坪二段

貞応二年六月　日良尹大法師亡日料

施入

一水田□□(壱段)右京四条□坊五坪□辺

貞応弐□四月日坂上友貞為自身

幷二親施入

一畠壱段字五条□内(カ)

貞永弐□（右カ）十二月日僧浄俊忌日料施入

一畠壱段□□□条□坪

延□元年二月日清阿弥陀仏亡日料

施入

一水田陸段平群郡椎木庄□□二里八坪

文□（治カ）□年三月日僧弁慶為二親

菩提長日舎利講料施入

一水田肆段大□□（和国）山辺郡八条六里二十七坪

承□（安カ）五年七月　日僧印暁為父母幷

自身無上幷施入

一水田壱段右京四条一坊十□坪

嘉禄二年□（六カ）月日大法師亮弁相縛（博ノ誤カ）

寺領畢

一水田弐□（カ）右京四条□□□□（坊カ）

□□□□（八カ）（年）三月　日僧俊盛施入

一畠壱段□肆拾歩右京四条二坊二坪

嘉禎元年九月日文屋七郎丸為二親

一水田壱段大□(和)国十市郡西廿三条一里三十一坪并自身伴中子後生菩提施入
寛喜□年正月　日僧宗賢等為師匠
弘実院遠忌施入

一水田□(壱カ)段右京八条四坊十一坪
承元□(五カ)年□月日尊阿弥陀仏施入

一□段□□□(京)五□(条)□坊□(十六坪カ)□□
□(建カ)永□(年)□□月日尼蓮阿弥陀仏為過
去恩所施入

一畠□(壱段カ)□右京七条一坊四坪
□(文カ)治四年□月日僧尋乗施入

一畠弐段□□(京)四□(条)二坊九坪
治承□年□月日前寺主大法師施入

一畠□段
建永二年九(カ)月日僧憲弘為御舎利
仏供料施入

一水田□（佰カ）捌拾歩右□（京）□□三坊□坪

建仁三年八月　日尼妙阿弥仏□（為カ）□

用途□（施入）

一畠佰捌拾歩大和国平群郡額田東五条伍里十坪

建保六年十二月日僧信操為灯油□

一水田壱段大和国添下郡鳥見庄内字阿弥陀谷上切霊山寺北辺

嘉禎二年八月　日浄阿弥陀仏□（為カ）□

用□

一畠壱段右京五条二坊七坪南辺

延応元年二月日実恩大法師□

経用途施入

一水田壱段□（右）□京六条□坊九坪

嘉禎二年六月　日当麻延弘為毎月十五日

□（時カ）□経者僧前料□（施入カ）

一水田弐段佰捌拾歩右京九条四坊十□坪

建暦□年十月□日□阿弥陀仏□

念仏道場灯油料□（施入）

□治元年正月日僧快禅為念仏灯油
　　施入之

一□（畠カ）弐段□□（京カ）□条□□（坊）五坪

一畠参□（段カ）右京五条□坊□□（坪）□（幷北小路）

右□（高カ）姉子相伝領□而□（為カ）□生善□

□件

□（寛元カ）□□（年カ）□月□□日

一水田壱段□

□（右カ）田者□

□（寛カ）□□□（年カ）□月　日

一水田壱段□

右為□

（以下約十行位書かれたる痕跡あるもほとんど判読不可能なる故省略す）

(1)の興田重賢水田寄進状について考えてみよう。これは水田一反を「招提寺庫院幷柴屋両所之上葺之要脚」に寄進したものである。文中に「本券文二通寄進状一通舎利殿之二階奉納者也」とあるが、この意味は(3)の文書箱銘と関連させて考えると明らかになろう。その銘に「自興田殿田之寄進状一通本券文二通在之」とある。その内に入れられていた文書は現在では残っていないので内容は不明であるが、寄進者は興田殿であり、また寄進状一通本券文二通とあ

って、(1)の寄進状の記事と数は一致している。さらにこの文書箱は他の三個のそれとともに以前には現在仏舎利の安置されている所謂「鼓楼」の二階の長押に釘付されていたとのことである。そこでこの両者は互いに関係を有するもので、寄進状に「舎利殿之二階奉納」とあるのはこの箱のことを指すものと考えられる。本券文及び寄進状正文をこの箱のくり込み部に納めて舎利殿二階に釘付けしてしまったため、その文書が見られなくなった代りとして、板に寄進状を書いて宝蔵内壁に打ちつけ容易く見られるようにしたものであろう。これは寄進状の納め方の一方法を示すものとして他に余り遺例がなく貴重なものと言えよう。重賢が水田を寄進したのは庫院幷に柴屋のためであるが、その本券文、寄進状正文が庫院にではなく舎利殿に納められたのは、開山鑑真和尚将来といわれる仏舎利が当時信仰上重んぜられていたことによるものではなかろうか。なおこれによって現在鼓楼と呼ばれている建物は少なくとも室町時代には舎利殿と呼ばれていたことが知られる。

他の三個の文書箱も何れも内に納められた文書は残っていないので内容を知ることは出来ない。しかし(2)及び(5)は何れも寄進状が納められていたことはその墨書銘からも明らかである。この場合も興田重賢の寄進の時の如く、どこかへ別に寄進札を打ちつけたのかとも考えられるが、現在においてはまったく不明である。また(4)の「味曾方文書」とは如何なる種類の文書が入れられていたのか、また何の必要によってそこへ納められたのかということもまた明らかでない。

次に(6)の「諸人忌日料田畠施入目録」について述べよう。ここに記されている中で施入年月日の明らかなものを見てみると、治承年間より延応二年（一二四〇）に至る約六十年間に亙っている。年月の順には記載されておらず、また全部同筆と思われるので、この目録の書かれたのは延応二年を下ること遠くない頃と考えられよう。これも従来は宝蔵内壁に釘で打ちつけられていたとのことであり、釘穴が数カ所あり、また釘の残っている部分もある。この目録が

何故延応頃になって作られたのであろうか。各自が自己あるいは肉親、師匠等の菩提のために田畠を寄進したその寄進状のほかに、こういった目録を作ったのは何を目的としたのであろうか。寄進状が普通に宝庫あるいは寺内に納められているのならばこの目録を宝庫内に特に打ちつけておく必要も少ないであろう。大きな板にわざわざ書いて打ちつけておくのはやはり特に尊崇の念を現すためであったと考えるべきであり、そうすれば何処か他の堂に打ちつけられていたのを何時の時代かに取り外して宝蔵内に打ちつけたものと考えることは出来ないであろうか。しかしこれはあくまでも憶測でしかない。

四　結　　語

以上、最近目に触れたもの若干について述べたのであるが、今さら事新しく述べるまでもないと言われる方もおられるであろう。しかしそれらを見る機会は多くの人々にとっては少ないと思われるので何らかの参考にでもなるならばと思ってここに筆をとることとした。別に掲げた写真とともに、大方に利用して頂ければ幸甚である。なお極楽院の文永二年伊王女家地売券について付言すれば、紙以外に記された売券としては類例の少ないもので、その意味から言っても非常に興味深いものと考えられる。

註

（１）相田二郎『日本の古文書』上、八五四―八五六頁。牧野信之助編『越前若狭古文書選』明通寺文書項。

（２）相田氏前掲書下、五〇四頁。南部晋氏所蔵文書（東大史料編纂所及び京大国史研究室所蔵影写本）。

（３）黒田昇義『当麻寺』（「大和路」中の一冊）（昭和十六年刊）一四―一五頁。『続奈良県金石年表』二三頁。土井実「当麻寺

の柱の銘文」(『大和志』第九巻第十一号)。
(4) 相田氏前掲書上、八五六頁。
(5) 『続奈良県金石年表』三二頁。
(6) 相田氏前掲書上、八五四頁。

図141　僧慈経田地寄進状

図142　五師宗実田地寄進状

図143　五師宗実田地寄進状

図144　大法師栄基畠地寄進状

図145　鹿山一和尚玄恵田地寄進状（右半）

図146　鹿山一和尚玄恵田地寄進状（左半）

図147　僧有慶畠地寄進状

図148　権寺主継春田地寄進状

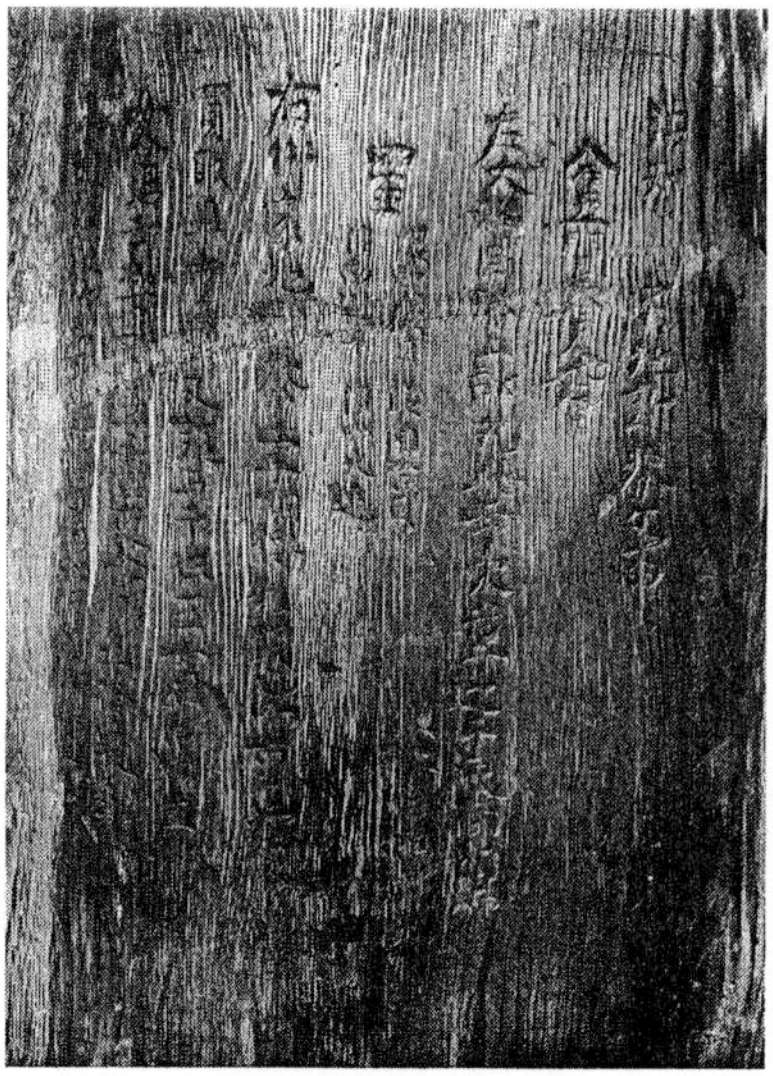

図149　伊王女家地売券（右半）

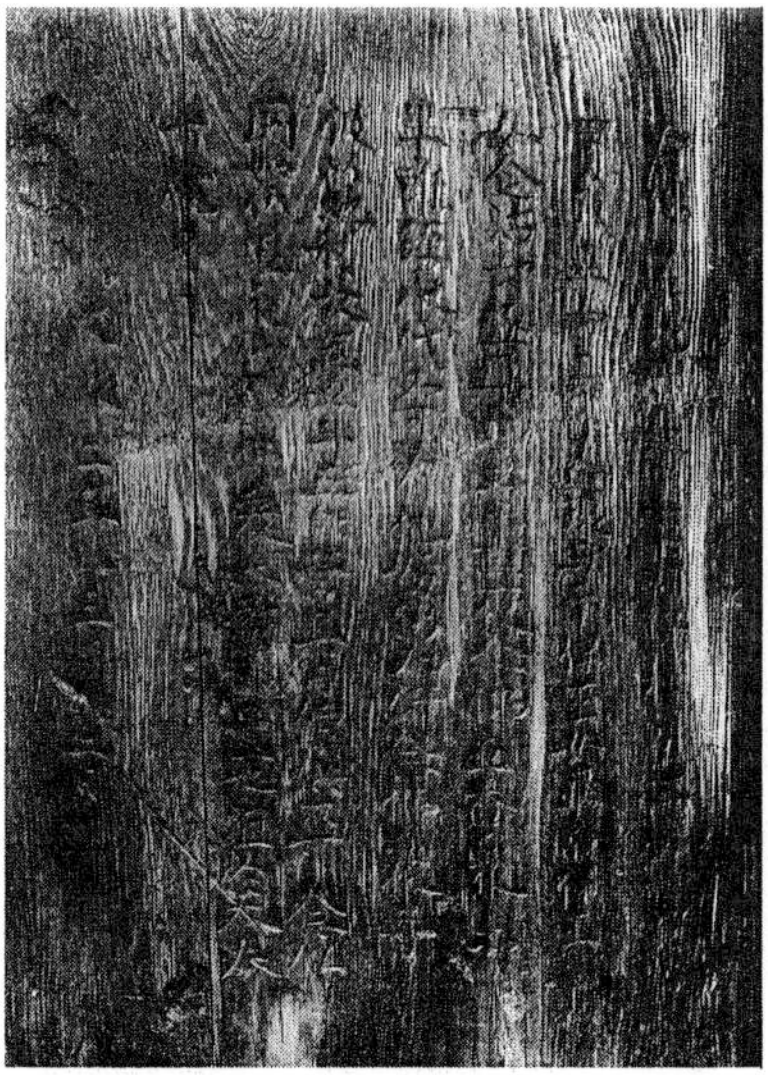

図150　伊王女家地売券（左半）

図151　文書納入箱（興田殿田地寄進状幷本券文）

図152　文書納入箱（味曾方文書）

図153　文書納入箱（円元房母儀田地寄進状）

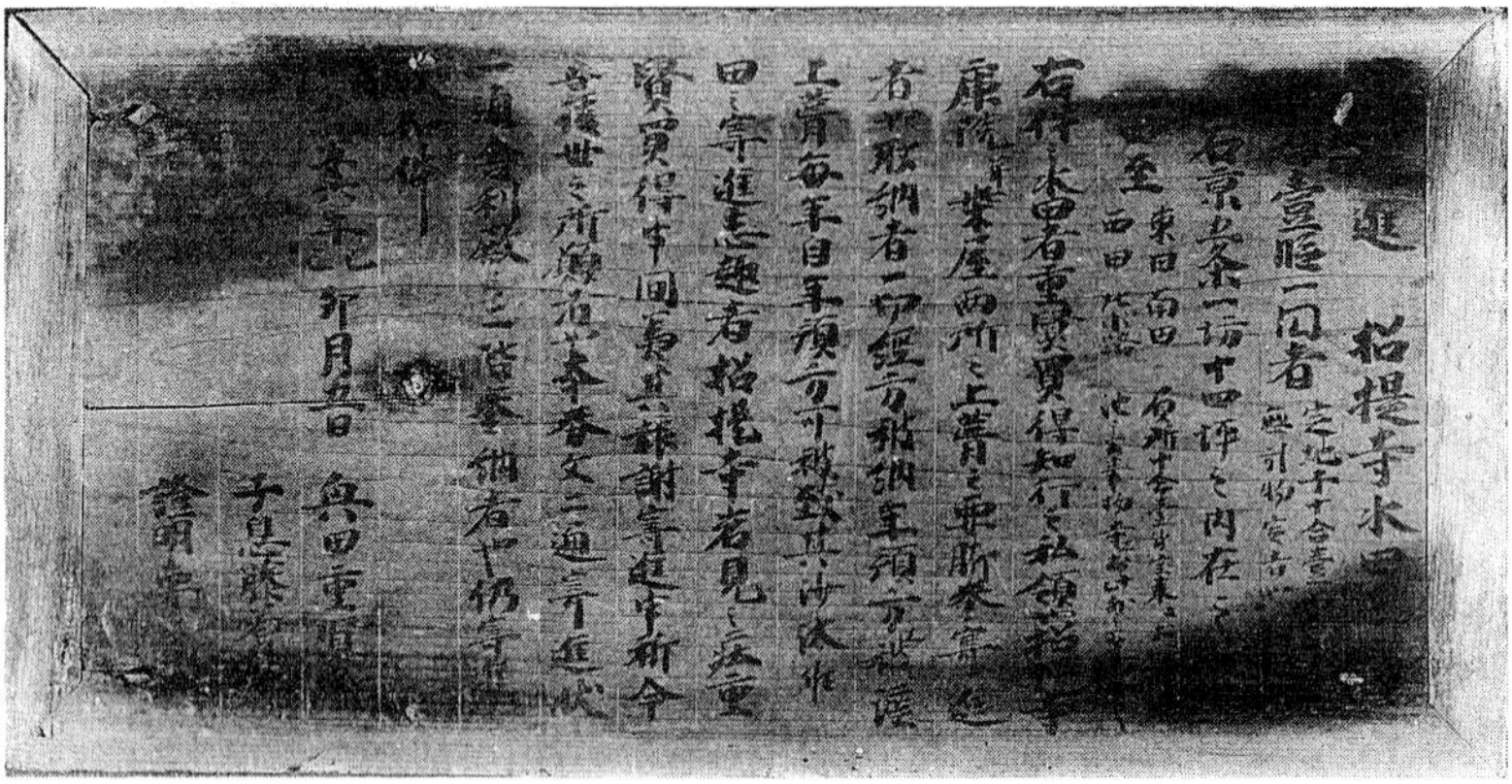

図154　興田重賢水田寄進状

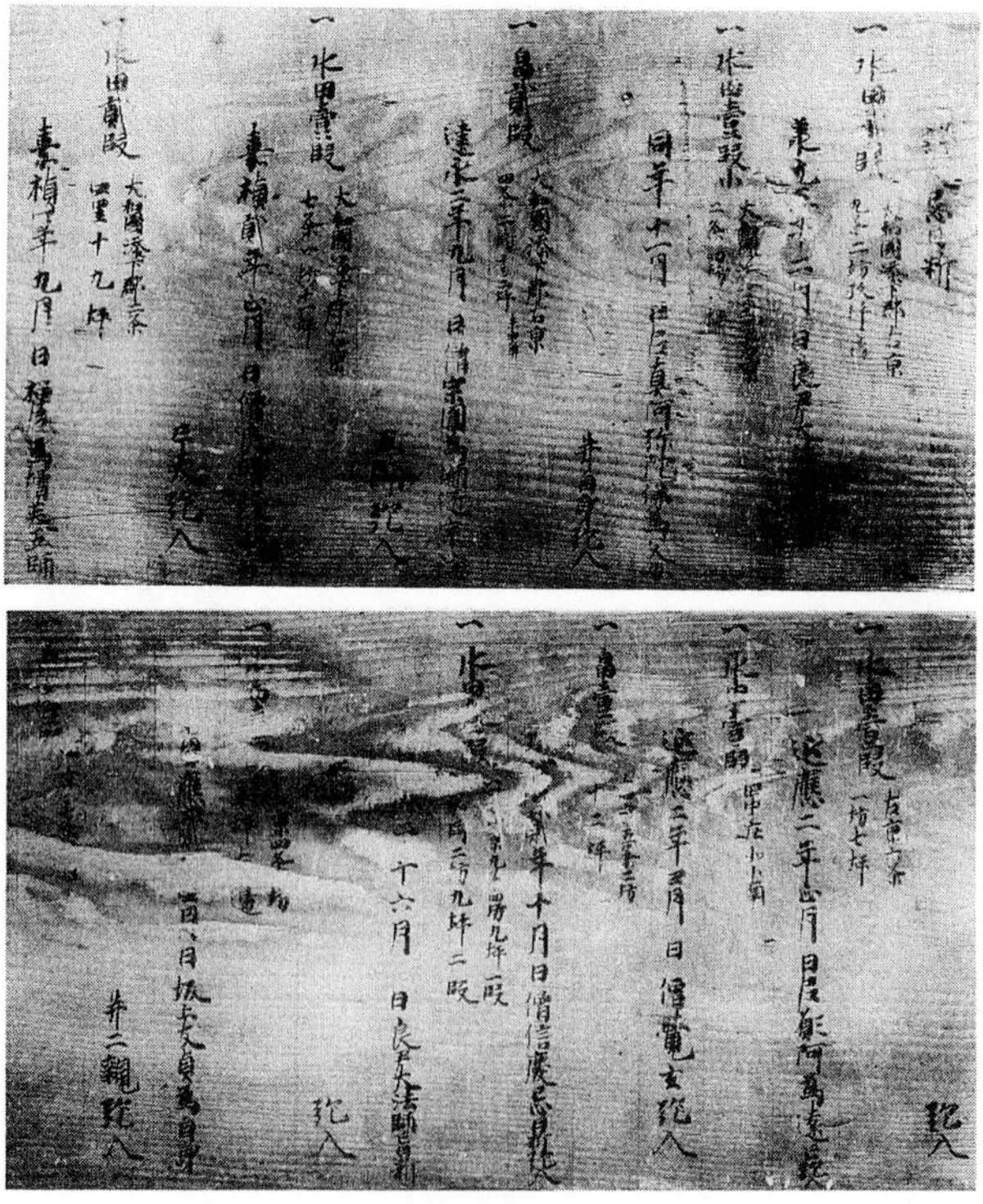

図155　諸人忌日料田畠施入目録（文頭のみ）

第四　寺院の史料

一　石山寺一切経について

一

この一切経は写経を主体とし、奈良時代から室町時代に至る各時代に亙る多種類の写経を含んでいるが、このほかに鎌倉・室町時代の版経三九八帖をも含んだ取合せ経で、その総数は四四八五帖に上る。本一切経は昭和二十八年十一月重要文化財に指定されたが、この時別に『雑宝蔵経』巻第四以下の写経・聖教が重要文化財の附属分として併せ指定せられた。この中には現在一切経中に収められているものの類巻と考えられるものも少なくなく、かつてこの一切経の一部として伝えられたと見られるものが多数見うけられる。その中には巻首尾を失っているものもあり、破損によって一切経中より除かれるに至ったものであろう。また明らかに校倉聖教（三十合聖教）の一部と考えられるものや、その他の聖教類も若干混入している。以下一切経を中心にその附属指定分についても説明を加えたい。

二

この一切経の体裁等については凡例（『石山寺の研究　一切経篇』凡例九ページ）において一往の説明を加えたが、それはごく限られた概要にしかすぎないのでここではさらに詳しく述べることにする。

現在は折本装であるが、『大般若経』巻第一・巻第六百の天明七年（一七八七）十月尊賢修補奥書には「但蔵本巻経

也、今依便宜為折本者也」とあり、天明七年以前は巻子本の形で伝えられていたことが明らかとなる。なお本一切経中には現在の折目とは別に、もう少し幅広い折本装の折目を併せ残しているものがあり、ごく一部には天明七年以前にすでに折本装に改装されていたものもあったようである。しかしその数はごく僅かであり、取合せ経とはいえ天明以前には基本的には巻子本の一切経であったといって差支えない。

現在付けられている表紙は木版朱刷雲竜文で、その藁地として木の薄板を用いている。見返には種々の染紙料紙を用いるが、これは天明七年修補前に付けられていた表紙の料紙を転用したもので、奈良時代から室町時代に至る各時代のものが見られる。なお中にはまれに見返紙を透して藁木の墨書修補銘が読めるものもあるが、そこには寛政元年（一七八九）の年号が認められ（第二九函五三号）、天明七年から寛政年間初頭頃にかけての数カ年を費して修補改装が行なわれたようである。(1)

本一切経の巻首には概ね「石山寺一切経」無廓黒印が捺されているが、その多くは下端もしくは右半部を切断されている。また中には見返紙の下に貼り込まれているものもあり、現在は僅かに印文左端の墨痕のみを留めているものも少なくない。これは天明七年頃の改装の際に切断されたためで、現在は印文の痕跡すらも留めないものにおいてもそれ以前にはこの一切経黒印が押捺されていたものと考えて差支えなかろう。なおこの「石山寺一切経」印は奈良時代より室町時代末期に至る各時期のものに共通して見られるところである。本一切経の中でこの黒印を持つ最後の書写奥書の年紀は文亀二年（一五〇二）であり、天正七年（一五七九）十二月書写の『大般若経』巻第四百六十二（第八函四二号）には一切経黒印は現在は認められない。したがって黒印が切断されている可能性は残るが、この黒印の押捺は文亀二年以降で天正七年以前の間のことではなかろうか。また『広弘明集』巻第一〜十（第八〇函一〜一〇号）その他においては本紙と現見返紙とにまたがってこの黒印が捺されており、この場合には旧表紙を本紙から切り離すことなく、

そのまま旧表紙の一部を現表紙裏に貼り付けて見返紙としたことを示している。なお附属として指定されたものの中にもこの「石山寺一切経」黒印を捺されたものがあり、これらは天明七年以前には一切経の一つとして取扱われていたことが知られる。

版本以外には原則として墨界線を施される。時代の異なる諸種の写経が混在しているため料紙は多様である。また訓点の有無、その種類も多様であるが、これらはすべて（『石山寺の研究　一切経篇』）目録本文に掲げた通りである。

三

前述のように各時代の写経が含まれているが、時代別にそれぞれの数を示すと表1の如くになる。この表を見ても明らかなように平安時代院政期の写経がもっとも多く、別表のようにほぼ現存巻数の約三分の二を占めている。(2) それらの中でも特に多いのは僧念西の発願勧進によったと思われる写経の一群である。念西勧進経の一部には念西筆のかなり長文の奥書も見られるが、その一例として『増壱阿含経』巻第四（第四五函四号）を掲げてみたい。

弟子為自他法界出離得道、従去久安四年発一切経論書写願之後、或求古経加修補、或企新写成部帙、其内於此経者、宇県中白波別所住侶文教房書写之、彼千里之路始於寸歩之行、万仞之山成於一簣之土、然則只雖両三巻書写、可同五千軸之功徳、因茲共離六趣輪廻之故郷、早生九品不退之浄土而已、

久寿二年五月廿三日比挍之次記之、　願主念西

これによれば、念西がこの一切経書写を発願したのは久安四年（一一四八）であったというが、『雑阿含経』巻第一（第四五函五一号）奥書には「仏子自去久安四年七月、為自他法界出離得道、発一代聖教書写大願之後」とあり、一切経書写の発願は久安四年の初秋七月のことであった。そしてあるいは古経を求め、あるいは新写を企てたが、それはこ

こに「只雖両三巻書写、可同五千軸之功徳」とあるように、念西が多くの人々への勧進を行なうことによってその事業は進められていった。『雑阿含経』（全五十巻）のうち巻第一〜四・六〜九の八巻には保元元年（一一五六）の念西の奥書が加えられており、各巻の結縁者名が知られるが、そのうち巻第一は「宇治白河別所住侶意聖房順源所助成」の奈良時代写経である。巻第二には「観音寺住侶小野本住字大輔公所奉書写也」、巻第三には「観音寺住侶小野本住僧字大輔公依弟子勧進書写也」とあって、ともに大輔公の書写にかかる。巻第四は久寿二年（一一五五）「陶化坊戸部納言精舎供僧左僕射阿闍梨」の書写、巻第六・第七の二巻は巻第一と同じく意聖房順源の助成にかかる奈良時代の写経である。そして巻第八は「台領住侶字近江阿闍梨」の書写、巻第九は「戸部納言九条精舎供僧淡路君所書写也」とある。以上のように八巻中三巻は奈良時代の写経の助成をうけ、他の五巻は四人の手によって書写されており、前掲の『増壱阿含経』巻第四奥書に「只雖両三巻書写」とあるように、多数の人々にあるいは一巻、あるいは二巻と書写の功を積み、あるいは古経を助成してもらうことによってこの一切経の書写事業が進められていった様子がよく窺い知られる。そしてまたこのような奥書のあることから、この一切経に含まれている奈良時代より平安時代に至る古経の大部分は、念西の手によって各所より集められたものと考えて差支えなかろう。

念西の手による一切経書写事業は久安四年より保元年間までは、念西署名のある奥書によってその跡をたどることができる。しかしそれ以後は念西の奥書は見られず、あるいは保元年間以後間もない頃に念西は歿したのではな

表1　時代別分類表

	写経	版経
奈良	二七五巻	巻
平安初期	二〇五	
同中期	一二一	
同後期	一六	
同院政期	二九一五	
鎌倉初期	一〇	
同中期	七〇	三七二
同後期	一	（高麗版）一
南北朝	四七	一四
室町初期	〇	
同中期	三一一	
同末期	二六四	
桃山	二	

かろうか。なお念西当時頃の書写と見られる写経には「一交了」「一挍了」等の校合奥書が加えられているものが多いが、その中には念西筆と見られるものが少なくない。このような校合奥書中には、おそらくは「一交了」「一挍了」と書く心算であろうが、まったく字の体をなさず、落書の如くにさえ見られるものがある。あるいはこれは念西の手によるもので、彼の最晩年の中風等により健康の勝れない時期のものであるのかもしれない。

本一切経中には念西筆かと見られるものが少なくなく、また巻首もしくは巻尾のみが念西の筆跡に似たものも時に見受けられる。このようなことから、念西自身も自ら一切経書写に努めていた様がよく知られる。また同じ一部の経（例えば『雑阿含経』）でも、同時期に書写されながら巻次によって料紙を異にし、あるいはさらに同じ一巻の中でも同一筆者の手になりながら首尾料紙を異にする例も少なくない。これは多数の人々の結縁書写に頼り、しかも身分のさほど高くない多くの僧・俗にも勧進し書写を求めたことによるものではなかろうか。こうしたところにも念西が多数の人々の結縁を得るために苦心を重ねていた様子がよく現されているように思われる。

奥書の年紀を見ると、久安・仁平・久寿・保元頃の年号が特に数が多く、念西の活躍期には一切経書写事業はかなり進捗を見せていたと思われる。しかし平治・永暦以降の年紀をもつ奥書も数多く見られ、保元年間を過ぎてもなおこの事業は進められていた。そして平安時代末頃になってこの事業を継承したのは石山寺の学僧文泉房朗澄である。『陀羅尼雑集』巻第一（第七四函一号）の見返には「朗澄数百巻奉書写之内也」の墨書があり、朗澄がこの事業を継承した時にもなお数百巻に上る不足があったようである。彼が石山寺阿闍梨に補されたのは治承二年（一一七八）九月であり、一切経書写事業に関係するようになったのもこの頃からであろう。なお『大智度論』（第二六函）には治承四年の朗澄朱書校合奥書が加えられているが（奈良時代写経）、この他には直接朗澄の名を示すものは少ない。しかし彼の筆跡の特徴を顕著に示す写経が数多く見受けられ、また欠損個所を彼が補写したものもあり、念西が始めた一切経書写事

業は朗澄の代になってほぼ完成を見たと考えて差支えなかろう。[3] 鎌倉時代初頭の年紀を持つ奥書も多少は見受けられるが、中にはもとこの一切経には含まれなかったと考えられるものもあり、その奥書の文より見て本一切経写書事業の完成は鎌倉時代初頭の文治末年頃乃至はそれにごく近い頃と考えて差支えないのではなかろうか。

院政期の写経の中には、念西・朗澄勧進の写経とは様子を異にする一群のものが含まれている。楮交りの黄斐紙（時に素紙）を用いるが、念西勧進写経よりは楮の交りは少なく紙質は良好である。書法は瘦筆であるが首尾一貫した整った書体で書かれており、書き慣れた人の手に成るもののようである。この点において、念西勧進による写経の書法が一巻の中でも首尾に統一を欠くものが数多く見られるところとは大きく異なっている。この一群の写経には校合奥書を含めてまったく奥書が見られないが、念西勧進写経の多くには「一交了」等の校合奥書が加えられていることもまた大きな相違点である。こうしたことを考え併せると、この一群の写経は念西の勧進によって書写されたものでなく、既成の写経を集めたものの中の一部であったと考える方が妥当のように思われる。

なお念西勧進経の中には醍醐寺・勧修寺その他小野流系統の寺の僧名が多く見える。念西の経歴についての詳しいことは不明であるが、これより考えると、彼の法流は小野流に属していたのではなかろうか。

四

以上でこの一切経の主体をなす院政期後半書写の念西勧進経を中心にして述べたが、本節では念西が蒐集したものが多いと思われる奈良～平安時代の写経について述べたい。

この石山寺一切経を著名にしているのはただ単に現存部数が多いばかりでなく、奈良時代から平安時代中期にかけての古い時期の多種多様の写経を数多く含んでいること、しかもその中には平安時代中期以前の古い訓点本も多数見

られ学術資料としても極めて重要であることにある。その中には白点・朱点・角筆点を持つものも多いが、これらの訓点本については『石山寺の研究　一切経篇』所収の築島裕・小林芳規両氏の論考に詳しく述べられているところであるから省略する。この一切経に含まれている奈良～平安中期写経中奥書のあるものは同書の奥書等年月日索引によっても明らかなように多種類に分れている。そのうちでもっとも顕著な例としては『瑜伽師地論』（第三九函）を取上げてみたい。奥書のあるものを古い順に掲げると、巻第二十一―天平二年（七三〇）、巻第十四その他―天平十六年（この一具経がもっとも多い）、巻第三十八―天平勝宝六年（七五四）、巻第二―宝亀十年（七七九）の四種があり、さらにその訓点も多様のものが混在しており、伝来の複雑さを示している。目録中にも示したように天平二年書写本と宝亀十年書写本の白点は同種の第三群点系の瑜伽師地論第一種点（九世紀中葉）が加えられており、すでに平安時代初期から取合せて一具のものとして伝えられていた可能性が高い。これに対して天平十六年書写本と天平勝宝六年書写本はそれぞれ他と訓点を異にしており、古くは別々に伝えられていたようである。これらのものが何時取合せられたかは明らかでないが、その一部分のものの中には念西の勧進の際に始めて取合せられたものがあったかもしれない。なお天平二年写本は本一切経中最古の奥書をもつものである。

『大智度論』（第三六函）も巻第二十三その他計九巻に天平六年（七三四）播磨国既多寺の奥書があり、巻第四十一に天平勝宝五年、巻第三十四に天長七年（八三〇）の書写奥書が見える。その白書ヲコト点は、現存四十巻中三十八巻までが第一群点・東大寺三論宗点のいずれかまたは重複であり、平安初期の特殊点は巻第三十五・四十一の二巻のみで、しかも各異なったヲコト点を持っている。しかし巻第三十五のみには「太官／寺印」の朱印があり、天平勝宝五年書写奥書をもつ巻第四十一とともに他の諸巻とは古くはまったく伝来を異にしていたようである。一方『成唯識論』（第四三函）十巻のうち、巻第一は平安時代中期書写、巻第二～十は天平二十年（七四八）書写にかかるが、この十巻に

はともに寛仁四年（一〇二〇）加点の白点（東大寺三論宗点）があり、すでに早くより一具の取合せ経として伝えられていたことを示している。なお前述の『瑜伽師地論』『大智度論』はいずれも奈良時代（一部に平安初期）の写経を主体とするもので、その欠を補う形で念西勧進経と同体裁の院政期書写本が若干含まれている。このことによっても前述の古写本は念西の蒐集によって石山寺に入ったものと考えて大過無いものと考える。

このように同じ経の中でも取合せ経が数多く見られるが、取合せられた時期が念西勧進より遥か以前であることが明らかとなるものもあれば、その時期の不明のものもある。したがって中には念西勧進によって奈良・平安初期写経のみの取合せ経となったものもあると思われるが、なお今後の検討を必要とする。

以上に述べた大智度論・瑜伽師地論・成唯識論以外の平安後期以前の奥書を有する主なものは次の如くである（これ以外は奥書等編年索引参照）。

大乗阿毗達磨雑集論巻第十六（第四〇函五号）―天平勝宝四年（七五二）
仏頂尊勝陀羅尼経（第二八函二一号）―天平勝宝四年（坤宮官一切経）
無垢浄光大陀羅尼経（第二九函二号）―弘仁十三年（八二二）
弁中辺論巻上中下（第四二函一一〜一三号）―大同二年（八〇七）、巻上―延長八年（九三〇）聴聞奥書
諸経要集巻第十七（第七五函二〇号）―元慶四年（八八〇）
仏説抜除罪障呪王経（第三四函五五号）―寛平九年（八九七）
菩薩戒経（第三五函一一号）―長和五年（一〇一六）奥書（奈良時代写経ナリ）

これらの中には「太官／寺印」朱方印（『大智度論』巻第三十五〈第三六函三二号〉）、「円覚／寺印」朱方印（『仏説金色王経』〈第二九函一七号〉その他）、印文未詳朱方印（『黒氏梵志経』〈第五一函三四号〉その他）等の朱印を捺したものも見られる。「太官

／寺印」は奈良の大官大寺＝大安寺の印であるが、「円覚／寺印」の円覚寺については詳しいことは分らない。また「延暦寺金輪院一切経」（『五千五百仏名経』巻第三・第四〈第三一函四三・四四号〉、平安初期写）、「感神院一切経内」（『大方等陀羅尼経』巻第四〈第三一函一三号〉、院政期写）の墨書を持つものもある。さらに、一切経附属分の中には天平十二年五月一日光明皇后願経や神護景雲二年称徳天皇願経も含まれている。なお石山寺一切経中『十誦律』にはもとこの称徳天皇願経が含まれていたが、現在はすべて巷間に流出している。このように東大寺・大安寺等の南都寺院を始めとして延暦寺・祇園感神院や円覚寺等旧蔵個所を明らかにしうるものも多く、広範囲にわたっての古経の蒐集が行なわれていたことが知られる。

五

鎌倉・南北朝時代の写経はその数は少ないが、この時代のものとして特に数が多いのは大般若経である。もっとも多いのは鎌倉時代中期の貞応・嘉禄年間頃に開版された春日版大般若経である。例えば巻第一百一には訓藝の刊記、巻第一百二には世恩女の刊記、巻第二百二十には「尼覚念」、また巻第三百三十には「一乗院」の刊記が見られるが、これは貞応・嘉禄頃開版の春日版大般若経に見られるところと一致しており、春日版であることは明らかとなる。ところでこの春日版大般若経巻第五百七の巻首及び巻中には「惣持寺」の複廓長方黒印が捺されているが、この黒印の見られるのはこの一巻のみであり、他巻も含めてもと惣持寺にあったものと考えてよいか否かはなお検討を要する。またこの春日版経中巻第一百五・一百二十には永正元年（甲子―一五〇四）空忍奥書が加えられている。空忍は後述のようにこの石山寺一切経の補闕を行なった人であり、また大般若経中の明応五年（一四九六）補写巻の存在により、春日版大般若経がこの一切経中の一部として追補されたのは少なくとも明応五年以前のことであった。

大般若経中には平安時代中期・院政期（天養元年頃）、鎌倉時代中期（寛喜二年頃）、南北朝時代（応安元年～永徳元年頃）、室町時代末期（明応五年頃）の写経が含まれており、版経では室町時代初期（応永十八年頃摺写）のものが収められており、各種のものが混在しているが先にも述べたように春日版が過半を占める。第一～一〇函所収の大般若経と巻次の重複するもの十二帖が第七七函に収められているが、その内訳は平安時代中期十一帖、鎌倉時代刊春日版一帖である。なお室町時代初期刊のものには、行間に「函、帙、巻、丁数」の版心記がある点が特色であるが、これは宋・元版大般若経の体裁を模したものであろう。

この石山寺一切経の歴史を考える上で忘れることのできないのは室町時代の本一切経の補写事業である。そのまず最初は文安二年（一四四五）から宝徳元年（一四四九）頃にかけ、能賢等の手によって行なわれた補写事業である。この能賢書写本には書写年月日の入った奥書と校合奥書の両者が併せ記されているのが通例である。校合奥書の「一挍了」が年月日と「能賢」の名との間の空欄に書かれ、「文安三年六月廿五日一挍了能賢」（第六〇函二〇号）のように併せて一行の奥書の如くに見えるものもある。しかし「一挍了」が年月日他と一行に書かれている場合にも、最後に「能賢書之」と書かれている例もしばしばあり、またこの校合奥書が別行の場合も見られる。しかもこの「一挍了」はその行の他の文字とやや筆法を異にしており、後から書加えられたと考える方が妥当のようである。こうしたことから「年月日、能賢」の一行は書写奥書と考えて差支えない。

能賢書写本には巻末に釈音を載せられたものが多い。しかも行間に「側　一　二」のように函号千字文、巻数、丁数を書いたものもしばしば見られる（『阿毗達磨大毗婆沙論』巻第一〈第六二函二〇号〉他）。これは宋版・元版の版心記の書き方であり、宋・元版を底本として書写したことを推測せしめる。但し宋版でも東禅寺版・開元寺版は一帙毎に釈音を一帖別冊として独立させている。また思渓版では版心記は原則として紙継目部分にある。こうしたことを考え併せる

と、釈音・版心記を併せ持つものは磧砂版（宋版）または大普寧寺版（元版）のいずれかということになる。また釈音のみあって版心記を持たないものについては、版心記まで写すことをしなかったことも考えられるが、それでもなお思渓版によった可能性がある。

『阿毗達磨大毗婆沙論』巻第一百二十一（第六四函二一号）以下巻第一百五十に至る三十帖の中には、巻首に元符三年（一一〇〇）、建中靖国元年（一一〇一）の年紀を持つ宋版東禅寺版の刊記（巻頭にあり）の写を持つものが二十二帖ある。しかもこれらはその前後の各巻と料紙その他同体裁であり、同時期の文安年間頃の書写と考えられる。したがって刊記写のないものでも巻末釈音を持たないものは東禅寺版によって書写されたものと考えることは可能である。なお『阿毗達磨大毗婆沙論』巻第一百八十二（第六五函二二号）奥書には「文安五紀戊辰夏五下浣日於洛之東阜建仁如是院書写焉／筆者藝陽之比丘光璵」とあり、本経後半部は建仁寺において光璵が書写したものが多いようである。あるいは当時建仁寺にあった宋版一切経によって書写されたものかもしれない。

次いで明応五年（一四九六）から文亀二年（一五〇二）にかけて補写事業が行なわれ、多数の巻が補写されている。この補写事業は最初善忍律師が願主となって始められたものである。『弊魔試摩目連経』（第四七函六一号）奥書に「文亀元年辛酉十月十四日於倉坊以妙高禅寺唐本令書写之／写経本願人権律師善忍昨夜頓死南无々々」とあり、善忍が本願人であり、その寂滅は文亀元年十月十三日であった。この一連の写経の奥書を見ると、善忍書写経も数多く見られ、彼は他人の結縁を求めるばかりでなく（第一七函三七号）、自らも写経に勤めていた様子がよく窺われる。なお善忍は日向国の人で当時は東寺僧であった。

この写経には概ね書写奥書とは別筆の校合奥書が加えられているが、その筆者はすべて空忍のようである。『大方等大集経』は現在六巻のみを存するが（第一七函三～八号）、各巻の奥書には明応五年九月武州師岡保神奈河郷青木村本

覚禅寺住僧周本が旧跡巡礼に際し「当於此寺大蔵経補闕之境而依空忍法師勧誘而令逗留倉房且奉書写此経訖」とあり、周本が結縁書写することになった機縁は石山寺において空忍法師の勧誘を受けたからであるという。したがって願主は善忍であるが、彼を助け石山寺にあってこの書写事業を推進していったのは空忍であったと考えて差支えなかろう。『阿差末菩薩経』巻第一（第一七函一六号）奥書には周本の書写奥書の次に、「五千四十八巻之内闕分二百六十巻也備当国甲賀郡／妙高寺唐本且奉書写了冀令法久住継竜花／会而已　一返校合了　空忍」の校合奥書がある。巻第二・第七には明応五年の書写奥書があり、巻第一もまたほぼ同時期の書写として差支えない。したがって明応五年頃にはこの石山寺一切経の欠本は二百六十巻であったことが知られる。

この時の補写事業に結縁した人の数は多く、前述の武蔵国本覚寺僧周本の他にも、金剛峯寺・延暦寺・山城西山弘源寺等の諸寺の僧の名が多数見えている。その中でも特に注目されるのはかの有名な三条西実隆である。彼は『大方広宝篋経』巻上・下二帖（第二四函五一・五二号）を書写している。巻上奥書には「明応戊午九月十八日以東福禅寺大蔵之唐本書写之／従二位行権大納言兼侍従藤原朝臣実隆四十四歳／法名尭空（花押）」とあり、東福寺の唐本大蔵経によって書写したことが知られる。これは実隆筆の写経として例の少ないものであり貴重である。当時唐本大蔵経といえば写経ではなく、版本一切経と考えるのが妥当であるが、本経の巻末には釈音が書写されていることから、先にも述べたように思渓版・磧砂版（ともに宋版）または大普寧寺版（元版）のいずれかと考えられる。現在東福寺には大普寧寺版一切経が多数蔵されている由であり、あるいは実隆はこの元版に拠って写経を行なったものではなかろうか。なおその校合も空忍と同じ東福寺唐本を用いて行なっている。

その他の補写経奥書には妙高禅寺唐本を用いて書写した旨がしばしば見えている。この妙高禅寺は近江国甲賀郡平野庄にあった寺で、この唐本一切経を石山寺に借出し、これを藍本として書写を進めた。書写の場所としては石山寺

倉坊がもっとも多く、その他では本堂・密蔵坊・吉祥院・一切経蔵等も写経の場として使用された場合がある。なおこの妙高禅寺唐本一切経によって書写された本には版心記や巻末の釈音がないのが通例であるが、これのみによっては藍本が何版であったかは決し難い。なお『因明入正理論』（版本、第四八函一四号）の奥書には「斯本於妙高寺蔵有二本、其一本石山寺以衆評寄進焉」云々（文亀元年）とあるが、紙継目に版心記のあること、字体・料紙等から高麗版と認められる。したがって妙高寺には高麗版一切経が蔵されていた可能性もある。そして妙高寺経蔵に欠けている経については醍醐寺本（『宝雲経』巻第一〈第二四函一号〉）や比叡山宝幢院本（西塔院東谷経蔵本、第一九函三〇号）を用いたり、また不審があればそれによって校合（第二五函三号）している。なお『妙法蓮華経優婆提舎』（第三七函二二号）奥書には「用叡山宝幢院東谷経蔵之本以建仁寺唐本写之小南御経也写之」とあり、宝幢院本は建仁寺唐本によって写されたもののようである。またこの醍醐寺本は宋版刊行記写により東禅寺版であったことが知られるが、現在醍醐寺に蔵されている上醍醐経蔵にあった宋版一切経中の『宝雲経』巻第一もまた同じ東禅寺版であり、この宋版一切経によったものではなかろうか。

六

この一切経は現在八十合の経箱に納められている。いずれも側面に函号の千字文を六字ずつ陰刻し、その中に金泥を入れている。この経箱には新旧二種があり、旧箱の蓋裏には建武二年（一三三五）の虫払の際に確認した所在目録が墨書されており、さらに康安元年（一三六一）・明徳元年（一三九〇）・永正七年（一五一〇）の虫払の際の確認記が追記されている。但しこの追記は箱によって省略されている場合もあり、各年紀の虫払の記事がすべて記されているわけではない。これらの虫払記を見ると、石山寺においてこの一切経の保管については古くから留意されていた様子がよく窺い知られる。蓋裏の各箱の収納目録幷びに建武二年の虫払記は親賢の筆になるもので（第三二函）、この箱の造られ

たのは建武二年乃至はそれを遡るものと考えられ、経箱としても古いものの一つに数えることができる。なお第二一函の蓋裏墨書銘には「此内十経一結紛失早、建武三丙辰年正月十一日、動乱之後交之」とあり、虫払を行ない整理して目録を書きつけたその翌年には、南北朝内乱開始のあおりを受けて、この石山寺経蔵も荒らされることがあったようである。

新箱は建武二年銘のあるものの後補函として造られたものである。第一四函の底裏墨書銘によれば、明応年中に修復が行なわれ、十六合が新造されたというが、これは善忍・空忍による補写の行なわれた時に合致し、彼らの手によって経箱も新造補修されたものであろう。次いで天正七年（一五七九）にも経箱の新補がなされ、大般若経等を納める第一乃至第一一函その他がこの時に造られている。

このように経箱にも後世の修補新造が行なわれているが、明応年間新造のものの現存数は多くはなく、かなりの数のものが失われているようである。なお附たり指定されているものを納めた経箱の中に建武二年乃至それ以前のものと同じ箱があるが、これには箱側の千字文函号は陰刻されていない。したがって千字文函号を陰刻した時期は建武二年ではなく、かなり降った後世のことである可能性がある。なお経箱の蓋と身は現在は本来の取合せとは喰違っており、蓋裏目録と内容とは合致せず乱れているものが多い。しかし欠巻も多くこの目録と各箱内容とを現在完全に合致させることも不可能なため、敢えて現状のままに留めておくこととした。また各箱収納の経の中にも一切経の配列上の乱れもあろうが、現状によって目録を作成することとしたため、現在の収納箱を基本とし、それを変更して入れ換えを行なうことはしなかった。

七

この一切経には別に番外箱等として同種の経等が併せ伝えられて来た。そこで石山寺一切経が重要文化財に指定された際に、これらのものも附属分として併せ指定されたが、これらの中には古くは本一切経の一部として伝えられていたものも多いように思われる。前述のようにこの中には「石山寺一切経」の黒印を捺されたものがあり、天明七年以前には一切経中の一巻として扱われていたことは明瞭である。また体裁・奥書等から現在一切経の一部として取扱われているものと一具の経であったと考えられるものも多い。これらは同一経の重複、あるいは巻首尾等に欠損のあることにより一切経から除外されたものであろう。また中には聖武天皇・光明皇后や弘法大師・源頼朝の筆に仮托されて別置伝世されたものもある。これらは江戸時代の包紙の表書の記事によってその伝承を知ることができる。

附属指定分として主要なものを掲げると次の如くである。

奈良時代の写経としては天平十二年（七四〇）五月一日光明皇后願経（雑宝蔵経巻第四・五〈一・二号〉）、神護景雲二年（七六八）称徳天皇願経（大雲請雨経・師子荘厳王菩薩請問経・仏説善敬経・十誦律巻第五十五〈三〜六号〉）、阿毗達磨倶舎論巻第八（天平宝字五年奥書、一一九号）、注妙法蓮華経（奥書なし、大東急記念文庫本と僚巻、一五八号）等がある。称徳天皇願経の『十誦律』巻第五十五は現在単独で重要文化財に指定されている『十誦律』巻第五十二の僚巻である。また現在京都国立博物館（守屋コレクション）・唐招提寺に所蔵されている『十誦律』もこの僚巻であるが、これらはもと折本装に改装されていた跡があり、石山寺一切経の一巻として伝えられていたものである。『阿毗達磨倶舎論』巻第八も現在単独で重要文化財に指定されている『説一切有部倶舎論』巻第二十一と朱文頭点・句切点等がまったく合致している。但し筆跡・料紙は異なっており、取合せ経として伝えられて来たものであろう。なお同じく巻第四もこの附属分の中に収められて

いるが（九号）、これは巻第二十一と体裁等が合致し、天平勝宝四年頃の書写にかかるものと考えて差支えない。なお巻第八奥書の「天平寶字五年」の「寶」は略体字「宝」で書かれているが、奈良時代写経の奥書で「寶」を「宝」と書いた例は類例が少ない。

平安時代初期のものとしては中国仏教説話集の『金剛般若経集験記』巻上（一八四号、奥書なし、古典保存会複製本あり）がある。この僚巻は天理図書館にも蔵されているが、詳細な古訓点（平安初期）が付されており、国語学上でも注目されているものである。また『法華義疏観世音菩薩普門品第二十五』（一六七号、奥書なし）は重要文化財『法華義疏』（七巻）と体裁等はほぼ合致し、もとその僚巻の一つであったことが知られる。その他にも重要なものは数多いが煩を避けるために省略する。

平安時代中期のものとしては『求聞持法』（一二八号）がある。奥書はないが、紙背文書として応和二年（九六二）の巻数があり、その書写年代はそれを降るごく近い頃と考えられる。本書には角筆ならびに墨書による訓点が加えられているが、その仮名は訓点本としては珍しく片仮名を用いず女手の仮名を使用していることが注目される。また平安時代末の院政期のものとしては『伝法記』（一八一号）、『大般若経音義』（または『大般若経字抄』、一八三号）が著聞されている。『伝法記』には長寛元年（一一六三）の奥書があるが、本書はその本文によってではなく、紙背文書中の一般には「時鳥の願文」と呼ばれる書状によってよく知られている。この「時鳥の願文」は差出者未詳の書状であるが、ホトトギスが鳴いてくれるように祈ることを依頼したものと解され、王朝公卿の風流を示すものとして珍重されて来た。しかし太田晶二郎氏は当時ホトトギスは不吉の鳥として忌み嫌われていたとして、この書状は「御前」が「時鳥之声」を聞かれたから祈禱をして災を攘って欲しいと解すべきだと主張されたが、この解釈の方が文面上からも妥当とされる。『大般若経音義』は大般若経中の難読・難解の文字の字音と意義を注したもので、字音を漢字にて注すると

ともに、仮名にて和訓を記しており、国語学上注目されている。本書の詳細については『石山寺の研究　一切経篇』所収の沼本克明氏論文を参照して頂きたい。

八

以上で石山寺一切経についての概略を記したが、触れるべきところを省略してしまったところも少なくない。また奥書等もほとんど全文を引用することを省略したが、それらはすべて目録に掲載されているからである。別に奥書等の編年索引も掲げられているからそれと併せて参照して頂きたい。またもと石山寺一切経中に収められていた経で現在は寺外に散佚しているものが少なくない。天理図書館・京都国立博物館・唐招提寺を始めとして多くの図書館や個人収集家の蔵に帰しているものがあり、またこれまでに印行されている書肆の待賈目録や入札目録の中にも旧石山寺一切経であることの明らかなものがしばしば見受けられて来た。これらについても述べるべきであるが、そのすべての所在を明らかにするにはなお時間を要するのでここでは一切触れないこととした。

註

（1）見返には時に天明～寛政頃に白紙を新補貼付したものもあるが、この場合には蘗木に墨書修補銘があれば一部の判読が可能となる。しかし染紙を貼付されている場合には銘文の存在すら窺い知ることは不可能である。

（2）もと個々に独立した別巻として書写された経を取合せて一巻に合巻したもの（二経同巻、三経同巻等）にあっては、一帖中で書写年代を異にしたものがある。したがって、後世合巻されたものについてはすべてそれぞれを独立のものとして各一巻と数えた。このため別表（時代別分類表）の総数は四千六百二十四巻となり、本一切経の総数より多くなっている。但し宋元版等を書写したものにあっては、もとの藍本においてすでに二経・三経同巻となっているものをそのまま書写したものもある。この場合には同巻として一括書写されたものであるから、現在一帖のものをそのまま書写したものもある。この場

合には同巻として一括書写されたものであるから、現在一帖のものをそのまま一巻として数えた。つまり書写当時に同巻となっていたか否かによってその数え方を変えたことをお断りしておく。

（3）　朗澄によって欠損部を補写された経の中には念西勧進経と思われるものもあり、この頃までにこの石山寺一切経の一部に破損が生ずるようなこともあったようである。

二　石山寺校倉聖教について

一

現在、石山寺には「石山寺一切経」「校倉聖教」「深密蔵聖教」と呼ばれる多数の経典・聖教類が伝存しており、質量ともに我が国に伝存する仏書群中でも有数のものとして注目されて来た。そのうち石山寺一切経は奈良時代から室町時代に至る各時代の写経（一部分は版経）から構成されているが、その大部分は平安時代末期の久安四年（一一四八）以降保元年間頃にかけて、僧念西の発願勧進によるものである。それは結縁した多くの人々により新写され、あるいは諸所より古経を集めることにより進められたが、念西一代ではこの一切経は完成されず、さらに文泉房朗澄の手に引継がれ、残部数百巻を書写することによってこの大事業は完結した。その後、その一部には亡佚するものが生じ、新たに補充されることもあったが、室町時代末期の明応・文亀年間頃、善忍・空忍によって数百巻の補写事業がなされ、これによってほぼ現在の姿となった。(1)この一切経については、昭和二十八年文化財保護委員会による調査、重要文化財指定がなされた。石山寺文化財総合調査団においても、昭和四十八年から同五十年にかけてその再調査を実施し、その成果を『石山寺の研究　一切経篇』として公刊した。

校倉聖教はもと当寺本堂北方斜面のやや高い所にある鎌倉時代に建立された校倉経蔵中に、この一切経とともに収納されていたもので、その本来の収納場所によって「校倉聖教」と命名することにした。これらは明暦元年（一六五

五）九月に新調された経箱三十合に分類して収納されている。この聖教は、かつて大正新修大蔵経出版に際して、また東京大学史料編纂所の史料採訪により調査されているが、その全容についての詳しい報告はなされていない。またその中の一部のものについてはその後の移動も見られる。このため本調査団では昭和四十六・七両年度にわたってその調査を実施し、その際作成した調書をほぼそのままの形で『石山寺聖教目録』上・下巻二冊（謄写印刷）として公刊した。しかしこれは未訂稿であるため、その後さらに再調査を実施し、改めてここにその書名・体裁・法量・奥書等の書誌的事項を記載した目録を公刊することとした。

深密蔵聖教は塔頭の一つ法輪院裏手の土蔵中に収納されていたもので、百十余合の経箱に分納されている。この聖教名は古く大屋徳城氏が命名されたものである。(2) 目下、本調査団においてその整理・調査を進めているが、現在はまだその約三分一の調査を終ったに過ぎず、その全容は明らかでない。これまで調査された範囲では、平安時代から江戸時代に至る各時代の聖教が含まれているが、もっとも多いのは江戸時代書写のもので、平安・鎌倉・室町時代の書写にかかる聖教の比率は比較的低い。しかし中には貴重なものも見られ、その全容の解明は今後の調査の進展にまたねばならない。

石山寺所蔵の経典・聖教は大別して以上の三種からなるが、以下ではその中の校倉聖教について述べることにする。

二

校倉聖教の経箱三十合はいずれも蓋表に「石山寺　聖教函」、蓋裏に「第一函　請来録部」のように各箱毎の箱番号・内容とさらに箱内の収納巻数を墨書する。また箱底裏にも各箱ともに次に示すものとほぼ同文の墨書銘が加えられている。

新調

明暦元乙未年（または祀）　九月吉日

卅内

石山寺

これによってこの三十合の聖教箱は江戸時代初期の明暦元年（一六五五）九月に一括新造されたことが知られる。ここに記されている明暦元年当時の収納数と現存数とを比較すると表2のようになる。

表2　函別点数一覧〔（　）内は総数〕

函数	現存点数	蓋裏墨書銘点数
一	三六巻（三六）	五九巻（五九）
二	二九巻（二九）	八〇巻（八〇）
三	六二巻（六二）	三八巻（三八）
四	二八巻（二八）	五〇巻（五〇）
五	五二巻（五二）	二九巻（二九）
六	二七巻（二七）	二七巻（二七）
七	二四巻（二四）	二七巻、一四帖（四一）
八	一二巻（一二）	二二巻、二三帖（四五）
九	三〇巻（三〇）	二七巻、一六帖（四三）
一〇	三巻、三五帖（三八）	五巻、三九帖（四四）
一一	一七巻、三三帖（五〇）	二二巻、三五帖（五七）
一二	二二巻、二一帖（四三）	二二巻、二〇帖（四二）
一三	一七巻、二八帖、一通（四六）	二七巻、三一帖（五八）

一四	二巻、二一帖	（二三）	七巻、二四帖	（三一）
一五	一七巻、八七帖、一通	（一〇五）	二七巻、九六帖	（一二三）
一六	三一巻、七〇帖、八通	（一〇九）	四七巻、九七帖	（一四四）
一七	二〇巻、七一帖、一冊	（九二）	二三巻、七三帖	（九六）
一八	一五巻、九四帖、一通	（一一〇）	一七巻、九六帖	（一一三）
一九	二四巻、一四五帖、二通	（一七一）	二五巻、一一九帖	（一四四）
二〇	一六巻、一二二帖、一冊、五通	（一四四）	三〇巻、一四一帖	（一七一）
二一	一六巻、六七帖、二通	（八五）	二〇巻、五七帖	（七七）
二二	一二巻、三四帖、二通	（四八）	一八巻、三六帖	（五四）
二三	一八巻、四六帖	（六四）	二五巻、四二帖	（六七）
二四	二〇巻、一通	（二一）	二一巻	（二一）
二五	二一巻、七〇帖、二冊、六一通 八葉、五鋪	（一六七）	（尊法数巻）	（？）
二六	三二巻、六一帖、四通、八葉	（一〇五）	（尊法数巻）	（？）
二七	三四巻	（三四）	三四巻	（三四）
二八	五巻、九帖	（一四）	一四巻、一一帖	（二五）
二九	二〇巻、三〇帖	（五〇）	二四巻、四九帖	（七三）
三〇	一三巻、一帖	（一四）	一一巻、二帖	（一三）
（合計）	六七五巻、一〇四五帖、四冊、 八八通、一六葉、五鋪	（一八三三）	七七八巻、一〇二一帖 他「尊法数巻」二函	（一七九九）
附函	二八巻、三〇帖、一冊	（五九）	（ナシ）	
校倉聖教 総計	七〇三巻、一〇七五帖、五冊 八八通、一六葉、五鋪	（一八九二）		
図像	一七巻、九通、六鋪	（三二）	（ナシ）	

この表2を見ると、「尊法数巻」とのみあって具体的な数が記されていない第二五・二六両函を除けば、蓋裏銘に見える聖教の数より現存数の方が少ないものが十九合、両者が一致するものは三合（第六・二四・二七函）、現存数の方が蓋裏銘より多いもの六合（第三・五・一二・一九・二一・三〇函）である。その総数を比較すると、現存数一八三三点に対して、墨書銘に記載する数は一七九九点で現存数の方が三四点多い。しかし墨書銘には第二五・二六両函の総数の記載がないため、この二合分を除いた現存数と墨書銘記載総数を比較すると、現存数一五六一点、墨書銘一七九九点と現存数は二三八点少なくなる（三十合のみ、附函を除く）。ところで、この蓋裏銘には巻子本・冊子本の単位である巻・帖は見えるが、竪紙・折紙等の一枚物に相当する単位名辞は示されていない。あるいはこれらの一枚物は墨書銘では省略されていたものであろうか。そうであるとすれば現存数は銘よりさらに減少することになる。単純に現存数と銘の数とを比較しただけでも、明暦元年当時に比して約一割三分を減じていることになり、三百余年の間にはかなりの移動が生じたようである。この中には寺外へ流出したものも若干はあろうが、長年月の間には箱から取出されたまま返納されず、誤って他の箱へ移され、あるいは一切経・深密蔵聖教等の他の経箱に混入されてしまったものも少なくないであろう。

第六函には『貞元新定釈教目録』二七巻を納めるが、蓋裏銘にも「三結二十七巻」とあり、明暦元年以来変動はなかったようである。また第二七函には『行林抄』三四巻を納めるが、蓋裏銘にも「行林　三十四巻」とあり、これもまた変動はない。ところで第二七函には『行林抄第三十三』が欠本となっているが、明らかに第二七函『行林抄』と本来一具と見られる「第三十三」が一切経附第四函に収められており（附一〇五号）、この巻が第二七函収納の『行林抄』と分れ、別置されるようになったのは明暦元年以前のことであった。また第二四函は数だけでは両者一致するが、蓋裏銘には二十一巻とあるのに、現存するのは巻子本二十巻と作法を記した竪紙一通であり、巻子本一巻が減じてい

表３　校倉聖教時代別集計幷割合（附函を除く）

時　　期	時期別集計	時期別割合	時代別集計	時代別割合
奈　良	0	0%	0	0%
平安初期	18	1.0%	(1478) 1424	(77.9) 77.5%
平安中期	(82) 78	(4.3) 4.2%		
平安後期	(89) 88	(4.7) 4.8%		
院政期	(1289) 1240	(67.9) 67.5%		
鎌倉初期	(149) 144	(7.9) 7.8%	(335) 330	(17.7) 18.0%
鎌倉中期	62	3.4%		
鎌倉後期	124	6.7%		
南北朝	13	0.7%	13	0.7%
室町初期	12	0.6%	57	3.1%
室町中期	9	0.4%		
室町後期	36	2.0%		
桃　山	0	0%	0	0%
江戸初期	8	0.4%	12	0.7%
江戸中期	4	0.2%		
江戸末期	1	0.1%		
唐	1	0.1%	1	0.1%

○書写時期を異にする本が後に合巻されている場合はそれぞれを独立させ，１点として数えた。このため現状の点数とは若干数を異にする。％は小数点以下第２位を四捨五入した。
(　)内の数字は附函を合わせたものである。但し，その％は平安・鎌倉両時代のものについてのみ示し，他は省略した。

る。むしろこの箱は減少分として数える方が妥当かもしれない。

第四・五両函の蓋裏銘によればそれぞれ『花厳経』が五〇巻・二九巻収められていることになっている。しかし現状では第四函には『貞元華厳経』二八巻、第五函には『旧釈華厳経』四九巻（三種）・『貞元華厳経』三巻の計五二巻を収めており、銘と現存数の増減は両者それぞれ逆となっているが、両箱のそれぞれを合計すると現存数の方が一巻多くなっている。これはおそらく明暦以後の箱内容の混乱と、もと一切経の中にあった『華厳経』一巻がその後この箱へ移されたことによるものかもしれない。このように各箱の内容については、取出・散佚による欠本ばかりでなく、これまでには箱相互間の移動もかなり起っていることが考えられる。

次に現存する校倉聖教を書写の時代別に分けると表3の如くになる。平安時代書写にかかるものがもっとも多くて約七七・五％を占め、次いで鎌倉時代書写が約一八％で、この両時代を合計すれば全体の約九五・五％にも上り、南北朝時代以降のものは僅かに四・五％にしか過ぎない。このように一八三八点のうちで、平安時代のものが四分三以上であり、鎌倉時代のものまで合せれば大部分を占めるということは注目すべきことである。

平安時代でももっとも多いのは十一世紀末から十二世紀末に至る院政期約一〇〇年間のもので、一二四〇点に上り、六七・五％と三分二強を占めている。また平安初期～後期（九～十一世紀末）のものは一八四点で、全体の約一割となる。石山寺以外の寺々に現存する聖教群を見ても、平安初期～後期頃に書写された聖教は極めて少なく、校倉聖教におけるこの点数は特に多いものといえる。まして院政期まで含めれば、その割合の高さは他に比肩しうるものはなく、絶対量としてもこれ程の数のものを伝存している寺は稀で、この点は校倉聖教の大きな特質であり、またその価値の高さをよく示している。

なお石山寺所蔵の聖教類を整理している過程で本来の箱から取り出されたまま仮箱内に納められている聖教が少な

からず発見された。これは古来長年月の間に勉学等のために取り出されてそのままもとの箱へ返納されなかったものである。その中には校倉聖教に類品の多い朗澄・慶雅本は勿論、淳祐内供筆『胎蔵私記』も発見された。そこで「石山寺経蔵」朱印のあるもの、朗澄・慶雅本等の平安時代写本等のうちもと校倉聖教にあった可能性が高いものを選んで新しく一函を作り、「校倉聖教附函」と名付けた。院政期写本であっても印等によりもと深密蔵聖教であったと推定されるものはここへは納めなかった。

石山寺図像については、何時の頃からか図像類が一括して箱に納められていた。また整理過程で校倉聖教附函所収のものと同様に本来の箱から取り出されたまま返納されることなく置かれている図像も発見された。今回の調査では、こうした図像類を集めて一函とし、整理番号を付した。(3) なお校倉聖教中にも若干の図像が含まれているが、それは取り出すことなく、そのまま本来の箱に納められている。

三

校倉聖教は江戸時代の何時の頃にか、広く修補の手が加えられ、破損した巻子本には裏打を加え、また粘葉装等冊子本の中には、新たに表紙を補い、題簽を付し、また虫損等に対する繕いを加えたものが数多く見られる。巻子本の修補に当たっては、表紙を補い、また軸を加えたものが少なくない。この軸の中には中世以前のかなり時代の古そうなものが多数見られる。しかし軸の長さは、軸の新古を問わず、原則として料紙の縦寸法とほとんど同じ長さに仕立てられている。中世以前の巻子本の軸寸法は、軸端が料紙の上下に長く出ているのが例であり、この点が大きな相違点である。この時の修補に当たっては、その料紙の縦の寸法に合せてあるいは軸の一端を切縮め、あるいはもと棒軸であったものを合せ軸に改造し、長さを調節して利用することにしたようである。合せ軸が広く用いられるようにな

るのは主に鎌倉時代以降のことであり、少なくとも鎌倉時代初期以前においては棒軸を使用するのが常であった。こうした点から、この時の修補に際しては、一旦軸をすべてはずし、棒軸を合せ軸に改めた後、料紙の縦寸法と同じになるように長さを調節したものであろう。この時果たして軸をそれぞれ旧の巻に正しく返したかという点には疑問があり、軸の移動はかなり多かったのではなかろうか。

校倉聖教中には印を捺されたものが少なくない。もっとも多いのは印文「石山寺経蔵」の複廓入隅長方朱印である。これは江戸時代初期かそれに極く近い頃のもののようである。この朱印は主として第一六函以下に多く捺されており（第二五・二六函は捺されていないものの方が多い）、第一～一五函については捺されているものが稀である。また深密蔵聖教にあってはこの印を捺されたものはほとんどない。この印は校倉聖教に捺すために作られながら、あるいは全部に捺し了ることなく途中で止められてしまったものであろうか。なお石山寺一切経附属分中にもこの印を捺されたものが若干見られる。これはおそらくはもと校倉聖教であったものが誤って一切経函に混入されてしまったことによるものであろう。深密蔵聖教中のものについても同様の理由によるものと思われる。

「石山寺一切経」無廓黒印を捺されたものが第三・四・五・六函中に見られる。それは第四函の『大方広仏華厳経』、第六函の『貞元新定釈教目録』を始めいずれも本来一切経の一部でありながら、誤って校倉聖教函に入れられてしまったものである。また稀に「石山寺」無廓黒印を捺されたものがあるが、これは先の「石山寺一切経」印の上半「石山寺」の部分のみを捺したものである。

「śdha ra ya yu 本」梵字単廓長方黒印が捺されているものも少なくない。これは蔵書印と考えられるが誰のものであるかは未詳である。おそらくは平安時代院政期乃至鎌倉時代初期頃の人物が持っていた印であろう。

料紙の紙背毎に梵字「śrī」単廓黒方印を捺されたものが少なくない。この印を捺されたものは石山寺一切経中に

も見られたが、これは書写前の料紙の所蔵者を示すものである。しかしそれが誰のものであるかは審かでない。印文中の「ṛ」は別摩多であり、それにさらに摩多（母音）「ī」が付くことはなく、おそらくは誤字であろう。梵字「śrī」は吉祥を意味しており、「śṛī」は吉祥を示す「śrī」の誤記ではなかろうか。

奥書の中に「va na bu ddhe 本」「va na bu ddho」とあるものが少なくない。おそらく後者の第四字目は前者第四字目の誤記であろう。梵語「va na」は「林」、「bu ddhe」は「覚悟」を意味する。この奥書はその書の伝領者名を示すもので、あるいは「林覚」とでも充てるべきかと思われるが、校倉聖教の奥書中には該当人物は見られない。鎌倉時代の人物であろう。

また奥書中には梵字「pra bha sa mu dra」とあるものが見られる。梵語「pra bha」は「光」、「sa mu dra」は「海」を意味し、これは「光海」なる人名を梵訳表示したものであろう。朗澄の弟子に光海（石山寺伝記）が見え、この人物に当たるのではなかろうか。『護摩支分』（第二一函一〇号）には「写本云／建暦三年二月廿日於太子御陵僧坊／後屋為初行人聊記之怱々之間／定有僻事歟後可恵之／沙門光海」なる本奥書があり、鎌倉時代初期頃に光海なる人物がいたことが知られる。しかし光海は「太子御陵僧坊」すなわち河内国叡福寺にいた僧であり、また石山寺にあるこの書は光海書写本をさらに写したものである。したがって、この梵字の主をこの光海とすることは検討を要する。

四

校倉聖教を書写時期別に見ると院政期のものがもっとも多く、ほぼ三分二（六七・五％）を占めている。その中には奥書が加えられているものが少なくないが、書写・伝領者としてその名が見える頻度の高いものとしては、経雅・慶雅・「hā」（梵字）・朗澄（朗龍）・「lo」（梵字）・「lau」（梵字）・観祐がある。「hā」「lo」「lau」は人名の漢字一字の字音を梵

字で示したものと考えられるが、いずれも三十合の校倉聖教中随所に見えており、この校倉聖教を考える上で重要な人物である。以下これらの人物と本聖教との関りについてみてみたい。

経雅は奥書中約三十個所にその名を見せているが、その年紀は保安元年（一一二〇）七月十四日を初見とし（第二〇函六号）、長承・保延・永治・天養年間を経て久安六年（一一五〇）十一月（第七函二二号）に至っている。『大乗理趣六波羅蜜多経』六巻（第三函二号〔1〕〜〔6〕、全十巻中六巻現存）はいずれも同体裁で、もとから一具のものとして書写されたものと見られる。そのうち巻第八には久安三年七月八日の経雅書写・交合奥書があり、また巻第二には「以他本一交了経雅之本」の奥書がある。それ以外の巻第一・三・五・九の四巻には「以他本挍合了　hā（梵字）之」もしくはそれと同趣旨の交合奥書があるが、この六巻の奥書はいずれも同筆と見られる。また経雅の名が記された奥書を持つ本には、それと並んで「hā 之」「hā 之本」のような識語が重複して加えられている例は見られない。したがって「hā」なる人物と経雅とは同一人物として差支えないものと考えられる。梵字「hā」を当時の国語音にあてれば「カー」であり、経雅の「雅」の音を梵字表記したものである。この校倉聖教中に数多く見られる「hā 之」「hā 之本」等の奥書のあるものはいずれも経雅が書写もしくは伝領していたものである。

次によく奥書に見える人物としては「慶雅」がいる。慶雅の奥書中、年紀のあるものを取上げると、嘉応二年（一一七〇）七月十五日（第一九函九七号）を初見とし、承安二年（一一七二）・承安四年を経て安元二年（一一七六）三月二十九日（第九函二号〔12〕）に至る一一七〇年代頃に集中している。また『菩提場所説一字頂輪五経』五帖（第一五函二〇号〔1〕〜〔5〕）を見ると、巻第一（〔1〕）には治承二年（一一七八）五月二十九日書写奥書があり、また巻第三（〔3〕）には「慶雅之本」の奥書がある。この五帖はいずれも同体裁でほぼ同時に一括書写されたものと見られ、慶雅は少なくとも治承二年頃までは活躍していたことが知られる。そしてこの五帖のうち巻第四・五の二帖には「hā 之本」の奥書が記さ

れているが、これまた筆跡は「慶雅之本」の奥書と類似しており、慶雅と「hā」とが同じ巻の中で重複して記されることはない。とすれば慶雅＝hā と考えられるが、慶雅と経雅とは字音が同じであり、同一人物で久安六年以後嘉応二年までの約二十年間の何時の頃にか「経」を「慶」と改めたのではなかろうか。

『大毗盧遮那経義釈第十末』（第九函二号[12]）奥書によれば、安元二年には慶雅は「生年七十四」、『曼殊室利童子菩薩五字瑜伽法』（第一八函九一号）奥書によれば承安二年に「生年七十」と記されている。当時年齢は数え年でなされていたのであるから、それから逆算すれば慶雅は康和五年（一一〇三）に誕生したことになる。ところで先に慶雅と「hā」とは同一人物ではないかとの推定を述べたが、『大虚空蔵菩薩所問経巻第五』（第一八函六四号[5]）奥書には「治承二年六月廿八日於勧修寺西明院／一部八巻書写了為没後供養也、之内／四巻 hā 自染筆所令書写也／生年七十六」とあり、「hā」は治承二年（一一七八）には七十六歳であったことが知られる。すると「hā」は安元二年には七十四歳であり、慶雅の年齢と一致する。この点からも慶雅と「hā」と同一人物とする推定はさらに補強されることとなる。

奥書の上での経雅の初見は保安元年であるが、この時彼は十八歳になっている。この『十二天供次第石山』（第二〇函六号）には天仁三年（一一一〇）静真書写奥書に続いて、別筆で「保安元年七月十四日給了求法沙門経雅」とあり、経雅が同書を伝領した旨が記されている。当時すでに十八歳になっていたならば、このような聖教を伝えられていたとしても疑問はない。したがって年齢の上からも経雅と慶雅を同一人物と考えることについては何ら矛盾するところはない。また『血脈類集記』によれば、慶雅は「浄慶坊阿闍梨」と称し、奈良中ノ川成身院に住した実範の付法弟子である[4]。また醍醐寺蔵「伝法灌頂師資相承血脈」には実範の弟子に「経雅阿、、浄慶房」と見えており[5]、この点からも慶雅と経雅とは同一人物として差支えないこととなる。

慶雅の師は実範であったが、慶雅（経雅・hā）奥書本中には「成身院経蔵」本との交合奥書を持つもの（第二〇函八号）

もあり、師実範の手許にあった聖教を書写し、あるいはそれによって交合を加えたものは少なくなかったであろう。

朗澄（朗寵）は石山寺で得度の後、観祐・寛信・良勝・淳観・亮恵・実任・勝賢等から受法し、治承三年（一一七九）十月に石山寺へ帰山し、以後当寺にあって教学に努めた学僧である。(6)若い頃は朗寵と称したが、一一六〇年代に朗澄と改めている。彼は石山寺の教学とは深い関係があり、当寺の聖教を護持するため、歿後には鬼に変じて姿を現したという『石山寺縁起絵』の伝説さえ生れた程である。朗澄の歿年について、『石山寺伝記』第六は鎌倉時代初期の承元三年（一二〇九）五月十四日とし、時に年七十八歳とする。その歿年を一年前の承元二年（年七十八歳は同じ）とする説もあるが、(7)『孔雀経法次第』（第一六函二五号）第一丁糊代部識語には「保元々年極月廿九日始之　生年廿五」、同奥書には「保元二年正月八日於勧修寺書写了／求法沙門朗寵」とあり、彼は保元元年（一一五六）には二十五歳であったことが明らかとなる。これによれば彼が七十八歳であったのは承元三年となり、『石山寺伝記』の記事が正しいことになる。またこれによって彼の誕生は長承元年（一一三二）となる。なお校倉聖教中には粘葉装の糊代部分に書写開始等の年月日を識語として書き記されているものが数多く見られるが、その中にはそこに年齢を記したものも少なくない。その一つに「久安六季（一一五〇）十月十二日始之生年十九」（第一八函七九号）、「久寿二年（一一五五）四月廿一日於勧修寺書之生年廿四」（第一五函八二号）のように年齢上からも同一人物により書写されたと見られる一連の聖教群がある。この年齢の人物は長承元年の誕生であり、朗澄の生年と一致している。またその筆跡を見ると、晩年の朗澄筆の写経・聖教に見られるような特異な彼の筆癖はさほど顕著ではないが、なおそこには朗澄の筆跡の特徴が現れており、若年の頃の彼の手になるものとして差支えなさそうである。こうした点からこの一連の聖教は朗澄筆と考えて誤りないであろう。

また梵字「lo」「lau」の識語を持つものが数多く見られるが、その音は朗澄の「朗」字音と通ずるものであり、ま

た筆跡上も朗澄のものとよく似ている。したがってこの一連の聖教は朗澄書写または彼の手沢本を示すものである。

『血脈類集記』には実範流の中に「実範―慶雅―朗證―親厳」なる法脈が見える。勧修寺石山流静誉方の血脈には「覚暹―慶雅―朗澄―顕良」なる法脈が見えており、朗澄は慶雅の付法弟子であったという。『血脈類集記』に見える「朗證」とは朗澄の誤写であろう。校倉聖教中に多く見られる前述の慶雅（経雅・「hā」）本はいずれも師慶雅から弟子朗澄へ伝授された本と考えて差支えなかろう。

また校倉聖教中には、朗澄の師観祐・淳観の奥書を持つものも見られる。観祐は石山寺にあり、若い頃から朗澄の師の一人であった。彼が書写したことが明らかな聖教は十指を降らず、またその名は記されていなくても、奥書の日付等の関連から観祐筆かと見られるものも少なくない。『愛子成就法』（第二〇函二一号）の第一丁糊代部識語には「天養元年六月十二日始之　生年三十五」、その奥書には「天養元年六月十四日於禅林寺□」とあり、さらに、その奥書に追筆で「久安元年十月廿八日於勧修寺奉受宰相阿闍梨御房了　観祐之本」と記されている。本文・奥書はすべて同一人の手になるものであり、この奥書によって観祐は天養元年（一一四四）に三十五歳であったことが明らかとなる。したがって彼の誕生は天永元年（一一一〇）で、朗澄より二十二歳年長であった。なお「久安五年（一一四九）四月廿二日始之　生年四十」の糊代部識語（第一九函七一号）、「康治二年（一一四三）弐月一日於禅林寺東南院書写了生年三十四」の奥書（第一九函二四号）のような天永元年生れの年齢を記した一連の聖教が多数伝えられている。この人物の年齢は観祐と同じであり、これらはいずれも観祐の書写にかかるものとして差支えなかろう。この一群の観祐本聖教もまたその朗澄に相伝されたものであろう。その数は前述の慶雅本・朗澄本と並んで多くあり、この校倉聖教中かなりの比重を占めている。

朗澄の師の一人淳観書写本については、彼の名が記されているのは五点であるが、他にも奥書の書き方等から淳観

書写本かと思われるものもある。しかし慶雅・観祐本のように他と区別しうるような顕著な特色はなく、そのため淳観本が本校倉聖教中に占める位置については今後の検討にまちたい。

院政期書写本には、以上の他になお多くの人により書写されたものが見られるが、それが如何なる伝領を経て今に伝えられているのかは明らかにすることは困難であった。今後の研究にまちたい。

五

校倉聖教中に石山寺の学僧朗澄ならびにその師慶雅・観祐・淳観等の書写・所持本が多いことは前述したが、それ以外にも多くの注目すべき本が少なくない。特に平安時代初期乃至後期（九～十一世紀後期）の間に書写された聖教類は全国的に見ても伝存するものが少ないが、当寺にはかなりの数がまとまって伝えられており注目される。以下その主なもの若干を取上げて説明する。

『胎蔵私記』（附函一号）は淳祐内供筆にかかり、「祐文」の奥書があり、薫聖教の類巻として重要である。また『虚空蔵念誦次第』（第一八函一〇二号）には康保三年（九六六）の年紀を持つ文書等を翻し、その紙背を利用して書写されている。この紙背文書中に日付を記されていない仮名消息が数通見られる。この仮名消息には日付がないとはいえ、同じ紙背文書中に康保三年のものが二通あり、仮名消息もまたそれに近い頃のものと推定される。女手の仮名消息で差出の年紀を推定し得るものとしてはもっとも古いものとして著名なもので、仮名の歴史を研究する上で重要な資料となっている。

また版本『仏説六字神呪王経』（第一六函六号）は厳密に言えば聖教ではなく経に属するものであるが、現存版本中印刷年次をある程度確定しうるものとしてはかの有名な百万塔陀羅尼（奈良時代）に次ぐものとして注目されている。本

書の巻末紙背の朱書奥書によれば、天喜元年（一〇五三）八月「僧円□」が京都御倉町で朱訓点（仮名、声点、句切点）を写した旨が書かれており、その摺写はそれ以前の十一世紀中頃のことと推定される。これ以後の十一世紀末頃以降になると版経の遺例は急激に増加して来るが、平安時代中頃以降盛になって来る経典開板事業のもっとも古い遺品として貴重である。

『如意輪陀羅尼経』（第一七函七号）は院政期の書写にかかるが、そこには天平十二年（七四〇）四月廿二日付の本奥書が記されている。その一部に「以内家印蹋西家経三字之上謬与大家蹋印書不可雑乱」云々の文が見える。「内家印」とは光明皇后の私印と考えられている「内家私印」の朱方印を指すものであろう。するとこの奥書の日付前行に「大夫人観无量寿堂香函中禅誦経」とある「大夫人」とは光明皇后の生母「贈従一位橘氏大夫人」のことであろうか。またここには今まで知られない「西家経」なる語も見えている。この本奥書には、写ながらもこれまで知られていない奈良時代写経が存在していたことが示されているが、この文意には不明の個所が多く、正確な文義を摑むことが出来なかった。しかし奈良時代の写経に関する興味深い資料であり、今後の検討を必要とする。

校倉聖教には平安時代初期以降後期に至る間の訓点本が多数含まれており、資料の少ないこの時代の国語史を研究する上で重要な地位を占めている。そこには各種のヲコト点が含まれ、また角筆点資料も少なくない。仮名字体の変遷を考える上でも重要な資料が多数含まれている。院政期に降ればここに見られる訓点本の数は飛躍的に増大し、豊富な国語史資料を提供している。この問題については築島裕・小林芳規両氏の論考に詳細に述べられている。(8)

室町時代の本の中には明応・文亀年間に善忍・空忍等によって勧進書写された旨の奥書を持つものが多く見られるが、これは石山寺一切経の欠巻を補うために書写されたものである。(9) 一切経整理等の際に錯誤もしくは何らかの理由で聖教箱に収められ、そのまま現在に至ってしまったものであろう。

六

前節においては、石山寺校倉聖教中における朗澄本ならびにその師慶雅（経雅）・観祐本（あるいは淳観本も）の占める位置が大きいことを述べた。おそらくこれら師の聖教は朗澄に伝授され、すべて一括して彼の手許に保管されていたものと考えられる。朗澄とこれらの聖教との関係について、『石山寺縁起絵』第六第二段の詞には次のような説話が記されている。「文泉坊律師朗證（澄）といひしは、当流の人師、中古の明匠也、此寺に北坊となつけたる所ハ彼住坊なり、庫蔵を造立して一期所学の深秘、諸流相伝の聖教を納置けり、誓云、即身成仏のさとりハ内証覚知疑なしといへとも、外用果後の方便ハ自在無㝵の徳なれハ、我必鬼形と現して数多の異類を具足して、且ハ此聖教を守護し、且ハ非法の族を対治すへしと云々、律師入滅の後、其願むなしからす、かの霊常に現して不思議の事ともおほくはへりける中に、北院御室守覚法親王の御附法にて菩提院法眼行宴物在庁行俊息といひし人も、則朗澄律師の受法灌頂の弟子にて侍けるか、さても律師の生所いつくにかとゆかしくて、常ハ懇志を頻して祈精しけるに、あるときの夢に、当寺の西あたりてたかき山あり当寺号光堂、其向之山也、かの山の峯にならへる松のこすゑに其姿あらはれ給とミて夢さめにけり、かれへゆきてミるに、更に虚空に声ありて告て云、定印を結て両眼にあてゝミるへしといふ、即をしへのことくにして見るに金色の鬼形あり、四方を顧ていかれる気力也、行宴法眼たゝ一目そミやりたりける、忽にきえ入心ちして、あせをなかし、涙をゝさへて同朋ともにくハしくかたり侍けるとかや、大聖の利物方便まち〳〵なれハ、祖師の意巧も更に謂るものか」云々とある。[10]

すなわち、朗澄は石山寺北坊に庫蔵を造立して「一期所学の深秘、諸流相伝の聖教」をそこへ納置き、死後も鬼形となり、数多の異類を具足してこの聖教を守護し、非法の族を対治すべきことを誓った。仁和寺北院御室の付法弟子

であり、また朗澄の弟子でもあった菩提院法眼行宴は、師朗澄の誓願にもとづき、師歿後の在所をもとめようとして祈請を凝したところ、夢中に石山寺西方の山の峰に師の姿が見えた、と見たところで夢はさめたので、行宴はただちにその夢に見た場所へ行った。すると虚空より声がして、「定印を結て両眼にあて、ミるべし」というのでそのようにして見たところ、金色の鬼形があり、四方を見廻し「いかれる気力」であるのが見えたという。これは朗澄が、一期の間に苦心して集め学んだ深秘の聖教を大切にし、散佚させることなく大切に後世に伝えようとの強い願を持っていたことから生れた説話である。そしてここにいう「一期所学の深秘、諸流相伝の聖教」の中には、当然現在校倉聖教に含まれている朗澄本ならびにその師慶雅・観祐・淳観本等も含まれているのではなかろうか。

現在石山寺に蔵されている経典・聖教類は大別すると、概ね石山寺一切経・校倉聖教・深密蔵聖教に分け整理されている。これらの中には朗澄その人の筆になるものが少なからず見られる。石山寺一切経の大部分は平安時代末期の久安四年（一一四八）以降保元年間頃にかけて、僧念西の発願勧進のもとに多くの人々によって新写され、あるいは古経を集めることによってなされたものである。しかし念西一代の間にこの一切経は完成されず、さらに朗澄の手に引き継がれ、残部数百巻の書写収集が行なわれることによってこの大事業は一まず完結したようである。したがって、この「石山寺一切経」中にも朗澄の筆跡と推定されるものは数多く認められる。

しかし『石山寺縁起絵』には「一期所学の深秘、諸流相伝の聖教」と記されており、この聖教にはこの一切経は含まれておらず、教相・事相等に関する書こそその内容に相応しいものといえる。校倉聖教中には朗澄ならびにその師が書写所持した本が多数含まれており、また朗澄生前の平安時代院政期以前の書写にかかるものが七七％強を占めている。それに朗澄最晩年を含む鎌倉時代初期までのものを合せると全体の八五％にも上る。一方深密蔵聖教はなお調査継続中で、正確な全体像は審らかでないが、平安時代書写のものは少なく、もっとも多いのは江戸時代書写の聖教

である。また朗澄筆と推定されるものは極めて少ない。

このように石山寺にある二つの聖教群には大きな性格の相違が見られる。現代においては聖教類も文化財的観点から注目されることが多くなり、書写の年代の古さによって価値判断がなされ、古い書が尊重され注目されるようになっている。しかし以前にあっては、聖教はその内容によって、あるいはまた「薫聖教」に見られるようにそれを書いた人に対する尊崇によって重視され鄭重に扱われることはあっても、現代のようにただ書写年代が古いということのみによって聖教に対する価値判断を下すことはなかったはずである。したがってこの校倉聖教が江戸時代初期にはすでにほぼ現在の形に集め分類して伝えられていたのは、単に古い聖教を集めるという意図以外の理由があったものと考えたい。

ところで『造塔延命功徳経』（第三函四号）奥書には「明応第五天以文泉房密宗文庫之本書之　空忍」とあり、室町時代末期の明応五年（一四九六）には朗澄の聖教を集めた「文泉房密宗文庫」と呼ばれるものがあったことが知られる。『石山寺縁起絵』の説話にも見られるように、石山寺においては室町時代後期にも朗澄護持の聖教を一括し、「文泉房密宗文庫」として大切にしていた様子がよく窺い知られよう。校倉聖教には、朗澄ならびにその師が書写・所持した本が多いこと、さらに朗澄生存時乃至はそれ以前に書写されたと推定されるものが八割を超えること、またこの聖教のみが、特に頑丈で大きな立派な箱に収めて一切経とともに校倉経蔵に収納されて来たことを併せ考えると、この校倉聖教こそは「文泉房密宗文庫」を継承したものといって差支えないのではなかろうか。この聖教が校倉経蔵に一切経とともに納められていたということは、かなり古くから当時の僧にとって、これは普通の聖教のように身近に置いて日常の勉学に用いるものではなく、尊崇し大切に護持すべきものであったことを示すものといえよう。

なおこの校倉聖教中には、前述の第四・五函の『大方広仏華厳経』や、第六函の『貞元新定釈教目録』のように、

院政期書写本ではあるが、「石山寺一切経」黒印が捺されており、ともに本来は一切経の一部であったものが混入している。また朗澄歿後に書写された聖教等も約二割近くに上っている。その中には室町時代明応〜文亀年間に善忍・空忍等によって一切経補写の目的で書写されたものも見られる。これは明和元年（一七六四）以前のある時期に、校倉経蔵の一切経が整理された際、その一部がこの校倉聖教（文泉房密宗文庫本）に誤って混入されてしまったものであろう。また鎌倉時代以来今日までの長年月の間には文泉房密宗文庫から取り出されたままで返納されなかったもの、また他の聖教で誤ってそこに収められてしまったものも少なくないであろう。校倉聖教は文泉房密宗文庫の姿をそのまま止めているものではなく、多くの誤入・散佚・混乱が考えられる。しかしそれでもなお現在その中心をなしているのは同文庫本であったとして差支えなかろう。

以上に述べたことについて、現在石山寺には特に所伝はないようであるが、校倉聖教の特徴から推すと、『石山寺縁起絵』に記す朗澄の「一期所学の深秘、諸流相伝の聖教」として古来別置して伝えられ、明応五年頃には「文泉房密宗文庫」と呼ばれた聖教がこの校倉聖教の主体をなしていると言ってもあながち牽強付会のことではないであろう。

七

最後に石山寺一切経補遺函について述べる。石山寺一切経の一部は巷間に流出しており、図書館・博物館等の所蔵に帰しているものも少なくない。ここに補遺として掲げた二部は近時当寺に買戻されたもので、いずれも院政期に書写されたものである。補遺を収納する箱として、たまたま空箱として保存されていた旧一切経経函を充てたが、その底裏墨書銘に「安元元年□」の文字が認められ、注目される。他の一切経経函の底裏銘は擦れによる磨耗によりいずれも墨痕すらもほとんど認められない程で、今まで看過されて来た。しかしこの底裏墨書銘の発見によりこの経

箱は平安時代末の安元元年（一一七五）に作られたことが明らかとなった。私も旧稿においてはこの経箱は蓋裏銘の建武二年（一三三五）の虫払の記事から、その製作年代もその頃乃至それを遡る頃かと考えていたが(11)、この銘の発見により一切経経函の旧箱はすべて古く平安時代末の安元元年に製作されたことが明らかとなった。現存する経箱としても極めて古いものの一つであり、しかも当初の経箱が大量に伝存している点はまことに貴重である。

註

（1）田中稔「石山寺一切経について」（『石山寺の研究　一切経篇』所収。本書第四所収）。
（2）大屋徳城『石山写経選』。
（3）佐和隆研「校倉聖教函の白描図像」（『石山寺の研究　校倉聖教・古文書篇』所収）。
（4）『血脈類集記』第五（『真言宗全書』第三十九、一二〇頁）。
（5）築島裕「醍醐寺本伝法灌頂師資相承血脈」（醍醐寺文化財研究所『研究紀要』第一号、八二頁）。
（6）『石山寺伝記』第六。『血脈類集記』『野沢血脈集』（真言宗全書第三十九）。
（7）『密教大辞典』「朗澄」項。
（8）築島裕「石山寺経蔵の訓点本について」（『石山寺の研究　一切経篇』所収）。同「石山寺経蔵古訓点本続考」（『石山寺の研究　校倉聖教・古文書篇』所収）。小林芳規「角筆点資料における石山寺蔵本の位置」（『石山寺の研究　一切経篇』所収）。同「石山寺蔵の平安中期古点本とその訓点語について」（『石山寺の研究　校倉聖教・古文書篇』所収）。
（9）註（1）参照。
（10）『石山寺縁起絵』（新修日本絵巻物全集22、角川書店）。
（11）註（1）参照。

三　高山寺古文書について

一　はじめに

現在、高山寺に所蔵されている古文書は大別すると次の三つに分類される。

(1)古来高山寺に古文書として伝来したもの（高山寺文書）

(2)経典・聖教等の紙背文書として伝えられたもの（高山寺聖教類紙背文書）

(3)後世になって高山寺の所蔵となった東寺文書（高山寺所蔵東寺文書）

(1)高山寺文書の多くは修補の手が加えられておらず、原装に近い姿を留めている。しかし中には改装され、掛幅装・巻子本の形に改められているものも見られる。また板に書かれたものもある。こうした特殊なものを除くかなり多くの文書は、何時頃からか（江戸時代か）鼻・舌・耳等の函号を付した箱に整理分納されて来たが、それ以外にもとくに函号を付けられていないものも少なくなかった。また聖教類を収める箱の中にも、聖教と混在して伝えられたものも見られた。一方では古文書を収める箱の中にも聖教類が混在しており、江戸時代に整理をされた後、長年月を経る間にかなりの混乱が生じてきていることがうかがわれた。そこで高山寺古文書典籍調査団による今回の整理に際しては、今後の保存ならびに利用上の便宜を考え、古文書として伝えられてきたものについては一括して新しく整理し直すこととした。そこで古文書全部を編年にしたがって配列し、一貫番号を付した上で、番号順に適宜古文書箱に分

納した。しかし掛幅装・板書等の特殊な形態のものは古文書箱に収納することは不可能であり、以前から納められてきた唐櫃に納めておいた（軸物唐櫃と呼ぶ）。また聖教の一部として取扱われて来たものについては、それを聖教から切放すことは伝来上不適当と考えられる。このためこうしたものは古文書としての整理番号を付けず、現在それを収納している箱についての整理番号を付し、古文書とは別置することとした。

古文書箱は全部で第三〇一～三一〇函の十箱であるが、このうち平安時代から江戸時代初期までのものは第三〇一～三〇五函に、徳川将軍家朱印状は第三〇六函、京都所司代禁制等の近世文書は第三〇七函に収められている。また第三〇八函には(3)東寺文書、第三〇九函には近世文書断簡類、第三一〇函には近世の尺牘を貼った手鑑風の帖装仕立てのもの一帖が収められている。なお(2)紙背文書等は表の聖教等にしたがって整理され、それぞれの箱に収められていることはいうまでもない。

以上のような状況のもとにある古文書のうち、第三〇一～三〇四函（第一部一～二七七号）、掛幅装等の形態による別置のものや現在は聖教の一部として収納保管されている別置文書（第二部一～一七号）、紙背文書中の主要なもの（第三部一～一三五号）、ならびに第三〇八函所収東寺文書（第四部一～七四号）を『高山寺古文書』（高山寺資料叢書第四冊、昭和五十年）として上梓した。それに洩れた高山寺文書第三〇五函（第一部二七八～三三一号）および別置文書（第二部一八号）一点、紙背文書（第三部一三六～一四四号）を「高山寺古文書補遺」（同叢書第七冊『明恵上人資料第二』所収、昭和五十三年）として追加公刊した。

『高山寺古文書』「高山寺古文書補遺」に収めなかった近世文書（第三〇六・三〇七・三〇九・三一〇函）も含めて、その総数は約五〇〇点に上るが、その大部分は高山寺あるいはその寺僧に関係する文書である。その時代は平安時代中期から江戸時代にまで及んでいるが、中でも平安時代末期の院政期から安土桃山時代にかけてのものが多数伝えられてい

る。しかし江戸時代の文書は中世以前のものより遥かに数が少なく、徳川将軍家朱印状や京都所司代禁制等の江戸幕府関係の公文書を除くと他は数が少なく、しかもその多くは断片的な断簡類である。江戸時代の寺領関係文書は、前記の江戸幕府関係文書を除くと、その数はごく僅かしか伝存していない。現在一般的な古文書の伝存状況を見ると、中世以前の文書よりは近世文書の方が遥かに多数伝えられており、中世文書を伝える所でも数の上では近世文書の方が多いのが一般的である。それに対して高山寺では中世以前に比して近世文書の方が遥かに少ないのはかなり特異な状況といえよう。推測を廻らすならば高山寺においては中世以前の文書ならびに将軍家朱印状等は普通の文書とは別に、聖教等と同じように保存管理されて来たが、一方江戸時代の一般文書は日常の必要等から寺務を行なう場所で保管されていたため、火災等によって亡失されてしまったためではなかろうか。

なお高山寺古文書本文の翻刻に当たっては江戸時代初期の寛永年間以前のものに限り、それ以後のものは割愛した。但し第三〇六・三〇七函収納の文書については、第三〇一～三〇五・三〇八函とともにその目録を『高山寺経蔵典籍文書目録第四』（高山寺資料叢書第十冊、昭和五十六年）に掲げておいた。なお第三〇九・三一〇函については、断簡等が多く、内容的にも断片的なため本文・目録ともに一切省略した。

以下高山寺古文書に関する主要事項についてその概要を述べる。

二　高山寺文書第一・二部

高山寺文書第一部・第二部の中には明恵上人（高弁）及びその法流に属する諸僧の文書が多く見られることはいうまでもない。明恵自筆の書状はもとより、高弁置文案・願文写・所持聖教目録や「阿留辺幾夜宇和」として著名な高

山寺規式写等は、写とはいえ内容的に彼の行状・事跡を研究する上では重要な史料である。第二部二号の高弁自筆書状は、高雄上人（行慈カ）からの茶の実の所望に対して、成熟を待って送ることを約したもので、高山寺あるいは明恵と茶の栽培の関係を示す史料として興味深いものである。また明恵御房充の海住山寺覚真書状（第二部三号）は解脱房貞慶の弟子覚真と明恵との交友関係を示す好史料であり、貞慶及びその門流と明恵との関係をもうかがわせるものといえる。

前記以外にも明恵の俗叔で、文覚を助け、またその後をうけて高雄山神護寺にあった行慈の文書や、高山寺中興第二世空達房定真、第三世玄密房仁真を始めとするその弟子ならびに法流の僧に関するものも少なくない。また高山寺と神護寺との紛争や和解についての文書（第一部四三・六六・六七号）は両寺の関係をよく窺わせるものである。

第一部・第三部を含めて、多数の諷誦文が伝えられているが、中には嘉禎元年（一二三五）・寛元元年（一二四三）・同二年の各正月十九日付のものが見られる。(1)明恵上人は寛喜四年（一二三二）正月十九日に寂しており、これらはいずれもその忌日に当たって、遺弟等が師の追善供養を行なった際の諷誦文である。中でも寛元二年のものは第一部・三部合せて二十一通（第一部十三通、第三部八通）残っているが、僧八名、比丘尼十名、俗男一名、俗女二名と女性が過半数を占めていることが注目される。承久の乱後、後鳥羽上皇方について落命した公卿武士等の妻妾の中には、落飾して上人の弟子となる者が少なくなかった。そこで明恵はこれらの尼達を高山寺に近い善妙寺に住まわせ、亡夫等の菩提を弔わせたという。これらの尼僧が師明恵の歿後その菩提を弔うために書写した華厳経・梵網経が現在伝存しており、(2)高山寺尼経の名で知られている。その奥書に名を連ねている尼僧の名はこの寛元二年正月十九日付諷誦文の署名には見られないが、これらの尼僧の中にもこうした承久の乱に際して京方に付して落命した者の妻妾がいるのではなかろうか。なお高山寺現蔵の尼経『華厳経』（古華厳経、重書一九号）の奥書に見える比丘尼真覚・明行については嘉禎元年十

二月二日（第三部一三九号—真覚）、嘉禎二年四月四日（第一部五〇号—真覚、第三部五八号—明行）、嘉禎三年九月二十九日（第三部七〇号—明行）付の諷誦文にその名が見えているが、このこともまた先の推定を裏付けるものではなかろうか。このようにこれらの諷誦文によっても明恵の教を受けた尼僧等がいかに多かったかがよく知られる。

なお寛元二年の明恵上人十三年忌辰に先立って、定真・喜海等の弟子達は羅漢堂（賓頭盧堂）を改めて新造し、正月十九日にはこの羅漢堂と弟子信広施入の本尊（唐本絵像釈迦三尊）の供養を行なったが、その供養導師は義林房喜海が勤仕したという。またこの十三年忌辰のために経蔵に納められている一切経の欠巻四十四巻を補って完全な一部としている。(3) このように寛元二年正月十九日の明恵十三年忌辰は弟子達によって盛大に営まれたことが知られる。この時の諷誦文の残るものが多いのも単なる偶然によるものではないかもしれない。

高山寺文書中には高野山月上院に関係する文書が六通含まれている。(4) その内五通は紀伊国相賀庄内の月上院領に関するもの、今一通は月上院不断尊勝陀羅尼結番帳である。これらはいずれも平安時代末期のもので、内容的にも高山寺とは直接の関係を持っていない。高山寺所蔵聖教中には高野山月上院本と呼ばれる本がかなり見られる。月上院はもと妙典院といい、高野山西谷にあり、覚鑁によって建てられたと伝える。そして月上院は覚鑁からその弟子の大伝法院学頭大乗房証印に伝えられた。(5) 高山寺の聖教・文書中には閑観房玄証が書いたものが見えるが、彼は証印の弟子であり、月上院本聖教・文書は証印から玄証へと伝えられたものであろう。現在高山寺聖教類中には月上院本・証印奥書本・玄証奥書本の他に、玄証の孫弟子に当たる玄朝書写本も含まれている。したがってこれらの月上院文書は証印—玄証—房海—玄朝へと相伝され、玄朝の時に月上院本・玄証本聖教等とともに高山寺第二世定真もしくは第三世仁真に伝えられて今日に至っているものではなかろうか。(6)

高山寺領に関する文書も少なくないが、それについては次節に譲りたい。第二部四号建武三年（一三三六）六月十日

足利直義書下は湊河で楠木正成を敗死させた後、足利軍が京都に入り、新田義貞等が後醍醐天皇を擁して叡山に立籠った時の文書である。高尾寺（神護寺）衆徒が義貞方につき城墎を構えたとのことについての実否の注申と、高尾方に同意しないよう高山寺衆徒に警告したもので、当時の戦局を知る上で重要な史料である。また第二部六・七・八号の禁制の木札は応仁の乱時のもので、発給者山名宗全・山名民部少輔・畠山義就はいずれも西軍に属する諸将である。当時栂尾等の梅ケ畑一帯は西軍が支配するところであったことによるものであろう。

第二部一六号観音卅三所日記は鎌倉時代初期の承元五年（一二一一）閏正月のもので、観音三十三所の霊場名・観音名・丈尺を注記しており、三十三所について列記したものとしてはもっとも古い史料の一つとして重要である。同一七号の神尾一切経蔵領古図（二幅）は正嘉二年（一二五八）四月日付の裏書を持ち、鎌倉時代の所領絵図として貴重である。

三　高山寺領関係文書

高山寺の所領に関する文書も多数あるが、そこに見える庄園その他は大和・山城・河内・和泉・近江・美濃・信濃・越前・加賀・丹波・但馬・備前・紀伊等の諸国に及び、領家職・地頭職・下司職・作主職等諸種の職が含まれている。多くの国々にわたっているとはいえ領家職の半分あるいは三分一、また下司給の中の若干の田畠等、一個所の所領規模はかなり零細のものが多い。

（1）山城国富家殿以下田地

永享八年（一四三六）四月十七日、幕府は高山寺内の入江坊・閼伽井坊間の相論に裁決を下し、入江坊雑掌を沙汰付

すべきことを命じており、この前後頃には富家殿以下田地若干は高山寺領となっていた。(7)

(2)大和国奄治庄領家職

文永七年(一二七〇)八月十日、仁和寺開田准后法助は金剛薩埵像を高山寺小堂(金剛定院)に安置し、奄治庄をその仏事料所に寄進し、静海上人を領家職となし、代々その門葉に相伝させることに定めている。(8)

(3)大和国高安庄田地作所職

高山寺文書中に康暦二年(一三八〇)付の沙弥西蓮田地作主職売券があり、高安庄内田地一段の作主職は何時の頃からか高山寺領となっている。なお高安庄護摩堂幷御影供方所当米注文にはミヤコ田その他の田四反が見えているが、その端裏書に「ミヤコ田二反券文二通」とあり、あるいはこの高安庄内ミヤコ田二反が高山寺領であったものか。(9)

(4)河内国新開新庄下司給内都賀尾田五反

弘安十一年(一二八八)正月十三日、尼如観は当庄下司職二丁五反の内二反を本尊阿弥陀三尊料として高山寺へ寄進し、(10)次いで同年四月二十日には同給田三反を栂尾空性房へ寄進した。(11)以後この五反は「都賀尾田五反」と呼ばれ、高山寺領として室町時代中期まで文書の上に見えている。(12)

(5)和泉国淡輪庄東方

もと畑姫宮領であったが、建武五年(一三三八)八月十一日、姫宮から栂尾東坊空悟上人(弁耀)に譲附された。ところが延文五年(一三六〇)を溯る少し以前には一時「近年成敵陣」すなわち戦闘の地となっていたが、この頃静謐に属するようになったため安堵の勅裁を賜るよう申状を出している。(13)

(6)近江国吉身庄

建武元年四月、僧仁助は当庄領家職半分を玄観房弁親に譲与した。(14)暦応元年(一三三八)十二月、弁親はこれを方便

智院阿弥陀堂へ寄進したが、その中の年貢半分はあか、の一期分とされた。(15)

（7）美濃国小岐（木）曾庄

永仁六年（一二九八）八月、証性上人（清水房第三世）は仁和寺無量寿院領小岐曾庄と同北院領信濃国四宮勅旨の知行を、高雄御室性仁法親王により安堵された。(16)次いで延慶三年（一三一〇）六月には、院宣によって証恵（高山寺清水房第四世）の管領が安堵され、(17)鎌倉時代後半期には高山寺領とされていた。なおこの小木曾庄文書の中で、元徳元年（一三二九）小木曾庄検注雑物日記目安注文(18)は、同庄の検注に際して高山寺が派遣した検注使の人馬数や、現地滞在中に庄園側において負担した物資の数量・代銭等を書き上げ高山寺に注進したもので、庄園の検注に際しての現地側の負担その他、検注の実態を詳しく知ることができる珍しい史料である。

（8）美濃国遠山庄奥遠山領家職

文和三年（一三五四）二月、信禅上人は遠山庄内奥遠山を「故御所御菩提料所」として知行することを認められた。(19)応永七年（一四〇〇）四月、高山寺池坊雑掌は遠山庄内奥遠山上下村領家職に対する先代官小泉ならびにその被官の違乱停止を幕府から認められ、七月には下地の打渡をうけている。(20)ついで応永二十三年から同二十九年にかけての頃にも幕府から高山寺池坊領としてこの領家職に対する押妨停止、知行の確認をうけている。(21)

（9）美濃国貝小野保領家職

応永二十三年（一四一六）八月、貝小野上保領家職は高山寺池坊領として見えている。同二十九年六月には「池坊領美濃国貝小野上中下保三保領家職」と見え、応永以前から貝小野保領家職は高山寺池坊領であったようである。(22)

（10）美濃国石（巌）利庄

延文四年以前に、山城前司入道道信から方便智院に対して領家職が寄進された。しかしこの延文四年頃、道信は当

庄を長福寺へ寄進したため相論がおこり、「於三分一下地者不可相綺之由被出去状」れたという。高山寺へ寄進されたのは石利庄領家職三分一であったろう。なおその後「巖利内四分一」と記された文書も見える。(23)

(11) 信濃国四宮勅旨

永仁六年八月、証性上人は美濃国小岐曾庄とともにこの北院領四宮勅旨の知行安堵を高雄御室性仁法親王より受けた。次いで延慶三年六月には院宣により証恵がその知行を安堵された。正和三年(一三一四)十月には四宮年貢未進分につき、教誉は明教に対して一円に去進むることを述べている。(24)

(12) 越前国宇坂庄

寛永十年(一六三三)五月の高山寺文書目録に「一越前国宇坂庄壱紙」とあり、(25)何時の頃かは不明であるが当寺領であったものと推定される。

(13) 加賀国右庄(新庄・本庄)

永享十年(一四三八)四月十四日書写奥書を持つ『舎利法』紙背文書の高山寺雑掌申状案(年月日未詳)に「当寺(高山寺)領加賀国右庄新庄本庄之間事」と見えており、当庄は永享十年頃には高山寺領であった。(26)

(14) 丹波国神尾山金輪寺

正嘉二年(一二五八)四月日付の裏書を持つ神尾一切経蔵領絵図二幅(字長谷・中野)が高山寺に伝えられ、また金輪寺に充てた明応四年(一四九五)十月二十五日後土御門天皇綸旨もまた高山寺文書中に含まれており、当寺は高山寺の末寺であったと考えられる。(27)

(15) 但馬国温泉庄竹田・寺木村

長寛三年(一一六五)六月、大法師聖顕は温泉郷竹田・寺木村を蓮華王院領に寄進し、聖顕ならびにその門葉が領家

職を相伝することとした。その後貞応二年（一二二三）正月五日、大法師懐暹はこの両村を大蔵卿律師に譲与した。長寛三年から貞応二年までの間の当庄に関する文書は計九通に上るが(28)、直接温泉庄と高山寺との関係を示すものはなく、何時頃から当庄が高山寺領となったのかも詳らかでない。

（16）但馬国高田郷地頭職内田畠

正安二年（一三〇〇）二月九日、源忠員と尼妙真は「高田郷地頭職之内田畠」（田三町四段大五十四歩、畠八段）を梅尾入江房乗達御房に寄進した。これは「亡父季能多年奉信仰地蔵菩薩像一体」を入江坊に安置し、その仏聖灯油料所にあてるためであった(29)。その後については文書がなく詳らかでない。

（17）備前国浅越庄

永徳三年（一三八三）三月二十一日、仁和寺宮法守法親王高山寺置文案に「一浅越庄奉行事、清水房弟々（代カ）相承可致其沙汰也」とあり、この頃当庄は高山寺清水房の領とされていた。その後、正長元年（一四二八）・文明十二年（一四八〇）・同十四年にも高山寺領として見えている。なお文明頃には当庄は嵯峨金剛院の管領で、同庄年貢のうち六十五貫文が高山寺に渡されることとされていた(30)。

（18）紀伊国相賀庄

永暦二年（一一六一）卯月四日、紀助房は当庄内河北村田地三段を月上院領に寄進した。また長寛元年頃には当庄内細川・今林内の貞末名が月上院に寄進された。また元暦元年（一一八四）八月には僧証印は当庄「故心□畠」につき昇迎を作人とし、月上院所課を勤仕せしむべきことを述べている(31)。このように相賀庄内の河北・細川・今林村内の田畠には月上院領があったことが知られる。月上院は高野山内の子院であり、これらの文書が高山寺に移るに際して、相賀庄と高山寺とがどのような関係にあったかは文書の上では明らかでない。

（19）紀伊国星尾寺（保田庄内）
弘長二年（一二六二）、明恵上人の親舅湯浅宗光の旧宅にその子宗業（成）が寺を建て、明恵上人の門弟をして寺務せしめた。[32] 文永七年（一二七〇）には紀伊国浜仲庄北方五段が寄進され、またそれより後のことではあるが、同庄内丸太村等も星尾寺領とされていた。[33]

（20）紀伊国田殿庄屋敷
沙弥浄心は田殿庄地頭職を譲られたが、しかるべき屋敷がないため、尼上某が義淵房霊典に寄進した屋敷を預かりたいことを請うている。[34] 霊典は明恵の弟子の一人であり、これは鎌倉時代中頃のことであろう。

（21）細川庄（国未詳）
永享七年（一四三五）九月、高山寺寺僧等は当寺領細川庄内押入方の安堵を幕府に請うている。[35] 細川庄内押入田は高山寺鎮守社のうち住吉明神御供灯油料・禅堂院長日勤行供料として、嘉禎四年（一二三八）富小路中納言盛兼が寄進したところである。[36]

（22）恒真名（国未詳）
至徳元年（一三八四）三月日の恒真名一町六段十代の坪付があるが、[37] 当名全体が高山寺領であったものであろうか。なおその所在は詳らかでない。

（23）武蔵埬畠（国未詳）
高山寺第二世の定真の書状に「武蔵埬畠内禅堂院に御寄進候二丁之事」とあり、高山寺禅堂院領であった。[38]
現在高山寺文書中に見える所領は前記のようであるが、『高山寺縁起』には細川庄の他、左記の四カ庄が見えている。

（A）大和国曾我庄内田畠

金堂長日勤行の仏聖常灯人供料として、承久元年（一二一九）督三位局が大和国曾我庄内の田園を分ち寄進した。

（B）摂津国榎並庄内田畠

阿弥陀堂・羅漢堂・禅堂院の長日勤行仏聖灯油人供料として富小路入道中納言盛兼は当庄の「私得分内割分田畠施入之」したが、後日近衛大閤の御計により田畠の坪付を定めて改めて寄進をうけたという。盛兼は嘉禎四年（一二三八）に細川庄押入田等を高山寺に寄進しており、榎並庄内田畠の寄進もこの時のことではなかろうか。

（C）丹波国野口庄埴生村水田六町

寛喜四年（一二三二）正月、明恵上人が最期の病床にある時、宣陽門院は野口庄埴生村水田六町を三重宝塔仏聖灯油人供料として寄進した。

（D）嶋津庄年貢内

経蔵の長日勤行供料として嶋津庄年貢内から寄進された。

以上四カ庄については文書が残っておらず『高山寺縁起』が作られた建長五年（一二五三）三月以後のことについては詳らかでない。

高山寺の所領には以上のように種々の所職が混在しており、その中には一庄内の数町乃至数段程度の零細規模のものが少なくない。鎌倉時代後期から室町時代にかけては美濃国小木曾庄・遠山庄・貝小野保・信濃国四宮勅旨等が面積も広く主要なものであったのではなかろうか。しかしそれ以前の明恵上人の頃の当寺領については明らかでない。あるいは出身地紀州の湯浅一族の所領や、『高山寺縁起』に見える以外の貴顕の帰依による所領寄進もあったことが考えられるが、現在は史料が乏しく明恵当時の高山寺の経済がいかにして支えられていたかは不明のところが多い。

四　紙背文書

高山寺聖教中には紙背文書のあるものが少なくない。中でも量の上で最大のものは、第三七・三八・五四函の三函に分納されている五部大乗経の紙背文書である。五部大乗経は糊離れにより各経各巻は錯雑が甚しかったが是沢恭三氏の長年にわたる御努力によりその大部分は整理され、経名・巻次が明らかにされている。今回の調査に当たってはその成果をそのまま利用させて頂いた。五部大乗経は概ね二〇〇巻から成るが、現存するのは一三〇余巻である。本経は藤原兼教の発願により、正安元年（一二九九）から元応二年（一三二〇）の頃に兼教自身により一筆書写されたものであり、その紙背文書もこれ以前の時期に属する。兼教は五摂家の筆頭近衛家の出で、関白近衛基平の二男、同家基の弟、従一位・権大納言・准大臣にまで進み、猪隈一位入道と称され、建武三年（一三三六）七十歳で歿した。本経紙背文書は兼教の手許にあった文書等の反故が利用されているが、その中には文書の他に漢詩の詩懐紙が多数含まれている。鎌倉時代の詩懐紙の遺例は比較的少なく、このように大量にまとまって伝存するのは珍しい。文書の中には大井庄・気賀庄・国富庄・三池庄等、兼教の所領に関する文書も少なくない。中には墨流し文様を施した料紙を用いて書かれた消息が見られるが、このような装飾料紙を使用した消息としては類例の少ない遺品である。また僧経助の房舎の指図も含まれているが、小さな「私相伝房舎」の指図としては珍しい資料である。なおこの五部大乗経紙背文書の一部には坊間に流出しているものが見られる。

『新編諸宗教蔵総録』（義天録）の紙背文書は表の本文が書写された平安時代安元二年（一一七六）以前のもので、藤原資房の日記『春記』の写本断簡を始めとして平安時代末期の文書を含むことで著名である。また先にも述べたように、

鎌倉時代中期頃の諷誦文があるいは紙背文書として、あるいはまた聖教の包紙に転用されて多数残っている。その中には明恵の女弟子であり、いわゆる高山寺尼経の筆者として知られる尼明行諷誦文も見られる。また図像の面で著名な玄証の諷誦文土代もある。

『不動次第』紙背文書（第三部六〇～六六号）には貞応・嘉禄乃至それに近い頃の神護寺関係文書があるが、中でも六六号の定真愁状案は当時の高山寺と神護寺の関係をよく物語ってくれる好史料である。

『釈摩訶衍論問答抄』紙背文書（九〇～九九号）は鎌倉時代初期のもので、僧運西申文（九四号）は一国内の奉加をすすめるに当たって国の守護の館から始め、次いで国中の大名殿原へと進めることが述べられており、国内での守護の力をよく物語る珍しい史料である。

これらの他にも高山寺以外の興福寺大乗院・神護寺その他の寺院・権門領庄園関係文書等が多数見られるが、一々触れることは省略する。また紙背文書は表の聖教典籍の書写年代等を考慮に入れて扱うことが必要であるが、表の聖教個々については『高山寺古文書』（高山寺資料叢書第四冊）の解説中に述べておいた。詳しくはそれを参照していただきたい。

五　高山寺所蔵東寺文書

高山寺には七五点の東寺文書が所蔵されているが、これらはいずれも現在は第三〇八函に収納され、公刊に当たっては第四部として一括翻刻した。このうち三号康和三年（一一〇一）東寺返抄案及び六号久安四年（一一四八）東寺返抄案の端裏書下方には「台第卅二箱」とあるが、これは法鼓台聖教第三十二箱の意で、古くから高山寺に襲蔵され、法

皷台経蔵に収め伝来したものであることを示している。また二号の伯耆国雑掌秦成安解案三通はいずれも三・六号の東寺返抄案と同筆であり、二号は三・六号とともに法皷台第三十二箱中に収められて伝来したものである。これ以外の七二点については、古くから高山寺との特別の懸り合いがあったとは考え難く、当寺に襲蔵されるに至ったのはかなり後世のことと思われる。当寺の先住土宜覚雄僧正は聖教・古文書に関心が深く、破損した高山寺文書に裏打を施すなど修補の手を加えられ、その保存に努められていた。また当寺に関係ある文書を購入して寺へ納められることもあった。こうした点から推すと、これらの東寺文書は同師の代に何らかの因縁によって高山寺へ納められるようになったのではなかろうか。

東寺の文書は現在主として東寺文書（六芸之部他、教王護国寺蔵）、東寺百合文書（京都府立総合資料館蔵）、教王護国寺文書（京都大学蔵）の三群に分れ所蔵されているが、当寺に現存する東寺文書はそれと一連のもので、それらの欠を補うものとして重要である。以下その主なものについて簡単に説明を加えたい。

一号承平二年（九三二）八月五日太政官符案は、東寺領伊勢国飯野・多気両郡にある大国庄と伊勢大神宮領との相論に関するもので、承保三年（一〇七六）二月東寺において写された案文である。東寺文書甲に収める承平二年十月二十五日伊勢大神宮司解案はこれと関連を持つ文書である。五号天承元年（一一三一）五月日東寺政所下文案は丹波国大山庄に関するもので、文中に「以去三月廿四日被下　宣旨」とあるのは東寺百合文書イ所収の天承元年三月二十四日官宣旨案を指す。

七号建久三年（一一九二）正月日最勝光院起請案は「庄園事」の一箇条と末尾部分のみを抄写したものである。最勝光院は後白河天皇の皇后建春門院（高倉天皇生母）の発願により承安三年（一一七三）に建立された御願寺で、越前国志比庄、丹波国和久庄、遠江国原田庄・村櫛庄、備前国長田庄・福岡庄、備中国新見庄等十個所の庄園がその所領であっ

た。最勝光院領は後白河法皇から後鳥羽上皇へ、さらにその後も皇室領として伝えられ、やがて後醍醐天皇へと伝領された。そのうち前記諸庄は後醍醐天皇から東寺へと寄進されたが、中には新見庄のように東寺領庄園として重要な役割を果たしたものもあった。この起請案が東寺に伝えられたのもこのような関係からである。なおこの建久三年正月には、新熊野社・長講堂という後白河法皇管領の社寺に対しても後白河院庁から起請が出されている。この二通は事書の構成は同じであり、文意において互いに相通ずるものを持っている。したがってこの最勝光院起請においてもこれらと同じ構成で同趣旨の文を持っていたものと推定される。なおこの時には最勝光院・長講堂・新熊野社以外の後白河法皇管領の御願寺等に対してもこれと類似の起請が後白河院庁から発布されたものと考えられる。

一三号上桂庄相伝系図は、同庄領家職をめぐって東寺と源氏女との間で相論が行なわれた際に作製されたものである。両者の相論は建武四年頃から始められ、康永末年頃に至って東寺の勝訴となった。したがってこの系図は建武四年～康永年間にかけての頃に作られたものである。

東寺領庄園については丹波国大内郷吉囲庄、山城国久世上下庄・上野庄・拝師庄・植松庄・八条院町、近江国三村庄、播磨国矢野庄、備中国新見庄、丹波国大山庄、大和国河原城庄等がある。また土一揆、分一徳政令、東寺大工職等に関する文書も見られる。三九・四〇号は土一揆が東寺に立籠ろうとするのを東寺方が防ぎ、寺内に入れなかった事が述べられており、土一揆方とそれに対応した寺方の動きを伝える興味深い史料である。

三一～三三号は東寺及びその周辺の在家田地の差図である。三一号は東寺々内敷地差図で、東西には南北に通る堀があり、東に東門、西に御堂が見える。三二号は八条在家田地差図で、北は八条、南は針小路、東は壬生に限られ、西は坊城通の西面に面した地（その西半部省略）まで描かれている。三三号は御所前・乾町下地差図というが、八条以南、針小路以北、壬生以西、朱雀以東の同じ区域の差図二面が貼継がれている。三二・三三号の差図三面はいずれも東寺

境内北辺の西に隣する同じ地域の図であるが、その間には大きく相違するところがある。これは作製時期によるものかと思われるが、同一地域の年代の異なる図が伝存する点で興味深い史料といえよう。

註

(1) 嘉禎元年正月十九日―第三部八一号。寛元元年正月十九日―第一部五一号。寛元二年正月十九日―第一部五二～六四号、第三部六七・七二・七七・八四～八七・一〇一号。

(2) 高山寺蔵『古華厳経』五十四帖(重書一九号)貞永元年七月～十月書写、法隆寺蔵『貞元華厳経』三十六帖 嘉禄二年～三年書写、前田育徳会蔵『貞元華厳経』四十帖 貞永元年～二年書写、前田育徳会蔵『大方広仏華厳経入法界品四十二字観門』一帖 貞永二年尼明行書写、上野精一旧蔵『梵網経巻下』一帖 嘉禎二年尼明行書写、高山寺蔵『釈迦如来五百大願巻上・下』二帖 嘉禎三年尼明行書写。

(3) 『高山寺縁起』羅漢堂・経蔵項。

(4) 『高山寺古文書』第一部四～七・一三・一七号。

(5) 土宜成雄『玄証阿闍梨の研究』第一章四、月上院に就て。

(6) 註(5)前掲書 第三章五、月上院本と高山寺の関係。

(7) 『高山寺古文書』第一部二〇八号。

(8) 同 第一部九〇号。

(9) 同 第一部一七五・一七六号。

(10) 同 第一部一二一号(八)。

(11) 同 第一部九四号。

(12) 同 第一部九五・一二一・一七一・一七二・二一二・二一三・二一四号。

(13) 同 第一部一六四号。

(14) 同 第一部一四四・一四五・一四六号。

(15) 同 第一部一五〇・一五一号。

(16) 同　第一部一〇三号。
(17) 同　第一部一一七号。
(18) 同　第一部一三二号。
(19) 同　第一部一五八号。
(20) 同　第一部一八九～一九三号。
(21) 同　第一部二〇三号(一)～(六)。
(22) 同　第一部二〇三号(一)～(五)。
(23) 同　第一部一六一～一六三・一八五号。
(24) 同　第一部一〇三・一一七・一二〇号。
(25) 同　第一部二七〇号。
(26) 同　第三部六八号、第一部二四五号(三)。
(27) 同　第一部二二〇・二二一号、第二部一七号(一)・(二)。
(28) 同　第一部八～一二・一六・三三～三五号。
(29) 同　第一部一〇七号。
(30) 同　第一部一七七・一七八・二〇六・二一六・二一七号。
(31) 同　第一部四～七・一七号。
(32) 同　第一部八三・八四・八五号。
(33) 同　第一部八八・一一六・一五九・一七九・一八〇・二〇九・二三二号。
(34) 同　第一部七五号。
(35) 同　第一部二〇七号。
(36) 『高山寺縁起』鎮守社壇・禅堂院項。
(37) 同　第一部一八一号。
(38) 同　第一部二八・二九号。

四　東大寺文書にみえる自連（字連）と請定

一　はじめに

東大寺文書の中には「自連」あるいは「字連」と呼ばれる文書がある。現存する東大寺文書を見る限りでは、後述のように「自連」と「字連」のいずれを使用されていても、それはまったく同種の文書で、同音のため両者が混用されているに過ぎないようである。その両者の使用例を見ると「字連」よりは「自連」の方が多用されているようであり、またその用例の初見も両者はほぼ同時期のようである。そのため、本稿では一往使用例の多い「自連」に統一しておきたい。現在東大寺文書に見える自連はいずれも寺内の法会の際に作られたものであるが、法会に関連して作られた文書に請定・著到等もある。この自連についてはこれまでに古文書学で取上げられたことはないが、そこには法会の運営と密接に関連するところがあるようである。そこで、この自連そのものならびにそれと請定・著到等との関係について考察を加えたい。なおこの自連は後で述べるように現在も東大寺においては「字連」と呼ばれて、二月堂修二会の際に作られている。したがって自連は請定とともに東大寺においては今なお生きている文書様式である。

二　自連と字連

東大寺文書の中で、自連と呼ばれる文書が出現するのは室町時代以降のようである。管見の範囲では、年紀のあるものでもっとも古いのは室町時代最末期の永禄六年（一五六三）三月二十四日、華厳宗知識供講問自連である。(1)この自連はこれまで未紹介のものであり、次にその本文を掲げておく。

（端裏書）
「知識供自連 永禄六年癸亥 三月廿四日　納所英海」

花厳宗知識供講問自連

〵浄藝 唄　英澄 勧請　〵隆賢 式師　〵経宗　〵快円
実雅 問者加施（ママ）　〵浄慈 散花　〵浄祐　〵真海 講師　〵宗憲
〵英定　〵英快　〵英藝　〵英範 宝号　〵隆盛
〵浄観　〵栄弘　〵実英　〵英助　〵浄賢 祭文
〵訓賢　〵浄憲　英海 奉送　以上廿三人
問講　納所　〵承仕　廿七口
口別四升充 納升定
永禄六年 癸亥 三月廿四日
納所英海

（縦二四・五㎝、横四〇・九㎝）

その筆跡を見ると、墨色はほぼ同じであるが、端裏書と書出の「花厳宗知識供講問自連」、交名の末尾の「英海奉送以上廿三人」以下日付、署名の「納所英海」までは同筆で、この部分は納所英海の筆跡である。そして交名の「浄藝」以下「浄憲」まではそれぞれ筆跡を異にしており、各自の自署と見るのが妥当である。

それに次ぐ年紀のあるものは元亀元年（一五七〇）正月十四日、新禅院講問自連がある。(2) その本文は次の如くである。

（端裏書）「元亀二字連」

新禅院講問字連
〵隆賢　〵実雅　〵訓藝　〵憲祐問者
〵訓英　〵定賢　〵英澄　〵訓盛
〵真海　〵宗憲　英快　〵浄祐
〵訓経　〵隆盛　〵浄観　〵公藝
〵英清　〵英宗　〵公精　〵訓賢
〵実英　〵公賢　講師英海　快円○合廿〔×三〕・四人
問講納所　〵両承仕
都合廿八口口別七升五合充
元亀元年正月十四日納所浄実

これも「隆賢」以下「英海」に至る署名部分は各別筆であり、いずれも自署にかかるものと見られる。

このように、この両通には約七年の間隔があるが、前者には「自連」、後者には「字連」とあり、自連様式出現後間もなくの頃から自連と字連の両者が併せ用いられていたことが知られる。

また同じく室町時代後期のものかと推定される自連に年月日未詳の遊佐入国祈禱自連がある。これには初日・第二日・第三日の三通が現存するが、(3)いずれも書出部分は同筆（交名部分は自署）で同時期に書かれたものである。このうち初日のものは「字連」、第二日・第三日のものには「自連」とあり、時期の同じ講会であっても字連と自連とが併用されていたことを示している。また一通の自連の中で、端裏書と書出とに「自連」「字連」がそれぞれに見え、両者が併用されている例も見られる。そのもっとも早い例は慶長十一年（一六〇六）二月十九日、本僧坊供納所講問自連である。(4)ここには、端裏書には「本僧坊供二月十九日納所講問字連慶長十一年丙午二月十九日　納所真海法印」、書出には「納所講問自連」とあり、端裏書と書出とで字連・自連が混用されている。こうした例はこれ以後江戸時代後期に至るまでにしばしば見えるところである。

こうした点から見て、早くから「自連」と「字連」とはまったく同じもので、特に相違点があるとは考えられていなかったことを示すものと考えてよいであろう。

このように自連と字連が同じであったとしても、この両者の使われ方に年代による差違が見られないかどうかの問題がある。自連を出されている講会のうち、かなり早い時期からの自連が比較的よくまとまって伝えられているものに本僧坊供講問自連がある。そこで対象をこれに限定し、江戸時代前期を中心に自連・字連の用いられ方を見てみたい。

本僧坊供には、毎年二月十九日に行なわれる講問（本僧坊供二月十九日講問、二月十九日講問、本僧坊供納所講問、僧坊二月十九日納所講問、本僧坊供本願講・春季本僧坊供等と記されている）と、八月二十日に行なわれる講問（本僧坊供講問、本僧坊供本願講講問、本僧坊供本願講・秋季本僧坊供等と記されている）との二つがある。(5)このうち、管見の範囲では二月十九日に行なわれる講問の方が史料の残存状況がよいので、この本僧坊供二月十九日講問自連について「自連」と「字連」の関係について検討

を加えたい。

現存する本僧坊供二月十九日講問自連（春季本僧坊供自連）のうち、もっとも古いものは天正十六年（一五八八）のものである。(6) その端裏書には「納所講問字連天正十六子二月十九日」、書出には「本僧坊供納所講問字連」とある。それに続く文禄二年（一五九三）の自連(7)では、端裏書に「本僧坊供納所講問字連文禄二年二月十九日納所法印訓藝」、書出に「納所講問字連」とあり、この両自連はともに「字連」を用いている。また慶長三年（一五九八）の自連も端裏書・書出ともに「字連」が用(8)いられている。

ところが慶長十一年の自連(9)では前述のように端裏書に「字連」、書出に「自連」が用いられており、一通の中で両者が併用されている。慶長十三年の自連(10)では、端裏書に「僧坊供二月十九日講問自連慶長十三納所浄観」と自連を用いるが、書出には題記はなく直ちに交名となっている。ところが慶長二十年の自連(11)では、端裏書に「二月十九日講問自連慶長廿乙卯二月十九日納所権少僧都実英」、書出に「二月十九日納所講問自連」とあり、両者ともに「自連」が用いられている。このように端裏書・書出ともに「自連」を用いるのはこの慶長二十年の自連がもっとも早い。

元和五年（一六一九）の自連(12)では、端裏書に「本僧坊供二月十九日自連元和五己未二月十九日納所祐藝」とあるのに、書出には「本僧坊供字連」とあり、「自連」と「字連」の併用が見られる。但し慶長十一年の自連では、端裏書に「字連」、書出に「自連」とあり、この両者では端裏書と書出での自連と字連の関係は逆となっている。次いで元和七年の自連(13)では、端裏書に「二月十九日納所講問自連元和七辛酉二月廿一日納所法印実英」、書出に「本僧坊供十九日講問自連」とあり、字連ではなく「自連」に統一されている。また元和九年の自連(14)でも、端裏書・書出ともに「自連」が用いられている。そしてこれ以後は「自連」を用いる例が遥かに多く見られるようになる。

前述のように本僧坊供二月十九日講問自連では、天正十六年から慶長三年までのものでは「字連」が用いられてい

表4　「自連」・「字連」記載一覧（寛永以前）

（日　付）	（講　会）	（端裏書）	（書　出）	（出　典）
永禄　六年三月二四日（一五六三）	花厳宗知識供	自連	自連	請定等長持
（室町時代後期カ）	遊佐入国祈禱（初　日）	（ナシ）	字連	三—九—二三
（　同　）	同　（第二日）	（ナシ）	自連	三—九—一一六
（　同　）	同　（第三日）	（ナシ）	自連	三—九—一一五
元亀　元年正月一四日（一五七一）	新禅院講問	字連	字連	三—九—五
天正一三年八月二七日（一五八五）	本僧坊供（秋季）	（ナシ）	字連	三—九—一三三
同　一六年二月一九日（一五八八）	本僧坊供（二月）	字連	字連	三—九—二〇一
文禄　二年二月一九日（一五九三）	同	字連	字連	請定等長持
慶長　三年二月一九日（一五九八）	同	字連	字連	三—九—二一七
同　一〇年八月二〇日（一六〇五）	本僧坊供（秋季）	（ナシ）	字連	一〇—五一
同　一一年二月一九日（一六〇六）	本僧坊供（二月）	字連	自連	一〇—五三
同　一二年八月二〇日（一六〇七）	本僧坊供（秋季）	（ナシ）	字連	一—二五—三四一
同　一三年二月一九日（一六〇八）	本僧坊供（二月）	自連	（ナシ）	請定等長持
同　一三年八月二〇日（一六〇八）	本僧坊供（秋季）	自連	自連	三—九—一四〇
同　一四年六月一〇日（一六〇九）	公意講	自連	自連	三—四—一七六
同　一五年六月　一日（一六一〇）	東大寺八幡宮鎧理趣三昧	自連	出仕交名	一〇—一四
同　一七年正月一四日（一六一二）	聖秀講	自連	自連	七—五六
同　二〇年二月一九日（一六一五）	本僧坊供（二月）	自連	自連	三—九—一五三
元和　五年二月一九日（一六一九）	同	自連	字連	三—九—二一五
同　七年二月一九日（一六二一）	同	自連	自連	請定等長持
同　九年正月一四日（一六二三）	聖秀講	自連	自連	三—九—一四八
同　九年二月一九日（一六二三）	本僧坊供（二月）	自連	自連	三—九—一五

同　九年二月一九日（一六二三）	同	自連[注]	（ナシ）	三―九―一四一
寛永　三年六月一〇日（一六二六）	公意講	自連	自連	三―九―二〇二
同　六年六月　日（一六二九）	同	自連	自連	三―九―二六
同　一二年二月一九日（一六三五）	本僧坊供（二月）	自連	自連	三―九―一六五
同　一三年正月一四日（一六三六）	聖秀講	自連	自連	三―九―二一六
同　一五年二月一九日（一六三八）	本僧坊供（二月）	自連	自連	請定等長持

（注）端裏書には「自連」とあるが請定か。三―九―二〇三と併せて一通か。

るが、慶長十一年の自連では「字連」と「自連」が併用されている。その後のものでは元和五年の自連に「字連」と「自連」が併用されてはいるものの、その他の自連ではいずれも「自連」が用いられている。このように「字連」は慶長年間前期以前の比較的早い時期の自連では用いられていたが、江戸時代初期以降は稀にしか使われなくなっていることが知られる。これで見る限りでは、本僧坊供二月十九日講問自連においては「字連」は比較的古い時期に多く使われたが、間もなく「自連」が多用されるようになったことを示している。

これ以外の講問自連について見てみると、前述の永禄六年（一五六三）花厳宗知識供講問自連[15]、遊佐入国祈禱自連[16]（うち第二日・第三日）は、早くから「自連」が用いられた例で、現存史料の範囲ではむしろ「字連」よりも溯るものである。そこで寛永年間以前の自連について、「字連」「自連」の区別を表示すると表4の如くになる。これを見ても字連が多く使われているのは主として慶長年間前半期までで、以後は一部に「字連」と「自連」の併用が見られるものの「自連」の使用が圧倒的に多くなる。この点では本僧坊供二月十九日講問自連で見たところと同じ傾向を示している。

このように、江戸時代初期には「自連」の使用が一般的になったが、「字連」が使用されなくなったわけではない。例えば香象供（香象大師御忌講）自連についてみると、ここでも「自連」が多く用いられていることはいうまでもない。しかし、享保十五年（一七三〇）十一月四日香象供自連[17]、宝暦七年（一七五七）十一月十四日香象供自連[18]、天保九年（一八三八）香象供自連[19]では、いずれも端裏書に「自連」、書出に「字連」が用いられている。このように一通内での両者の併用は江戸時代後期にまで続いて行なわれていた。

また英乗講自連についても、江戸時代を通じて「自連」が多く用いられていることはいうまでもないが、享保十五年八月十六日英乗講講問自連[20]、宝暦九年八月十六日英乗講講問自連[21]、その他のように「字連」のみを用いた例もいくつも見られる[22]。また端裏書・書出に「自連」「字連」を併用した例も見られる[23]。

これらのことから考えると、自連様式の文書が用いられるようになった当初から、「自連」と「字連」との間には特にそれを区別して使うという意識は乏しく、「字連」が多く用いられた室町時代末から安土桃山時代の頃においても、「字連」でなければならないとの認識はなかったと考えるべきである。

三　自連の語源と書式

前にも少し触れたが、東大寺では現在も「お水取」の名で親しまれている二月堂修二会の際に「字連」が作られている[24]。三月一日には「（某年）二月堂上七日参籠練行衆交名之事」の書出をもつ練行衆全員の交名（名前のみを記す）を、三月五日初夜には二月堂内で同じ書出をもつ四職（練行衆中の和上・大導師・呪師・堂司）の交名（四職の役名と名前を記す）を作る。また三月八日朝には「某年二月堂下七日参籠練行衆交名之事」の書出をもつ練行衆全員の交名を、また三月十四

日初夜には同じ書出をもつ四職の交名を作る。これらの交名について、東大寺内ではこれを「字連」と呼んでおり、また堂司が修二会中に毎日付ける修中日記の中でも、この交名を「字連」と表現して、字連作成のことを記録している。

練行衆全員の字連は小綱が和上以下順に自署をとって廻る。また四職の字連は堂内で堂司（その時の修二会に関する事務の責任者でもある。納所に当たるか）が順に四職四名の自署をとって廻る。このように、この字連は修二会開始後の修中に、各練行衆が各自の名前を自署することによって作られるところに特徴がある。

現在、修二会練行衆の決定に際しては、まず「（某年）二月堂参籠練行衆交名之事」の書出を持った交名が寺務所において作成される。ここには練行衆全員の僧官と名前が記されており、これによって来るべき修二会の練行衆全員の名が寺内に周知されることになる。しかしそこには練行衆本人の自署はなく、また字連とは呼ばれないことはいうまでもない。またこの交名は参籠予定者に回覧されることはなく、請定とは取扱が異なっている。現在も東大寺においては、主要な法会に際しては請定が作られているが、修二会に際しては交名は作られても請定形式の文書は作られていない。

このように、同じ「練行衆交名」とはあっても、修中に自署によって作られる交名と、他筆をもって事前に作られる交名とはまったく性格を異にしている。ここに「字連」（自連）を考える手懸りがある。

現存する自連（字連）と呼ばれている文書を見ると、そこに記された出仕者（講問衆等）の名前は概ねそれぞれ筆跡が異なっており、いずれも自署したものと考えて差支えないようである。その名前の部分を見ると、概ね墨色は同じものが多いようであるが、筆跡はそれぞれに異なっており、文字にも大小の不揃が多く見られる。このことは、自連の名前は古くから自署が原則であり、自連（字連）とは各自が己の名を自署した交名の一種と定義して差支えなかろう。

自連または字連の語源を考えるために、それに関連のありそうな用例を探ってみると、東大寺文書中に次の二例が見られる。

(A)建長元年（一二四九）六月日、東大寺衆徒連署起請文案の差出書に「権少僧都在自連判／権律師、―／権律師、―」云々とある。[25] この「自連判」とは「自ら連判を加えたもの」の意で、すなわち「権少僧都」以下の署名部分はすべて自署されたことを示すものと解すべきものであろう。

(B)天福二年（一二三四）五月二十八日、東大寺三論宗僧綱申状案[26]の差出書の奥に次のような記が見える。

「権律師法橋上人位貞禅
　法眼和尚位道宝
　法眼和尚位寛隆
　法印大和尚位聖基
　法印大和尚位権大僧都頼恵
　　已上各自連也　」

ここに見える「自連」は先の「自連判」と同様に、自筆による連署の意と解して差支えない。

以上二通の文書によって、既に鎌倉時代から複数の人が各々自署を加えることを「自連」もしくは「自連判」と呼んでいたことが明らかとなる。このことは「自連」（字連）と呼ばれる一連の文書は、そこに記されている名前がいずれも自署が原則であることとは無関係ではなかろう。つまり「自連」とは各自が自連判する、すなわち自ら署名を連ねるというところから付けられた文書名ではなかろうか。なお「字連」は出仕者の「字名（名前）を（自ら）書き連ねる」との意から付けられたものであろう。但しそこには自連と字連の音通もあり、当初から両者の混用が行なわれて

いたものと推定される。

現在自連が出されたことが明らかな講会は東大寺文書中に数多く見られるが、その幾つかを掲げると次の如くである。永隆寺修正会（正月八日）、聖秀講（聖秀寄進講、正月十四日）、春季本僧坊供（二月十九日）、公意講（公意寄進講、六月十日）、最勝講（八月十五日）、英乗講（英乗忌日講、八月十六日）、秋季本僧坊供（八月二十日他）、九月二日講（九月二日）、香象供（香象大師忌、十一月十四日）等々があり、また近世にはこれ以外の例も見られるようである。

自連の書式にはある程度の共通性はあるものの、それぞれに多少の相違があり、全体的にみて一定の書式が定められていたわけではない。自連に記されている事項を順に掲げると、(イ)端裏書（某自連〈または字連〉、日付、納所某）、(ロ)書出（「花厳宗知識供講問自連」等）、(ハ)自署交名、(ニ)講師・問者・承仕等の人数や全出仕者の口数、(ホ)布施米の量、(ヘ)日付、(ト)納所署名等である。本稿の最初にその全文を掲げた永禄六年三月二十四日花厳宗知識供自連、元亀元年正月十四日新禅院講問自連は一往(イ)～(ト)の事項を具備している。しかし、自連によってはこれら(イ)～(ト)の事項のうちに適宜省略されているものがあり、書式にはかなりの変化が認められる。しかし(イ)～(ニ)については概ね共通して記載されているが、中でも(ハ)は自連という文書を成立する上で不可欠のものである。また稀に(ロ)の書出題記を欠くものもあるが、端裏書があればどの講会のものかが明らかになるので、省略しても特に支障はなかったものであろう。また(ホ)～(ト)は省略されているものが少なくないが、日付と納所名は端裏書に記されているのが一般的であり、重複して記載する必要がないと判断されたことによるものであろう。以上のうちで、その筆跡を見ると、(ハ)自署交名部分を除く(イ)(ロ)(ニ)～(ト)の部分は納所の手になるものである。なお自署部分には納所が自署を加えているが、その位置は交名の最初、もしくは末尾付近にあることが多い。

以上が自連の書式の概要であるが、次にそこに記されている布施米について検討を加えたい。布施米については必

ずしも記載があるわけではないが、そこに記されている米の量は同じ講会でも時によって増減があり、一定してはいなかった。また講師・問者に対する加算の仕方も時によって異なっており、出仕僧間の配分率や配分量はその都度、納所が布施の総額を勘案しながら決定していたものであろう。このことから考えると、自連は講会が終った後で出仕衆に対する布施米の配分をするために、納所が実際の出仕衆の名前と役割を確認する目的で作られた文書であるといって差支えなかろう。そしてそれが作られるのはそれぞれの講会が始まる以前で、到著順に各自が署名を加え、最後に納所が出仕衆口数その他必要事項を加筆して現在伝えられている自連の姿となったものである。本節においてすでに述べたところであるが、自署部分の墨色は概ね同じである。これは講問衆が出仕して来た際に同じ硯を用いて到着順に署名をしたことによるものであろう。そうした点からみれば自連は著到の一種ということができよう。

なお講会が終った後で、自連に基いて布施米が分配され、算勘状が作られたものであろう。

四　請　定

請定について、相田二郎氏は「僧侶に仏事等を行ふ時、その役僧として参勤すべき者の名を連記して触れ廻す文書を請定と云ふ。僧侶以外の人々に対するものであると、前記の如く之を廻文と称してゐたのである。」といわれる。(27)そしてそこに記された名前の下に「奉」等が書かれているのが普通であるが、それについて、「建永二年三月一日、東寺大師御影供の請定、「奉」は参勤を承諾せる由、「故障」は参勤し難き旨を返事としてこの廻文を受けた人々が記入したものである。」と述べられている。

また『国史大辞典』「請定」項には、上島有氏が、「寺院で仏事・法会を行う場合、その諸役を勤仕すべき僧侶の名

前を連記して触れ廻す文書のことをいう。これを受けたものは、参勤を承諾する場合には、自分の名前の下に「奉」、参勤できない場合には、たとえば「故障」などの理由を書いてもとにもどす。」云々と書かれている。(28)このように、請定は仏事・法会の際に諸役を勤仕すべき僧の名前を連記して事前に触れ廻す文書で、そこに記されている名前の下に書かれ「奉」はその文書が廻されて来た時に参否を回答するために書き加えられたものというのが通説である。

この請定は現在も東大寺や薬師寺で用いられており、東大寺では中世は勿論、江戸時代以後現代に至るまでの各種講会の請定が保存されている。現在東大寺では月例等の法会を除き、年一度または臨時の重要な法会については請定が出されているが、「奉」を書くのは方広会の請定のみで、他の請定には「奉」は記されない。しかも方広会についても、この「奉」を書くのは方広会当日（十二月十六日）法会に出席したときのことであるという。(29)つまり、「奉」を書くことは、それによって方広会の実際の出仕者を確認する手段とされているのである。なおこれらの請定は事前に「寺役」（東大寺では法会のことをいう）の際に回覧され、各自の役割や日時等を確認することになっているが、この時には「奉」を書くことはないとのことである。これについては薬師寺の花会式についても同様で、花会式の当日出仕した際に請定に「奉」を書くという。(30)

このように現在では、通説にいうような、事前に触れ廻して勤仕を承諾したものが「奉」を書くということとは違った取扱いがなされている。ではこのようなことは何時のころから行なわれるようになったのであろうか。方広会を除く他の請定についても、明治年間の請定ではなお「奉」が記されている。しかし中にはその「奉」がすべて一筆で書かれたものもあり、すでに各人が自筆で「奉」を書くことは必ずしも必要とはされていなかったことを示している。(31)現在は「奉」を書かない場合は、別に名簿が用意されていてそれで出欠を記録するというが、「奉」が一筆で書かれ

ているのは、現在名簿により寺務方において出欠を確認するのと類似のやり方といって差支えなかろう。

さらにこの点について考えるために、慶長二十年（一六一五）二月日本僧坊供講問請定(32)と元和七年（一六二一）二月日本僧坊供講問請定(33)を取上げてみたい。この二つの請定にはいずれも「奉」が書き加えられていない。このことからあるいは案文かとも考えられるかもしれない。しかしこの二通の請定にはそれに関連して作られた自連も現存しているが、中でも元和七年のものはその料紙の紙質・寸法は請定・自連ともによく似ており、両者はほぼ同時期に作られたものであることを示している。その後の承応三年（一六五四）二月日春季本僧坊供請定(34)には「奉」が書かれているのは、講師である「正識房法印権大僧都」のみで、他の九名には「奉」は書かれていない。江戸時代前期頃の自連を見ると、その講会の納所が講師を勤めているのが一般的であり(35)、この講師正識房がこの時の納所であったと考えて差支えない。つまりこの承応三年春季本僧坊供請定では納所一人のみが「奉」を書き、その他の僧は誰も「奉」を書いていない。その七年後の万治四年（一六六一）二月日春季本僧坊供請定(36)には僧十名の名が記されているが、そのうち「教忍房権律師不参」とある他は、九名すべてに「奉」が書かれている。ところがこの「奉」の筆跡を見ると、その中には筆癖が極めてよく似ているものが多くあり、それらは同一人の手になるものではないかと考えられる。それ以後の請定においては、「奉」を書かれているものが一般的であるが、その中にも明らかに同筆ではないかと考えられる「奉」が見られるものが幾つも認められる。また大部分の自連には出仕僧以外に承仕も口数に入れられている。

このことは請定と自連との関係を考える上で重要である。自連が出現してから余り大きくは降らない慶長・元和ないしそれを若干降った頃の一時期のこととはいえ、自連が作られた春季本僧坊供に関しては請定に「奉」が省略されていたことは注目される。このことは当時請定に「奉」を書くのは事前の回覧時ではなく、現在の方広会の場合と同様に、それぞれの講会が開かれる当日であったことを示すものと考えるべきであろう。通説のように、請定を事前に

回覧して「奉」をとっていたのでは、このような状態は生じ難いことである。少なくとも慶長年間ないしはそれをやや溯る頃には、請定に「奉」を書くのは現在と同じく、その講会の当日に出仕者が書き加えることとなっていた。そして場合によっては「奉」を納所等の事務方で書くことすらあったものと考えられる。

ではそのように「奉」が講会の当日に書かれるようになるのは何時頃からのことであったのであろうか。この点については請定のみからでは「奉」の記入の時期を確認することは困難である。しかし、慶長年間頃に突如として出来たことではなく、もっと早くからこうした仕方がなされていた可能性が高い。江戸時代以降の請定では、講会へ出仕しなかった者については「奉」がなく空白になっている。ところがこれと同じように平安時代の請定でもすでに「奉」は勿論「故障」等の不参加あるいは別人との交替等を示す書入れも加えられていない僧が含まれているものが少なからず存する。これはそれがその僧には回覧されなかったことによるものであろうか。それとも回覧されながら「奉」の書き入れを怠ったためであろうか。「奉」等の不記入はこうしたことによって起った可能性もあるが、今一つには後世のように事前の回覧の際には「奉」を記入せず、講会に実際に出仕した僧だけが「奉」を書いた可能性をまったく否定し去ることも難しいのではなかろうか。この問題については今後さらに検討を加える必要がある。

何時の頃からかは別にして、講会に出仕した際に請定に「奉」を記入するようになったが、これは「奉」の記入はそれによって出欠の返答を得るのではなく、講会への出席を証明する著到の役割も果たすものとなっていたことを示すものである。ところが先に述べた慶長二十年・元和七年の春季本僧坊供の場合には、請定には「奉」がなく自連の自署によってのみ講問衆の出欠が確認されるようになっている。承仕を含めた講問への実際の出仕者を確認することによって、納所は出仕者に対して分配すべき布施の量を定めることができた。したがって自連が作られれば、請定は当日に形式的に出仕衆の確認を行なうためのものでも差支えないわけである。前述の慶長二十年・元和七年の請定で

「奉」の記入がまったく省略されているのも、「奉」を特に必要にしなかったためといって差支えなかろう。

自連が作られた講会においては、自連・請定ともに納所が差出者となっている。ところが大仏殿・八幡宮等で行なわれた大般若経・最勝王経等の転読に際して出された請定については「年預」あるいは「学侶年預」「年預代」が差出者となっている。[37]後者については単に出仕を促すだけではなく、交名の奥には「抽精誠可被参勤、若於不参之仁者任先規可為五人合科也仍請定如件」とあり、[38]不参は寺家に対する不忠として罪科に処する旨が述べられている。このことから推すと、このような年預が係わった請定については自連が作られた形跡は現在のところ認められていない。このことから推すと、自連は寺家が直接係わらないある程度私的な要素が強い講会に際して作られたのではなかろうか。

東大寺においては請定・自連とは別に、「十仏坊寄進談義」等では出仕衆の交名とその時講ぜられた談義の個所と爾後講ぜらるべき分とについて記録した「十仏坊寄進談義著到」が作られている。[39]この著到の差出者は「年預」あるいは「学侶年預」とあり、また交名部分を含めてすべて年預の一筆で書かれている。こうした点からこの著到は自連とはまったく性格を異にしている。講会に際しての著到は東寺においても作られているが、ここでも修僧名とその参不あるいは代僧名、実際に出仕した修僧の員数と各員当たりの読経部数、合計部数が記されている。[40]この点では東寺での著到と東大寺での著到に多くの類似点が認められ、両者は比較的近いものであった。しかし東寺では請定・廻請が事前に廻され「奉」を取っていたならば、肝心な当日の実際の参否の確認は何によって行なわれたのであろうか。あるいは中世の東寺でも、東大寺と同様に当日に請定・廻請に「奉」あるいは不参・代僧名を書くことによって布施を支給すべき僧名とその総量を確認し、その全体の記録として著到を作ったと考えることはできないであろうか。なお、著到には各種の書式があり、公家・武家は別として、寺や講会が異なると種々の相違点があり、著到ということによって一律に論ずることはできない。この点についても、広く多面的に検討する必要があろう。

五　結び

以上、東大寺文書に見える自連と請定について検討を加えたが、その結果次のことがほぼ明らかとなった。(1)両者は密接な関係にあり、講会によって請定でなく自連が布施支給額を確定するための基準となった。(2)また自連は東大寺内でも寺務方が直接管掌するもの以外の講会で作られたのではないか。(3)自連は室町時代後期頃から出現した文書形式である。(4)請定に書き加えられた「奉」は少なくとも中世のある頃以降は講会当日に出仕した際に記されたもので、事前の回覧時ではないのではないか。(5)大部分の自連には請定に見えない承仕も口数の中に数えられている。

以上のような問題について述べたが、自連の出現は東大寺内における講会の運営に当たって、東大寺政所あるいは寺務方で公式に執行されるものと、それぞれの講会の納所がその執行に当たるものとの二つに分化してきたことによるものではなかろうか。そしてその講会運営の分化は文書形式上では室町時代後期頃に急速に顕在化し、やがて江戸時代初頭にかけての頃までには確立されていったことが考えられる。

自連と請定を廻る問題は東大寺内の講会の運営体制と深く係わるものであり、他の差定（差文）・著到その他と関連させて検討を加えることは、中・近世における東大寺寺院制度を研究する上で重要な問題と考える。こうした点については他日を期したい。

註

（1）請定等長持所収。未整理の東大寺文書の一つに、請定等を収めた長持がある。この長持にはそれぞれに「知識供自連天正以後」「春季本僧坊供講問衆請定」「香象供請定」等の題簽を付し、講会毎に分類一括した請定・自連が多数収められている。

それは殆ど近世のものであるが、その中に稀に室町時代末から安土桃山時代頃にかけての請定・自連が見られる。その量は多く、また軽率に取扱うことによって旧状を損う恐れもあり、今回はそのごく一部を調査したのみである。これらの請定等を収める長持を、本稿では仮りに「請定等長持」と呼んでおく。

（2）東大寺文書第三部第九―五（以下「三―九―五」の如くに表記する）。

（3）東大寺文書三―九―一二三（初日）、三―九―一一六（第二日）、三―九―一一五（第三日）。

「遊佐入国」の遊佐は畠山氏被官の遊佐氏のことである。遊佐氏は河内国守護畠山氏の被官として河内国にも勢力を有し、織田信長上洛後の元亀年間頃にもなお河内国にいた。この自連中に見える僧で、東大寺文書中に見える者若干についてその年紀の一部を見ると次の如くである。僧秀海―明応五年（一四九六）（一―八―一一五）、永正八年（一五一一）（一―二五―六〇四）、永正十六年（一―一七―四七）等。

僧延海―応永二十年（一四一三）（三―九―一二六）、永享八年（一四三六）（三―九―八六）、永正三年（一―二四―一九〇）等。この場合は二人の同名異人と考えるべきである。

僧英憲・快憲・英雅―天文九年（一五四〇）（三―九―一一八）、天文十二年（三―九―一一九）等。

以上のところから考えると、この遊佐入国祈禱自連は永正ないし天文年間頃のものかと考えられる。しかし僧名の検討は不十分であり、なおさらに検討を加える必要があろう。

（4）東大寺文書一〇―五三。

（5）『東大寺文書目録』第三巻、第三部第九参照。

（6）東大寺文書三―九―二〇一。

（7）東大寺未整理文書　請定等長持。

（8）東大寺文書三―九―二一七。

（9）東大寺文書一〇―五三。

（10）東大寺未整理文書　請定等長持。

（11）東大寺文書三―九―一五三。

（12）東大寺文書三―九―二一五。

(13) 東大寺未整理文書　請定等長持。
(14) 東大寺文書三―九―一四八。
(15) 註(1)参照。
(16) 註(3)参照。
(17) 東大寺未整理文書　請定等長持。
(18) 東大寺文書三―九―二二九。
(19) 東大寺未整理文書　請定等長持。
(20) 東大寺文書三―九―三〇六。
(21) 東大寺文書三―九―三〇四。
(22) 東大寺文書三―九―三〇七・三一一・三一二。
(23) 東大寺文書三―九―一・二八八・三一三。
(24) 東大寺においては毎年の修二会関係書類が年毎に一括して保管されている。本稿作成に当たってはその一部を調査させていただいた。また字連・交名の作成の手順等については東大寺狭川宗玄長老や堀池春峰・新藤晋海・清水公庸師等からの御教示による。
(25) 東大寺文書一―一―一四二。
(26) 東大寺文書一〇―一六。
(27) 相田二郎『日本の古文書　上』。
(28) 『国史大辞典』第七巻（吉川弘文館）五二七頁。
(29) 東大寺狭川宗玄長老の御教示による。
(30) 故生駒昌胤師の御教示による。
(31) 明治年間頃の請定には「奉」が一筆で記されたものがあるが、各自が自ら記入したかとみられるものも多い。「奉」が一筆で書かれるのはどのような場合であったかは今後の検討にまちたい。
(32) 東大寺未整理文書　請定等長持「春季本僧坊供講問衆請定」束。

（端裏書）
「二月十九日講問請定慶長廿年二月十九日　納所権少僧都実英」

問題無（色天衆カ）二乗直入　勤行阿弥陀経 錫杖 尊勝陀羅尼三返 光明真言廿一返

請定本僧坊供講問衆交名事

了賢房権大僧都　中将権大僧都
（講師）卿権少僧都　浄円房権少僧都
貞願房律師　長円房阿闍梨
大蔵卿公　浄願房
了実房　帥公

右未十九日辰鐘定於八幡宮新造屋辺可有参勤之状如件

慶長廿年二月　日　納所実英

（33）　東大寺未整理文書　請定等長持「春季本僧坊供講問衆請定」束。

（端裏書）
「二月十九日講問請定元和七辛酉二月十九日　納所法印実英」

問題無色天衆 二乗直入　勤行阿弥陀経 錫杖 尊勝陀羅尼 光明真言

請定本僧坊供講問衆之事

中将法印権大僧都　卿法印権大僧都
浄円房法印権大僧都　大蔵卿権少僧都
浄願房権少僧都　了実房得業

師　得業　　正識房得業
治部卿得業　　専　実　房
右来十九日辰鐘定於新造屋辺可有参勤之状如件
元和七年二月日

(34) 東大寺未整理文書　請定等長持「春季本僧坊供講問衆請定」束。

(端裏書)「春季本僧坊供請定承応三甲午二月十九日　納所法印実清」

問題阿含仏性 法身説法　勤行阿弥陀経 自我偈一反 如心偈七反

請定　春季本僧坊供講問衆交名之事
講師 正識房法印権大僧都「奉」　卿権律師
禅春房権律師　大夫権律師
教忍房権律師　専信房阿闍梨
了　春　房　宮内卿公
了　識　房　民部卿公
右来十九日辰鐘定於新造屋辺可有参勤之状如件
承応三年二月日

(35) 自連の端裏書には、多くは「納所某」とあるが、これを「講師某」と記したものもある。しかし「納所某」として見える人物は自連の交名中の署名右肩に「講師」と注記された人物と一致する場合が極めて多い。しかし江戸時代中期頃になると、納所が講師を勤めていない場合が多く見られるようになる。

(36) 東大寺未整理文書　請定等長持「春季本僧坊供講問衆請定」束。

(37) 東大寺第三部第九（請定・著到）にその例は幾つも見られる。三―九―一六・一九・二八・二九・三三・三四・七八・八

一・八八・九二〜一一二等がある（省略、『東大寺文書目録第三巻』参照）。

（38）東大寺文書三—九—一八一　延文五年五月日　寺門祈禱般若心経衆請定。

（39）東大寺文書三—九—一九三　天文廿一年三月十一日　十仏房寄進談義著到　等。

（40）富田正弘「中世東寺の祈禱文書について」（『古文書研究』第十一号）。

五　唐招提寺舎利殿奉納文書について

一

ここで舎利殿というのは現在鼓楼と呼ばれている建物のことである。この鼓楼は元来は経楼と呼ばるべきもので、唐招提寺建立縁起によれば、古くより鑑真和尚将来の仏舎利が安置されていた。(1)平安時代末頃には経楼は退転し、仏舎利は宝蔵に安置されていたが、(2)その後仁治元年（一二四〇）経楼が再建され、舎利はここに戻されることになった。(3)さらに近世に至って、元禄十一年（一六九八）舎利は東室の馬道の北に移され、ここが舎利殿と呼ばれることになったが、(4)昭和十三〜十四年の東室解体修理後舎利は再び鼓楼（＝経楼）に安置されることになった。(5)このように舎利は度々移されているが、本稿で取扱うのは中世の文書についてであるから、ここで舎利殿というのは現在の鼓楼のことである。

この舎利殿は中世においては広く信仰を集め、寺内でももっとも重要な堂宇の一つであったが、当時この舎利殿に文書を奉納することがしきりに行なわれていたようである。現在も唐招提寺には、この舎利殿に奉納したものであると伝える文書その他が現存しているが、その中には他に遺例の少ないものが見られるので、それらの文書等について検討を加えてみたい。

註

（1）醍醐寺本「諸寺縁起集」所収。

（2）「七大寺巡礼私記」。
（3）鼓楼棟木銘。
（4）『招提千歳伝記巻下之二』殿堂篇「東室」項。
（5）『国宝唐招提寺礼堂修理工事報告書』。

二

現在唐招提寺には文書を納めて建物に打付けておくのに用いられた木製の箱（文書奉納箱と仮称）が五点残されている。その中の四点（A～D）については既に筆者も紹介を行なったことがあるが、(1) それも含めてその銘文その他概要を記すと次の如くである。

(A)「寄進状□□イ一段ヲ□□（方カ）□忌日寄進ス　永享十年戊午五月三日英信（花押）」

一木、くり込みあり、釘穴あり、文書なし（B、C、Dこれに同じ）。

外法長四六・四センチ、幅八・八センチ、高七・六センチ。内法長三四・二センチ、幅五・六センチ、深五・三センチ

(B)「□（招カ）提寺　自興田殿田之寄進状一通本券文二通在之」（本書図151）
外法長四〇・三センチ、幅四・三センチ、高二・九センチ。内法長三一・五センチ、幅三・七センチ、深二・〇センチ

(C)「味曾方文書享徳二年癸酉十一月廿一日　先沙汰人良専　当沙汰人専通」（本書図152）
外法長三五・七センチ、幅五・三センチ、高四・九センチ。内法長三〇・三センチ、幅三・七センチ、深三・三

センチ

(D)「円元房母儀宮尻之田寄進状」(本書図153)

外法長三三・三センチ、幅五・三センチ、高三・八センチ。内法長二三・六センチ、幅三・〇センチ、深二一・九センチ

(E)(イ)(外側、内底に向って左)(本書図156)

「声明講方五条ノ券　講衆 智音房智順房良厳房尊実房 長順房良音房良明房」

(ロ)(外側、内底に向って左)

「舎利殿方五条浄喜忌日田ノ券符屋ノ券松本ノ本地子ノ券山本ノ券以上』修理方フナツカノ券負所ノ券二通在之　長老坊方森下ノ券　𑖀𑖝𑖢𑖨𑖰田松本ノ作」

(ハ)(内側、右)

「天文五年丙申七月朔日 舎利殿沙汰人懐玉禅賢房 修理方納所長順房頼秀(花押)長老坊同長順坊」

(ニ)(内側、底)

「松本々券本地子舎利殿方懐玉供前　山本々券舎利殿方□□(フヤ)ノ券同方』五条浄喜忌日田ノ券同舎利殿方　松本作ハ長老坊方フナツカノ券修理方』負所ノ券二ツアリ何モ修理方　森下ノ券長老坊方アラハシヤ𑖨𑖰田」声明講之券五条十五ノツホ」

(ホ)(内側、左)

「舎利殿行法衆 明源房 明克房 禅賢房 智音房代良音房 教律房代長順房 良厳房代智順房」

板を寄せ、釘で打付けている。外法長三五・七センチ、幅七・〇センチ、高四・五センチ。内法長三四・六セン

チ、幅四・六センチ、深四・三センチ（」は原文の改行を示す）

なおこれには納められた文書も残っているが、その目録および沽却または寄進先は次の如くである。

(1) 天文元年八月日　唐招提寺修理方納帳（もと袋綴、表紙とも五紙、約二十筆の田地目録である）
(2) 天文二年五月朔日　兵庫弥太郎負所売券（修理方）
(3) 天文二年六月三日　兵□負所売券（寄進方）
(4) 天文二年十二月廿□日　済恩寺弥八田地売券（修理方）
(5) 天文三年九月廿六日　宝来城藤若田地売券（舎利殿方・忌日田）
(6) 天文三年十一月吉日　浄喜田地寄進状（舎利殿方・忌日田）
(7) 天文四年三月十七日　懐弘田地寄進状（招提寺忌日田）
(8) 天文五年三月四日　招提寺法華院盛弘売券（本地子舎利殿方・作長老方）——附、観音寺山ソ井二段と松本一段との「地替」についての記（切紙）一紙。
(9) 天文□（四カ）年十二月三日　今在家六郎次郎田地売券（声明講）——附、声明講衆交名（切紙）一紙。
(10) （欠年月日）　文書残欠（売券または寄進状）

この中で紙数の都合から四通のみ全文を掲げることにする。

(2) 兵庫弥太郎負所売券（天文二・五・一）

沽却　負所二ツ売渡券文之事
　合二段分在之、二斗升者四合口
一段一円四条丸ノカワ、長順房ヨリ可出、百姓東□長賢

一段一円符屋　羂索方ヨリ可出　　同

右件ノ負所者、兵庫弥太郎多年知行ト而、他煩無之、然而今依有要用、直銭八百五十文ニ、限永代招提寺修理方江売渡申処、実正明鏡也、万一天下一同之地起徳政有之トモ、□（於カ）此負所者、不可有相違者也、若違乱之出来之時者、以本直銭速買帰可申者也、仍後日証文如件、

天文二年癸巳五月朔日

売主兵庫弥太郎（軸押）

口入中□家若丸（軸押）

（5）宝来城藤若田地売券（天文三・九・廿六）

（端裏書）「結崎慶秀大徳忌日田券文」

沽却　水田□□（地作）主職新券文事

合壱段者字フヤ

右大和州添下郡右京一坊十一坪内在之

四至東南西北限際目

右件之水田元者、宝来城藤若先祖相伝之私領也、而今□□（依有カ）要用、直銭三貫弐百文仁、限永代招提寺舎利殿方江売渡申事明鏡也、縦天下一同之地起等之雖有沙汰、一言之儀不可有之者也、於違乱出来之時者、以本直銭弁返可申者也、仍証文如件、

天文三年甲午九月廿六日

中大□尊成（花押）

ひこ二郎（略押）

ヤ太郎（略押）

城（花押）

（6）浄喜田地寄進状（天文三・十一・吉日）

（端裏書）「浄喜忌日田寄進状」

招提寺御舎利殿方ヘキシン申事

五条内一段一円一石二斗定也、田米三升コレアリ、コノホカハ諸公事ナシ、我ラカ一コノ、チ、永タヰヲカキツテ、キシン申所実正明白ナリ、シセウモンノ状如件、

天文三年甲午十一月吉日　浄喜（略押）

（7）懐弘田地寄進状（天文四・三・十七）

奉寄進　招提寺□忌□田之事

合壱段者、一円八斗定（宇山モトト云、負所壱斗在之、升四合口定）　百姓五郎三郎（九条郷）

在大和州添下郡西京薬師寺九条領之内、右此下地者、依尊弘得業意願、為招提寺忌日田、奉寄進者也、若於此下地、違乱煩□（之）儀有之者、為此方可申愍者也、仍奉寄進所如件、

天文四年乙未三月十七日　興福寺□院　懐弘（花押）

註

（1）拙稿「金石文としての寄進状の一資料」（『文化史論叢』所収—奈良国立文化財研究所学報第三冊。本書第三所収）。

三

前節では五点の文書奉納箱そのものについて概要を記したが、箱A・B・C・Dの四点はかなり以前より知られていたもので、寺伝によればもと鼓楼に打付けられていたものであるという。次に箱Eは昭和三十二年宝蔵解体修理の際発見されたもので、北側母屋北面中央に釘で打付けられていたという。[1] 寺ではこれももと舎利殿（＝鼓楼）に奉納さ

れたものとしている。(2)以下それらの寺伝の当否について検討を加えたい。
現在宝蔵北壁に次の寄進状が板に墨書され打付けられている（本書図154）。

奉寄進　招提寺水田事

合壱段一円者定地子十合壱石三斗□無引物定者也

右京五条一坊十四坪之内在之

四至東田　南田　負所十合壱斗宝来エ出之、段米池之公事物寺エ出、此西田　北八小路　外之公事無之、

右件之水田者、重賢買得知行之私領也、招提寺庫院并柴屋両所之上葺之要脚、奉寄進者也、取納者一切経方被納年預方江被渡、上葺毎年自年預方、可被致其沙汰候、田之寄進志趣者、招提寺岩見之庄重賢買得申間、為其報謝寄進申、祈今世後世之所願者也、本券文二通、寄進状一通、舎利殿之二階奉納者也、仍寄進之状如件、

文安六年己巳卯月五日

興田重賢（花押）
子息藤若丸（花押）
証明専通（花押）

この寄進状には「本券文二通、寄進状一通、舎利殿之二階奉納者也」とあるが、先の文書奉納箱B（以下箱Bと略す、他も同じ）の墨書銘に「自興田殿田之寄進状一通本券文二通在之」とあるのとよく符号しており、箱Bこそは興田重賢が田地寄進状以下を納めて舎利殿二階に釘で打付け奉納したものに他ならない。寄進状を箱に納めて打付けてしまってはまったく見られなくなるので、改めて別の寄進状を板に書いて見えるようにしたのである。

いうまでもなく舎利殿には鑑真将来の舎利が安置されていた。この舎利は「夫三千金骨者吾寺最第一霊物而日域之珍宝也」といわれるように広く一般の尊崇を集めていた。(3)したがって唐招提寺内においてこの舎利殿は信仰上特に重

要な建物であった。興田重賢が水田を寄進したのは「庫院并柴屋両所之上葺之要脚」のためであって特に舎利殿とは関係ない。しかし彼は寺内でも特に信仰を集めている舎利殿に寄進状以下を打付けることによって、一つには今世後世の祈願を強めようと願ったであろう。

箱A・Dもそれぞれ英信・円元房母の田地寄進状を納めて打付けたものであるが、先の箱Bの例を考えると、ともに寺伝に言うように舎利殿（＝鼓楼）こそは寄進状を打付けるのにもっともふさわしい場所ということができよう。したがって、箱Cも含めて、これらが鼓楼に打付けられていたという寺伝にほぼ誤りはないと考える。

箱Cについては、「味曾方文書」とあり、年月日、沙汰人の名が記されているのみで、文書の種類は記されていない。箱A・B・Dはいずれも寺に寄進した田地の寄進状を舎利殿に奉納するためのものとして、その箱の内容・目的は明らかである。ところが箱Cは味曾方の文書が納められていたことは知られるが、これのみではその文書の性格、それを舎利殿に納めた目的は不明である。

この内容・目的を考える手懸りとして箱に納められた文書について考えてみたい。その十通の文書の内訳は、唐招提寺修理方納帳（一種の田地目録ともいうべきものである）一通、売券六通、寄進状二通、残欠（売券もしくは寄進状か）一通である。またその充先等を見ると、唐招提寺内の舎利殿方（忌日田を含む）(4)―四、修理方―二、寄進方（あるいは修理方に含まれるか）(5)―一、声明講方―一、長老坊方―一（同じ田で本地子舎利殿方、作長老坊方）(6)、不明一、と種々異なっている。しかしいずれも田地（料田）に関する文書である点が共通している。

箱A・B・D・Eに共通して言えることは、これらがいずれも当寺内の料田についての文書を納めたものだということである。しかも箱CとEはともに味曾方、舎利殿方、修理方等と関係するところは異なるが、いずれも寺内諸方（かた）の文書を納めているのであるから、箱Cに納められていたのは唐招提寺味曾方の料田に関する売券・寄進状等

の文書であったと考えられる。

箱Eは発見された時には宝蔵北側母屋北面に釘で打付けられていたという。ところが当寺ではこれはもと舎利殿に奉納されたものであるといわれる。蔵に文書をしまっておくことは通例であるが、この場合には櫃や普通の箱に納めておくのが一般的な方法である。箱Eが最初から宝蔵内に打付けられていたとするならば、何故このような方法をとる必要があったのかが疑問に思われる。舎利殿に打付けられていたものとしては現在同種の箱が四点も遺っており、また現在宝蔵内に納められているものの中には、もと鼓楼二階にあったと伝えられるものが少なくない。こうした事情を考え合せると箱Eも、もと舎利殿二階に打付けられていたとする考え方の方がより妥当性があるように思われる。(7)

註

（1）『唐招提寺宝蔵及び経蔵修理工事報告書』一一六頁、第一一七・一一八図により箱Eならびにそれに納められていた文書の発見時の状態が知られる。

（2）箱E内の文書は修理を加えられ、箱Eとともに新たに外箱に入れて保存されている。この外箱蓋裏に森本長老は「舎利殿奉納文書」云々の箱書を加えておられる。

（3）『招提千歳伝記巻下之二』殿堂篇「舎利殿」項。

（4）天文三年九月廿六日宝来城藤若田地売券・天文三年十一月吉日浄喜田地寄進状の充先は本文ではいずれも招提寺舎利殿方であるが、端裏書にはそれぞれ「慶秀大徳忌日田之券文」「浄喜忌日田寄進状」とあり、忌日田は舎利殿方の管轄と考えられる。

（5）天文二年六月三日兵□負所売券の本文には「招提寺寄進方へ売□」とあるが、端裏書には「修理方負所□」とあり、あるいはこの両者は一つのもの、あるいは特に密接な関係にあるものではなかろうか。

（6）天文四年三月四日　招提寺法華院盛弘田地売券。

（7）鼓楼二階が整理された時期としては江戸時代末の宝静長老の代（唐招提寺森本長老の御教示による）と明治四十一～三年の解体修理の時が考えられる。箱Eが打付けられていた位置は明治三十一年頃新造されたといわれる舟底形天井より上に当

たっており、もし皷楼から宝蔵に移されたものとすれば宝静長老の代がもっとも可能性が高いように思われる。

四

中世において田畠を安全に保有するためには、その者が正当な知行者であることを証明する譲状・売券・寄進状等の証文ばかりでなく、それまでの代々の相伝・買得の正統性を示すに足る証文（本券文）等を持っていなければならなかった。それは社寺とても例外ではなく、もしそれを持たないならば、自己の保有権の正当性を証明することはできず、他から押領される危険も覚悟しなければならない。中世の古文書の中に紛失状なる形式の文書が見られるが、これはそのような証文類（手継証文―重書まで含む）の案文を出してその内容の正しいことを証明してもらい、それによって失った証文の代りをするものである。したがってそれらの証文類は手近に置いて不時の入用に備えるとともに、火災・盗難等から守らねばならなかった。ところが唐招提寺では、それらの券文を箱に納めて建物（舎利殿）に打付けてしまった例がいくつか残されているが、打付けてしまっても不都合は感じなかったのであろうか。

興田重賢の場合には、舎利殿に寄進状以下を打付けたが、いま一通の寄進状を板書して人目に付く所に打付けておいたから、これで一応寄進の事実は人々に明示されている。しかも本券文は舎利殿二階に打付けられたことも記されているのであるから、常に見ることはできなくても、特に必要な時には取出すことは可能であるから、さほど不都合はなかったのかもしれない。

ところで元興寺極楽坊本堂内陣の柱には八通の寄進状・売券が陰刻されているが[1]、その一つ建暦元年（一二一一）八月十五日鹿山一和尚玄恵田地寄進状には次のように記されている。

且為防後日之非論、束本券、彼一和尚縁者幷三堂衆徒等相共焼失已畢、□（以カ）本□□□□可備本券而已、若致異論

之輩者、可処盗犯之状如件、

本券文等は寄進状とともに相手方へ渡されるのが常であるのに、ここでは縁者・衆徒立会のもとに本券文を焼いてしまった。そして擦消えて読めない部分はあるが、それに続いてこの陰刻寄進状を本券文にすべきことを述べているものの如くである。

これは極めて特異な例であるが、玄恵がこのように本券文を焼き捨てるという異例中の異例ともいうべき手段を敢えてとったのは何故であろうか。寄進状の文面にはその理由は明記されてはいない。しかし縁者ならびに三堂衆徒等を立会わせた上で本券文を焼くということは、彼らに強い印象を与えたに違いない。玄恵はこのようにして寄進の事実を人々に印象付けることによって、後日縁者等による非論の起らないことを期待していたものと考えられる。しかもこの寄進状は本堂内陣正面の柱というもっとも衆目に触れ易いところに陰刻されており、寄進の事を広く示すのに極めて好都合の場所でもあった。このようなことを考えると、本券文を焼いたとしても、寄進状にも明記されており、多くの証人もいるのであるから、本券文はなくても、それで権利に重大な支障を来たすような事態が発生することは考えられなかったのであろう。

興田重賢も本券文以下を、当時信仰を集めていた舎利殿に打付けることによって、玄恵の場合と同様に親類・縁者その他による非論を防ごうとすることをねらっていたものであろう。玄恵は縁者等の前で本券文を焼くことによって寄進の事実を強く印象付けようとしたが、重賢は文書を舎利殿二階に打付けることによって寄進の事実を強調しようとした。後者においては特に本券文を必要とする事態に立ち至った時には取出すことも可能であるから、前の玄恵の場合ほどには特異な方法ではない。しかしこのように本券文の取扱い方によって、寄進の事実を強調しようとする点には両者の考え方に相共通するものがあるといえよう。

なお箱Aは永享十年（一四三八）五月三日英信が忌日料として寄進した地の寄進状を納めたものであるが、これから考えて、少なくとも室町時代初頭には、すでにこのような舎利殿に対する寄進状の奉納が始められていたといえよう。箱A・Dともに寄進状とあるのみであるが、おそらくは本券文がある場合には、重賢の例のようにそれも合せ納められていたのではなかろうか。

西岡虎之助氏は「（土地の）寄進行為において、寄進の事実を証拠立てるために、寄進地の現状、寄進の目的などを、最も普通に紙の上に表現するが、ごく稀に金・石・木などの上に表現することもある。それならばなぜ普通の場合を避けて特殊な場合を択ぶのかというと、寄進するがわでも、せられるがわでも、ともに寄進の事実を永久ならしめようとし、また誇りとしようとする傾きがあり、そうした欲求は紙によるよりも金石によったほうがはるかに確実にみたされるからである。つまり永久性と誇示性とが、紙よりも金石が富んでいるわけであって、こうした差異は、要するに紙は損じやすく、かつ人々の目につきにくい場所にしまわれ勝ちであるのに反して、金石は概して損われにくく、また人目につきやすい場所に置かれることが多いという事情から来ているものかとおもわれる(2)」と述べておられる。

唐招提寺のこれらの銘文・板書寄進状も一種の金石文と考えてよいものであるが、文書を箱に納めて打付ける場合に、それが舎利殿の二階であれば、人目に触れる機会は元興寺極楽坊本堂内陣の柱に比較すればはるかに少ないとさえいえるだろう。したがって文書奉納箱だけでは、西岡氏のいわれる誇示性という点にはやや欠けるように思われる。しかし広く信仰を集めている舎利殿に打付けておけば、火災にでも遭わない限り、文書が紛失する恐れは比較的少なく、永久性という面ではなかなかに有効な方法といえよう。したがって文書奉納箱だけでいえば、誇示性よりは文書の保存すなわち永久性をねらったものと考えられる。しかも重賢の場合には別に寄進状を板書してどこかへ打付けて

おり、このような方法を用いれば永久性と誇示性を二つながらに満足させることができる。そればかりか永久性という点ではかえって他よりも有利な方法であったのではないかとさえ思われる。

註

（1）前掲拙稿「金石文としての寄進状の一資料」に八通の全文を紹介した。

（2）西岡虎之助「金石文に現われた荘園地寄進」（同著『荘園史の研究』下巻二、九〇八頁以下）。

五

次に寺方で文書をわざわざ打付けた理由について考えてみたい。中世を通じて、寺社は一〜二反前後の零細な田畠の寄進を受け、あるいは買得して種々の料田に充てていた。そのような寄進・買得に際しては必ず寄進状・売券および手継証文が手渡されたが、それらは各寺社において大切に保管されていた。しかしその保管方法は寺社により若干異なっているところがあったようである。

まず西大寺の場合を取上げてみたい。西大寺四王堂多聞天・十一面観音・弥勒・薬師仏の供料を寄せた暦応四年（一三四一）閏四月十四日沙弥道念水田地子米寄進状は付属する手継証文とともに紛失してしまった。そこで文和四年（一三五五）その案文が作られたがその案文の末尾に次のように記されている。

件寄進状之正文者、雖納置仏供米蔵、此蔵之管領事、為毎年廻年豫(預)子沙汰、而若有紛失之事歟、仍故記録此札也、
但任願主之素意毎年十月十六日所奉備御仏供也、

文和四年乙未十一月　日

また暦応元年十一月九日慶恒田地寄進状も紛失したため、前者と同じ時に案文が作られたが、そこにもまた次のよ

うに記されている。

件寄進状之正文者、寺本之年貢以下収納之中蔵仁納置之処、此蔵内古今之文書皆以紛失畢、随而彼状同無之、仍為後規、以案文所記録也、可為永代之亀鏡、但以所当米弐斗陸升堂升定、毎年十一月十六日、任願主之素意、奉備四天王御仏供、然者雖為未来、不可有退転者也

文和四年乙未十一月　日

このように二通の寄進状はそれぞれの年貢を収納する「仏供米蔵」および「寺本之年貢以下収納之中蔵」に別個に置かれている(1)。西大寺内は律家方と寺僧方に分れ、寺僧方は四王堂を中心とする四王院に止住していた(2)。慶恒田地寄進状も「西大寺四大天王」すなわち四王堂に充てたもので、前者と同様寺僧方の管轄であるのに寄進状を保管する場所は異なっている。これは寺僧方内部がさらに細かく分れ、それぞれに別個に年貢の収納、文書の保管を掌っていたことを物語っている。

このようなことは西大寺に限らず、多少の差はあるにしても中世の寺院に共通して見られるところのようである。唐招提寺内においてもほぼ同様のことが見られる。前述の箱C・Eの墨書銘ならびにその中に納められていた文書によって、室町時代には当寺内も味曾方、舎利殿方、修理方、寄進方、声明講方、長老坊方、羂索方等々に分れていたことが知られる。そして各方（かた）毎に年預、納所、沙汰人等の役者がいて、それぞれの事務を掌っていた。この箱C・Eには、中に納められた文書に関係を有する各方の年預沙汰人等が名を連ねているが、これは唐招提寺においても各方毎に寄進状・売券等を保管することになっていたことを物語るものといえよう。

ところが各方毎に証文類を保管せず、別個にもしくは共同して箱に納めて舎利殿に打付けるようになったのは何故であろうか。

先の西大寺の場合には、暦応年間の寄進状が十余年後の文和年間には早くも紛失してしまっている。これは特殊な例かもわからないが、寄進状・売券等の証文類は大切に保管されてはいても、紛失する危険性はかなり高かったということが考えられる。また戦乱・盗賊等によって他の資財物とともに奪い取られる恐れも少なくなかった。しかし文書を箱に納めて建物に打付けておけば、火災にでも遭わない限り紛失の恐れは少なくなる。しかもそれが舎利殿のような、寺内でも特に信仰を集めている場所であればさらに有効であった。

ところで前掲の沙弥道念水田地子寄進状案ならびに慶恒田地寄進状案の文和四年（一三五五）の後書は、それぞれ「但任願主之素意、毎年十月十六日所奉備御仏供也」、「任願主之素意、奉備四天王御仏供、然者雖為未来、不可有退転者也」と結んでいる。これらは一種の紛失状というべきものであるが、紛失状としてはしかるべき外部の権威者の署判はない。したがって寺外を意識して作ったものではなく、むしろ寺内に対する効力をねらったもののようである。すなわちこの案文ならびに後書は、寺内においてこれらの料田の年貢地子に対して違乱煩をなす者が出るのを防がんとしたものであろう。そして沙弥道念寄進状案は後書に「仍故記録此札也」とあるように、札、すなわち板に書かれたことが知られるが、板に書いて衆目に触れるところに掲げることにより、その効果を期待したのである。

西大寺三宝料田畠目録中には、次のような叡尊置文が収められている(3)。

右新井庄幷散在田園等者、甲乙施主為菩提資粮所、寄附宝塔院止住之衆僧也、然則件庄園田畠房舎雑具以下、若不宜別当、不信寺僧等出来、於持戒之止住致障碍之時者、止住衆僧同心和合、移有縁之勝地、但除四王堂仏聖灯油料田　御塔灯油料田幷十二間、僧房勿退転此勤行、向後若造立房舎等、寄進田園以下之時、子細以同前敢不可違失、仍記置之状如件、

建治二年丙子十一月十日衆首苾蒭叡尊

また永仁二年（一二九四）三月大仏灯油料田記録も、その序に「雖有本券寄進状大札等、猶以為散未来之不審、田数

幷雑役等委細記録矣、……以件料物等雖経後々代々、更不可有非分之私用」と記されている。[4]このように料田目録作製の目的は後の違失を防がんがためであったが、そこに署判しているのは外部の権威者ではなく、それらの料田を管轄する叡尊、御灯聖信性である。したがってこれらの目録は寺外に対して拘束力を持つものではなく、寺内の者による違乱煩を防ぐために作られたものとみるべきである。

各寺々は内部がさらに幾つかに分れ、それぞれが料田を持っていた。しかし西大寺では検断権の帰属をめぐって律家方と寺僧方とで相論が行なわれたように、その年貢をめぐって寺の内部で押領あるいは相論が起る恐れがあった。したがって先のような寄進状案文・料田目録等を作ることによってその存在を明確にし、寺内における異論を防止することが必要であったのである。

このように各寺々において、寺内の僧等による紛争や年貢の押領を防ぐために種々意を用いていたのであり、唐招提寺において、各方の文書を別個にあるいは一括して箱に納め、舎利殿に打付けたのは先に述べたように文書の紛失を防ぐとともに、寺内における違乱押領を防止することが一つの目的であったのではなかろうか。特に寺内でももっとも重要な舎利殿に文書を奉納することによって、料田の安全を祈るとともに、僧等が互いに非法を行なわないことを誓い合おうとする願が籠められていたのではないかと考えられる。

註

（1）　西大寺文書。

「西大寺四王堂・弥勒金堂免田注文案」（建長四・二・九）およびこの二通の寄進状ならびにその手継証文が一巻に書写されている。

（2）　拙稿「西大寺における律家と寺僧」（『仏教芸術』六十二号。本書第四所収）。

（3）　西大寺文書（『西大寺叡尊伝記集成』四一八頁）。

（4） 天理図書館所蔵（谷森善臣氏旧蔵）。

六

現在宝蔵二階北壁には興田重賢板書水田寄進状とともに、鎌倉時代中期頃に書かれたと推定される板書諸人忌日料田畠目録が打付けられている。(1) この位置はもとからのものではなく、昭和三十一～三十三年の解体修理以後に打付けられたものである。(2) このようにこれらのものは必要に応じて移しかえられることもあり、宝蔵内にあるからといって、必ずしも最初からこの内に打付けられていたということはできない。

若狭明通寺には鎌倉時代末期より江戸時代初期に至る多数の寄進札があるが、これらはもと本堂楣間に掲げられていたという。(3) 紙を用いずに板等を用いて書いたのは、人目に触れることを期待したものと考えられるが、重賢板書寄進状・諸人忌日料田畠目録も同じことがいえるのではなかろうか。

中でも諸人忌日料田畠は、天文頃には舎利殿方の管轄であり、(4) 鎌倉時代にも舎利殿と密接な関係にあったものと考えられる。したがってこの諸人忌日料田畠目録も、もとは舎利殿の人目に付き易い所に打付けられていたものであるが、後に宝蔵に移されたと考えるのが妥当のように考えられる。また重賢板書寄進状も人目に触れ易いところを考えるとすれば、やはり舎利殿に打付けられていたとする方がよさそうにも思われる。しかしこれらについては一つの可能性として提示するに止めたい。

以上のように舎利殿二階に打付けられていたと伝える文書奉納箱を中心にして述べて来たが、資料不足のため臆測を重ねるに過ぎないものになってしまったところも少なくないようである。資料を補った上で、他日改めて考え直す機会を得たいと思う。

註

（1）前掲拙稿「金石文としての寄進状の一資料」。

（2）重賢板書寄進状は解体修理前には一階北壁に打付けられていた。また諸人忌日料田畠目録は昭和二十九年頃には取り外されたままになっていた。

（3）『越前若狭古文書選』明通寺項。

（4）第㈢節註（4）参照。

図156　文書奉納箱E　（内側）　（外側）

六　西大寺における「律家」と「寺僧」

——文和三年『西大寺白衣寺僧沙汰引付』をめぐって——

一

現在西大寺には『西大寺白衣寺僧沙汰引付』なる文書が所蔵されている。(1) これは文和三年（一三五四）五月末におこった次郎入道殺害事件を廻っての「律家」（僧中）と「寺僧」（白衣寺僧・白衣方）との対立相論に関する主な一件書類と、事件の顚末とを書き留めたものである。これによってこの事件の経過を詳しく知ることができるが、この事件そのものもさることながら、当時西大寺において「律家」「寺僧」と呼ばれていたものについて知るのに恰好の史料でもある。以上この沙汰引付によって事件の経過をのべ、ついでそれを基にして西大寺における「律家」と「寺僧」について考えてみたい。

なお特にことわらない限り、『西大寺白衣寺僧沙汰引付』（以下『白衣沙汰引付』と略称する）によった。また後でも述べるが、「僧中」「寺僧」という普通名詞をもってある特定グループを指しているので、本稿では特に「　」を付することにした。

二

文和三年五月頃、西大寺近辺において「苅麦・盗薪」等の事件が続いておこった。その犯人については、「律家」の下部の一人次郎入道なる男が怪しいと見る者が多かったが、確証がないので遂に大起請（＝落書起請か）によって犯人を定めることになった。その結果は次郎入道が犯人ということになったが、それによって処罰が決められる以前に、彼は超昇寺の前で、通りがかりの人が脱いで置いた草履を取って履くという事件を引起した。草履の持主は盗人と称して彼を追いかけ、西大寺内で捕えようとした。すると寺内から「寺僧」以下の者が出合い、両者の間でまさに「欲及珍事」という事態になった。そこで「僧中」の者が中に入り、事の子細を尋ねて、一まずその場を収めた。これは当時社寺においては部外の人がその四至内において無断で犯人を捕えることは認められないのが通例であったが、(2) 西大寺においても同様であったことによるものであろう。

次郎入道は前から兎角の噂があり、大起請でも罪ありとされたのに、今度はまたこのような事件を引起してしまった。そこで「僧中」は彼を勘当し、寺内から追放することにした。ところが勤蔵法師なる者は、寺内から追放された次郎入道をひそかに雇ったばかりか、彼に命じて「夜中令持苗」むるに至った。後でも述べるように、当時は夜田の苗をとることは他人の苗を盗むおそれがあるためか禁止され、あるいは避けるべきこととされていたようである。そこで次郎入道は今度は苗を盗んだと疑われることになった。しかも既にこれまで度重なる罪科の嫌疑をかけられ、憎しみをかっていたのであろうか。「五月廿八日、寺僧等相牒、於寺北陣彼入道打殺之」という事態にまで発展してしまった。

その夜公文代覚賢房、寺主代対馬房が寺僧奉行の所に来て、次郎入道殺害を報告するとともに、「僧中」が彼を追

出し舎宅を破却するに際し、「寺僧等不触承之条、若輩失面目候」こと、勤蔵法師は次郎入道同意の者として、「自寺僧方遣使、可尋沙汰候」ことを述べた。翌日寺僧奉行は「僧中」にその旨を披露し、この事件について評議が行なわれた。その評定は次のようである。

次郎入道の罪科は、「僧中」が決めるべき問題であるのに、「寺僧方」が「背先規、於寺辺自由検断、無理殺害」したのは不当である。検断については「律家」の沙汰すべきことであるから「寺僧方」に触れなかったのであり、「若輩失面目」というのは「存外次第」である。次に勤蔵法師については「僧中」により相尋ね沙汰すべきであり、「寺僧方」より直接に使を遣すということも不当である。「僧中」から勤蔵に対して相尋ね、「以起請文可晴申旨」を治定した。

翌六月一日、公文代覚賢は公人を勤蔵の所へ遣し、次のように伝えさせた。「僧中」から勤蔵に対して起請文をもって弁明せよとのことであるが、これは「寺僧」等には認められないことである。今明の間にも「寺僧若輩等、汝所押寄可打殺之由、評定事切了、若不達所存者、可及逐電閉籠之由、重々加評定、返々無勿躰覚候、就其者、忩寺僧沙汰人方買酒磨手可歎申、依返事急速可有沙汰也」と脅し、罪科を免れようとするならば賄賂を出すことを要求した。また寺僧学善も勤蔵の所に来て、すぐにも寺僧沙汰人等に懇望しなければ「可及難義也」と語った。

それを聞いて勤蔵は驚き恐れて、「僧中」に事を仔細に報告したところ、「僧中」は彼に対して「寺僧」のいうことを「不可叙用」と下知した。また「行者下部」等も神水を飲んで一味同心し、もし「寺僧」等が理不尽の沙汰をしようとするならば、塞ぎ闘うことを申合せた。こうした状勢に力付けられて、勤蔵は寺僧沙汰人に賄賂を送り懇願することをとり止めた。

寺僧奉行は公文を召し、「寺僧」の言分について尋ねることにした。公文は賄賂を強要したことは否定し、弁明を

行なうとともに、公文個人の考であると断って次のように述べた。「凡検断事、白衣不可綺候由仰候乎、更難得意候、然者日本国悪党人当所宛満、争所可被収候哉、雖何事候、寺僧等塞目不可綺候歟、能々可有御計候。」すなわち「寺僧」等が検断についてまったく関与させられないことの不満を述べた。

その翌日「僧中」ではこの公文の返答を廻って衆会評定を行なった。公文の言は彼の個人的見解で、寺僧全体の公式見解ではないから取上げないことにした。しかしこれまでの「寺僧等所行申状等奇怪之間、自僧中雖可罪科、依余手訴于別当、可加罪科歟之由」、内々評定を行なった。「寺僧」等が結束して反対するため、「僧中」だけの力では抑えることができず、西大寺別当の助力を仰がねばならなくなったのである。

六月五日、西大寺別当は「被下状於律家、就白衣沙汰人等申状、有可奉尋律家事、可賜僧」との指示があった（ここにある「律家」および「白衣」はその前後と比較すれば、それぞれ「僧中」および「寺僧」を指すことは明らかである）。たまたま「最勝王経結願計会」に当たっていたため、「僧中」では使僧の派遣を結願まで延期しようとした。ところが翌六日には「寺僧」の一人が勤蔵の所へ来て、今明日中にも別当御使が下され、「寺僧」とともに「汝家押寄、破却家内、可運取資財」ことを伝えた。それを聞いて「僧中」は事態の急なることに驚き、長老から両別当に書状を送り「寺僧等縦種々雖執申旨候、自是可進僧候、努々物忩御沙汰不可有」との申入れをした。『白衣沙汰引付』にはこの頃から後の文書が書留められている。

十二日になって、「僧中」は両使を別当のもとに遣した。彼等はじかに別当に向って「寺僧背先規令自由検断、於寺辺致無理之殺害、過分非拠非一」と、「寺僧」の不法を訴えるとともに、「非法無理之輩、不拘律家之制法而余手之上者、為別当御沙汰、可被加御罪科旨」を述べた。そこで別当は寺僧沙汰人を召寄せ、事の仔細を尋ねることにした。彼等は「彼入道盗犯之上、今又夜中苗用候、此条者律宗三ヶ条之制法、寺僧二ヶ条制法、五ヶ条禁制之内也、而彼入

道破所之制法之間、任法致其沙汰候、苗者勤蔵法師以同前之由」を主張した。これに対して律家方は「白衣沙汰人等対別当、彼等破所之制法故処罪科云々、此条更難得意、其故者黒白一同五ヶ条之制法者、律家三ヶ条者麦盗・苗盗・薪盗、白衣二ヶ条者穂拾并田餅買也、此外都無別制、若夜苗用入者、可為六ヶ条之制法歟、而六ヶ条制法事者、古今更其儀不聞如何」と寺僧方の言分に根拠がないことを指摘した。

そこで寺僧方の沙汰人は「苗持（＝苗用）事者旧制之間、其由今度不令申」と陳弁したが、律家方はさらに「若旧制者、何世何時黒白[3]和合而立此制法乎、若無其儀者不足依用、縦又万一雖有其儀、不改了行来者尤可然、而近来制法五ヶ条外、更無別制、其内既入田餅、除夜苗上者、何破旧制云乎、旁以無其謂者歟」と、その主張の喰違を衝いた。このため寺僧沙汰人は陳弁に窮してその場を立たなければならなくなった。その後も別当の前で問答が行なわれたが、「自由検断、無理殺害、構虚言揆（ママ）別当、背先規違僧命」等の「寺僧」の非法が明らかとなり、律家方の勝訴となった。

こうして次郎入道殺害の張本三人は罪科に処されることになったが、「寺僧」はこの裁許には大いに不満であった。彼等はその撤回を求めるため、遂に四王院の門を閉じ、籠居逐電するという嗷訴の手段をとるに至った。また彼等は興福寺寺務に訴え、律家・別当が評議によって「寺僧」に無理の罪科をかけるので、やむをえず逐電閉門したのであると述べ、さらに「若不違所存者、寺門焼払、律家可停廃也」との要求を出した。しかし興福寺寺務はその訴を退け、律家を支持する態度を示し、「若及律家停廃之儀時者、為寺務被加御扶持、差遣御使、可加退治、可存其旨也」と申渡した。そこで「寺僧」は面目を失い、一乗院や興福寺学侶方へも同様の訴をし、その力を借りようとしたが、その結果はまったく同じで成功しなかった。

このように無理の嗷訴を続けるので、別当より律家に仰せて、嗷訴の張本琳俊所帯の両職（小目代職・執行職）を召放つことにした。ところが「寺僧」等はそれでも嗷訴を止めないので、別当と律家は相談の上で、興福寺学侶の沙汰と

して罪科を加えてもらうことにした。こうして状勢は「寺僧」に不利となったので、口入人をもって両別当に懇願し、四王院の門を開くのを条件に三人の罪を免除されようとした。この交換条件が両別当によって承認されそうな状勢となったので、律家はそれを不満とし、両別当丼に「寺僧」のこうした動きを抑えるよう学侶に訴えた。学侶はこれについて評議し、張本琳俊については所帯の両職を召放ち、下手人三人に対しては罪に行なうことを決した。すなわち彼等は所帯は勿論、二親に至るまで所領を没収されることになった。

かくて本寺興福寺の評決によってこの一件は「寺僧」の全面的な敗北をもって終を告げることになり、この年八月九日、西大寺白衣寺僧等は弘安・元亨年間の請文に准じて(4)、次のような二ヵ条の請文を捧げることになった。

謹請申

西大寺白衣寺僧等、対律家不可現不儀間事、

右子細者、今度閉門逐電事、不牒申律家面、任雅意及嗷訴之条、背弘安元亨両度請文之由蒙御慇、此条誠無処于遁申、殊恐存者也、仍向後可存知条々、

一於寺辺、云律家行者下部、云郷民、称有其科、不申入別当、不蒙律家許可而、直不可行自由之検断事、

一嗷訴閉門等事、任弘安請文、輙不可有其儀、且依理訴及此企之時者、必牒申律家蒙御許可之後、可致其沙汰事、

以前条々、自今以後固守此請文、不可有違背申律家之儀、所詮閉門等嗷訴事、弘安請文明鏡之処、依不知案内之若輩等、近来有現不儀之子細、今度学侶及厳密御沙汰之間、以事次条々委細之請文所捧之也、以前両度者雖捧請文於律家、於今度者深為禁向後之不儀、奉仰学侶於証明、勒委細白衣寺僧等加連署、所請申之状如件

文和三年八月九日　　公文範盛（花押）

（以下二十七名連署略之）

この請文は右に「奉仰学侶於証明」とある如く、興福寺学侶方を通じて律家に差出された。そして学侶から西大寺別当の手を経て、八月十一日長老のもとに送られた。また学侶は八月十三日長老に充てて「若背此旨、於悪行狼藉之時者、忩被披露学侶方者、不日可有厳密之沙汰者也」との保証を与えた。

こうしてこの事件は二ヵ月半程を経て落着したが、その幕切れに興福寺学侶の保証を必要としたということは、当時「寺僧」の「律家」に対する不満が極めて根強い深刻なものであったことを物語るものであろう。以下この両者の関係について若干考えてみたい。

三

以上述べたようにこの「僧中」＝「律家」と「寺僧」との相論の原因は検断権の所在にあったが、その根底には西大寺内における「律家」対「寺僧」の深刻な対立があったことが知られる。この両者について考えるに先立って、まず検断権について述べることにする。検断権とは警察権および刑事裁判権を合せたようなものである。しかしその中には今一つ得分権としての面もあった。すなわち検断権保有者は犯人を逮捕し罰するばかりでなく、その居宅資財物妻子下人等を没収して自分のものとする権限を持っていた。前述の事件の背後にはこうした得分権の争がからんでいたのである。

西大寺敷地四至内および寺辺の検断権はもと西大寺執行職が掌握していた。ところが「先師菩薩（叡尊）律法中興之刻」、時の西大寺別当乗範は叡尊を深く崇敬するの余り、「以当寺執行職之検断以下」彼に寄付するに至ったという。(5)この検断権が寄付されたのは何時のことであろうか。その手懸りとして弘安元年（一二七八）七月十八日西大寺別当法印乗範置文の全文を次に掲げることにする。

条々

一寺本人夫可勤寺門役事、

右件人夫者、寺務召仕之条雖為流例、塔婆修造之際、暫令去進之処、其功忽成、随喜尤深、為陀羅尼堂以下相続有其沙汰云々、人夫之勤又以可為同前歟、所詮於今者、寺務不可召仕彼夫、一向随寺門之所勘、可勤其役者也、

一寺本田畠九町余一向可充寺用事、

右代々別当以彼年貢充恒例之寺用、以其余剰為寺務之得分云々、此条用三宝物之科、雖渉末庄、至此地殊可有斟酌者歟、向後止寺務相綺之儀、以有限寺用之残、可被充修理等料、但於毎日仏聖者、以諸庄上分可備進之、更不可有懈怠矣、

一同田畠内、自本充行寺僧依怙分、不可依違事、

右件地皆悉寄附之上者、年来為賞浄行之侶、以一町二段之下地、被充彼資縁云々、此条尤可謂興隆、為寺可為要枢者、雖向後不可違日来之沙汰乎、

一可令停廃当寺執行職事、

右彼職強無相伝之仁、補来甲乙之輩、依之動張行非法令苦悩寺僧、為寺門無其要、為住侶多其煩云々、付之案之、停廃之条雖似背先規、興隆之前定不貽後謗歟、早止件職、以其給物可充寺修理等者也、

一可停止寺僧任料事、

右寺僧経昇三昧・五師等時、如形令沙汰任料云々、於所進之分際雖不幾、当無頼之僧侶為大営歟、向後停止任料奔走之儀者、雖聊可為住侶安堵之計乎、

以前五箇条、就興隆之篇目、廻愚頑之風情者也、綺雖軽微志已深重、縦非一寺之至要、蓋叶三宝之冥慮矣、律衆等以此趣可令致沙汰給之状如件、

弘安元年七月十八日

別当法印権大僧都乗範

この置文の第四条には、西大寺執行職を停廃し、その給物を寺の修理等に充てる旨が記されているが、検断権については明記されていない。しかし検断権には得分権的な一面があったこと、またこの置文は律衆(律家)充のものであることを考えると、先に述べた「当寺執行職之検断以下」が叡尊に寄付されたのは正式にはこの置文によってであること、したがってその時期は弘安元年七月十八日のことであった。なお既に五月九日小別当源範奉書に執行職停止のことが見えているが、これは内意を伝えたもので、正式には七月十八日と考えたい。

なおこの乗範置文によれば「停廃当寺執行職」とあるが、その後の元応二年(一三二〇)・文和三年(一三五四)には「執行」[6]、文和三年・延文五年(一三六〇)・明徳元年(一三九〇)等の文書には「執行代」が見えており[7]、弘安元年以後その職が完全に廃止されたのでもないようである。この中で文和三年に見える「執行」および「執行代」はともに琳俊であり、「執行」は「執行代」の誤りというよりはむしろ「代」を省略したものと考えられる。文和三年七月四日西大寺別当範宗書状には「小目代幷執行代両職共以律家御沙汰候之間、為別当無処沙汰候」とあり、執行代の補任権は律家にあった。別当乗範は弘安元年「停廃当寺執行職」し、その権限は律衆に付与された。しかし律衆としてはその職務を行使する者が必要なため、執行職は律衆が握り、その代官として執行代が置かれたのではなかろうか。現在知られるところでは執行代に補任されたのはいずれも「寺僧」であった。ところが文和三年の一件でも明らかなように、「寺僧」は執行代琳俊も含めて、検断にはまったく関与させられていなかった。したがって執行代の職務内容は、執行のそれから、少なくとも検断権を除外したものであったと考えられる。

西大寺における検断権の問題は別の機会に譲って、次に「寺僧」と律家について考えてみたい。先の『白衣沙汰引付』において、「寺僧」「僧中」なる語は普通名詞としてではなく、それぞれある特定の僧達のグループを指す語として用いられている。前にも触れたように「寺僧」は「白衣寺僧」「白衣僧」「白衣方」とも呼ばれ、また「僧中」は「律家」「律家方」「律衆」「黒衣方」と呼ばれたことは先の『白衣沙汰引付』によっても明らかである。こうした用語例は『白衣沙汰引付』のみに限ったことではなく、他の西大寺文書中にもしばしば見られるところである。

「律家」（僧中）とはその名の如く西大寺における律宗の僧を指すもので、当寺を戒律復興の中心道場とした興正菩薩叡尊の流を汲む僧達を指す。叡尊は文暦二年（一二三五）正月西大寺に住したが、翌嘉禎二年（一二三六）十二月海竜王寺に移った。しかし暦仁元年（一二三八）八月西大寺に還住してその教を広め、貴賤の崇敬を集めた。それとともに寺としての西大寺も復興することになったが、それはまた西大寺内における律宗の勢力を次第に増大させることにもなった。

叡尊入寺以前の西大寺は伽藍の荒廃甚しく、平安時代末頃には主要伽藍中で残存するのは僅かに食堂・四王堂・東塔のみといわれる程であった。叡尊は当寺に入るや東塔を中心とする宝塔院に住したが、その流を汲む「律家」の僧達も同院に止住した。『西大寺三宝料田畠目録』に「右新井庄幷散在田園等者、甲乙施主為菩提資粮、所寄附宝塔院止住之衆僧也、然則件庄園田畠房舎雑具以下、若不宜別当・不信寺僧等出来、於持戒之止住致障碍之時者、止住衆僧同心和合、移有縁之勝地云々」の建治二年（一二七六）十一月十日叡尊置文が載せられているが、これによっても律家の僧等の本拠が宝塔院にあったことは明らかである。

これに対して「寺僧」等の本拠は何処にあったのであろうか。前述の一件に際して「寺僧」等は四王金堂の門を閉

じて歎訴している。また嘉暦二年（一三二七）十月二日西大寺衆僧等連署定文は「西大寺白衣寺僧歎申条々」に対して出されたものであるが、この中に「依秋篠沙汰、寺僧方借物莫大相積、四王供田以下厳重仏神料田等或令沽却、或置質券云々、仍可蒙扶持之由、頻懇望之間」とあり、四王供田すなわち四王金堂供田は「寺僧方」が管理していた。弘安五年四月当時四王金堂浄行衆であったのは僧実算・鏡俊・善慶・実栄・長秀・進舜の六人であるが(8)、彼等はいずれも弘安元年七月八日西大寺白衣当行衆交名注文案に見えており、「白衣」すなわち「寺僧」であった。これらのことから「寺僧」の本拠は四王院にあったと考えられる。

以上のように西大寺内には「律家」（僧中）と「寺僧」（白衣寺僧）の二つのグループがあったが、前者は東塔を中心とする宝塔院に、また後者は四王金堂を中心とする四王院にそれぞれ止住し、その役割が分れていたものと考えられる。「律家」を統轄したのは長老（律宗の住持）であることは今さら言うまでもないだろう。これに対して「寺僧」については如何であろうか。公文・寺主・上座・執行代・供僧・五師・三昧等はいずれも寺僧が補任される僧職であったようである(9)。また前にも触れたように四王金堂浄行職も寺僧の中から補任された。その中の寺主職・公文職の補任状については、弘安二年・応安六年（一三七三）・永和二年（一三七六）のいずれにも「衆首沙門」の署判が加えられている(10)。また弘安五年の四王金堂六口浄行職供田配分状には「衆首沙門叡尊」の署判が見えている(11)。さらに浄行職の補任状には「衆首沙門某(12)」、あるいは「衆首沙門信空(13)」の署判があるばかりか、その文中に「依宝塔院和合衆僧之議定」とある。このようにこれらの僧職の補任には「衆首沙門」すなわち長老の署判が必要であるばかりか、「律家」の評定を経ねばならなかったのである。

以上はいずれも弘安二年以後南北朝頃にかけてのものであるが、こうした「寺僧」に対する律家の優越は何時頃からおこったのであろうか。第十五代長老興泉（康暦元年寂）の五月廿三日付書状に「当時白衣寺僧等所帯所職事、先師

菩薩以来者、為律家充行之候」とあり、律家が「寺僧」に対する補任権を握ったのは叡尊の時であったという。しかし建治二年十一月頃には叡尊は「若不宜別当・不信寺僧等出来、於持戒之止住致障碍之時者、止住衆僧同心和合、移有縁之勝地、（中略）勿退転此勤行」と定めており、[14]当時なお叡尊が管轄していたのは宝塔院だけで、それも別当・「寺僧」の出方によってはそこに止住することも困難になるようなものであったことを示すものではなかろうか。

先に全文を引用した弘安元年別当乗範置文の第三条によれば「同（寺本）田畠内自本充行寺僧依怙分」は「年来為賞浄行之侶」で、その面積は一町二段であるという。その面積は四王金堂六口浄行職供田一町二段八十歩とほぼ合致しており、しかも「為賞浄行之侶」とあることを合せ考えれば、「寺僧依怙分」の田畠は浄行職供田を指すものとして誤りないであろう。この推定が正しければ寺本田畠の管轄が律家に委ねられると同時に浄行職供田の配分、そしてさらには浄行職の補任権そのものも律家に付与されたものと考えられる。また第五条では「寺僧」が三昧・五師等に昇任されるに際して、別当が任料を徴集することを停止している。別当が任料停止を律衆に通告していることから考えると、「寺僧」に対する補任権もほぼこの頃に別当から律家すなわち叡尊に譲られたのではなかろうか。こうして西大寺における叡尊および律家の地位は確立されることができた。

「寺僧」が補任される公文・寺主・上座・供僧・五師等はいずれも興福寺その他の南都諸寺と共通性を有する僧職名で、律系統の僧職名ではない。西大寺においてはこれらは叡尊入寺以前よりの伝統的な僧職であり、西大寺別当がそれらを統轄して当寺の運営を行なって来た。しかし叡尊が入って諸人の崇敬を集め、当寺の復興に努めてその実をあげるとともに、彼の発言権は増大した。そして遂に弘安元年七月に至って西大寺運営の実権は大幅に別当の手から叡尊の手へ移されることになり、「寺僧」に対する律家の優越的地位が確立されるに至ったのである。

一方「寺僧」にとっては伝統的な地位が低下させられ、新興の「律家」の下風に立たされることになる。これは

「寺僧」としては快からぬことに思われたに違いない。彼等は弘安十年、元亨三年（一三二三）、文和三年、明徳元年等々に度重ねて請文を捧げ、「律家」の命に違背しないこと、勝手に閉門嗷訴を行なわないことなどを誓っている。(15)しかもなお文和三年には前述のような事件を引起している。このように度々請文を捧げねばならなかったということこそは、「寺僧」の心の奥に常に「律家」に対する不満と対抗意識が根強く存在していたことを物語るものであろう。

「律家」は「寺僧」に対する補任権を握ってはいたが、彼等が一致して「律家」に反抗を示すと、独力でそれを抑え切ることができる程の力は持っていなかった。そうした時には前述の一件の場合のように、西大寺別当に頼り、またさらには本寺である興福寺に訴え、その強権を背景にしてしか事態の解決はできないことになる。一方「寺僧」の側でも、この一件では成功しなかったが、別当や興福寺の力を利用して有利な解決を計ろうとする。特に西大寺別当はその権限を大幅に律家に譲ったとはいえ、別当としての発言権を失ってしまったわけではなく、しかも本寺興福寺の有力者（興福寺権別当その他）でもあったから、その力は無視できないものがあった。したがって西大寺別当あるいは興福寺からの干渉を受け易く、「律家」の「寺僧」に対する優越的な地位、また西大寺の管轄権も限定付のものにならざるをえなかった。

四

以上文和三年の次郎入道殺害事件を手懸りにして、鎌倉時代末期より南北朝時代にかけての西大寺における「律家」と「寺僧」との関係について述べた。両者の関係とはいっても本稿で触れることができたのは、「律家」は「寺僧」に対して優越的な地位にあったこと、それが確立されたのは弘安元年頃と考えられること等、ごく一部の問題にしか過ぎなかった。両者の関係を知ることは中世における西大寺の寺院組織・経営を知る上で重要なことである。

種々の重要な問題が残されているが、これについては別の機会に論ずることにしたい。

註

(1) 現在巻子本になっているが、もとは冊子本で袋綴であったようである。現在の白紙表紙は巻子本に改装の際に付されたもので、原表紙は現在は巻末に残されている。紙数は三十一紙（原表紙とも）であるが、内四紙は半分しかない。文書を翻してその紙背に書かれている。六月八日西大寺別当範宗書状より始めて、八月十三日供目代舜弁書状までの往復文書の写ならびに元亨三年・弘安十年等の証拠書類を収め、さらにその奥にこの事件の経過の概要が記されている。なおこの中で元亨三年十月十九日西大寺僧等連署請文写は末尾の連署部分の一部が残るのみで、この前に少なくとも一紙程の欠佚がある。表題には「西大寺文書巻第十四白衣寺僧沙汰引付末慈聡房記録」とあり、また奥の原表紙には次のようにある。

「　文和三年甲午六月　日
西大寺白衣寺僧沙汰引付
——（花押）」

その筆者ならびに花押の主は表題にいう慈聡房であろうか。

(2) 平泉澄『中世に於ける社寺と社会との関係』（一一五頁以下）。

(3) 「黒白」とは「黒衣方」（律家）と「白衣方」（寺僧）とを併せ呼んだものである。

(4) 弘安十年六月廿三日西大寺当行衆等請文、（同年月日）西大寺五師供僧三昧等請文、元亨三年十月十九日寺僧等連署請文。

(5) 貞治六年八月日西大寺敷地内検断規式。

(6) 元応二年三月廿一日寺僧等連署出挙米借請状等、（文和三年）七月廿七日供目代舜弁書状案。

(7) 文和三年七月四日範宗書状案、延文五年七月廿四日寺僧評定注進状、明徳元年九月六日寺僧等連署請文。

(8) 弘安五年四月十九日西大寺四王金堂六口浄行衆供田配分状案。

(9) 註(4)(7)に見える寺僧等連署請文その他を始め、文和三年八月九日寺僧等連署請文等にはこうした僧職名が必ず見えている。これに対して律家方の出した文書にはこれらの僧職名は見えていない。

(10) 弘安二年三月　日西大寺寺主職補任状案、応安六年二月　日西大寺寺主職補任状案、永和二年四月　日西大寺公文職補任状案。

（11）註（8）参照。
（12）弘安五年六月日西大寺四王金堂六口浄行職補任状案。
（13）嘉元三年閏十二月日西大寺四王金堂六口浄行職補任状案。
（14）西大寺三宝料田畠目録。
（15）元亨三年十月十九日寺僧等連署請文案、文和三年八月九日寺僧等連署請文、明徳元年九月六日寺僧等連署請文。

七　七大寺巡礼私記と十五大寺日記

一　緒　言

『七大寺巡礼私記』は大江親通が保延六年（一一四〇）三月の二度目の南都巡礼の際の見聞を中心にして、嘉承元年（一一〇六）の彼の初度の南都巡礼の見聞や、その他の種々の文献を参考にして編纂したもので、十二世紀前半期における南都諸大寺の建築や仏像その他の実状をかなり忠実に伝えるものと考えられており、その史料的価値は高く評価されている。その個々の記事については福山敏男氏が他書との比較をしておられるが(1)、それらの関連記事との系譜的な研究についてはなお不十分であり、今後の重要な研究課題の一つである(2)。

ところで京都栂尾の古刹、高山寺所蔵の聖教類中に「興福寺南円堂不空羂索」なる書出をもつ抄物が蔵されている（第九九函一六号、図159）。それには特に表題は付けられていないが、その内容は興福寺南円堂不空羂索ならびに東大寺大仏に関するもので、便宜上『興福寺南円堂不空羂索等事』なる仮題を付する。そこには「十五大寺日記云」として、同書の記事が引用されているが、この『十五大寺日記』なる書は逸書で、その完本は勿論、その逸文、さらにはその書の存在したことすらも知られていなかった。この逸文中には『七大寺巡礼私記』（以下『巡礼私記』と略称する）とよく似た記事の見られることが注目を引く。両書の記事に類似性があるということは、両書が同じ祖本によったか、あるいはまた何れか一方が他方を参照して作られたかを示すものである。したがってこの両書の関係を明らかにすること

は『巡礼私記』の記事の成立過程乃至は往時における同書への評価を知る手懸りともなり、その史料価値を考える上で極めて重要なことと考えられる。

そこで本稿ではまず『興福寺南円堂不空羂索等事』（以下『不空羂索等事』と略称する）[3]の全文を紹介し、次いでその記事の内容ならびに『巡礼私記』との関係について検討を加えたい。

註

（1）福山敏男「校註七大寺巡礼私記」（『建築史』五巻二―六号）、同「解題　七大寺日記と七大寺巡礼私記」（『校刊美術史料』第七輯）、同「七大寺巡礼私記」（『校刊美術史料』第八・九輯）。

（2）『巡礼私記』についての従来の主な研究としては次の如きものがある。足立康「七大寺巡礼私記に現れた塔婆の記事」（『考古学雑誌』二二巻九・一〇号）、同「『七大寺日記』と『七大寺巡礼私記』」（『東洋美術』一六号）、荻野三七彦「菅氏本七大寺巡礼私記」（『歴史地理』六一巻二号）、足立康「南都七大寺巡礼記の研究」（『東洋美術』一七号）、荻野三七彦「国宝七大寺巡礼私記解題」（鵤叢刊第四『七大寺巡礼私記』付録）、若井富蔵「七大寺巡礼私記と其の逸文」（『奈良叢記』所収）、田中重久「七大寺修行要略は大江の親通の撰に非ず」（『仏教芸術』六五号）。

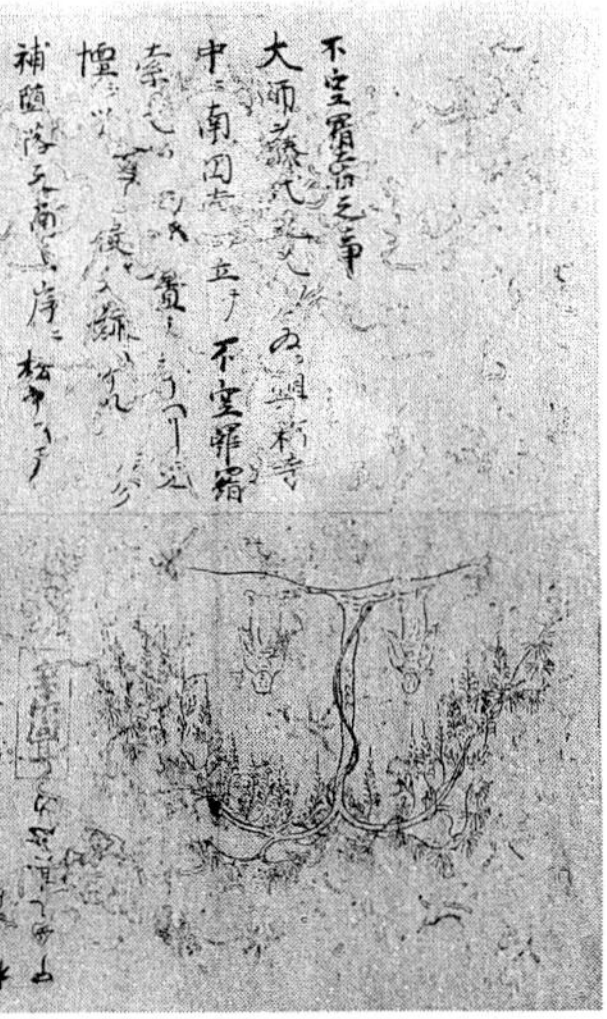

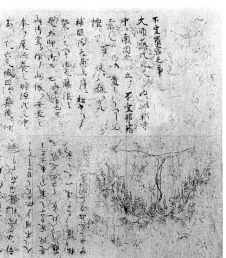

図157　不空羂索之事（高山寺　第169函36号）

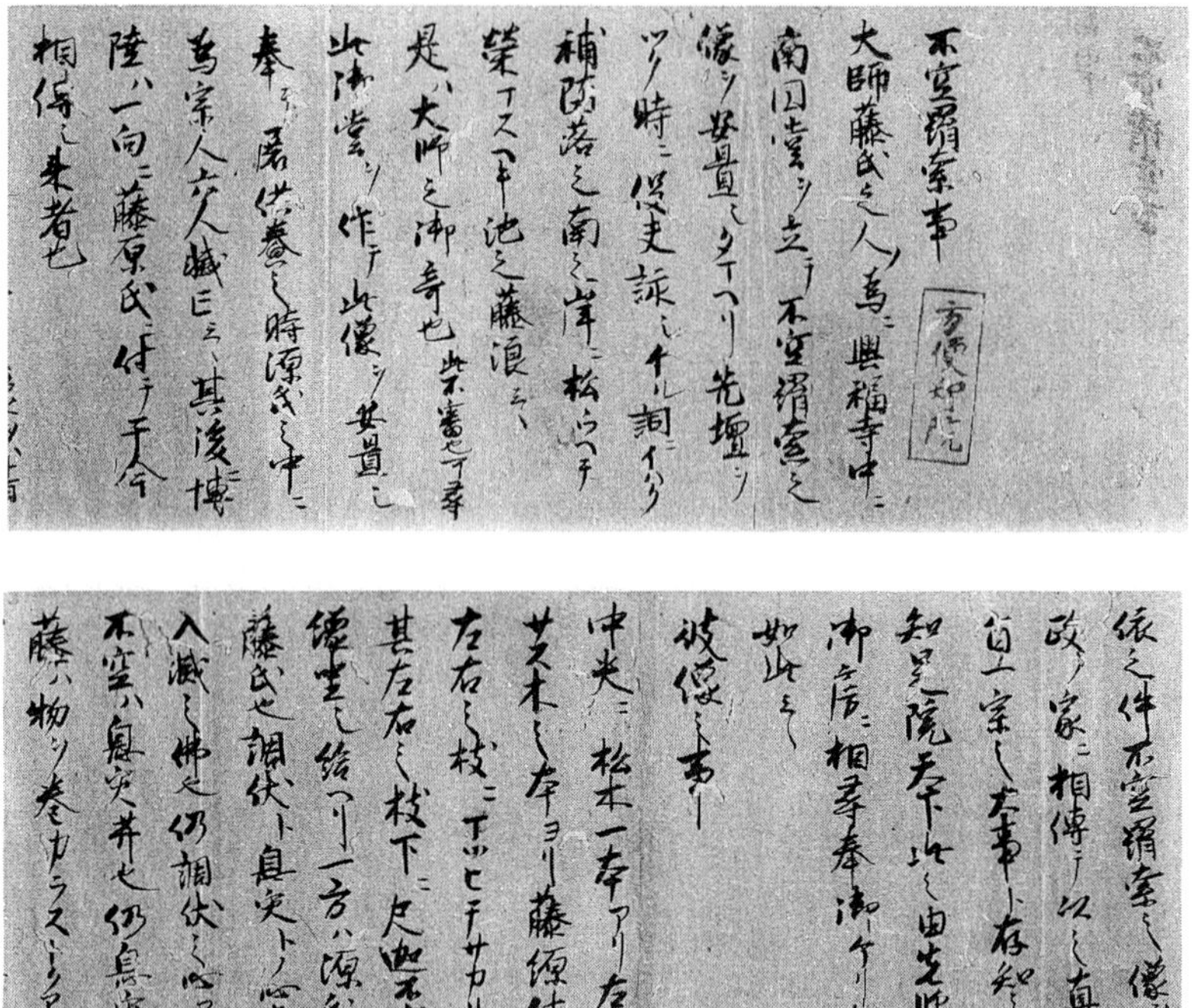

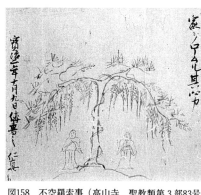

図158　不空羂索事（高山寺　聖教類第３部83号）

（3）高山寺には『不空羂索事』なる表題をもつ別の抄物が重要文化財「高山寺聖教類」の中（第三部八三号、図158）、ならびに第一六九函の中に収められている（図157、ともに同文）。本書もまた興福寺南円堂不空羂索に関するものであるが、『不空羂索等事』とは内容はまったく異なっている。第三部八三号のものには『不空羂索等事』と同文の「宝治二年十月九日伝書之　仁真」の奥書があり、両書は仁真が同時に書写したものである。第一六九函のものには奥書はないが、書風より推して仁真書写のものよりやや時代が溯るものと思われ、鎌倉時代初期頃の書写と考えられる。あるいは仁真はこれによって書写したのではなかろうか。

二　『興福寺南円堂不空羂索等事』

『不空羂索等事』の本文は未紹介であるため、ここではその全文を紹介し、その記事と『十五大寺日記』との関係について若干の検討を加えたい。なお本文を掲げるに先立って、まずその体裁等について述べる。漉返しの斐紙二枚を継ぎ、墨界線を引き、三十六行に分つが、首二行、本文と奥書の間一行、末尾一行は空白で、墨付は本文三十一行、奥書一行の計三十二行である。寸法は縦二七・八センチ、全長七三・二センチ（第一紙四一・一センチ、第二紙三二・一センチ）、界高二〇・四センチ、界幅二・〇センチである。本文初行下方に「方便智院」の単郭長方朱印を捺す。その奥書にもあるように、高山寺第三世仁真[1]が宝治二年（一二四八）十月九日に書写したものである。なお十二折に桝型に折畳まれている。また端裏書は本文と筆跡を異にする。

次に本文を掲げるが、改行は原文のままで、句読点のみを加えた。また本文上方の漢数字は項目を、アラビア数字は行数を現すために加えたものである。

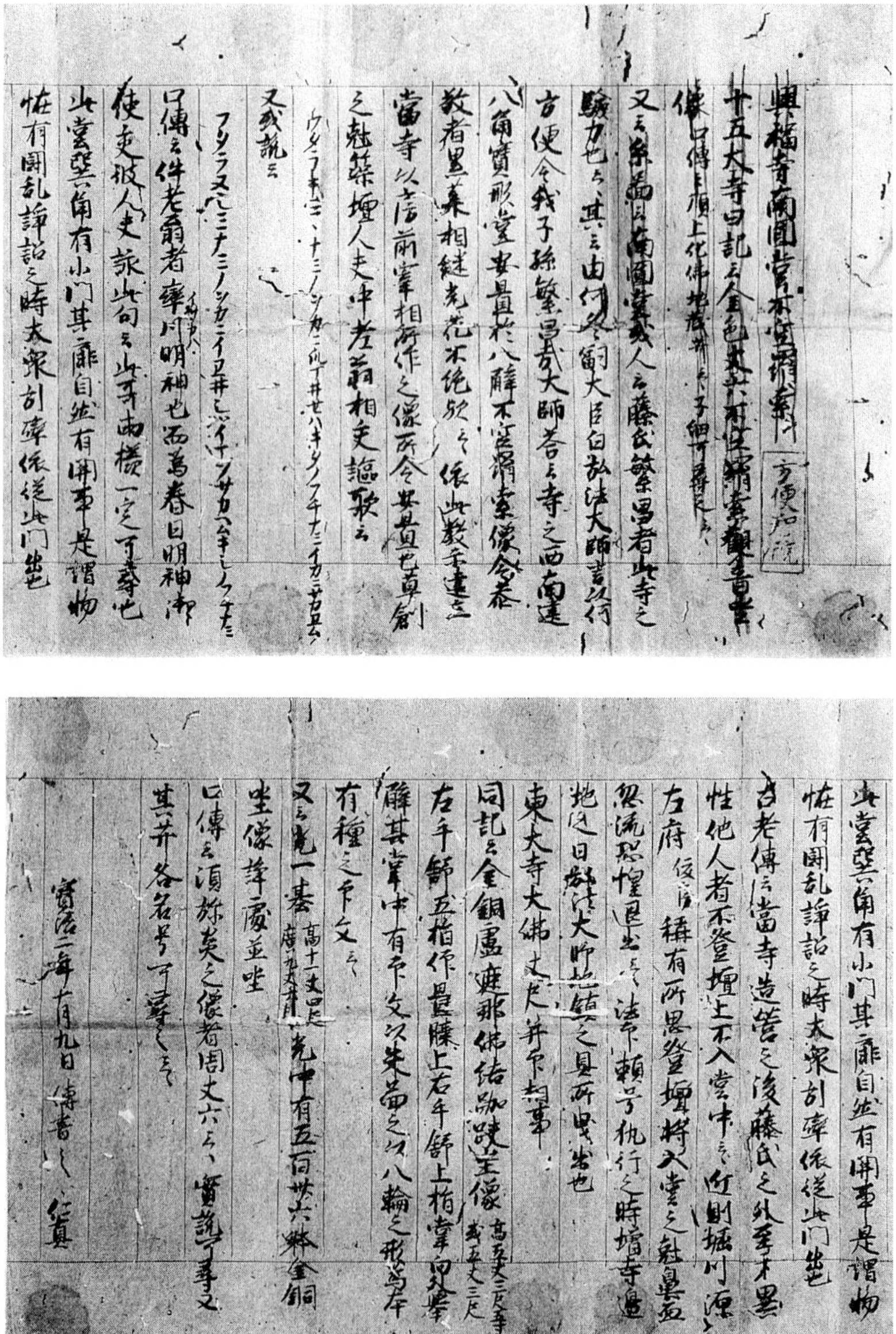

図159　興福寺南円堂不空羂索等事（高山寺　第99函16号）

「（端裏書）（異筆）「勧内中」　（又異筆）「東第七」」

興福寺南円堂不空羂索

十五大寺日記云、金色丈六不空羂索観音坐

（一）像、口伝云、頂上化仏地蔵𦬇云々、子細可尋之云々、

（二ノ一）又云、系図云、南円堂、或人云、藤氏繁昌者此寺之

（二ノ二）験力也云々、其云〔之カ〕由何、冬嗣大臣白弘法大師言、以何方便令我子孫繁昌哉、大師答云、寺之西南建八角宝形堂、安置於八臂不空羂索像、令恭敬者累葉相継、光花不絶歟云々、依此教示、建立当寺、以房前宰相所作之像、所令安置也、草創之尅、築壇人夫中老翁相交、謳歌云、

フタラキミ、ナミノヲカニスマキセハキタノフチナミイカニサカヱム

又或説云、

フタラヌシミナミノヲカニイヱキシツイマソサカヘムキシノフチナミ

（二ノ三）

口伝云、件老翁率川《イサカワ》明神也、而為春日明神御使、交彼人夫詠此句云、此哥両様、一定可尋也、此堂巽角有小門、其扉自然有開事、是謂物恠、有闘乱諍訟之時、大衆引率、依従此門出也

（二ノ四）

古老伝云、当寺造営之後、藤氏之外、至于異性〔姓〕他人者、不登壇上、不入堂中云々、近則堀川源左府俊房、称有所思登壇、将入堂之尅、鼻血忽流、恐惶退出云々、法印頼尊執行之時、増寺辺地之日、弘法大師地鎮之具所曳出也、

（三）

東大寺大仏丈尺幷印相事

同記云、金銅盧遮那仏結跏趺坐像、高五丈三尺五寸 或五丈三尺 左手舒五指、仰置膝上、右手舒上〔五カ〕指、掌向外、挙臂、其掌中有印文、以朱図之、以八輪之形為本、有種之〔々誤カ〕印文云々、

（四ノ一）

又云、光一基、高十一丈四尺、広九丈六尺、光中有五百卅六躰金銅

坐像、諍処並坐、

（四ノ二）　30　口伝云、須弥炎之像者、周丈六云々、実説可尋、又

其井各名号可尋之云々、

宝治二年十月九日伝書之　　仁真

巻首三行半は抹消されているが、その墨色は本文に比して極めて淡色である。本文書写の途中で抹消を加える時には、その墨色は本文とほぼ一致するのが通例である。また書写の途中でこのような薄墨を筆に含ませて抹消を加えた場合には、その後本文を書き継いだ個所の前後の墨書には変化が現れ勝ちである。ところが本文においては墨色に特に目立った変化は認められず、抹消は本書全文が書写された後に加えられたものと考えるのが妥当のように思われる。

本文は「興福寺南円堂不空羂索（事）」と「東大寺大仏丈尺幷印相事」の二つに大別されるが、その記載形式ならびに内容上から、それぞれはさらに次の如くに細分される。すなわち、前者は「十五大寺日記云」云々（二行目）と、「又云」云々（四行目）以下の二つに分れるが、その内の「又云」云々はさらに「系図云」云々、「或人云」云々（共に四行目）、「口伝云」云々（一四行目）、「古老伝云」云々（一八行目）の四項に分けられる。次に後者は「同記云」云々（二四行目）と「又云」云々（二八行目）に分れ、その内「又云」云々は「光一基」云々と「口伝云」云々（三〇行目）の二項に分けられる。

次にこれらの記事が何からの引用であるかを検討してみたい。

「同記云」は一カ所のみであるが、それ以前のものを受けて「同記」と呼べるのは『十五大寺日記』以外には考えられず、これよりの引用文と考えて差支えなかろう。次に「又云」（四・二八行目）については各「十五大寺日記云」

「同記云」の後を受けており、これまた『十五大寺日記』よりの引用文と考えるべきものである。四行目の「系図云」「或人云」は「又云」より引続いて改行なしに書かれており、「又云」の記事、すなわち『十五大寺日記』中の記事と考えられる。一四行目の「口伝云」は明らかにそれ以前の「或人云」云々の記事を受けて書かれた文であり、これも同書よりの引用文の中にあったものと考えるべきであろう。一八行目の「古老伝云」、三十行目の「口伝云」については、その内容が前の部分と密接に関連することはいうまでもない。しかも『東大寺要録』『巡礼私記』『建久御巡礼記』等の諸書中にも、「古老伝云」「口伝云」もしくはそれに類似した書出をもつ記事が随所に散見しているが、[2]その中には明らかに他書よりの引用と見られるものも少なくない。[3]したがってこの二項もまた、『不空羂索等事』の撰者自身による伝聞記事ではなく、「又云」の記事の一部、すなわち『十五大寺日記』中の記事の引用と考えるべきものであろう。

以上により『不空羂索等事』の本文はすべて『十五大寺日記』からの抄出文よりなるものと考える。

註

（1）仁真については本稿第四節参照。

（2）東大寺要録―「耆老相伝云」「古人談云」「耆旧云」「寺僧相伝云」「口伝云」「聞耆旧伝云」「古老云」等々。
巡礼私記―「口伝云」「或説云」「或人云」「古老伝云」「世人伝云」。
建久御巡礼記―「古老語伝云」「古老伝云」。

（3）『東大寺要録』巻第四諸院章、羂索院項の執金剛神像に関する「又寺僧伝云」云々の記事は「載白河院高野巡行之日記」とあり、この記事は本書撰者の直接の伝聞記ではなく、他書よりの引用であることを示している。他のこうした伝聞記事についても他書よりの引用が多いものと考えられる。

三　『十五大寺日記』と他書との比較

『十五大寺日記』と類似した記事は『巡礼私記』その他に見られるが、『不空羂索等事』の項目毎に諸書の記事を並べて比較検討を行なう。

〔第一項〕（一―三行目）

（十五大寺日記）

興福寺南円堂不空羂索

十五大寺日記云、金色丈六不空羂索観音坐像、口伝云、頂上化仏地蔵廾云々、子細可尋之云々、

（七大寺巡礼私記　興福寺南円堂項）

金色丈六不空羂索坐像、口伝云、頂上化仏者地蔵廾云々、子細可尋、

（図像集　巻第二末　観音　不空羂索像項）(1)

或記云、興福寺南円堂不空羂索

金色丈六不空羂索観音坐像、口伝云、頂上化仏地蔵菩薩云々、子細可尋之云々、

以上の三書を比較すると、『十五大寺日記』と『図像集』所収「或記」の記事はまったく同文であるが、『巡礼私記』は『十五大寺日記』の文から「観音」および「之云々」が除かれている。

〔第二項ノ一、二、三〕（四―一七行目）

（十五大寺日記）

又云、系図云、南円堂、或人云、藤氏繁昌者此寺之験力也云々、其云由何、冬嗣大臣白弘法大師言、以何方便令我子孫繁昌哉、大師答云、寺之西南建八角宝形堂、安置於八臂不空羂索像、令恭敬者、累葉相継、光花不絶歟云々、依此教示、建立当寺、以房前宰相所作之像、所令安置也、草創之剋、築壇人夫中老翁相交、謳歌云、

フタラキミ、ナミノヲカニスマヰセハキタノフチナミイカニサカヱム

又或説云

フタラヌシミナミノヲカニイヱヰシツイマソサカヘムキシノフチナミ

口伝云、件老翁者率川《イサカワ》明神也、而為春日明神御使、交彼人夫、詠此句云、此歌両様一定可尋也、此堂巽角有小門、其扉自然有開事是謂物怪、有闘乱諍訟之時、大衆引率、依従此門出也、

（七大寺巡礼私記　同前項）

古老伝云、房前宰相依弘法大師之教訓、為安置不空羂索像、被建立南円堂之剋、築壇人夫之中、老翁相交詠歌云

フタラキミミナミノヲカニスミヰセハキタノ藤ナミイカニサカエム

又或人詠云、フタラヌシミナミノカタニイヘヰシツイマソサカエムキタノフチナミ

口伝云、件老翁者率川明神、而春日大明神御使交彼人夫、詠此句云々、此歌両様也、実説可尋、此堂巽方大垣有小門、其扉自然有開事、謂之物怪、有闘乱訴訟之時、僧侶引率依出此門也、

（興福寺流記　南円堂項）(2)

記云、房前丞相依弘法大師之教訓、不空羂索造立、其後閑院大臣冬嗣為安不空羂索建此堂之剋、築壇人夫老翁交云々、

フタラキミミナミノオカニスマヰセハキタノフシナミイカテサカエン

又云、フタラヌシミナミノカタニイヘヰシツイマソサカヘムキタノフシナミ
件老翁者率川明神、

以上三書は南円堂不空羂索像の造立発願者を藤原房前とする。これに対して『興福寺縁起』『興福寺伽藍縁起』『醍醐寺本諸寺縁起集』『興福寺流記』（ここに引用した以外の二カ所）、『図像抄』（十巻抄）、『別尊雑記』『図像集』『覚禅抄』その他の諸書はいずれも造立発願者を房前の孫長岡右大臣藤原内麻呂としている。『興福寺縁起』等の成立年代の古い諸書はいずれも内麻呂説をとっており、先の房前説は誤りと考えられるが、この誤説をとるのは管見の範囲では先に掲げた三書のみである。

ところでこの三書もさらにその間には大きな相違点が見られる。すなわち『十五大寺日記』は房前造立の不空羂索造安置のため、曾孫冬嗣が弘法大師の言にしたがって南円堂を建立したとする。ところが『興福寺流記』は房前が弘法大師の教訓によって不空羂索像を造立し、後に冬嗣がそれを安置するために南円堂を建立したとする。また『巡礼私記』は房前が弘法大師の教訓により、不空羂索像を安置するため南円堂を建立したと述べている。しかし房前の歿年は天平九年（七三七）四月であり、弘法大師の教訓を受けることはあり得ない。したがって『興福寺流記』と『巡礼私記』の記事はともに大きな誤りを冒している。三書を比較してみると、この両書は『十五大寺日記』とは南円堂ならびに不空羂索像の願主について大きく異なっているとはいえ、その文章には類似するところが多く、『十五大寺日記』に見える説話の誤解に基づいて書かれたものと考えて差支えなかろう。

次に『巡礼私記』と『興福寺流記』を比較すると、『巡礼私記』が『興福寺流記』所引の某記を誤って要約し、南円堂の建立者と不空羂索像の願主と混同して、ともに房前としてしまったものと考えられる。したがってただ記事の形のみから見ると、『十五大寺日記』→『興福寺流記』所収某記→『巡礼私記』の系譜が成り立つかとも考えられる。

しかし両書ともに『十五大寺日記』の記事を誤解し、それぞれに誤った要約を行なったことも考えられる。これは『巡礼私記』そのものの成立を考える上で重要な問題であるが、今直ちにそのいずれであるかを決定することは困難である。

福山氏は「巡礼私記が興福寺側にも伝わっていたらしく、治承以前の撰かと思われる興福寺流記（通行本興福寺流記の始の部分）にも引用され」と述べておられる。(3) 詳しくその考えを述べられていないが、その説に推測を加えると、この「記云」の部分もあるいはその引用の一つとなるものであろう。しかしこの記事からは『巡礼私記』が『興福寺流記』に先行するものとは考えられず、『興福寺流記』編纂に際して『巡礼私記』が引用されたとする考えには賛成し難いところがある。なおこの両書の関係については第六節においてさらに詳しく検討を加えたい。

〔第二項ノ四〕（一八—二二行目）

「古老伝云」以下のこの説話は、管見の範囲では『十五大寺日記』に見えるのみで、他書にはこれと類似する記事を見出すことはできなかった（本文省略）。

〔第三項〕（一三—一七行目）

（十五大寺日記）

　東大寺大仏丈尺幷印相事

同記云、金銅盧遮那仏結跏趺坐像高五丈三尺五寸、或五丈三尺、左手舒五指、仰置膝上、右手舒上指、掌向外、挙臂、其掌中有印文、以朱図之、以八輪之形為本、有種之（々誤カ）印文云々、

（七大寺巡礼私記　東大寺大仏）

一　仏幷等丈尺寸法印相事

中尊金銅盧舎那仏結跏趺座（坐）□（像カ）高五丈二尺縁起或五丈三尺
左手舒五指、仰置左膝上、右手舒五指、掌向外、奉（挙カ）臂、掌有印文以朱図之、以八輪之類為本、有種々印文、眉間
白豪（毫カ）者以銀瑩之、大如斗納伏鉢、
（図像集巻第一　胎蔵界大日項）(4)

或記云、東大寺大仏金銅盧舎那結跏趺坐像高五丈三尺五寸、或五丈三尺、左手舒五指仰置膝上、右手舒五指掌向外挙臂、其掌中有印文、以朱図之、以八輪之形為本、有種々印文、巧匠従四位下兼造東大寺次官国中連公磨（麿カ）作也、眉間白毫以銀瑩之、大如斗納伏鉢、肉髪高三尺、螺髪九百六十箇高一尺径六寸、凡面輪手足寸法見縁起、仍不細註載矣、仰此像寺家皆謂大日、是誤歟、若為花厳教主者、著宝冠可服瓔珞也、而已螺髪之形也、大日之義尤以難思、伏惟胎蔵界釈迦院之釈迦、其脇士者左観世音右虚空蔵、以之推之、此仏脇士已爾也、定知葉上大釈迦而已、亦其座蓮花葉之（上カ）、以堺多打化仏之像矣、但是則一端之難也、或文云、帰名摩訶毘遮那如来、亦名釈迦牟尼如来妙法教主云々、依此文以釈迦号大日、有何難哉、亦釈迦称大日、見普賢観経矣云々、

以上三書の記事を比較すると、『十五大寺日記』がもっとも短く、『図像集』所引「或記」がもっとも詳細である。しかし『十五大寺日記』に見える記事は他の二書にも含まれており、しかもその文章には極めてよく似たところがある。したがってこの三書の記事には親近関係のあることが窺い知られる。中でも『十五大寺日記』と「或記」とはほぼ同文で、文字の相違または脱字が三カ所認められるのみである。しかもそこには文章の本質的な差異は認められず、意図的な改変によるものではなく、書写の際の単なる書誤りによって生じた相違と解せられる。一方『十五大寺日記』を『巡礼私記』と比較すると、「或記」とよりは相違点が多い。中でも大仏の寸法については大きな違いがあるが、これは単なる書誤りではなく、何れか一方が他方の記事によりながらも、それに意図的な改変を加えたことによ

るものと解するのが妥当のように思われる。こう考えると他の相違点すなわち「其掌中有印文」（十五大寺日記）と「掌有印文」（巡礼私記）、「以八輪之形」（十五大寺日記）と「以八輪之類」（巡礼私記）の如き相違もまた単なる書誤りではなく、文に変化をつけるため意図的に改変を加えたものとも考えられる。

以上によって『十五大寺日記』と「或記」とはまったく同系統に属し『巡礼私記』と前二書とは親近関係を持ちながらも何れか一方が他方に手を加えたものであることがいえよう。したがってこの関係を明らかにすれば「第二項の一、二、三」で述べたような両書の系譜関係をさらに一層明らかにすることができる。

〔第四項ノ一、二〕（二八―三二頁）

（十五大寺日記）

又云、光一基高十一丈四尺、広九丈六尺、光中有五百卅六躰金銅坐像、諍処並坐、口伝云、須弥炎之像者、周丈六云々、実説可尋、又其并各名号可尋之云々、

（七大寺巡礼私記）

一　光幷化仏丈尺事

光一基高十一尺、広九丈九尺、光中有五百卅六軀金銅并坐像、口伝云、須弥炎仏像者周丈六云々、

この両書を比較すると『十五大寺日記』の方が『巡礼私記』よりも記事が詳しいが、重複する記事は光背の寸法以外は一カ所文字の相違があるに過ぎない。このことはこれまでと同様に両書の記事の親近関係を示すものである。しかし光背の寸法は、前項での大仏の高さと同じく大きな違いを示している。したがってここでも一方が他方に拠りながらも何らかの理由によって意識的に改変の手を加えたものと考えることが可能であろう。

註

（1）『大正新修大蔵経』図像第四巻三二一頁。
（2）『大日本仏教全書』興福寺叢書一三頁。
（3）福山敏男「解題　七大寺日記と七大寺巡礼私記」（『校刊美術史料』第七輯四頁）。
（4）註（1）前掲書三〇五頁。

四　『十五大寺日記』と諸書との関係

前節において『十五大寺日記』と、それに類似の記事とを並べ対比した。それによると本書は『巡礼私記』とよく似たところが多いが、それよりも『図像集』所引の「或記」とはさらによく類似することが知られる。この「或記」について若井富蔵氏はこれを『巡礼私記』の逸文とされた(1)。しかも「或記」の方が記事が詳細なことから現存『巡礼私記』は抄本であり、この「或記」は『巡礼私記』広本の逸文であると主張された。しかし前節で比較したように「或記」と『巡礼私記』の文とは、若井氏がいわれる程よく似ているとは思われない。あるいはそれは広本・抄本の違いによるものという考えが起るかもしれない。しかし興福寺南円堂幷に本尊不空羂索像の発願者、東大寺大仏幷に光背の寸法等当然一致すべき重要な個所において大きな相違が認められる。それは広本・抄本の差というには余りにも本質的な相違である。

一方『十五大寺日記』と「或記」を比較するとその相違は極めて僅かで、しかも、単なる誤字脱字程度のものであり、文章上、内容上の本質的な重大な相違点は認められない。したがってこの「或記」は『巡礼私記』よりの引用ではなく、『十五大寺日記』よりの引用であり、同書の数少ない逸文と考えるべきであろう。

なおこの『十五大寺日記』を引く『不空羂索等事』は前述の如く仁真の書写にかかるものである。仁真は玄密房と称し、高山寺方便智院第二世で、嘉元元年（一三〇三）四月二十一日八十六歳で寂している。[2] 彼の師は方便智院第一世定真（空達房）である。『血脈類集記』によれば定真の血脈は興然（元智海、理明房）―栄然（出雲僧都）―定真とある。[3] また定真は行慈の付法を受けるとするものもあるが、[4] 行慈もまた興然の弟子であり、定真は興然すなわち勧修寺流の法流を汲んでいる。

現在高山寺には数多くの聖教類が伝存しているが、その中には「方便智院」の長方朱印を捺されたものが数多く見出される。これらの方便智院本の中には定真書写本を含めて鎌倉時代中期乃至それ以前の書写にかかるものが少なくないが、その中には興然（智海）書写あるいは伝受等の本奥書を持つものが多数見出される。[5] これらの中の多くのものは定真がその血脈により伝受を許されたものと考えられ、本奥書の無いものの中にも興然の法流を受けた書が少なくないことを推定させる。仁真は定真より付法をうけており、彼もまた興然の法流を嗣ぐものとして、定真よりこれらの書の披見書写を許されたものであろう。『不空羂索等事』もまた、興然から定真へと伝えられた書の一つとして、仁真がその書写を認められたものと考えることは可能であろう。

ところで「或記」を引く『図像集』は興然の数多い撰述書の一つである。同じ法流に属する興然、仁真の両人がほとんど同文の記を写していることを考えると、この「或記」こそは『十五大寺日記』よりの引用であるとする考えはさらに補強されよう。同日記は興然の手許に置かれて参考書類の一つとされていたのではなかろうか。

「或記」が『十五大寺日記』より引用されたものと考えられるとすれば、この「或記」によってさらに次の二つの記事も『十五大寺日記』の逸文となる。

（図像集　巻第一　釈迦像項）[6]

或記云、興福寺金堂釈迦眉間安少仏事、更不似普通之例、私案、依観仏三昧経第四文歟、如来眉間光明為此後世諸衆生故、時時眉間即放白毫光、分為八万四千支乃至一一光色化金山、一一金山有無量龕窟、中有諸化仏、皆放白毫光乃至亦皆号釈迦文、景等化仏眉間光明還入釈迦牟尼眉間云々、為表此義、以小仏置眉間内歟、或人語云、祇陀林寺釈迦文仏眉間安銀小仏像云々、

(図像集　巻第一　薬師像項)(7)

或記云、薬師寺金堂薬師丈六像須弥坐、身光中半出刻付七仏薬師像、又縁光雕飛天十九体、其須弥炎刻宝塔一基、彼塔立三柱之九輪云々、

次に問題となるのは『十五大寺日記』と『巡礼私記』との関係である。『十五大寺日記』第二項の二については『十五大寺日記』→『興福寺流記』所引某記→『巡礼私記』という系譜が考えられるとしたが、その他の記事についても同じく系譜を検討することが必要である。

第三項すなわち東大寺大仏に関する記事については、「或記」と『巡礼私記』を比較すると、後者に見える記事は若干の字句の相違を除いてほぼ前者と一致する。しかも前者には後者に見えない記事があって、若井氏もいわれるように『巡礼私記』の記事は「或記」より抄録引用されたものと考えるのが妥当のようである。したがってこの部分についても「或記」すなわち『十五大寺日記』が先行し、『巡礼私記』はそれに拠ったものであろう。また前に追加掲載した「或記」所引の薬師寺金堂薬師丈六像記事のと比較するため、『巡礼私記』の関連記事を掲げると次の如くである。

中尊金銅丈六薬師像須弥坐、身光刻付半出七仏薬師像、又縁光彫飛天十九躰、其須弥炎刻宝塔一基、彼塔上立三柱之九輪、尤以奇、子細可尋

両書に共通する「三柱之九輪」以前では、僅かな字句の異同は見られるにせよ、文には本質的な相違は認められない。したがってここでも東大寺大仏・興福寺南円堂不空羂索の項の場合のように、『巡礼私記』は『十五大寺日記』を写したものと考えて差支えなかろう。

以上のように『巡礼私記』の東大寺大仏・南円堂不空羂索・薬師寺金銅中尊はいずれもその書出しのもっとも重要な部分を『十五大寺日記』によっており、しかもほとんどそのままを引き写している。これは『巡礼私記』が『十五大寺日記』をもっとも基本的な参考書とし、それに依拠しつつ『七大寺日記』その他の諸書を併せ参照して編纂されたことを示すものではなかろうか。『巡礼私記』は『十五大寺日記』を引用しながらもまったくその出典を明記していない。したがってその中には『十五大寺日記』の記事そのまま、あるいはそこに若干手直しを加えた程度の個所が随所にあるものと考えて差支えなかろう。特に各項の基本をなす部分には『十五大寺日記』の文に近いものが多いのではなかろうか。また「口伝云」「古老伝云」の書出しをもつ記事にも『十五大寺日記』に拠ったものが少なくないであろう。

註

（1）若井富蔵「七大寺巡礼私記と其の逸文」（『奈良叢記』所収）。
（2）『高山寺縁起』。
（3）『血脈類集記』第十、権大僧都栄然付法。
（4）村上素道『明恵上人』附録参照。
（5）興然の本奥書をもつものの中には定真書写にかかるものが少なからず残っている。
（6）『大正新修大蔵経』図像第四巻、三〇八頁。
（7）註（6）前掲書、三〇六頁。

五 『十五大寺日記』について

まず『十五大寺日記』の成立時期について考えてみたい。現存する同書の逸文としては、『不空羂索等事』に収められている三十一行と、『図像集』所引の「或記」四個所（東大寺大仏、薬師寺金堂薬師、興福寺金堂釈迦眉間安少仏事、同南円堂不空羂索）が知られるのみである。これだけの僅かな逸文からその成立年代を論ずることは困難なところであるが、現在知られる範囲内でそれについて検討を加えたい。

まずその上限について検討を加えると、そこに見える幾人かの人名がその手懸りとなる。その中で比較的時代の降る者として、堀川源左府俊房および法印頼尊の二人をとりあげその事蹟を調べてみたい。

堀川源左府俊房は村上源氏で、土御門右大臣師房の子、長元八年（一〇三五）に生まれ、永保二年（一〇八二）十二月右大臣、翌三年正月二十六日左大臣に転じた。時に年四十九歳であった。以後継続して左大臣の地位を保ち、保安二年（一一二一）正月の上表まで三十八年の長期間にわたってその職にあり、白河院政下において大きな勢力を占めていた。(1) ところで『十五大寺日記』には「近則堀川源左府俊房称有所思登壇」とあり、この「古老伝云」中の説話の成立は俊房の左大臣任官以降にかかることを示している。特にそこには「近則」とあることにより、彼の左大臣在任中もしくはその死後あまり年月を隔てない頃に成立したものと推定される。

法印頼尊は万寿三年（一〇二六）左京大夫藤原定康の子として生れ、永保元年四月興福寺権別当となり、応徳三年（一〇八六）それを辞した。寛治三年（一〇八九）三月興福寺別当となり、康和二年（一一〇〇）七月年七十五歳で寂するまで、約十一年間その地位にあった。(2) したがって本書にいう「法印頼尊執行之時」とは、彼が興福寺別当であった寛治

三年三月より康和二年七月までの間のこととなる。

以上によって、この記事は、俊房については永保三年から保安二年、頼尊については寛治三年から康和二年に至る間の出来事についてのこととなる。しかし「近則堀川源左府俊房」云々という文は俊房の晩年または歿後あまり年月を経ない時期のものと考えられる。また「法印頼尊執行之時」という書き方は、この記事が頼尊が別当でなくなった時、すなわち彼が死んだ康和二年以後に書かれたことを推測せしめる。したがってこの「古老伝云」云々の説話の成立は俊房の最晩年乃至歿後さほど年月を隔てない頃、すなわち一一二〇年前後頃をその最上限とするものと考えられる。

次にその成立年代の下限について検討を加えたい。その記事が『図像集』ならびに『巡礼私記』に引用されているのであるから、この両書の成立年代が下限となる。『図像集』の成立年代は明らかでないが、その撰者は勧修寺流の碩学理明房興然である。彼は保安元年に生れ、仁平三年（一一五三）閏十二月念範已講（寛信付法弟子）より伝法灌頂を授けられた。建仁三年（一二〇三）十一月三十日年八十四歳で寂したが[3]、この間多くの書を撰している。おそらくはこの『図像集』も十二世紀後期に作られたものであろう。

『巡礼私記』はその序によれば大江親通が保延六年（一一四〇）の第二回目の南都巡礼以後にその見聞をまとめ撰したものという。したがってこの序にしたがえばその成立年代は保延六年頃から彼の歿した仁平元年（一一五一）十月以前の十年余の間（おそらくは保延六年をやや降った近い頃）となる。

この両書の成立年代については『巡礼私記』の方が早く、『十五大寺日記』の成立年代の下限は『巡礼私記』成立以前、すなわち保延六年乃至はそれに近い頃とすることができる。

以上によって『十五大寺日記』の成立は一一二〇年前後から一一四〇年前後頃までの約二〇年の間に限定される。

本書と『巡礼私記』との間には成立年代にはそれ程大きな隔りはなかったようである。

次に『十五大寺日記』なる書名に見える「十五大寺」はいかなる寺々を指すものであったかを考えてみたい。

史料上には古くから「十五大寺」なる呼称がみえている。しかし同じく「十五大寺」とは呼びながらも、その内訳については必ずしも一致せず、時代により変化があったようである。現在知られるところでは、「十五大寺」という場合に、そこに含まれる寺々の内訳は次の二種類に分れるようである。すなわちその第一は『延喜式』（玄蕃寮）に見えるもので、「十五大寺安居」を行なう寺として東大・興福・元興・大安・薬師・西大・法隆・新薬師・本元興・招提・西寺・四天王・崇福・弘福・東寺の十五カ寺があげられている。[4] 第二は『伊呂波字類抄』『大鏡裏書』『拾芥抄』等に見えるもので、東大・興福・元興・大安・薬師・西大・法隆・新薬師・大后・不退・京法花・超証・招提・宗鏡・弘福の大和国内の十五カ寺である。

「十五大寺」という呼び方は、古くは延暦二十五年（八〇六）四月二十五日の太政官符に見えている。次いで『続日本後紀』承和七年（八四〇）六月十四日条に「亦行読経悔過於十五大寺」とあり、また仁寿三年（八五三）二月二十日太政官符にも「十五大寺僧」とある。このように平安時代初頭以来ある寺々は「十五大寺」として一括して呼ばれているが、これらは東寺・西寺の創建以後のことであり、この「十五大寺」は『延喜式』に見える「十五大寺」と一致するものであろう。

『日本紀略』万寿四年（一〇二七）十二月七日条に、「葬前入道大相国（道長）於鳥部野也、七大寺十五大寺諸僧来集、導師天台座主院源、呪願大僧正済信也」とある。この「十五大寺」はいかなる寺々であろうか。『栄華物語』にはこの道長の葬送について「所〱の念仏僧、奈良・三井寺・比叡・岩蔵・仁和寺・横河・法性寺、すべていひもやらず数を尽したり、山座主御導師仕まつり給」とあり、[5]『日本紀略』にいう「十五大寺」は奈良十五大寺ではなく、京都

の寺々を含むものと考えられる。『栄華物語』には『延喜式』にいう十五大寺以外の寺々が見えるが、これらの寺を含めて「十五大寺」と呼んだ例は他になく、『日本紀略』の「十五大寺」は伝統的な十五大寺、すなわち『延喜式』の十五大寺を指し、仁和寺その他の寺名は省略されているものと考えるのが妥当であろう。

『叡岳要記』上「勘申建立当寺縁起事」の項にも、「十五大寺幷代々天皇々后御願建立縁起、宜令僧綱勘申者」と「十五大寺」が見えている。(6)この項は延暦寺が勘申した縁起を収載したものであるが、その末尾に「写本記曰、仁平元年六月六日恭以大師御筆、懐喜怖之心書畢云々」の写本奥書があり、この縁起が作られたのは仁平元年よりかなり以前のことである。写本奥書にある「大師御筆」の大師が誰であるかは詳かでないが、この縁起に見える記事中で、もっとも年紀の降るのは仁寿三年である。したがってこの縁起の成立は九世紀後期乃至十世紀以前と考えられる。このようにその成立は『延喜式』編纂と同時期頃もしくはそれ以前のようであり、「十五大寺」の内訳も、『延喜式』に見える十五大寺とまったく同じものと考えて誤りないのではなかろうか。

これに対して、第二に掲げた大和の十五大寺についての初見は『大鏡』である。(7)そこには「奈良は七大寺、十五大寺などをみくらぶるに」とあり、「奈良十五大寺」の呼称があったことを示している。『大鏡』の成立年代については諸説があるが、その多くは年は異なるにせよ白河天皇の頃、すなわち十一世紀末から十二世紀初期にかけての間のある時期を考えている。(8)したがって遅くとも十二世紀初頭頃には『延喜式』とは異なった大和の十五大寺があったことが知られる。

大和の十五大寺に含まれる寺名については、『大鏡裏書』『伊呂波字類抄』等皆同じである。『大鏡裏書』の成立年代は明らかでないが、『大鏡』成立から大きく降るものではなく、ほぼ一一二〇～三〇年代またはそれに近い以前と考えられている。(9)この裏書には後の加筆もあり、この十五大寺の寺名が裏書成立当初からあったものか否かは確定し

難い。しかし平安時代末期には既にあったものと考えて差支えないであろう。次に『伊呂波字類抄』については、平安時代末期に成立した三巻系統には十五大寺の記載はなく、鎌倉時代初期の成立と推定される十巻本(10)にのみその寺名が見えている。『拾芥抄』は鎌倉時代後期に成立したものがさらに追加改編されて、南北朝時代頃現在の形をとるに至ったものと考えられている(11)。このように大和十五大寺に含まれる寺名は中世を通じて変っていないが、それが固定されるようになったのは十二世紀初期を降らないものといって差支えないであろう。

なお大和十五大寺の内訳を具体的に示す史料のうちで、年紀を明らかにできるものを求めると、私の管見する範囲においては承安三年(一一七三)十一月十一日官宣旨案がもっとも古いようである(12)。これは『大鏡裏書』よりほぼ四十年前後遅れるものである。この官宣旨は南都衆徒蜂起により「応早没入東大・興福・元興・薬師・大安・西大・新薬師・大后・不退・法花・超証・招提・宗鏡・弘福寺寺領」きことを命じたもので、ここには先の十五大寺中にある法隆寺の名が見えていない。この事件について記した『玉葉』承安三年十一月十二日条に「去〔夜〕被下宣旨云、十五大寺領、諸国末寺荘園併以没官、於其寺用者、可付国司云々」と見える。ここにある「宣旨」こそは先の官宣旨案のことであり、「十五大寺領」とあるからには、官宣旨案に法隆寺が見えないのは書写の際誤って書落したに過ぎないものと解すべきものである。

このように大和十五大寺の内訳については十二世紀以前にまで遡り得る史料は見当たらなかったが、『大鏡』に見える奈良の十五大寺の内訳もこれとまったく同じものと考えて差支えないであろう。

以上のように十五大寺については二種類あるが、十一世紀末乃至十二世紀以降の史料では、十五大寺といえばいずれも大和の十五大寺を指している。ところで『十五大寺日記』の成立は十二世紀前半期であり、『大鏡』の成立よりやや遅れた頃と考えられる。したがってこの時にはすでに大和の十五大寺の呼称が確立しており、『十五大寺日記』

の書名に見える「十五大寺」は大和の十五大寺であり、その内訳は『伊呂波字類抄』以下に見える諸寺であったとするのがもっとも妥当であろう。すなわちこの『十五大寺日記』は現存逸文からも窺い知られるように、その記事はなかなかに詳細であり、奈良十五大寺の現状・縁起等をかなり詳しく記したものであったと推定される。東大寺大仏項に見られるようにそこには経論等による教学上の典拠まで記されており、内容的になかなかに深いものがあったのではなかろうか。興然がその著『図像集』中に引用しているのも、本書が南都諸寺に関する当時の文献中で、もっとも便利で内容的にもかなり高度な基本的な書と考えられていたことによるものであろう。

註

(1)『公卿補任』。
(2)『興福寺別当次第』巻之第一。
(3)『血脈類集記』第七、大法師興然付法、『密教大辞典』上巻「興然」項。
(4)『延喜式』(国史大系本五三三頁)。
(5)『栄華物語』巻第三十（日本古典文学大系本下三二九頁）。
(6)『群書類従　釈家部』巻第四三九所収。
(7)『大鏡』巻第五。
(8)日本古典文学大系本『大鏡』解説。
(9)『群書解題』第十九輯「大鏡裏書解題」参照。
(10)川瀬一馬『古辞書の研究』。
(11)註(10)前掲書。
(12)『平安遺文』第七巻三六四三号。

六　『十五大寺日記』と『興福寺流記』

『興福寺流記』中に『十五大寺日記』の記事が引用されていることは前にも述べたところであるが、ここでは両書の関係についてさらに詳しく検討を加えたい。

福山敏男氏は『巡礼私記』が「興福寺側にも伝っていたらしく、治承以前の撰かと思われる興福寺流記（通行本興福寺流記の始の部分）にも引用され」ているといわれる。(1)『巡礼私記』とよく似た記事は『興福寺流記』中に「或記云」等の書出をもって幾つか見えている。『興福寺流記』の南円堂の項に見える「記云」以下の記事については『巡礼私記』よりも詳しく『十五大寺日記』より引用されたものと考えられることは既に前に述べたところである。この部分について福山氏の説に従えば、『興福寺流記』は『広本巡礼私記』よりの引用と考えなければならなくなる。しかし『広本巡礼私記』の存在は考え難いところであり、他の類似の記事も『巡礼私記』よりの引用と考えられるか否かは疑問の多いところである。むしろ他の部分にも『十五大寺日記』よりの引用が存在する可能性が高いように思われる。そこで、ここでは『興福寺流記』所引の「記」または「或記」と『巡礼私記』その他の諸書とを比較し、さらに『十五大寺日記』との関係について考察を廻らしてみたい。

一、東金堂金銅釈迦坐像他項

（興福寺流記）

或記云、三尺、至（蓮カ）華座、脇士左観音、右虚空蔵、第卅代欽明天皇十三年十月渡之、当如来滅後一千四百八十年、日本最初仏像也、大将者宮毗羅ト云、正了知云、二諍也、馬脳灯爐者豊良寺物也、正了知々者西天云僧慎爾那

薬叉、大集経云、過去戸棄仏所願作鬼神現忿怒之形、従本地是地上之菩薩也、依妙観察智了知覚察功能、学諸法之自相共相之法、衆生心所楽事、皆悉了知、払難授福大将也、

（七大寺巡礼私記）

金銅尺迦坐像高三尺許、蓮花座有垂裳、金銅脇士菩薩立像左観世音右虚空蔵

斯像者、本朝第卅代主欽明天皇御宇十三年壬申十月、従百済国所奉渡也、如来入滅之後、当於一千四百八十年、此像始来給、仍日本最初仏像是也、就中二菩薩像不可思議也、此三尊者中尊之後東向所安置也、尤可拝見、或記云、東金堂一宇、宝塔一基、去寛仁元年為神火焼失云々、宮毗羅大将宝殿一基高六尺許、斯宝殿者在正面北脇、懸鏡垂張（帳カ）、其中安件像難拝見、或説云正了知大将云々実説可尋之、馬悩（瑙）灯爐殿一基高八尺許、大和国豊良寺物云々、

以上両書を比較すると、金銅釈迦像に関しては、『巡礼私記』の方が記事は詳しいが、重複部分の文章はよく似ており、もと同じ書に拠ったものかと考えられる。しかし宮毗羅大将・瑪瑙灯爐については文を異にし、また「或記」に引く『大集経』の文は『巡礼私記』には見られない。したがってこの「或記」が『巡礼私記』よりの引用とは考え難い。『巡礼私記』には『大集経』等の経典類の文を直接引用した個所は見られない。しかし『十五大寺日記』（『図像集』所引東大寺大仏項）には経典類の文を引用し、あるいはまたその説について触れている。この『興福寺流記』と『巡礼私記』との文章の類似は、『興福寺流記』がこの部分を、『巡礼私記』が重要な参考書とした『十五大寺日記』より引用したことによるものではなかろうか。

二、五重塔項

（興福寺流記）

或記云、天平二年四月廿八日、光明皇后発願、自臨興福寺伽藍、持簣運土、公主夫人命婦媛咸皆従、中衛大将藤

原房前、引卒文武百官、共四部衆下杵築基、構立木塔、一歳之間造之、塔内四方浄土安置給、

（七大寺巡礼私記）

五重宝塔一基瓦葺、安四方浄土相

斯塔者光明皇后御願也、天平二年庚午四月廿八日、皇后自臨興福寺之伽藍、持□（簣カ）運土、公主、夫人、婇女皆従、正三位行中務卿兼中衛大将房前等相年天（率文カ）武官等、共下杵築基、構立木塔、土木之功、丹青之態、一歳之内併訖、子細見縁起、但入道前大相国治安三年御修行記云、此塔者寛仁元年為神火焼亡已了、金堂同焼亡失云々、

（興福寺縁起）

五重塔一基

右天平二年歳次庚午夏四月廿八日、藤原皇后発願、自臨興福伽藍、持簣運土、公主、夫人、命婦、妹（婇）女咸皆従之、正三位中務卿兼行中衛大将藤原朝臣房前等、相率文武百官人等、共四部衆下杵示基、構立木塔、一歳之間、丹青已訖哉、塔内四方垂、幷四方画浄土也、

（醍醐寺本諸寺縁起集）

塔一基五重

右天平二年歳次庚午夏四月廿八日、藤原皇后発願、自臨興福寺伽藍、持簣運土、公主、夫人、命婦、妹（婇カ）女咸皆従也、文武百官人等共四部衆、下杵（築カ）築基、樓（構カ）立木塔、一歳之間丹青已訖哉、塔内四方安置浄土矣

以上四書にはいずれも若干の字句の相違が見られるが、文体は極めてよく似ている。四書中成立年代のもっとも古いのは『興福寺縁起』（昌泰三年撰進）で、他の三書はこれにしたがって作られたものである。この三書の間に前後関係の存在することも考えられるが、それについてはにわかには決定し難い。

三、西金堂十一面観音像

（興福寺流記）

口伝云、寿広已講、尾張国人、有縁南都住、学法相宗、為成要事、往反近隣之間、拷門坂前腰田池北辺、暗有声呼寿広々々、已講驚見四方敢無人、爰護身結界、徘徊之間、池西田中有此音、尋求等身十一面像、頸以上土中ヨリ現、寿広掘出、負之立南大門云云、何堂可安、思惟之、大童子出来、西金堂云云、和尚不信、為安金堂、奉負重如盤石、西金堂南端戸奉掻入、仏前有瑪瑙磐、両面声各別也、磐台北有比丘像人伝云、妙幢菩薩云云、

（七大寺巡礼私記）

斯殿内安等躰十一面観音像、件像者行基菩薩之所造、服寺之像、寿広和尚者尾張国之生也、出家移興福寺、学法相宗之宗義、鑚仰無止、柔和稟性、才幹軼人、慈悲□群、而為成要事、往近憐（隣カ）之間、於持（拷問カ）間坂南越田池北辺、暗有声、呼云寿広々々、驚音瞻視四方敢無人、于時存鬼呼之由、護身結界徘徊之間、彼池西之田中有此声、行彼尋求之処、等身十一面観音像、自頭以上従土中所出現也、爰寿広悦以堀出洗土泥、負件像奉立興福南大門云□、祈云、何堂仁加可奉安、思惟之間、大童子自然出来、示云、西金堂ニ可奉安置云々、和尚不信用、為安金堂奉負之処、重過前如磐石、仍西金堂安置之、自南端戸奉入之故、自尓以降閉件戸敢無開云々、一世之悉地祈請之輩、一人不空、抑此堂之長講、付本仏雖可用尺迦悔過、依安此堂霊像、以十一面之悔過所勤修也、件服寺ニハ但残座光、其座光霊験掲焉也、

（護国寺本諸寺縁起集所収　興福寺縁起）

寿広已講尾張国人也、有事縁住南都、学法相宗、為成要事、往反近隣之間、搙《カモ》（問脱カ）坂前腰田池北辺、暗夜有声呼寿広々々、驚見四方敢無人、爰為恐護身結界徘徊之間、池ノ西田中有件音、尋致（到カ）求之、等身十一面観音、従頸以上出

自土中現給、寿広堀出□（之奉負カ）立南大門、何堂ニカ可奉安置思惟之間、一人大童子来云、西金堂云々、寿広不信、為安置金堂奉負、重如盤石、仍自西金堂南端戸奉入思テ奉負、如安軽返遂本意了

（山階流記 ―興福寺流記の内）

寿広和尚、尾張国人也、住南都学法相宗、才偉軼人、徳行超群、辞僧綱任和尚、和尚過於拷門坂之前腰谷池北辺間、暗有音喚、喚寿広々々、今驚詞瞻視四方敢無人、于時存鬼ノ喚ナリト由護身結界徘徊之間、彼池西田中、正有此音、行彼所尋求之処、十一面観音像、額已上自土中所出現也、爰寿広歓喜、掘出洗土泥、負来奉立南大門、祈云、何堂可安置哉、思惟之間、童子自然来云、可安置西金堂云云、和尚不信、為安金堂負之如磐石、仍欲安西金堂之処、挙動如軽毛、自南端戸奉入之、天長二年乙巳二月五日、別当修円僧都時、自爾以降南扉于今無開、

以上四書を比較すると、『興福寺流記』と『護国寺本諸寺縁起集』の記事とはほとんど同文である。しかし両書の関係を見ると、後者は前者を抄録したものと考えられ、この記事もまた『興福寺流記』を写したものである。『興福寺流記』と『巡礼私記』を比較すると、文章に似たところは多いが、字句等に相違があり、内容については『興福寺流記』の方がやや簡略である。しかし『興福寺流記』の最初に「口伝云」とあり、また末尾に「瑪瑙磐」についての記事のあるところが『巡礼私記』と大きく異なるところである。したがってこれまた『興福寺流記』は『巡礼私記』以外の書からこの記事を引用したものと考えられるが、文章の類似からあるいは両書ともに同じ書によってこの記事が書かれたものではなかろうか。もしそうであるとすればこれも『十五大寺日記』によったものと考えることもかなり可能性の高いことではなかろうか。

次に『山階流記』の記事について見ると、特に引用の形をとらず、地の文となっている。その文章はどちらかといえば『巡礼私記』に近いところが多い。しかし文句等では『興福寺流記』により近い個所も見られる。これは編者が

諸書を参照しつつ書いたことによるもので、特に特定の書からの引用と考えない方が妥当であろう。

四、西金堂銀釈迦立像

（興福寺流記）

又云、銀釈迦立像、高六尺三寸本海竜王寺之仏也、又云角寺、右京法華寺西方、件寺者、光明皇后之御願也、玄昉入唐之時、求法安穏為遂、皇后立願所造之、而興福寺智尊僧都、為彼寺別当、恐盗賊言上長者殿下、去永久二年所安寺家也云云、

（七大寺巡礼私記）

銀尺迦立像一軀高六尺三寸云々、観音宝帳北側八角厨子高九尺許、其内安斯像、抑件像本是海竜王寺之仏也、件寺又号角寺在法花寺東北、口伝云、海竜（王脱カ）寺者光明皇后御願也、玄昉僧正入唐之時、遂求法之志為安隠（穏カ）帰朝、皇后□誓所造立也、而興福寺智尊僧都、海竜王寺別当之時、恐盗賊、寺家僉議、言上於長者殿下、依指□去永久二年春移件像此寺、所奉安也云々、

（護国寺本諸寺縁起集）

又云、銀尺迦立像、高六尺三寸、本海竜王寺仏也云々

以上三書を比較すると、『護国寺本諸寺縁起集』はもっとも記事が簡略であるが、『興福寺流記』の始の部分と文は一致している。したがって『護国寺本諸寺縁起集』はこの部分でも『興福寺流記』の引用であることが知られる。なお両書の記事の書出にある「又云」はそのすぐ前にある寿広已講についての「口伝云」をうけたものと見られる。『巡礼私記』は『興福寺流記』よりもやや記事が詳しいが、文体にはよく似たところがある。したがって『巡礼私記』と『興福寺流記』とはともに前項と同じ集書の「口伝」に拠ったものではなかろうか。

五、南　円　堂

『興福寺流記』の「記云、房前丞相、依弘法大師之教訓」云々については第三節において述べたから省略する。

六、法　華　会

（興福寺流記　南円堂）

又云、弘仁八年閑院大臣、奉為長岡相府、始法華会、料米七十弐石六斗五升五合、以鹿田荘地子布施、調布百五十端従穀倉院所運送也、

これと文章の類似する記事は他書には見られない。前項の「記云、房前丞相」云々の記事にすぐ続いて「又云」とあることにより、その出典は前項の「某記」すなわち『十五大寺日記』ではなかろうか。

七、西金堂釈迦像他

（興福寺流記　山階流記西金堂）

或記云、奉為先妣贈従一位縣因濃養橘宿禰往生菩提、敬造此像、設供講給、屈請衆僧四百人等、別施納袈裟等、如法行道焉云々、

（七大寺巡礼私記）

抑尺迦像及扶（挟カ）持菩薩、羅漢、神王等者、藤原皇后、天平六年甲戌正月十一日、奉為先（妣脱カ）橘大夫人往生極楽、当彼忌日所造願（顕カ）也、其日屈僧四百人、々別施納袈裟、設大会、如此（法カ）行道、件袈裟少々于今在北宝蔵云々、

（醍醐寺本諸寺縁起集）

右安置尺迦丈六像及狭（挟カ）侍菩薩、羅漢、神王等像也、藤原皇后、以天平六年歳次甲戌正月十一日之忌日、奉為先妣贈従一位懸（縣カ）因濃養橘宿禰往生菩提、敬造茲像、設供講経、屈請衆僧四人（衍カ）四百人寺（等カ）、別施納袈裟等物、女柒（如法カ）行道焉、

以上三書は何れもよく似ており、もと一つのものから出たことが窺い知られる。中でも『山階流記』所引「或記」と『醍醐寺本諸寺縁起集』所収「興福寺縁起」とは文章がほとんど一致しており、前者は後者によったものと考えられる。『巡礼私記』とこの「興福寺縁起」とを比較すると、字句等には若干の相違は見られるが、その構成には大差はない。したがって『巡礼私記』はこの「興福寺縁起」またはそれに拠って書かれた本によったものと考えられる。

以上のように『興福寺流記』に引く書名未詳の「或記」等の記事を『巡礼私記』その他と比較してみると次のことが明らかとなる。第六項以外はすべて両書ともによく似た文章をもつ記事が見られ、類似性が強く認められる。ただし第七項については『興福寺流記』巻首部ではなく、「山階流記」との題を加えられた部分のもので、編纂時期も巻首部よりは降ると見られるものである。したがってこの「或記」は巻首部に引く「或記」と同列に置いて論ずることは無理であるので、一まず除外して第一―六項について考察を加えることにする。

第一―五項は『巡礼私記』『興福寺流記』のいずれもよく文が似ているが、ともに出入・精粗があり、いずれか一方を祖本と見ることは困難である。したがって福山氏が言われたように『興福寺流記』が『巡礼私記』を引用したとすることは無理のようである。しかも第五・六両項においては『興福寺流記』は『十五大寺日記』を引用したものと考えられ、また第三項においてもその可能性がある。『巡礼私記』は『十五大寺日記』を重要な参考書とし、その文を多く引用していたと考えられることは既に述べたところである。したがって『興福寺流記』の「或記」等が『巡礼私記』との類似点を多く持っているということは、第一―四項の記事の多くは『十五大寺日記』よりの引用であることを示す傍証ともなるのではなかろうか。

なお『興福寺流記』に引かれたこれらの「或記」等の記事は、第二項でも見られるように、その文意には通じ難い

ところがあり、忠実にその全文を写したものではなく、適宜省略・抜書・改変を加えたもののようである。しかもそこには第三節で述べたように、『十五大寺日記』の記事について誤解に基づく拙劣な要約すら行なっていることが考えられる。したがってこれらの記事は『十五大寺日記』の逸文であったとしても、正確さの点ではかなり価値は低くなろう。しかし今は失われた同書の面影を知る上では数少ない手懸りとして貴重である。

註

（1）『校刊美術史料』第七輯「解題　七大寺日記と七大寺巡礼私記」。

七　結び

以上において、新たに発見された逸書『十五大寺日記』の逸文を紹介するとともに、それと『七大寺巡礼私記』との関係等について述べてきたが、それによって次のことが明らかになった。すなわち若井氏がいわれたような『巡礼私記』広本は存在せず、その逸文とされた興然撰『図像集』所引「或記」こそは『十五大寺日記』によったものであること、また、『巡礼私記』編纂に当たっては、『十五大寺日記』がもっとも重要な参考書として利用され、その文がかなり多く引用されているのではないかということである。同書にはその他に『七大寺日記』等の文も多く引用されている。したがって『巡礼私記』の本文中、純粋に著者大江親通自身の手になる文は余り多くなかったのではなかろうか。

『十五大寺日記』と『巡礼私記』の関係を中心にして述べてきたが、『巡礼私記』自身についてはまだ多くの検討すべき問題が残されている。すなわち『巡礼私記』を大江親通の見聞に基くものとするこれまでの説について、どこま

でが彼の実際の見聞によるものであり、また他書によったかを明らかにすることは、同書の史料的価値を見極める上で重要なことである。また他書によった場合には、何によって書かれたかを明らかにすることも必要である。これらの問題については今後の研究によって明らかにしていくことは極めて重要なことのように考えられる。

（追　記）

『巡礼私記』の著書大江親通は学者であり、『駄都抄』三十巻を著すなど、仏教についても深い学識をもった人と考えられる。ところが本稿においても述べたように、『巡礼私記』興福寺南円堂不空羂索像項では、典拠とした『十五大寺日記』の記事の読誤りによりその抄録には大きな誤りを冒している。また東大寺羂索院三昧堂項でも三月堂と二月堂とを混同し、修二月会が行なわれる場所を三月堂とするような大きな誤解をしている。これは初歩的な誤りであり、前の例を考えれば、大江親通が南都巡礼の際の聞誤りとするよりは南円堂の場合と同じく典拠の誤解によるものとすべきではなかろうか。

ところで大江親通撰の書としては『一切設利羅集』（あるいはこれが『駄都抄』か）零巻が東大寺図書館に伝存している（巻第四）。そこには『悲華経』『類聚国史』『大毗婆沙論』『大唐西域記』『続高僧伝』その他多数の仏典等が引用されており、彼の学識の程を窺い知ることができる。『十五大寺日記』にも『観仏三昧経』『観普賢経』が触れられており、また『大集経』も引用されていたかと考えられる（『興福寺流記』所引「或記」に見える）。ところが『巡礼私記』にはこのような仏典類の引用はまったく見られない。したがって諸仏典を多数引用する『一切設利羅集』と比較すると、『十五大寺日記』の方が『巡礼私記』より遥かに大江親通撰というように相応しいようにさえ思われてくる。『巡礼私記』には大江親通撰と記されており、よほどの理由がない限りなかなかそれを否定することはできない。

しかしその記事の杜撰さを併せ考えると、『巡礼私記』がかの学識豊かであったと思われる大江親通の手になるものとすることには一抹の不安を感ぜざるをえない。強いて推測を廻らせば、『十五大寺日記』こそが大江親通の撰になるもので、『巡礼私記』は『十五大寺日記』を基礎とし、『七大寺日記』等を併せ参照して作られたものを、主たる典拠である『十五大寺日記』の著者、大江親通撰に仮託したものではなかろうか。これはまったくの憶測に過ぎず、証明することも困難なところが多い。しかし『巡礼私記』について考える上で、他の大江親通の著書と比較してみることも重要であると考えられる。そこでこの問題について、本稿を成すに当たって私の心に浮んだ疑問点として、敢えてここにその思い付きを記して大方の御教示、御批判を頂くことを願うものである。なお、これによって、先に述べた『十五大寺日記』の成立時期の下限は若干ずれることになるが、本稿の論旨にはさして影響を受けることはない。

付章

一　中世の日記の姿

はじめに

「をとこ（男）もすなる日記といふものを、をむな（女）もしてみんとてするなり」とは、『土左日記』の冒頭の文としてあまりにも有名である。これは平安時代十世紀初期頃には、すでに男性貴族・官人たちの中では漢文によって日記を付けることが広く行なわれていたことを示すものとされている。このように日記を付けるということは、中世にまで続いて広く行なわれてきた。そのうち、その文の一部分だけでも、今に伝存しているものは数多くみられ、往時の日記の姿をよく示している。

これらの日記には、私的な事柄や、事件等の見聞記事、朝廷等における儀式・行事等々が記されており、歴史研究上の一等史料としてその価値はきわめて高い。その記事の中でも、もっとも詳細かつ豊富に見られるのは、私的な事柄よりも、朝廷等における儀式や行事に関するもので、その次第等が克明に記録されている。この点、現代の我々の日記は私的な事柄が中心にされることが多いのと大きく相違している。この点が中世あるいはそれ以前の日記の大きな特色といえる。

1　貴族の日記

貴族等の日記に儀式・行事関係の詳細な記事が多いのはなぜであろうか。平安時代以来、宮廷儀式等においては、

有職故実《ゆうそくこじつ》すなわち先例にのっとって行なうことが重要であった。そこでは、一挙手一投足に至るまで細かく作法が定められており、それから大きく外れたことをすると非難・軽蔑を受けることを覚悟しなければならなかった。このため、彼等は儀式等に際しては、その次第・作法を詳細に記録し、以後の参考にしようとした。その点では、先人の日記もまた重要な参考資料となる。このため、我が家の歴代の日記ばかりでなく、他家の日記をも書写して参考資料とする努力もなされた。

中世になると、貴族等は自分一人のためばかりでなく、子孫の参考資料とすることも意識して日記を書くようになっていた。自分の日記は本人個人のためばかりでなく、子孫に読ませ、時には他家の人もそれを読むかもしれないことを予想していた。広橋兼秀が正月一日に先祖の広橋経光の日記を拝して披見する儀式を行なったように（石田祐一「経光卿記と経光の子孫二名」『中世の日記』参照）、家の日記は家伝の重宝の一つとされ、嫡子が相伝すべきものとされた。現在、日記を付けている人達は、なるべくそれを他人が読まないことを望むのが通例のようであり、死後それを焼くことを遺言する人もある。しかしそれでもなお、その日記が他人に読まれるようになってしまうことがしばしばであろうが、それは必ずしも本人が望んでいたところではなかろう。ところが中世においては、後人によってそれが披見されることを前提にして書いている点が大きな相違といえる。

今回展示している（国立歴史民俗博物館昭和六十三年企画展示「中世の日記」）広橋家旧蔵の日記の中には、『平時範記』『清原重憲記』『教業記』『公敏卿記』『園太暦』等の写本が含まれているが、それはいずれも広橋家以外の人の日記である。これらは鎌倉時代から江戸時代の写本であるが、広橋家においても各時代を通じて他家の日記を書写し収集する努力がなされていたことがよく知られよう。

2　日記の形態

中世の日記には、普通の紙に書かれたものと、具注暦《ぐちゅうれき》（暦の一種）の暦面に記入されたもの（暦記）の二種類がある。広橋家の日記もまたこの二種類からなっているが、同じ年月の日記で、普通の紙に書いたものと暦記との二種類が併存している例が幾つも見られる点が注目される。両者を比較すると、暦記の方が記事を書くことのできる部分が狭く、普通の紙に書く場合に比べて制約が大きいであろうことは言うまでもなかろう。では、その両者はどのような使い分けがなされていたのであろうか。

具注暦は各日毎に、その干支《えと》・日がら等、暦として必要な事項を一行に記している。中世では普通の具注暦はこの日付以下の事項が、行間に空白行を設けることなしに連続して掲出されている。しかし、中には、そこに一日毎に記事を書く、すなわち日記を書くための空行をとっている（平安時代でも現存する古い時期の具注暦はおおむねこの姿のものが一般的である）ものも少なくない。その空行の数は一行ないし五行と各種あるが、三行以下のものが普通である。

3　暦　　記

暦記を見ると、空行が狭い場合には、そこに必要な記事すべてを書くことは不可能となる。空行なしの具注暦の場合には、上欄外か行間の僅かな余白しか利用できないことはいうまでもない。空行のある具注暦においても、(1)空行内に細字で書き、あるいは天地の欄外を利用することもある。(2)またその日付の裏に当たる個所に裏書を加えることもある。その際には、裏書の最初の個所に「某日」あるいは「某日下」として、その記事が何日のものであるかが明記されているのが通例のようである。さらに長文の記事を書きたい場合には、(3)その日と翌日の間を切り放ち、その間に別紙を補って必要事項を記すこともよく行なわれる方法であった。この際、貼り継がれた別紙の行頭に「某日」

と書いてある場合も見られるが、これはまず別紙に記事を書いておいてから貼り継いだことによるものであろう。また時には、(4)別紙の貼り継ぎをせず、次の日の空行にまでまたがって記事を書くこともあった。

別紙を貼り継いだ例は数多く見られるが、『経光卿暦記』安貞元年（一二二七）十・十一・十二月記のように、空行なしの具注暦を用いた場合には、記事が多い時にはほとんど毎日のように、暦一行（一日）毎に別紙を貼り継いでいる。これは空行のある具注暦においても同様のことで、他の『兼仲卿暦記』『兼顕卿暦記』等にもこうした実例は認められる。

(4)のように翌日以降の空行にまでまたがって記事を書いている例は、『兼顕卿暦記』文明十年（一四七八）十月二十三日・二十六日条等に見られる。ここではいずれも、はみ出した記事を墨線で囲って、他日の条の記事との混乱が生じないような配慮が加えられている。

4 具注暦

広橋家歴代の暦記を見ると、具注暦の空行は三行以下である。それに対して近衛家実の『猪隈《いのくま》関白記』、近衛基平の『深心院関白記』に用いられた具注暦はいずれも空行五行のものが用いられている。これはたまたま広橋家に伝えられたごく一部分の両記にのみ見られることではなく、近衛家の文庫「陽明文庫」に伝存する両記もまた具注暦に書かれたものは空行五行で、その料紙も広橋家の日記よりははるかに良質である。しかし『後宇多院宸記』も空行三行であり、行数の多少と家格とは直接関連するものではない。また近衛家の祖藤原道長の『御堂関白記』は空行二行の具注暦に書かれている。したがって、この空行五行の具注暦は鎌倉時代における近衛家など一部の好みにより製作されたものであろうか。

次に広橋家の場合を見ると、広橋経光が暦記に用いた具注暦には空行のないものから三行まで四種類あるが、それは時期によって適宜使われており、彼個人においては特に一定のものを使用しようとはしていない。また『兼顕卿暦記』においても、文明九年記は空行二行、文明十年記は一行であった。このように同一人物であっても、日記に利用する具注暦について必ずしも一定の規格を定めていたわけでもないようである。

5　文書の貼継

日記の中には（暦記も含めて）、その日の記事に関係の深い文書や手控えの次第・注文等が、その関連個所に貼り継ぎ挿入されている例が少なくない。これはその本文を日記中に書写する手間を省くためになされるのであるが、除目《じもく》の記事の中には長文の大間書《おおまがき》の写しが貼り継がれている場合もある。後世にまでわたって証拠書類として保存する必要のない、行事等の関係文書は適宜日記の中に参考資料として貼り継いでおくほうが、かえって便利であったのであろう。『兼顕卿記』文明十年七月記には各日の記事の末尾に、「奉書続左」（九日条）、「請取続左」（十日条）、「注進勘文続左」（二十九日条）のように記し、その奥を一旦切断してそれぞれの文書を貼り継いでいる。その他の日記でも、このように文書を貼り継いでいる例は少なくなく、平安時代末期以来見られるところである。しかし現存する広橋家の日記のなかでは、『兼宣公記』（別記を含む、嘉慶元年～正長元年）、『兼顕卿記』（文明八年～十一年存）など室町時代の日記には特に多く見られるようである。

6　日記と暦記

同じ年月で、普通の紙に書いた日記と暦記が併存している例は、広橋家の日記中にはいくつかの伝存例がある。

『経光卿記』『兼仲卿記』『兼顕卿記』はその一部に両者の併存が確認される。

『経光卿記』安貞元年十月記を見ると、十月十五・十七・十九・二十二日の記事は記されていない。この日について、『経光卿暦記』安貞元年十、十一、十二月記を見ると、これらの日には「不出行」とあり、外出しておらず、したがって大した事もなかったから、普通の紙に書いた『経光卿記』の方には、その日の記事は日付以下一切が省略されている。この両記の関係について、『暦記』十月十四日条の前行に「十月十四日以下委細記在奥、大概許記暦」とあり、十四日以後は『暦記』の方には要項のみを記すことが述べられている。この「委細記在奥」の「奥」はこの『暦記』の奥ではなく、『経光卿記』安貞元年十月記に当たることは、両者を比較すれば明瞭である。このように、普通の紙に書かれた日記が、暦記に対して「奥」と表現されているのは注目に値する。しかしそれがいかなる状態にあったことを指すものかは今後の検討課題である。また、同じく『経光卿記』に記事のない十月二十四日条については、『暦記』の方には「無指事」とあり、これまた特記事項がなかったことにより日付以下が省略されている。また『経光卿記』天福元年（一二三三）正月記の二十五日条は、二十四日条末尾と二十六日条との行間に「廿五日庚午雨降」以下細字で一行余の記事が後から書き加えられているが、その文の最後に「子細記暦者也」と記されている。『経光卿暦記』天福元年正月至六月記の正月二十五日条は、空行三行の間に細字で五行にわたって詳細な記事があり、子細は暦記にあるとしたこともよく理解できる。次の正月二十六日・二十七日条について両者を比較すると、やはりその記事は暦記の方がはるかに詳細である。こうした点から考えると、広橋経光の日記は暦記と普通の紙に書いた日記とが併存していて、暦記の方には原則として「無指事」であっても必ず何らかの記事を書くこととされていた。普通の紙に書いた日記の方には長文に及ぶ記事を中心にして書いたが、時には暦記よりも簡略な記事を再度書くこともしていたようである。

次に経光の子兼仲の日記についてみてみたい。『兼仲卿暦記』永仁二年（一二九四）正月～六月記と、『兼仲卿記』永仁二年二月記、同三月記を比較してみよう。『兼仲卿記』永仁二年二月記は記事は二月一日から六日までで以下記事がなく、その奥には広く余白がある。したがってこの二月記は後になって二月七日以下の巻末が脱落したのではなく、一応二月六日の所で書き止められていたものと考えるべきであろう。また同三月記も記事は一日から十九日条までで、以下は同じく記事がなく料紙に余白が残っている。これまたここまでで書き止めたと見るべきである。暦記の方を見ると、二月七日条には別紙を貼り継いだ詳細な記事があり、三月二十日条についても同様の状態である。暦記の方でも、それ以後毎日詳しい記事が記されているわけではないが、少なくとも二月七日・三月二十日の記事がないのは、普通の紙に書いた日記にではなく、暦記の方に詳しい記事を入れたことによるものである。

7　暦記と別記

また『兼顕卿暦記』文明十年記の七月十日条には「則召寄糀井代渡之請取続別記」とある。『兼顕卿記』文明十年七月記の十日条には「則召寄御倉糀井代渡之彼請取続左」とあり、同日条の末尾に文明十年七月十日糀井代森五郎左衛門入道浄満公方様御物請取状が貼り継がれている。暦記にいう「別記」が、今日我々のいう別記（行事・儀式等について、それだけを詳細に記録した日記）であるのか、単なる「別の記」であるかは、性急に結論を下すことは避けるが、暦記と普通の紙に書いた日記とが併存する場合の両者の関係を暗示するところがあるのではなかろうか。

経光・兼仲の日記で、暦記と普通の紙に書いた日記を比較すると、通例では暦記は毎日の記事の見出し項目を掲げたようなところがあり、その詳細を普通の紙に書いた日記に書いたといっても大きくは外れていないであろう。しかし、時には暦記の方が記事が詳しかったり、また暦記に詳しい記事を書いておいて他方には省略することも行なわれ

ていた。また暦記から見れば普通の紙に書いた日記は「別記」といわれている例もある等々の事から考えると、暦記と普通の紙に書かれた日記が併存している場合には、一応暦記が公私にわたっての全体的なことを書く日記であり、もう一方はその一部を詳しく書いた別記のように見なす考え方があったとみることもできるのではなかろうか。

8 別記

前述のように別記とは、ある特定の事項に関しての記事を、毎日書く日記とは切離して独立して記録したもので、日記の一部に含まれるべきものである。『修明門院熊野御幸記』『経光卿大仁王会参仕記』『仙洞御修法申沙汰記』はそれぞれ広橋頼資・経光・兼宣の日記の別記である。なお本書にはこの他にもいくつかの別記が収められている。これらの別記は『経光卿記別記』のような名称ではなく、前掲のように行事等の名を冠した名称が付けられているのが常である。特に広橋兼宣はこうした別記をたくさん作っているが、兼宣自身が書いた別記中の日記の文はさほど長くはない。しかしその奥に多くの関係文書等を貼り継いでいる点が目を引く。広橋家旧蔵本においては、特に室町時代のものにこのような形をした別記が多数見られる。

『都玉記』（柳原資定の日記）は、建久九年（一一九八）十一月、建暦二年（一二一二）十一月の大嘗会《だいじょうえ》の際の別記を集めて一巻としたものである。また『常永入道記』（高倉永行の日記）は応永十九年（一四一二）八月二十八日から十二月九日に至る間の、称光天皇践祚《せんそ》にともなう一連の儀式・行事に関する記事のみが記されている。このように、この両書もまた別記の一つとみられるが、現存する中世の日記の中には別記として書かれたものも少なくないようである。後の参考資料としては、このような別記の形にしておいた方がより便利であったであろう。

9 部類記

また、日記類の中には「部類記《ぶるいき》」と呼ばれるものがある。『中右記部類』は、中御門宗忠の日記『中右記』の記事を儀式・行事ごとに分類集成したものである。また『維摩会并東寺灌頂記』は広橋家の初代頼資の父藤原兼光の日記から維摩《ゆいま》会《え》・東寺灌頂《かんじょう》の際の記事を集め書写した部類記である。ほかに『改元部類記』も掲げたが、このような部類記は鎌倉時代前後には各種作られ、広橋家以外にも現存するものはきわめて多い。多数の日記の中から関連記事を抽出集成して、先例を知る手懸りとするのがその作成目的であった。

10 紙背文書

日記の本文とは直接関係ないが、歴史の研究資料として重視されているものに「紙背文書《しはいもんじょ》」がある。中世以前の日記は不要となった文書の裏の空白面を利用して書かれたものが多い。古くは紙が貴重であったため、不要となった文書の裏を利用して書物を書写することは広く一般的に行なわれていた。このように再利用され、書物の裏面となってしまった文書を「紙背文書」と呼んでいる。紙背文書の中には、文書として伝来しているものとは異なった内容を持つものが多くあり、注目されるものも少なくない。『経光卿記』『兼仲卿記』は特に質量共にすぐれ、紙背文書の面からも貴重な史料といえる。

11 文学作品としての日記

最後に『蜻蛉日記』『更級日記』『十六夜日記』のような、文学作品として名高い日記と、中世貴族の日記との比較を述べておきたい。『蜻蛉日記』等は日記とはいうものの、毎日書き継いだものではなく、後になって月日をおった

形式で書かれた回想録・自伝のような性格をもち、文学的な作為等も加えられたものである。このようなものであっても、年月をおって書くような形式をもったものを、古くは日記と呼んでいた。したがって、これらの日記は今ここでいう日記、すなわち原則的には毎日出来事を書き継いでいく日記とは異なったものであり、これには立ち入らないことにした。

二　京図について
――九条家本延喜式巻第四十二所収を中心として――

一　はしがき

本書は東京国立博物館所蔵重要文化財『延喜式』(二十八巻)中の一巻である。これは他の巻と同様の後補表紙に同筆で「延喜式巻第卌二」の外題が書かれているが、内容は延喜式巻第四十二とまったく異なり、その本文では「京程」の項があるに過ぎず、他は左京・宮城・内裏(付中和院)・八省院・豊楽院・右京の諸図を収めている。他の巻の書写年代は大部分は平安中期乃至末期と見られるが、本書は他の巻よりもかなり新しく、書風・紙質から考えるとほぼ一三〇〇年代頃の書写と推定される。(1) 鎌倉時代末頃延喜式左京図・延喜宮城指図なるものがあったという。(2) 最初から延喜式に附図があったとすることには疑問はあるにせよ、当時延喜式附属の図といわれるものがあったのであり、あるいは本書はその写の一つであろうか。その成立年代について黒板勝美氏は「上皇専権時代」(白河鳥羽院政期)とされる。(3) 一方『京都市史地図編』においては京程項に「四位大外記中原師重之本云……」の勘記があることにより、大外記中原師重が従四位下に叙せられた建保六年(一二一八)七月以後としている。しかしこの勘記は祖本から転写を繰返す間に加筆されたものとも考えられ、これのみをもって成立年代を云々することは出来ない。この問題を考えるに当たってもっとも手懸りとなるのは京図と考えられるので、ここでは所収の左右京図を取上げて再検討を加え、本書

の成立を考える一助にしたい。

註

（1）『増訂陽明世伝解説』は「吉野時代か室町時代初期の書写」とする。
（2）桃裕行「延喜式附図に就いて」（『歴史地理』第七五巻第二号）。
（3）黒板勝美『国史の研究』各説上二〇〇頁。

二　左京図

宮城内では内裏・宮城門、城外では多数の官衙院宮邸宅寺社が記されている。内裏・宮城外郭・宮城門および大多数の官衙院宮邸宅は朱郭で囲まれているが、中には墨郭のものあるいは墨郭すらなく名前が記されるに過ぎないものもある。また「或」「或本」として異本との交合を示す記事も見られる。こうした官衙院宮邸宅名等の筆跡を検討すると、朱郭内の「堀河院」「東三条院」「高陽院殿」のごときはすべて墨色・筆跡は同じで、同一時期に書いたものと見られる。ところが「高陽院殿」の左の「賀陽親王公家ィ」、「東三条院」下の「忠仁公家」、「右衛門督堂」右の「中納言家成卿家或」のごとき注記はそれぞれの院宮邸宅名と墨色が異なっている。しかしその筆跡を見ると同一人物の字と見られ、これらの注記は、「或」「或本」の有無を問わずすべて同一筆者が後で筆を替えて書いたものと考えられる。また墨郭内の「金色雲（堂カ）中納言顕長卿家」「入道平相国家　西八条　仁安元年加二丈或本」（朱郭内の「西八条」は「東三条院」等と同筆）のごときもまた先の注記と同時のものと見られる。三条坊門北・万里小路東の「山井」や、「小一条殿」の注記中「貞信公」、「東北院」の注記の「染殿　忠仁公家」等はさらに筆が異なっており、別人の筆かとも思

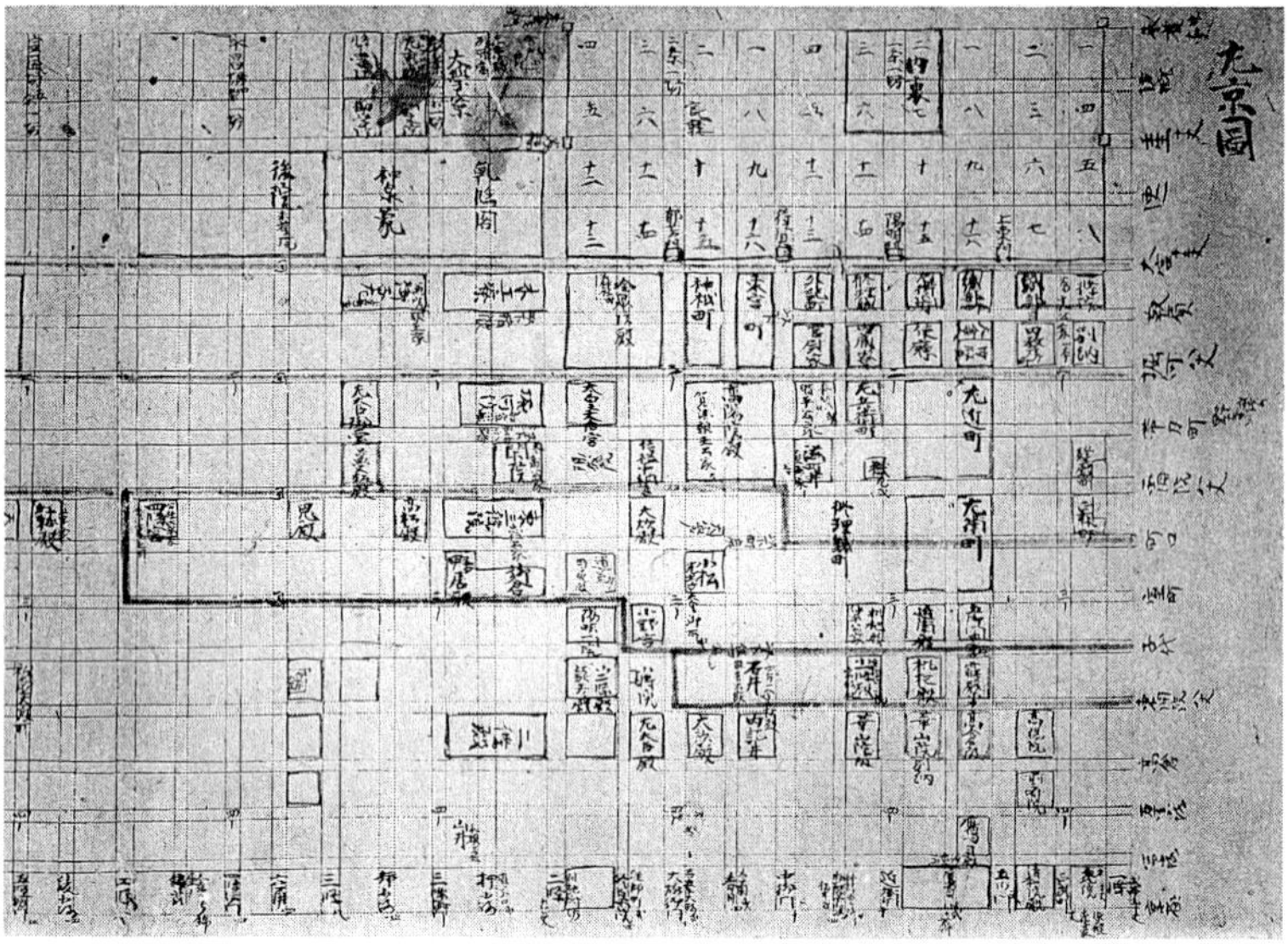

（東京国立博物館蔵）

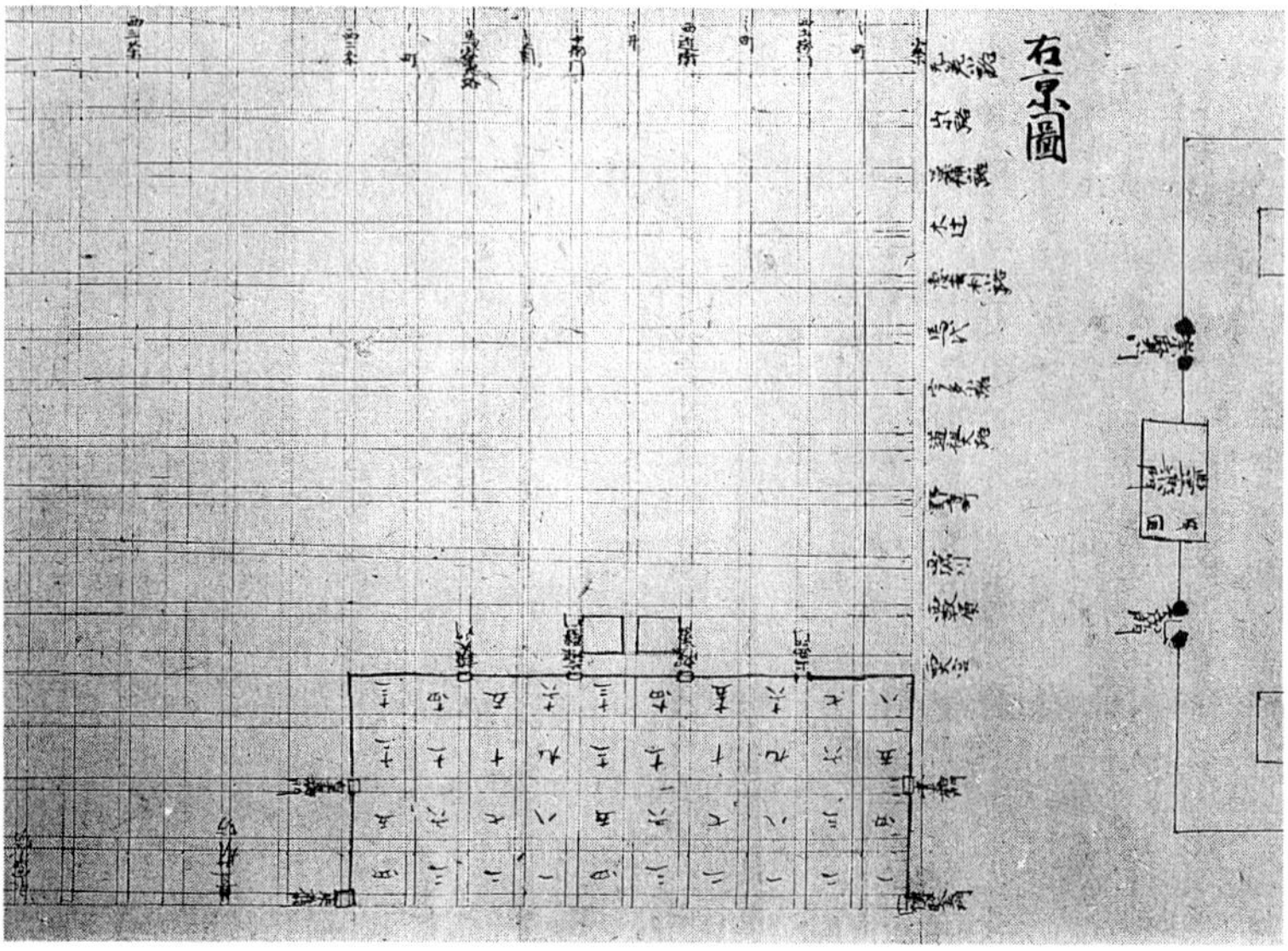

（東京国立博物館蔵）

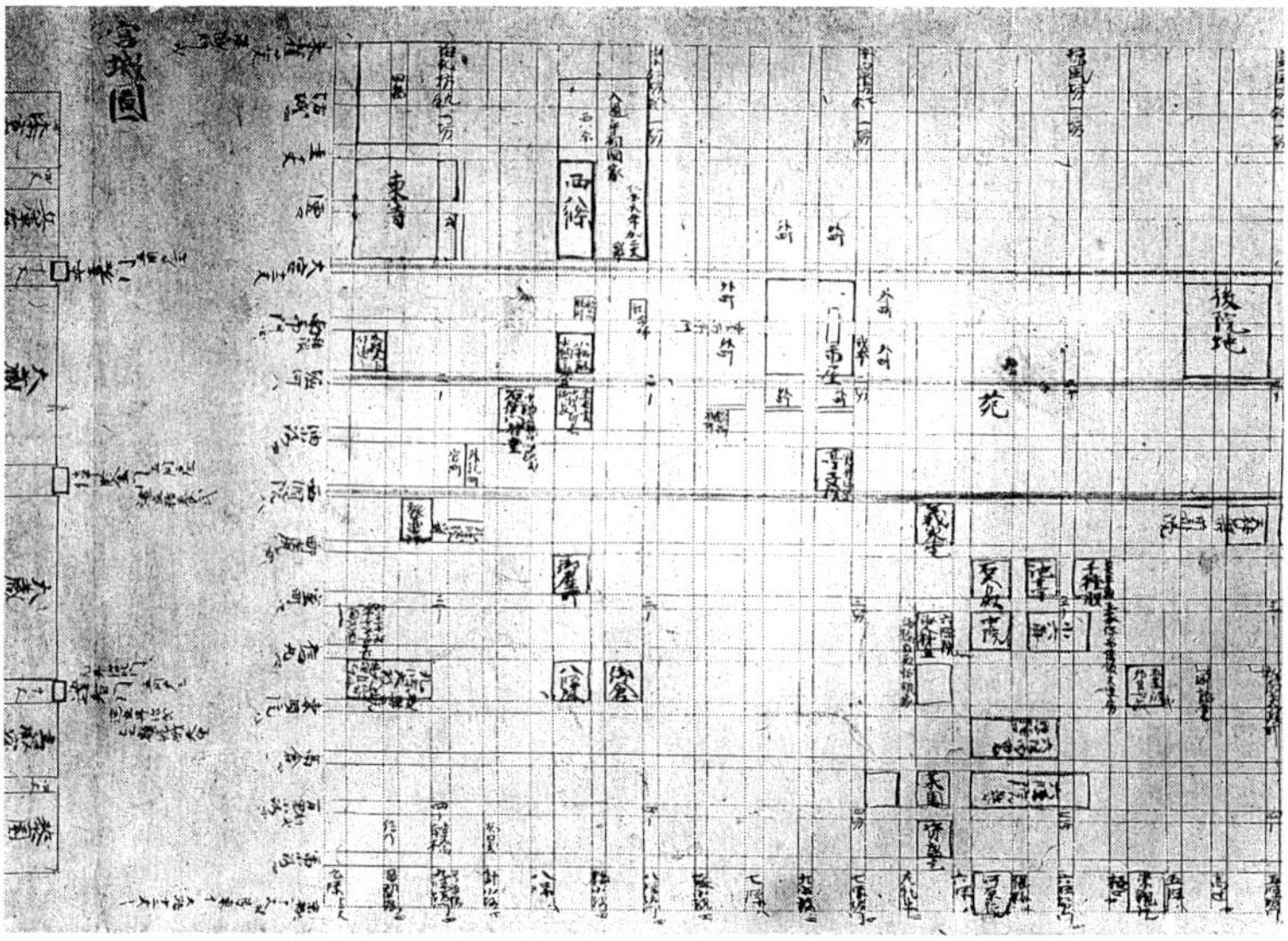

図160　『延喜式』巻第四十二所収「左京図」

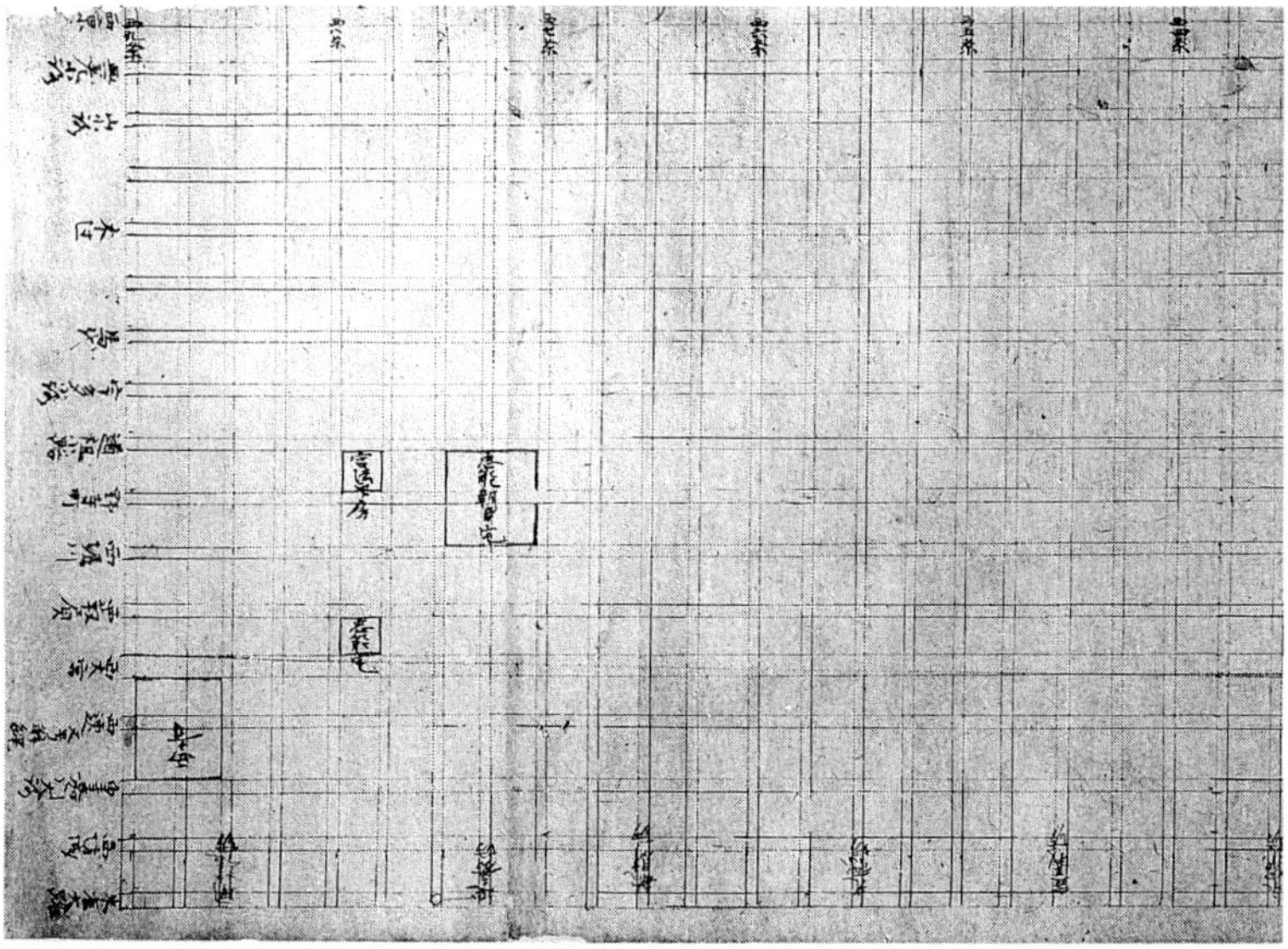

図161　『延喜式』巻第四十二所収「右京図」

われる節がある。このように本図のみでも数次にわたる加筆が考えられるが、こうした加筆の部分を除いたもの、すなわち朱郭内の院宮邸宅名こそは本図の本来的なもので、これを調べることによって本図の成立年代を知る手懸りとすることが出来よう。

朱郭内の院宮邸宅一々について詳述する余裕もないので当面必要なものについてのみ述べることにしたい。高陽院・高倉殿・枇杷殿・高陽院殿・冷泉院殿・東三条院・鴨居殿・四条宮等々はすべて平安時代中期以前から、(1)また大炊殿・中院・六条内裏・小六条殿等も白河院政時にはその名が見えている。(2)これらはその存在期間も長く、本図の成立年代を知る年懸りとするには必ずしも適当とはいえない。しかし本図には個人名乃至官職名を記した邸宅もあるので、それらに基づいて成立年代を考えることにしたい。

○九条太政大臣殿（九条坊門南・九条北・烏丸東・東洞院西）

九条太政大臣と呼ばれた人物は藤原信長・同伊通の二人である。伊通については本図九条北・堀河西に「太政大臣伊通之」とその邸が記されている。一方信長については応徳二年（一〇八五）十月九条堂を作り、(3)これが後に城興寺になったという。その位置について『華頂要略』は「在九条北烏丸西或云九条東洞院」としているが、(4)烏丸西と東洞院西の相違はあるにせよ、本図「九条太政大臣殿」の右に「城興院」とあることから考えれば、これは信長の邸として差支えなかろう。なお信長の任太政大臣は承暦四年（一〇八〇）八月十四日、辞任は寛治二年（一〇八八）十一月二十日で、嘉保元年（一〇九四）九月三日に死んだ。(5)

なお『京都市史地図編』は九条太政大臣を兼実としているが、その邸の位置はここではないと考えられ、(6)この説にはしたがうことは出来ない。

○右衛門督堂（八条南・針小路北・堀河東・油小路西）

右横に「中納言家成卿家或」の追筆注記がある。長承三年（一一三四）八月頃「家成朝臣八条堀川堂」なるものがあったが、そこには長円作の九体丈六像を安置し、「結構躰非凡人事歟」と言われる程であったという。[7] この八条堀川という位置から考えると、この注記の如く右衛門督堂は家成の堂であろう。家成が右衛門督であったのは保延七年（一一四一）正月二十九日から久安六年（一一五〇）八月三十日までで、同日左衛門督に転じ、久寿元年（一一五四）五月二十九日に死んでいる。

○義家宅（六条南・左牝牛北・西洞院東・町尻西）

義家とあるだけで姓は不明であるが、まず第一に想起されるのは八幡太郎源義家のことである。しかしこれだけでは源義家宅とすることも出来ない。なお彼が死んだのは嘉承元年（一一〇六）七月一日頃である。[8]

○資盛宅（六条南・左牝牛北・万里小路東・京極西）

資盛と名乗るもので、比較的よく史料に名を見せるものとしては二人をあげることが出来る。その一人は平資盛（清盛孫・重盛子）である。彼は仁安元年（一一六六）十一月二十一日従五位下、寿永二年（一一八三）七月三日には従三位となり、元暦二年（一一八五）三月壇浦で一門とともに亡んだ。[9] 今一人は藤原資盛（南家貞嗣流）である。彼は白河院近臣（北面）の一人で、大治二年（一一二七）頃石見守、[10] 同四年から長承三年頃にかけて安芸守となっているが、[11] その前後にわたっての彼の活躍は『長秋記』等の中に散見している。この両人中いずれの宅であるかは決定し難いが、『兵範記』保延七年三月八日条に「上皇先臨幸太宮于時御六条万里小路故資成宅」とある。「盛」と「成」とは比較的写誤り易く、またその位置も両者符合しており、この「資盛宅」とは藤原資盛のこととして差支えないのではなかろうか。

○右大臣殿（楊梅南・六条北・町尻東・室町西）

このままでは右大臣が誰かは決め難いが、その位置は『百錬抄』久安元年三月二十三日条に「六条右大臣《顕房》旧第炎上

六条北室町西」とあるのと一致する。したがってこの「右大臣殿」とは六条右大臣源顕房の邸であろう。彼の任右大臣は永保三年（一〇八三）正月二十六日で、嘉保元年（一〇九四）九月五日右大臣のまま死んでいる。

○左大臣殿（大炊御門南・冷泉北・東洞院東・高倉西）

これまたこのままでは誰の邸か不明である。しかし『百錬抄』治承元年（一一七七）四月六日条に「太政大臣（師長）亭冷泉北東洞院東為灰燼、伴亭本是花園左府（有仁）亭也」とあり、「左大臣殿」とはこの花園左大臣源有仁の邸のことと考えられる。彼は保延二年（一一三六）十二月九日左大臣となり、久安三年（一一四七）正月三十日辞任、同二月十三日死去している。

○左大臣御堂（姉小路南・三条北・堀河東・油小路西）

先の「左大臣殿」が源有仁の邸とすれば、これも有仁の御堂であろうか。しかし「右大臣殿」の顕房と有仁とは同年代ではなく、四、五十年の開きがあり、「左大臣御堂」とあることにより直ちに有仁の御堂と考えることは危険である。

○太皇大后宮（冷泉南・二条北・堀河東・油小路西）

太皇大后宮の位置は一定でなく、人によって異なっているようである。(12)ではこれは誰の時のものであろうか。仁平二年（一一五二）の火災に際し「故大宮御所遭其殃二条北堀川東也」という。(13)この二条北堀川東という位置は本図の太皇大后宮の位置と合致している。「故大宮」とは鳥羽天皇の皇后令子内親王のことで、『帝王編年記』にも「天養元年四月二十一日崩于二条堀川亭」と記されている。こうした点から考えると、この「太皇大后宮」は令子内親王御所と考うべきである。なお令子内親王が太皇大后となったのは長承三年（一一三四）三月十九日で、歿年は先の如く天養元年（一一四四）四月二十一日である。(14)

○陽明門院（冷泉南・二条北・室町東・烏丸西）
陽明門院（禎子内親王）の院号宣下は延久元年（一〇六九）二月十七日で、嘉保元年（一〇九四）正月十六日崩じている。(15)

○西八条（梅小路南・八条北・壬生東・大宮西）

これは朱郭の部分であって、墨郭の方（入道平相国家）は八条坊門南・八条北・朱雀坊城の中間より東・大宮西と遥かに広い。しかしこれは先にも述べたように追筆であって朱郭内が本図本来の「西八条」である。『兵範記』仁安二年四月二十六日条に「故殿御月忌也、巳尅許参八条大宮亭、北政所自一昨日渡給之故也」とある。故殿とは近衛基実、北政所はその室盛子（平清盛女）である。盛子が近衛基実の月忌を行なっていることから考えると、この八条大宮亭とは近衛基実の邸の一つであったのではなかろうか。もしそうであれば、「西八条」も当然摂関家に関係を有する邸の一つであろう。平清盛は基実の死後、殿下渡領以外の家領を氏長者松殿基房に譲らず、基実の子基通の所領とすることにし、一まず盛子をして管領せしめることにした。(16)かくて清盛は実質的に摂関家領を手中に収めることが出来たが、この時近衛基実の邸の一つ「西八条」も清盛の手に収められ、やがて彼の主たる邸とされるに至って、その範囲も墨郭の如く拡張されたのではなかろうか。追筆で「仁安元年加二丈或本」とあるが、基実の死んだのは仁安元年（一一六六）七月二十六日であり、清盛は盛子を通じて西八条を手に収めるや直ちにその拡張を計ったのであろうか。

以上の中で「九条太政大臣殿」は信長が後世まで九条太政大臣と呼ばれていたことを考えると、図の上限を知る手懸りとはなっても下限を決める手懸りにはならない。「左大臣殿」「右大臣殿」「右衛門督堂」「太皇大后宮」については、それらはその職に附属する邸ではないから、単に官職名のみでその邸の所有者が理解しえた時に記されたのではないかとも考えられる。有仁の左大臣は保延二年（一一三六）十二月―久安三年（一一四七）正月、顕房の右大臣は永保三年（一〇八三）正月―嘉保元年（一〇九四）九月、家成の右衛門督は保延七年（一一四一）正月―久安六年（一一五〇）八月、

令子内親王の太皇大后は長承三年（一一三四）三月―天養元年（一一四四）四月の間である。この中で右大臣顕房のみは、特に年代が遡り、四、五十年程の差があるが、他の三人はほぼ同時で、保延七年（一一四一）正月から天養元年（一一四四）四月の三カ年余は重複している。

「西八条」は上限は明らかでないが、朱郭の範囲内であったのは仁安年間頃（一一六六―六九）以前と推定される。しかし藤原資盛の活躍時期は遅くとも保延七年三月以前であり、また「侍従中納言」の如く、その存在時期を明らかにしえなかった邸宅を除き、大部分のものは前述の如く保延年間以前より存在していたと考えられる。したがって本図の成立は仁安年間を降らないことはいうまでもないが、「左大臣殿」以下の官職名で呼ばれている邸宅の所有者の在職が重なる保延七年正月から天養元年四月までの三年余の間である可能性がもっとも高いと思われる。「右大臣殿」とあるのはそれよりも四十年余も前のことであるが、それを除く三つはいずれもほぼ同時期であることを思えば、本図成立時期を保延七年―天養元年の頃とすることは、牽強附会でもなかろう。たとえ一歩譲ったとしても、それを大きく降るものとは考えられない。

なお保延七年―天養元年頃の成立とする場合、「侍従中納言」（大炊御門南・油小路東）はどうなるのであろうか。当時侍従中納言であったのは藤原成通であるが、彼は保延二年十一月権中納言、翌三年正月侍従を兼ね、久安五年七月権大納言になった。したがって先の保延七年―天養元年の間、成通は侍従中納言の職にあり、「侍従中納言」を彼の邸として差支えないわけで、本図の成立年代についての先の推定と何ら矛盾するところはなく、むしろそれを補強する材料とすらいえよう。

墨郭によるものおよびそれすらもなく名前のみを記されたものはいずれも追筆（中には二、三異筆らしきものもある）である。墨郭の中で「東北院」等は先の「東三条院」と同様十一世紀以前に遡るが、中にはそれより年代の新しいものも

ある。以下それらについて述べることにする。

○五条殿（五条南・樋口北・烏丸東・東洞院西）

「邦良卿家」とあるが、公卿で邦良なる人物は見当たらない。治承四年（一一八〇）正月十日高倉天皇は「自閑院第、行幸五条東洞院邦綱卿亭」したという。(17) 路の東西南北は不明であるが、邦良なる人物が見当たらないとすれば、「五条殿」は五条大納言藤原邦綱の邸として差支えないのではなかろうか。彼は平清盛に近しく、仁安元年（一一六六）正月十二日参議、同年六月六日従三位となり、治承五年二月二十三日に死んだ。

○小松殿（梅小路南・八条北・猪隈東・堀河西）

○金色雲（堂の誤か）（南北同前・堀河東・油小路西）

右の二つはともに中納言顕長卿の家であると注記されている。顕長は藤原氏で、保元三年（一一五八）八月十日参議正四位下、長寛二年（一一六四）正月二十一日権中納言（当時正三位）、仁安元年（一一六六）八月二十七日辞任、翌年十月十八日死んだ。彼の家は八条堀河にあり両三度行幸が行なわれたこともあったという。(18) これが小松殿か金色堂かは不明であるが位置は合致している。

○入道平相国家（八条坊門南・八条北・朱雀坊城の中間より東・大宮西）

朱郭の「西八条」も墨郭内に含まれ、そこには改めて「西八条」の墨書注記がある。先に述べた如く、朱郭の西八条は近衛基実の邸であったと考えられるから、この地が入道平相国（清盛）の手に収められたのは、仁安年間頃と推定される。また入道平相国というからには、彼の出家した仁安三年二月十一日以後のことである。

○太政大臣伊通之（多那井小路南・九条北・猪隈東・堀河西）

「太政大臣伊通之」とあるが、伊通が太政大臣になったのは永暦元年（一一六〇）八月十一日で、永万元年（一一六五）

二月三日辞任、同十五日に死んだ。永暦元年当時彼の亭は九条北・堀川東にあったというが[19]、これは図の位置より一町東になり食違っている。あるいはこの図の誤りであろうか。

以上五カ所はいずれも一一六〇年代以降のものである。先にも述べたように、これらは追筆と見られるが、これらによってこの校合に際して参照された図の成立年代をある程度知ることが出来よう。すなわちそれは仁安三年以降治承前後にかけての平安時代最末期として差支えないであろう。

墨郭すらないものの中には、別人の筆かと見られるものもあり、また特に年代を云々する必要もなさそうなので省略する。

以上をもって左京図の成立について要約すると次の如くである。保延七年正月乃至天養元年四月の三カ年余の間もしくはそれに僅かに遅れる頃（一一四〇年代）に成立したもので、本書書写直後、平安時代最末期頃に成立した別の左京図と校合を行ない、さらにまた若干の加筆がなされて現在の形となったものであろうということである。

註

（1）『日本紀略』『本朝世紀』『百錬抄』等参照。煩にわたるため一々の註記は省略する。
（2）太田静六「大炊殿と六条院」（『建築学会論文集』第二四号）参照。
（3）『朝野群載』巻第三、告文、藤原信長造九条堂文（応徳二年十月日）。
（4）『大日本史料』第三編三、四九一頁。
（5）『公卿補任』（以下『公卿補任』による場合は註記を省略する）。
（6）杉山信三「藤原兼実建立の御堂二三について」（『文化史論叢』所収）。
（7）『長秋記』長承三年八月二十一日条。
（8）『中右記』嘉承元年七月十六日条。
（9）『尊卑分脈』、『長秋記』天承元年七月九日条。

(10)『中右記』大治二年三月七日条。
(11)『長秋記』大治四年十月二十九日、天承元年七月九日、長承三年四月三十日条。
(12)例えば太皇大后寛子の御所は四条宮である(『帝王編年記』)。
(13)『本朝世紀』仁平二年十一月五日条。
(14)(15)『帝王編年記』。
(16)『愚管抄』第五。
(17)『玉葉』治承四年正月十日条。
(18)『兵範記』治承四年三月十七日条、『山槐記』同日条。
(19)『山槐記』永暦元年十二月四日条。

三　右京図

左京図に比して右京図の記載は極めて少なく、しかも七条・塩小路の中間より南の部分は後補と見られる。紙質・筆跡が異なることはいうまでもないが、他に西大宮の路上、五条坊門以南に斜に引誤った墨線があり、七条以北の部分ではこれを擦消した跡が歴然としているのに、それ以南ではその跡がまったく見られない。この点からも、七条塩小路間以南は後補と断定しうる。

本図に見える邸宅等の名は「忠能朝臣宅」「官法印房」「忠能宅」「西寺」の四つに過ぎない。この中で「忠能朝臣宅」の朱郭の北少々はもとの紙にかかっているが、その名は後補紙上にあり、その他の三つは完全に後補部分にある。したがってこの四つが果たして本図本来のものであったか否かが問題になり、これをもって右京図の成立年代を云々

することは出来ない。

忠能なる人物については天養元年（一一四四）正月五日従三位となり、保元三年（一一五八）に死んだ藤原忠能が考えられる。「忠能朝臣宅」とあるからには彼が公卿となった天養元年正月以前のことであるが、左京図の成立年代（保延七年—天養元年頃）と合致することから考えれば、これらの宅等はこの右京図本来のもので、七条以南の紙を補った際それをそのまま写入れたと考えても特に支障はなかろう。本図は先の左京図の成立年代の推定を積極的に裏付けるものではないが、それに対して特に矛盾するところもないようである。

四　結　び

以上述べたように、左京図の成立年代が保延七年—天養元年頃とすれば、本書所収の宮城図・内裏図等の成立もそれを大きく降るものとは考えられない。宮城図以下は陽明文庫所蔵『宮城図』、二条家本『大内裏図』と極めて類似しており、本図によってそれらの宮城図諸本の成立年代を考える上で重要な手懸りを摑むことが出来よう。本書所収内裏図には別本との校合を示す書入れが多数見られるが、もとの筆と追筆とを区別することはかなり困難である。こうした点まで明らかにしなくてはこの京図の性格も明らかにはしえないわけではあるが、今回はそこまで果たすことは出来なかった。こうした点については後の研究にまちたい。

所収論文初出一覧

〔第一　日本の古文書〕

古文書　『日本の美術一七四　古文書』至文堂　一九八〇年一一月

〔第二　古文書の料紙・礼紙と紙背文書〕

一　本紙・礼紙と料紙の使用法について　『古文書研究』一〇　一九七六年一二月、『日本古文書学論集』二　一九八七年五月　再録

二　礼紙について　『奈良平安時代史論集』下巻　吉川弘文館　一九八四年九月

三　紙背文書　『日本古文書学講座』4中世編1　雄山閣出版　一九八〇年四月

四　紙・布帛・竹木　『日本古文書学講座』1総論編　雄山閣出版　一九七八年六月

〔第三　古文書の作法〕

一　本券文を焼くこと　『月刊歴史』二一〜二四合併号　一九七〇年一一月

二　絵巻に見える書状の書き方　『日本歴史』五二二　一九九一年一一月

三　儀礼のために作られた文書　『古文書研究』三二　一九九〇年四月

四　徳川幕府の領知安堵と檀紙　『日本歴史』五〇〇　一九九〇年一月

五　為替に関する一史料　『日本歴史』一〇三　一九五七年一月

——興福寺本『因明短釈　法自相』紙背文書——

六　金石文としての寄進状の一資料　『文化史論叢（奈良国立文化財研究所学報三）』　一九五五年十二月

〔第四　寺院の史料〕

一　石山寺一切経について　『石山寺の研究　一切経篇』　法蔵館　一九七八年三月

二　石山寺校倉聖教について　『石山寺の研究　校倉聖教・古文書篇』　法蔵館　一九八一年二月

三　高山寺古文書について　『高山寺典籍文書の研究』　東京大学出版会　一九八〇年一二月

四　東大寺文書に見える自連（字連）と請定

『中世古文書の世界』　吉川弘文館　一九九一年七月

五　唐招提寺舎利殿奉納文書について　『仏教芸術』六四　一九六七年五月、『日本古文書学論集』一〇　一九八七年一〇月　再録

六　西大寺における「律家」と「寺僧」　『仏教芸術』六二　一九六六年一〇月

——文和三年『西大寺白衣寺僧沙汰引付』をめぐって——

七　七大寺巡礼私記と十五大寺日記　『研究論集Ｉ（奈良国立文化財研究所学報二一）』　一九七二年三月

〔付　章〕

一　中世の日記の姿　『中世の日記』〈国立歴史民俗博物館企画展示図録〉一九八八年三月

二　京図について　『田山方南先生華甲記念論文集』　一九六三年一〇月

——九条家本延喜式巻第四十二所収を中心として——

あとがきにかえて

奈良国立文化財研究所、国立歴史民俗博物館で、日本中世史と古文書の研究に取り組んでこられた田中　稔さんが急逝されてから、はや二年が経とうとしています。ちょうど今ごろの時節は、毎夏行われるいろいろなお寺の古文書の調査の準備を、いきいきとなさっておられた田中さんの姿が思い出されます。

古文書典籍の調査研究の教えをいただいたものとしては、当然田中先生とお呼びしなければならないのでしょうけれど、先生の周辺にいたものは、その多くが　稔さん　と敬愛の念をこめてお呼びしていました。その田中さんが亡くなられたのは、一九九一年七月三〇日のことです。田中さんが大学時代から研究テーマとしておられたのは、鎌倉時代の政治史、法制史でした。そして鎌倉幕府の御家人制に関する論文がまとめられて、『鎌倉幕府御家人制度の研究』として上梓されましたのは、亡くなられる直前でした。そのとき、田中さんの御家人制の本ができたのなら、次は田中さんのもう一つのテーマである古文書の論文をまとめてもらえればいいなあ、このような論文を集めて本にしていただければありがたいのに、と思っていたものが数人で収録していただきたい論文のリストを作り、できあがった『御家人制度の研究』の本を田中さんの病床に届けられる吉川弘文館の渡辺清さんに託して、田中さんに見ていただくようお願いしました。そしてそのとき田中さんからいくつかのご指示をいただきました。

そのときは誰もが、このように急に田中さんが亡くなられるとは、思いませんでした。でも病床にあったので、古文書関係の論文の本を作られるのなら、少しでもそのお手伝いができれば、との意図でした。

でも、田中さんは亡くなってしまわれました。遺されたものとしては、やはり田中さんの古文書の本は作らなけれ

ばという気持ちでいっぱいでした。そこで、田中さんに見てもらった論文リストとご指示をもととして、いろいろなところで、田中さんに古文書の調査の指導をうけた人間で分担して、この本を作ることにしました。田中さんの本意の古文書の本とはぴったり一緒でないかもしれません。田中さんがご健在なら、自分ならこのように作るのだがといわれることと思いますが、田中さんの中世のさまざまな史料に取り組まれた成果がお分かりいただける本ができあればと思い、編集いたしました。史料原本そのものによる調査研究を意識しておられた田中さんの意図をうけて、できるだけ図版を多く掲載しました。

各論文の初出掲載は、別記の通りです。字句の統一や図版収録などのため、少し初出掲載時とは異なる箇所があるかもしれませんが、基本的には、すべて元の論文にしたがいました。

なお、論文転載、写真掲載につき、こころよくご了解ご協力いただきました方々、諸機関に厚く御礼申し上げます。

以上、出版の経緯を述べまして、あとがきにかえたいと思います。

一九九三年七月

編集関係者

狩野　久
鬼頭清明
加藤　優
綾村　宏
湯山賢一
永村　真
湯之上隆
佐藤　信

中世史料論考（オンデマンド版）

Digital Publishing

2017年10月1日　発行

著　者　田中《たなか》　稔《みのる》

発行者　吉川道郎

発行所　株式会社 吉川弘文館
〒113-0033　東京都文京区本郷7丁目2番8号
TEL　03(3813)9151(代表)
URL　http://www.yoshikawa-k.co.jp/

印刷・製本　株式会社　デジタルパブリッシングサービス
URL　http://www.d-pub.co.jp/

田中　稔（1928〜1991）
ISBN978-4-642-72733-4

著者略歴

昭和三年生まれ

昭和二十七年、東京大学文学部国史学科卒業

奈良国立文化財研究所勤務ののち

国立歴史民俗博物館教授となる

平成三年七月三十日没

〔主要編著書〕

鎌倉幕府御家人制度の研究（吉川弘文館）

古文書（日本の美術一七四、至文堂）

東大寺文書目録（共編、うち第一巻～第三巻、同朋舎出版）

中世史料論考

平成五年十一月一日 第一刷発行

著者 田中《たなか》稔《みのる》

発行者 吉川圭三

発行所 株式会社 吉川弘文館

郵便番号一一三

東京都文京区本郷七丁目二番八号

電話〇三-三八一三-九一五一〈代〉

振替口座東京〇-二四四番

印刷=明和印刷・製本=誠製本

索　　　引

(A) 事　　項

あ　　行

か　　行

さ　行

た　行

な　行

は　行

ま　行

や～わ行

(B) 史　料

あ　行

か　行

さ　行

た　行

な　行

は　行

や ～ わ